力

Tusculum-Bücherei

SIBYLLINISCHE
WEISSAGUNGEN

Urtext und Übersetzung
Ed. Alfons Kurfess
Bei Heimeran

ULRICH KNOCHE
in dankbarer Freundschaft
zugeeignet

★

1. – 3. Tausend. 1951/184
Titelvignette: Themisschale in Berlin

SIBYLLEN UND SIBYLLINEN

Σίβυλλα μαινομένῳ στόματι ἀγέλαστα καὶ
ἀκαλλώπιστα καὶ ἀμύριστα φθεγγομένη χιλίων
ἐτῶν ἐξικνεῖται τῇ φωνῇ διὰ τὸν θεόν.

Die Sibylle spricht mit rasendem Mund, ohne
Lachen, ohne Schminke und ohne Myrrhen und
dringt vermöge göttlicher Hilfe mit ihrer Stimme
durch Jahrtausende. Heraklit

I. Allgemeines

Unter Sibyllen verstand man im Altertum gottbegeisterte Frauen,
die in einem Zustand der Ekstase Ahnung kommender, meist unerfreu-
licher und schreckhafter Ereignisse aus eigenem inneren Antrieb ver-
kündeten, ohne befragt zu sein oder mit einem festen Orakelsitz in Verbindung zu stehen. Den Griechen sind sie aus dem Osten vermittelt;
vielleicht ist ihr ältester Kult im Persisch-Iranischen zu suchen. Varro
(aus griechischen Quellen, bei Lact. div. inst. I 6, 8) nennt an erster
Stelle in seinem Sibyllenkatalog (s. u.) die persische. Auch die Tatsache, daß sie mit der Sintflut (= dem zoroastrischen Weltenwinter)
in Zusammenhang gebracht wird und den Weltbrand (= Welten-
sommer) prophezeit, verdient Beachtung. Die Weltdauer von 10000
bzw. 12000 Jahren weist in diese Richtung. Stehend ist endlich bei
allen Sibyllinen die δεκάτη γενεά; auch ist die Sibylle nach Heraklit
(fr. 92 Diels, s. u.) 1000 Jahre alt geworden. Das hängt alles mit dem
persischen Chiliasmus zusammen (vgl. K. Kerényi, Das persische Mil-
lenium im Mahabharata, bei der Sibylle und Vergil, Klio 29, 1936, 1–35).
Die erste Blütezeit der Sibylle fällt in das 8./6. Jahrh. v. Chr. (vgl.
E. Rhode, Psyche II¹¹, 1925, 63 ff.); ihre Tätigkeit erstreckt sich
hauptsächlich auf das Gebiet der kleinasiatischen griechischen Kolo-
nien. Neu aufgelebt sind die Sibyllen in der Zeit Alexanders des
Großen; der große Aufschwung der Sibyllinendichtung fällt in die
alexandrinische Zeit und setzte wohl bald nach dem Tode des großen
Eroberers ein (vgl. Max J. Wolff, Sibyllen und Sibyllinen, Arch. f.
Kulturgeschichte 24, 1934, 312–325); Lykophrons Alexandra, von der

die späteren „Sibyllen" die Geschichtserzählung in Form der Weissagung übernahmen, ist wohl um 270 v. Chr. entstanden.

Die Etymologie des Namens ist unsicher (E. Nestle, BphW 24, 1904,
764/68). Wenn Varro (bei Lact. div. inst. I 6, 7) meint: σιοὺς deos,
non θεοὺς et consilium non βουλήν, sed βούλλαν appellabant Aeolicio
genere sermonis; itaque Sibyllam dictam esse quasi θεοβούλην; die Sibyllen hätten also ihren Namen a consiliis deorum enuntiandis und
Sibylle sei gleich „Verkünderin der Ratschlüsse des Zeus", so liegt hier
eine Volksetymologie vor. Unwillkürlich denken wir an das berühmte
Wort des Tacitus (Germ. 8), wonach die Germanen in den Frauen
sanctum aliquid et providum gesehen haben, und die dort erwähnte
Albruna bezeichnet wohl die mit der Runenkraft der Elfen Begabte
(Ihm, RE 1, 1370). Auffallend ist, daß die Sibylle, die meist in einer
Grotte gedacht ist (ob das auf ein ursprüngliches Inkubationsorakel
weist, läßt sich bei der Dürftigkeit des historischen Materials kaum
entscheiden), immer mit dem Kult des Apollon, der ja ursprünglich
auch ein chthonischer Gott ist, zusammen erwähnt wird (Über den
chthonischen Kult der Sibyllen vgl. H. Diels, Sib. Bl. 39 ff.). Die
Delphische Sibylle allerdings wird geradezu in Gegensatz zu Apollon
gesetzt (s. u.). Erwähnt sei noch, daß auf einer allerdings späten Münze
(Head 499; abgebildet auch bei Roscher 4, 798) mit der Aufschrift ΘΕΑ
ϹΙΒΥΛΛΑ sie geradezu als Göttin aufgefaßt ist.

II. Die Sibylla

Ursprünglich gab es nur die Sibylla als Eigenname, wie wir aus dem
ältesten Zeugnis des Heraklit erfahren (fr. 92 Diels aus Plut. de Pyth.
or. 6, 397 A): Σίβυλλα μαινομένῳ στόματι ἀγέλαστα καὶ ἀκαλλώπιστα
καὶ ἀμύριστα φθεγγομένη χιλίων ἐτῶν ἐξικνεῖται τῇ φωνῇ διὰ τὸν
θεόν. (Die Sibylle, mit rasendem Munde Ungelachtes und Ungeschmink-
tes und Ungesalbtes hinwerfend, dringt durch Jahrtausende mit der
Stimme, getrieben von Gott.) Danach war im westlichen Kleinasien
die Sibylle als eigentümliche Prophetin bereits berühmt. Bezeichnend
ist ihr hohes Alter, von dem auch sonst die Rede ist (z. B. bei Paus. 10,
12; Euseb. Chron. 2, 82 Schöne; Augustin. CD 18, 22. 30. 23 E). Daher
auch die Vorstellung, daß sie weite Reisen gemacht und an verschiedenen Orten geweissagt habe. Im Gegensatz dazu streiten sich zwei Stätten um die Heimat der Sibylle, Marpessos und Erythrai (s. u.). Für die

übrigen Orte nimmt Buchholz (bei Roscher 4, 794) ätiologische Sagen
an, deren wandernder Kult zu der Auffassung von wandernden Sibyllen geführt habe (Rohde aaO 66 f.). Ein getreues Abbild der typischen
Unglücksprophetin voll dämonischen Seelenzwanges ist die Kassandra
des Aischylos, deren Name übrigens in einer Notiz der Suda von der
phrygischen Sibylle gebraucht ist (Σίβυλλα Φρυγία ἡ κληθεῖσα ... ὑπό
τινων Κασσάνδρα). Jedenfalls weist die älteste Sibylle in die Gegend
der Troas. Bei Homer ist von der Sibylle noch keine Rede. Merkwürdigerweise spricht Herodot, der oft ein Orakel erzählt, nie von einer
Sibylle. Wenn aber Aristophanes falsche Weissagungen verspottet und
im „Frieden" (1116) τὴν Σίβυλλαν nennt, so muß der Ruf der Sibyllensprüche damals in Athen verbreitet gewesen sein. Platon nahm das
Wissen der gottbegeisterten Sibylle durchaus ernst: Phaidr. 244 B ἐὰν
δὴ λέγωμεν Σίβυλλάν τε καὶ ἄλλους, ὅσοι μαντικῇ χρώμενοι ἐν θεῷ
πολλὰ δὴ πολλοῖς προλέγοντες εἰς τὸ μέλλον ὤρθωσαν, μηκύνοιμεν
ἂν δῆλα παντὶ λέγοντες. (Wenn wir von der Sibylle und anderen reden, die im Dienste der Mantik mit Gott vielen vieles richtig für die
Zukunft prophezeit haben, so werden wir, denke ich, langweilig und
sagen Altbekanntes.)

Die Sibylle ist also ursprünglich ein sagenhaftes dämonisches Wesen, das aus dem Osten zu den Hellenen gedrungen ist. Der Name,
zunächst Eigenname, ist später Gattungsname geworden. Nach Arrian
(FHG 3, 598, 64) soll die Sibylle die Tochter des Dardanos und der
Neso, der Tochter des Teukros, gewesen sein; nach ihr hätten sich
auch andere weissagende Frauen so genannt. Die Übergangszeit, in
der aus der einen Sibylle plötzlich verschiedene Sibyllen geworden
sind, setzt die Entstehung verschiedener Orakelsammlungen bzw. verschiedene Kultstätten voraus, an denen solche Orakel gegeben wurden. Als aber der Eigenname Gattungsname geworden war, hat man
den einzelnen Sibyllen zur Unterscheidung Beinamen gegeben, so z. B.
die erythräische Herophile, die samische Phyto, die cumanische Demo
u. a. benannt.

III. Sibyllenkataloge

Mehrere Sibyllen begegnen uns zuerst bei Aristot. Problem. 954a, 36
(Σίβυλλαι καὶ Βάκιδες καὶ οἱ ἔνθεοι πάντες). Schon Herakleides Pontikos (4. Jahrh. v. Chr.) suchte die Nachrichten über die Sibyllen zu
ordnen (A. Tresp, Die Fragmente der griechischen Kultschriftsteller,

1914, 177 ff.). Bei Clem. Alex. (strom. 1, 108) lesen wir: „Die Sibylle ist älter als Orpheus; es gibt nämlich über ihren Beinamen und ihre von der Sage überlieferten Orakel mehrere Berichte: aus Phrygien stammend habe sie Artemis geheißen; diese sei nach Delphoi gekommen und habe den Spruch getan:

’Ω Δελφοί, θεράποντες ἑκαβόλου ’Απόλλωνος,
ἦλθον ἐγὼ χρήσουσα Διὸς νόον αἰγιόχοιο,
αὐτοκασιγνήτῳ κεχολωμένη ’Απόλλωνι.

Delphis Bewohner, ihr Diener des Fernhintreffers Apollo,
Ich kam, um Zeus' Sinn, des Aigishalters, zu künden,
Grollend meinem leiblichen Bruder, dem Gotte Apollo.

Es gibt aber auch eine andere von Erythrai, Herophile genannt mit Namen. Dieser zwei gedenkt Herakleides Pontikos in seiner Schrift von den Orakeln." Und Laktanz (div. inst. I 6, 12 in der Sibyllenliste nach Varro) ergänzt den Bericht des Clem. Alex.: octavam Sibyllam Hellespontiam in agro Troiano natam, vico Marmesso circa oppidum Gergithium, quam scribit Heraclides Ponticus Solonis et Cyri fuisse temporibus.

Pausanias (2. Jahrh. n. Chr.), dessen Bericht in der Hauptsache auf Alexander Polyhistor (1. Jahrh. v. Chr.) zurückgeht (vgl. E. Maaß, De Sibyllarum indicibus, Diss. Greifswald 1879), unterscheidet (10, 12) vier Sibyllen: 1. die libysche, die von den Libyern den Namen Sibylla erhalten habe (Erfindung des Euripides: Wortspiel Σίβυλλα – Λίβυσσα); 2. Herophile von Marpessos (bei der Stadt Gergis, unweit vom Granikos), die Pausanias mit der delphischen, erythräischen und samischen Sibylle identifiziert; 3. Demo von Cumae (vgl. Diels, Sib. Bl. 52, 1); 4. die Sabbe bei den Hebräern, die als Tochter des Berossos gelte und auch babylonische oder ägyptische Sibylle heiße (vgl. Ps.-Justin. Coh. ad Graec. 37). Diese Einteilung war offensichtlich nach geographischen Gesichtspunkten getroffen.

Am meisten Beachtung verdient das Verzeichnis des Varro (nach älteren griechischen Quellen bei Lactant. div. inst. I 6, 8–12) mit zehn Sibyllen (entsprechend dem Kanon der 10 attischen Redner!): Die erste Sibylle stammt nach ihm aus Persien; erwähnt sei sie bei Nikanor, der die Taten Alexanders des Großen beschrieben habe; die zweite sei aus Libyen und von Euripides im Prolog zur Tragödie Lamia genannt; die dritte aus Delphi, und von ihr rede Chrysippos in seiner Schrift über die Weissagung; die vierte sei die cimmerische in Italien, genannt werde sie von Naevius in seinem Punischen Krieg und von Piso in seinen Annalen; die fünfte sei die erythräische, von der Apollodoros behaupte, sie sei seine Landsmännin gewesen, und sie habe den Griechen auf dem Zug nach Troja geweissagt, Troja werde fallen und Homer werde Lügen niederschreiben (Or. Sib. III 414–430); die sechste sei die samische, und Eratosthenes habe in den alten Jahrbüchern der Samier ein Zeugnis über sie gefunden; die siebente sei die cumanische, Amalthea mit Namen, die bei anderen Herophile oder Demophile (Demo) heiße, und sie habe dem König Tarquinius Priscus die neun Bücher gebracht, von denen der König schließlich drei gekauft habe; die achte sei die hellespontische, gebürtig vom trojanischen Gebiet, näherhin vom Flecken Marmessos bei der Stadt Gergis; die neunte sei die phrygische, die zu Ankyra geweissagt habe; endlich die zehnte sei die von Tibur, Albunea mit Namen, die in Tibur an den Ufern des Aniostromes als Göttin verehrt wurde, und in der Tiefe des Anio soll ein Standbild von ihr mit einem Buche in der Hand gefunden worden sein. Dieses Verzeichnis benutzen die Späteren, so der Verfasser der sog. Sibyllinentheosophie (H. Erbse, Fragmente griechischer Theosophien, Hamburg 1941, 185 f.), aus der wieder der Verfasser des Prologes unserer heutigen Sammlung der Or. Sib. einen Auszug gemacht hat. Übrigens führt K. Stützle, Progr. Ellwangen 1904, 4–13, diese 10 Sibyllen auf wenige oder gar nur auf eine einzige zurück. – Im Mittelalter traten noch zwei weitere Sibyllen hinzu (entsprechend der Zahl der 12 Apostel!). So redet die um 635 entstandene byzantinische Osterchronik von zwölf Sibyllen (Krumbacher, Gesch. der byz. Lit. S. 116), und das deutsche Volksbuch fügt ihnen die Königin Richaula von Saba als dreizehnte hinzu (Schultess, Die sibyllinischen Bücher in Rom S. 3).

IV. Einzelne Sibyllen

A. Die Sibylle von Marpessos (spätere Form: Marmessos), gewöhnlich Ἑλλησποντία genannt (über ihre Herkunft s. o. die Notiz bei Arrian), ist die älteste hellenische Sibylle. Pausanias (10, 12, 3 aus Alex. Polyh.) überliefert uns das wichtige Epigramm:

εἰμὶ δ'ἐγὼ γεγαυῖα μέσον θνητοῦ τε θεᾶς τε
νύμφης ἀθανάτης, πατρὸς δ' ἐκ κητοφάγοιο,

μητρόθεν Ἰδογενής· πατρὶς δ' ἐμοί ἐστιν ἐρυθρή
Μαρπησσός, μητρὸς δ' ἱερή, ποταμὸς δ' Ἀιδωνεύς.

Mittleren Wesens von Göttin und Sterblichem, bin ich entsprossen
Einer unsterblichen Nymphe, vom Thunfisch essendem Vater;
Idaentsprossen die Mutter. Doch Heimat ist mir das rote,
Meiner Mutter heil'ge Marpessos, der Fluß Aïdoneus.

Danach galt die im Gebiet von Marpessos waltende Sibylle als die
Tochter eines sterblichen Fischers und einer Nymphe des Ida. Nach
der rötlichen Erde ist Marpessos ἐρυθρή genannt. In dem rissigen Boden versickerte der Fluß Aidoneus in die Tiefe (Anspielung auf den
Unterweltsgott!). Die Ansprüche der Marpessier auf die Sibylle bestritten die Erythräer. Um das erwähnte Epigramm auf ihre lokalen Verhältnisse deuten zu können, strichen sie den letzten Vers und faßten
Ἐρυθρή als Eigennamen; ἰδογενής aber deuteten sie „von mütter-
licher Seite dem Walde (ἴδη = mit Gestrüpp oder Wald bedeckte Höhe)
entstammt", d. h. die Mutter war als Waldnymphe gedacht. Einen
Niederschlag dieser literarischen Fehde finden wir in dem gleich [unter
B] zu erwähnenden Sibyllengedicht aus der Grotte von Erythrai [v. 2.
4]. Aber der 4. Vers des obigen Epigramms sieht nicht nach einem Zu-
satz aus. Auch ist es kaum glaublich, daß die Einwohner einer später
bedeutungslos gewordenen Ortschaft, wenn sie sich nicht auf gute,
alte Überlieferung stützen konnten, gegenüber einer Stadt wie Erythrai
ihre Ansprüche geltend gemacht hätten. – Auch in einer anderen Stadt
der Troas (Alexandreia) will die Herophile von Marpessos (der Name
auch bei Tibull 2, 5, 67) geweilt haben und νεωκόρος τοῦ Ἀπόλλωνος
τοῦ Σμινθέως (Tempeldienerin des Apollo Smintheus) gewesen sein
(Paus. 10, 12, 5); sie habe auf Grund des Traumes der Hekate geweissagt, was, wie man wisse, eingetroffen sei: Helena werde zum Verderben für Asien und Europa aufwachsen, und um ihretwillen werde
Ilios von den Griechen erobert werden (Zusammenfließen mit der Gestalt der Kassandra; vgl. das oben von Varro-Laktanz über die erythräische Sibylle Gesagte). Den größten Teil ihres Lebens habe sie
in Samos zugebracht, sei aber auch nach Klaros im Gebiet der Kolophonier gekommen, nach Delos und nach Delphoi (auf Delos erzähle
man auch von einem Hymnus auf Apollon, worin sie sich nicht nur
Herophile, sondern auch Artemis nenne und bald die Frau, bald die
Schwester, bald die Tochter Apollons sein wolle, was sie ja freilich in

dem mit der Ekstase gegebenen Wahnsinn ausgesprochen habe); der
Tod jedoch habe sie in der Troas ereilt; im Hain des Apollon Smintheus
habe sie ihr Grabmal, auf dem Grabstein stehe folgende Inschrift in
elegischem Versmaß (Paus. 10, 12, 6):

"Αδ’ ἐγὼ ἁ Φοίβοιο σαφηγορίς εἰμι, Σίβυλλα,
   τῷ δ’ ὑπὸ λαϊνέῳ σάματι κευθομένα,
παρθένος αὐδάεσσα τὸ πρίν νῦν δ’ αἰὲν ἄναυδος,
   μοίρᾳ ὑπὸ στιβαρᾷ τάνδε λαχοῦσα πέδαν·
ἀλλὰ πέλας Νύμφαισι καὶ Ἑρμῇ τῷδ’ ὑπόκειμαι,
   μοῖραν ἔχοισ’ Ἑκάτω τᾶς τότ’ ἀνακτορίας.

Ich liege hier, Sibylla, vor Zeiten des Phoibos Prophetin,
   Hier vermodernd im Grab unter dem traurigen Stein;
Reich war ich einst, die Jungfrau, an Worten, stumm bin ich jetzt ewig,
   Seit des Geschickes Wucht fest hier in Banden mich hält;
Aber ich liege da drunten bei Nymphen, und Hermes ist nahe,
   Weil mit dem Ferntreffer ich teilte das Herrschergebiet.

(Stützle aaO 6.)

In der Nähe standen ein Hermesmal und Nymphenstatuen; eine
Quelle sprudelte zur Linken. – Da Marpessos bei dem Städtchen Gergis
lag, heißt die Sibylle auch Γεργιθία, wie durch Münzen des 4. Jahrhunderts bestätigt wird (Head² 545).

B. Die Sibylle von Erythrai, die in unseren Quellen denselben
Namen Herophile (zur Deutung des Namens vgl. Diels, Sib. Bl. 52,
1 f.) führt wie die von Marpessos, ist die weitaus berühmteste griechische Sibylle; vgl. Lactant. div. inst. I 6, 14: Erythraea, quae celebrior
inter ceteras Sibyllas ac nobilior habetur (ähnlich de ira dei 22, 5; vgl.
ferner Cic. div. 1, 18, 34; Plut. de Pyth. or. 14, 401 B; Paus. 10, 12,
1–3). Als wichtiges Dokument ist die im Jahre 1891 aufgefundene Inschrift der sibyllinischen Quellgrotte in Erythrai hinzugekommen (Buresch: Athen. Mitt. 17, 1892, 16–36; Corssen, ebd. 38, 1913, 1 ff.); auf
einem als Türpfosten verwendeten großen Steine steht folgende für
die Geschichte der Sibyllistik bedeutsame Inschrift (Rzach, RE II A,
2, 2085):

Ἡ Φοίβου πρόπολος χρησμηγόρος εἰμὶ Σίβυλλα,
   νύμφης Ναϊάδος πρεσβυγένης θυγάτηρ·
πατρὶς δ’ οὐκ ἄλλη, μούνη δέ μοί ἐστιν Ἐρυθραί,
   καὶ Θεόδωρος ἔφυ θνητὸς ἐμοὶ γενέτης.

5 Κισσώτας δ' ἤνεγκεν ἐμὸν γόνον, ὧι ἔνι χρησμούς
   ἔκπεσον ὠδείνων εὐθὺ λαλοῦσα βροτοῖς·
   τῆιδε δ' ἐφεζομένη πέτρηι θνητοῖσιν ἄεισα
   μαντοσύνας παθέων αὖθις ἐπεσσομένων·
   τρὶς δὲ τριηκοσίοισιν ἐγὼ ζώουσ' ἐνιαυτοῖς
10   παρθένος οὖσ' ἀδμὴς πᾶσαν ἐπὶ χθόν' ἔβην·
   αὖθις δ' ἐνθάδ' ἔγωγε φίληι πὰρ τῆιδέ γε πέτρηι
   ἧμαι νῦν ἀγανοῖς ὕδασι τερπομένη.
   χαίρω δ' ὅττι χρόνος μοι ἐπήλυθεν ἤδη ἀληθής,
   ὧι ποτ' ἀνανθήσειν αὖθις ἔφην Ἐρυθράς,
15   πᾶσαν δ' εὐνομίην ἕξειν πλοῦτόν τ' ἀρετήν τε
   πάτρην ἐς φιλίην βάντι νέωι Ἐρύθρωι.

(Ich bin Sibylle, des Phoibos weissagende Dienerin, / erstgeborene
Tochter einer Flußnymphe; / meine Heimatstadt ist nichts anderes als
nur Erythrai, / und Theodoros ist mein sterblicher Vater gewesen.
(5) Der Kissotas war meine Geburtsstätte, wo ich Orakel / gleich nach
der Geburt den Sterblichen habe gegeben. / Hier auf dem Felsen sitzend hab' ich den Menschen / Prophezeiungen verkündet von wieder-
kommenden Leiden. / In einem Leben von 3mal 300 Jahren bin ich
(10) als reine Jungfrau über die ganze Erde hingewandert. / Wiederum
sitz' ich jetzt hier neben dem mir lieb gewordenen Felsen, / der lieblichen Wasser mich erfreuend. / Ich freue mich, daß nun die richtige
Zeit ist gekommen, / wo, wie ich einst verheißen, Erythrai wieder auf-
blüht (15) und jegliche Wohlfahrt, Reichtum und Tugend erhält, /
wenn der neue Erythros meine liebe Vaterstadt betritt.)

Da die Anlage aus der Zeit des Zusammenwirkens der beiden Kaiser
M. Aurelius Antoninus und L. Aurelius Verus (161–169) stammt, sah
man in dem am Schluß erwähnten Ἔρυθρος den L. Verus, der gegenüber dem bei Pausanias 7, 3, 7 oder Diodor 5, 79, 84 genannten Städte-
gründer, dem Ἔρυθρος κτίστης, der Münzen (Head, HN² 579) gewissermaßen als Neubegründer ihrer Wohlfahrt gedacht ist. Nach
Hist. Aug. Jul. Ver. 6, 9 weilte der Kaiser im Jahre 162, als er seinen
Weg zur parthischen Front nahm, in den berühmten Städten Klein-
asiens, wobei er auch Erythrai besucht haben mag; um 162 n. Chr.
wäre also die Bauanlage anzusetzen.

Das Gedicht zeigt eine unverkennbare polemische Tendenz; v. 3
richtet sich gegen die Beibehaltung von v. 4 in dem Epigramm (Paus.

10, 12, 3), den die Erythräer getilgt wissen wollten (s. o. unter A). Zu
der Art ihrer Weissagung, wonach sie gleich nach ihrer Geburt auf
einem Felsen sitzend weissagt, vgl. die oben erwähnte Bronzemünze
(Head² 579). Zur Angabe ihres hohen Alters stimmt die Annahme der
Kirchenväter, daß sie im Anfang des 8. oder 7. Jahrhunderts gelebt
habe (Zur Zahlensymbolik 3mal 300 vgl. Diels, Sib. Bl. 39 ff.). Wichtig ist auch der Hinweis auf die weiten Wanderungen der Sibylle. Auch
nach Paus. 10, 12, 1. 5 (s. o. unter A) ist Herophile nach Delphoi, Delos,
Klaros gekommen und hat einen großen Teil ihres Lebens in Samos
verbracht. (Über die Benutzung zahlreicher Weissagungen der Erythraea im III. Buch der or. Sib., darunter das Orakel betr. der Zerstörung Trojas und der Lügenmeldungen Homers III 414–432, s. u.)
   Bei Phlegon περὶ μακροβ. 4 (= FHG III 610) verkündet unsere Sibylle, sie werde durch Apollons Pfeil getötet werden, doch vergehe
ihre Prophetie nicht; von des unbestatteten Körpers Blut getränkt,
werde die Erde reichlichen Graswuchs sprießen lassen, wodurch die
Tiere (Vögel) genährt würden, die den Überrest des Körpers ver-
zehrten, den Keim der Weissagung in sich aufnähmen und so den
Menschen die Zukunft offenbarten (Einfluß des Euhemeros!). Vgl.
auch Plutarch, De Pyth. or. 9 D.
   Noch zur Zeit Alexanders des Großen, als die Sibyllenweissagung
eine Hochblüte erlebte, soll nach Kallisthenes (bei Strabo 17, 43, 814,
vgl. auch 14, 34, 645) eine Sibylle Athenaïs in Erythrai geweissagt und
den großen Eroberer als Sohn des Zeus gepriesen haben, wie vorher
schon das Orakel des Juppiter Ammon (F. Kampers, Alex. d. Gr. und
die Idee des Weltimperiums in Prophetie und Sage, 1901, 173, dazu
Or. Sib. III 381 ff.).
   C. Die Sibylle in Delphoi ist schon aus dem ältesten carmen
Sibyllinum bekannt, das uns Herakleides Pontikos bei Clem. Alex.
Strom. I 108 überliefert hat (s. o. unter III): danach waren im Eingang des Gedichtes die Delphier angeredet, denen die Sibylle sich als
„ihrem leiblichen Bruder Apollon grollend" bezeichnete; gekommen
sei sie, um den Sinn des die Ägis haltenden (also strafenden) Zeus zu
verkünden. Pausanias (10, 12, 2) erzählt, die in Delphoi erschienene
Herophile habe ἐν τοῖς ἔπεσιν sich als Artemis und auch als ᾽Απόλλω-
νος γυνὴ γαμετή, τότε δὲ ἀδελφὴ καὶ αὖθις θυγάτηρ (Apollos ehe-
liche Gemahlin, Schwester und wiederum Tochter) bezeichnet. Auch
bei Phlegon (περὶ μακροβ. 4, 7) lesen wir vom Neide Apollons, der

sie deshalb mit seinem Pfeile getötet habe. Zur Konkurrenz mit der
delphischen Pythia vgl. J. Geffcken, N. Jahrb. 15, 1912, 594. Gegen
die Annahme von Buchholz (bei Roscher 4, 799. 794), durch Apollon
sei ein älteres Sibyllenorakel verdrängt worden, wendet Rzach (RE II
A, 2, 2089) ein, daß weder die historischen Quellen noch die griechische Dichtung (Homer, Il. 9, 405; Hymn. Apoll. 210 ff.; Aischylos,
Anfang der Eumeniden) hiervon eine Andeutung geben.

D. Die Sibylle von Cumae (Kyme) in Campanien (ihre Namen
bei Varro, s. o. unter III, dazu Diels, Sib. Bl. 52, 1) war die bedeutendste im Westen. Die römische Sage hat sie mit dem Stammvater der
Römer (Aeneas) in Verbindung gebracht. Bei dieser Sibylle ist von
vornherein anzunehmen, daß aus der Urheimat äolischer Sibyllendichtung derartige Orakel auch in das campanische Kyme kamen, also
aus der Mutterstadt in die Kolonie (über die Gründung Cumaes vgl.
Liv. VIII 22; Diels, Sib. Bl. 98), und die ganze Örtlichkeit stimmte zu
der Sage, auch das Cumae auf italischem Boden habe seine Sibylle gehabt; in einer nahen Grotte soll sie ihre Sprüche erteilt und ihre Orakel
auf Palmblätter geschrieben haben (Serv. Aen. III 444, dazu Diels
aaO 56, 4). Vergil (Aen. VI 42 ff.; III 441 ff.) beschreibt genau die
Sibyllengrotte, und die neuen Ausgrabungen haben die Schilderung
bestätigt (vgl. Not. d. Scavi 1926, 85 ff.; Gnomon II 366. 747; Arch.
Anz. 1927, 122 f.; 1928, 176; Mnemos. 55, 1927, 370 ff.). Auch Ps.-
Justin gibt eine genaue auf Autopsie beruhende Schilderung der cuma-
nischen Orakelstätte (Coh. ad Graec. c. 37, dazu Diels aaO 56 ff.). [Zu
Pausanias' Zeit (X 8) gab es in Cumae keine sibyllinischen Bücher
mehr; wahrscheinlich sind alle im Jahre 83 v. Chr. nach dem Brande
des Juppitertempels auf dem Kapitol, wo die libri fatales aufbewahrt
wurden, nach Rom geholt worden.]

Nach Ps.-Aristoteles (mirab. 1188) ist die cumanische Sibylle identisch mit der aus Erythrae; ihr Name sei Μελαγκραίρα. Diese Bezeichnung führt Diels (Sib. Bl. 123 f.) auf den Gestus der Verhüllung zurück, wobei die Farbe dieser Hülle (κυάνεον κάλυμμα) bedeutsam sei.
Danach hat sie nicht bloß geweissagt, sondern auch die Schuld des
Volkes auf sich genommen und als Sünderin von den erzürnten Göttern die Erlösung (λύσιν κακοῦ) erfleht.

Der cumanische Lokalpatriotismus machte sie zu einer Eingeborenen
namens Demo (zum Namen vgl. Diels aaO S. 52, 1). Sie hatte von
Apollon so viel Lebensjahre bewilligt bekommen, wie sie Sandkörner

in der Hand hielt, unter der Bedingung, daß sie Erythrai niemals wiedersehe; deshalb war sie nach Cumae gewandert. Als ihr später die Erythräer einen mit einem Kreidesiegel versehenen Brief schickten, brachte ihr der Anblick „erythräischen Bodens" den Tod (Serv. Aen. VI 321).

Ob es wirklich die Sibylle von Cumae war, die dem Tarquinius Priscus die neun Bücher anbot, von denen dieser schließlich drei kaufte, da ihm der Preis zu hoch war und die alte Seherin sechs verbrannt hatte, ohne den hohen Preis zu erniedrigen, wird neuerdings bestritten (Diels aaO 80 f.; W. Hoffmann, Wandel und Herkunft der Sibyllinischen Bücher in Rom, Diss. Leipzig 1933; dazu W. Kroll, Gnomon X, 1934, 387 f.); jedenfalls sei diese Auffassung zu Varros Zeit noch nicht gesichert gewesen, so daß diesen die Untersuchung der Frage nach der Urheberschaft schließlich auf die Sibylle von Erythrai geführt habe; entscheidend sei, daß Dionys von Halikarnaß (IV 62, 2) von ihr einfach als γυνή τις οὐκ ἐπιχωρία (eine nicht Einheimische) spreche, ohne sie überhaupt als Sibylle zu kennzeichnen.

Als gesichertes Ergebnis der religionsgeschichtlichen Forschung dürfen wir hier buchen, daß die staatliche Anerkennung der sibyllinischen Orakelsammlung von Cumae, die in engster Beziehung zum Kult des Apollo, des Hauptgottes von Cumae, stand, dem Apollo als dem ersten griechischen Gott den Einzug in Rom verschafft hat, wahrscheinlich schon in der Königszeit, wenn wir auch erst im Jahre 433 von der Erbauung eines Tempels hören.

E. Über die jüngste hebräische Sibylle (die später an die erste Stelle rückte und die persische verdrängte: vgl. unten Prolog bzw. Sibyllentheosophie S. 24 ff.; ferner Schol. Plat. Phaedr. p. 244 b: Σίβυλλαι μὲν γεγόνασι δέκα, ὧν πρώτη ὄνομα Σαμβήθη· Χαλδαίαν δέ φασιν αὐτὴν οἱ παλαιοὶ λόγοι, οἱ δὲ μᾶλλον Ἑβραῖαν. Sibyllen gab es zehn; die erste hieß Sambethe, nach alten Berichten Chaldaia oder vielmehr Hebraia. Pausanias schreibt am Schluß seines Berichtes über die Sybillen (X 12, 9): „Es lebte aber auch später als Demo (von Kyme) bei den Hebräern, die über Palästina hinaus wohnen (d. h. in dem östlich von der Küstenebene bis zu 900 m sich erhebenden Gebirgsland Judaea) eine weissagende Frau namens Sabbe (Kurzform von Sambethe wie Demo von Demophile), angeblich die Tochter des Berossos und der Erymanthe; andere nennen sie die babylonische und wieder andere die ägyptische Sibylle." Das sieht von vornherein verdächtig aus. In der

Tat haben viele Forscher (besonders seit E. Maaß, De Sibyllarum indicibus, Diss. Greifswald 1879) den alexandrinischen Juden, der das III. Buch unserer Oracula Sibyllina verfaßte, für diese angeblich hebräisch-babylonisch-ägyptische Sibylle verantwortlich gemacht. Aber in unserer jüdischen Sibyllendichtung ist weder der Name Sabbe oder Sambethe noch ihre Herleitung von Berossos enthalten. Nun nimmt allerdings Geffcken (mit Blaß) an, daß in der Lücke hinter III 811 diese Angaben gestanden haben, ja daß diese Stelle absichtlich ausgebrochen worden sei, um die Verschmelzung babylonischer und erythräischer Sprüche zu bewerkstelligen (vgl. Anm. zu 811). Aber in einer Inschrift aus der Zeit Trajans (CIG 3509) ist von einem Σαμβαθεῖον ἐν τῷ Χαλδαίου περιβόλῳ die Rede; damit kann bloß die Orakelstätte der Sambethe gemeint sein. Also hat es tatsächlich in der hellenistischen Zeit eine chaldäische Sibylle gegeben, die in griechischen Hexametern babylonische Sagen vermischt mit hellenistischen Vorstellungen vortrug (vgl. Or. Sib. III 97 ff. mit Anm.); Tochter des Berossos aber hieß sie, weil sie aus dem Geschichtswerk des Berossos schöpfte (vgl. P. Schnabel, Berossos und babylonisch-hellenistische Literatur, Leipzig 1923; A. Peretti, La Sibilla Babilone nella propaganda ellenistica, Firenze 1943).

V. Sibyllenorakel

A. Hellenische Weissagungen. Als ältestes Orakel wird uns das der Peleiaden, d. h. der dodonäischen Priesterinnen, überliefert, welche nach Pausanias (X 12, 5) zuerst unter allen Frauen (also vor den Sibyllen) die Verse gesungen haben:

Ζεὺς ἦν, Ζεὺς ἐστί, Ζεὺς ἔσσεται· ὦ μεγάλε Ζεῦ.
Γᾶ καρποὺς ἀνιεῖ, διὸ κλήζετε ματέρα γαῖαν.

Zeus war, Zeus ist und Zeus wird sein: o Zeus, du Gewalt'ger!
Frucht bringt die Erde hervor, darum nennet Mutter die Erde.

Das älteste Carmen Sibyllinum, das sog. Erythraeum, ist oben unter III (S.11ff.) mitgeteilt. In dem oben erwähnten Sibyllenkatalog Varros (bei Laktanz, Divin. inst. I 6, 7–12) steht unter den zehn Sibyllen die Erythraea an fünfter Stelle, von der Apollodoros behauptet, sie sei seine Landsmännin gewesen und habe den Griechen auf dem Zug nach Troja geweissagt, Troja werde fallen und Homer werde Lügen niederschreiben. Vgl. dazu Or. Sib. III 419–433 (S. 92). Nach Paus. X 12, 2 ist die Sibylle Herophile vor dem Trojanischen Krieg geboren und hat geweissagt, daß Helena zum Untergang Asiens und Europas in Sparta aufgezogen und Ilion ihretwegen von den Griechen eingenommen werde (vgl. auch hierzu Or. Sib. III 414–418). Die künftige Herrschaft der Aeneaden, später auf Rom gedeutet, habe Homer, so heißt es im Schol. Townl. zu Hom. 20, 207 (Eustathios), nach Sibyllensprüchen verkündet (ἅπερ εἰδέναι τὸν ποιητὴν ἐκ τῶν Σιβύλλης χρησμῶν).

Von historischen Ereignissen erwähnt Pausanias (X 9, 12) die Schlacht bei Aigospotamoi, bei der es nicht mit rechten Dingen zugegangen sein soll; vielmehr sei die Katastrophe durch Verrat der Feldherren herbeigeführt worden (vgl. Xen. Hell. II 1, 32); zum Beweis führt er folgendes Orakel der Sibylle an:

Καὶ τότ᾽ Ἀθηναίοισι βαρύστονα κήδεα θήσει
Ζεὺς ὑψιβρεμέτης, οὗπερ κράτος ἐστὶ μέγιστον,
νηυσὶ φερεπτολέμοισι μάχην καὶ δηϊότητα,
ὀλλυμέναις δολεροῖσι τρόποις κακότητι νομήων.

Und dann wird den Athenern gar schweren Kummer bereiten
Zeus, der Donn'rer der Höhe, denn seine Gewalt ist am größten,
Schlacht und Kampfgetümmel der Flotte des Krieges, doch alle
Schiffe gehen durch List und Verrat der Führer zugrunde.

Und die Fortsetzung aus den Orakeln des Musaios:

Καὶ γὰρ Ἀθηναίοισιν ἐπέρχεται ἄγριος ὄμβρος
ἡγεμόνων κακότητι· παραιφασίη δέ τις ἔσται
ἥττης· οὐ λήσουσι πόλιν, τίσουσι δέ ποινήν.

Denn Athen überkommt ein wilder Sturm dank der Führer
Unfähigkeit; doch ist bei der Niederlage Verrat im
Spiele: die Stadt wird's erfahren, die Schuld'gen ereilet die Strafe.

Und gleich darauf erwähnt Pausanias (X 9, 12) ein Orakel über den Ausgang des Kampfes der Lakedaimonier und der Argiver in der Thyreatis (vgl. Herodot I 82). Derselbe überliefert (VII 8, 9) das Orakel über die Niederlage des Königs Philippos bei Kynoskephalai (197 v. Chr. vgl. Liv. XXXIII, 4):

Αὐχοῦντες βασιλεῦσι Μακηδόνες Ἀργεάδησιν,
ὑμῖν κοιρανέων ἀγαθὸν καὶ πῆμα Φίλιππος.

ἤτοι ὁ μὲν πρότερος πόλεσιν λαοῖσι τ' ἄνακτας
θήσει· ὁ δ' ὁπλότερος τιμὴν ἀπὸ πᾶσαν ὀλέσσει,
δμηθεὶς ἑσπερίοισιν ὑπ' ἀνδράσιν ἠῴοις τε.

Eurer Kön'ge von Argos ihr Makedonen euch rühmet:
Euch zum Heil und auch zum Schaden wird herrschen Philippos.
Wahrlich der frühere wird über Städte und über die Völker
Herrscher setzen, der jüng're wird alle Ehre verlieren,
Völlig bezwungen von westlichen Männern und solchen vom Osten.

Und unser Gewährsmann bemerkt dazu: ,,Die Römer, die den westlichen Teil Europas beherrschen, eroberten die Herrschaft der Makedonen unter Mithilfe des Attalos, der ein Bundeskontingent führte,
und auch eines Heeres aus Mysien; Mysien aber ist mehr nach dem
Osten gelegen." An den Anfang dieses Orakels erinnert Or. Sib. IV 88.
Über weitere Orakel, die von heidnischen Schriftstellern bezeugt sind,
s. Anm. zu IV 97 und 101 (und oben S. 8 und S. 13). – Eine Anzahl
Sibyllenverse führt Plutarch in seinen drei Pythischen Dialogen an,
deren letzter (περὶ τῶν ἐκλελοιπότων χρηστηρίων) eine energische
Apologie des Orakelglaubens ist; vgl. de Pyth. or. 11 p. 399 C (aus
Poseidonios) über den Ausbruch des überseeischen Vulkans bei der
Insel Thera nach dem zweiten Punischen Krieg (Alexandre, Exc. ad
Sib., Paris 1856, 117 ff.).

Im ältesten (III.) Buch der Oracula Sibyllina findet sich außer den
bezeugten, die oben erwähnt sind, noch eine Reihe weiterer alter
Orakel, wahrscheinlich der Erythraea; auch im IV., V. und sogar im
VIII. Buch lesen wir heidnische Orakel; ob es die der Erythräerin sind,
bleibt ungewiß. Vgl. Geffcken, Komp. S. 7 ff. 18 f. 28. 38 (unten S. 302). –
Die Entdeckung des Osloer, bisher unbekannten, Sibyllenbruchstückes
(ed. W. Crönert, Symbolae Osloenses VI, 1928, 57–59) beweist, daß
in der alexandrinischen Zeit neben den jüdischen Sibyllinen auch hellenische (heidnische) hergingen.

B. Sibyllinische Bücher in Rom. Während die griechischen Sibyllensprüche meist Unheilsprophezeiungen waren, beschränkte sich
die Befragung der Sibyllinischen Bücher in Rom auf Sühnung und
Prodigien, Anweisung bzw. Einführung griechischer Kulte u. ä. (Sie
enthalten also ursprünglich keine Weissagungen.) So wurde z. B. noch
im Hannibalischen Krieg zur Zeit der größten Not (205) die Über-
führung der Magna Mater aus Pessinus in Kleinasien angeordnet (Liv.

XXIX 10–14). Dieses Ereignis ist deshalb wichtig, weil damals zum erstenmal eine Prophezeiung mit der Einbringung der Göttin, d. h. ihres alten Symbols, des heiligen Meteorsteines, verbunden wurde, nämlich die Verdrängung des Landesfeindes aus Italien. Ähnliches stand schon in den sog. carmina Marciana (Liv. XXV 12, 2: s. Schanz-Hosius I², 24). Neuerdings hat man diese Veränderung betreffs der Verwertung griechischer Orakel mit der Erregung und Spannung des 2. Punischen Krieges in Zusammenhang gebracht. In der Folgezeit werden immer häufiger Prodigien als Offenbarung der Zukunft gedeutet (s. Hoffmann aaO; K. Stützle, Programm Ellwangen 1904, 15–51, hat sämtliche Stellen bei lat. und griech. Schriftstellern zusammengestellt).

Die Befragung der Sibyllinischen Bücher besorgten zunächst zwei, dann immer mehr, zuletzt XV-Männer. Erhalten sind uns zwei „echte" Orakel aus dem Jahre 125 v. Chr. über den Fall einer Zwittergeburt und den Auftrag, ludi saeculares abzuhalten (vgl. Diels aaO). Auch der Kaiser Augustus berief sich im Jahre 17 v. Chr. auf ein angebliches Sibyllenorakel (erhalten bei Phlegon, Mirab. 4: s. Horazausgabe von Kießling-Heinze, Einl. zum Carm. Saec.).

Große Verwirrung war eingetreten durch den Brand des kapitolinischen Tempels im Jahre 83 v. Chr. Auf Befehl des Senates wurden aus dem griechischen Osten, hauptsächlich aus Erythrai, neue Orakel geholt, die im neuerbauten Tempel des Apollo Palatinus aufbewahrt wurden. Sie wurden wiederholt in der Kaiserzeit befragt (s. Stützle aaO).

C. Jüdische und christliche Sibyllenorakel. Nach den Forschungen von Geffcken (GGN 1900, 88 ff. und Komp. etc.) und Bousset (ZNW 1902, 23 ff.) ist die sibyllinische Literatur heidnisch gewesen. Und das oben erwähnte Osloer Fragment bestätigt dies nach der sprachlichen Seite. Daß die jüdischen Sibyllisten heidnische Orakel in großer Zahl ihren Weissagungen einverleibten, haben wir oben an zahlreichen Beispielen gesehen. In der beginnenden Blütezeit der Oracula Sibyllina (ab 3. Jahrh. v. Chr.) hat Lykophrons Alexandra (= Kassandra) mit ihrer dunklen Sprache und ihrem Übermaß abgelegenster Metonymien, die dem Leser fortwährend Rätsel aufgeben – Clemens Alexandrinus strom. V p. 676 P. zählt den Lykophron zu den Schriftstellern, die man ohne Kommentar nicht verstehen kann –, Pate gestanden (übrigens ist die kumäische Sibylle in der überwölbten Grotte an der

kampanischen Küste v. 1279, die erythräische v. 1464 erwähnt: vgl.
Diels, Sib. Bl. 64 ff.). Von Lykophron übernahm die „jüdische Sibylle",
die ihre Verse in den Dienst der Propaganda des Monotheismus stellt,
die Umsetzung der Geschichtserzählung in die Form der Weissagung.
Das Wesen der Sibyllinen ist die Ankündigung eines zukünftigen Er-
eignisses, und da das psychologische Bedürfnis, einen Blick in die Zukunft zu tun, nur bei einer drohenden Gefahr besteht, so enthalten sie
die Ankündigung eines kommenden Unheils (vgl. Tibull II 5, 71 ff.).
Das geschieht entweder in bedingter oder unbedingter Form. Entweder
ist die Lage so, daß das Unheil unabwendbar ist, und die Aufgabe der
Sibylle beschränkt sich darauf, es in seiner ganzen Schrecklichkeit aus-
zumalen, oder das Unheil kann durch Ein- und Umkehr (μετάνοια)
noch abgewendet werden, und dann erscheint die Prophetin als War-
nerin, die zugleich auf die entsetzlichen Folgen hinweist, für den Fall,
daß ihre Mahnungen kein Gehör finden sollten (M. J. Wolff, Arch. f.
Kulturgesch. 24, 1934, 312 ff.). Die schwere Erschütterung, die nach
dem Tode Alexanders in der gesamten griechischen Welt eintrat, rief
Männer auf den Plan, die den Beruf zum mahnenden Propheten in sich
spürten, die ihren Mitmenschen durch Hinweis auf den drohenden
Untergang auf den Weg der Besserung führen wollten. Und wenn sie
ihre vermeintlich göttliche Mission im Namen und unter der Maske
einer angeblich uralten Sibylle ausübten, so nahm das Altertum daran
keinen Anstoß und sah, selbst wenn es den Sachverhalt kannte, in dem
Verfahren keinen Betrug, sondern ein durchaus zulässiges und auch
sonst vielfach gebrauchtes literarisches Hilfsmittel. Im Gegensatz zu
den alten Orakelsprüchen, die nur das kommende Ereignis ankündig-
ten, holte die sibyllinische Dichtung der Alexandriner weiter aus und
pflegte die aus der gegenwärtigen Lage entspringende bevorstehende
Gefahr historisch zu „untermauern". Wie in der Geschichtserzählung
in Form der Prophetie wurden von einem in der entlegensten Vergangenheit liegenden Zeitpunkt aus alle möglichen Ereignisse vorhergesagt, die unterdessen natürlich längst eingetreten waren. Der Sibyllist erreichte damit einen doppelten Zweck. Auf der einen Seite legte
er seine durch die geschichtlichen Vorgänge bewiesene Weltanschau-
ung dar und verkündete den Ruhm des Gottes, dem seine Sibylle
angeblich ihre Inspiration verdankte, auf der anderen verstärkte er
deren Glaubwürdigkeit. Alles Unheil der Vergangenheit wird daher
in epischer Breite auseinandergesetzt, weil sein vorhergesehener Ein-

tritt als Bürgschaft der in die Zukunft weisenden Voraussagen dient. Die Sibylle will ihre unbedingte Überlegenheit über alle konkurrierenden Wahrsager unter Beweis stellen. Daher die scharfen Ausfälle gegen die Schwindelpropheten, die ihre Weisheit nicht aus der richtigen Quelle schöpfen und nur des Gewinnes halber Schändlichkeiten weissagen. Die Seherin rechnet damit, daß man ihr zunächst nicht glaubt, ja daß man sie als Lügnerin beschimpft, aber wenn einst alles eingetroffen sei, dann werde man ihrer gedenken als der großen Prophetin Gottes (vgl. den Schluß des III. Buches).

Die Sibyllinen waren nicht zum praktischen Gebrauch bestimmt und blieben von den durch langjährige Tradition eingebürgerten und von der Staatskirche anerkannten wirklichen Orakeln durch eine breite Kluft getrennt. Diese besaßen eine amtliche Autorität, die sibyllinischen Dichtungen dagegen waren private Arbeiten, denen nur soviel überzeugende Kraft zukam, als sie sich durch ihren Gehalt oder das Ansehen ihrer angeblichen Verfasserin verschafften. Die unter dem Namen der Erythräerin gehenden Gedichte wurden, wie es scheint, gläubig aufgenommen. Unter unseren Sibyllinen wurden die ersten drei Bücher als Weissagungen der Erythraia später zitiert (in der Konstantinrede bei Eusebius S. 208 sogar das VIII. Buch und einmal eine Kombination des VI. und VIII. Buches in der Sibyllentheosophie aus dem 5./6. Jahrhundert, vgl. u. S. 256). Da der Prolog zur Ausgabe der Sibyllinen einen Auszug aus der genannten Sibyllentheosophie darstellt, so dürfen wir kaum vor Beginn des 6. Jahrhunderts die heutige Redaktion dieser seltsamen und verworrenen Dichtungen ansetzen. In unserer Sammlung lassen sich drei Bearbeitungen nachweisen: die erste im jüdischen Sinn, die zweite unter christlicher Tendenz, die dritte bei der Schlußredaktion.

Das Kernstück der Sibyllinen bildet die Schilderung des Weltuntergangs, des allgemeinen Weltbrandes und Weltgerichtes (dies irae!). Der prophetische Teil der Dichtung war eschatologisch, während die in die Vergangenheit zurückgreifenden historischen Partien sich zu einer Interpretation der Geschichte unter dem Gesichtspunkt der Offenbarung der Allmacht des einzig wahren Gottes entwickeln – und der Messiaserwartung; in den späteren christlichen Sibyllinen ist die Rede vom wiederkehrenden Messias, der das Endgericht abhalten wird. (Über die Bücher I–VIII, ihre Komposition und Entstehungszeit ist in den Anmerkungen die Rede; die Bücher XI–XIV aus dem 3. und 4. Jahrhundert sind rein politischen Charakters und außer dem XII.

fast wertlos: vgl. Geffcken, Römische Kaiser im Volksmunde der Provinz, GGN 1901, 1–13).

Die Wirksamkeit der Sibyllinen darf nicht gering eingeschätzt werden. Man braucht dabei gar nicht anzunehmen, daß der Anspruch, den
diese Dichtungen zur Schau tragen, von seherischen Frauen außer-
israelitischen Ursprungs verfaßt zu sein, von den gebildeten Heiden
ernst genommen wurde. Auch wenn man auf heidnischer Seite diese
Literatur als pseudonym ansah, konnte man sich dennoch dem Inhalt
eröffnen (K. Prümm, Christentum als Neuheitserlebnis, Freiburg i. Br.
1939, 24). Daß in der Kampfzeit des Christentums auch die Gegner
von den jüdisch-christlichen Orakeln Kenntnis nahmen, ersehen wir
aus Origenes (S. 324) und Eusebius (S. 208 ff.), aus Lactantius (S. 222 ff.)
und Augustinus. Wie aber der Alexandriner Philo lehrte, daß schon bei
Moses all die Erkenntnisse und Einrichtungen vorhanden seien, um
deretwillen man die griechischen Philosophen bewunderte, so waren
Juden und Christen überzeugt (schon Aristobul hatte dies gelehrt), daß
die Hellenen alle ihre Weisheit aus Moses geschöpft, und hießen daher
die Sibylle willkommen, die griechisch redet und doch dasselbe sagt wie
die Hl. Schrift. Und da sie sich als Gesandte des einen unsterblichen
Gottes bekennt, da das, was sie voraussagt, wunderbar übereinstimmt
mit den allbekannten Tatsachen der heiligen und profanen Geschichte,
so fand sie unbedingt Glauben (P. Lieger, Progr. Wien 1911, 17).

In Osteuropa, unter der byzantinischen Christenheit, blieb die Kunde
von der ursprünglichen heidnischen Seherin lebendig. Im Abendland
dagegen wurde die Tradition offenbar durch die Stürme der Völker-
wanderung unterbrochen und erst danach von einzelnen Gelehrten
auf Grund der erhaltenen antiken Quellen und unter Anregung aus
Konstantinopel wieder aufgenommen. Erst in der Zeit der Renaissance
interessierte man sich wieder für die alten poetischen Bücher; sie wurden zahlreich abgeschrieben und erst spät gedruckt (1545 Editio princeps des Augsburgers Xystus Betuleius = Sixtus Birck in Basel).

*   *   *

Eine Auswahl aus den Oracula Sibyllina mußte sich naturgemäß auf
den wertvollen älteren Teil der überlieferten Sammlung Buch I–VIII
und XI (2. Jahrh. v. Chr. bis Ende des 2. Jahrh. n. Chr.), beschränken,
zumal auch noch das Fortleben der „Sibylle" aufgezeigt werden sollte.
Letzteres ist reichlich in den Anmerkungen, die in diesem Bändchen

reichhaltiger als sonst gegeben sind, geschehen; auch ein besonderer „Anhang" trägt dem Rechnung (darin zum erstenmal eine Übersetzung der „Sibyllentheosophie" und der „Tiburtinischen Sibylle"). Ausgelassen sind nur offensichtliche Einschübe und Dubletten sowie in der Überlieferung schwer verdorbene und unverständliche Stellen; soweit es sich um größere Auslassungen handelt, wird in der Regel der Inhalt in den „Anmerkungen" skizziert. Der Text weicht an zahlreichen Stellen von der Ausgabe von Geffcken (1902) ab; darüber gibt der „textkritische Anhang" Auskunft. Bei der jetzigen trostlosen und fast aussichtslosen Lage des Buchhandels und des Bibliothekwesens wird dieses Bändchen auf seinem etwas abseits liegenden Gebiet bis zu einem gewissen Grade eine wissenschaftliche Ausgabe ersetzen müssen. Daß es unter unsäglichen Nöten und Schwierigkeiten zustande kam, braucht kaum hervorgehoben zu werden. Das meiste mußte ich mit dem Text, der mir durch glücklichen Zufall erhalten blieb, und dem Schulwörterbuch übersetzen; meine Vorarbeiten, Notizen, Sonderdrucke aus Zeitschriften sind bei der Besetzung im März 1945 vernichtet worden. Allen Freunden, die mir Separata meiner eigenen Veröffentlichungen zur Verfügung gestellt habe, sei an dieser Stelle aufrichtig gedankt. Besonderen Dank schulde ich meinem Freund und ehemaligen Schüler, Professor Ulrich Knoche, der mir mit Rat und Tat zur Seite gestanden und Korrektur gelesen hat und dem dieses Buch mit Fug und Recht gewidmet ist, ferner meinem ehemaligen Schüler D. Robert Frick, der mir einige Bücher aus der Bibliothek der Theologischen Schule in Bethel zur Verfügung gestellt hat, so daß kurz vor der Drucklegung u. a. noch einige Notizen aus H.Fuchs' „Widerstand gegen Rom" eingefügt werden konnten; endlich dem wagemutigen Verleger Ernst Heimeran, der den wissenschaftlichen Anmerkungen einen besonders breiten Raum eingeräumt hat, und seinem rührigen Mitarbeiter Dr. Hans Färber, der diesen Band mit besonderer Liebe betreute.

Neu-Ölsburg, Kreis Peine, 15. Juli 1950.

Alfons Kurfess

ΠΡΟΛΟΓΟΣ

Absatz II Z. 3 ff. nach H. Erbse, Fragmente griechischer Theosophie. Herausgegeben und quellenkritisch untersucht (Hamburger Arbeiten zur Altertumswissenschaft Bd. 4). Hamburg 1941.

Εἰ τὸ περὶ τὴν ἀνάγνωσιν τῶν Ἑλληνικῶν γραφῶν τοῖς ἐκτελοῦσι τὴν ὠφέλειαν ἀπεργάζεται, ἅτε πολυμαθεῖς τοὺς περὶ ταῦτα πονήσαντας ἐκτελέσαι δυνάμενον, πολλῷ μᾶλλον περὶ τὰς θείας γραφὰς ἅτε περὶ θεοῦ καὶ τῶν ὠφέλειαν ψυχικὴν προξενούντων δηλούσας τοὺς εὖ φρονοῦντας προσήκει σχολάζειν διὰ παντὸς διπλοῦν ἐκεῖθεν τὸ κέρδος κερδαίνοντας ἑαυτούς τε καὶ τοὺς ἐντυγχάνοντας ὠφελεῖν δυναμένους. ἔδοξε τοίνυν διὰ ταῦτα κἀμὲ τοὺς ἐπιλεγομένους Σιβυλλιακοὺς χρησμοὺς σποράδην εὑρισκομένους καὶ συγκεχυμένην τὴν τούτων ἀνάγνωσιν καὶ ἐπίγνωσιν ἔχοντας εἰς μίαν συνάφειαν καὶ ἁρμονίαν ἐκθέσθαι τοῦ λόγου, ὡς ἂν εὐσύνοπτοι τοῖς ἀναγιγνώσκουσιν ὄντες τὴν ἐξ αὐτῶν ὠφέλειαν τούτοις ἐπιβραβεύσωσιν οὐκ ὀλίγα τῶν ἀναγκαίων καὶ χρησίμων δηλοῦντες καὶ πολυτελεστέραν ἅμα καὶ ποικιλωτέραν τὴν πραγματείαν ἀπεργαζόμενοι. καὶ γὰρ περί τε πατρὸς καὶ υἱοῦ καὶ ἁγίου πνεύματος, τῆς θείας καὶ ζωαρχικῆς τριάδος, ἀριδήλως διασαφοῦσι περί τε τῆς ἐνσάρκου οἰκονομίας τοῦ κυρίου καὶ θεοῦ καὶ σωτῆρος ἡμῶν Ἰησοῦ Χριστοῦ, τῆς ἐκ παρθένου φημὶ ἀρρεύστου γεννήσεως καὶ τῶν παρ' αὐτοῦ τελεσθεισῶν ἰάσεων ὡσαύτως τοῦ ζωοποιοῦ πάθους αὐτοῦ καὶ τῆς ἐκ νεκρῶν τριημέρου ἐγέρσεως καὶ τῆς μελλούσης γενέσθαι κρίσεως καὶ ἀνταποδόσεως ὧν ἐν τῷ βίῳ τούτῳ ἐπράξαμεν ἅπαντες· πρὸς τούτοις τὰ ἐν ταῖς Μωσαϊκαῖς γραφαῖς καὶ ταῖς τῶν προφητῶν βίβλοις δηλούμενα περί τε τῆς κοσμικῆς κτίσεως καὶ τῆς τοῦ ἀνθρώπου πλάσεως καὶ ἐκπτώσεως τοῦ παραδείσου καὶ αὖθις ἀναπλάσεως τρανῶς διαλαμβάνουσι· περί τινων γεγονότων ἢ καὶ ἴσως γενησομένων ποικίλως προλέγουσι· καὶ ἁπλῶς εἰπεῖν οὐ μικρῶς ὠφελεῖν τοὺς ἐντυγχάνοντας δύνανται.

PROLOGOS

(Der „Prolog" ist vom zweiten Abschnitt ab [Z. 3.] ein
Auszug aus der sogenannten „Tübinger Theosophie",
die an einigen Stellen einen besseren und vollständige-
ren Text bietet, der hier berücksichtigt ist.)

Wenn die Beschäftigung mit der Lektüre der griechischen (heidnischen) Schriften denen, die sich damit befassen, schon großen Nutzen
bringt, weil sie die, die sich damit abmühen, gelehrt machen kann, um
so mehr müssen sich mit den göttlichen Schriften, die ja Offenbarungen
bringen über Gott und das, was geistigen Nutzen verleiht, die Wohl-
gesinnten beschäftigen, indem sie mit doppeltem Vorteil sich selber
und den Lesern nützen können. Darum habe auch ich mich entschlos-
sen, die sogenannten Sibyllinischen Weissagungen, die sich vereinzelt
finden und eine zusammenhanglose Lektüre und Erkenntnis dieser
Orakel darbieten, als ein einheitliches, zusammenhängendes und wohl-
verbundenes Ganzes herauszugeben, damit sie von den Lesenden
leicht eingesehen werden können und diesen den daraus entspringenden Nutzen vermitteln, indem sie manches über das Notwendige und
Nützliche offenbaren und die Beschäftigung zugleich nutzbringender
und abwechslungsreicher gestalten. Denn über Vater, Sohn und Heiligen
Geist, über die göttliche und über die Lebewesen herrschende Dreiheit
geben sie ganz offenkundige, deutliche Hinweise, auch über die Menschwerdung unseres Herrn und Gottes und Heilandes Jesus Christus, über
seine Geburt von einer, behaupte ich, reinen Jungfrau und über die
von ihm bewirkten Heilungen, wie auch über sein menschliches Leiden und seine nach drei Tagen erfolgte Auferstehung von den Toten,
von dem künftigen Gericht und der Wiedervergeltung für all das, was
wir alle in unserem Leben getan haben. Außerdem bringen sie genau
das, was in den mosaischen Schriften und in den Büchern der Propheten geoffenbart wurde über die Schöpfung der Welt, die Erschaffung
des Menschen und seine Vertreibung aus dem Paradies und seine Wie-
dergutmachung. Auch prophezeien sie in bunter Folge manches, was
schon geschehen ist oder auch vielleicht geschehen wird; kurz gesagt,
sie können den Lesenden nicht geringen Nutzen bringen.

Σίβυλλα δὲ Ῥωμαϊκὴ λέξις ἑρμηνευομένη προφῆτις ἤγουν μάντις· ὅθεν ἑνὶ ὀνόματι αἱ θήλειαι μάντιδες ὠνομάσθησαν. Σίβυλλαι τοίνυν, ὡς πολλοὶ ἔγραψαν, γεγόνασιν ἐν διαφόροις τόποις καὶ χρόνοις τὸν ἀριθμὸν δέκα. πρώτη οὖν ἡ Χαλδαία εἴτ' οὖν ἡ Περσὶς ἡ κυρίῳ ὀνόματι καλουμένη Σαμβήθη ἐκ τοῦ γένους τοῦ μακαριωτάτου Νῶε, ἡ τὰ κατ' Ἀλέξανδρον τὸν Μακεδόνα λεγομένη προειρηκέναι, ἧς μνημονεύει Νικάνωρ ὁ τὸν Ἀλεξάνδρου βίον ἱστορήσας (Jac. F. G. Hist. 146 F 1 p. 814). δευτέρα ἡ Λίβυσσα, ἧς μνήμην ἐποιήσατο Εὐριπίδης (T. G. F.² p. 506 N.) ἐν τῷ προλόγῳ τῆς Λαμίας. τρίτη ἡ Δελφὶς ἡ ἐν Δελφοῖς τεχθεῖσα, περὶ ἧς εἶπε Χρύσιππος ἐν τῷ περὶ θεότητος βιβλίῳ. τετάρτη ἡ Ἰταλικὴ ἡ ἐν Κιμμερίᾳ τῆς Ἰταλίας, ἧς υἱὸς ἐγένετο Εὔανδρος ὁ τὸ ἐν Ῥώμῃ τοῦ Πανὸς ἱερὸν τὸ καλούμενον Λουπέρκιον κτίσας. πέμπτη ἡ Ἐρυθραία ἡ καὶ περὶ τοῦ Τρωικοῦ προειρηκυῖα πολέμου, περὶ ἧς Ἀπολλόδωρος ὁ Ἐρυθραῖος διαβεβαιοῦται. ἕκτη ἡ Σαμία ἡ κυρίῳ ὀνόματι καλουμένη Φοιτώ, περὶ ἧς ἔγραψεν Ἐρατοσθένης (Jac. F. G. Hist. 241 F 26 p. 1018). ἑβδόμη ἡ Κυμαία ἡ λεγομένη Ἀμάλθεια, ἡ καὶ Ἡροφίλη, παρά τισι δὲ Ταραξάνδρα· Βεργίλιος δὲ (Aen. VI 35 sq.) τὴν Κυμαίαν Δηιφόβην καλεῖ, Γλαύκου θυγατέρα. ὀγδόη ἡ Ἑλλησποντία τεχθεῖσα ἐν κώμῃ Μαρμησσῷ περὶ τὴν πολίχνην Γεργίτιον, αἳ τῆς ἐνορίας ποτὲ τῆς Τρωάδος ἐτύγχανον, ἐν καιροῖς Σόλωνος καὶ Κύρου, ὡς ἔγραψεν Ἡρακλείδης ὁ Ποντικός (frg. 97 Voss). ἐνάτη ἡ Φρυγία, πολλῷ πρότερον τῆς Ἑλλησποντίας, καὶ αὕτη χρησμώδης, δεκάτη ἡ Τιβουρτία ὀνόματι Ἀλβουναία, καὶ αὕτη πολλῷ πρότερον.

Φασὶ δέ, ὡς ἡ Κυμαία ἐννέα βιβλία χρησμῶν ἰδίων προσεκόμισε Ταρκυνίῳ Πρίσκῳ τῷ τηνικαῦτα βασιλεύοντι τῶν Ῥωμαϊκῶν πραγμάτων τριακοσίους φιλιππείους ὑπὲρ αὐτῶν ζητοῦσα. καταφρονηθεῖσα δὲ καὶ οὐκ ἐρωτηθεῖσα, τίνα ἐστὶ τὰ ἐν αὐτοῖς περιεχόμενα, πυρὶ παρέδωκεν ἐξ αὐτῶν τρία. αὖθις δὲ ἐν ἑτέρᾳ προσόδῳ τοῦ βασιλέως προσήνεγκε τὰ ἓξ βιβλία τὴν αὐτὴν ὁλκὴν ἐπιζητοῦσα. οὐκ ἀξιωθεῖσα δὲ λόγου πάλιν ἔκαυσεν ἄλλα τρία. εἶτα ἐκ τρίτου ἐπιφερομένη τὰ περιλειφθέντα τρία προσῆλθεν αἰτοῦσα οὐδὲν ἧττον τὸ αὐτὸ τίμημα καὶ λέγουσα, εἰ μὴ λάβοι, καίειν καὶ αὐτά. τότε, φασίν, ὁ βασιλεὺς ἐντυχὼν αὐτοῖς καὶ θαυμάσας ἔδωκε μὲν ὑπὲρ αὐτῶν ἑκατὸν φιλιππείους καὶ ἐκομίσατο αὐτά, παρεκάλει δὲ περὶ τῶν ἄλλων ἕξ· τῆς δὲ ἀπαγγειλάσης μήτε τὰ ἴσα τῶν ἐμπρησθέντων ἔχειν μήτε τι δίχα ἐνθουσιασμοῦ τοιοῦτον εἰδέναι, ἔσθ' ὅτε δέ τινας

Sibylle ist römische Bezeichnung für Prophetin oder Seherin; darum
werden die weiblichen Propheten mit einem Namen so benannt. Sibyllen nun hat es, wie viele geschrieben haben, zu verschiedenen Zeiten
und an verschiedenen Orten zehn an der Zahl gegeben. Die erste war die
chaldäische oder persische, die mit ihrem richtigen Namen Sambethe heißt, aus dem Geschlecht des hochseligen Noë, welche die Geschichte Alexanders von Makedonien vorhergesagt haben soll, die Nikanor, der Biograph Alexanders, erwähnt; die zweite die libysche,
die von Euripides im Prolog zur Tragödie Lamia erwähnt ist; die dritte
die delphische, die in Delphi geboren wurde, von der Chrysippos im
Buch über die Gottheit sprach; die vierte die italische in Kimmeria in
Italien, deren Sohn Euander war, der Stifter des Panheiligtums in Rom,
des sogenannten Luperkion; die fünfte war die erythräische, die auch
den Trojanischen Krieg vorhergesagt haben soll, welche Apollodoros
aus Erythrae bezeugt; die sechste die samische, mit ihrem richtigen
Namen Phoito, über die Eratosthenes geschrieben hat; die siebente die
kumäische, die Amaltheia heißt oder auch Herophile, bei einigen
Taraxandra; Vergil aber nennt die Kumäerin Deiphobe, eine Tochter
des Glaukus; die achte war die hellespontische, in dem Flecken
Marmessos bei dem Städtchen Gergition geboren, die einst zu dem
Grenzgebiet der Troas gehörten, zur Zeit des Solon und des Kyros,
wie Herakleides Pontikos schrieb; die neunte die phrygische, die,
um vieles älter als die hellespontische, ebenfalls Weissagungen erteilte;
die zehnte die tiburtische mit Namen Albunaia, ebenfalls um vieles
älter.

Es heißt, die Kumäerin habe neun Bücher eigener Weissagungen zu
Tarquinius Priscus gebracht, der damals als König über den römischen
Staat herrschte, und habe 300 Goldstücke (Philippeioi) dafür gefordert.
Abgewiesen und ohne gefragt zu werden, was denn ihr Inhalt sei,
übergab sie drei davon dem Feuer. Und wiederum brachte sie bei der
zweiten Audienz beim König die sechs Bücher und forderte dieselbe
Summe. Wieder keines Wortes gewürdigt, verbrannte sie weitere drei.
Dann kam sie zum drittenmale mit den noch übriggebliebenen drei
und forderte ebenso denselben Preis, wobei sie erklärte, wenn er sie
nicht haben wolle, werde sie auch diese verbrennen. Da erst, so heißt es,
wurde der König auf sie aufmerksam, und voll Verwunderung gab er
ihr dafür hundert Philippeioi und bekam sie (die Bücher); er verlangte
aber auch nach dem Inhalt der andern sechs; als diese jedoch erklärte,

ἐκ διαφόρων πόλεων καὶ χωρίων ἐξειληφέναι τὰ νομισθέντα αὐτοῖς
ἀναγκαῖα καὶ ἐπωφελῆ καὶ δεῖν ἐξ αὐτῶν συναγωγὴν ποιήσασθαι,
τοῦτο τάχιστα πεποίηκε. τὸ γὰρ ἐκ θεοῦ δοθὲν ὡς ἀληθῶς μυχῷ
κείμενον οὐκ ἔλαθεν. ἀνατέλλει δὲ πρόπαρ ἄλλων καὶ πασῶν τῶν Σι-
βυλλῶν τὰ βιβλία καὶ ὕστερον ἐν τῷ Καπιτωλίῳ Ῥώμης τῆς πρεσ-
βυτέρας ἀπετέθησαν, τῶν μὲν τῆς Κυμαίας κατακρυφθέντων καὶ οὐ
διαδοθέντων εἰς πολλούς, ἐπειδὴ τὰ συμβησόμενα ἐν Ἰταλίᾳ ἰδικώ-
τερον καὶ τρανότερον προανεφώνησεν, τῶν δὲ ἄλλων γνωσθέντων
ἅπασιν, ἀλλὰ καὶ τὰ μὲν τῆς Ἐρυθραίας προγεγραμμένον ἔχει τοῦτο
τὸ ἀπὸ τοῦ χωρίου ἐπικεκλημένον αὐτῇ ὄνομα· τὰ δέ γε ἄλλα οὐκ
ἐπιγραφέντα, ποῖα ποίας εἰσίν, ἀδιάκριτα καθέστηκε.

Φιρμιανὸς τοίνυν, οὐκ ἀθαύμαστος φιλόσοφος καὶ ἱερεὺς τοῦ
προλεχθέντος Καπιτωλίου γενόμενος, πρὸς τὸ αἰώνιον ἡμῶν φῶς,
τὸν Χριστόν, βλέψας ἐν ἰδίοις πονήμασι τὰ εἰρημένα ταῖς Σιβύλλαις
περὶ τῆς ἀρρήτου δόξης παρέθηκε καὶ τὴν ἀλογίαν τῆς Ἑλληνικῆς
ὑπολήψεως καὶ ἀντιδοξίας ἀπήλεγξεν, καὶ ἔστιν ἡ μὲν αὐτοῦ ἔντονος
ἐξήγησις τῇ Αὐσονίᾳ γλώττῃ, οἱ δὲ Σιβυλλιακοὶ στίχοι Ἑλλάδι
φωνῇ, ὡς καὶ ἐξηνέχθησαν. ἵνα δὲ τοῦτο μὴ ἄπιστον φαίνηται, μαρτυρίαν τοῦ προμνημονευθέντος πολυμαθοῦς ἀνδρὸς παρέξομαι ἔχου-
σαν τόνδε τὸν τρόπον· * * * (verba latina esse omissa probavit
Erbse p. 39 sq.) . . . ἐπεὶ οὖν τὰ παρ' ἡμῖν εὑρισκόμενα Σιβυλλιακὰ
οὐ μόνον ὡς εὐπόριστα παρὰ τοῖς νοοῦσι τῶν Ἑλλήνων εὐκατα-
φρόνητά ἐστιν – τὰ γὰρ σπάνια τίμια δοκεῖ – ἀλλὰ καὶ ὡς πάντων
τῶν στίχων μὴ σωζόντων τὴν ἀκρίβειαν τοῦ μέτρου ἀγροτέραν ἔχει
τὴν πίστιν. αἰτία δὲ αὐτῶν τῶν ταχυγράφων οὐ συμφθασάντων τῇ
ῥύμῃ τοῦ λόγου ἢ καὶ ἀπαιδεύτων γενομένων, οὐ τῆς προφήτιδος·
ἅμα γὰρ τῇ ἐπινοίᾳ ἀπέπαυτο τῶν λεχθέντων ἡ μνήμη, καὶ πρὸς
τοῦτο βλέψας ὁ Πλάτων ἔφη (Men. 99d)·'. . . ὅταν κατορθῶσι
λέγοντες πολλὰ καὶ μεγάλα πράγματα, μηδὲν εἰδότες ὧν λέγουσιν.'
διὰ τοῦτο οὖν, ὅπερ ἔφην, ἐκ τῶν κομισθέντων ἐν Ῥώμῃ ὑπὸ τῶν
πρέσβεων... ὅσα δυνατὸν παραθήσομαι . . . ἐξηγήσατο τοίνυν περὶ
τοῦ ἀνάρχου θεοῦ τάδε (Or. Sib. frg. 1, 7 frg. 3, 3–5 frg. 5 Ge.)·

sie enthielten nicht dasselbe wie die verbrannten und ohne göttliche Begeisterung könne sie solches nicht wissen; manchmal hätten schon welche aus verschiedenen Städten und Ländern daraus entnommen, was sie für sich für notwendig und nützlich hielten, und man müsse von ihnen eine Sammlung veranstalten, da hat er das schleunigst getan. Das von Gott Gegebene lag nun gleichsam in einem Versteck nicht unbemerkt. Alle anderen alten Sibyllenbücher gehen darauf zurück, und später wurden sie auf dem Kapitol des alten Rom aufbewahrt; die Bücher der Kumäerin wurden nämlich verborgen gehalten und nicht unter der großen Masse verbreitet, da sie ganz deutlich speziell das vorher verkündet hat, was in Italien eintreffen wird, während die anderen allen bekanntgegeben wurden. Aber die der Erythräerin haben diesen als nach dem Heimatland ihr zubenannten Namen vorangeschrieben, während bei den anderen nicht dazugeschrieben ist, von welcher (Sibylle) die einzelnen (Orakelsprüche) stammen, sie also nicht zu unterscheiden sind.

Firmianus (Lactantius) jedoch, ein nicht unbedeutender Philosoph, der Priester des oben erwähnten Kapitols gewesen war, hat zu Christus, unserem ewigen Licht, aufgeblickt und in seinen eigenen Werken das, was die Sibyllen über den geheimnisvollen Glauben verkündet haben, dargestellt und die Unvernunft der Meinung und des Aberglaubens der Heiden widerlegt. Er setzt sich nachdrücklich damit in lateinischer Sprache auseinander, die sibyllinischen Verse aber werden im griechischen Wortlaut angeführt. Damit das aber glaubhaft erscheine, will ich ein Zeugnis des obenerwähnten gelehrten Mannes anführen, das folgenden Wortlaut hat: ... (fehlt im Text) ... Da nun die bei uns sich findenden Sibyllinen nicht nur als leichtzugänglich den Verständigen von den Heiden verächtlich sind – denn nur das Seltene scheint immer geachtet –, sondern auch, da alle Verse sich nicht genau an das Metrum halten, um so schneller Glauben finden, so liegt die Schuld davon an den Schnellschreibern, die mit der Geschwindigkeit der Rede nicht mitkamen oder auch ungebildet waren, nicht an der Prophetin; denn zugleich mit der Begeisterung war auch die Erinnerung an das Gesagte verflogen. Im Hinblick darauf sagt auch schon Platon (Men. 99 d): „... wenn sie viele wichtige Dinge richtig in Worten ausdrücken, ohne etwas von dem zu wissen, was sie sagen". Darum will ich nun von dem, was die Gesandten nach Rom gebracht haben ..., soweit möglich, hier anführen ... Die Sibylle aber hat folgendes über den ewigen (anfangslosen) Gott geäußert:

Εἷς θεός ἐστιν ἄναρχος ὑπερμεγέθης, ἀγένητος·
ἀλλὰ θεὸς μόνος εἷς πανυπέρτατος, ὃς πεποίηκεν
οὐρανὸν ἠέλιόν τε καὶ ἀστέρας ἠδὲ σελήνην
καρποφόρον γαῖάν τε καὶ ὕδατος οἴδματα πόντου.
ὃς μόνος ἐστὶ θεὸς κτίστης ἀκράτητος ὑπάρχων.
αὐτὸς δ'ἐστήριξε τύπον μορφῆς μερόπων τε
αὐτὸς ἔμιξε φύσιν πάντων, γενέτης βιότοιο.

'ἔμιξε δὲ φύσιν πάντων', καθὸ ἐκ τῆς πλευρᾶς τοῦ ἀνδρὸς ἡ γυνὴ
ἐπλάσθη καὶ καθὸ συνερχόμενοι εἰς σάρκα μίαν πατέρες γίγνονται
καὶ καθὸ ἐκ τῶν τεσσάρων στοιχείων ἐναντίων ὄντων ἀλλήλοις
καὶ τὸν ὑπερουράνιον κόσμον καὶ τὸν ἄνθρωπον ἐδημιούργησεν.

Einer ist Gott, ohne Anfang, gewaltig groß, ungezeuget. –
Aber allein Gott, der Eine, der Höchste von allen, der schuf einst
Himmel und Sonne und sämtliche Sterne, den Mond und die Erde,
welche die Früchte uns spendet, und Wogenbrandung des Meeres.
Gott, der Schöpfer allein, ist ein unbesiegbarer Herrscher;
Festgestellt hat er selbst der Sterblichen Bild und Gestaltung,
Selber hat er gemischt die Natur, der Erzeuger des Lebens.

„Er aber mischte die Natur aller", weil aus der Rippe des Mannes das
Weib gebildet ward und weil die Eltern, wenn sie zusammenkommen,
zu einem Fleische werden, und weil er aus den vier einander entgegen-
gesetzten Elementen die Welt unter dem Himmel und den Menschen
geschaffen hat.

ΟΙ ΣΙΒΥΛΛΙΑΚΟΙ ΧΡΗΣΜΟΙ

Λόγος πρῶτος

Ἀρχομένη πρώτης γενεῆς μερόπων ἀνθρώπων
ἄχρις ἐπ' ἐσχατίῃσι προφητεύσω τὰ ἕκαστα,
ὅππόσα πρὶν γέγονεν, πόσα δ' ἔστιν, ὁπόσσα δὲ μέλλει
ἔσσεσθαι κόσμῳ διὰ δυσσεβίας ἀνθρώπων.
πρῶτον δὴ κέλεταί με λέγειν θεὸς ὡς ἐγενήθη   5
ἀτρεκέως κόσμος. σὺ δέ, ποικίλε θνητέ, πίφαυσκε
νουνεχέως, ἵνα μήποτ' ἐμῶν ἐφετμῶν ἀμελήσῃς,
ὕψιστον βασιλῆα, ὃς ἔκτισε κόσμον ἅπαντα
εἴπας 'γινέσθω', καὶ γίνετο. ἤδρασε γὰρ γῆν
Ταρτάρῳ ἀμφιβαλὼν καὶ φῶς γλυκὺ αὐτὸς ἔδωκεν·   10
οὐρανόν ὕψωσεν, γλαυκὴν δ'ἥπλωσε θάλασσαν,
καὶ πόλον ἐστεφάνωσεν ἅλις πυριλαμπέσιν ἄστροις
καὶ γαῖαν κόσμησε φυτοῖς, ποταμοῖσι δέ πόντον
χευάμενος ἐκέρασσε καὶ ἀέρι μῖξεν αὐτμάς
καὶ νεφέα δροσόεντα. τιθεὶς ἄρα καὶ γένος ἄλλο   15
ἰχθύας ἐν πελάγεσσι καὶ ὄρνεα δῶκεν ἀήταις,
ὕλαις δ'αὖ θῆρας λασιαύχενας ἠδὲ δράκοντας
ἑρπυστὰς ‹γαίῃ›, καὶ πάνθ' ὅσα νῦν καθορᾶται,
αὐτὸς ταῦτ' ἐποίησε λόγῳ καὶ πάντ' ἐγενήθη
ὦκα καὶ ἀτρεκέως. ὅδε γὰρ πέλετ' αὐτολόχευτος,   20
οὐρανόθεν καθορῶν. ὑπέρευ τετέλεστο δὲ κόσμος.
καὶ τότε δὴ μετέπειτα πλάσεν πάλιν ἔμπνοον ἔργον
εἰκόνος ἐξ ἰδίης ἀπομαξάμενος νέον ἄνδρα
καλὸν θεσπέσιον, τὸν δὴ κέλετ' ἐν παραδείσῳ
ἀμβροσίῳ ναίειν, ὥς οἱ καλὰ ἔργα μεμήλοι.   25
αὐτὰρ ὁ μοῦνος ἐὼν παραδείσου ἐριθηλέι κήπῳ
προσλαλίην ποθέεσκε καὶ ηὔχετο εἶδος ἀθρῆσαι
ἄλλ' οἷον αὐτὸς ἔχεν. τοῦ δὴ θεὸς αὐτὸς ἀπούρας
ἐκ λαπάρης ὀστοῦν ἐποιήσατ' Εὔαν ἀγαπητήν,
κουριδίην ἄλοχον, ἣν δὴ πόρεν ἐν παραδείσῳ   30
τούτῳ συναίειν. ὁ δέ μιν κατιδὼν μέγα θυμῷ
θαῦμ' ἔχεν ἐξαπίνης, κεχαρημένος, οἷον ὁρᾶτο

DIE SIBYLLINISCHEN WEISSAGUNGEN

I. Buch

Anfang nehmend vom ersten Geschlecht der sterblichen Menschen
Bis zum Ende der Zeiten will einzeln ich künden den Menschen
Alles, was früher gewesen, was ist und was künftighin sein wird
Überall auf der Welt ob der gottlosen Taten der Menschen.
    Erstlich ward mir Gottes Befehl, genau zu verkünden
Die Erschaffung der Welt. Doch du, o Mensch, du verschmitzter,
Merke bedachtsam auf, daß du nicht meine Weisung verachtest,
Auf den erhabensten Herrn, der das Weltall einstens gegründet,
Sprach: „Es werde!", da ward es. Der Schöpfer baute die Erde
Über dem Tartarus auf, verlieh das liebliche Licht selbst,
Spannte den Himmel hoch auf und dehnte das bläuliche Meer aus,
Kränzte das Firmament mit Haufen strahlender Sterne;
Schmückte die Erde auch aus mit Pflanzen, gab Flüssen zu trinken
Das sich ergießende Meer und mischte die Lüfte mit Winden
Und mit feuchtem Gewölk. So schuf er auch andere Arten,
Setzte die Fische ins Meer und gab die Vögel den Lüften,
Zottige Tiere dem Wald und langsam schleichende Drachen,
Und was immer du jetzt im Weltenraume erblickest.
Durch sein Wort schuf alles er dies, so ist es geworden
Schnell und bestimmt zumal; denn Er war ewigen Ursprungs,
Schauend vom Himmel herab, so wurde vollendet das Weltall.
Dann aber bildet' er wiederum ein beseeletes Wesen,
Nach selbsteigenem Bild einen neuen Menschen abbildend,
Göttlich und schön, und befahl, daß im Paradiese er sollte,
In dem ambrosischen, wohnen, um rühmliche Werke zu pflegen.
    Dieser jedoch, so allein in Edens üppigem Garten,
Strebte nach Zwiegespräch und wünschte ein anderes Antlitz
Gleich sich selber zu sehen. Da nahm ihm eine der Rippen
Gott ihm selbst aus der Seit' und schuf die liebliche Eva,
Ihm zum lieben Gemahl, und brachte sie, im Paradiese
Dort zu wohnen mit ihm. Der aber, sie sehend, im Herzen
Wundert' er sich und war höchlich erfreut, so plötzlich zu schauen

ἀντίτυπον μίμημα· σοφοῖς δ᾽ ἠμείβετο μύθοις
αὐτομάτοις ῥείουσι· θεῷ γὰρ πάντ᾽ ἐμεμήλει.
οὔτε γὰρ ἀκρασίη νόον ἔσκεπον οὔτε μὲν αἰδῶ   35
εἶχον, ἀλλ᾽ ἦσαν κραδίης ἀπάνευθε κακοῖο,
χὡς θῆρες βαίνεσκον ἀποσκεπέεσσι μέλεσσιν.
  καὶ μετέπειτα δὲ τοῖσι θεὸς ἐφετμὰς ἀγορεύσας
δεῖξεν ἰοῦ δένδρου μὴ ψαῦσαι· τοὺς δὲ μαλ᾽ αἰνός
ἐξαπάτησεν ὄφις δολίως ἐπὶ μοῖραν ἀπελθεῖν   40
τοῦ θανάτου γνῶσίν τε λαβεῖν ἀγαθοῦ τε κακοῦ τε.
ἀλλὰ γυνὴ πρώτη προδοτείρη γίνετ᾽ ἐκείνῳ,
ἣ δῶκεν, τοῦτον δ᾽ ἀδαῆ πείθεσκεν ἁμαρτεῖν.
ὃς δὲ γυναικὸς ἔπεσσι πεπεισμένος ἐκλελάθεσκεν
ἀθανάτου κτίστου, σαφέων δ᾽ ἀμέμλησεν ἐφετμῶν.   45
τοὔνεκεν ἀντ᾽ ἀγαθοῖο λάβον κακόν, οἷον ἔπραξαν.
καὶ τότε δὴ γλυκερῆς σύκης πέταλ᾽ ἀμπείραντες
ἐσθῆτας τεῦξαν καὶ ἐπ᾽ ἀλλήλοισιν ἔθηκαν
μήδεά τ᾽ ἀμφεκάλυψαν, ἐπεί σφισιν ἥιεν αἰδώς.
τοῖσιν δ᾽ ἀθάνατος κότον ἔνθετο κάββαλεν ἔξω   50
ἀθανάτου χώρου, τόδε γὰρ τετελεσμένον ἦεν
θνητῷ ἐνὶ χώρῳ μεῖναι, ἐπεὶ οὐκ ἐφύλαξαν
ἀθανάτου μεγάλοιο θεοῦ λόγον εἰσαΐσαντες.
οἱ δ᾽ ἄφαρ ἐξελθόντες ἐπὶ ζείδωρον ἄρουραν
δάκρυσι καὶ στοναχαῖς δεύοντο· ἔπειτα δὲ τοῖσιν   55
ἀθάνατος θεὸς αὐτὸς ἐπὶ προφερέστερον εἶπεν·
'αὔξετε, πληθύνεσθε καὶ ἐργάζεσθ᾽ ἐπὶ γαίης
ἐνδελεχῶς ἵν᾽ ἔχητε τροφῆς κόρον ἱδρώοντες'.
ὡς φάτο· τῆς δ᾽ ἀπάτης τὸν ἐπαίτιον ἑρπυστῆρα
νηδύι καὶ κενεῶνι ποιήσατο γαῖαν ἐρείδειν   60
πικρῶς ἐξελάσας· δεινὴν δ᾽ ἔχθραν προΐαψεν
ἐν μέσῳ ἀλλήλων· καὶ ὁ μὲν κεφαλὴν προφυλάσσει
σώζειν, ὃς δὲ πτέρναν, ἐπεὶ θάνατός γε πάρεστιν
πλησίον ἀνθρώπων τε καὶ ἰοβόλων κακοβούλων.
  καὶ τότε δὴ γενεὴ πληθύνετο, ὡς ἐκέλευσεν   65
αὐτὸς ὁ παντοκράτωρ, καὶ αὔξανεν ἄλλος ἐπ᾽ ἄλλῳ
λαὸς ἀπειρέσιος· οἴκους δὲ μὲν ἐξήσκησαν
παντοίους ἠδ᾽ αὖτε πόλεις καὶ τείχε᾽ ἐποίουν
εὖ καὶ ἐπισταμένως· οἷσίν <τε> πολύχρονον ἦμαρ
ὤπασεν εἰς ζωὴν πολυήρατον· οὐ γὰρ ἀνίαις   70

Solch ein Gebilde gleich ihm. Und verständige Reden zu führen
Trieb's von selber ihn an; denn Gott hatte alles gefüget.
Denn verdunkelt war nicht ihr Sinn von bösem Gelüste,
Nicht bedeckten sie sich die Scham, sondern arglosen Herzens
Wandelten sie, nicht verhüllt den Leib, gleich Tieren des Feldes.
  Ihnen aber gab Gott darauf fürsorglich Befehle,
Nicht zu berühren den Baum. Aber doch wurden sie von der Schlange
Schrecklichem Truge verführt und gewannen die Lose des Todes,
Um von Gut und Bös zu erhalten nähere Kunde.
Aber es übte zuerst das Weib am Manne Verrat aus,
Gab ihm und suchte zum Fall den arglosen Mann zu bewegen.
Dieser, durch Weibes Wort verführt, des unsterblichen Schöpfers
Nicht mehr gedacht' er, ihn kümmerten nicht die klaren Gebote.
Darum, wie sie getan, so empfingen sie Übel statt Wohltat.
Damals flochten sie auch die Blätter der süßlichen Feige,
Machten sich Kleider daraus und kleideten sich miteinander,
Sich verhüllend die Scham; denn jetzt überkam sie Verschämtheit.
Gegen sie aber entbrannte der Zorn des unsterblichen Gottes,
Trieb aus dem Land der Unsterblichen sie. Da war es entschieden,
Sterblich auf Erden sollten sie sein; denn sie hatten bewahrt nicht,
Was der unsterbliche Gott, der große, gewaltige, sagte.
Sie aber traten alsbald hinaus auf die fruchtbare Erde,
Tränen vergießend und seufzend. Jedoch der unsterbliche Vater
Sprach zu ihnen darauf geneigt die gnädigen Worte:
„Wachset und mehret euch nun; fortdauernd beackert die Erde,
Daß in des Angesichts Schweiß ihr Nahrung habet in Fülle!"
So sprach Er. Die Schlange jedoch, die Schuld der Verführung,
Zwang er, auf Seite und Bauch gestützt die Erde zu streifen.
Unerbittlich trieb er sie fort und stiftete Feindschaft,
Schreckliche, beiderseits; und bewahrt vor dem Streiche die eine
Sich ihren Kopf, so hütet die Ferse der Mensch; denn genahet
Hat sich der Tod zu ihm und zur trugvollen, giftigen Schlange.
  Jetzt aber mehrten die Menschen sich sehr, ganz so wie es wollte
Der Allherrschende selbst, und fort wuchs eines zum andern,
Ward ein unzähliges Volk. Auch Häuser zu bauen begann man
Mancherlei Art, auch Städte und trefflich gefestigte Mauern
Wurden bereitet mit Kunst. Es dehnte das Leben zu langen
Reihen der Tage sich aus; denn nicht von drückender Sorge

τειρόμενοι θνῆσκον, ἀλλ' ὡς δεδμημένοι ὕπνῳ·
ὄλβιστοι μέροπες μεγαλήτορες, οὓς ἐφίλησεν
σωτὴρ ἀθάνατος βασιλεὺς θεός. ἀλλὰ καὶ αὐτοί
ἥλιτον ἀφροσύνῃ βεβολημένοι. οἱ γὰρ ἀναιδῶς
ἐξεγέλων πατέρας καὶ μητέρας ἠτίμαζον,   75
γνωστοὺς δ' οὐ γίνωσκον ἀδελφειῶν ἐπίβουλοι.
ἦσαν δ' ἂρ μιαροὶ κεκορεσμένοι αἵματι φωτῶν
καὶ πολέμους ἐποίουν. ἐπὶ δ' αὐτοὺς ἤλυθεν ἄτη
ὑστάτη οὐρανόθεν βεβολημένη, ἣ βιότοιο
δεινοὺς ἐξεῖλεν· τοὺς δ' αὖ ὑπεδέξατο "Αιδης·   80
"Αιδην δ' αὖτ' ἐκάλεσσαν, ἐπεὶ πρῶτος μόλεν 'Αδάμ
γευσάμενος θανάτου, γαίη δέ μιν ἀμφεκάλυψεν,
τοὔνεκα δὴ πάντες οἱ ἐπιχθόνιοι γεγαῶτες
ἀνέρες εἰν 'Αίδαο δόμοις ἰέναι καλέονται.
ἀλλ' οὗτοι πάντες καὶ εἰν 'Αίδαο μολόντες   85
τιμὴν ἐσχήκασιν, ἐπεὶ πρῶτον γένος ἦσαν.
   αὐτὰρ ἐπεὶ τούτους ὑπεδέξατο, δεύτερον αὖτις   87
ἄλλο γένος τεῦξεν πολυποίκιλον, οἷς ἐμεμήλει   89
ἔργ' ἐρατὰ σπουδαί τε καλαὶ καὶ ὑπείροχος αἰδώς   90
καὶ πυκινὴ σοφίη· τέχνας δὲ μὲν ἐξήσκησαν
παντοίας εὑρόντες ἀμηχανίαις ἐπινοίας.
καί τις μὲν γαίην ἀρότροις ἐξεῦρε γεωργεῖν,
ἄλλος τεκταίνειν, ἄλλῳ δὲ πλέειν μεμέλητο,
ἄλλῳ δ' ἀστρονομεῖν καὶ ὀνειροπολεῖν τὰ πετεινά,   95
φαρμακίῃ δ' ἄλλῳ, αὐτὰρ μαγικὴ πάλιν ἄλλῳ·
ἄλλοι δ' ἄλλα ἕκαστα μεμηλότα τεχνώοντο,
Γρήγοροι ἀλφηστῆρες, ἐπωνυμίης μετέχοντες
ταύτης, ὅττι μετὰ φρέσ' ἀκοίμητον νόον εἶχον
ἄπλητόν τε δέμας· στιβαροὶ μεγάλῳ ἐπὶ εἴδει   100
ἦσαν· ὅμως δ' ἔμολον ὑπὸ ταρτάριον δόμον αἰνόν,
δεσμοῖς ἀρρήκτοις πεφυλαγμένοι ἐξαποτῖσαι
εἰς γένναν μαλεροῦ λάβρου πυρὸς ἀκαμάτοιο.
   τῶν δὴ καὶ μετέπειτα πάλιν γένος ὀμβριμόθυμον
ἐξεφάνη τρίτατον ὑπερφιάλων ἀνθρώπων   105
δεινῶν, οἳ κακὰ πολλὰ παρὰ σφίσιν ἐξεπονοῦντο.
καὶ τούς δ' ὑσμῖναί τ' ἀνδροκτασίαι τε μάχαι τε
συνεχέως ὀλέκεσκον ὑπέρβιον ἦτορ ἔχοντας.

Starben sie aufgezehrt, nur wie vom Schlaf überwunden.
Das waren glückliche, treffliche Menschen; sie liebte der König
Gott, ihr unsterblicher Schutzherr. Allein von Torheit geblendet
Sündigten selber sie auch; denn schamlos spottend der Väter,
Wurden die Mütter verunehrt, es wurden die Bande des Blutes
Nicht mehr erkannt und Hinterlist selbst dem Bruder bereitet.
Unrein waren sie auch; und schwimmend im Blute der Männer
Wurden die Kriege geführt. Da endlich kam das Verderben
Aus der Höhe vom Himmel gesandt und raubte das Leben
Ihnen, den Schrecklichen; dann aber nahm sie die untere Welt auf;
Hades nannte man sie, weil Adam als erster dahin kam,
Als den Tod er gekostet und ihn die Erde umhüllte.
Darum sagt man auch von den erdgeborenen Menschen,
daß sie alle hinab in des Hades Wohnungen gehen.
Diese doch hält man, obwohl sie drunten im Hades verblieben,
Alle für rühmliche Männer, zum ersten Geschlechte gehörend.
    Aber als diese dahingegangen, da schuf er ein zweites,
Anderes Menschengeschlecht, vielfältig; und nützliche Dinge
Strebten die an, voll trefflicher Zucht und rühmlichen Eifers;
Tüchtige Weisheit auch, und trieben mancherlei Künste.
Und was immer die Not für Einsicht lehrte, erfand man.
So hat einer das Land mit Pflügen zu bauen erfunden;
Andere zimmerten Holz, noch andre gedachten der Schiffahrt;
Sternkundig waren die andren und achtend des Fluges der Vögel,
Andere übten die Heilkunst und andere wieder die Magik.
Andre erdachten noch andres, jedwedes mit Kunst überlegend.
Wachsam, betriebsame Menschen, so wurden diese geheißen.
Weil unermüdlichen Sinn sie bargen in ihrem Gemüte.
Von kolossaler Gestalt und gewaltigen äußeren Ansehns
Waren sie auch. Doch hinab in die schreckliche, höllische Wohnung
Mußten sie gehn, zur Strafe verwahrt mit ewigen Banden
In der Gehenna Glut, dem großen unlöschlichen Feuer.
    Drauf nach ihnen ein drittes Geschlecht übermütiger Menschen
Kam wiederum in die Welt, die waren gewaltig und schrecklich,
Und der Schlechtigkeit viel ward gegeneinander ersonnen.
Schlachten und Männermord und fortan ein blutig Gemetzel
Richtete alle zugrund, das Volk hochmütigen Herzens.

ἐκ τῶν δὴ μετὰ ταῦτα κατήλυθεν ὀψιτέλεστον
ὁπλότατον γένος ἄλλο μιαιφόνον ἀκριτόβουλον   110
ἀνδρῶν ἐν τετράτῃ γενεῇ· οἳ πολλὰ χέεσκον
αἵματα οὔτε θεὸν δειδιότες οὔτ' ἀνθρώπους
αἰδόμενοι· μάλα γάρ τοι ἐπ' αὐτοῖσιν βεβόλητο
οἰστρομανὴς μῆνις καὶ δυσσεβίη ἀλεγεινή.
καὶ τοὺς μὲν πολεμοί τ' ἀνδροκτασίαι τε μάχαι τε   115
εἰς ἔρεβος προΐαψαν ὑπερθύμους περ ἐόντας
ἄνδρας δυσσεβέας. τοὺς δ' αὖ μετόπισθε χόλοισιν
οὐράνιος θεὸς αὐτὸς ἑοῦ μετεθήκατο κόσμου
Ταρτάρῳ ἀμφιβαλὼν μεγάλῳ ὑπὸ πυθμένι γαίης.
καὶ πάλιν ἄλλο γένος πολὺ χειρότερον μετόπισθεν   120
ἀθάνατος τεῦξεν, ἐπεὶ ᾗ κακὰ πόλλ' ἐπονοῦντο.   122
οἳ γὰρ ὑβρισταὶ πολλῷ πλέον ἢ ὅτ' ἐκεῖνοι
Γίγαντες σκολιοὶ μιαρῶς δύσφημα χέοντες.
μοῦνος δ' ἐν πάντεσσι δικαιότατος καὶ ἀληθής   125
ἦν Νῶε, πιστότατος καλοῖς τ' ἔργοισι μεμηλώς.
καὶ τῷ μὲν θεὸς αὐτὸς ἀπ' οὐρανόθεν φάτο τοῖα·
'Νῶε, δέμας θάρσυνον ἑὸν λαοῖσί τε πᾶσιν
κήρυξον μετάνοιαν, ὅπως σωθῶσιν ἅπαντες.
ἢν δέ με οὐκ ἀλέγωσιν ἀναιδέα θυμὸν ἔχοντες,   130
πᾶν γένος ἐξολέσω μεγάλοις ὑδάτων κατακλυσμοῖς
σοὶ δ' ὦκ' ἐν ῥίζῃσιν ἀδιψήτοισι τεθηλός
δουράτεον κέλομαι δῶμ' ἄφθιτον ἀσκήσασθαι.
θήσω δ' ἐν στήθεσσι νόον, πυκινὴν δέ τε τέχνην
καὶ μέτρον κατὰ κόλπον· ἐμοὶ δέ τε πάντα μελήσει,   135
ὥστε σε σωθῆναι καὶ ὅσοι σὺν σοὶ ναίουσιν.
εἰμὶ δ' ἐγώγε ὁ ὤν, σὺ δ' ἐνὶ φρεσὶ σῇσι νόησον·
οὐρανὸν ἐνδέδυμαι, περιβέβλημαι δὲ θάλασσαν,
γαῖα δέ μοι στήριγμα ποδῶν, κέχυται περὶ σῶμα
ἀὴρ ἠδ' ἄστρων με χόρος περιδέδρομε πάντῃ.   140
ἐννέα γράμματ' ἔχω· τετρασύλλαβός εἰμι· νόει με·
αἱ τρεῖς αἱ πρῶται δύο γράμματ' ἔχουσιν ἑκάστη,
ἡ λοιπὴ δὲ τὰ λοιπὰ καί εἰσιν ἄφωνα τὰ πέντε·
τοῦ παντὸς δ' ἀριθμοῦ ἑκατοντάδες εἰσὶ δὶς ὀκτώ,
τρεῖς τρισκαιδεκάδες τρίς θ' ἑπτά. γνοὺς δέ τίς εἰμι,   145
οὐκ ἀμύητος ἔσῃ σοφίης πολυήρατος ἀνήρ.

Auf sie folgte darauf ein später geborenes andres
Tapferes, streitbares Volk, mordgierig und schwachen Verstandes.
Männer des vierten Geschlechts waren sie, und diese vergossen
Viel Blut, fürchteten auch Gott nicht und scheuten nicht Menschen;
Denn sie hatte gewaltig wütendes Toben befallen,
Sinn betörend und Schmerz bereitend, gottlose Gesinnung.
Aber sie sanken hinab durch Krieg, durch Mord und durch Schlachten
In des Erebos Nacht, obschon ein sehr zu beklagend
Gottvergessenes Volk. Die übrigen aber im Grimme
Raffte hinweg aus der Welt Gott selbst, der himmlische Vater,
Barg im weiten Tartarus sie, in den Tiefen der Erde.
    Und wiederum ein ander Geschlecht noch schlechterer Menschen
Schuf er darauf, der unsterbliche Gott: denn Böses verübten
Sie gar viel, vom Übermut mehr noch als jene ergriffen,
Riesen, törichten Sinns, abscheulicher Schmähung ergeben.
    Aber vor allen gerecht allein und vor allen wahrhaftig
War, ein verläßlicher Mann, nur Noah, des Guten beflissen,
Zu ihm sprach vom Himmel herab mit folgenden Worten
Gott selbst: „Noah, ermutige dich und sämtlichen Völkern
Predige Buße, damit ich imstand bin, sie alle zu retten.
Achten sie mich daher nicht, schamlos in ihrem Gemüte,
Dann verderb' ich das ganze Geschlecht in gewaltigen Fluten.
Du aber baue alsbald, aus trockenem Holze gezimmert,
Dir ein hölzernes Haus, eine haltbare Wohnung; ich wünsch' es!
Ich will legen Verstand in die Brust dir und tüchtigen Kunstsinn,
Und auch Maß in den Busen; denn all dies liegt mir am Herzen,
Daß erhalten du bleibest und mit dir alle Verwandten.
Ich aber bin, der ich bin - überlege dir das in dem Herzen! -
Ziehe den Himmel als Kleid an und lasse vom Meer mich umgeben;
Schemel der Füße ist mir die Erde, den Körper umfließet
Luft, und um mich kreisen im Reih'n die zahllosen Sterne.
Neun der Buchstaben hab' ich und bin viersilbig; erkenn mich:
Erste drei Silben enthalten der Buchstaben zwei, doch die letzte
Hat die übrigen alle; auch sind es fünf Konsonanten.
Aber die Summe der Zahl ergibt acht Hunderter zweimal,
Dreimal dreizehn dazu und dreimal noch sieben; erkenne
Nun, wer ich bin, und du bist ein begehrter Mann, voller Weisheit."

ὡς φάτο· τὸν δὲ τρόμος λάβε μυρίος, οἷον ἄκουσεν.
καὶ τότε δὴ νοερῶς τεχνησάμενος τὰ ἕκαστα
λαοὺς ἐλλιτάνευε. λόγων δ' ἐξήρχετο τοίων·
'ἄνδρες ἀπιστοκόροι, μεγάλῳ βεβολημένοι οἴστρῳ,   150
οὐ λήσει θεὸν ὅσσ' ἐπράξατε· πάντα γὰρ οἶδεν
ἀθάνατος σωτὴρ πανεπίσκοπος, ὅς μ' ἐκέλευσεν
ἀγγέλλειν ὑμῖν, ἵνα μὴ φρεσὶν ἐξαπόλησθε.
νήψατε, τὰς κακίας ἀποκόψατε, μηδὲ βιαίως
ἀλλήλοις μάρνασθε μιαιφόνον ἦτορ ἔχοντες,   155
αἵμασιν ἀνδρομέοις πολλὴν γαῖαν ἀρδεύοντες.
αἰδέσθητε, βροτοί, τὸν ὑπερμεγέθη καὶ ἄτρεστον
οὐράνιον κτίστην, θεὸν ἄφθιτον, ὃς πόλον οἰκεῖ,
καὶ τοῦτον πάντες λιτανεύσατε – χρηστὸς ὑπάρχει –
τοῦτον ὑπὲρ ζωῆς πόλεων κόσμοιό τε παντός   160
τετραπόδων πτηνῶν θ', ὡς ἵλεως ἔσσεθ' ἅπασιν.
ἔσται γὰρ ὅτε κόσμος ὅλος ἀπειρέσιος ἀνδρῶν
ὕδασιν ὀλλυμένοις φοβερὰν ὀλολύξετ' αὐτήν.
ἔσται δ' ἐξαπίνης ἀὴρ ἀκατάστατος ὑμῖν
καὶ χόλος οὐρανόθεν μεγάλου θεοῦ ἥξει ἐφ' ἡμᾶς   165
ἔσται δ' ἀτρεκέως, ὅτ' ἐς ἀνθρώπους προϊάψει
σωτὴρ ἀθάνατος, ἂν μὴ θεὸν ἱλάσκησθε
καὶ μετάνοιαν ἔχητ' ἀπὸ νῦν, καὶ μηκέτι μηδέν
δύσκολον ἠὲ κακόν γ' ἀθεμίστως ἄλλος ἐπ' ἄλλῳ
πράξει', ἀλλ' ὁσίῳ βιότῳ πεφυλαγμένος εἴη.'   170
οἳ δέ μιν εἰσαΐοντες ἐμυκτήριζον ἕκαστος
ἔκφρονα κικλήσκοντες, ἀτὰρ μεμανημένον ἄνδρα.
καὶ τότε δ' αὖ, πάλιν αὖθις ἀνίαχε Νῶε ἀοιδήν·
'ὦ μέγα δείλαιοι κακοήτορες ἄστατοι ἄνδρες
αἰδοίην προλιπόντες, ἀναιδείην ποθέοντες,   175
ἁρπακταί τε τύραννοι ἁμαρτωλοί τε βίαιοι
ψεῦσται ἀπιστοκόροι κακοπράγμονες οὐδὲν ἀληθεῖς
λεκτροκλόποι θ' εὑρησιλόγοι δύσφημα χέοντες,
οὐκ ὀργήν τε θεοῦ δειδιότες ὑψίστοιο,
εἰς γενεὴν πέμπτην πεφυλαγμένοι ἐξαποτῖσαι.   180
οὐ κλαίετ' ἄλλυδις ἄλλον, ἀπηνέες, ἀλλὰ γελᾶτε·
σαρδόνιον μείδημα γελάσσετε, ὁππόταν ἥξῃ
τοῦτο, λέγω, τὸ θεοῦ φοβερὸν καὶ ἐπήλυτον ὕδωρ.
ὁππότε κεν <δ'> Εὔης μιαρὸν γένος ἐν χθόνι δίῃ

Sprach's. Aber diesen ergriff, dies hörend, gewaltiger Schrecken.
Dann aber, als er bei sich alles einzelne hatte erwogen,
Flehte die Völker er an und begann mit folgenden Worten:
„Männer, ungläubiges Volk, von schrecklichem Wahnsinn befallen,
Was ihr verübt, entgehet Gott nicht; er ist ja allwissend;
Alles erblickt er, der ewige Retter, und dieser befahl mir,
Euch zu verkünden, damit ihr zugrunde nicht geht in der Torheit.
Werdet doch klug und entfernet von euch das Unrecht und kämpfet
Nicht blutgierigen Herzens gewaltsam gegeneinander,
Tränkend das weite Gefild mit der Menschen vergossenem Blute!
Fürchtet, ihr Sterblichen, doch den himmlischen, allgewalt'gen
Schöpfer, der Furcht nicht kennt, den ewigen Gott, der im Himmel
Wohnet, und fleht ihr alle ihn an; denn Er ist auch gütig;
Flehet ums Leben der Städte ihn an, der sämtlichen Erde,
Der vierfüßigen Tiere, der Vögel, daß aller er schone.   [Menschen
Denn es wird kommen der Tag, wo die Welt und die Scharen der
Gehn durch Wasser zugrund. Dann werdet ihr schreckliche Klage
Stöhnen; denn plötzlich geschieht's, daß unbeständig die Luft ist.
Über euch wird vom Himmel der Zorn des gewaltigen Gottes
kommen: denn sicherlich wird er ihn auf die Menschen entsenden,
Er, der unsterbliche Heiland, wofern ihr die Gottheit nicht sühnet,
Buße tuet von jetzt an und Schlechtes in keinerlei Weise
Übt, sei es bös oder ungerecht gar, mehr gegeneinander,
Wenn ihr nicht wirklich fortan ein heiliges Leben bewahret.
    Die aber hörten ihn an und rümpften die Nase ein jeder,
Nannten gar wahnsinnig ihn und selbst einen rasenden Menschen.
Noah darauf begann wiederum mit erhobener Stimme:
„O Unglückliche, ihr, von Denkart schlecht, unbeständig,
Menschen, denen die Zucht entwich, die nach Frechheit gelüstet;
Räuber, tyrannisches Volk und Gewalttat übende Frevler,
Lügner ohn jegliche Treu, Verbrecher und bar aller Wahrheit,
Ehebrechergezücht, nicht um Gründe verlegene Schwätzer,
Die ihr nicht fürchtet den Zorn des allerhabenen Gottes,
Aufbewahrt aufs fünfte Geschlecht, um Strafe zu leiden.
Weinen wollet ihr nicht, Hartherzige, sondern ihr lachet:
Werdet mit Grinsen dereinst wohl lachen, wenn einmal hereinbricht
Jene anstürmende Flut von Gott, die furchtbare, sag' ich;
Wenn aber Evas ruchlos Geschlecht, das bisher auf Erden

ἀέναον ῥίζησιν ἀδιψήτοισι τεθηλός   185
αὐτόπρεμνον ἄιστον ἰῇ ἐν νυκτὶ γένηται
κἂν πόλεσ᾽ αὐτάνδροις, σεισίχθων ἐννοσίγαιος
κευθμῶνας γαίης σκεδάσει καὶ τείχεα λύσει.
καὶ τότε κόσμος ὅλος περ ἀπειρεσίων ἀνθρώπων
θνήξεται. αὐτὰρ ἐγὼ πόσα πενθήσω, πόσα κλαύσω   190
οἴκῳ δουρατέῳ, πόσα δάκρυα κύμασι μίξω;
ἤν γὰρ ἐπέλθῃ τοῦτο θεοῦ κεκελευσμένον ὕδωρ,
πλεύσει γῆ, πλεύσουσιν ὄρη, πλεύσει δὲ καὶ αἰθήρ,
ὕδωρ ἔσται ἄπαντα καὶ ὕδασι πάντ᾽ ἀπολεῖται.
στήσονται δ᾽ ἄνεμοι καὶ δεύτερος ἔσσεται αἰών.   195
ὦ Φρυγίη, πρώτη δ᾽ ἀναδύσῃ ἀφ᾽ ὕδατος ἄκρου·
πρώτη δ᾽ αὖ θρέψεις γενεὴν ἑτέρην ἀνθρώπων
ἀρχομένην πάλιν αὖθις· ἔσῃ δὲ τροφὸς περὶ πάντων.᾽
   ἀλλ᾽ ὅτε δὴ γενεῇ τὰ μάτην ἐλάλησεν ἀθέσμῳ,
Ὕψιστος ὤφθη, πάλι δ᾽ ἴαχε φώνησέν τε·   200
᾽καιρὸς ἔπεστ᾽ ἤδη, Νῶε, τὰ ἕκαστ᾽ ἀγορεύειν,
ὅσσα περ ἤματι τῷ σοι ὑπέστην καὶ κατένευσα,
πάντα μάλ᾽, ὅσσα πάρος γενεαὶ κακὰ μυρί᾽ ἔπραξαν,
ῥέξαι ἀπειρεσίῳ κόσμῳ διὰ λαὸν ἀπειθῆ.
ἀλλὰ τάχει ἔμβηθι σὺν υἱέσιν ἠδὲ δάμαρτι   205
καὶ νύμφαις. κάλεσον δ᾽, ὁπόσοις κέλομαι ἀγορεύειν,
τετραπόδων φῦλα καὶ ἑρπετὰ καὶ πετεηνά.
τοῖσι δ᾽ ἐνὶ στήθεσσιν ἐγὼ μετέπειτα βαλοῦμαι
προφονέως ἰέναι, ὁπόσων ζωὴν ἐπιτείλω.᾽
   ὡς ἔφατ᾽· αὐτὰρ ὁ βῆ, μέγαδ᾽ ἴαχε φώνησεν τε.   210
καὶ τότε δ᾽ αὖ ἄλοχος καὶ υἱέες ἠδέ τε νύμφαι
οἴκῳ δουρατέῳ ἐσελήλυθαν· αὐτὰρ ἔπειτα
βῆσαν δ᾽ ἄλλα ἕκασθ᾽, ὅσα περ θεὸς ἤθελε ῥῦσθαι.
ἀλλ᾽ ὅτε δ᾽ ἀρμονία κληῒς περὶ πῶμ᾽ ἐγενήθη
εἰς πλάγι᾽ ἁρμοσθεῖσα περιζέστω ἐνὶ χώρῳ,   215
δὴ τότ᾽ ἐπουρανίοιο θεοῦ ἐτελείετο βουλή.
σὺν δ᾽ ἔβαλεν νεφέλας, κρύψεν δὲ πυραυγέα δίσκον,
σὺν δ᾽ ἄστροις μήνην καὶ οὐράνιον στεφάνωμα,
πάντα περισκεπάσας μεγάλ᾽ ἔκτυπε, δεῖμα βροτοῖσιν,
πρηστῆρας πέμπων· συνεπηγείροντο δ᾽ ἆται   220
πάντες καὶ ὑδάτων φλέβες ἐλύοντο ἅπασαι
οὐρανόθεν μεγάλων ἀνεοιγμένων καταρακτῶν,

Immer mit nicht verdürstenden Wurzeln erblühte, von Grund aus
Wird vernichtet und gänzlich in einer Nacht nur verschwindet,
Auch in den Städten samt ihren Bewohnern, zertrümmert der Erde
Schluchten der Erderschütt'rer Poseidon und stürzet die Mauern:
Dann wird sterben das Weltall mitsamt den unzähligen Menschen.
Aber ich selbst, wie klage ich dann, wie werde ich weinen
In meinem hölzernen Haus und mischen mit Tränen die Wellen!
Wann herein nach Gottes Befehl die Wasser einst brechen, [der Äther;
Dann schwimmt die Erde, es schwimmen die Berge, es schwimmt auch
Wasser wird überall sein, und alles durch Wasser zugrund gehn.
Nimmermehr wehen die Winde, und andere Zeiten beginnen.
Phrygien, du wirst wieder zuerst aus der Fläche des Wassers
Tauchen empor und zuerst ernähren anderer Menschen
Neu beginnend Geschlecht, wirst sein die Mutter von allen."
    Als er dieses umsonst zum gesetzlosen Volke geredet,
Da erschien wiederum der Höchste und rief ihn und sagte:
„Noah, jetzt ist gekommen die Zeit, all das zu beschließen,
Was ich dereinst dir versprach und bewilligte, dir zum Gedeihen.
Was nur Böses verübt in Menge die früh'ren Geschlechter,
Wird gestraft an der sämtlichen Welt ob des Starrsinns des Volkes.
Du aber steige alsbald mit den Söhnen und mit deinem Weibe,
Samt den Bräuten hinein, und was sonst ich zu rufen befehle:
Der vierfüßigen Tiere Geschlechter, was kriecht und was flieget.
Diesen allen will ich hinein in die Seele es legen,
Daß sie williglich kommen heran, die zu leben bestimmt sind."
    Also sprach er, der aber ging laut rufend und redend.
Da nun traten sein Weib und die Söhne samt ihren Bräuten
Ein in das hölzerne Haus, und darauf die übrigen andern;
Jegliches eilte heran, das Gott zu retten geboten.
Als nun war versehen die Decke mit Klammern und Riegeln,
Schräg zusammengefügt an rings geglätteter Stelle,
Ward vollführt der Ratschluß Gottes endlich im Himmel.
Wolken trieb er zusammen und barg die feurige Scheibe,
Samt den Sternen den Mond, barg auch des Himmels Bekränzung,
Alles in Dunkel gehüllt, laut donnernd, ein Schrecken der Menschen,
Sendete Blitze herab, und es hoben zugleich sich die Winde
Alle zumal, und es öffneten sich alle Adern des Wassers;
Mächtig stürzten herab aus der Luft die entfesselten Fluten,

καὶ μυχῶν γαίης καὶ ἀβύσσου ἀκαμάτοιο
ὕδατα μυριόεντα φάνη καὶ γῆ ἐκαλύφθη
πάντη ἀπειρέσιος· αὐτὸς δ᾽ ἐπενήχετο ὄμβρῳ   225
οἶκος θεσπέσιος. πολλοῖσι δὲ κύμασι λάβροις
ῥηγνύμενος καὶ νηχόμενος ἀνέμων ὑπὸ ῥιπῆς
ὤρνυτο δειμαλέως· ἔτεμνεν μυρίον ἀφρόν
στείρῃ κινύμενον ὑδάτων κελαρυζομενάων.
   ἀλλ᾽ ὅτε κόσμον ἅπαντα θεὸς κατέκλυσσ᾽ ὑετοῖσιν,   230
καὶ τότε δ᾽ αὖ Νῶε φρεσὶν ἔνθετο, ὄφρ᾽ ἐσαθρήσῃ
ἀθανάτου βούλησιν ἤδη δέ τε Νηρέος ἄδην·
ὦκα δὲ πῶμ᾽ ἀνέῳξε περιξεστοῦ ἀπὸ τοίχου
ἐμπείρως ἁρμοῖσι κατ᾽ ἀντίον ἁρμοσθέντος
καὶ λεύσας ὑδάτων μὲν ἀπειρασίων πολὺ πλῆθος   235
παντόσε νώνυμνον μόρον ὀφθαλμοῖσιν ὁρᾶσθαι,
δεῖμ᾽ ἔχε καὶ κραδίην πάλλεν μέγα. καὶ τότε δ᾽ ἀήρ
βαιὸν στειλάμενος, ἐπεὶ κάμεν ἤμασι πολλοῖς
κόσμον ὅλον δεύων, τότε δείελον οἷά τε χλωρόν
αἱματόεντα πόλον μέγαν τε πυραυγέα δίσκον   240
δεῖξεν κεκμηῶτα· μόλις δ᾽ ἔσχεν Νῶε θύρσος.
καὶ τότε δὴ πελίην οἴην ἀπὸ νόσφι ποιήσας
ἔκβαλεν, ὄφρα κε γνοίη ἐνὶ φρεσίν, εἴ ποθι γαῖα
φαίνετ᾽ ἔτι στερεή. ἡ δὲ πτερύγεσσι καμοῦσα
πάντα περιπταμένη, πάλιν ἔρεπετ᾽· οὔτε γὰρ ὕδωρ   245
ἦν κοπάσαν· μάλα γάρ τε πεπληρώκει τὰ ἕκαστα.
αὐτὰρ ὅ γ᾽ ἡσυχάσας πάλιν ἤματα πέμπε πέλειαν
αὖτις, ἵνα γνοίη, εἰ ἐπαύσατο ὕδατα πολλά.
ἡ δ᾽ ἄρα πωτήεσσα διέπτατο, βῆ δ᾽ ἐπὶ γαῖαν,
βαιὸν δ᾽ ἀμπαύσασα δέμας νοτέρη ἐπὶ γαίῃ   250
ἂψ ἐπὶ Νῶε πάλιν ἐπανήλυθε, κάρφος ἐλαίας
σῆμα φέρουσα μετ᾽ ἀγγελίης. θάρσος δ᾽ ἔχε πάντας
καὶ μέγα χάρμ᾽, ὅτι γαῖαν ἐφελπίζεσκον ἀθρῆσαι.
καὶ τότε δὴ μετέπειτ᾽ ἄλλον μελανόπτερον ὄρνιν
τοίχου ὑπὲξ ἀπέπεμψεν· ὁ δὲ πτερύγεσσι πεποιθώς   255
προφρονέως πωτᾶτο, γαίῃ δ᾽ ἐλθὼν ἐπέμεινεν.
γνῶ δέ τε Νῶε ὅτι δὴ γαίῃ πέλετ᾽ ἆσσον ἐοῦσα.
ἀλλ᾽ ὅτε δὴ ῥοθίοις ἐπὶ κύμασιν ἔνθα καὶ ἔνθα
ἀμβροσίη τέχνη ἐπενήχετο οἴδμασι πόντου,
πηγνυμένη ὀλίγῃσιν ἐπ᾽ ᾐόσιν ἐστήρικτο.   260

Und aus der Erde tiefem Geklüft und aus gähnendem Abgrund
Stürzten die Wasser in Massen hervor und bedeckten die Erde,
Die unermeßliche ganz. Nur sie, die göttliche Arche,
Trieb auf der Flut, gepeitscht von vielen und mächtigen Wogen,
Und fuhr schwimmend einher, durch der Winde mächtigen Andrang
Schrecklich gejagt, doch entzwei des Schaumes gewaltige Masse
Schnitt der Kiel, und es brauste die Flut im Wellengewoge.
    Als aber Gott die sämtliche Welt überflutet mit Wasser,
Da beschloß des Unsterblichen Ratschluß Noah im Herzen
Auszuspähen; denn satt war er der Gaben des Nereus.
Und von des Schiffs geglätteter Wandung nahm er die Decke
Schnell, die gefestigte quer gegenüber mit trefflichen Riegeln.
Und die gewaltige Menge von endlosen Wassern erblickend,
Schaute Noah den Tod überall nur mit spähenden Augen.
Da überfiel ihn Beben und Furcht. Doch es legte der Wind sich
Jetzt ein wenig; denn müde war er, die Welt zu durchwehen
Alle die Tage hindurch, und er ließ die feurige Scheibe
Blaß und blutig und groß, nachdem das Gewölke zerteilt war,
Blicken vom Himmel herab. Kaum konnte sich Noah erholen.
Dann aber schickte er fort von sich eine einzige Taube,
Sandte hinaus sie, damit er erfahre, ob etwa die Erde
Stehbar erschiene und fest. Aber die, mit ermüdeten Flügeln
Alles umfliegend, kehrte zurück. Nach waren die Wasser
Nicht verlaufen; vielmehr war alles von ihnen erfüllet.
Er aber ruhete nicht viele Tage und schickte die Taube
Wiederum aus, zur erspähn, ob die Masse der Wasser gefallen.
Die nun flog im Fluge dahin und trat auf die Erde,
Ruhte ein weniges aus, ermattet, auf feuchtem Gefilde;
Dann aber kam sie zu Noah zurück und brachte den Ölzweig
Mit als Zeichen der Botschaft. Da wurden alle voll Mutes
Und voll unendlicher Freude; man hoffte, die Erde zu schauen.
Und er ließ einen anderen schwarzgefiederten Vogel
Dann aus der Arche hinaus. Doch der, den Flügeln vertrauend,
Schwebte willig dahin, und, erreichend die Erde, verblieb er.
Noah bemerkte hieran, daß näher die Erde herankam.
Aber als nun auf rauschenden Wellen die Arche daherfuhr,
Mittels unsterblicher Kunst hintreibend auf wogender Meerflut
Hierhin und dorthin, da blieb auf schmalem Strande sie stehen.

ἔστι δ' ἐνὶ Φρυγίοισιν ἐπ' ἠπείροιο μελαίνης
ἠλίβατον τανύμηκες ὄρος· Ἀραρὰτ δὲ καλεῖται,
ὅττ' ἄρα σωθήσεσθαι ἐπ' αὐτῷ πάντες ἔμελλον,
ἐν τούτῳ μεγάλη δὲ ποθὴ καταθύμιος ἦεν.
ἔνθα φλέβες Μαρσύου μεγάλου ποταμοῦ πεφύκασιν.   265
τῇδε κιβωτὸς ἔμεινεν ἐν ὑψηλοῖσι καρήνοις
ληξάντων ὑδάτων, τότε δ' αὖ πάλιν οὐρανόθι πρό
θεσπεσίη μεγάλοιο θεοῦ πάλιν ἴαχε φωνή
τοῖον ἔπος· Νῶε πεφυλαγμένε πιστὲ δίκαιε,
θαρσαλέως ἔξελθε σὺν υἱέσιν ἠδὲ δάμαρτι   270
καὶ νύμφαις τρισσαῖς καὶ πλήσατε γαῖαν ἅπασαν
αὐξόμενοι πληθυνόμενοι τὰ δίκαια νέμοντες
ἀλλήλοις, γενεαῖς γενεῶν, ἄχρις εἰς κρίσιν ἥξει
πᾶν γένος ἀνθρώπων, ἐπεὶ ἡ κρίσις ἔσσεθ' ἅπασιν.'
    ὡς ἔφατ' ἀμβροσίη φωνή. Νῶε δ' ἀπὸ κοίτης   275
ἧσσ' ἀποθαρσήσας ἐπὶ γῆς, υἱοὶ δὲ σὺν αὐτῷ
ἠδὲ δάμαρ νύμφαι τε καὶ ἑρπετὰ καὶ πετεηνά
τετραπόδων θηρῶν τε γένη κὶ τἆλλ' ἅμα πάντα
οἴκου δουρατέου ἐξήεσαν εἰς ἕνα χῶρον.
καὶ τότε δή τοι Νῶε δικαιότατος ἀνθρώπων   280
ὄγδοος ἐξῆλθεν δὶς εἴκοσι καὶ μίαν ἠῶ
πληρώσας ὑδάτεσσι θεοῦ μεγάλου διὰ βουλάς.
    ἔνθ' αὖτις βιότοιο νέη ἀνέτειλε γενέθλη
χρυσείη πρώτη, ἥτις πέλεθ' ἕκτη, ἀρίστη,
ἔξοτε πρωτόπλαστος ἀνὴρ γένετ'· οὔνομα δ'αὐτῇ   285
οὐρανίη, ὅτι πάντα θεῷ μεμελημένη ἔσται.
ὦ γενεῆς ἕκτης πρῶτον γένος, ὦ μέγα χάρμα,
ἧς ἔλαχον μετέπειτ', ὁπότ' ἔκφυγον αἰπὺν ὄλεθρον
πολλὰ κλυδωνισθεῖσ' ἅμ' ἐμῷ πόσει ἠδὲ δαέρσιν
ἠδ' ἐκυρῷ ἐκυρῇ θ' ὁμονύμφοις τ' αἰνὰ παθοῦσα.   290
ἄρτια δ' αἰνήσω· ἔσται πολυποίκιλον ἄνθος
ἐν συκῇ· μετόπισθε Κρόνος βασιλήιον ἀρχήν
σκηπτροφόρον θ' ἕξει. τρεῖς δ' ἂρ βασιλεῖς μεγάθυμοι,
ἄνδρε δικαιότατοι, μοίρας διακληρώσονται.
πουλυετῆ δ' ἄρξουσι χρόνον τὰ δίκαια νέμοντες   295
ἀνδράσιν, οἷσι μέμηλε πόνος καὶ ἔργ' ἐρατεινά.
γαίη δ' αὖ καρποῖς ἐπαγάλλεται αὐτομάτοισιν
φυομένη πολλοῖσιν, ὑπερσταχυοῦσα γενέθλη.

Weit und hoch gedehnt auf Phrygiens dunkelem Festland
Ragt ein steiles Gebirg, Ararat, so führt es den Namen.
Weil die Rettung auf ihm für alle zusammen bestimmt war
Und in den Herzen alldort ein großes Verlangen sich kundtat.
Dort entspringen die Adern des großen Marsyasflusses.
Dort auf den Höhen des Berges blieb stehen die Arche des Noah,
Während das Wasser verlief. Da wieder vom Himmel erschallend
Rief noch einmal die göttliche Stimme des mächtigen Gottes
Folgendes aus: „Komm, Noah, Erretter, Treuer, Gerechter,
Mutig komm nun heraus mit den Söhnen und mit der Gemahlin,
Samt den drei Bräuten, und mehrt euch und füllet die sämtliche Erde,
Wachset heran und übet Gerechtigkeit gegeneinander
Von Geschlecht zu Geschlecht, bis einstens kommt zum Gerichte
Jegliches Menschengeschlecht; denn alle erwartet der Richttag."
    Sprach's mit ambrosischer Stimme. Doch Noah, vom Lager erhoben,
Sprang auf die Erde mutig hinab, ihm folgten die Söhne,
Auch die Gemahlin und Bräute, die Tiere, die kriechen und fliegen,
Auch vierfüßiger Tiere Geschlechter und alle die andern,
Alle traten zumal ans Land aus der hölzernen Wohnung.
Und als achter trat Noah darauf, der frömmste der Menschen,
Damals hinaus; er hatte der Tage zweihundert und einen
Auf dem Wasser verbracht, so wollte der mächtige Gott es.
    Da erblühete bald wiederum ein neues Weltalter,
Erste und beste, ja goldene Zeit, die sechste, seitdem ward
Erstgebildet der Mensch, das himmlische Zeitalter heißt sie,
Weil alle Dinge vom Herrn fürsorglich werden geleitet.
O du erstes Geschlecht der sechsten Zeit, o Erfreuen,
Dessen ich wurde teilhaftig, dem jähen Verderben entronnen,
Viel geschleudert umher zugleich mit Gatten und Schwägern
Und mit den Eltern auch des Gemahls und den Frauen der Schwäger.
Weissagen will ich nunmehr: Es wird eine Blume vielfarbig
Sein an der Feige. Darnach wird Königsherrschaft und Szepter
Kronos erhalten. Doch drei großmütige Könige werden
Nun die Lose verteilen, die allergerechtesten Männer,
Herrschen vieljährige Zeit, zuteilend, was recht ist, den Menschen,
Denen die Arbeit und liebliche Werke stets liegen am Herzen.
Aber noch einmal prunket die Erde mit vielerlei Früchten,
Welche gewachsen von selbst, und versorgt mit Getreide die Menschen.

οἱ δὲ τιθηνευτῆρες ἀγήραοι ἤματα πάντα
ἔσσονται, νόσφιν νούσων κρυερῶν μαλεράων   300
θνήξονται ὕπνῳ βεβολημένοι, ἐς δ᾽ Ἀχέροντα
εἰν Ἀίδαο δόμοις ἀπελεύσονται καὶ ἐκεῖσε
τιμὴν ἕξουσιν, ἐπεὶ ἦ μακάρων γένος ἦσαν,
ὄλβιοι ἀνέρες, οἷς Σαβαὼθ νόον ἐσθλὸν ἔδωκεν,
αὐτὰρ καὶ τούτοισιν ἀεὶ συμφράσσατο βουλάς.   305
ἀλλ᾽ οὗτοι μάκαρες καὶ εἰν Ἀίδαο μολόντες
ἔσσονται. τότε δ᾽ αὖτα βαρὺ στιβαρὸν μετέπειτα
δεύτερον αὖ γένος ἄλλο χαμαιγενέων ἀνθρώπων,
Τιτήνων· ὅμοιος δὲ τύπος ἐπὶ πᾶσιν ἑκάστων
εἶδος καὶ μέγεθός τε φυὴ φωνή τε μί᾽ ἔσται,   310
ὡς πάρος ἐκ πρώτης γενεῆς θεὸς ἐν στήθεσσιν
ἔνθετο. ἀλλὰ καὶ αὐτοὶ ὑπέρβιον ἦτορ ἔχοντες
ὕστατα βουλεύσονται ἐπειγόμενοι πρὸς ὄλεθρον
ἀντίβιον μαχέσασθαι ἐπ᾽ οὐρανῷ ἀστερόεντι.
καὶ τότε δ᾽ ὠκεανοῦ μεγάλου ῥύσις ἔσσετ᾽ ἐν αὐτοῖς   315
μαινομένων ὑδάτων. ὁ μέγας Σαβαὼθ δὲ χολωθεὶς
εἴρξει κωλύων, ὅτι μὴ κατακλυσμὸν ὑπέστη
αὖτις ποιήσειν ἐπ᾽ ἀνθρώπους κακοθύμους.
ἀλλ᾽ ὁπόταν ὑδάτων πολλῶν ἀπερείσιον οἶδμα
κύματος ὀρνυμένοιο ἐτ᾽ ἄλλυδις ἄλλο ποιήσει   320
ὀργῆς παύεσθαι, εἰς ἄλλα τε βένθεα πόντου
μέτρ᾽ ὀλιγώσειεν λιμέσιν καὶ τρηχέσιν ἀκταῖς
ἀμφὶ γαίῃ ὁρίσας ὁ μέγας θεὸς ὑψικέραυνος·

_ _ _ _ _ _ _ _ _ _

_ _ _ _ _ _ _ _ _ _

⟨Ὁππότ᾽ ἂν ἡ δάμαλις θεοῦ λόγον ὑψίστοιο   323 a
τέξεται, ἡ δ᾽ ἄλοχος φωτὸς λόγῳ οὔνομα δώσει,   b
καὶ τότ᾽ ἀπ᾽ ἀντολίης ἀστὴρ ἐνὶ ἤμασι μέσσοις   c
λαμπρὸς παμφαίνων τε ἀπ᾽ οὐρανόθεν προφατεῖται   d
σῆμα μέγ᾽ ἀγγέλλων θνητοῖς μερίπασσι βροτοῖσιν,⟩   e
δὴ τότε καὶ μεγάλοιο θεοῦ παῖς ἀνθρώποισιν   324
ἥξει σαρκοφόρος θνητοῖς ὁμοιούμενος ἐν γῇ.   325
τέσσαρα φωνήεντα φέρων, τὸ δ᾽ ἄφωνον ἐν αὐτῷ
δισσόν· ἐγὼ δέ κέ τοι ἀριθμόν γ᾽ ὅλον ἐξονομήνω·
ὀκτὼ γὰρ μονάδας, τόσσας δεκάδας δ᾽ ἐπὶ ταύταις
ἠδ᾽ ἑκατοντάδας ὀκτὼ ἀπιστοκόροις ἀνθρώποις

Doch die Erzeuger werden in all den Tagen nicht altern,
Frei von Krankheit und Fieberfrost, dem schrecklichen, bleiben,
Sterben, vom Schlafe bewältigt, und so im Hause des Hades
Gehen zum Acheron hin, um dort in Ehren zu weilen,
Weil sie ein trefflich Geschlecht von seligen Menschen einst waren,
Glückliche Männer; Gott Zebaoth gab ihnen edle Gesinnung
und er pflegte mit ihnen auch alle die Zeit hin des Rates.
Glücklich werden sie sein, auch wann sie zum Hades gegangen.
Dann aber kommt wiederum in der Folge ein kräftiges, andres,
Zweites gewalt'ges Geschlecht der erdgeborenen Menschen,
Der Titanen, von gleicher Gestalt in allem und jedem,
In der Größe, im Aussehn und Wuchs, auch eins in der Sprache,
Wie vordem seit dem ersten Geschlecht sie Gott in den Sinn gab.
Aber auch diese, erfüllt von übermütigem Wesen,
Werden zum Höchsten hinstreben und so ihr Verderben beeilen,
Kämpfend mit roher Gewalt entgegen dem sternreichen Himmel.
Und dann wird gegen sie ein gewaltig Ergießen des Meeres
Kommen und rasende Flut. Aber Zebaoth, der Gewalt'ge,
Dränget erzürnt sie zurück; denn nicht Überschwemmung zu bringen
Wiederum über die Menschen von schlechter Gemütsart verhieß er.
 Aber wann er den Zorn und das grausige Toben der Fluten,
Gegeneinander zu Bergen getürmt, zur Ruhe gebracht hat,
Schließet er auch die Tiefen des Meeres in engere Grenzen,
Und mit Häfen und felsumgebenen brandenden Küsten
Rings einzäunet es Gott, der Gewalt'ge, der mächtige Donn'rer.

— — — — — — — — — — — — — — — — — — —

— — — — — — — — — — — — — — — — — — —

⟨Wenn das Mädchen den Logos des höchsten Gottes gebäret,
Aber als Frau eines Mannes dem Logos den Namen wird geben,
Dann wird im Osten ein Stern am hellerleuchteten Tage
Glanzvoll strahlend erscheinen herab von himmlischer Höhe,
Kündend ein großes Zeichen den armen sterblichen Menschen,⟩
Ja, dann kommt zu den Menschen der Sohn des gewaltigen Gottes,
Irdischen Leibs, vom Fleische umhüllt und den Sterblichen ähnlich.
Vier Vokale hat er und zweimal den Konsonanten,
Und nun will ich dir auch die gesamte Zahl noch verkünden:
Einer sind acht vorhanden und Zehner noch ebensoviele;
Hunderter acht noch dazu verrät ungläubigen Menschen

οὔνομα δηλώσει· σὺ δ' ἐνὶ φρεσὶ σῇσι νόησον   330
ἀθανάτοιο θεοῦ Χριστὸν παῖδ' ὑψίστοιο·
αὐτὸς πληρώσει δὲ θεοῦ νόμον, οὐ καταλύσει,
ἀντίτυπον μίμημα φέρων, καὶ πάντα διδάξει.
τούτῳ προσκομίσουσ' ἱερεῖς χρυσὸν προφέροντες,
σμύρναν ἀτὰρ λίβανον· καὶ γὰρ τάδε πάντα ποιήσει.   335
ἀλλ' ὁπόταν φωνή τις ἐρημαίης διὰ χώρης
ἥξῃ ἀπαγγέλλουσα βροτοῖς καὶ πᾶσι βοήσῃ
εὐθείας ἀτραποὺς ποιησέμεν ἠδ' ἀπορῖψαι
ἐκ κραδίης κακίας καὶ ὕδασι φωτίζεσθαι
πᾶν δέμας ἀνθρώπων, ἵνα γεννηθέντες ἄνωθεν   340
μηκέτι μηδὲν ὅλως γε παρεκβαίνωσι δικαίων·
τὴν δ' αὖ βαρβαρόφρων, μεμελημένος ὀρχηθμοῖσιν,
ἐκκόψας δώσει μισθόν· τότε σῆμα βροτοῖσιν
ἔσσεται ἐξαίφνης, ὁπόταν πεφυλαγμένος ἥξῃ
ἐκ γῆς Αἰγύπτοιο καλὸς λίθος· ἐν δ' ἄρα τούτῳ   345
λαὸς προσκόψει Ἑβραίων· ἔθνη δ' ἀγεροῦνται
αὐτοῦ ὑφηγήσει· καὶ γὰρ θεὸν ὑψιμέδοντα
γνώσονται, διὰ τοῦ δὲ ἀταρπιτὸν ἐν φάϊ κοινῷ.
δείξει γὰρ ζωὴν αἰώνιον ἀνθρώποισιν
ἐκλεκτοῖς, ἀνόμοις δὲ τὸ πῦρ αἰῶσιν ἐποίσει.   350
καὶ τότε δὴ νοσεροὺς ἰήσεται ἠδ' ἐπιμώμους
πάντας, ὅσοι τούτῳ πίστιν ἐνιποιήσονται.
βλέψουσιν δέ τε τυφλοί, ἀτὰρ βαδίσουσί τε χωλοί,
κωφοί τ' εἰσαΐσουσι, λαλήσουσ' οὐ λαλέοντες.
δαίμονας ἐξελάσει, νεκρῶν δ' ἐπανάστασις ἔσται·   355
κύματα πεζεύσει καὶ ἐρημαίῳ ἐνὶ χώρῳ
ἐξ ἄρτων ἅμα πέντε καὶ ἰχθύος εἰναλίοιο
χιλιάδας κορέσει πέντε, τὰ δὲ λείψανα τούτων
δώδεκα πληρώσει κοφίνους εἰς παρθένον ἁγνήν.
Καὶ τότε δ' Ἰσραὴλ μεμεθυσμένος οὐχὶ νοήσει,   360
οὐδὲ μὲν αὖθ' ἀίσει βεβαρημένος οὔασι λεπτοῖς.
ἀλλ' ὁπόταν Ἑβραίοις ἥξῃ χόλος Ὑψίστοιο
οἰστρομανὴς καὶ πίστιν ἀπ' αὐτῶν ἐξαφελεῖται,
οὐρανίου ὅτι παῖδα θεοῦ διεδηλήσαντο,
καὶ τότε δὴ κολάφους καὶ πτύσματα φαρμακόεντα   365
Ἰσραὴλ δώσει μυσαροῖς ἐνὶ χείλεσι τούτῳ.
εἰς δὲ τὸ βρῶμα χολὴν καὶ εἰς ποτὸν ὄξος ἄκρατον

Seines Namens Gestalt; doch du im gläubigen Herzen
Denke sofort an Christus, den Sohn des erhabenen Gottes.
Gottes Gebot erfüllet er selbst, nicht löst er die Satzung,
Bietet als Muster sich dar den Seinen und lehret sie alles.
Diesem nahen die Priester und bringen ihm reiche Geschenke:
Gold und Weihrauch und Myrrhen; denn so wird alles er fügen.
　Wenn man dereinst eine Stimme vernimmt im Schweigen der Wüste,
Botschaft bringend den Menschen und alle eindringlich ermahnend,
Eben zu machen die Pfade und auszutilgen im Herzen
Bosheit jeglicher Art, im Bade des Heiles zu läutern
Ganz den sündigen Leib, auf daß sie, aufs neue geboren,
Meiden die Sünde und nie des Rechtes Pfade verlassen –
Lohnt ein Barbar, von der Tänzerin Kunst berückt und bezaubert,
Einst den Tanz mit des Rufenden Haupt, und ein plötzliches Wunder
Bietet den Menschen sich dar, wenn sicher und frei aus Ägypten
Kommt der köstliche Stein, an dem sich das Volk der Hebräer
Stößt mit strauchelndem Fuß, die heidnischen Völker dagegen
Sammeln sich freudig um ihn: des waltenden Gottes Gebote
Lernen sie kennen durch ihn und den Pfad im gemeinsamen Lichte.
Seinen Erwählten zum Lohn verschafft er das ewige Leben,
Bringt als Strafe den Bösen das unauslöschliche Feuer.
　Und dann heilt er die Kranken und bringt den Gequälten Erlösung,
Die an ihn glauben und froh den Namen des Höchsten bekennen.
Sehend macht er die Blinden, und hurtig laufen die Lahmen;
Taube verstehen genau, und es reden der Sprache Beraubte;
Böse Dämonen vertreibt er und Tote erweckt er zum Leben,
Wandelt zu Fuß übers Meer, und in öder, verlassener Gegend
Macht er Fünftausende satt mit fünf armseligen Broten
Und einem winzigen Fisch; die Reste des leckeren Mahles
Füllen zum Rande zwölf Körbe noch voll für die heilige Jungfrau.
　Und einem Trunkenen gleich kommt Israel nicht zur Besinnung,
Hört nicht die warnende Stimme, die Ohren durch Taubheit verschlos-
Wenn aber einmal der Zorn des höchsten Gottes hereinbricht [sen;
Rasend auf die Hebräer und ihnen den Glauben hinwegnimmt,
Weil das himmlische Kind des Herrn sie haben mißhandelt,
Dann werden Backenstreiche und giftigen Speichel die Juden
Ruchlos entgegen ihm schleudern auf seine gedunsenen Lippen.
Bittere Galle zur Speise und brennenden Essig zum Tranke

δυσσεβέως δώσουσι κακῷ βεβολημένοι οἴστρῳ
στήθεα καὶ κραδίην, ἀτὰρ ὄμμασιν οὐκ ἐσορῶντες
τυφλότεροι σπαλάκων, φοβερώτεροι ἑρπυστήρων
θηρῶν ἰοβόλων, βαρέι πεπεδημένοι ὕπνῳ.   370
ἀλλ' ὅταν ἐκπετάσῃ χεῖρας καὶ πάντα μετρήσῃ
καὶ στέφανον φορέσῃ τὸν ἀκάνθινον ἠδέ τι πλευράν
νύξωσιν καλάμοισι νόμου χάριν, ἐν τρισὶν ὥραις
νὺξ ἔσται σκοτόεσσα πελώριος ἤματι μέσσῳ·   375
καὶ τότε δὴ ναὸς Σαλομώνιος ἀνθρώποισιν
σῆμα μέγ' ἐκτελέσει, ὁπόταν 'Αιδωνέος οἶκον
βήσεται ἀγγέλλων ἐπαναστασίην τεθνεῶσιν.
αὐτὰρ ἐπὴν ἔλθῃ τρισὶν ἤμασιν ἐς φάος αὖτις
καὶ δείξῃ θνητοῖσι τύπον καὶ πάντα διδάξῃ.   380
ἐν νεφέλαις ἐπιβὰς εἰς οὐρανοῦ οἶκον ὁδεύσει
καλλείψας κόσμῳ εὐαγγελίης διάθημα.
τοῦ καὶ ἐπωνυμίῃ βλαστὸς νέος ἀνθήσειεν
ἐξ ἐθνῶν Μεγάλοιο νόμῳ καθοδηγηθέντων.
ἀλλά γε καὶ μετὰ ταῦτα σοφοὶ καθοδηγοὶ ἔσονται,   385
καὶ τότε δὴ παῦσις ἔσται μετέπειτα προφητῶν.
ἔνθεν ὅταν Ἑβραῖοι τὸ κακὸν θέρος ἀμήσωνται,
πολλὸν δ' αὖ χρυσόν τε καὶ ἄργυρον ἐξαλαπάξει
Ῥωμαῖος βασιλεύς. μετὰ δ' αὖ βασιληίδες ἄλλαι
συνεχέως ἔσσονται ἀπολλυμένων βασιλειῶν   390
καὶ θλίψουσι βροτούς. μέγα δ' ἔσσεται ἀνδράσι κείνοις
πτῶμ', ὁπόταν ἄρξωνθ' ὑπερηφανίης ἀδίκοιο.
ἀλλ' ὁπόταν ναὸς Σολομώνιος ἐν χθόνι δίᾳ
καππέσεται βληθεὶς ὑπ' ἀνδρῶν βαρβαροφώνων
χαλκεοθωρήκων, Ἑβραῖοι δ' ἀπὸ γῆς ἐλάσονται   395
πλαζόμενοι κεραϊζόμενοι, πολλὴν δέ τοι αἷραν
ἐν σίτῳ μίξουσι, κακὴ στάσις ἔσται ἄπασιν
ἀνδράσιν· αἱ δὲ πόλεις ὑβριζόμεναι παρ' ἔκαστα
ἀλλήλας κλαύσουσιν, ἐπεὶ κακὸν ἤλιτον ἔργον
δεξάμεναι μεγάλοιο θεοῦ χόλον ἐν κόλποισιν.   400

Λόγος [δεύτερος]

Ἦμος δὴ κατέπαυσε θεὸς πολυπάνσοφον ᾠδήν,
πολλὰ λιταζομένης, καί μοι πάλιν ἐν στήθεσσιν

Flößen ihm ein die Unholde in maßlos grausigem Wüten,
Herz und Gefühl verhärtet, von Wahne die Augen geblendet;
Gleich einem Maulwurfe blind und abscheulicher sind sie als Schlangen,
Scheußlich wie Natterngezücht: der Schlaf ihrer Torheit umfängt sie.
  Wenn seine Arme am Kreuz, weit offen, umspannen das Weltall,
Dornengekrönt sein Haupt, wenn nach dem Gesetze die Seite
Grausam geöffnet der Speer, dann wird durch drei volle Stunden
Mitten am Tage die Welt in schauriges Dunkel gehüllt sein.
Dann wird der Tempel, den Salomo schuf, ein mächtiges Wunder,
Zeigen dem Menschengeschlecht, wenn jener hinab in den Hades
Wandert, dem Volke der Toten die Auferstehung zu bringen.
  Wenn er dereinst wird sein dreitägigem Schlafe entronnen,
Wenn er ein Vorbild den Seinen gezeigt und alles gelehrt hat,
Fährt er auf Wolken empor in die Wohnung des himmlischen Vaters;
Aber der Welt hinterläßt er des Evangeliums Satzung.
Und es erblüht aus heidnischem Stamm die neue Gemeinde;
Seinen Geboten treu ererbt sie den Namen des Meisters.
Aber auch dann noch leiten als kundige Führer des Lebens
Weise Berater das Volk anstatt der Propheten und Seher.
  Wenn die Hebräer darauf den schlimmen Sommer geerntet,
Wird wiederum viel Silber und Gold aus dem Lande sich holen
Roms gewaltiger König. Hernach werden andere Reiche
Ununterbrochen sich folgen, wenn Königreiche vergehen,
Und die Menschen bedrücken. Ein großer Sturz wird erfolgen,
Wenn jene Männer voll Hochmut verüben Gewalttat und Unrecht.
Wann aber Salomos Tempel auf heiliger Erde dahinsinkt,
Von barbarischen Männern, den erzgepanzerten Mördern,
Schmählich beraubt und zerstört: dann wandert das Volk der Hebräer
Irrend und nackt zum Lande hinaus, und die Fülle des Unkrauts
Mischen sie unter den Weizen. Ein schrecklicher Aufruhr erhebt sich.
Unter den Menschen sodann: es weinen die feindlichen Reiche
Übereinander, die einst das gräßliche Unheil verschuldet
Und vom Grimme des Herrn, des Richters und Rächers, bedroht sind.

[II.] Buch

  Kaum hat mich Gott vom tiefsinn'gen Sange ausruhen lassen
Auf meine Bitten, da hat er mir wieder ins Herze gelegt die

ἔνθετο θεσπεσίων ἐπέων πολυγηθέα φωνήν,
πᾶν δέμας ἐκπληχθεῖσα τάδ' ἔσπομαι· οὐδὲ γὰρ οἶδα
ὅττι λέγω, κέλεται δὲ θεὸς τὰ ἕκαστ' ἀγορεύειν.   5
ἀλλ' ὁπόταν ἐπὶ γῆς σεισμοὶ μαλεροί τε κεραυνοί
βρονταί τ' ἀστεροπαί <τ' ὄμβροι τ' ἰδὲ> γῆς ἐρυσίβη
καὶ μανίη θώων τε λύκων τ' ἀνδροκτασίαι τε
καὶ φθοραὶ ἀνθρώπων τε βοῶν δέ τε μυκομενάων
τετραπόδων κτηνῶν τε καὶ οὐρήων ταλαεργῶν   10
ἠδ' αἰγῶν οἴων τε· ἔπειτα δὲ χέρσος ἄρουρα
πολλὴ καλλειφθεῖσα γενήσεται ἐξ ἀμελείας
καὶ καρποὶ λείψουσιν, ἐλευθεροπρασία δ' ἔσται
πλείστοις ἐν μερόπεσσι καὶ ἱεροσυλία ναῶν.
δὴ τότε καὶ δεκάτη γενεὴ μετὰ ταῦτα φανεῖται   15
ἀνθρώπων, ὁπόταν σεισίχθων ἀστεροπητής
εἰδώλων ζῆλον θραύσει λαόν τε τινάξει
Ῥώμης ἑπταλόφοιο, μέγας δέ τε πλοῦτος ὀλεῖται
δαιόμενος πυρὶ πολλῷ ὑπὸ φλογὸς Ἡφαίστοιο.
καὶ τότε δ' αἱματόεσσαι ἀπ' οὐρανίου καταβᾶσαι   20

___ ___ ___ ___ ___ ___ ___ ___ ___ ___

αὐτὰρ κόσμος ὅλος περ ἀπειρεσίων ἀνθρώπων
ἀλλήλους κτείνουσι μεμηνότες, ἐν δὲ κυδοιμῷ
λιμοὺς καὶ λοιμοὺς θήσει θεὸς ἠδὲ κεραυνούς
ἀνθρώποις, οἳ ἄτερθε δίκης κρίνουσι θέμιστας.
λεῖψις δ' ἀνθρώπων ἔσται κατὰ κόσμον ἅπαντα,   25
ὡς, ἴχνος εἰ κατίδῃ τις ἐπὶ χθονί, θαυμάσσειεν,
ἀνθρώπου. τότε δ' αὖτε μέγας θεὸς αἰθέρι ναίων
ἀνδρῶν εὐσεβέων σωτὴρ κατὰ πάντα γένηται.
καὶ τότε δ' εἰρήνη τε βαθεῖά τε σύνεσις ἔσται,
καὶ γῆ καρποφόρος καρποὺς πάλι πλείονας οἴσει   30
οὐδὲ μεριζομένη οὐδ' εἰσέτι λατρεύουσα.
πᾶς δὲ λιμήν, πᾶς ὅρμος ἐλεύθερος ἀνθρώποισιν
ἔσσεται, ὡς πάρος ἦεν, ἀναιδείη τ' ἀπολεῖται.
   καὶ τότε δὴ μέγα σῆμα θεὸς μετέπειτα ποιήσει·
λάμψει γὰρ στεφάνῳ λαμπρῷ παρομοίιος ἀστήρ   35
λαμπρὸς παμφαίνων ἀπ' οὐρανοῦ αἰγλήεντος
ἤμασιν οὐκ ὀλίγοις· τότε γὰρ στέφος ἀνθρώποισιν
δείξει ἀπ' οὐρανόθεν ἐναγώνιον ἀθλεύουσιν
καὶ τὰ θεμιστά· μέγας γὰρ ἀγὼν ἐσελαστικὸς ἔσται

Herzerfreuende Stimme der göttlichen Sprüche der Wahrheit,
Und ich werde erbebend am Körper sie künden; nicht weiß ich
Selbst, was ich sage; doch Gott befiehlt mir, dies alles zu sagen.
    Aber wenn sich dann Erdbeben zeigen und schreckliches Dröhnen,
Blitze und Donnergetöse, auch Regengüsse und Meltau,
Wut der Schakale und Wölfe und mördrische Schlachten der Männer,
Große Vernichtung von Menschen und mächtig brüllender Rinder,
Von Haustieren im Stalle und arbeitskräftigen Mäulern,
Auch von Ziegen und Schafen, dann wird das verödete Fruchtland
Weit und breit verlassen infolge mangelnder Pflege;
Ausbleibt die Ernte der Früchte, und freigeborene Menschen
Werden in Massen verkauft und Tempelschätze geplündert.
Und dann wird auch hernach erscheinen das zehnte Geschlecht der
Menschen, wenn einst der Schleudrer der Blitze, der Erderschütt'rer
Lebennachahmende Bilder zerschmettert und schüttert das Volk der
Siebenhügligen Roma und großer Reichtum vernichtet
Wird, von vielem Feuer verbrannt durch die Glut des Hephaistos.
Und dann werden Blutregen ergießen vom himmlischen Zelte (?)
— — — — — — — — — — — — — — — — — — —
Aber die ganze Welt mit ihren zahlreichen Menschen
Wird einander ermorden voll Wut; in der großen Verwirrung
Wird Gott Hunger und Seuchen senden und Blitze verschleudern
Unter die Menschen, die sonder Gerechtigkeit Urteile fällen.
So verlassen von sterblichen Menschen wird sein jetzt das Weltall,
Daß sich einer verwundert, falls er noch erspähet auf Erden
Menschenspur. Dann wieder erscheint der gewaltige Gott im
Äther wohnend als Retter der gottesfürchtigen Männer.
Dann wird endlich auch Friede und tiefe Erkenntnis einst werden
Und die fruchtbare Erde wird noch mehr Früchte jetzt bringen,
Nicht mehr aufgeteilt und nicht mehr Frondienste leistend.
Jeglicher Hafen und Ankerplatz wird frei für die Menschen,
Wie's einst war, und freche Anmaßung schwindet für immer.
    Und Gott wird alsdann ein großes Zeichen vollführen:
Denn es erglänzet ein Stern einem leuchtenden Kreuze ganz ähnlich,
Funkelnd und überall leuchtend herab vom strahlenden Himmel,
Und nicht wenige Tage hindurch: Denn er wird vom Himmel
Zeigen den Siegeskranz den Menschen, die ihn sich erkämpfen,
Und die Kampfsatzung; kommt doch die Zeit des großen Triumphzugs

εἰς πόλιν οὐρανίων, οἰκουμενικὸς δέ τε πᾶσιν   40
ἔσσεται ἀνθρώποισιν ἔχων κλέος ἀθανασίης.
καὶ τότε δὴ πᾶς λαὸς ἐπ' ἀθανάτοισιν ἀέθλοις
ἀθλήσει νίκης περικαλλέος· οὐ γὰρ ἀναιδῶς
ἀργυρίου τις ἐκεῖ δύναται στέφος ὠνήσασθαι.
ἁγνὸς γὰρ Χριστὸς τούτοις τὰ δίκαια βραβεύσει   45
καὶ δοκίμους στέψει, αὐτὰρ θέμα μάρτυσι δώσει
ἀθάνατον ἄχρι καὶ θανάτου τὸν ἀγῶνα ποιοῦσιν.
παρθενικοῖς δὲ δραμοῦσι καλῶς ἄφθαρτον ἄεθλον
δώσει τοῦ θέματος καὶ τοῖς τὰ δίκαια νέμουσιν,
ἀνθρώποις πᾶσίν τε καὶ ἔθνεσιν ἀλλοδαποῖσιν   50
τοῖς ὁσίως ζώουσι θεόν θ' ἕνα γινώσκουσιν.
οἳ δ' ἀγαπῶσι γάμον τε γαμοκλοπιῶν τ' ἀπέχονται,
δώσει πλούσια δῶρα, αἰώνιον ἐλπίδα καὶ τοῖς.
πᾶσά τι γὰρ ψυχὴ μερόπων θεοῦ ἐστι χάρισμα,
κοὐ θέμις ἀνθρώποις ἄγεσίν μιν ἅπασι μιαίνειν.   55

— — — — — — — — — — — —
— — — — — — — — — — — —

οὗτος ἀγών, ταῦτ' ἐστὶν ἀέθλια, ταῦτα βραβεῖα,   149
τοῦτο πύλη ζωῆς καὶ εἴσοδος ἀθανασίης,   150
ἣν θεὸς οὐράνιός γε δικαιότατος ἀνθρώποις
ἔστησεν νίκης ἐπαέθλιον· οἳ δὲ λαβόντες
τὸ στέφος ἐνδόξως διαπλεύσονται διὰ ταύτης.
   ἀλλ' ὁπόταν τόδε σῆμα φανῇ κατὰ κόσμον ἅπαντα,
ἐκ γενετῆς παῖδες πολιοκρόταφοι γεγαῶτες,   155
θλίψεις δ' ἀνθρώπων λιμοὶ λοιμοὶ πόλεμοί τε,
καιρῶν δ' ἀλλαγίη, πενθήματα, δάκρυα πολλά,
αἳ, ὁπόσων παῖδες χώραις ἐνὶ θρηνήσονται
οἴκτρ' ὀλοφυρόμενοι γονέας κἂν φάρεσι σάρκας
ἐνθέντες, θάψουσιν ἐπὶ χθονὶ μητέρι λαῶν   160
αἵμασι καὶ κονίῃσι πεφυρμένοι· ὦ μέγα δειλοί
ὑστατίης γενεῆς φῶτες κακοεργέες αἰνοί
νήπιοι οὐδὲ νοοῦντες, ὅθ', ἡνίκα φῦλα γυναικῶν
μὴ τίκτωσιν, ἔφυ τὸ θέρος μερόπων ἀνθρώπων.
ἡ δὲ συναίρεσις ἐγγύς, ὅταν τινὲς ἀντὶ προφητῶν   165
ψευδαπάται πελάσωσιν ἐπὶ χθονὶ φημίζοντες.
καὶ Βελίαρ θ' ἥξει καὶ σήματα πολλὰ ποιήσει
ἀνθρώποις. τότε δὴ ὁσίων ἀκαταστασί' ἀνδρῶν

In die himmlische Stadt, und zwar sämtlichen Menschen gemeinsam
Wird auf Erden er sein und den Ruhm der Unsterblichkeit haben.
Und es wird jedes Volk alsdann in unsterblichen Kämpfen
Ringen um herrlichen Sieg. Und keiner der Kämpfer vermag dort
Frech und schnöde für Geld den Kranz des Siegs zu erschachern;
Denn als Ordner des Kampfes mit strenger Gerechtigkeit waltet
Christus: den Besten verleiht er den Kranz, und die Märtyrerkrone
Allen, die treu und beharrlich den Kampf bis zum Tode durchkämpften.
Den Jungfräulichen aber, die rühmlich strebten, verleiht er
Den unsterblichen Kampfpreis, und welche Gerechtigkeit übten
Unter den Menschen zumal und den Völkern anderer Länder,
Welche untadlig gelebt und Gott den Einen erkannten.
Denen jedoch, die lieben die Eh' und das Buhlen nicht kennen,
Gibt er reiche Geschenke dazu und ewige Hoffnung.
Denn eine jegliche Seele der Menschen ist göttliche Gabe,
Und kein Recht hat der Mensch, sie mit allerlei Schmach zu beflecken.
(In der Hss-Gruppe Ψ ist das erweiterte Lehrgedicht des Ps.-Phokylides
— — — — — — — eingeschoben.) — — — — — —
Dies ist der Kampf, dies ist das Bemühen und solches der Kampfpreis;
Das ist des Lebens Tür und das der Unsterblichkeit Eingang,
Den der himmlische Gott den gerecht befundenen Menschen
Setzte als Siegespreis. Die aber, welche erhalten
Jenen Kranz, die werden mit Ruhm durch diese hineingehn.
  Wenn aber einst auf der ganzen Welt dies Zeichen erscheinet,
Kinder, die von der Geburt sind an ihren Schläfen ergrauet,
Dann überkommt Pest, Hunger und Krieg als Drangsal die Menschen,
Wechsel der Zeiten und Kummer und Leid und zahllose Tränen.
Ach, wie viele Kinder in allen Ländern beweinen
Jammervoll klagend die Eltern, das Fleisch in die Mäntel gehüllet,
Sie im Mutterschoß der Erde bestattend, besudelt
Ganz von Blut und von Staub; ihr elenden, feigen Gesellen,   [schen,
Männer des letzten Geschlechts, nichtsnutz'ge und schreckliche Men-
Töricht und ohne Verstand, zu der Zeit, da es Sommer geworden
Für die sterblichen Menschen, wenn Frauen nicht mehr gebären.
Nahe dann ist die Vernichtung, wenn einige statt der Propheten,
Lügenhafte Betrüger, auf Erden redend sich nahen.
Und auch Beliar kommt und tut viel Zeichen und Wunder
Unter den Menschen. Und dann wird große Verwirrung entstehen

ἐκλεκτῶν πιστῶν τε, λεληλασίη τε γένηται
τούτων ἠδ' Ἑβραίων.. δεινὸς δ' αὐτοῖς χόλος ἥξει,   170
ἡνίκα δωδεκάφυλος ἀπ' ἀντολίης λαὸς ἥξει
ζητήσων λαόν, ὃν ἀπώλεσιν Ἀσσύριος κλών,
συμφύλων Ἑβραίων· ἔθνη ἐπὶ τοῖσιν ὀλοῦνται.
ὕστερον αὖ ἄρξουσιν ὑπερμενέων ἀνθρώπων
ἐκλεκτοὶ πιστοὶ Ἑβραῖοι καταδουλώσαντες   175
αὐτοὺς ὡς τὸ πάροιθεν, ἐπεὶ κράτος οὔποτε λείψει.
ὕψιστος πάντων πανεπίσκοπος αἰθέρι ναίων
ὕπνον ἐπ' ἀνθρώποις σκεδάσει βλέφαρ' ἀμφικαλύψας.
ὦ μάκαρες θεράποντες, ὅσους ἐλθὼν ἀγρυπνοῦντας
εὕροι ὁ δεσπόζων· τοὶ δ' ἐγρήγορθαν ἅπαντες   180
πάντοτε προσδοκάοντες ἀκοιμήτοις βλεφάροισιν.
ἥξει γάρ τ' ἠοῦς ἢ δείλης ἢ μέσον ἦμαρ·
ἥξει δ' ἀτρεκέως καὶ ἔσσεται ὡς ἀγορεύω,
ἔσσεται δ' ἐσσομένοις, ὅτ' ἀπ' οὐρανοῦ ἀστερόεντος
ἄστρα τε πάντα μέσῳ ἐνὶ ἤματι πᾶσι φανεῖται   185
σὺν δυσὶ φωστῆρσιν κατεπειγομένοιο χρόνοιο.
  καὶ τόθ' ὁ Θεσβίτης ἀπ' οὐρανοῦ ἅρμα τιταίνων
οὐράνιον, γαίῃ δ' ἐπιβὰς τότε σήματα τρισσά
κόσμῳ ὅλῳ δείξειεν ἀπολλυμένου βιότοιο.
αἵ, ὁπόσαι κείνῳ ἐνὶ ἤματι φορτοφοροῦσαι   190
γαστέρι φωραθῶσιν, ὅσαι δέ τε νήπια τέκνα
γλακτοτροφοῦσιν, ὅσαι δ' ἐπὶ κύματα ναιετάουσιν·
αἵ ὁπόσοι κείνην τὴν ἡμέραν ἀθρήσουσιν·
ἀχλὺς γὰρ ζοφερὴ σκεπάσει τὸν ἀπείρονα κόσμον
ἀντολίης δύσεως τε μεσημβρίης τε καὶ ἄρκτου.   195
καὶ τότε δὴ ποταμός τε μέγας πυρὸς αἰθομένοιο
ῥεύσει ἀπ' οὐρανόθεν καὶ πάντα τόπον δαπανήσει,
γαῖάν τ' ὠκεανόν τε μέγαν γλαυκήν τε θάλασσαν
λίμνας καὶ ποταμῶν πηγὰς καὶ ἀμείλιχον Ἅιδην
καὶ πόλον οὐράνιον. ἀτὰρ οὐράνιοι φωστῆρες   200
εἰς ἓν συρρήξουσι καὶ εἰς μορφὴν πανέρεμνον.
ἄστρα γὰρ οὐρανόθεν τε θαλάσσῃ πάντα πεσεῖται·
ψυχαὶ δ' ἀνθρώπων πᾶσαι βρύξουσιν ὀδοῦσιν
καιόμεναι ποταμῷ καὶ θείου καὶ πυρὸς ὁρμῇ
ἐν δαπέδῳ μαλερῷ, τέφρα δέ τε πάντα καλύψει.   205
[καὶ τότε χηρεύσει στοιχεῖα πρόπαντα τὰ κόσμου

Unter den Frommen und Treuen; Vernichtung Erwählter erfolgt dann
Bei den Hebräern. Gewaltige Wut wird sie überkommen,
Wenn dann das Volk in zwölf Stämme geteilt von Osten erscheinet,
Um zu suchen das Volk, das Assyriens Sproß hat vernichtet,
Der vereinten Hebräer. Dann gehen die Heiden zugrunde.
Und dann werden beherrschen die übermütigen Menschen
Auserwählte und treue Hebräer, nachdem sie geknechtet
All ihre Feinde wie vordem; es wird sie die Kraft nie verlassen.
Und der Höchste im Himmel, der alles und jegliches schauet,
Wird die Menschen in Schlummer versenken, und ihre Lider
Werden beschwert. Ihr glücklichen Diener, welche der Herr dann,
Wenn er erscheint, nicht antrifft im Schlafe, sie waren erwecket
Alle zumal, um mit schlaflosen Lidern ihn zu erwarten.
Kommen wird er am Morgen, am Abend oder am Mittag,
Kommen wird er bestimmt; es wird sein, wie ich's verkünde;
Dann aber ist's an der Zeit, wenn einst am sternreichen Himmel
Alle Gestirne am hellichten Tag werden allen sich zeigen
Samt den zwei Leuchten in rasch verlaufender Folge der Zeiten.
    Dann wird auch der Thesbite auf feurigem Wagen vom Himmel
Niederfahren, und nach seiner Ankunft auf Erden gibt er dann
Aller Welt ein dreifaches Zeichen des endenden Lebens.
Wehe den schwangeren Frauen, die kreißen an jenem Tage!
Wehe den Müttern, die nähren am Busen die sprachlosen Kinder!
Wehe auch denen, die fahren zur See auf den Wogen des Meeres!
Wehe den Menschen allen, die jene Tage erleben!
Undurchdringliche Dunkelheit lagert im endlosen Weltall
Ostwärts und auch im Westen, im südlichen Teil und im Norden.
Und dann wird ein gewaltiger Strom des leuchtenden Feuers
Strömen vom Himmel herab und jegliche Gegend vernichten,
Erde und bläuliches Meer und des Ozeans weite Gebiete,
Seen und Quellen der Ströme, den unerbittlichen Hades
Und das Himmelsgewölbe. Allein die Sterne am Himmel
Werden zusammenstoßen, sich hüllend in völliges Dunkel;
Sämtliche Sterne ja werden vom Himmel fallen ins Meer, und
Sämtliche lebenden Menschen werden mit Zähnen da knirschen,
Brennend im Strom voller Schwefel und von dem anstürzenden Feuer
In der gewaltigen Flur, und Asche wird alles verhüllen.
[Sämtliche Urelemente des Weltalls werden veröden,

ἀὴρ γαῖα θάλασσα φάος πόλος ἤματα νύκτες ·]
κοὐκέτι πωτήσονται ἐν ἠέρι ἄπλετοι ὄρνεις,
οὐ ζῷα νηκτὰ θάλασσαν ὅλως ἔτι νηχήσονται,
οὐ ναῦς ἔμφορτος ἐπὶ κύμασι πόντοπορήσει,   210
οὐ βόες ἰθυντῆρες ἀροτρεύσουσιν ἄρουραν,
οὐκ ἦχος δένδρων ἀνέμων ὕπο · ἀλλ' ἅμα πάντα
εἰς ἓν χωνεύσει καὶ εἰς καθαρὸν διαλέξει.
    ἡνίκα δ' ἀθανάτου θεοῦ ἄφθιτοι ἀγγελτῆρες
ἥξουσι Μιχαὴλ Γαβριὴλ Οὐριὴλ Ῥαφαήλ τε,   215
αὐτοὶ ἐπιστάμενοι ὅσα τις κακὰ πρόσθεν ἐρέξεν
ἀνθρώπων · ψυχάς τε ἀπὸ ζόφου ἠερόεντος
εἰς κρίσιν ἄξουσιν πάσας ἐπὶ βῆμα θεοῖο
ἀθανάτου μεγάλου · εἷς γὰρ μόνος ἄφθιτός ἐστιν.
αὐτὸς ὁ παντοκράτωρ, θνητῶν ὁ δικασπόλος ἔσται ·   220
καὶ τότε νυκτερίοις ψυχὰς καὶ πνεῦμα καὶ αὐδὴν
δώσει ἐπουράνιος, καί τ' ὀστέα ἁρμοσθέντα
ἁρμοῖς παντοίοις, σάρκας καὶ νεῦρα ἅπαντα
καὶ φλέβες ἠδέ τε δέρμα περὶ χροΐ καὶ πρὶν ἔθειραι
ἀμβροσίως πηχθέντα, καὶ ἔμπνοα κινηθέντα   225
σώματ' ἐπιχθονίων ἐνὶ ἤματ' ἀναστήσονται.
καὶ τότ' ἀμειλίκτοιο καὶ ἀρρήκτου ἀδάμαντος
κλεῖσθρα πέλωρα πυλῶν παγχαλκεύτων Ἀίδαο
ῥηξάμενος Οὐριὴλ μέγας ἄγγελος εὐθὺ βαλεῖται,
καὶ πάσας μορφὰς πολυπενθέας εἰς κρίσιν ἄξει   230
εἰδώλων τὰ μάλιστα παλαιγενέων Τιτήνων
ἠδέ τε Γιγάντων, καὶ ὅσας εἷλεν κατακλυσμός,
καί θ' ἃς ἐν πελάγεσσιν ἀπώλεσε κῦμα θαλάσσης
ἠδ' ὁπόσας θῆρες καὶ ἑρπετὰ καὶ πετεηνὰ
θοινήσαντο, ὅλας ταύτας ἐπὶ βῆμα καλέσσει ·   235
καὶ πάλιν, ἃς ἔφθειρεν ἐνὶ φλογὶ σαρκοφάγον πῦρ,
καὶ ταύτας ἐπὶ βῆμα θεοῦ στήσειεν ἀγείρας.
    ἡνίκα δ' ἀνστήσῃ νέκυας μοῖραν καταλύσας
καὶ καθίσῃ Σαβαὼθ Ἀδωναῖος ὑψικέραυνος
ἐς θρόνον οὐράνιον μεγάλην δέ τε κίονα πήξῃ,   240
ἥξει δ' ἐν νεφέλῃ πρὸς ἄφθιτον ἄφθιτος αὐτός
ἐν δόξῃ Χριστὸς σὺν ἀμύμοσιν ἀγγελτῆρσιν
καὶ καθίσει Μεγάλῳ ἐπὶ δεξιά, βήματι κρίνων
εὐσεβέων βίοτον καὶ δυσσεβέων τρόπον ἀνδρῶν ·

Luft und Erde und Meer, Licht, Himmel und Tage und Nächte.]
Nicht mehr werden in Lüften unzählige Vögel sich schwingen, [men.
Nicht mehr werden die schwimmenden Tiere die Meere durchschwim-
Und kein Frachtschiff befährt noch die Weite der wogenden Hochsee,
Stiere bepflügen nicht mehr am Richtpflug den fruchtbaren Boden.
Aufhört das Rauschen der Bäume, von Winden geschüttelt. Doch alles
Klumpt sich in eins zusammen und trennt sich zur Läuterung wieder.
    Wenn aber nun des ewigen Gottes unsterbliche Boten,
Michael, Gabriel kommen zusammen mit Raphael, Uriel,
Selber wissend das Böse, das vordem jeder verbrochen,
Werden sie sämtliche Seelen der Menschen vom nebligen Dunkel
Führen zum Richterstuhl Gottes, des unvergänglichen, großen,
Hin zum letzten Gericht, denn einer allein ist unsterblich:
Er, der alles beherrscht und die Menschen völlig durchschauet.
Und dann wird auch den Unterird'schen der Himmlische geben
Seele und Geist und Stimme; aus mannigfachen Gefügen
Festgefügt die Knochen, das Fleisch, alle Sehnen und Adern
Und auch die Haut um das Fleisch und die einstigen Haare, das alles
Wird wieder herrlich gefügt, und vom Geisthauch beweget die Leiber
Sämtlicher Erdenbewohner erstehen an einem Tage.
Unerbittlich und unzerreißbar, erbarmungslos ist
Hades' Riesenverschluß der aus Erz gefertigten Tore:
Doch Uriel, der gewaltige Bote, zerreißt sie und öffnet;
Er führt alle Gestalten voll Trauer zum Gottesgerichte,
Jene Schattenbilder der längst vergangnen Titanen
Und der Giganten und welche die Sintflut hatte verschlungen,
Und die auf hoher See vernichtet' die Woge des Meeres
Und wen die Tiere und Schlangen und Vögel haben zerrissen,
All die wird er jetzt rufen zum Throne des göttlichen Richters;
Wiederum all die Gestalten, die fleischvernichtendes Feuer
Hatte vernichtet, die sammelt und stellt er vor Gottes Gerichtsstuhl.
    Wenn er die Toten erwecket, nachdem er ihr Schicksal erfüllet,
Und auf den himmlischen Thron sich gesetzt und die mächtige Säule
Festgefüget, der Herr Sabaoth, der Donn'rer der Höhe,
Dann wird in Wolken der Ewige selber zum Ewigen kommen,
Christus in all seinem Glanz mit all seinen heiligen Engeln,
Und er setzt sich dem Großen zur Rechten und richtet vom Thron das
Leben der Frommen und auch der gottlosen Männer Gesinnung.

ἥξει καὶ Μωσῆς ὁ μέγας φίλος Ὑψίστοιο   245
σάρκας δυσάμενος· Ἀβραὰμ δ' αὐτὸς μέγας ἥξει,
Ἰσαὰκ ἠδ' Ἰακώβ, Ἰησοῦς Δανιήλ τ' Ἠλίας,
Ἀμβακοὺμ καὶ Ἰωνᾶς τε καὶ οὓς ἔκτειναν Ἑβραῖοι.
τοὺς δὲ μετ' Ἡρεμίαν ἐπὶ βήματι πάντας ὀλέσσει
κρινομένους Ἑβραίους, ἵν' ἐπάξια ἔργα λάχωσιν   250
καὶ τίσωσ', ὅσα περ βιότῳ θνητῷ τις ἔπραξεν.
καὶ τότε δὴ πάντες διὰ δαιομένου ποταμοῖο
καὶ φλογὸς ἀσβέστου διελεύσονθ'· οἵ τε δίκαιοι
πάντες σωθήσοντ'· ἀσεβεῖς ἐπὶ τοῖσιν ὀλοῦνται
εἰς αἰῶνας ὅλους, ὁπόσοι κακὰ πρόσθεν ἔρεξαν,   255
ἠδὲ φόνους ἐποίησαν, ὅσοι δὲ συνίστορές εἰσιν,
ψεῦσται καὶ κλέπται δόλιοί τ' οἰκοφθόροι αἰνοί
δειπνολόχοι καὶ κλεψίγαμοι δύσφημα χέοντες
δεινοί θ' ὑβρισταί τ' ἄνομοί τ' εἰδωλολάτραι τε
ἠδ' ὁπόσοι μέγαν ἀθάνατον θεὸν ἐγκατέλειψαν,   260
βλάσφημοι δ' ἐγένοντο καὶ εὐσεβέων κεραϊσταί
πιστολέται καὶ τῶν δικαίων φθισήνορες ἀνδρῶν
ἠδ' ὁπόσοι δολίοις καὶ ἀναιδέσιν ἀμφιπροσώποις
πρεσβύτεροι γεραροί τε διήκονες εἰσορόωσιν
αἰδόμενοι κρίνουσ' ἀδίκως ἑτεροῖα ποιοῦντες,   265
ψευδαπάταις φήμῃσι πεπεισμένοι ....
παρδαλίων τε λύκων ὀλοώτεροι ἠδὲ [κάκιστοι]·
ἠδ' ὁπόσοι μεγάλως ὑπερήφανοι ἠδὲ τοκισταί,
οἱ τόκον ἔκ γε τόκων συναθροίζοντες κατὰ οἴκους
ὀρφανικοὺς χήρας τε καταβλάπτουσιν [ἕκαστα]·   270
ἠδ' ὁπόσοι χήρῃσι καὶ ὀρφανικοῖσι διδοῦσιν
ἐξ ἀδίκων ἔργων, ὁπόσοι δικαίων ἀπὸ μόχθων
δόντες ὀνειδίζουσιν· ὅσοι δὲ γονεῖς ἐνὶ γήρᾳ
κάλλιπον οὐ τίσαντες ὅλως, οὐ θρέπτρα γονεῦσιν
ἀντιπαρασχόντες, αὐτὰρ δ' ὅσοι ἠπείθησαν   275
ἠδὲ καὶ ἀντεῖπαν λόγον ἄγριον εἰς γενετῆρας·
ἠδ' ὁπόσοι πίστεις γε ἀπηρνήσαντο λαβόντες·
καὶ θεράποντες ὅσοι κατὰ δεσποτέων ἐγένοντο,
καὶ πάλιν οἱ τὴν σάρκα ἀσελγείῃ ἐμίηναν,
ἢ δ' ὁπόσοι ζώνην τὴν παρθενικὴν ἀπέλυσαν   280
λάθρῃ μισγόμενοι, ὅσσαι δ' ἐνὶ γαστέρι φόρτους
ἐκτρώσκουσιν, ὅσοι τε τόκους ῥίπτουσιν ἀθέσμως·

Kommen wird dann auch Moses, des Höchsten gewaltiger Freund, mit
Seinem Fleische bekleidet, und Abraham selber erscheinet
Mächtig, und Isaak, Jakob, Elias und Daniel, Jesse,
Abakum auch und Jonas und die die Hebräer getötet.
Diese wird nach Jeremias am Throne er alle vernichten,
Angeklagte Hebräer, daß sie ihre Strafe bekommen;
Und sie büßen, was jeder dem anderen Böses getan hat.
Und dann werden sie alle hindurch durch die feurige Strömung
Gehen und durch die unlöschbare Flamme, und alle Gerechten
Werden gerettet; die Gottlosen aber, sie gehen zugrunde
Für alle Zeiten, dafür, daß sie Böses vordem getan und
Morde verübten, auch alle, die Mitwisser waren, die Lügner,
Diebe, Betrüger und schreckliche Frevler an anderer Habe,
Schlemmer und Ehebrecher und die üble Nachrede führen,
Schlimme Verbrecher und Frevler und solche, die Götzen anbeten,
Auch die Abgefallnen vom großen, unsterblichen Gott, und
Alle, die Gottesläst'rung getrieben, die Frommen gebrandschatzt,
Treue gemordet, und die nach dem Leben Gerechter getrachtet,
Auch alle, welche mit listiger und scheinheiliger Miene
Trotz ihres hohen Alters als Diener des Volkes gesehen
Auf die Person und, Reichtum scheuend und ungerecht richtend,
Anderen Unrecht taten, von falschen Zeugen beeinflußt ...
Schlimmer als Panther und reißende Wölfe ...
Und die entsetzlichen Stolz und Hochmut zeigten, die Wuchrer,
Welche sich häuserweise ihr Geld anlegten auf Zinsen,
Arme Witwen und Waisen sogar um das Letzte gebracht, und
Welche den Witwen und Waisen nur geben von unrechtem Gute,
Die aber, welche von ehrlicher Arbeit haben gegeben,
Noch darob schmähen; und solche, die ihre Eltern im Alter
Haben verlassen, ohn' ihnen je etwas zu geben, den Eltern
Nicht mal den Lohn der Erziehung gegeben; und die nicht gehorchten,
Gegen die Eltern nur harte Worte im Munde geführt;
Ferner die Treu' und Glauben genommen und dann es geleugnet,
Auch die Diener, die gegen den eigenen Herrn auftraten,
Und wieder, die ihr eigenes Fleisch mit Unzucht befleckten,
Und alle, die den jungfräulichen Gürtel gelöset und heimlich
Beilager suchten, und Frauen, die töten im Leibe die Frucht, und
Welche das neugeborene Kind gesetzlos verwerfen;

φαρμακοὺς ἢ φαρμακίδας σὺν τοῖσι καὶ αὐτούς
ὀργῇ ἐπουρανίοιο καὶ ἀφθάρτοιο θεοῖο
κίονι προσπελάσειεν, ὅπου περὶ κύκλον ἅπαντα   285
ἀκάματος ποταμὸς πύρινος ῥεῖ, τοὺς δ' ἅμα πάντας
ἄγγελοι ἀθανάτου θεοῦ ἄφθιτοι, αἰὲν ἐόντος,
ἐν φλογίναις μάστιξι καὶ ἐν πυρίναις ἀλύσεσσιν
δεσμοῖς ἀρρήκτοις τε περισφίγξαντες ὕπερθεν
δεινοτάτως κολάσουσιν· ἔπειτα δὲ νυκτὸς ἀμολγῷ   290
ἐν γέννῃ θηρσὶν ὑπὸ ταρταρίοισι βαλοῦνται
πολλοῖς δειμαλέοισιν, ὅπου σκότος ἐστὶν ἄμετρον.
ἀλλ' ὁπόταν πολλὰς κολάσεις ἐνιποιήσωνται
πᾶσιν, ὅσων κακὸν ἦτορ ἔην, ἀτὰρ ὕστερον αὖτε
ἐκ ποταμοῦ μεγάλου πύρινος τροχὸς ἀμφικατέρξει   295
αὐτούς, ὅττ' ἄρα τοῖσιν ἀτάσθαλα ἔργα μέμηλεν.
καὶ τότε θρηνήσουσιν ἐπ' ἀλλυδις ἄλλος ἄπωθεν
οἰκτροτάτῃ μοίρῃ πατέρες καὶ νήπια τέκνα,
μητέρες ἠδέ τε τέκν' ὑπομάζια δακρυόεντα.
οὐδέ σφιν δακρύων κόρος ἔσσεται οὐδὲ μὲν αὐδή   300
οἴκτρ' ὀλοφυρομένων ἐσακούσεται ἄλλυδις ἄλλου.
ἀλλὰ μακρὰν ζοφόενθ' ὑπὸ Τάρταρον εὐρώεντα
τειρόμενοι βώσονται· ἐπ' οὐχ ὁσίοισι δὲ χώροις
τίσουσιν τρὶς τόσσον ὅσον κακὸν ἤλιτον ἔργον
δαιόμενοι πυρὶ πολλῷ· ἐπιβρύξουσι δ' ὀδοῦσιν   305
πάντες τηκόμενοι δίψῃ μαλερῇ πείνῃ τε
καὶ καλέσουσι καλὸν τὸ θανεῖν καὶ φεύξετ' ἀπ' αὐτῶν.
οὐκέτι γὰρ θάνατος τούτους, οὐ νὺξ ἀναπαύσει.
πολλὰ δ' ἐρωτήσουσι μάτην θεὸν ὑψιμέδοντα,
καὶ τότ' ἀποστρέψει φανερῶς τὸ πρόσωπον ἀπ' αὐτῶν. 310
ἑπτὰ γὰρ αἰώνων μετανοίας ἤματ' ἔδωκεν
ἀνδράσι πλαζομένοις διὰ χειρὸς παρθένου ἁγνῆς.
τοὺς δ' ἄλλους, ὁπόσοις τε δίκη καλά τ' ἔργα μέμηλεν
ἠδὲ καὶ εὐσεβίη τε δικαιότατοί τε λογισμοί,
ἄγγελοι αἰρόμενοι διὰ δαιομένου ποταμοῖο   315
εἰς φῶς ἄξουσιν καὶ εἰς ζωὴν ἀμέριμνον,
ἔνθα πέλει τρίβος ἀθάνατος μεγάλοιο θεοῖο
καὶ τρισσαὶ πηγαὶ οἴνου μελιτός τε γλάγους τε·
γαῖα δ' ἴση πάντων οὐ τείχεσιν οὐ περιφραγμοῖς
διαμεριζομένη καρποὺς τότε πλείονας οἴσει   320

Giftmischer oder Giftmischerinnen mitsamt den Genannten
Wird der Zorn des himmlischen, unvergänglichen Gottes
Nun an den Pranger stellen, wo um sie alle im Kreise
Unermüdlich der Feuerstrom fließt, doch all' diese zusammen
Fesseln mit unzerreißbaren Ketten von oben herab und
Zücht'gen schrecklich mit lodernden Peitschen und feurigen Ketten
Abgesandte des ewigen, immerwährenden Gottes.
Dann aber werden im schwarzen Dunkel der Nacht sie geworfen
Unter die vielen und schrecklichen Tiere im Tartarus drunten,
In der Gehenna, wo undurchdringliche Finsternis herrschet;
Aber wenn sie dann vielerlei Pein haben auferlegt allen,
Deren Herz grundschlecht war, dann wird das feurige Drehrad
Aus dem mächtigen Strom sie drängen und wirbeln umher, weil
All ihr Sinnen und Trachten auf törichte Werke gerichtet.
Und dann werden sie jammern, bald hier und bald dort in der Ferne
Über ihr schreckliches Los, die Väter und arglosen Kinder,
Mütter auch samt ihren Kleinen, die weinen am nährenden Busen.
Nicht wird der Tränen je Sättigung sein, und nie wird erhört das
Flehn der bald hier, bald dort wehklagenden Jammergestalten.
Drunten jedoch in des weiten und dunklen Tartarus Moder
Schreien sie, Marter erduldend, sie büßen unheiligen Ortes
Dreifach jeglichen Frevel, den einst sie aus Bosheit begangen,
Brennend in feuriger Masse; man hört das Klappern der Zähne
Derer, die schmachten vor Durst und schreckliche Hungerpein leiden;
Und sie rufen: „Wie schön wär' der Tod!", doch der meidet sie alle.
Denn sie wird nicht mehr der Tod, nicht mehr die Nacht sie erlösen.
Ach, sie flehen vergebens zu Gott, dem Herrscher der Höhe.
Offenbar wendet er jetzt sein gnädiges Antlitz von ihnen.
Sieben Ewigkeitstage zur Reue und Umkehr gab Er den
Planlos irrenden Menschen vermittelst der heiligen Jungfrau.
Aber die anderen, denen das Recht und redliche Werke,
Frömmigkeit auch und gerechte Erwägungen lagen am Herzen,
Werden die Engel erheben und durch die lodernde Strömung
Führen zum Licht und zum unvergänglichen Leben, wohin der
Ewige Pfad des gewaltigen Gottes hinführet und dreifach
Quellen entspringen von Wein und von Milch und flüssigem Honig.
Gleich ist die Erde für alle, und nicht durch Mauern und Schranken
Abgeteilt, bringt dann sie hervor noch reichere Früchte

αὐτομάτη, κοινοί τε βίοι καὶ πλοῦτος ἄμοιρος.
οὐ γὰρ πτωχὸς ἐκεῖ, οὐ πλούσιος, οὐδὲ τύραννος,
οὐ δοῦλος, οὐδ' αὖ μέγας, οὐ μικρός τις ἔτ' ἔσται,
οὐ βασιλεῖς, οὐχ ἡγεμόνες· κοινῇ δ' ἅμα πάντες.
κοὐκέτ' ἐρεῖ τις ὅλως 'νὺξ ἤλυθεν', οὐδὲ μὲν 'αὔριον',   325
οὐκ 'ἐχθὲς γέγονεν'· οὐκ ἤματα πολλὰ μεριμνᾶν,
οὐκ ἔαρ, οὐ χειμών, οὔτ' ἄρ θέρος, οὐ μετόπωρον,
οὐ δύσις ἀντολίη· ποιήσει γὰρ μακρὸν ἦμαρ.

τοῖς καὶ ὁ παντοκράτωρ θεὸς ἄφθιτος ἄλλο παρέξει.   330
εὐσεβέσιν, ὁπόταν θεὸν ἄφθιτον αἰτήσωνται,
ἐκ μαλεροῖο πυρὸς καὶ ἀθανάτων ἀπὸ βρυγμῶν
ἀνθρώπους σῶσαι δώσει· καὶ τοῦτο ποιήσει·
λεξάμενος γὰρ ἐσαῦθις ἀπὸ φλογὸς ἀκαμάτοιο
ἄλλοσ' ἀποστήσας πέμψει διὰ λαὸν ἑαυτοῦ   335
εἰς ζωὴν ἑτέραν καὶ αἰώνιον ἀθανάτοισιν
Ἠλυσίῳ πεδίῳ, ὅθι οἱ πέλε κύματα μακρά
λίμνης ἀενάου Ἀχερουσιάδος βαθυκόλπου.
αἰαῖ ἐγὼ δειλή, τί γενήσομαι ἤματι τῷδε,
ἀνθ' ὧν ἡ δύσφρων γε πονησαμένη περὶ πάντων   340
ἥλιτον οὔτε γάμῳ μεμελημένη οὔτε λογισμοῖς·
ἀλλὰ καὶ ἐν μελάθροισιν ἐμοῖς πολυπάμμονος ἀνδρός
δευομένους ἀπέκλεισα· τὰ δ' ἔκνομα πρόσθεν ἔρεξα
εἰδυῖα. σὺ δέ, σῶτερ, ἐμῶν ἀπὸ μαστικτήρων
ῥῦσαι δή με κυνῶπιν, ἀναιδέα περ ῥέξασαν.   345
ἤδε δ' ἐγὼ λίτομαί σε βαιὸν παῦσαι μὲν ἀοιδῆς,
ἅγια μαννοδότα, βασιλεῦ μεγάλης βασιλείης.

ΠΡΟΟΙΜΙΟΝ

(Fragment 1 bei Theophilus ad Autolycum II 36.)

Ἄνθρωποι θνητοὶ καὶ σάρκινοι, οὐδὲν ἐόντες,
πῶς ταχέως ὑψοῦσθε βίου τέλος οὐκ ἐσορῶντες;
οὐ τρέμετ' οὐδὲ φοβεῖσθε θεόν, τὸν ἐπίσκοπον ὑμῶν,
ὕψιστον γνώστην πανεπόπτην μάρτυρα πάντων
παντοτρόφον κτίστην, ὅστις γλυκὺ πνεῦμ' ἐν ἅπασιν   5

Ganz von selber; gemeinsam das Leben in herrnlosem Reichtum!
Denn kein Bettler wird dort mehr sein, kein Knecht und kein Herrscher,
Auch wird niemand jetzt weder mächtig und groß noch gering sein;
Dann ist nicht König noch Führer; es leben ja alle gemeinsam.
Keiner mehr sagt „es ist Nacht schon geworden", und keiner mehr
„morgen",
Oder auch „das war gestern"; man sorgt nicht für mehrere Tage;
Frühling, Sommer und Winter und Herbsteszeit gibt es nicht mehr;
Auch keinen Abend und Morgen; es gibt nur verlängerte Tagzeit.

Und der allherrschende, ewige Gott wird noch etwas andres
Jenen Frommen verleihn, wenn sie flehen zum ewigen Gotte:
Aus dem schrecklichen Feuer und unvergänglichen Peinen
Wird er die Menschen zu retten verleih'n: Dies wird er vollführen.
Denn er sammelt sie wieder, versetzt sie aus rastloser Flamme
Anderswohin und entsendet sie seinem Volke zuliebe
Zu einem andern und ewig währenden Leben, zur Flur des
Sel'gen Elysiums, wo weithin die Wasser ihm fließen
Des Acherusischen Sees, des ew'gen, von grundloser Tiefe.

Wehe mir Armen, wie wird's mir an jenem Tage ergehen!
Habe ich Törin doch alle an Frevelmut überboten,
Hab' nicht an Heirat gedacht und keine Vernunft angenommen.
Und auch im eignen Palast eines schwerreichen Mannes verwies ich
Darbende oft von der Schwelle. Und wieviel Schlechtes hab' früher
Wissentlich oft ich getan! Du, Heiland, errette mich Hündin,
Vor meinen Peinigern mich, die so schamlose Dinge getan hat!
Dich auch flehe ich an, laß ein wenig vom Sange mich ausruhn,
Heiliger Mannaspender, du König des mächtigen Reiches!

VORGESANG

Or. Sib. fr. 1 Teophil. ad Autol. II 36 (BKV 2. Bd [1913] S. 68).

Sterbliche Menschen, gebildet aus Fleisch, ganz nichtigen Wesens,
Wie so schnelle erhebt ihr euch, nicht denkend ans Ende!
Fürchtet und zittert ihr nicht vor Gott, der immer euch zusieht?
Der allwissend auch alles erschaut und Zeug' ist von allem,
Als allnährender Schöpfer den lieblichen Odem auf alle

κάτθετο χήγητῆρα βροτῶν πάντων ἐποίησεν;
εἷς θεός, ὃς μόνος ἄρχει, ὑπερμεγέθης ἀγένητος
παντοκράτωρ ἀόρατος ὁρώμενος αὐτὸς ἅπαντα,
αὐτὸς δ᾽ οὐ βλέπεται θνητῆς ὑπὸ σαρκὸς ἁπάσης·
τίς γὰρ σὰρξ δύναται τὸν ἐπουράνιον καὶ ἀληθῆ   10
ὀφθαλμοῖσιν ἰδεῖν θεὸν ἄμβροτον, ὃς πόλον οἰκεῖ;
ἀλλ᾽ οὐδ᾽ ἀκτίνων κατεναντίον ἠελίοιο
ἄνθρωποι στῆναι δυνατοί, θνητοὶ γεγαῶτες
ἄνδρες, ἐν ὀστείοισι φλέβες καὶ σάρκες ἐόντες.
αὐτὸν τὸν μόνον ὄντα σέβεσθ᾽ ἡγήτορα κόσμου,   15
ὃς μόνος εἰς αἰῶνα καὶ ἐξ αἰῶνος ἐτύχθη
αὐτογενὴς ἀγένητος ἅπαντα κρατῶν διὰ παντός,
πᾶσι βροτοῖσι νέμων τὸ κριτήριον ἐν φαῒ κοινῷ.
τῆς κακοβουλοσύνης δὲ τὸν ἄξιον ἕξετε μισθόν,
ὅττι θεὸν προλιπόντες ἀληθινὸν ἀέναόν τε   20
δοξάζειν αὐτῷ τε θύειν ἱερὰς ἑκατόμβας
δαίμοσι τὰς θυσίας ἐποιήσατε τοῖσιν ἐν Ἅιδῃ.
τύφῳ καὶ μανίῃ δὲ βαδίζετε καὶ τρίβον ὀρθήν
εὐθεῖαν προλιπόντες ἀπήλθετε καὶ δι᾽ ἀκάνθων
καὶ σκολόπων ἐπλανᾶσθε· βροτοί, παύσασθε, μάταιοι,   25
ῥεμβόμενοι σκοτίῃ καὶ ἀφεγγέι νυκτὶ μελαίνῃ,
καὶ λίπετε σκοτίην νυκτός, φωτὸς δὲ λάβεσθε.
οὗτος ἰδοὺ πάντεσσι σαφὴς ἀπλάνητος ὑπάρχει.
ἔλθετε, μὴ σκοτίην δὲ διώκετε καὶ γνόφον αἰεί.
ἠελίου γλυκυδερκὲς ἰδοὺ φάος ἔξοχα λάμπει.   30
γνῶτε δὲ κατθέμενοι σοφίην ἐν στήθεσιν ὑμῶν·
εἷς θεός ἐστι βροχὰς ἀνέμους σεισμοὺς ἐπιπέμπων
ἀστεροπὰς λιμοὺς λοιμοὺς καὶ κήδεα λυγρά
καὶ νιφετοὺς κρύσταλλα. τί δὴ καθ᾽ ἓν ἐξαγορεύω;
οὐρανοῦ ἡγεῖται, γαίης κρατεῖ, Ἅιδος ἄρχει.

Fragment 3 (ebd. II 36, 29)

εἰ δὲ γενητὸν ὅλως καὶ φθείρεται, οὐ δύνατ᾽ ἀνδρός
ἐκ μηρῶν μήτρας τε θεὸς τετυπωμένος εἶναι·
ἀλλὰ θεὸς μόνος εἷς πανυπέρτατος, ὃς πεποίηκεν
οὐρανὸν ἠέλιόν τε καὶ ἀστέρας ἠδὲ σελήνην
καρποφόρον γαῖάν τε καὶ ὕδατος οἴδματα πόντου   5

Niedergesendet und ihn als Führer der Menschen bestellt hat.
Gott ist nur Einer, er Herrscher allein, der Ewige, Größte,
Alles beherrschend und, selbst unsichtbar, alles erschauend.
Nimmer vermag all sterbliches Fleisch ihn selbst zu erblicken;
Denn wie vermöchte das Fleisch wohl jemals den himmlischen, wahren,
Ewigen Gott, der den Himmel bewohnt, mit Augen zu schauen?
Da ja die Menschen sogar nicht vermögen den Strahlen der Sonne
Unentwegt entgegenzuschauen, die sterblich gebornen
Männer, zusammengesetzt aus Gebein, aus Fleisch und Geäder.
Ehret den einzigen wirklichen Gott, der der Lenker des Weltalls
Einzig von Ewigkeit ist und in Ewigkeit herrscht und regieret,
Selbsterzeugt und anfangslos und alles beherrschend,
Alle die Sterblichen richtend im alles erleuchtenden Lichte.
Würd'ge Vergeltung sodann wird euch für die schlechte Gesinnung,
Daß ihr beiseite gesetzt, zu verehren den ewigen, wahren
Gott und zu bringen nur ihm die herrlichen Gaben des Opfers,
Doch sie Dämonen gebracht, den Bewohnern der Räume des Hades.
Doch ihr wandelt in Stolz und Wahnwitz; habt den geraden
Richtigen Weg abirrend verlassen und ginget den Irrpfad
Hin durch Dornengestrüpp und Verhaue. O lasset, ihr Toren,
In lichtloser und finsterer Nacht, und im Dunkel zu schweifen;
Endlich entfliehet dem Dunkel der Nacht und erfasset den Lichtglanz!
Sehet, er strahlet so hell und nicht zu verkennen für alle.
Kommet und wandelt nicht stets im Dunkel des finsteren Irrtums,
Sehet, es glänzet so hell, mild blickend das Auge der Sonne!
Pflanzet euch Weisheit ins Herz und fasset die rechte Erkenntnis!
Ein Gott ist, der das Naß, der die Winde, das Beben der Erde,
Blitze und Nöte des Hungers und Pest und traurige Plagen,
Schneegestöber und Eis uns schickt – und was sonst noch zu nennen.
Er ist Gebieter des Himmels und Herrscher der Erde, nur *Er* ist.

Fr. 3

Da stets wieder vergeht, was entstanden, so leitet den Ursprung
Nimmer ein Gott aus den Lenden des Manns und dem Schoße der
Ein Gott ist nur allein, der Erhabenste, der da erschaffen   [Mutter.
Himmel und Sonne und alles Gestirn und die Leuchte des Mondes
Und die mit Früchten beladene Erde, die Wogen des Meeres,

οὔρεα ὑψήεντα ἀέννα χεύματα πηγῶν.
τῶν δ᾽ ἐνύδρων πάλι γεννᾷ ἀνήριθμον πολὺ πλῆθος.
ἑρπετὰ δ᾽ ἐν γαίῃ κινούμενα ψυχοτροφεῖται,
ποικίλα τε πτηνῶν λιγυροθρόα τραυλίζοντα
ξουθὰ λιγυπτερόφωνα ταράσσαντ᾽ ἀέρα ταρσοῖς.   10
ἐν δὲ νάπαις ὀρέων ἀγρίαν γένναν θέτο θηρῶν
ἡμῖν τε κτήνη ὑπέταξεν πάντα βροτοῖσιν.   12
τίς γὰρ σὰρξ δύναται θνητῶν γνῶναι τάδ᾽ ἅπαντα;   15
ἀλλ᾽ αὐτὸς μόνος οἶδεν ὁ ποιήσας τάδ᾽ ἀπ᾽ ἀρχῆς,
ἄφθαρτος κτίστης αἰώνιος αἰθέρα ναίων,
τοῖς ἀγαθοῖς ἀγαθὸν προφέρων πολὺ πλείονα μισθόν,
τοῖς δὲ κακοῖς ἀδίκοις τε χόλον καὶ θυμὸν ἐγείρων
καὶ πόλεμον καὶ λοιμὸν ἰδ᾽ ἄλγεα δακρυόεντα.   20
ἄνθρωποι, τί μάτην ὑψούμενοι ἐκριζοῦσθε;
αἰσχύνθητε γαλᾶς καὶ κνώδαλα θειοποιοῦντες.
οὐ μανίη καὶ λύσσα φρενῶν αἴσθησιν ἀφαιρεῖ,
εἰ λοπάδας κλέπτουσι θεοί, συλοῦσι δὲ χύτρας;
ἀντὶ δὲ χρυσήεντα πόλον κατ᾽ ἀπείρονα ναίειν   25
σητόβρωτα δέδορκε, πυκναῖς δ᾽ ἀράχναις δεδίασται·
προσκυνέοντες ὄφεις κύνας αἰλούρους, ἀνόητοι,
καὶ πετεηνὰ σέβεσθε καὶ ἑρπετὰ θηρία γαίης
καὶ λίθινα ξόανα καὶ ἀγάλματα χειροποίητα
καὶ παρ᾽ ὁδοῖσι λίθων συγχώσματα· ταῦτα σέβεσθε   30
ἄλλα τε πολλὰ μάταια, ἃ δὴ καἰσχρὸν ἀγορεύειν.
εἰσὶ θεοὶ μερόπων δόλῳ ἡγητῆρες ἀβούλων,
τῶν δὴ κἀκ στόματος χεῖται θανατηφόρος ἰός.
ὃς δ᾽ ἔστιν ζωή τε καὶ ἄφθιτον ἀέναον φῶς
καὶ μέλιτος γλυκεροῦ γλυκερώτερον ἀνδράσι χάρμα   35
ἐκπροχέει, τῷ δὴ σὺ μόνῳ τεὸν αὐχένα κάμπτε.   36
ταῦτα λιπόντες ἅπαντα δίκης μεστὸν τὸ κύπελλον   38
ζωρότερον στιβαρὸν βεβαρημένον εὖ μάλ᾽ ἄκρητον
εἰλκύσατ᾽ ἀφροσύνῃ μεμανηότι πνεύματι πάντες.   40
κοὐ θέλετ᾽ ἐκνῆψαι καὶ σώφρονα πρὸς νόον ἐλθεῖν
καὶ γνῶναι βασιλῆα θεόν, τὸν πάντ᾽ ἐφορῶντα.
τοὔνεκεν αἰθομένοιο πυρὸς σέλας ἔρχετ᾽ ἐφ᾽ ὑμᾶς,
λαμπάσι καυθήσεσθε δι᾽ αἰῶνος τὸ πανῆμαρ
ψευδέσιν αἰσχυνθέντες ἐπ᾽ εἰδώλοισιν ἀχρήστοις.   45
οἱ δὲ θεὸν τιμῶντες ἀληθινὸν ἀέναόν τε

Berge mit ragender Höhe und stets fortfließende Quellen;
Der da im Wasser erzeugt des Getiers unzählige Menge,
Der, was zu Lande sich regt und kreucht, mit Odem belebet;
Der da den hellen Gesang und das traute Gezwitscher der Vögel
Schuf, die mit buntem Gefieder die Luft lautrauschend durchschneiden;
Wies in dem Tal des Gebirgs den wilderen Tieren den Wohnplatz,
Gab all zahmeres Vieh zum Dienste des sterblichen Menschen.
Wer von den Menschen vermöchte es wohl, sie alle zu kennen?
Einer nur kennt sie allein, der alle erschaffen im Anfang,
Der ohne Änd'rung, der ewige Schöpfer, den Äther bewohnet,
Guten noch besseren Lohn zur Vergeltung als Richter bestimmend,
Doch gar grimmigen Zorn für Böse und Über des Unrechts,
Krieg und Pest und bitteres Weh zur Strafe erregend.
Menschen, warum doch bäumt ihr euch so, bis entwurzelt ihr hin-
Schämet euch doch, Krokodil und Katzen als Götter zu ehren! [stürzt?
Hat da nicht Tollheit und Wut euch die Klarheit des Geistes getrübet,
Wenn euch die Götter die Schüsseln bestehlen, die Töpfe berauben?
Statt im himmlischen Glanz ihm zu geben den herrlichen Wohnsitz,
Gebt ihr dem Gott wurmstichiges Bild, von der Spinne umzogen.
Betet ihr, Törichte, doch auch die Schlange, die Katze, den Hund an,
Ehret die Vögel der Luft und die kriechenden Tiere der Erde,
Bilder und Zeichen von Stein, von menschlichen Händen verfertigt,
Haufen von Steinen sogar auf den Straßen und andere Dinge,
Viele und nicht'ge – die Scham hält ab, sie zu nennen – verehrt ihr.
Das sind Götter, Betrug für törichte Menschen bewirkend,
Und todbringendes Gift in Wahrheit spritzet ihr Mund aus.
Nur vor dem, der das Leben besitzt und ewiges Licht, der
Freude den Menschen gewährt, der süßer als süßester Honig,
Reichlichen Maßes sie schenkt: vor dem nur beuge den Nacken!
All das habt ihr versäumt und darum auch den Kelch des Gerichtes,
Bis zum Rande gefüllt, voll Bitterkeit ohne Vermischung,
Alle geschlürft in törichtem Wahn und der Blindheit des Herzens.
Und doch erwachet ihr nicht und kommt zu weis'rer Gesinnung,
Wollt nicht erkennen den König, den Gott, der alles erschauet.
Deshalb wird euch die Glut des verzehrenden Feuers erfassen,
Und in lodernder Lohe in Ewigkeit werdet ihr brennen
Täglich, vergehend vor Scham ob der falschen, der nichtigen Götter.
Aber den treuen Verehrern des wahren und ewigen Gottes

ζωὴν κληρονομοῦσι, τὸν αἰῶνος χρόνον αὐτοί
οἰκοῦντες παραδείσου ὁμῶς ἐριθηλέα κῆπον
δαινύμενοι γλυκὺν ἄρτον ἀπ' οὐρανοῦ ἀστερόεντος.

'Εκ τοῦ δευτέρου λόγου περὶ θεοῦ (III 1–92)

Ὦ ὑψιρβεμέτα μακάρισθ', ὃς ἔχεις τὰ Χερουβίμ
ἱδρυμένος, λίτομαι, παναληθέα φημίξασχν
παῦσον βαιόν με· κέκμηκε γὰρ ἐνδόθεν ἦτορ.
ἀλλὰ τί μοι κραδίη πάλι πάλλεται ἠδέ γε θυμός
τυπτόμενος μάστιγι βιάζεται ἐνδόθεν αὐδήν   5
ἀγγέλλειν πᾶσιν; αὐτὰρ πάλι πάντ' ἀγορεύσω,
ὅσσα θεὸς κέλεταί μ' ἀγορευέμεν ἀνθρώποισιν.
ἄνθρωποι θεόπλαστον ἔχοντες ἐν εἰκόνι μορφήν
τίπτε μάτην πλάζεσθε καὶ οὐκ εὐθεῖαν ἀταρπόν
βαίνετε, ἀθανάτου κτίστου μεμνημένοι αἰεί;   10
εἷς θεός ἐστι μόναρχος ἀθέσφατος αἰθέρι ναίων
αὐτοφυὴς ἀόρατος ὁρώμενος αὐτὸς ἅπαντα·
ὃν χεὶρ οὐκ ἐποίησε λιθόξοος οὐδ' ἀπὸ χρυσοῦ
τέχνησ' ἀνθρώπου φαίνει τύπος οὐδ' ἐλέφαντος·
ἀλλ' αὐτὸς ἀνέδειξεν αἰώνιος αὐτὸς ἑαυτόν   15
ὄντα τε καὶ πρὶν ἐόντα, ἀτὰρ πάλι καὶ μετέπειτα.
τίς γὰρ θνητὸς ἐὼν κατιδεῖν δύναται θεὸν ὄσσοις;
ἢ τίς χωρήσει κἂν τοὔνομα μοῦνον ἀκοῦσαι
οὐρανίου μεγάλοιο θεοῦ κόσμον κρατέοντος;
ὃς λόγῳ ἔκτισε πάντα καὶ οὐρανὸν ἠδὲ θάλασσαν   20
ἠέλιον τ' ἀκάμαντα σελήνην τε πλήθουσαν
ἄστρα τε λαμπετόωντα, κραταιὰν μητέρα Τηθύν,
πηγὰς καὶ ποταμούς, πῦρ ἄφθιτον, ἤματα, νύκτας,
αὐτὸς δὴ θεός ἐσθ' ὁ πλάσας, τετραγράμματον 'Αδάμ
τὸν πρῶτον πλασθέντα καὶ οὔνομα πληρώσαντα   25
ἀντολίην τε δύσιν τε μεσημβρίην τε καὶ ἄρκτον·
αὐτὸς δ' ἐστήριξε τύπον μορφῆς μερόπων τε
καὶ θῆρας ποίησε καὶ ἑρπετὰ καὶ πετεηνά.
οὐ σέβετ', οὐδὲ φοβεῖσθε θεόν, ματαίως δὲ πλανᾶσθε
προσκυνέοντες ὄφεις τε καὶ αἰλούροισι θύοντες   30
εἰδώλοις τ' ἀλάλοις λιθίνοις θ' ἱδρύμασι φωτῶν·
καὶ ξοάνοις ἀθέοισι καθεζόμενοι πρὸ θυράων

Wird zum Erbe das Leben, und ewiglich werden sie wohnen
Im Paradies, in der wonnigen Lust wohlsprossendem Garten,
Essend das Brot voll Süße vom sternbesäeten Himmel.

⟨ Schluß des ursprünglichen II. Buches ⟩

Mächtiger Donn'rer im Himmel, der über den Cherubim thronet,
Laß mich, ich flehe dich an, nachdem ich nur Wahres verkündet,
Laß mich ein wenig nur ruhen, denn müde ist drinnen das Herz. Doch
Was wird der Sinn, von der Geißel geschlagen, gezwungen, die Stimme
Drinnen im eigenen Herzen den Sterblichen allen zu künden?
Aber ich Arme will alles nun wiederum singen und sagen,
Was mir Gott, der Allmächt'ge, befiehlt den Menschen zu künden.
Sterbliche Menschen, die ihr eine gottgeschaff'ne Gestalt habt
Nach seinem Bilde und Gleichnis, warum irrt ihr ziellos umher und
Geht nicht auf gradem Pfade, des ewigen Schöpfers gedenkend?
Ein Gott lebt allein als einziger Herrscher im Weltall,
Selbstgeschaffen, unsichtbar stets und siehet doch alles.
Nicht eines Steinmetzen Hand hat ihn ja gemacht, und ein Bild von
Elfenbein oder von Gold nicht zeiget in menschlicher Kunst ihn,
Sondern er hat auf ewig sich selbst offenbaret als den, der
Ist und ehedem war und wiederum später noch sein wird.
Wer von den Sterblichen kann unsern Gott mit den Augen erblicken,
Oder wer sollte auch nur den Namen des himmlischen, großen
Gottes vernehmen im Ohr, der allein beherrschet das Weltall?
Der mit dem Wort alles schuf, das Firmament und das Meer, die
Unermüdliche Sonn' und des Mondes Gestalt, die sich füllet,
Und die leuchtenden Sterne am Himmel, sowie die gewalt'ge
Mutter Thetys, und Quellen und Flüsse, unendliches Feuer,
Tage und Nächte; er selbst, Gott ist's, der gebildet den vierbuch-
Stabigen Adam, den erstgeschaffenen Menschen, der seinen
Namen erfüllet, den Osten und Westen, den Süden und Norden.
Festgestellt hat er selbst der Sterblichen Bild und Gestalt, und
Tiere hat er uns gemacht, die kriechenden Tiere und Vögel.
Ihr aber fürchtet und ehret nicht Gott, sondern ziellos irrt ihr an-
Betend die Schlangen und opfernd den Katzen und stummen Gebilden,
Steinernen Götzen der Menschen. Ihr sitzet in gottlosen Tempeln
Vor den Türen und bangt nicht vor Gott, dem wahren, der alles

⟨οὐ⟩ τηρεῖτε τὸν ὄντα θεόν, ὃς πάντα φυλάσσει,
τερπόμενοι κακότητι λίθων κρίσιν ἐκλελαθόντες
ἀθανάτου σωτῆρος, ὃς οὐρανὸν ἔκτισε καὶ γῆν.   35
αἳ γένος αἱμοχαρὲς δόλιον κακὸν ἀσεβέων τε
ψευδῶν διγλώσσων ἀνθρώπων καὶ κακοηθῶν
λεκτροκλόπων εἰδωλολατρῶν δόλια φρονεόντων,
οἷς κακὸν ἐν στέρνοισιν, ἔνι μεμανημένος οἶστρος,
αὐτοῖς ἁρπάζοντες, ἀναιδέα θυμὸν ἔχοντες·   40
οὐδεὶς γὰρ πλουτῶν καὶ ἔχων ἄλλῳ μεταδώσει,
ἀλλ' ἔσεται κακίη δεινὴ πάντεσσι βροτοῖσιν,
πίστιν δ' οὐ σχήσουσιν ὅλως, χῆραί τε γυναῖκες
στέρξουσιν κρυφίως ἄλλους πολλαὶ διὰ κέρδος,
οὐ σπάρτην κατέχουσι βίου ἀνδρῶν λελαχοῦσαι.   45
αὐτὰρ ἐπεὶ 'Ρώμη καὶ Αἰγύπτου βασιλεύσει
εἰς ἔτι δηθύνουσα, τότ' ἂρ βασιλεία μεγίστη
ἀθανάτου βασιλῆος ἐπ' ἀνθρώποισι φανεῖται.
ἥξει δ' ἁγνὸς ἄναξ πάσης γῆς σκῆπτρα κρατήσων
εἰς αἰῶνας ἅπαντας ἐπειγομένοιο χρόνοιο.   50
καὶ τότε Λατίνων ἀπαραίτητος χόλος ἀνδρῶν·
τρεῖς 'Ρώμην οἰκτρῇ μοίρῃ καταδηλήσονται.
πάντες δ' ἄνθρωποι μελάθροις ἰδίοισιν ὀλοῦνται,
ὁππόταν οὐρανόθεν πύρινος ῥεύσῃ καταράκτης.
οἴμοι, δειλαίη, πότ' ἐλεύσεται ἦμαρ ἐκεῖνο   55
καὶ κρίσις ἀθανάτοιο θεοῦ μεγάλου βασιλῆος;
ἄρτι δ' ἔτι κτίζεσθε, πόλεις, κοσμεῖσθέ τε πᾶσχι
ναοῖς καὶ σταδίοις ἀγοραῖς χρυσοῖς ξοάνοις τε
ἀργυρέοις λιθίνοις τε, ἵν' ἔλθῃτ' εἰς πικρὸν ἦμαρ.
ἥξει γάρ, ὁπόταν θείου διαβήσεται ὀδμή   60
πᾶσιν ἐν ἀνθρώποισιν. ἀτὰρ τὰ ἕκαστ' ἀγορεύσω,
ὅσσαις ἐν πόλεσιν μέροπες κακότητα φέρουσιν;

*
         *   *

'Εκ δὲ Σεβαστηνῶν ἥξει Βελίαρ μετόπισθεν
καὶ σείσει ὀρέων ὕψος, στήσει δὲ θάλασσαν,
ἠέλιον πυρόεντα μέγαν λαμπράν τε σελήνην   65
καὶ νέκυας στήσει καὶ σήματα πολλὰ ποιήσει
ἀνθρώποις· ἀλλ' οὐχὶ τελεσφόρα ἔσσετ' ἐν αὐτῷ,

Für euch bedenket, ihr freut euch der Steine Verruchtheit, vergessend
Ewigen Retters Gericht, der Himmel und Erde geschaffen.

Weh, blutdürst'ges und arges Geschlecht Gottloser und Böser,
Weh dir, Lügnergeschlecht, du Zunft zweizüngiger Menschen,
Böses ersinnend, ihr Ehebrecher und Diener der Götzen,
Leute voll Arglist, in denen ein böser und rasender Trieb wohnt,
Die für sich selbst nur raffen zusammen mit schamlosem Sinne.
Niemand, der reich ist und hat, wird den anderen auch davon geben,
Sondern gar arg ist die Bosheit und Schlechtigkeit unter den Menschen:
Halten sie doch keine Treue, und viele verwitwete Frauen
Lieben andre geheim aus Gewinnsucht, und solche, die Männer
Haben erlangt, halten nicht die Richtschnur inne des Lebens.
Aber wenn Rom, das bis jetzt noch immer gezögert, auch herrschet
Über Ägypten, dann wird sich das herrlichste Königtum zeigen
Eines unsterblichen Königs den Menschen allen auf Erden.
Dann kommt der heilige Herrscher, der über die Erde wird führen
Machtvoll das Szepter für ewig in eilender Zeit. Und es wird dann
Unerbittlicher Zorn überkommen Latiums Männer;
Drei werden Rom in jammervollem Geschicke vernichten,
Alle Menschen gehen in eigenen Häusern zugrunde,
Wenn vom Himmel einmal ein feuriger Gießbach herabströmt.
Weh mir Ärmster! Wann kommt jener Tag des unsterblichen Gottes
Und des mächtigen Königs? Jetzt baut ihr, ihr Städte, und schmückt
[euch
Alle mit Tempeln und Märkten und Rennbahn und schaffet euch Bilder
Aus dem Gestein, auch von Silber und Gold, damit ihr gelanget
Hin zu dem bitteren Tag. Denn es kommt jener Tag, wo hindurch-
Schwefelgeruch überall in die Häuser der Erdenbewohner.   [dringt
Aber was soll ich verkünden die Zahl aller Städte der Menschen,
Welche von Elend und Trübsal hienieden werden betroffen?

*   *   *

Doch von den Sebastenern wird alsbald Beliar kommen,
Schüttern die Höhe der Berge, zum Stehen bringen die Meerflut
Und die gewaltige feurige Sonne, den glänzenden Mond, und
Tote läßt er erstehen und wirket viel Zeichen und Wunder
Unter den Menschen, doch keine Vollendung wird er erwirken,

ἀλλὰ πλανᾷ καὶ δὴ μέροπας, πολλούς τε πλανήσει
πιστούς τ' ἐκλεκτούς θ' Ἑβραίους ἀνόμους τε καὶ ἄλλους
ἀνέρας, οἵτινες οὔπω θεοῦ λόγον εἰσήκουσαν.   70
ἀλλ' ὁπόταν μεγάλοιο θεοῦ πελάσωσιν ἀπειλαί,
καὶ δύναμις φλογέουσα δι' οἴδματος εἰς γαῖαν ἥξῃ,
καὶ Βελίαρ φλέξει καὶ ὑπερφιάλους ἀνθρώπους
πάντας, ὅσοι τούτῳ πίστιν ἐνιποιήσαντο·
καὶ τότε δὴ κόσμος ὑπὸ ταῖς παλάμῃσι γυναικός   75
ἔσσεται ἀρχόμενος καὶ πειθόμενος περὶ παντός.
ἔνθ' ὁπόταν κόσμου παντὸς χήρη βασιλεύσῃ
καὶ ῥίψῃ χρυσόν τε καὶ ἄργυρον εἰς ἅλα δῖαν,
χαλκόν τ' ἠδὲ σίδηρον ἐφημερίων ἀνθρώπων
εἰς πόντον ῥίψῃ, τότε δὴ στοιχεῖα πρόπαντα   80
χηρεύσει κόσμου, ὁπόταν θεὸς αἰθέρι ναίων
οὐρανὸν εἱλήσει, καθ' ἅπερ βιβλίον εἱλεῖται·
καὶ πέσεται πολύμορφος ὅλος πόλος ἐν χθονὶ δίῃ
καὶ πελάγει· ῥεύσει δὲ πυρὸς μαλεροῦ καταράκτης
ἀκάματος, φλέξει δὲ γαῖαν, φλέξει δὲ θάλασσαν,   85
καὶ πόλον οὐράνιον καὶ σήματα καὶ κτίσιν αὐτήν
εἰς ἓν χωνεύσει καὶ εἰς καθαρὸν διαλέξει,
κοὐκέτι φωστήρων σφαιρώματα καγχαλόωντα,
οὐ νύξ, οὐκ ἠώς, οὐκ ἤματα πολλὰ μερίμνης,
οὐκ ἔαρ, οὐχὶ θέρος, οὐ χειμών, οὐ μετόπωρον.   90
καὶ τότε δὴ μεγάλοιο θεοῦ κρίσις εἰς μέσον ἥξει
αἰῶνος μεγάλοιο, ὅταν τάδε πάντα γένηται.

Λόγος τρίτος

(Σαμβήθη, ἡ Χαλδαία Σίβυλλα, νύμφη τοῦ Νῶε προφητεύει III
97–165, 213–294, 573–615, 652–656, 663–724, 741–828.)

Ἀλλ' ὁπόταν μεγάλοιο θεοῦ τελέωνται ἀπειλαί,
ἅς ποτ' ἐπείλησε βροτοῖς, ὅτε πύργον ἔτευξαν
χώρῃ ἐν Ἀσσυρίῃ· ὁμόφωνοι δ' ἦσαν ἅπαντες
καὶ βούλοντ' ἀναβῆν' εἰς οὐρανὸν ἀστερόεντα·   100
αὐτίκα δ' ἀθάνατος μεγάλην ἐπέθηκεν ἀνάγκην
πνεύμασιν· αὐτὰρ ἔπειτ' ἄνεμοι μέγαν ὑψόθι πύργον

Sondern verführt nur die Menschen; gar viele wird er verführen,
Treue und auserwählte Hebräer, auch Gottlose, andre
Männer, welche noch nicht je Gottes Wort haben vernommen.
Doch wenn des großen Gottes gewaltige Drohungen nahen
Und die glühende Masse durch Meeresbrandung an Land kommt,
Wird sie den Beliar auch und alle Menschen verschlingen,
Welche in blindem Vertrauen dem Gottesleugner gehuldigt.
Und dann wird unter eines Weibes Händen die Welt gar
Fortan regiert, und alles gehorchet ihren Befehlen.
Wenn dann die Witwe die ganze Welt ihrem Szepter vereinigt
Und wirft alles Silber und Gold in die glänzende Salzflut
Und auch das Erz und das Eisen des Eintagsgeschlechtes der Menschen
Wirft in das Meer, dann werden verlassen sein von Geschöpfen
Die Elemente der Welt, wenn Gott, der den Äther bewohnet,
Wirbelt den Himmel, so wie ein Buch zusammengerollt wird.
Und dann stürzet das vielgestaltige Himmelsgewölbe
Nieder auf Erde und Meer, und ein Gießbach mächtigen Feuers
Strömt unermüdlich, verbrennet die Erde, verbrennt das Meer und
Wird das Himmelsgewölbe, Gestirne und alle Geschöpfe
In eins zusammen verschmelzen und wieder zur Läuterung trennen.
Nicht mehr frohlocken dann die leuchtenden Himmelsgestirne,
Nicht gibt's Nacht noch Morgen, nicht zahlreiche Tage der Sorge;
Nicht gibt es Frühling, nicht Winter, noch Sommer und fröhliche
Dann wird Gottes großes Gericht inmitten der großen   [Herbstzeit.
Weltperiode erscheinen, wenn sich diese Zeichen erfüllen.

III. Buch

(Die Weissagungen der jüdischen Ursibylle III 97–294, 573–623,
652–829 [im wesentlichen nach P. Lieger, Programm Wien 1908]
sind durch besonderen Druck hervorgehoben.)

Als des gewaltigen Gottes Drohungen einst sich erfüllten,
Die er androhte den Menschen zur Zeit, da den Turm sie erbauten
Dort im assyrischen Land – sie hatten gemeinsame Sprache
Alle und wollten steigen empor zum sternigen Himmel –
Auferlegte alsbald der Unsterbliche machtvollen Zwang den
Lüften; darauf aber brachten die Winde zum Einsturz den großen

ῥίψαν καὶ θνητοῖσιν ἐπ' ἀλλήλους ἔριν ὦρσαν·
τοὔνεκά τοι Βαβυλῶνα βροτοὶ πόλει οὔνομ' ἔθεντο.
αὐτὰρ ἐπεὶ πύργος τ' ἔπεσεν γλῶσσαί τ' ἀνθρώπων   105
παντοδαπαῖς φωναῖσι διέστρεφον, αὐτὰρ ἅπασα
γαῖα βροτῶν πληροῦτο μεριζομένων βασιλειῶν,
καὶ τότε δὴ δεκάτη γενεὴ μερόπων ἀνθρώπων,
ἐξ οὗ περ κατακλυσμὸς ἐπὶ προτέρους γένετ' ἄνδρας.
καὶ βασίλευσε Κρόνος καὶ Τιτὰν Ἰαπετός τε·   110
Γαίης τέκνα φέριστα καὶ Οὐρανοῦ ἐξεκάλεσσαν
ἄνθρωποι γαίης τε καὶ οὐρανοῦ οὔνομα θέντες,
οὕνεκά τοι πρώτιστοι ἔσαν μερόπων ἀνθρώπων.
τρισσαὶ δὴ μερίδες γαίης κατὰ κλῆρον ἑκάστου,
καὶ βασίλευσεν ἕκαστος ἔχων μέρος οὐδ' ἐμάχοντο·   115
ὅρκοι γάρ τ' ἐγένοντο πατρὸς μερίδες τε δίκαιαι.
τηνίκα δὴ πατρὸς τέλεος χρόνος ἵκετο γήρως
καί ῥ' ἔθανεν· καὶ παῖδες ὑπερβασίην ὅρκοισιν
δεινὴν ποιήσαντες ἐπ' ἀλλήλους ἔριν ὦρσαν,
τίς πάντεσσι βροτοῖσιν ἔχων βασιληίδα τιμήν   120
ἄρξει· καὶ μαχέσαντο Κρόνος Τιτάν τε πρὸς αὐτούς.
τοὺς δὲ Ῥέη καὶ Γαῖα φιλοστέφανος Ἀφροδίτη
Δημήτηρ Ἑστίη τε ἐυπλόκαμός τε Διώνη
ἤγαγον ἐς φιλίην συναγείρασαι βασιλῆας
πάντας ἀδελφειούς τε συναίμους τ' ἠδὲ καὶ ἄλλους   125
ἀνθρώπους, οἵ τ' ἦσαν ἀφ' αἵματος ἠδὲ τοκήων·
καὶ κρῖναν βασιλῆα Κρόνον πάντων βασιλεύειν,
οὕνεκά τοι πρέσβιστος ἔην καὶ εἶδος ἄριστος.
ὅρκους δ' αὖτε Κρόνῳ μεγάλους Τιτὰν ἐπέθηκεν,
μὴ θρέψ' ἀρσενικὸν παίδων γένος, ὡς βασιλεύσῃ   130
αὐτός, ὅταν γῆράς τε Κρόνῳ καὶ μοῖρα πέληται.
ὁππότε κεν δὲ Ῥέη τίκτῃ, παρὰ τήνδ' ἐκάθηντο
Τιτῆνες καὶ τέκνα διέσπων ἄρσενα πάντα,
θήλεα δὲ ζώοντ' εἴων παρὰ μητρὶ τρέφεσθαι.
ἀλλ' ὅτε δὴ τριτάτη γενεῇ τέκε πότνια Ῥείη,   135
τίχθ' Ἥρην πρώτην· καὶ ἐπεὶ ἴδον ὀφθαλμοῖσιν
θῆλυ γένος, ᾤχοντο πρὸς αὐτοὺς ἄγριοι ἄνδρες
Τιτῆνες. καὶ ἔπειτα Ῥέη τέκεν ἄρσενα παῖδα,
τὸν ταχέως διέπεμψε λάθρη ἰδίῃ τε τρέφεσθαι
ἐς Φρυγίην τρεῖς ἄνδρας ἐνόρκους Κρῆτας ἑλοῦσα·   140

Turm in der Höh' und verursachten Streit bei den sterblichen Menschen;
Darum haben die Menschen die Stadt dann Babel geheißen.

Als aber stürzte der Turm und die Zungen der Menschen sich schieden
In gar vielerlei Sprachen und auch die Erde sich gänzlich
Füllte mit Menschen, worin viele Reiche sich teilten, da wohnte
Schon das zehnte Geschlecht der sterblichen Menschen auf Erden,
Seitdem die große Flut über frühere Menschen gekommen.
Und da waren nun Kronos und Titan und Japetos Herrscher,
Gajas und Uranos' herrlichste Söhne, benannt von den Menschen,
Hatten nach Erde und Himmel die Namen gegeben, darum nur,
Weil sie die ersten waren von allen sterblichen Menschen.
Dreifach wurde die Erde geteilt, wie das Los einen traf, und
Jeder beherrschte sein Teil, und es gab keinen Streit unter ihnen.
Denn sie banden die Eide des Vaters und rechte Verteilung.
Als ihres Vaters Zeit sich vollendete und mit dem Alter
Schließlich der Tod kam, da setzten die Söhne in schrecklichem Hochmut
Über den Eid sich hinweg und stritten sich untereinander,
Wer die Königswürde bekäme und so über alle
Menschen herrsche; es kam zum Kampf zwischen Kronos und Titan.
Rhea und Gaja und Aphrodite im Schmucke des Kranzes,
Hestia und auch Demeter, die schöngelockte Dione
Schlossen Freundschaft mit ihnen und brachten zusammen die Kön'ge
Alle, die Brüder und Blutsverwandten, und andere Männer,
Welche dem gleichen Blute wie ihre Eltern entstammten;
Und sie entschieden, es soll König Kronos alle beherrschen,
Weil er der älteste war, an Gestalt und Ansehn der beste.
Wiederum legte dem Kronos Titan den gewaltigen Eid auf,
Nicht einen männlichen Sproß mehr aufzuziehn, daß er selber
Herrsche als König, wenn Kronos im Alter käme zum Sterben.
Wenn nun Rhea gebar, da setzten sich die Titanen
Jeweils daneben und schafften beiseite die männlichen Kinder;
Weibliche aber ließen sie lebend erziehn bei der Mutter.
Als nun im dritten Geschlechte die machtvolle Rhea gebar, da
Brachte sie Hera zur Welt; und als sie den weiblichen Sprößling
Sahen mit eigenen Augen, da gingen nach Hause die wilden
Söhne des Titan. Und Rhea gebar einen männlichen Sprößling,
Welchen sie schnell entfernte, um heimlich auf eigene Faust in
Phrygien ihn zu ernähren; sie nahm drei Kretern den Eid ab;

80   Sibyllinische Weissagungen

τοὔνεκά τοι Δί' ἐπωνομάσανθ', ὁτιὴ διεπέμφθη.
ὣς δ' αὕτως διέπεμψε Ποσειδάωνα λαθραίως.
τὸ τρίτον αὖ Πλούτωνα 'Ρέη τέκε δῖα γυναικῶν.   143
ἡνίκα δ' ἤκουσαν Τιτῆνες παῖδας ἐόντας   147
λάθριον, οὓς ἔσπειρε Κρόνος 'Ρείη τε σύνευνος,
ἐξήκοντα δέ τοι παῖδας συναγείρατο Τιτάν
καί ῥ' εἶχ' ἐν δεσμοῖσι Κρόνον 'Ρείην τε σύνευνον,   150
κρύψεν δ' ἐν γαίῃ καὶ ἐν ζώγροις ἐφύλασσεν.
καὶ τότε δή μιν ἄκουσαν υἱοὶ κρατεροῖο Κρόνοιο
καὶ οἱ ἐπήγειραν πόλεμον μέγαν ἠδὲ κυδοιμόν.
αὕτη δ' ἔστ' ἀρχὴ πολέμου πάντεσσι βροτοῖσιν.   154
καὶ τότε Τιτάνεσσι θεὸς κακὸν ἐγγυάλιξεν.   156
καὶ πᾶσαι γενεαὶ Τιτάνων ἠδὲ Κρόνοιο
κάτθανον. αὐτὰρ ἔπειτα χρόνου περιτελλομένοιο
Αἰγύπτου βασίλειον ἐγείρατο, εἶτα τὸ Περσῶν
Μήδων Αἰθιόπων τε καὶ 'Ασσυρίης Βαβυλῶνος,   160
εἶτα Μακηδονίων, πάλιν Αἰγύπτου, τότε 'Ρώμης.
καὶ τότε μοι μεγάλοιο θεοῦ φάτις ἐν στήθεσσιν
ἵστατο καί μ' ἐκέλευσε προφητεῦσαι κατὰ πᾶσαν
γαῖαν καὶ βασιλεῦσι τά τ' ἐσσόμεν' ἐν φρεσὶ θεῖναι,
καί μοι τοῦτο θεὸς πρῶτον νόῳ ἐγγυάλιξεν·   165
ἀνδράσιν εὐσεβέσιν ἥξει κακόν, οἳ περὶ ναόν   213
οἰκείουσι μέγαν Σολομώνιον οἵ τε δικαίων
ἀνδρῶν ἔκγονοί εἰσιν· ὁμῶς καὶ τῶνδε βοήσω   215
φῦλον καὶ γενεὴν πατέρων καὶ δῆμον ἀπάντων
πάντα περιφραδέως, βροτὲ ποικιλόμητι, δολόφρων.

περὶ τοῦ ἐκλέκτου δήμου (218–294)

[ποίημα στροφικόν· Α₁ 218/26, 227/33; Β₁ 234/40, 241/47;
Γ 248/53, 254/60; Α₂ 263/70, 271/79; Β₂ 280/87, 288/94.]

Αι. ἔστι πόλις ‹πρέσβειρα› κατὰ χθονὸς Οὖρ Χαλδαίων,
ἐξ ἧς δὴ γένος ἐστὶ δικαιοτάτων ἀνθρώπων,
οἷσιν ἀεὶ βουλή τ' ἀγαθὴ καλά τ' ἔργα μέμηλεν.   220
οὔτε γὰρ ἠελίου κύκλιον δρόμον οὔτε σελήνης
οὔτε πελώρια ἔργα μεριμνῶσιν κατὰ γαίης
οὔτε βάθος χαροποῖο θαλάσσης 'Ωκεανοῖο,

Weil er verschickt ward, so gaben die Männer den Beinamen Zeus ihm.
So entfernte man ebenfalls heimlich später Poseidon.
Und als dritten gebar die göttliche Rhea den Pluton.
Als die Titanen das heimliche Dasein der Söhne vernahmen,
Welche Kronos im ehlichen Umgang mit Rhea gezeuget,
Sammelte Titan um sich an sechzig kraftvolle Männer,
Legte in Fesseln den Kronos samt Rhea, dem ehlichen Weibe,
Barg sie tief in der Erde und ließ sie in Gruben bewachen.
Alsbald hörten davon die Söhne des mächtigen Kronos,
Sie erregten gewaltigen Krieg und schreckliche Kampflust.
Das ist der Anfang des Krieges für alle sterblichen Menschen.
 Dann ließ Gott über Titans Söhne viel Mißgeschick kommen;
Der Titanen und auch des Kronos Geschlechter ohn' Ausnahm'
Sanken dahin. Aber dann, im Umschwung künftiger Zeiten,
Ließ er erstehen Ägyptens Reich, hernach das der Perser,
Meder und Äthiopier, Assyrier und Babylonier,
Der Makedonen sodann, und wieder Ägyptens, dann Roms Reich.
 Und da traf mich die Rede des großen Gottes ins Herz und
Hieß auf der ganzen Erde mich weissagen und allen Kön'gen
In den Sinn legen das, was im Schoße der Zukunft verborgen.
Und das hat mir der Herr als erstes ins Herze gesenket:
Frommen Männern wird Unheil kommen, die rings um den großen
Tempel, den Salomon baute, jetzt wohnen und von gerechten
Männern stammen. Zusammen will ich auch all dieser Männer
Stamm und der Väter Geschlecht und das Stammvolk des Menschengeschlechtes
Anrufen klar und deutlich, du listig verschlagener Bruder.

Kernstück der jüdischen Ursibylle (215/294)

[Strophenbau: I₁ 218/26, 227/33; II₁ 234/40, 241/47; III 248/53,
254/60: I₂ 263/70, 271/79; II₂ 280/87, 288/94.]

 I 1. *Uralt ist eine Stadt auf Erden, das Ur der Chaldäer;*
Daraus ist das Geschlecht der gerechtesten Menschen entsprossen,
Die stets guter Gesinnung und herrlicher Werke bedacht sind.
Denn nicht kümmert der Kreislauf der Sonne sie oder des Mondes,
Auch nicht die vielen gewaltigen Dinge im Schoße der Erde,
Oder des Ozeans Tiefen in bläulich funkelnder Meerflut,

οὐ παλμῶν σημεῖ᾽, οἰωνοπόλων τε πετεινά,
οὐ μάντεις, οὐ φαρμακούς, οὐ μὴν ἐπαοιδούς,   225
οὐ μύθων μωρῶν ἀπάτας ἐγγαστεριμύθων.

οὐδέ τε Χαλδαίων τὰ προμάντια ἀστρολογοῦσιν
οὐδὲ μὲν ἀστρονομοῦσι· τὰ γὰρ πλάνα πάντα πέφυκεν,
ὅσσα κεν ἄφρονες ἄνδρες ἐρευνώωσι κατ᾽ ἦμαρ
ψυχὰς γυμνάζοντες ἐς οὐδὲν χρήσιμον ἔργον·   230
καί ῥα πλάνας ἐδίδαξαν ἀεικελίους ἀνθρώπους,
ἐξ ὧν δὴ κακὰ πολλὰ βροτοῖς πέλεται κατὰ γαῖαν,
τοῦ πεπλανῆσθαι ὁδούς τ᾽ ἀγαθὰς καὶ ἔργα δίκαια.

B1. οἳ δὲ μεριμνῶσίν τε δικαιοσύνην τ᾽ ἀρετήν τε,
κοὐ φιλοχρημοσύνην, ἥ τις κακὰ μυρία τίκτει   235
θνητοῖς ἀνθρώποις, πόλεμον καὶ λιμὸν ἄπειρον.
τοῖσι δὲ μέτρα δίκαια πέλει κατ᾽ ἀγρούς τε πόλεις τε,
οὐδὲ κατ᾽ ἀλλήλων νυκτοκλοπίας τελέουσιν
οὐδ᾽ ἀγέλας ἐλάουσι βοῶν ὁίων τε καὶ αἰγῶν
οὐδὲ ὅρους γαίης γείτων τοῦ γείτονος αἴρει.   240

οὐδὲ πολὺ πλουτῶν τις ἀνὴρ τὸν ἐλάττονα λυπεῖ,
οὐ χήρας θλίψει, μᾶλλον δ᾽ αὐταῖσι βοηθεῖ
αἰεὶ ἐπαρκείων σίτῳ οἴνῳ καὶ ἐλαίῳ·
αἰεὶ δ᾽ ὄλβιος ἐν δήμῳ τοῖς μηδὲν ἔχουσιν,
ἀλλὰ πενιχρομένοισι, θέρους ἀπόμοιραν ἰάλλει,   245
πληροῦντες μεγάλοιο θεοῦ φάτιν, ἔννομον ὕμνον·
πᾶσι γὰρ Οὐράνιος κοινὴν ἐτελέσσατο γαῖαν.

Γ. ἡνίκα δ᾽ Αἴγυπτον λείψει καὶ ἀταρπὸν ὁδεύσει
λαὸς ὁ δωδεκάφυλος ἐν ἡγεμόσιν θεοπέμπτοις,
ἐν στύλῳ πυρόεντι τὸ νυκτερινὸν διοδεύων   250
καὶ στύλῳ νεφέλης πάντῃ σῶς ἦμαρ ὁδεύσει.
τούτῳ δ᾽ ἡγητῆρα καταστήσει μέγαν ἄνδρα
Μωσῆν, ὃν παρ᾽ ἕλους βασιλὶς εὑροῦσ᾽ ἐκόμιζεν,

θρεψαμένη δ᾽ υἱὸν ἐκαλέσσατο. ἡνίκα δ᾽ ἦλθεν
λαὸν ὅδ᾽ ἡγεμονῶν, ὃν ἀπ᾽ Αἰγύπτου θεὸς ἦγεν   255
εἰς τὸ ὄρος Σινᾶ, καὶ τὸν νόμον οὐρανόθι πρό

Opferschau nicht, noch auch die Zeichen der Vogelflugdeuter,
Noch die Wahrsager oder die Zauberer oder Beschwörer,
Noch der Bauchredner Trug mit ihren betörenden Worten.

Auch durchforschen sie nicht den Himmel nach Art der Chaldäer
Oder berechnen den Lauf der Gestirne. Denn alles ist Trug nur,
Was die Sterblichen stets im Unverstand täglich erforschen,
Übend an Dingen den Geist, die niemals Nutzen gewähren.
Und in der Tat, in die Irre geführt wird die elende Menschheit,
Und viel Jammer entsteht daraus den Menschen auf Erden,
Daß man abirrt vom richtigen Weg und von rechtlichen Dingen.

II 1. Jene sind immer bedacht auf Gerechtigkeit und auf die Tugend.
Und es gibt keine Habgier, die tausendfach Elend bereitet
Allen sterblichen Menschen, den Krieg und den schrecklichen Hunger.
Sie haben richtiges Maß in den Dörfern und auch in den Städten,
Nimmer begehn sie Diebstahl des Nachts und Raub aneinander,
Treiben nicht Herden davon von Rindern, Schafen und Ziegen,
Nicht versetzt der Nachbar den Grenzstein vom Gute des Nachbars.

Und ein begüterter Mann bereitet dem Armen nicht Kränkung,
Noch bedrängt er die Witwen, er unterstützt sie nach Kräften,
Immer helfend mit Weizen und Wein und Öl, und ist allzeit
Denen behilflich im Volke, die gar nichts nennen ihr eigen;
Denn den Bedürftigen spendet er stets von reichlicher Ernte,
So erfüllend Gebot und Satzung des mächtigen Gottes:
Allen ja gab gemeinsam die Erde der himmlische Vater.

III. Wenn nun Ägypten verläßt und dahinzieht den Weg die Gemeinde,
Das zwölfstämmige Volk unter gottgesendeten Führern,
Wandert es nächtlicherweile dahin in der feurigen Säule
Und in der Wolkensäule ganz sicher zieht es bei Tage.
Ihm wird zum Führer er setzen dann einen gewaltigen Heros,
Moses, den an dem Wasser die Königin fand und mit sich nahm,

Aufzog als ihren Sohn dann den Knaben. Doch wie er als Führer
An der Spitze des Volkes, das Gott aus Ägypten geleitet,
Kam zum Sinaiberge, da gab ihm herab von dem Himmel

δῶκε θεὸς γράψας πλαξὶν δυσὶ πάντα δίκαια,
καὶ προσέταξε ποιεῖν· καὶ ἢν ἄρα τις παρακούσῃ
ἠὲ νόμῳ τίσετε δίκην ἐν χερσὶ βροτείαις
ἠὲ λαθὼν θνητοὺς πάσῃ δίκῃ ἐξαπολεῖται.   260

A 2. τοῖς νομίμοις καρπὸν δὲ φέρει ζείδωρος ἄρουρα   263
ἐξ ἑνὸς εἰς ἑκατόν, τελέθοντος μέτρα θεοῖο.
ἀλλ᾽ ἄρα καὶ τούτοις κακὸν ἔσσεται οὐδὲ φύγονται   265
λοιμόν. καὶ σὺ δὲ κάρτα, λιπὼν περικαλλέα σηκόν,
φεύξῃ, ἐπεί σοι μοῖρα λιπεῖν πέδον ἁγνὸν ὑπάρχει.
ἀχθήσῃ δὲ πρὸς Ἀσσυρίους καὶ νήπια τέκνα
ὄψει δουλεύοντα παρ᾽ ἀνδράσι δυσμενέεσσιν
ἠδ᾽ ἀλόχους· καὶ πᾶς βίοτος καὶ πλοῦτος ὀλεῖται.   270

πᾶσα δὲ γαῖα σέθεν πλήρης καὶ πᾶσα θάλασσα·
πᾶς δὲ προσοχθίζων ἔσται τοῖς σοῖς ἐθίμοισιν.
γαῖα δ᾽ ἔρημος ἅπασα σέθεν· καὶ βωμὸς ἐρυμνός
καὶ ναὸς μεγάλοιο θεοῦ καὶ τείχεα μακρά
πάντα χαμαὶ πεσέονται, ὅτι φρεσὶν οὐκ ἐπίθησας   275
ἀθανάτοιο θεοῦ ἁγνῷ νόμῳ, ἀλλὰ πλανηθείς
εἰδώλοις ἐλάτρευσας ἀεικέσιν οὐδὲ φοβηθείς
ἀθάνατον γενετῆρα θεῶν πάντων τ᾽ ἀνθρώπων
οὐκ ἔθελες τιμᾶν, θνητῶν εἴδωλα δ᾽ ἐτίμας.

B 2. ἀνθ᾽ ὧν ἑπτὰ χρόνων δεκάδας γῆ καρποδότειρα   280
ἔσσετ᾽ ἔρημος ἅπασα σέθεν καὶ θαύματα σηκοῦ.
ἀλλὰ μένει σ᾽ ἀγαθοῖο τέλος καὶ δόξα μεγίστη,
ὡς ἐπέκρανε θεός σοι καὶ βροτός. ἀλλὰ σὺ μίμνε
πιστεύων μεγάλοιο θεοῦ ἁγνοῖσι νόμοισιν,
ὁππότε σεῖο κάμον ὀρθὸν γόνυ πρὸς φάος ἄρῃ.   285
καὶ τότε δὴ θεὸς οὐράνιος πέμψει βασιλῆα,
κρινεῖ δ᾽ ἄνδρα ἕκαστον ἐν αἵματι καὶ πυρὸς αὐγῇ.

ἔστι δέ τις φυλὴ βασιλήιος, ἧς γένος ἔσται
ἄπταιστον· καὶ τοῦτο χρόνοις περιτελλομένοισιν
ἄρξει καὶ καινὸν σηκὸν θεοῦ ἄρξετ᾽ ἐγείρειν.   290
καὶ πάντες Περσῶν βασιλεῖς ἐπικουρήσουσιν
χρυσὸν καὶ χαλκόν τε πολύκμητόν τε σίδηρον.

Gott das Gesetz und beschrieb zwei Tafeln mit allen Geboten,
Und er verlangte Gehorsam. Doch sollte sie einer mißachten,
Soll er nach dem Gesetz entweder durch Menschenhand sterben
Oder, entging er den Menschen, verderben nach jeglichem Rechte.

I 2. Allen Getreuen jedoch bringt hundertfältige Früchte
Allmutter Erde hervor, denn Gott füllt selber die Maße.
Doch auch diese wird Unheil treffen, und nimmer entgehen
Sie dem Verderben. Auch du, verlassend den herrlichen Tempel,
Gehst in Verbannung; auch du mußt den heiligen Boden verlassen.
Fort nach Assyrien wirst du geschleppt und unmünd'ge Kinder
Siehst du neben den Frauen in Dienst bei feindlichen Männern.
Aller Besitz und Wohlstand, sie werden verschwinden im Elend.

Jegliches Land ist voll von dir und jegliches Meer, und
Doch nimmt alles unwillig dort Anstoß an deinen Gebräuchen.
Ganz ist verödet die Heimat, der feste Altar und der Tempel
Gottes, des mächtigen Herrn, und die weit sich dehnenden Mauern,
Alles wird gleich sein der Erde, da du des unsterblichen Gottes
Heiliger Satzung nicht willig gehorcht hast, sondern in Irrtum
Scheußlichen Götzen gedient und nicht den unsterblichen Schöpfer
Aller Götter und Menschen du achten wolltest in Ehrfurcht,
Wohl aber eitel die Bilder von sterblichen Menschen verehrtest.

II 2. Dafür wird siebenzig Jahre das Land verödet von dir sein,
Das fruchtspendende Land mitsamt den Wundern des Tempels.
Aber am Ende erwartet dich Gutes und herrliche Ehre,
Wie dir's erfüllet der Herr und ein Sterblicher. Darum verharre
Glaubenstreu bei dem heil'gen Gesetze des mächtigen Gottes,
Welcher dein müdes Knie aufrichtet zum strahlenden Lichte.
Ja, dann wird er vom Himmel herab einen König dir senden,
Der wird jeglichen Mann im Blut und Feuerglanz richten.

Und ein Königshaus gibt es, des Stamm wird unversehrt bleiben;
Dies wird im Umschwung der Zeiten bestimmt zur Herrschaft gelangen
Und anfangen, dem Herrn einen neuen Tempel zu bauen.
Sämtliche Herrscher der Perser werden dann Gold dazu stiften,
Erz und mühsam geschmiedetes Eisen. Denn Gott, der Herr, selber

αὐτὸς γὰρ δώσει θεὸς ἔννυχον ἁγνὸν ὄνειρον.
καὶ τότε δὴ ναὸς πάλιν ἔσσεται, ὡς πάρος ἦεν.

* * *

ἡνίκα δή μοι θυμὸς ἐπαύσατο ἐνθέου ὕμνου   295
καὶ λιτόμην γενετῆρα μέγαν παύσασθαι ἀνάγκης.
καὶ πάλι μοι μεγάλοιο θεοῦ φᾶτις ἐν στήθεσσιν
ἵστατο καί μ᾽ ἐκέλευσε προφητεῦσαι κατὰ πᾶσαν
γαῖαν καὶ βασιλεῦσι τά τ᾽ ἐσσόμεν᾽ ἐν φρεσὶ θεῖναι.
καί μοι τοῦτο θεὸς πρῶτον νόῳ ἔνθετο λέξαι,   300
ὅσσα γέ τοι Βαβυλῶνι ἐμήσατο ἄλγεα λυγρά
ἀθάνατος, ὅτι οἱ ναὸν μέγαν ἐξαλάπαξεν.
αἰαῖ σοι, Βαβυλὼν ἠδ᾽ Ἀσσυρίων γένος ἀνδρῶν,
πᾶσαν ἁμαρτωλῶν γαῖαν ῥοῖζός ποθ᾽ ἱκνεῖται,
καὶ πᾶσαν χώραν μερόπων ἀλαλαγμὸς ὀλέσσει   305
καὶ πληγὴ μεγάλοιο θεοῦ, ἡγήτορος ὕμνων.
ἀέριος γάρ σοι, Βαβυλών, ἥξει ποτ᾽ ἄνωθεν   307
καὶ θυμοῦ τέκνοις αἰώνιος ἐξολόθρευσις.   309
καὶ τότ᾽ ἔσῃ, ὡς ἦσθα πρὸ τοῦ, ὡς μὴ γεγονυῖα·   310
καὶ τότε πλησθήσῃ πάλιν αἵματος, ὡς πάρος αὐτή
ἐξέχεας ἀνδρῶν τ᾽ ἀγαθῶν ἀνδρῶν τε δικαίων,
ὧν ἔτι καὶ νῦν αἷμα βοᾷ εἰς αἰθέρα μακρόν.
ἥξει σοι πληγὴ μεγάλη, Αἴγυπτε, πρὸς οἴκους,
δεινή, ἣν οὔπω ποτ᾽ ἐπήλπισας ἐρχομένην σοι.   315
ῥομφαίη γὰρ σεῖο διέρχηται διὰ μέσσον,
σκορπισμὸς δέ τε καὶ θάνατος καὶ λοιμὸς ἐφέξει
ἑβδομάτῃ γενεῇ βασιλήων, καὶ τότε παύσῃ.....
αἰαῖ σοι, χώρα Γὼγ ἠδὲ Μαγὼγ μέσον οὖσα
Αἰθιόπων ποταμῶν, πόσον αἵματος ἔκχυμα δέξῃ,   320
καὶ κρίσεως οἴκησις ἐν ἀνθρώποισι κεκλήσῃ,
καὶ πίεταί σου γαῖα πολύδροσος αἷμα κελαινόν.
αἰαῖ σοι, Λιβύη· αἰαῖ δὲ θάλασσά τε καὶ γῆ·
θυγατέρες δυσμῶν, ὡς ἥξετε πικρὸν ἐς ἦμαρ.
ἥξετε παγχαλέποιο διωκόμεναι ὑπ᾽ ἀγῶνος,   325
δεινοῦ καὶ ὠμοῦ· δεινὴ κρίσις ἔσσεται αὖτις,
καὶ κατ᾽ ἀνάγκην πάντες ἐλεύσεσθ᾽ εἰς τὸν ὄλεθρον,
ἀνθ᾽ ὧν ἀθανάτοιο μέγαν διεδηλήσασθε

Wird dann nächtlicherweile ein heiliges Traumgesicht senden.
Wiederum wird dann der Tempel erstehen, wie einst er gewesen.

*   *   *

Als aber nun mein Geist abließ vom göttlichen Sange
Und ich den großen Erzeuger anflehte, vom Zwang mich zu lösen,
Da erhob sich wieder die Rede des mächtigen Gottes
Mir in der Brust, und er trug mir auf prophetische Worte
Gegen jegliches Land und den Herrschern die Zukunft zu künden.
Da hat Gott mir zuerst in den Sinn gelegt, es zu sagen,
Wieviel an schlimmem Leid über Babylon er hat ersonnen,
Der Unsterbliche, weil es zerstörte den mächtigen Tempel.
  Wehe dir, Babylon, und du Geschlecht der assyrischen Männer;
All dies Verbrecherland überkommt ein mächtiges Brausen,
Und das ganze Gebiet wird Kriegsgetümmel vernichten
Und der Schlag des mächtigen Gottes, des Fürsten der Hymnen.
  Aus den Lüften von oben kommt über dich, Babylon, ew'ger
Untergang und Verderben den Kindern des Zornes, und du wirst
Sein, wie du ehedem warst, als wärest du gar nicht geboren.
Angefüllt wirst du werden mit Blut, wie du selber hast vordem
Solches vergossen von wackeren Helden und redlichen Männern,
Deren Blut auch heute zum Himmelsgewölbe noch aufschreit.
  Kommen wird auch über deine Behausungen jetzt ein gewaltig
Schwerer Schlag, Ägypten, wie du ihn nie hast erwartet.
Denn dich wird ein scharfes Schwert in der Mitte durchschneiden.
Dann wird Tod und Zerstreuung und Hunger über dich kommen
In dem siebten Geschlecht deiner Kön'ge, und du bist erledigt.
  Wehe dir, wehe, du Land von Gog und Magog, das inmitten
Der Äthiopier Flüsse da liegt; welch Vergießen des Blutes
Wirst du empfahn, und unter den Menschen genannt das Gerichtshaus,
Dunkles Blut wird trinken dein vielbetauetes Erdreich.
  Wehe dir, Libyen, weh; weh dir, du Meer und du Erde!
Töchter des Abendlands, wie gelangt ihr zum bitteren Tage!
Und er wird euch erreichen, wenn euch verfolget der schwere
Kampf, der schrecklich und hart; wieder wird ein schrecklich Gericht
Und ihr werdet im Zwang allesamt das Verderben erfahren,   [sein,
Weil ihr des Unsterblichen großes Haus habt vernichtet,

οἶκον ὀδοῦσι σιδηρείοις τ' ἐμασήσατε δεινῶς.
τοὔνεκα δὴ νεκρῶν πλήρη σὴν γαῖαν ἐπόψει,   330
τοὺς μὲν ὑπὸ πτολέμου καὶ πάσης δαίμονος ὁρμῆς,
λιμοῦ καί λοιμοῦ, ὑπό τ' ἐχθρῶν βαρβαροθύμων.
γαῖα δ' ἔρημος ἅπασα σέθεν καὶ ἔρημα πόληες.
   ἐν δὲ δύσει ἀστὴρ λάμψει, ὃν ἐροῦσι κομήτην,
ῥομφαίας λίμου θανάτοιό τε σῆμα βροτοῖσιν   335
ἀνδρῶν τε μεγάλων φόνου ἡγεμόνων τ' ἐπισήμων.
   σήματα δ' ἔσσεται αὖτις ἐν ἀνθρώποισι μέγιστα·
καὶ γὰρ Μαιῶτιν λίμνην Τάναϊς βαθυδίνης
λείψει, κὰδ δὲ ῥόον βαθὺν αὔλακος ἔσσεται ὁλκός
καρποφόρου, τὸ δὲ ῥεῦμα τὸ μυρίον αὐχέν' ἐφέξει.   340
χάσματα ἠδὲ βάραθρ' ἀχανῆ· πολλαὶ δὲ πόληες
αὔτανδροι πεσέονται . . . .
   ἴσθι τότ' Αἰγύπτου ὀλοὸν γένος ἐγγὺς ὀλέθρου,   348
καὶ τότ' Ἀλεξανδρεῦσιν ἔτος τὸ παρελθὸν ἄμεινον.
   ὁππόσα δασμοφόρου Ἀσίης ὑπεδέξατο Ῥώμη,   350
χρήματά κεν τρὶς τόσσα δεδέξεται ἔμπαλιν Ἀσίς
ἐκ Ῥώμης, ὀλοὴν δ' ἀποτίσεται ὕβριν ἐς αὐτήν.
ὅσσοι δ' ἐξ Ἀσίης Ἰταλῶν δόμον ἀμφεπόλευσαν,
εἰκοσάκις τοσσοῦτοι ἐν Ἀσίδι θητεύσουσιν
Ἰταλοὶ ἐν πενίῃ, ἀνὰ μυρία δ' ὀφλήσουσιν.   355
   ὦ χλιδανὴ ζάχρυσε Λατινίδος ἔκγονε Ῥώμη,
παρθένε, πολλάκι σοῖσι πολυμνήστοισι γάμοισιν
οἰνωθεῖσα, λάτρις νυμφεύσεαι οὐκ ἐνὶ κόσμῳ,
πολλάκι δ' ἁβρὴν σεῖο κόμην δέσποινά τε κείρει
ἠδὲ δίκην διέπουσα ἀπ' οὐρανόθεν ποτὶ γαῖαν   360
ῥίψει, ἐκ δὲ γαίης πάλιν οὐρανὸν εἰς ἀνεγείρει·
   ἔσται καὶ Σάμος ἄμμος, ἐσεῖται Δῆλος ἄδηλος,
καὶ Ῥώμη ῥύμη· τὰ δὲ θέσφατα πάντα τελεῖται.

   εἰρήνη δὲ γαληνὸς ἐς Ἀσίδα γαῖαν ὁδεύσει·   367
Εὐρώπη δὲ μάκαιρα τότ' ἔσσεται, εὔβοτος αἰθήρ
πουλυετὴς εὔρωστος ἀχείματος ἠδ' ἀχάλαζος
πάντα φέρων καὶ πτηνὰ καὶ ἑρπετὰ θηρία γαίης.   370
ὦ μακαριστός, ἐκεῖνον ὃς ἐς χρόνον ἔσσεται ἀνήρ
ἠὲ γυνή· μακάρων κενεὴ φάτις ὅσσον ἀγραύλων.
εὐνομίη γὰρ πᾶσα ἀπ' οὐρανοῦ ἀστερόεντος

Und es habt zernagt mit eisernem Zahn so schrecklich.
Drum wirst du dein Land nur sehen von Toten erfüllet,
Teils gefallen im Krieg und jeglicher Wucht des Geschickes,
Teils durch Hunger und Pest und Feinde barbarischen Sinnes.
Ganz ist das Land verödet von dir, auch die Städte verlassen.
   Aber ein Stern gen Abend erglänzt, man nennt ihn Kometen,
Der ist ein Zeichen des Schwerts, des Hungers und Todes den Menschen
Und des Verlusts von gewaltigen Helden und trefflichen Führern.
   Und es geschehen nochmal bei den Menschen gewaltige Zeichen:
Denn es verläßt den Mäotischen See der tiefflutende Tanaïs,
Und in dem tiefen Strom wird die Spur fruchtbringender Furche
Sein, und die Landenge wird der Strom unermeßlich bedecken.
Abgründe gähnen und Klüfte, es werden die Städte in Menge
Sinken samt den Menschen dahin ... (es folgen 22 Namen).
Wisse, alsdann ist das böse Geschlecht der Ägypter dem Tode
Nah, Alexandrien ist das verflossene Jahr dann das beste.
   Wieviel Rom an Tribut von Asien hat übernommen,
Dreimal so viele Schätze wird Asien wiederbekommen
Dann von Rom, den verderblichen Hochmut wird es jetzt rächen.
Wieviel aus Asien einst in den Häusern der Italer dienten,
Zwanzigmal so viel aus Italien werden in Asien
Knechtsdienst leisten in Armut, und Tausende werden es büßen.
   Rom, du verzärtelter, goldreicher Sproß des latinischen Landes,
Jungfrau, oft durch Hochzeitsgelage von zahlreichen Freiern
Völlig berauscht, nie wirst als Dirne du Hochzeit mehr feiern
Hier auf der Welt, die Herrin wird oft dir das zierliche Haupthaar
Scheren und, waltend des Rechts, dich stoßen vom Himmel zur Erde,
Doch von der Erde dann wirst du dich wieder zum Himmel erheben.
   Samos auch wird ein Sandhaufen sein und Delos verschwinden,
Rom wird sein eine Gasse; denn alle Orakel erfülln sich.

Sanfter Friede wird einst im Lande Asien einziehn,
Auch Europa wird glücklich dann sein, und ein strahlender Himmel,
Günstig den Herden, lang dauernd, voll Kraft, ohne Winter und Stürme,
Bringt dann alles hervor, auch Vögel und kriechendes Landtier.
Oh, glückselig der Mann und die Frau, die dann in jener Glückszeit
Leben: so malt nur das Märchen das Glück der Hirten im Felde.
Rechtlichkeit wird kommen vom sternreichen Himmel auf Erden

ἥξει ἐπ' ἀνθρώπους ἠδ' εὐδικίη, μετὰ δ' αὐτῆς
ἡ πάντων προφέρουσα βροτοῖς ὁμόνοια σαόφρων   375
καὶ στοργὴ πίστις φιλίη ξείνων, ἀπὸ δ' αὐτῶν
φεύξεται ἀνθρώπων πενίη· καὶ φεύξετ' ἀνάγκη   378
ἠδέ τε δυσνομίη μῶμος φθόνος ὀργὴ ἄνοια   377
καὶ φόνος οὐλόμεναί τ' ἔριδες, καὶ νείκεα λυγρά   379
καὶ νυκτοκλοπίαι καὶ πᾶν κακὸν ἤμασι κείνοις.   380
ἀλλὰ Μακηδονίη βαρὺ τέξεται 'Ασίδι πῆμα,
Εὐρώπῃ δὲ μέγιστον ἀνασταχυώσεται ἄλγος
ἐκ γενεῆς Κρονίδαο νόθων δούλων τε γενέθλης.
κείνη καὶ Βαβυλῶνα πόλιν δεδομήσετ' ἐρυμνήν,
καὶ πάσης ὁπόσην ἐπιδέρκεται ἠέλιος γῆν   385
δεσπότις αὐδηθεῖσα κακαῖσ' ἄτῃσιν ὀλεῖται
οὔνομ' ἐν ὀψιγόνοισι πολυπλάγκτοισιν ἔχουσα.
ἥξει καί ποτ' ἄπυστος ἐς 'Ασίδος ὄλβιον οὖδας
ἀνὴρ πορφυρέην λώπην ἐπιειμένος ὤμοις
ἄγριος ἀλλοδίκης φλογόεις· ἤγειρε γὰρ αὐτόν   390
πρόσθε κεραυνὸς φῶτα· κακὸν δ' 'Ασίῃ ζυγὸν ἕξει
πᾶσα, πολὺν δὲ χθὼν πίεται φόνον ὀμβρηθεῖσα.
ἀλλὰ καὶ ὣς πανάϊστον ἅπαντ' 'Αίδης θεραπεύσει·
ὧν δή περ γενεὴν αὐτὸς θέλει ἐξαπολέσσαι,
ἐκ τῶν δὴ γενεῆς κείνου γένος ἐξαπολεῖται·   395
ῥίζαν ἵαν γε διδούς, ἣν καὶ κόψει βροτολοιγός
ἐκ δέκα μὲν κεράτων, παρὰ δὴ φυτὸν ἄλλο φυτεύσει,
κόψει πορφύρεος γενέτης γενετῆρα μαχητήν
καὐτὸς ὑφ' υἰωνοῦ ὀλοόφρων δήιος "Αρης
φθεῖται· καὶ τότε δὴ παραφυόμενον κέρας ἄρξει.   400
ἔσται καὶ Φρυγίῃ δὲ φερεσβίῳ αὐτίκα τέκμαρ,
ὁππότε κεν 'Ρείης μιαρὸν γένος ἐν χθονὶ δίᾳ
ἀέναον ῥίζῃσιν ἀδιψήτοισι τεθηλός
αὐτόπρεμνον ἄιστον ἴῃ ἐν νυκτὶ γένηται
ἐν πόλει αὐτάνδρῳ σεισίχθονος ἐννοσιγαίου,   405
ἥν ποτε φημίξουσιν ἐπωνυμίης Δορύλαιον
ἀρχαίης Φρυγίης πολυδακρύτοιο κελαινῆς,
ἔστ' ἄρα καιρὸς ἐκεῖνος ἐπώνυμος, ἔνθ' ἐνοσίχθων
κευθμῶνας γαίης σκεδάσει καὶ τείχεα λύσει.
σήματα δ' οὐκ ἀγαθοῖο, κακοῖο δὲ φύσεται ἀρχή.   410
παμφύλου πολέμοιο δαήμονας ἕξετ' ἀνάγκες,

Und die Gerechtigkeit, und in ihrem Gefolge zieht ein die
Maßvolle Eintracht bei allen Menschen und Liebe und Treue,
Freundschaft sogar mit den Fremden, es schwindet gänzlich auf Erden
Armut, es schwindet die Not, auch Gesetzlosigkeit und die Schelsucht,
Neid und Zorn sowie Unvernunft, auch Morden und Totschlag
und die verderbliche Zwietracht und heilloser Hader und Streit und
Nächtlicher Diebstahl in jenen Tagen und jegliches Übel.
    Auch Makedonien wird schweres Leid über Asien bringen.
Doch in Europa werden entsprießen entsetzlichste Leiden
Aus des Kroniden Bastardgeschlecht, aus der Sippschaft der Sklaven.
Jenes wird Babylon ausbaun als uneinnehmbare Festung;
Über die ganze Erde, soweit sie die Sonne bescheinet,
Aufgerufen als Herrin, stürzt sie in schlimmer Verblendung,
Unter den spätgebornen, weitschweifenden Menschen berüchtigt.
    Kommen wird einst nach Asiens gesegneten Fluren ein Mann, ganz
Unbekannt, dessen Schultern der Purpurmantel bekleidet,
Wild und anderen Rechtes, voll Feuer; erweckt hat ihn einst der
Blitz; doch ein übles Joch wird ganz Asien tragen, viel Mordblut
Trinkt, wie vom Regen benetzt, der Boden; und doch wird er spurlos
Drunten im Hades verschwinden und gänzlich verderben, der Unhold.
Deren Stamm und Geschlecht er selbst zu vernichten gewillt ist,
Aus deren Stamm wird der Sproß jenes Mannes gänzlich zugrund gehn.
Eine Wurzel läßt er, die ein Menschenverderber vernichtet,
Aus zehn Hörnern, daneben entsprießt ein anderer Schößling.
Und es erledigt der purpurne Vater den kriegstücht'gen Vater,
Doch er selbst wird vom Enkel beseitigt, der grimmige Ares,
Und darauf wird das Horn, das daneben emporschießet, herrschen.
    Nahrungspendendem Phrygien wird ein Zeichen dann werden:
Wenn der Rhea schändlich Geschlecht, das bisher auf der Erde
Immerdar mit nicht dürstenden Wurzeln erblühte, von Grund aus
Wird vernichtet und gänzlich in einer Nacht nur verschwindet
In Poseidons, des Erderschütterers, Stadt mit den Männern,
Die man dann Dorylaion mit Namen benennet, im alten
Tränenreichen und schwarzen Phrygien, dann wird auch wirklich
Jener bezeichnende Zeitpunkt sein, wo die Schluchten der Erde
Alle zertrümmert der Erderschütt'rer und einreißt die Mauern.
Alles Zeichen des Unheils; doch wird erst das Unglück beginnen.
Eines Weltkriegs verderbliche Nöte dann werdet ihr haben,

Αἰνεάδαι γενεῆς αὐτόχθονος, εὔγενες αἷμα.
ἀλλὰ μεταῦτις ἕλωρ ἔσῃ ἀνθρώποισιν ἐρασταῖς.
Ἴλιον, οἰκτείρω σε· κατὰ Σπάρτην γὰρ Ἐρινύς
βλαστήσει περικαλλὲς ἀείφατον ἔρνος ἄριστον   415
Ἀσίδος Εὐρώπης τε πολυσπερὲς οἶδμα λιποῦσα·
σοὶ δὲ μάλιστα γόους μόχθους στοναχάς τε φέρουσα
θήσει· ἀγήρατον δ' ἔσται κλέος ἐσσομένοισιν.
κcaί τις ψευδογράφος πρέσβυς βροτὸς ἔσσεται αὖτις
ψευδόπατρις· δύσει δὲ φάος ἐν ὀπῇσιν ἐῇσιν·   420
νοῦν δὲ πολὺν καὶ ἔπος διανοίαις ἔμμετρον ἕξει,
οὐνόμασιν δυσὶ μισγόμενος· Χῖον δὲ καλέσσει
αὐτὸν καὶ γράψει τὰ κατ' Ἴλιον, οὐ μὲν ἀληθῶς,
ἀλλὰ σοφῶς· ἐπέων γὰρ ἐμῶν μέτρων τε κρατήσει·
πρῶτος γὰρ κεραίαισιν ἐμὰς βίβλους ἀναπλώσει·   425
αὐτὸς δ' αὖ μάλα κοσμήσει πολέμοιο κορυστάς
Ἕκτορα Πριαμίδην καὶ Ἀχιλλεά Πηλείωνα
τούς τ' ἄλλους, ὁπόσοις πολεμήια ἔργα μέμηλεν.
καί γε θεοὺς τούτοισι παρίστασθαί γε ποιήσει,
ψευδογραφῶν κατὰ πάντα τρόπον, μέροπας κενοκράνους. 430
καὶ θανέειν μᾶλλον τοῖσιν κλέος ἔσσεται εὐρύ
Ἰλίῳ· ἀλλὰ καὶ αὐτὸς ἀμοιβαῖα δέξεται ἔργα.

                    *
              *   *

Καὶ Λυκίη Λοκροῖο γένος κακὰ πολλὰ φυτεύσει.
Χαλκηδὼν στεινοῖο πόρον πόντοιο λαχοῦσα
καί σε μολών ποτε παῖς Αἰτώλιος ἐξεναρίξει.   435
Κύζικε, καί σοι πόντος ἀπορρέξει βαρὺν ὄλβον.
καὶ σὺ τότ' Ἄρηα, Βυζάντιον, Ἀσίδος εἴρξῃ,
καὶ δὴ καὶ στοναχὰς λήψῃ καὶ ἀνήριθμον αἷμα.
σοῦ, Κράγος ὑψηλὸν Λυκίης ὄρος, ἐκ κορυφάων
χάσματ' ἀνοιγομένης πάτρης κελαρύξεται ὕδωρ,   440
μέχρι κε καὶ Πατάρων μαντήια σήματα παύσῃ.
Κύζικος, οἰκήτειρα Προποντίδος οἰνοπόλοιο,
Ῥύνδακος ἀμφί σε κῦμα κορυσσόμενον σμαραγήσει.
καὶ σύ, Ῥόδος, πουλὺν μὲν ἀδούλωτος χρόνον ἔσσῃ,
ἡμερίη θυγάτηρ, πουλὺς δέ τοι ὄλβος ὄπισθεν   445
ἔσσεται, ἐν πόντῳ δ' ἕξεις κράτος ἔξοχον ἄλλων.

Ihr Äneaden von eingeseß'nem und edlem Geschlechte.
Aber danach wirst ein Raub du werden begehrlichen Menschen,
Ilion, dich beklag' ich; es läßt die Erinys in Sparta
Sprossen hervor einen prächtigen Zweig, sehr schön und gepriesen,
Wenn sie Europas und Asiens gewaltige Brandung verlassen.
Dir aber bringt sie zuerst Mühsale und Klagen und Seufzer;
Altern jedoch wird nie ihr Ruhm in künftigen Tagen.
   Und dann wird kommen ein alter Mann mit erlogener Heimat,
Lügen erzählend, das Licht seiner Augen geht ihm verloren.
Dieser hat viel Verstand und drückt die Gedanken sehr schön aus,
Mischend den Namen aus zweien, und Chier wird er sich nennen,
Und die Geschichte von Ilium schreiben, wenn auch nicht wahrhaftig,
Doch sehr geschickt; denn mir entnimmt er Worte und Versmaß.
Denn wie keiner zuvor plündert er das Buch meiner Sprüche,
Aufputzen wird er Selbst hinwieder die Helden des Krieges,
Hektor, des Priamos Sohn, und Achilleus, den Peleïden,
Und noch andre, soweit sie besorgten die Werke des Krieges.
Und er läßt ihnen die Götter zur Seite stehen, der Lügner,
Der auf jede Art schwindelt; es sind hohlköpfige Menschen.
Und der Tod bringt den Helden um Ilium weithin noch mehr Ruhm,
Doch er selber wird zum Entgelt empfangen den Nutzen.

*   *   *

   Lykien auch wird des Lokros Geschlecht viel Übel bereiten.
   Chalkedon, das du eine Bahn durch die Enge des Meeres hast,
Wann das ätolische Kind kommt, dann wird auch dich es vernichten.
   Kyzikos, dir wird das Meer auch den großen Reichtum entreißen.
   Und auch du, Byzanz, wirst von Asien wehren den Kriegssturm,
Dann wirst du Stöhnen erfahren und zahllos Vergießen des Blutes.
   Aus deinen Gipfeln, o Kragos, du hoher Berg Lykiens, wird sich,
Wenn sich der Felsschlund öffnet, das rauschende Wasser ergießen,
Bis aufhören dereinst Pataras wahrsagende Zeichen.
   Kyzikos, das du Propontis bewohnst und handelst mit Weizen,
Dich wird umbrausen der Rhyndakos dann mit schwellenden Wogen.
   Und du, Rhodos, wirst längere Zeit von Knechtschaft befreit sein,
Tochter der Sonne, hernach auch großen Reichtum besitzen;
Und du wirst auf dem Meere die Macht vor anderen haben.

ἀλλὰ μεταῦτις ἕλωρ ἔσῃ ἀνθρώποισιν ἐρασταῖς
κάλλεσιν ἠδ' ὄλβῳ· δεινὸν ζυγὸν αὐχένι θήσῃ.
Λύδιος αὖ σεισμὸς δὲ τὰ Περσίδος ἐξεναρίξει
Εὐρώπης 'Ασίης τελέων ῥίγιστά περ ἄλγη.   450
Σιδονίων δ' ὀλοὸς βασιλεὺς κατὰ φύλοπιν αἰνήν
ποντοπόροις Σαμίοις οἰκτρὸν τεύξειεν ὄλεθρον.
αἷμα μέλαν δαπέδῳ κελαρύξεται εἰς ἅλα φωτῶν
ὀλλυμένων· ἄλοχοι δὲ σὺν ἀγλαοφαρέσι κούραις
ὕβριν ἀεικελίην ἰδίην ἀποθωύξουσιν,   455
ταὶ μὲν ὑπὲρ τοκέων, ταὶ δ' ὀλλυμένων ὑπὲρ υἱῶν.
σημεῖον Κύπρου· σεισμὸς φθίσει δὲ φάραγγας
καὶ πολλὰς ψυχὰς 'Αίδης ὁμοθυμαδὸν ἕξει.
Τράλλις δ' ἡ γείτων 'Εφέσου σεισμῷ καταλύσει
τείχεα τ' εὐποίητ' ἀνδρῶν τελέων βαρυθύμων·   460
ἀμβρύσει δέ τε γαῖα ὕδωρ ζεστόν· φλογὶ δ' αὐτούς
γαῖα βαρυνομένους πίεται, ὀσμῇ δέ τε θείου.
καὶ Σάμος ἐν καιρῷ βασιλήια δώματα τεύξει.
'Ιταλίη, σοὶ δ' οὔτις "Αρης ἀλλότριος ἥξει,
ἀλλ' ἐμφύλιον αἷμα πολύστονον οὐκ ἀλαπαδνόν   465
πουλυθρύλλητόν τε ἀναιδέα σε κεραΐξει.
καὶ δ'αὐτὴ θερμῇσι παρὰ σποδιῇσι ταθεῖσα,
ἀποΐδει στήθεσσιν ἑοῖς ἐναρίξεαι ἄτῃ.
ἔσσῃ δ' οὐκ ἀνδρῶν μήτηρ, θηρῶν δὲ τιθήνη.
ἀλλ' ὅτ' ἀπ' 'Ιταλίης λυμήτης ἵξεται ἀνήρ,   470
τῆμος, Λαοδίκεια, καταπρηνὴς ἐριποῦσα,
Καρῶν ἀγλαὸν ἄστυ Λύκου παρὰ θέσκελον ὕδωρ,
σιγήσεις μεγάλαυχον ἀποιμώξασα τοκῆα.
Θρήικες δὲ Κρόβυζοι ἀναστήσονται ἀν' Αἶμον.
Καμπάνοις ἄραβος πέλεται διὰ τὸν πολύπικρον   475
λιμόν· πολυετεῖς δέ τε νῆσοι καὶ πολύκαρποι
Κύρνος καὶ Σαρδὼ μεγάλαις χειμῶνος ἀέλλαις
καὶ πληγαῖς ἁγίοιο θεοῦ κατὰ βένθεα πόντου
δύσονται κατάκλιμα θαλασσείοις τεκέεσσιν·
αἰαῖ παρθενικὰς ὁπόσας νυμφεύσεται "Αιδης,   480
κούρους δ' ἀκτερέας ὁπόσους βυθὸς ἀμφιπολεύσει·
αἰαῖ νήπια τέκν' ἁλινηχέα καὶ βαρὺς ὄλβος.
Μυσῶν γαῖα μάκαιρα, γένος βασιλήιον ἄφνω
θνήξεται. οὐ μὴν πουλὺν ἐπὶ χρόνον ἔσσετ' ἀληθῶς

Aber nachher wirst du eine Beute für gierige Menschen
Ob deiner Schönheit und Pracht, ein schreckliches Joch wirst du tragen.
  Lydisches Erdbeben wird dann vernichten Persiens Herrschaft
und Europa und Asien entsetzliche Leiden bereiten.
Sidons schrecklicher König wird in gar grimmiger Feldschlacht
Die meerfahrenden Samier verderblichem Untergang weihen.
Schwarzes Blut von gefallenen Männern wird dann auf dem Boden
Fließen ins Meer; und die Gattinnen samt schmuckgekleideten Jung-
Werden die eigne unziemliche Schmach sehr bitter beklagen,   [fraun
Diese über die Eltern, die ob der gefallenen Söhne.
  Zeichen für Kypros: Ein Beben der Erde vernichtet die Schluchten,
Und viele Seelen zusammen wird drunten der Hades empfangen.
  Trallis bei Ephesus aber, dir werden die trefflichen Mauern
Samt den hartherzigen Männern durch Beben der Erde vernichtet.
Siedendes Wasser benetzet die Erde; beschwert von der Flamme
Und vom Geruche des Schwefels, verschlingt die Erde die Menschen.
  In der Zeit wird Samos errichten Königspaläste.
  Aber Italien, dir kommt nicht von außen die bittere Kriegsnot;
Sondern verwandtes Geblüt, furchtbar, nicht leicht zu bezwingen,
Weit berühmt, dies wird dich, du Unverschämte, verwüsten.
Auch wirst du selber dahin bei heißer Asche gestrecket,
Wirst zerfleischt durch nimmer vorhergesehenes Unheil,
Wirst keine Heldenmutter mehr sein, eine Amme der Wildnis.
  Aus Italien jedoch kommt ein anderer Mann der Verwüstung,
Dann wirst du, Laodikeia, in jähem Sturze vernichtet,
Ruhmreiche Stadt der Karer am herrlichen Wasser des Lykos,
Schweigen, nachdem du beweint deinen übermütigen Vater,
  Doch die krobyzischen Thraker ziehen zum Haimosgebirge.
  Den Kampanern wird Schrecken durch bitteren Hunger entstehen.
Und die vieljährigen Inseln, die bisher von Fruchtbarkeit strotzten,
Kyrnos und Sardo, die werden durch heftige Stürme des Winters
Und durch die Schläge des heiligen Gottes versinken in Meeres-
Tiefen, den Kindern des Meeres als Lagerstätte willkommen.
Wehe, weh, wieviel Jungfrauen wird der Hades vermählen!
Jünglinge auch, unbeerdigt, wie viele versorget der Abgrund!
Weh, weh, Kindlein treiben im Meer und Fülle des Reichtums.
  Glückliches Mysierland, dein Königsgeschlecht wird ganz plötzlich
Sterben. Und wahrlich, nicht lange Zeit mehr wird währen Chalkedon.

Χαλκηδών. Γαλάταις δὲ πολύστονος ἔσσεται οἶκτος.   485
ἥξει καὶ Τενέδῳ κακὸν ἔσχατον, ἀλλὰ μέγιστον.
καὶ Σικυὼν χαλκέοισιν ὑλάγμασι καὶ σύ, Κόρινθε,
αὐχήσεις ἐπὶ πᾶσιν· ἴσον δὲ βοήσεται αὐλός.

*

*   *

ἡνίκα δή μοι θυμὸς ἐπαύσατο ἐνθέου ὕμνου,
καὶ πάλι μοι μεγάλοιο θεοῦ φάτις ἐν στήθεσσιν   490
ἵστατο καί μ’ ἐκέλευσε προφητεῦσαι κατὰ γαῖαν.
αἰαῖ Φοινίκων γένει ἀνδρῶν ἠδὲ γυναικῶν,
καὶ πάσαις πόλεσιν παραλίαις, οὐδεμί’ ὑμῶν
πρὸς φάος ἠελίοιο παρέσσεται ἐν φαῒ κοινῷ,
οὐδ’ ἔτι τῆς ζωῆς ἀριθμὸς καὶ φῦλον ἐπέσται   495
ἀντ’ ἀδίκου γλώττης ἀνόμου τε βίου καὶ ἀνάγνου.
ὃν κατέτριψαν πάντες ἀνοίγοντες στόμ’ ἄναγνον.
καὶ δεινοὺς διέθεντο λόγους ψευδεῖς τ’ ἀδίκους τε
κἄστησαν κατέναντι θεοῦ μεγάλου βασιλῆος
κἤνοιξαν ψευδῶς μυσαρὸν στόμα· τοὔνεκ’ ἄρ’ αὐτούς   500
ἐκπάγλως πληγαῖσι δαμάσσειεν παρὰ πᾶσαν
γαῖαν καὶ πικρὴν μοίρην πέμψει θεὸς αὐτοῖς
ἐξ ἐδάφους φλέξας πόλιας καὶ πολλὰ θέμεθλα.
αἰαῖ σοί, Κρήτη πολυώδυνε, εἴς σέ περ ἥξει
πληγὴ καὶ φοβερὰ αἰώνιος ἐξαλάπαξις,   505
καί σε καπνιζομένην πᾶσα χθὼν ὄψεται αὖτις
κοὔ σε δι’ αἰῶνος λείψει πῦρ, ἀλλὰ καήσῃ.
αἰαῖ σοί, Θρήκη, ζυγὸν ὡς εἰς δούλιον ἥξεις·
ἡνίκα σύμμικτοι Γαλάται τοῖς Δαρδανίδαισιν
Ἑλλάδ’ ἐπεσσυμέν’ ὦσι φέροντές σοι κακὰ πολλὰ   510
γαίῃ δ’ ἀλλοτρίῃ δώσεις φόρον οὐδέ τι λήψῃ.
αἴ, Γὼγ ἠδὲ Μαγώγ, ὅσα σοι κακὰ μοῖρα πελάζει,
Μάρδων ἢ Δραγγῶν λαοῖς, καὶ πᾶσιν ἐφ’ ἑξῆς
Καρῶν καὶ Λυκίων υἱοῖς Μυσῶν τε Φρυγῶν τε,
πολλὰ δὲ Παμφύλων ἔθνη Λυδῶν τε πεσεῖται   515
Καππαδοκῶν τ’ Ἀράβων τε καὶ ἀνδρῶν βαρβαροφώνων
Μαύρων τ’ Αἰθιόπων τε· τί δὴ κατὰ μοῖραν ἕκαστον
ἐξαυδῶ; πᾶσιν γάρ, ὅσοι χθόνα ναιετάουσιν,
Ὕψιστος δεινὴν ἐπιπέμψει ἔθνεσι πληγήν.

Doch den Galatern wird gar schmerzliche Trauer und Klage.
Auch über Tenedos kommt das letzte, doch größte Verhängnis.
    Sikyon auch im klirrenden Erzschmuck und du auch, Korinth, wirst
Brüsten dich noch vor allen; doch ebenso toset der Kriegslärm. ...

*   *   *

    Kaum hatte sich mein Gemüt vom göttlichen Sange erholet,
Da erhob sich wieder die Rede des mächtigen Gottes
Mir in der Brust und hieß mich Böses verkünden den Ländern.
    Weh dir, weh dem Geschlecht der phönikischen Männer und Frauen
Und allen Städten am Meer, auch nicht eine einz'ge von euch wird
Im gemeinsamen Lichte erscheinen am Licht unsrer Sonne,
Und keine Spur von Leben, auch nicht die geringste, wird sein mehr
Für ihre unrechte Zunge, ihr sündiges ruchloses Leben,
Das sie alle geführt, den Mund nur öffnend zur Sünde.
Und gar schlimme Worte verbreitend, des Lugs und Betrugs voll,
Stellten sie hin sich im Angesicht Gottes, des mächtigen Königs,
Öffneten treulos den unreinen Mund. Darum wird der Herrgott
Furchtbar mit Schlägen sie knechten im Lande und bittres Verhängnis
Über sie senden, von Grund aus mit Feuer und Schwefel verbrennen
All ihre Städte, dem Erdboden gleich viele Grundfesten machen.
    Weh dir, Kreta, du Schmerzensreiche, es kommt über dich ein
Harter und furchtbarer Schlag; in Ewigkeit bleibt die Vernichtung.
Und das Land wird aufsteigen sehen wieder den Rauch, und
Feuer wird dich für ewig nicht lassen, du sinkest in Asche.
    Weh dir, Thrakien, der Knechtschaft Joch wird über dich kommen,
Wenn die Galater einst zusammen mit Dardanos' Söhnen
Hellas bestürmen und endloses Unheil bringen dem Lande,
Dann bezahlst du Tribut einem Fremdland, ohne zu nehmen.
    Weh dir, Gog und Magog, wieviel Böses bringt dir das Schicksal
Unter dem Marden- und Drangenvolk, und der Reihe nach allen
Söhnen der Karer und Lykier, sowie auch der Myser und Phryger.
Aber zahlreiche Völker der Lyder, sowie der Pamphyler
Sinken in Staub, Kappadoker und Araber, ferner fremdsprach'ger
Männer Stämme, der Mauren und Äthiopier; was künd' ich
Einzelnes Teil für Teil? Denn sämtlichen Völkern der Erde
Wird der Höchste gewaltige Schicksalsschläge versetzen.

Ἕλλησιν δ' ὁπόταν πολὺ βάρβαρον ἔθνος ἐπέλθῃ,   520
πολλὰ μὲν ἐκλεκτῶν ἀνδρῶν ὀλέσειε κάρηνα·
πολλὰ δὲ πίονα μῆλα βροτῶν διαδηλήσονται
ἵππων θ' ἡμιόνων τε βοῶν τ' ἀγέλας ἐριμύκων·
δώματά τ' εὐποίητα πυρὶ φλέξουσιν ἀθέσμως·
πολλὰ δὲ σώματα δοῦλα πρὸς ἄλλην γαῖαν ἀνάγκῃ   525
ἄξουσιν καὶ τέκνα βαθυζώνους τε γυναῖκας
ἐκ θαλάμων ἁπαλὰς τρυφεροῖς ποσὶ πρόσθε πεσούσας.
ὄψονται δεσμοῖσιν ὑπ' ἐχθρῶν βαρβαροφώνων
πᾶσαν ὕβριν δεινὴν πάσχοντας· κοὐκ ἔσετ' αὐτοῖς
μικρὸν ἐπαρκέσσων πόλεμον ζωῆς τ' ἐπαρωγός.   530
ὄψονταί τ' ἰδίας κτήσεις καὶ πλοῦτον ἅπαντα
ἐχθρὸν καρπίζοντα· τρόμος δ' ὑπὸ γούνασιν ἔσται.
φεύξονται δ' ἑκατόν, εἷς δ' αὐτοὺς πάντας ὀλέσσει·
πέντε δὲ κινήσουσι βαρὺν λόχον· οἱ δὲ πρὸς αὐτούς
αἰσχρῶς φυρόμενοι πολέμῳ δεινῷ τε κυδοιμῷ   535
οἴσουσιν ἐχθροῖσι χαράν, Ἕλλησι δὲ πένθος.
δούλειος δ' ἄρα τοι ζυγὸς ἔσσεται Ἑλλάδι πάσῃ·
πᾶσι δ' ὁμοῦ πόλεμός τε βροτοῖς καὶ λοιμὸς ἐπέσται,
χάλκειόν τε μέγαν τεύξει θεὸς οὐρανὸν ὑψοῦ
ἀμβροχίην τ' ἐπὶ γαῖαν ὅλην, αὐτὴν δὲ σιδηρᾶν.   540
αὐτὰρ ἔπειτα βροτοὶ δεινῶς κλαύσουσιν ἅπαντες
ἀσπορίην καὶ ἀνηροσίην· καὶ πῦρ ἐπὶ γαίης
καθήσει πολύνηστον, ὃς οὐρανὸν ἔκτισε καὶ γῆν·
πάντων δ' ἀνθρώπων τὸ τρίτον μέρος ἔσσεται αὖτις.
Ἑλλὰς δή, τί πέποιθας ἐπ' ἀνδράσιν ἡγεμόνεσσιν   545
θνητοῖς, οἷς οὐκ ἔστι φυγεῖν θανάτοιο τελευτήν;
πρὸς τί τε δῶρα μάταια καταφθιμένοισι πορίζεις
θύεις τ' εἰδώλοις; τίς τοι πλάνον ἐν φρεσὶ θῆκεν
ταῦτα τελεῖν προλιποῦσα θεοῦ μεγάλοιο πρόσωπον;
ἀλλὰ τί δὴ θνητοῖσιν ἀνείδεα ταῦτ' ἐπιβάλλειν;   549a
οὔνομα παγγενέταο σέβασμ' ἔχε, μηδὲ λάθηαι·   550
χίλια δ' ἔστ' ἔτεα καὶ πένθ' ἑκατοντάδες ἄλλαι,
ἐξ οὗ δὴ βασίλευσαν ὑπερφίαλοι βασιλῆες
Ἑλλήνων, οἳ πρῶτα βροτοῖς κακὰ ἡγεμόνευσαν,
πολλὰ θεῶν εἴδωλα καταφθιμένων ἀνθρώπων,
ὧν ἕνεκεν τὰ μάταια φρονεῖν ὑμῖν ὑπεδείχθη.   555
ἀλλ' ὁπόταν μεγάλοιο θεοῦ χόλος ἔσσεται ὑμῖν,

Wenn dann über die Griechen herfällt ein barbarischer Volksstamm,
Wird viele Häupter erlesener Männer er richten zugrunde,
Fette Schafe der Menschen wird man in Menge vernichten,
Herden von Pferden und Mäulern sowie starkbrüllende Rinder,
Und die herrlichen Häuser wird man im Feuer verbrennen
Rechtlos. Doch Sklavenleiber in Masse führt man in die Fremde
Unter Zwang, auch Kinder und schöne, üppige Frauen,
Aus den Gemächern mit sanften Tritten vorwärtsgetrieben.
Schauen wird man, wie unter barbarischen Feinden in Fesseln
Alle nur denkbare Unbill sie leiden, und keiner wird sein, der
Nur ein wenig abwehret den Krieg, kein Helfer des Lebens.
Schauen wird man, wie eignen Besitzes und jeglichen Reichtums
Früchte nutzet der Feind, und ein Zittern durchzuckt ihre Knie.
Fliehen werden an hundert, doch einer vernichtet sie alle.
Fünfe treiben voran eine starke Abteilung, doch diese,
Schmählich zusammengepfercht im Krieg und gewalt'gem Getümmel,
Bringen den Feinden Frohlocken, doch Trauer allen Hellenen.
    Also wird Sklavenjoch beschieden sein allen Hellenen,
Doch alle Menschen zumal wird Krieg und Hunger bedrängen.
Ehern wird Gott ihnen machen den hohen Himmel da droben;
Regenlos bleibt die Fläche der Erde; doch Gott macht sie eisern.
Alle Sterblichen klagen und jammern, daß nicht mehr gesät wird
Und nicht gepflügt; und ein loderndes Feuer wird er auf Erden
Senden, der Schöpfer von Himmel und Erde; jedoch von den Menschen
Allen auf Erden wird kaum mehr ein Drittel am Leben bleiben.
    Hellas, dich frag' ich, warum vertrautest du sterblichen Herrschern,
Die nicht besitzen die Macht, zu entrinnen dem Ende des Todes?
Wozu bringst du vergeblich Geschenke verstorbenen Menschen?
Opferst den Götzen? Wer hat dir den Irrtum gelegt in die Seele,
Solches erfüllend das Antlitz des großen Gottes zu lassen?
Aber was werf' ich den sterblichen Menschen vor diese Roheit?
Allvaters Namen verehre, und nie sei er dir vergessen!
Fünfzehnhundert Jahre sind's her, seitdem übermüt'ge
Könige Griechen beherrschten und erstmals den sterblichen Menschen
Übles Beispiel gaben als Führer, indem sie gar viele
Bilder von Göttern erstellten, die längst als Menschen verstorben,
Deretwegen man zwecklose Pläne zu hegen euch lehrte.
Wenn der Groll des gewaltigen Gottes wird über euch kommen,

δὴ τότ' ἐπιγνώσεσθε θεοῦ μεγάλοιο πρόσωπον.
πᾶσαι δ' ἀνθρώπων ψυχαὶ μεγάλα στενάχουσαι
ἄντα πρὸς οὐρανὸν εὐρὺν ἀνασχόμεναι χέρας αὐτῶν
ἄρξονται βασιλῆα μέγαν ἐπαμύντορα κλήζειν   560
καὶ ζητεῖν ῥυστῆρα χόλου μεγάλοιο, τίς ἔσται.
  ἀλλ' ἄγε καὶ μάθε τοῦτο καὶ ἐν φρεσὶ κάτθεο σῇσιν,
ὅσσα περιπλομένων ἐνιαυτῶν κήδε' ἐπέσται.
ὅσσον θ' Ἑλλὰς ἔρεξε βοῶν ταύρων τ' ἐριμύκων
πρὸς ναὸν μεγάλοιο θεοῦ ὁλοκαρπώσασα,   565
ἐκφεύξῃ πολέμοιο δυσηχέος ἠδὲ φόβοιο
καὶ λοιμοῦ καὶ δοῦλον ὑπεκφεύξῃ ζυγὸν αὖτις.
ἀλλά μέχρις γε τοσοῦδ' ἀσεβῶν γένος ἔσσεται ἀνδρῶν,
ὁππότε κεν τοῦτο προλάβῃ τέλος αἴσιμον ἦμαρ.
οὐ γὰρ μὴ θύσητε θεῷ, μέχρι πάντα γένηται·   570
ὅσσα θεός γε μόνος βουλεύσεται, οὐκ ἀτέλεστα,
πάντα τελεσθῆναι· κρατερὴ δ' ἐπικείσετ' ἀνάγκη.

  Εὐσεβέων ἀνδρῶν ἱερὸν γένος ἔσσεται αὖτις,
βουλαῖς ἠδὲ νόῳ προσκείμενοι Ὑψίστοιο,
οἳ ναὸν μεγάλοιο θεοῦ περικυδανέουσιν   575
λοιβῇ τε κνίσσῃ τ' ἠδ' αὖθ' ἱεραῖς ἑκατόμβαις
ταύρων ζατρεφέων θυσίαις κριῶν τε τελείων
πρωτοτόκων ὀίων τε καὶ ἀρνῶν πίονα μῆλα
βωμῷ ἐπὶ μεγάλῳ ἁγίως ὁλοκαρπεύοντες.
ἐν δὲ δικαιοσύνῃ νόμου Ὑψίστοιο λαχόντες   580
ὄλβιοι οἰκήσουσι πόλεις καὶ πίονας ἀγρούς,
αὐτοῖς δ' ὑψωθέντες ὑπ' ἀθανάτοιο προφῆται
ἔσσονται μέγα χάρμα βροτοῖς πάντεσσι φέροντες.
μούνοις γάρ σφιν δῶκε θεὸς μέγας εὔφρονα βουλήν
καὶ πίστιν καὶ ἄριστον ἐνὶ στήθεσσι νόημα·   585
οἵτινες οὐκ ἀπάτῃσι κεναῖς οὐδ' ἔργ' ἀνθρώπων
χρύσεα καὶ χάλκεια καὶ ἀργύρου ἠδ' ἐλέφαντος
καὶ ξυλίνων λιθίνων τε θεῶν εἴδωλα καμόντων
τιμῶσιν, ὅσα πέρ τε βροτοὶ κενεόφρονι βουλῇ·   590
ἀλλὰ γὰρ ἀείρουσι πρὸς οὐρανὸν ὠλένας ἁγνάς
ὄρθριοι ἐξ εὐνῆς αἰεὶ χρόα ἁγνίζοντες
ὕδατι καὶ τιμῶσι μόνον τὸν ἀεὶ μεδέοντα
ἀθάνατον καὶ ἔπειτα γονεῖς· μέγα δ' ἔξοχα πάντων

Werdet das Antlitz ihr des großen Gottes erkennen.
Dann werden alle Seelen der Menschen gewaltig aufseufzen
Und ihre Hände zum weiten Himmel flehend erheben
Und beginnen, den großen König als Helfer zu rufen
Und zu suchen den Retter vor großem Groll, wer es sein wird.
  Aber wohlan, so lerne auch dies und bewahr' es im Herzen,
Wieviel Leiden noch kommen im Kreislauf kommender Jahre.
Weil viel Rinder und brüllende Stiere einst opferte Hellas,
Allen Nutzen ziehend vom Tempel des mächtigen Gottes,
Wird es entgehn dem tosenden Schlachtengetümmel, der Angst und
Pest und wird noch einmal vermeiden das drückende Knechtsjoch.
Aber noch kommt bis dahin ein Geschlecht von gottlosen Männern,
Bis der Tag der Schicksalswende dies Ende bereitet.
Schwerlich opfert ihr Gott, bis alles das wird geschehen,
Was in Gottes Ratschluß als wohlvollendbar beschlossen,
Daß es geschieht. Doch harter Zwang wird dann darauf lasten.

Frommer Männer heilig Geschlecht wird wiederum kommen,
Stets dem Willen und Ratschluß des höchsten Gottes sich beugend,
Welche den Tempel des großen Gottes verherrlichen werden
Mit Trankopfern und Fettdampf und heiligen Festhekatomben,
Opfern gemästeter Stiere sowie vollkommener Widder,
Fette Herden von erstgeborenen Schafen und Lämmern
Auf dem großen Altare als heiliges Ganzopfer bringend.
Recht und gerechtes Gesetz des höchsten Gottes beachtend
Werden sie glücklich die Städte und fetten Fluren bewohnen.
Ihnen werden erhöht vom Unsterblichen große Propheten,
Welche gewaltige Freude dann allen Sterblichen bringen.
Ihnen allein gab Gott der Gewaltige heilsamen Ratschluß,
Treu und Glauben und auch die beste Gesinnung im Herzen,
Welche nicht ehren mit leeren Täuschungen Werke von Menschen,
Goldne und solche von Eisen, von Silber und Elfengebeine,
Und Abbilder von Göttern aus Holz und Stein, die nicht leben,
Wie sie die Sterblichen bilden in ihrer eitlen Gesinnung.
Aber sie heben freilich zum Himmel die heiligen Arme,
Schon in der Frühe vom Lager weg immer die Hände mit Wasser
Reinigend, und sie ehren den immer herrschenden Ew'gen,
Und nach Gott die Eltern; doch weitaus am meisten von allen

ἀνθρώπων ὁσίης εὐνῆς μεμνημένοι εἰσίν·   595
κοὐδὲ πρὸς ἀρσενικοὺς παῖδας μίγνυνται ἀνάγνως,
οἷά τε Φοίνικες Αἰγύπτιοι ἠδὲ Λατῖνοι
Ἑλλάς τ᾽ εὐρύχορος καὶ ἄλλων ἔθνεα πολλά
Περσῶν καὶ Γαλατῶν πάσης τ᾽ Ἀσίης παραβάντες
ἀθανάτοιο θεοῦ ἁγνὸν νόμον, ὅν περ ἔθηκεν.   600
ἀνθ᾽ ὧν ἀθάνατος θήσει πάντεσσι βροτοῖσιν
ἄτην καὶ λιμὸν καὶ πήματά τε στοναχάς τε
καὶ πόλεμον καὶ λοιμὸν ἰδ᾽ ἄλγεα δακρυόεντα·
οὕνεκεν ἀθάνατον γενέτην πάντων ἀνθρώπων
οὐκ ἔθελον τιμᾶν ὁσίως, εἴδωλα δ᾽ ἐτίμων   605
χειροποίητα σέβοντες, ἃ ῥίψουσιν βροτοὶ αὐτοί
ἐν σχισμαῖς πετρῶν κατακρύψαντες δι᾽ ὄνειδος,
ὁππόταν Αἰγύπτου βασιλεὺς νέος ἕβδομος ἄρχῃ
τῆς ἰδίης γαίης ἀριθμούμενος ἐξ Ἑλλήνων
ἀρχῆς, ἧς ἄρξουσι Μακηδόνες ἄσπετοι ἄνδρες·   610
ἔλθῃ δ᾽ ἐξ Ἀσίης βασιλεὺς μέγας, αἰετὸς αἴθων,
ὃς πᾶσαν σκεπάσει γαῖαν πεζῶν τε καὶ ἱππέων,
πάντα δὲ συγκόψει καὶ πάντα κακῶν ἀναπλήσει·
ῥίψει δ᾽ Αἰγύπτου βασιλήιον· ἐκ δέ τε πάντα
κτήμαθ᾽ ἑλὼν ἐποχεῖται ἐπ᾽ εὐρέα νῶτα θαλάσσης.   615
καὶ τότε δὴ κάμψουσι θεῷ μεγάλῳ βασιλῆι
ἀθανάτῳ γόνυ λευκὸν ἐπὶ χθονὶ πουλυβοτείρῃ·
ἔργα δὲ χειροποίητα πυρὸς φλόγι πάντα πεσεῖται.
καὶ τότε δὴ χάρμην μεγάλην θεὸς ἀνδράσι δώσει·
καὶ γὰρ γῆ καὶ δένδρα καὶ ἄσπετα ποίμνια μήλων   620
δώσουσιν καρπὸν τὸν ἀληθινὸν ἀνθρώποισιν
οἴνου καὶ μέλιτος γλυκεροῦ λευκοῦ τε γάλακτος
καὶ σίτου, ὅπερ ἐστὶ βροτοῖς κάλλιστον ἁπάντων.

*   *   *

καὶ τότ᾽ ἀπ᾽ ἠελίοιο θεὸς πέμψει βασιλῆα,   652
ὃς πᾶσαν γαῖαν παύσει πολέμοιο κακοῖο,
οὓς μὲν ἄρα κτείνας, οἷς δ᾽ ὅρκια πιστὰ τελέσσας.
οὐδέ γε ταῖς ἰδίαις βουλαῖς τάδε πάντα ποιήσει,   655
ἀλλὰ θεοῦ μεγάλοιο πιθήσας δόγμασιν ἐσθλοῖς.

Menschen sind eingedenk stets sie des keuschen und heiligen Lagers,
Und sie treiben nicht mit Knaben schamlosen Umgang,
Wie die Phöniker, Ägypter es machen, sowie die Lateiner,
Und das weiträumige Hellas und zahlreiche andere Völker,
Perser und Galater und ganz Asien, die überschritten
Des unsterblichen Gottes Gesetz, das er hat gegeben.
Dafür wird auch der Ew'ge den Sterblichen allen Verblendung,
Hunger und zahlreiche Leiden und Seufzer senden und Klagen,
Krieg und Seuchen und Schmerzen und Qualen, die Tränen erregen;
Weil sie den ew'gen Erzeuger von sämtlichen sterblichen Menschen
Nicht nach Gebühr wollten ehren; sie ehrten und beteten Bilder
An, von Händen gefertigt, die Menschen selber ja stürzen
Und in den Spalten der Felsen aus Schimpf und Schande verstecken,
Wenn als siebenter herrscht ein junger König Ägyptens
Über das eigene Land, gerechnet nach der Hellenen
Herrschaft, über die herrschen unzählige Makedonen:
Aber aus Asien kommt ein gewaltiger König, ein Flammen-
Adler, welcher bedeckt das Land mit Fußvolk und Reitern,
Alles zerschlägt und alles mit Not und Leiden erfüllet;
Stürzen wird er Ägypten und nehmen alles Besitztum,
Um dann selbst zu entfliehn auf dem breiten Rücken des Meeres.
Und sie werden vor Gott, dem gewaltigen, ewigen König,
Beugen das weißliche Knie zur vielernährenden Erde;
Doch die handgefertigten Werke verschlinget das Feuer.
Und dann wird er den Männern gewaltige Kampflust erwecken;
Denn das Land und die Bäume und zahlreiche Herden von Kleinvieh
Liefern den sterblichen Menschen in Zukunft den wahren Ertrag an
Wein und süßem Honig und schneeweißer Milch und Getreide,
Welches für Menschen das Herrlichste ist von allem auf Erden.

*   *   *

Dann wird Gott vom Aufgang der Sonne entsenden den König,
Welcher die ganze Erde befreit vom Übel des Krieges;
Töten wird er die einen, den andern erfüllen den Treueid.
Und all dies wird er nicht vollführen nach eigenem Sinne,
Sondern den edlen Beschlüssen des großen Gottes gehorchend.

ἀλλὰ πάλιν βασιλῆες ἐθνῶν ἐπὶ τήνδε γε γαῖαν   663
ἀθρόοι ὁρμήσονται ἑαυτοῖς κῆρα φέροντες·
σηκὸν γὰρ μεγάλοιο θεοῦ καὶ φῶτας ἀρίστους   665
πορθεῖν βουλήσονται· ὁπηνίκα γαῖαν ἵκωνται,
θήσουσιν κύκλῳ πόλεως μιαροὶ βασιλῆες
τὸν θρόνον αὐτοῦ ἕκαστος ἔχων καὶ λαὸν ἀπειθῆ.
καί ῥα θεὸς φωνῇ μεγάλῃ πρὸς πάντα λαλήσει
λαὸν ἀπαίδευτον κενεόφρονα, καὶ κρίσις αὐτοῖς   670
ἔσσεται ἐκ μεγάλοιο θεοῦ, καὶ πάντες ὀλοῦνται
χειρὸς ἀπ᾽ ἀθανάτοιο· ἀπ᾽ οὐρανόθεν δὲ πεσοῦνται
ῥομφαῖαι πύριναι κατὰ γαῖαν· λαμπάδες, αὐγαί
ἵξονται μεγάλαι λάμπουσαι εἰς μέσον ἀνδρῶν.
γαῖα δὲ παγγενέτειρα σαλεύσεται ἤμασι κείνοις   675
χειρὸς ἀπ᾽ ἀθανάτοιο, καὶ ἰχθύες οἱ κατὰ πόντον
πάντα τε θηρία γῆς ἠδ᾽ ἄσπετα φῦλα πετεινῶν
πᾶσαί τ᾽ ἀνθρώπων ψυχαὶ καὶ πᾶσα θάλασσα
φρίξει ὑπ᾽ ἀθανάτοιο προσώπου καὶ φόβος ἔσται.
ἠλιβάτους κορυφάς τ᾽ ὀρέων βουνούς τε πελώρων   680
ῥήξει, κυάνεόν τ᾽ ἔρεβος πάντεσσι φανεῖται.
ἠέριαι δὲ φάραγγες ἐν οὔρεσιν ὑψηλοῖσιν
ἔσσονται πλήρεις νεκύων· ῥεύσουσι δὲ πέτραι
αἵματι καὶ πεδίον πληρώσει πᾶσα χαράδρα.
τείχεα δ᾽ εὐποίητα χαμαὶ πεσέονται ἅπαντα   685
ἀνδρῶν δυσμενέων, ὅτι τὸν νόμον οὐκ ἔγνωσαν
οὐδὲ κρίσιν μεγάλοιο θεοῦ, ἀλλ᾽ ἄφρονι θυμῷ
πάντες ἐφορμηθέντες ἐφ᾽ Ἱερὸν ἤρατε λόγχας.
καὶ κρινεῖ πάντας πολέμῳ θεὸς ἠδὲ μαχαίρῃ
καὶ πυρὶ καὶ ὑετῷ τε κατακλύζοντι· καὶ ἔσται   690
θεῖον ἀπ᾽ οὐρανόθεν, αὐτὰρ λίθος ἠδὲ χάλαζα
πολλὴ καὶ χαλεπή· θάνατος δ᾽ ἐπὶ τετράποδ᾽ ἔσται.
καὶ τότε γνώσονται θεὸν ἄμβροτον, ὃς τάδε κρίνει·
οἰμωγή τε καὶ ἀλαλαγμὸς κατ᾽ ἀπείρονα γαῖαν
ἵξεται ὀλλυμένων ἀνδρῶν· καὶ πάντες ἄναυδοι   695
αἵματι λούσονται· πίεται δέ τε γαῖα καὶ αὐτή
αἵματος ὀλλυμένων, κορέσονται θηρία σαρκῶν.
  αὐτός μοι τάδε πάντα θεὸς μέγας ἀέννάός τε
εἶπε προφητεῦσαι· τάδε δ᾽ ἔσσεται οὐκ ἀτέλεστα·
οὐδ᾽ ἀτελεύτητον, ὅ τι κεν μόνον ἐν φρεσὶ θείῃ·   700

Wiederum werden vereint die Herrscher der Heiden auf jenes
Land anstürmen und so sich selber bereiten Verderben.
Denn das Haus des gewaltigen Gottes und trefflichste Männer
Trachten sie zu vernichten; sobald sie erscheinen im Lande,
Stellen die schändlichen Herrscher im Kreis um die Stadt seinen Thron ein
Jeder, zur Seite noch jeder sein trotziges Volk. Und hernach wird
Gott mit gewaltiger Stimme zu reden beginnen zur Menge,
Welche gar zucht- und machtlos, und über sie kommt das Gericht vom
Großen Gotte, und alle gehn elend zugrund von der Hand des
Unvergänglichen. Aber vom Himmel über die Erde
Fallen feurige Schwerter und nächtliche Flammen des Blitzes
Fahren leuchtend hinein in die Mitte der kämpfenden Männer.
Aber in jenen Tagen wird Allmutter Erde erbeben
Von des Unsterblichen Hand, und der Fisch in den Tiefen des Meeres,
All die Tiere des Landes, die zahllosen Vögel des Luftreichs,
Alle Seelen der Menschen, die ganze Meerflut erschaudert
Vor des Unsterblichen Antlitz, und Furcht und Schrecken wird herrschen.
Ragende Häupter der Berge und die gigantischen Höhen
Wird er zerreißen, und allen zeigt sich des Erebos Dunkel.
Neblige Klüfte im hohen Gebirge erfüllen die Leichen.
Aber vom Blute triefen die Felsen, und jeglicher Gießbach
Überschwemmt das Gefilde mit Blut. Und die herrlich gebauten
Städte der feindlichen Männer zerfallen alle in Trümmer,
Weil sie nicht haben erkannt das Gesetz des gewaltigen Gottes,
Nicht sein Gericht, vielmehr verblendeten Sinnes ihr alle
Hobet im Ansturm die Lanze gen seinen geheiligten Tempel.
Alle wird Gott dann richten durch Krieg und durch Schwert und durch Feuer
Und durch Regenflut, die alles verschlinget, und Schwefel
Fällt vom Himmel und vielverheerender Hagel von Steinen;
Tod kommt über das Vieh. Und dann werden sie alle erkennen
Gott, den Unsterblichen, welcher auf solche Weise Gericht hält:
Wehruf und Heulen verbreiten sich über die endlose Erde
Aus dem Munde der sterbenden Männer; verstummend im Blute
Baden sich alle; es trinkt die Erde auch selber das Blut der
Sterbenden Menschen; es letzt das wilde Tier sich am Fleische.
*   ER, der große und ewige Gott, er hat mich dies alles*
Künden geheißen, und nimmer wird der Erfüllung ermangeln
Oder Vollendung, was er auch immer ins Herz mir gelegt hat;

ἄψευστον γὰρ πνεῦμα θεοῦ πέλεται κατὰ κόσμον.
υἱοὶ δ' αὖ μεγάλοιο θεοῦ περὶ ναὸν ἅπαντες
ἡσυχίως ζήσοντ' εὐφραινόμενοι ἐπὶ τούτοις,
οἷς δώσει κτίστης ὁ δικαιοκρίτης τε μόναρχος,
αὐτὸς γὰρ σκεπάσειε μόνος μεγαλωστὶ παραστάς,   705
κύκλοθεν ὡσεὶ τεῖχος ἔχων πυρὸς αἰθομένοιο.
ἀπτόλεμοι δ' ἔσσονται ἐν ἄστεσιν ἠδ' ἐνὶ χώραις.
οὐ χεὶρ γὰρ πολέμοιο κακοῦ, μάλα δ' ἔσσεται αὐτοῖς
αὐτὸς ὑπέρμαχος ἀθάνατος καὶ χεὶρ Ἁγίοιο.
καὶ τότε δὴ νῆσοι πᾶσαι πόλιές τ' ἐρέουσιν,   710
ὁππόσον ἀθάνατος φιλέει τοὺς ἄνδρας ἐκείνους.
πάντα γὰρ αὐτοῖσιν συναγωνιᾷ ἠδὲ βοηθεῖ,
οὐρανὸς ἠέλιος τε θεήλατος ἠδὲ σελήνη.
ἡδὺν ἀπὸ στομάτων δὲ λόγον ἄξουσιν ἐν ὕμνοις ·   713
'δεῦτε, πεσόντες ἅπαντες ἐπὶ χθονὶ λισσώμεσθα   715
ἀθάνατον βασιλῆα, θεὸν μέγαν ἀέναόν τε.
πέμπωμεν πρὸς ναόν, ἐπεὶ μόνος ἐστὶ δυνάστης ·
καὶ νόμον ὑψίστοιο θεοῦ φραζώμεθα πάντες,
ὅστε δικαιότατος πέλεται πάντων κατὰ γαῖαν.
ἡμεῖς δ' ἀθανάτοιο τρίβου πεπλανημένοι εἰμέν,   720
ἔργα δὲ χειροποίητα γεραίρομεν ἄφρονι θυμῷ
εἴδωλα ξόανά τε καταφθιμένων ἀνθρώπων.'
ταῦτα βοήσουσιν ψυχαὶ πιστῶν ἀνθρώπων.   724

ὁππότε δὴ καὶ τοῦτο λάβῃ τέλος αἴσιμον ἦμαρ,   741
ἥξει ἐπ' ἀνθρώπους ἀγαθοῦ μεγάλοιο καταρχή.   743
γῆ γὰρ παγγενέτειρα βροτοῖς δώσει τὸν ἄριστον
καρπὸν ἀπειρέσιον σίτου οἴνου τ' ἰδ' ἐλαίου ·   745
πηγάς τε ῥήξει γλυκερὰς λευκοῖο γάλακτος ·   749
πλήρεις δ' αὖτε πόλεις ἀγαθῶν καὶ πίονες ἀγροί   750
ἔσσοντ' · οὐδὲ μάχαιρα κατὰ χθονὸς οὐδὲ κυδοιμός ·
οὐδὲ βαρὺ στενάχουσα σαλεύσεται οὐκέτι γαῖα ·
οὐ πόλεμος οὐδ' αὖτε κατὰ χθονὸς αὐχμὸς ἔτ' ἔσται,
οὐ λιμὸς καρπῶν τε κακορρέκτειρα χάλαζα ·
ἀλλὰ μὲν εἰρήνη μεγάλη κατὰ γαῖαν ἅπασαν,   755
καὶ βασιλεὺς βασιλῆι φίλος μέχρι τέρματος ἔσται
αἰῶνος, κοινόν τε νόμον κατὰ γαῖαν ἅπασαν
ἀνθρώποις τελέσειεν ἐν οὐρανῷ ἀστερόεντι

Denn untrüglich ist Gottes Geist in der Ordnung des Kosmos.
Alle Kinder des großen Gottes dann rings um den Tempel
Werden in Frieden leben, sich freuend an dem, was der Herrscher,
Gott der Schöpfer, gerecht stets richtend, ihnen gewähret.
Selbst ja wird er sie schirmen allein und machtvoll beschützen,
Als ob er zög' eine Mauer ringsum von flammendem Feuer.
Sicher werden sie leben vor Feinden in Stadt und im Lande.
Nimmer bedroht sie die Hand des schrecklichen Krieges, Gott selber
Ist ja ihr schützend Hort und des Heiligen Hand, der unsterblich.
Und dann werden die Inseln und Städte alle bekennen,
Wie der Unsterbliche liebt jene Männer; dann streitet ja alles
Für sie und steht ihnen bei, der Himmel und auch die Sonne,
Angetrieben von göttlicher Macht, und der Mond. Und es werden
Ihrem Munde entströmen gar liebliche Worte in Hymnen:
„Kommet, zur Erde nieder wollen wir alle uns werfen,
Flehn zum unsterblichen König, dem großen und ewigen Gotte!
Laßt zum Tempel uns wallen; denn er allein ist der Herrscher.
Höchsten Gottes Gesetz laßt alle im Herzen uns tragen,
Denn der gerechteste ist er ja doch von allen auf Erden.
Wir hatten irrend verlassen den Weg des unsterblichen Gottes,
Beteten Werke von Menschenhand an mit törichtem Sinne,
Götzen und künstliche Bilder von abgeschiedenen Menschen."
Also werden die Seelen der gläubigen Menschen jetzt rufen.

Wenn nun seine Vollendung auch dieser Glückstag erhält, dann
Wird zu den Menschen kommen der Anfang herrlicher Zeiten.
Denn im Übermaß spendet die Allmutter Erde den Menschen
Allen köstlichste Frucht von Korn und Wein und von Öl, und
Süße Quellen läßt sie entspringen von weißlicher Milch; dann
Sind wieder Städte und fette Fluren voll Reichtum; kein Schwert gibt's
Jetzt mehr auf Erden noch Kampfesgetöse; es wird fernerhin nicht
Tief aufstöhnend erschüttert die Erde; es herrscht nicht Krieg mehr
Dann auf Erden noch dürrender Mißwachs, nicht Hunger mehr gibt es,
Auch nicht erntevernichtenden Hagel, vielmehr wird auf Erden
Überall herrschen ein tiefer Frieden unter den Menschen:
Und ein König wird Freund sein dem andern bis zu der Zeiten
Ende, ein allgemeines Gesetz überall auf der Erde
Wird der Unsterbliche schaffen am Sternenhimmel den Menschen

ἀθάνατος, ὅσα πέπρακται δειλοῖσι βροτοῖσιν.
αὐτὸς γὰρ μόνος ἐστὶ θεὸς κοὐκ ἔστιν ἔτ' ἄλλος·   760
αὐτὸς καὶ πυρὶ φλέξειεν χαλεπῶν γένος ἀνδρῶν.   761
  καὶ τότε δὴ ἐξεγερεῖ βασιλήιον εἰς αἰῶνας   767
εὐσεβέσιν, τοῖς πᾶσιν ὑπέσχετο γαῖαν ἀνοίξειν   769
καὶ κόσμον μακάρων τε πύλας καὶ χάρματα πάντα   770
καὶ νοῦν ἀθάνατον αἰώνιον εὐφροσύνην τε.
πάσης δ' ἐκ γαίης λίβανον καὶ δῶρα πρὸς οἴκους
οἴσουσιν μεγάλοιο θεοῦ· κοὐκ ἔσσεται ἄλλος
οἶκος ἐπ' ἀνθρώποισι καὶ ἐσσομένοισι πυθέσθαι,
ἀλλ' ὃν ἔδωκε θεὸς πιστοῖς ἄνδρεσσι γεραίρειν.   775
καὶ πᾶσαι πεδίοιο τρίβοι καὶ τρηχέες ὄχθαι   777
οὔρεά θ' ὑψήεντα καὶ ἄγρια κύματα πόντου
εὔβατα καὶ εὔπλωτα γενήσεται ἤμασι κείνοις·
πᾶσα γὰρ εἰρήνη ἀγαθῶν ἐπὶ γαῖαν ἱκνεῖται·   780
ῥομφαίαν δ' ἀφελοῦσι θεοῦ μεγάλοιο προφῆται·
αὐτοὶ γὰρ κριταί εἰσι βροτῶν βασιλεῖς τε δίκαιοι.
ἔσται δὴ καὶ πλοῦτος ἐν ἀνθρώποισι δίκαιος·
αὕτη γὰρ μεγάλοιο θεοῦ κρίσις ἠδὲ καὶ ἀρχή.
  εὐφράνθητι, κόρη, καὶ ἀγάλλεο· σοὶ γὰρ ἔδωκεν   785
εὐφροσύνην αἰῶνος, ὃς οὐρανὸν ἔκτισε καὶ γῆν.
ἐν σοὶ δ' οἰκήσει· σοὶ δ' ἔσσεται ἀθάνατον φῶς·
ἠδὲ λύκοι τε καὶ ἄρνες ἐν οὔρεσιν ἄμμιγ' ἔδονται
χόρτον, παρδάλιές τ' ἐρίφοις ἅμα βοσκήσονται·
ἄρκτοι σὺν μόσχοις νομάδεσσ' αὐλισθήσονται·   790
σαρκοβόρος τε λέων φάγεται ἄχυρον παρὰ φάτνη
ὡς βοῦς· καὶ παῖδες μάλα νήπιοι ἐν δεσμοῖσιν
ἄξουσιν· πηρὸν γὰρ ἐπὶ χθονὶ θῆρα ποιήσει.
σὺν βρέφεσίν τε δράκοντες ἅμ' ἀσπίσι κοιμήσονται
κοὐκ ἀδικήσουσιν· χεὶρ γὰρ θεοῦ ἔσσετ' ἐπ' αὐτούς.   795
  σῆμα δέ τοι ἐρέω μαλ' ἀριφραδές, ὥστε νοῆσαι,
ἡνίκα δὴ πάντων τὸ τέλος γαίηφι γένηται.
ὁππότε κεν ῥομφαῖαι ἐν οὐρανῷ ἀστερόεντι
ἐννύχιαι ὀφθῶσι πρὸς ἕσπερον ἠδὲ πρὸς ἠῶ,
αὐτίκα καὶ κονιορτὸς ἀπ' οὐρανόθεν προφέρηται   800
πρὸς γαῖαν καὶ ἅπαν <φαέθον> σέλας ἠελίοιο
ἐκλείψῃ κατὰ μέσσον ἀπ' οὐρανοῦ ἠδὲ σελήνης
ἀκτῖνες προφανῶσι καὶ αἶψ' ἐπὶ γαῖαν ἵκωνται

Für alles, was die armseligen Sterblichen haben geleistet.
Denn er selber allein ist der Gott, und es gibt keinen andern;
Er verbrennt das Geschlecht böswilliger Männer im Feuer.
Und dann wird er ein Reich für ewige Zeiten errichten
Unter den Frommen, denn ihnen allen verhieß er zu öffnen
Erde und Welt und der Seligkeit Tore, die Fülle der Freuden
Und unsterblichen, ewigen Geist und frohe Gesinnung.
Und man bringt von der ganzen Erde Gaben und Weihrauch
Hin zu des großen Gottes Behausung, und da wird kein Haus sein
Bei den Menschen noch späten Geschlechtern zur Kunde als jenes,
Welches der Herrgott den gläubigen Männern zu ehren gegeben.
Und über jeden Pfad im Gefild, über steinige Höhen,
Über die ragenden Berge und wilden Wogen des Meeres
Wird man schreiten und fahren in jenen Tagen ohn' Fährnis:
Kommet doch aller Friede der Guten über die Erde.
Aber das Schwert verwahren des großen Gottes Propheten;
Denn sie selbst sind Richter, der Menschen gerechte Beherrscher.
Auch der Reichtum unter den Menschen ist rechter Besitz dann,
und es gilt nur des großen Gottes richtende Herrschaft.
    Freu dich von Herzen, o Mägdlein, und juble; denn dir hat gegeben
Lust ohne Ende der Herr, der den Himmel erschuf und die Erde.
Wohnen wird er bei dir, und ewiges Licht ist dein Anteil.
Wölfe schmausen und Lämmer in Bergen, gar innig gesellet,
Gräser, und Panther, mit Böcklein vereinigt, gehn auf die Weide.
Und die Bären lagern mit schweifernden Kälbern zusammen;
Der fleischhungrige Leu frißt gleich einem Rind an der Krippe
Stroh, und es führen am Zaume ihn noch kleinwinzige Knäblein.
Denn ganz harmlos macht er auf Erden das wilde Getier, und
Säuglinge schlafen mit Schlangen und Nattergezüchten zusammen
Ohne Gefahr; denn über sie hält Gott selber die Hände.
    Und ich will dir ein Zeichen verkünden, das unschwer zu deuten,
Daß du erkennest, wann endlich auf Erden das Ende der Dinge
Sein wird: wenn man dereinst an dem sternhellen Himmel zur Nachtzeit
Schwerter gen Abend erblickt und auch gegen Morgen, und alsbald
Eine Wolke von Staub vom Himmel zur Erde hinabsinkt,
Und aller Glanz der Sonne am Himmel verschwindet im Laufe,
Während die Strahlen des Mondes sich zeigen, herab auf die Erde
Plötzlich ein Blutregen gießt und die Steine zu reden beginnen;

αίματικαὶ σταγόνες, πετρῶν δὲ βόημα γένηται·
ἐν νεφέλῃ δ' ὄψεσθε μάχην πεζῶν τε καὶ ἱππέων,   805
οἷα κυνηγεσίην θηρῶν, ὁμίχλησιν ὁμοίην.
τοῦτο τέλος πολέμοιο τελεῖ θεὸς οὐρανὸν οἰκῶν.

ταῦτά σοι 'Ασσυρίης Βαβυλώνια τείχεα μακρά   809
οἰστρομανὴς προλιποῦσα, ἐς Ἑλλάδα πεμπόμενον πῦρ   810
πᾶσι προφητεύουσα θεοῦ μηνίματα θνητοῖς

. . . .
ὥστε προφητεῦσαί με βροτοῖς αἰνίγματα θεῖα
καὶ καλέσουσι βροτοί με καθ' Ἑλλάδα πατρίδος ἄλλης,
ἐξ Ἐρυθρῆς γεγαυῖαν ἀναιδέα. οἱ δέ με Κίρκης
μητρὸς κἀγνώστοιο πατρὸς φήσουσι Σίβυλλαν   815
μαινομένην ψεύστειραν· ἐπὴν δὲ γένηται ἄπαντα,
τηνίκα μου μνήμην ποιήσετε κοὐκέτι μ' οὐδείς
μαινομένην φήσειε, θεοῦ μεγάλοιο προφῆτιν.

Καὶ γὰρ ἐμοὶ δήλωσεν, ἃ πρὶν γενετῆρσιν ἐμοῖσιν·
ὅσσα δὲ πρῶτ' ἐγένοντο, τά μοι θεῖος κατέλεξε,   820
τῶν μετέπειτα δὲ πάντα θεὸς νόῳ ἐγκατέθηκεν,
ὥστε προφητεύειν με τά τ' ἐσσόμενα πρό τ' ἐόντα
καὶ λέξαι θνητοῖς. ὅτε γὰρ κατεκλύζετο κόσμος
ὕδασι, καί τις ἀνὴρ μόνος εὐδόκιμος ἐλείφθη
ὑλοτόμῳ ἐνὶ οἴκῳ ἐπιπλώσας ὑδάτεσσιν   825
σὺν θηρσὶν πτηνοῖσί θ', ἵν' ἐμπλησθῇ πάλι κόσμος·
τοῦ μὲν ἐγὼ νύμφη καὶ ἀφ' αἵματος αὐτοῦ ἐτύχθην,
τῷ τὰ πρῶτ' ἐγένοντο· τὰ δ' ἔσχατα πάντ' ἀπεδείχθη·
ὥστ' ἀπ' ἐμοῦ στόματος τάδ' ἀληθινὰ πάντα λελέχθω.

Λόγος τέταρτος.

Κλῦθι, λεὼς 'Ασίης μεγαλαυχέος Εὐρώπης τε,
ὅσσα πολυφθόγγοιο διὰ στόματος Μεγάλοιο
μέλλω ἀφ' ἡμετέρου παναληθέα μαντεύεσθαι·
οὐ ψευδοῦς Φοίβου χρησμηγόρος, ὅν τε μάταιοι
ἄνθρωποι θεὸν εἶπον, ἐπεψεύσαντο δὲ μάντιν·   5
ἀλλὰ θεοῦ μεγάλοιο, τὸν οὐ χέρες ἔπλασαν ἀνδρῶν
εἰδώλοις ἀλάλοισι λιθοξέστοισιν ὅμοιον.
οὐδὲ γὰρ εἰκόν' ἔχει ναῷ λίθον ἱδρυθέντα,
κωφότατον νωδόν τε, βροτῶν πολυαλγέα λώβην·

In den Wolken ihr schauet den Kampf von Fußvolk und Reitern
Wie eine Hetzjagd auf Wild, vergleichbar Nebelgebilden!
Das ist das Ende des Krieges, das Gott auf dem Himmelsthron bringet.

Das prophezei' ich als Strafgericht Gottes den Sterblichen allen;
Hab' ich doch Babylons Mauern verlassen, getrieben vom Stachel
Rasenden Wahnsinns, um das gegen Hellas gesendete Feuer
Allen zu künden . . .
Und so hab' ich geweissagt den Sterblichen göttliche Rätsel.
Aber in Griechenland schieben sie mir eine andere Heimat
Zu und nennen mich „schamloses Weib aus Erythrä"; und andre
Sagen, ich sei eines Unbekannten Tochter und Kirkes,
Eine rasende Lügen-Sibylle; doch wenn alles eintrifft,
Werdet ihr an mich denken und nicht mehr mich „Rasende" nennen,
Sondern erkennen; ich war des gewaltigen Gottes Prophetin.
Er nämlich hat mir verkündet, was vor meinen Eltern geschehen;
Was dann zunächst geschah, hat mir alles der Oheim berichtet.
Doch von der Zukunft gab Gott mir jegliches selber ins Herze,
Daß ich das Künftige weissage wie das Vergangne und künde
Allen Menschen. Denn als überflutet von Wasser die Welt war,
Blieb nur ein einziger Unbescholtener übrig von allen,
Fuhr in dem holzgezimmerten Haus auf den Wogen dahin mit
Vielem Getier und Geflügel, aufs neue zu füllen die Erde:
Dessen Verwandte und Schwiegertochter wurd' ich vor Zeiten;
Er hat die früheren Dinge erlebt; mir wurden die letzten
Gänzlich verkündet: so soll denn mein Mund die Wahrheit enthüllen.

IV. Buch

Höre doch, Asiens und Europas hochnackiges Volk, jetzt,
Was ich durch meinen stimmreichen Mund von unserm erhabnen
Gott eingegebnes Allwahres euch soll als Prophetin verkünden,
Nicht als Orakelverkündrin des trügenden Phoibos Apollon –
Menschen nannten vergeblich ihn Gott und fälschlich den Seher –
Sondern des großen Gottes, den nicht die Hände von Menschen
Haben gebildet, den stummen Götzen aus Stein zu vergleichen.
Denn er hat in dem Tempel ja keinen tauben und blöden
Stein, als Bild geweiht, der Sterblichen drückende Schande;

ἀλλ' ὃν ἰδεῖν οὐκ ἔστιν ἀπὸ χθονὸς οὐδὲ μετρῆσαι   10
ὄμμασιν ἐν θνητοῖς, οὐ πλασθέντ' ἐν χέρι θνητῇ·
ὃς καθορῶν ἅμα πάντας ὑπ' οὐδενὸς αὐτὸς ὁρᾶται·
οὗ νύξ τε δνοφερή τε καὶ ἡμέρη ἠέλιός τε
ἄστρα σεληναίη τε καὶ ἰχθυόεσσα θάλασσα
καὶ γαίη ποταμοί τε καὶ ἀενάων στόμα πηγῶν,   15
κτίσματα πρὸς ζωήν, ὄμβροι θ' ἅμα καρπὸν ἀρούρης
τίκτοντες καὶ δένδρα καὶ ἄμπελον, αὐτὰρ ἐλαίην.
οὗτός μοι μάστιγα διὰ φρενὸς ἤλασεν εἴσω,
ἀνθρώποις ὅσα νῦν τε καὶ ὁππόσα ἔσσεται αὖτις
ἐκ πρώτης γενεῆς ἄχρις ἐς δεκάτην ἀφικέσθαι   20
ἀτρεκέως καταλέξαι· ἅπαντα γὰρ αὐτὸς ἐλέγξει
ἐξανύων. σὺ δὲ πάντα, λεώς, ὑπάκουε Σιβύλλῃ
ἐξ ὁσίου στόματος φωνὴν προχεούσῃ ἀληθῆ.
    ὄλβιοι ἀνθρώπων κεῖνοι κατὰ γαῖαν ἔσονται,
ὅσσοι δὴ στέρξουσι μέγαν θεὸν εὐλογέοντες   25
πρὶν πιέειν φαγέειν τε πεποιθότες εὐσεβίῃσιν·
οἳ νηοὺς μὲν ἅπαντας ἀπαρνήσονται ἰδόντες
καὶ βωμούς, εἰκαῖα λίθων ἀφιδρύματα κωφῶν,
αἵμασιν ἐμψύχων μεμιασμένα καὶ θυσίῃσιν
τετραπόδων· λεύσουσι δ' ἑνὸς θεοῦ εἰς μέγα κῦδος   30
οὔτε φόνον ῥέξαντες ἀτάσθαλον οὔτε κλοπαῖον
κέρδος ἀπεμπολέοντες, ἃ δὴ ῥίγιστα τέτυκται,
οὐδ' ἄρ' ἐπ' ἀλλοτρίῃ κοίτῃ πόθον αἰσχρὸν ἔχοντες.   33
ὧν τρόπου εὐσεβίην τε καὶ ἤθεα ἀνέρες ἄλλοι   35
οὔποτε μιμήσονται ἀναιδείην ποθέοντες·
ἀλλ' αὐτοὺς χλεύῃ τε γέλωτί τε μυχθίζοντες
νήπιοι ἀφροσύνῃσιν ἐπιψεύσονται ἐκείνοις,
ὅσσ' αὐτοὶ ῥέξουσιν ἀτάσθαλα καὶ κακὰ ἔργα.
δύσπιστον γὰρ ἅπαν μερόπων γένος. ἀλλ' ὅταν ἤδη   40
κόσμου καὶ θνητῶν ἔλθῃ κρίσις, ἣν θεὸς αὐτός
ποιήσει κρίνων ἀσεβεῖς θ' ἅμα εὐσεβέας τε,
καὶ τότε δυσσεβέας μὲν ὑπὸ ζόφον ἐν πυρὶ πέμψει.   43
εὐσεβέες δὲ μενοῦσιν ἐπὶ ζείδωρον ἄρουραν   45
πνεῦμα θεοῦ δόντος ζωήν θ' ἅμα καὶ χάριν αὐτοῖς.
ἀλλὰ τὰ μὲν δεκάτῃ γενεῇ μάλα πάντα τελεῖται·
νῦν δ' ὅσ' ἀπὸ πρώτης γενεῆς ἔσται, τάδε λέξω.

Gott, der zu sehen nicht ist von der Erde, noch mit den Augen
Sterblicher Menschen zu schätzen, geformt nicht von sterblichen
Ihm bleibt keiner verborgen, doch er ist niemandem sichtbar, [Händen;
Welcher die finstere Nacht und den Tag und die strahlende Sonne,
Alle Gestirne, den Mond und das fischreiche Meer und die Erde,
Zahlreiche Ströme, die Mündung der unversieglichen Quellen
Schuf zum Leben der Menschen, auch Regengüsse, des Erdreichs
Frucht erzeugend, und Bäume und Reben und auch die Olive.
Dieser hat mit der Geißel das Herz in der Brust mir getrieben, [Zukunft,
Was für die Menschen jetzt kommt und was wiederum sein wird in
Von dem ersten Menschengeschlecht bis zum zehnten zu kommen,
Wahrheitsgetreu zu verkünden; denn alles erweiset er selber
Durch die Tat. Denn höre, du Volk, auf alles, was jetzt aus
Heiligem Mund läßt erschallen mit wahrer Stimm' die Sibylle.

Ach, wie glücklich werden die Menschen dann sein auf der Erde,
Welche den großen Gott lobpreisen und lieben von Herzen,
Ehe sie essen und trinken, vertrauend auf rechtschaffne Taten;
Die ihre Blicke abwenden von sämtlichen Tempeln und Opfer-
Stätten, wo törichte Götzen aus stummem Stein sind errichtet,
Von den blutigen Opfern der lebenden Tiere beflecket.
Sie werden schauen des einen Gottes herrlichen Ruhm und
Nicht mehr Mordverbrechen begehn, nicht Diebesgewinn mehr
Sich aneignen – die schlimmsten Verbrechen begingen die Menschen –
Auch nicht auf fremdem Lager der schimpflichen Lust sich ergeben,
Deren Charakter und frommen Wandel die anderen Männer
Niemals nachahmen werden, der Schamlosigkeit nur ergeben;
Sondern mit Spott und mit Hohngelächter verfolgen die Toren
Jene aus Unverstand und dichten ihnen die Frevel,
Alle die schlimmen Verbrechen an, die sie selber begehen.
Denn ganz treulos ist ja das Menschengeschlecht; aber wenn dann
Über die Welt und die Menschen erfolgt das Gericht, das Gott selber
Abhalten wird über Fromme und Gottlose gleichermaßen,
Dann schickt Er die Unfrommen ins Feuer der Finsternis nieder.
Doch die Frommen werden verweilen auf fruchtreicher Erde
Und Gott gibt ihnen Geist und Leben und Gnade zumal. Doch
All dies wird einst erfüllt im zehnten Geschlechte der Menschen;
Jetzt aber will ich verkünden, was wird vom ersten Geschlecht an.

πρῶτα μὲν Ἀσσύριοι θνητῶν ἄρξουσιν ἀπάντων
ἐξ γενεᾶς κόσμοιο διακρατέοντες ἐν ἀρχῇ,   50
ἐξ οὗ μηνίσαντος ἐπουρανίοιο θεοῖο
αὐτῇσιν πολίεσσι καὶ ἀνθρώποισιν ἅπασιν
γῆν ἐκάλυψε θάλασσα κατακλυσμοῖο ῥαγέντος.
οὓς Μῆδοι καθελόντες ἐπαυχήσουσι θρόνοισιν,
οἷς γενεαὶ δύο μοῦναι· ἐφ’ ὧν τάδε ἔσσεται ἔργα·   55
νὺξ ἔσται σκοτόεσσα μέση ἐνὶ ἤματος ὥρῃ·
ἄστρα ἀπ’ οὐρανόθεν λείψει καὶ κύκλα σελήνης·
γῆ δὲ κλόνῳ σεισμοῖο τινασσομένη μεγάλοιο
πολλὰς πρηνίξει πόλιας καὶ ἔργ’ ἀνθρώπων·
ἐκ δὲ βυθοῦ τότε νῆσοι ὑπερκύψουσι θαλάσσης.   60
ἀλλ’ ὅταν Εὐφρήτης μέγας αἵματι πλημμύρηται,
καὶ τότε δὴ Μήδοις Πέρσαισι τε φύλοπις αἰνή
στήσεται ἐν πολέμῳ· Περσῶν ὑπὸ δούρασι Μῆδοι
πίπτοντες φεύξονται ὑπὲρ μέγα Τίγριδος ὕδωρ.
Περσῶν δὲ κράτος ἔσται ὅλου κόσμοιο μέγιστον,   65
οἷς γενεὴ μία κεῖται ἀνακτορίης πολυόλβου.
ἔσται δ’, ὅσσα κεν ἄνδρες ἀπεύξωνται, κακὰ ἔργα,
φυλόπιδές τε φόνοι τε διχοστασίαι τε φυγαί τε
πύργων τε πρηνισμοὶ ἀναστασίαι τε πολήων,
Ἑλλὰς ὅταν μεγάλαυχος ἐπὶ πλάτυν Ἑλλήσποντον   70
πλεύσει Φρυξὶ βαρεῖαν ἱδ’ Ἀσίδι κῆρα φέρουσα.
αὐτὰρ ἐς Αἴγυπτον πολυαύλακα πυροφόρον τε
λιμὸς ἀκαρπίη τε περιπλομένων ἐνιαυτῶν
εἴκοσι φοιτήσει, σταχυητρόφος ἡνίκα Νεῖλος
ἄλλοθί που ὑπὸ γαῖαν ἀποκρύψει μέλαν ὕδωρ.   75
ἥξει δ’ ἐξ Ἀσίης βασιλεὺς μέγα ἔγχος ἀείρας
νηυσὶν ἀμετρήτοισιν, τὰ μὲν βυθοῦ ὑγρὰ κέλευθα
πεζεύσει, πλεύσει δὲ ταμὼν ὄρος ὑψικάρηνον·
ὃν φυγάδ’ ἐκ πολέμου δειλὴ ὑποδέξεται Ἀσίς.
Σικελίην δὲ τάλαιναν ἐπιφλέξει μάλα πᾶσαν   80
χεῦμα πυρὸς μεγάλοιο ἐρευγομένης φλογὸς Αἴτνης·
ἠδὲ Κρότων πέσεται μεγάλη πόλις εἰς βαθὺ χεῦμα.
ἔσται δ’ Ἑλλάδι νεῖκος· ἐν ἀλλήλοις δὲ μανέντες
πολλὰς πρηνίξουσι πόλεις, πολλοὺς δ’ ὀλέσουσιν
μαρνάμενοι· τὸ δὲ νεῖκος ἰσόρροπον ἀλλήλοισιν.   85
ἀλλ’ ὅταν ἐς δεκάτην γενεὴν μερόπων γένος ἔλθῃ,

Anfangs beherrscht der Assyrer die Menschen alle auf Erden,
Sechs Geschlechter hindurch regierend im Anfang des Weltalls,
Von dem Zeitpunkte ab, wo der Himmelsgott zürnte den Menschen
Und die Erde mitsamt den Städten und allen Bewohnern.
Ließ von den Wassern das Meer bedecken beim Einbruch der Sintflut.
　　Diese stürzen die Meder, die nun der Herrschaft sich rühmen,
Doch nur auf zwei Geschlechter; da werden folgende Dinge
Sein: Am hellen Mittag wird's finstere Nacht; und die Sterne
Werden vom Himmel verschwinden und auch die Scheibe des Mondes.
Aber die Erde wird schüttern beim Toben gewaltigen Bebens,
Welches zahlreiche Städte und Werke der Menschen vernichtet;
Dann aber tauchen empor aus der Tiefe des Meeres viel Inseln.
　　Fließt dann über von Blut der gewaltige Euphrat, dann werden
Meder- und Perserscharen in schrecklichem Krieg miteinander
Kämpfen; doch unter den Speeren der Perser fallen die Meder,
Deren Rest übers große Tigriswasser entfliehet.
Persermacht wird in Zukunft die größte werden auf Erden.
Doch ist ein einzig Geschlecht nur beschieden der üppigen Herrschaft.
　　Alsdann geschehn alle schlimmen Dinge, die Menschen verwünschen,
Kriegsnot, Blutvergießen und Flucht der Massen und Zwiespalt,
Einsturz gewaltiger Türme und vieler Städte Zerstörung,
Wenn das großnackige Hellas gefahren kommt nach dem breiten
Hellespont und Phrygien und Asien fürchterlich heimsucht.
　　Doch in Ägypten, das reich ist an Äckern und Weizen hervorbringt,
Werden Hunger und Mißwachs den Einzug halten im Umschwung
Von zwanzig Jahren, wenn der die Ähren nährende Nil sein
Dunkles Wasser woanders verbirgt im Innern der Erde.
　　Ankommt von Asien her mit erhobener Lanze ein König
Machtvoll mit zahlreichen Schiffen; zu Fuß überschreitet er nasse
Pfade der Tiefe, den hohen Berg durchschneidend zur Durchfahrt;
Doch ihn empfängt, aus dem Kriege entfliehend, Asiens Elend.
　　Armselig ganz und gar wird dann Sizilien verbrennen
In einer mächtigen Flut von Feuer, das quillt aus dem Ätna;
Kroton, die mächtige Stadt, wird im tiefen Erdschlund versinken.
　　Doch in Hellas gibt's Streit, und rasend auf beiden Seiten
Werden sie viele Städte zerstören und viele vernichten
Mitten im Kampf; doch der Streit bleibt unentschieden für beide.
　　Doch wenn die sterblichen Menschen ins zehnte Geschlecht sind ge-
[kommen,

καὶ τότε Πέρσησιν ζυγὰ δούλια καὶ φόβος ἔσται.
αὐτὰρ ἐπὶ σκήπτροισι Μακηδόνες αὐχήσουσιν,
ἔσται καὶ Θήβησι κακὴ μετόπισθεν ἅλωσις,
Κᾶρες δ᾽ οἰκήσουσι Τύρον, Τύριοι δ᾽ ἀπολοῦνται.   90
καὶ Σάμον ἄμμος ἅπασαν ὑπ᾽ ἠιόνεσσι καλύψει,
Δῆλος οὐκέτι δῆλος, ἄδηλα δὲ πάντα τὰ Δήλου.
καὶ Βαβυλὼν μεγάλη μὲν ἰδεῖν, μικρὴ δὲ μάχεσθαι
στήσεται ἀχρήστοισιν ἐπ᾽ ἐλπίσι τειχισθεῖσα.
Βάκτρα κατοικήσουσι Μακηδόνες· οἳ δ᾽ ἀπὸ Βάκτρων   95
καὶ Σούσων φεύξονται ἐς Ἑλλάδα γαῖαν ἅπαντες.

ἔσσεται ἐσσομένοις, ὅτε Πύραμος ἀργυροδίνης
ἠιόνα προχέων ἱερὴν ἐς νῆσον ἵκηται.
καὶ σύ, Βάρις, πέσεαι καὶ Κύζικος, ἡνίκα γαίης
βρασσομένης σεισμοῖσιν ὀλισθαίνουσι πόληες.   100
ἥξει καὶ Ῥοδίοις κακὸν ὕστατον, ἀλλὰ μέγιστον.
οὐδὲ Μακηδονίης ἔσται κράτος· ἀλλ᾽ ἀπὸ δυσμῶν
Ἰταλὸς ἀνθήσει πόλεμος μέγας, ᾧ ὕπο κόσμος
λατρεύσει δούλειον ἔχων ζυγὸν Ἰταλίδησιν.
καὶ σύ, τάλαινα Κόρινθε, τεήν ποτ᾽ ἐπόψει ἅλωσιν.   105
Καρχηδών, καὶ σεῖο χαμαὶ πᾶς πύργος ἐρείψει.
τλῆμον Λαοδίκεια, σὲ δὲ στρώσει ποτὲ σεισμός
πρηνίξας, στήσῃ δὲ πάλιν πόλις ἱδρυνθεῖσα.
ὦ Λυκίης Μύρα καλά, σὲ δ᾽ οὔποτε βρασσομένη χθών
στηρίξει· πρηνὴς δὲ κάτω πίπτουσ᾽ ἐπὶ γαίης   110
εἰς ἑτέρην εὔξῃ προφυγεῖν χθόνα, οἷα μέτοικος,
ἡνίκα δὴ Πατάρων ὅμαδόν ποτε δυσσεβεόντων
βρονταῖς καὶ σεισμοῖσιν ἀποσκεδάσει μέλαν ὕδωρ.
Ἀρμενίη, καὶ σοὶ δὲ μένει δούλειος ἀνάγκη·
ἥξει καὶ Σολύμοισι κακὴ πολέμοιο θύελλα   115
Ἰταλόθεν, νηὸν δὲ θεοῦ μέγαν ἐξαλαπάξει,
ἡνίκ᾽ ἂν ἀφροσύνῃσι πεποιθότες εὐσεβίην μέν
ῥίψωσιν, στυγερούς δὲ φόνους τελέωσι πρὸ νηοῦ·
καὶ τότ᾽ ἀπ᾽ Ἰταλίης βασιλεὺς μέγας οἷά τε δράστης
φεύξετ᾽ ἄφαντος ἄπυστος ὑπὲρ πόρον Εὐφρήταο,   120
ὁππότε δὴ μητρῷον ἄγος στυγεροῖο φόνοιο
τλήσεται ἄλλα τε πολλά, κακῇ σὺν χειρὶ πιθήσας.
πολλοὶ δ᾽ ἀμφὶ θρόνῳ Ῥώμης πέδον αἱμάξουσιν

Dann ist den Persern beschieden der Knechtschaft Joch und viel
[Schrecken.
Aber nun werden die Makedonen der Herrschaft sich rühmen.
Später wird dann auch Theben in übler Weise genommen.
Karer wohnen in Tyrus; die Tyrier gehen zugrunde.
Und ganz Samos wird Sand einhüllen unter den Dünen.
Delos ist nicht mehr sichtbar; von Delos ist alles verschwunden.
Und Babylon, im Anblick groß, im Kampf jedoch klein, wird
Dastehen, mit unnützen Erwartungen fest ummauert.
Baktra bewohnen fortan Makedonen; doch Baktras und Susas
Sämtliche Bürger werden dann fliehn ins Land der Hellenen.
    Dann wird kommen die Zeit, wo mit seiner silbrigen Flut der
Pyramos, Dünen verschiebend, zur heiligen Insel wird kommen.
Und du, Baris, wirst fallen, und du auch, Kyzikos, wenn einst
Städte zu Boden sinken mit schrecklichem Beben der Erde.
Auch über Rhodos wird Unheil kommen zuletzt, doch gar schlimmes.
    Auch Makedoniens Herrschaft besteht nicht, sondern von Westen,
Von Italien her, erhebt sich gewaltiger Kriegssturm,
Welcher die Welt wird zwingen, der Italer Knechtsjoch zu tragen.
Du auch, unselig Korinth, wirst deinen Fall noch erleben.
Auch Karthago! Dein Turm wird ganz zur Erde hin sinken.
Armes Laodicea, dich stürzt ein Beben zu Boden;
Abermals wirst du als Stadt mit herrlichen Straßen erstehen.
Schönes Myra in Lykien, dich läßt die erschütterte Erde
Nie feststehen, du fällst vornüber zur Erde, begehrend,
In ein anderes Land als Beisassin doch zu entfliehen,
Wenn Überschwemmung einst das Orakelgetöse des bösen
Patara unter Donner und Beben der Erde beseitigt.
    Land Armenien, auch dich erwartet der Knechtschaft Verhängnis.
Auch kommt über Jerusalem einst ein schrecklicher Kriegssturm
Von Italien und plündert den großen Tempel des Gottes,
Wenn sie der Torheit vertrauen und frommen Sinns sich begeben
Und gar schreckliche Morde begehen im Vorraum des Tempels.
Aus Italien erscheint ein großer König als Flüchtling;
Fliehen wird er, verschwunden, verschollen, über den Euphrat,
Wenn er zuvor mit dem Blute der eigenen Mutter und vielen
Andern Verbrechen die frevle Hand hat grausig besudelt.
Viele beflecken den Boden mit Blut für die Herrschaft der Römer,

κείνου ἀποδρήσαντος ὑπὲρ Παρθηΐδα γαῖαν.
εἰς Συρίην δ' ἥξει 'Ρώμης πρόμος, ὃς πυρὶ νηόν   125
συμφλέξας Σολύμων, πολλοὺς δ' ἅμα ἀνδροφονήσας
'Ιουδαίων ὀλέσει μεγάλην χθόνα εὐρυάγυιαν.
καὶ τότε δὴ Σαλαμῖνα Πάφον θ' ἅμα σεισμὸς ὀλέσσει.
Κύπρον ὅταν πολύκλυστον ὑπερκλονίῃ μέλαν ὕδωρ.
ἀλλ' ὁπόταν χθονίης ἀπὸ ῥωγάδος 'Ιταλίδος γῆς   130
πυρσὸς ἀποστραφθεὶς εἰς οὐρανὸν εὐρὺν ἵκηται,
πολλὰς δὲ φλέξῃ πόλιας καὶ ἄνδρας ὀλέσσῃ,
πολλὴ δ' αἰθαλόεσσα τέφρη μέγαν αἰθέρα πλήσῃ,
καὶ ψεκάδες πίπτωσιν ἀπ' οὐρανοῦ οἷά τε μίλτος,
γινώσκειν τότε μῆνιν ἐπουρανίοιο θεοῖο,   135
εὐσεβέων ὅτι φῦλον ἀναίτιον ἐξολέσουσιν.
ἐς δὲ δύσιν τότε νεῖκος ἐγειρομένου πολέμοιο
ἥξει καὶ 'Ρώμης ὁ φυγάς, μέγα ἔγχος ἀείρας,
Εὐφρήτην διαβὰς πολλαῖς ἅμα μυριάδεσσιν.
τλήμων 'Αντιόχεια, σὲ δὲ πτόλιν οὔποτ' ἐροῦσιν   140
ἡνίκ' ἂν ἀφροσύνῃσι τεαῖς ὑπὸ δούρασι πίπτῃς.
αἰαῖ, Κύπρε τάλαινα, σὲ δὲ πλατὺ κῦμα θαλάσσης   143
κρύψει χειμερίῃσιν ἀναρριφθεῖσαν ἀέλλαις.
ἥξει δ' εἰς 'Ασίην πλοῦτος μέγας, ὅν ποτε 'Ρώμη   145
αὐτὴ συλήσασα πολυκτέανον κατὰ δῶμα
θήκατο· καὶ δὶς ἔπειτα τοσαῦτα καὶ ἄλλ' ἀποδώσει
εἰς 'Ασίην, τότε δ' ἔσται ὑπέρκτησις πολέμοιο.
Καρῶν δὲ πτολίεθρα παρ' ὕδασι Μαιάνδροιο
ὅσσα πεπύργωνται περικαλλέα, πικρὸς ὀλέσσει   150
λιμός, ὅταν Μαίανδρος ἀποκρύψῃ μέλαν ὕδωρ.
ἀλλ' ὅταν εὐσεβίης μὲν ἀπ' ἀνθρώπων ἀπόληται
πίστις καὶ τὸ δίκαιον ἀποκρυφθῇ ἐνὶ κόσμῳ.
οἱ δὲ παλίμβολοι ἄνδρες ἐπ' οὐχ ὁσίοισι δὲ τόλμαις
ζῶντες ὕβριν ῥέξωσιν, ἀτάσθαλα καὶ κακὰ ἔργα.   155
εὐσεβέων δ' οὐδεὶς ποιῇ λόγον, ἀλλὰ καὶ αὐτοὺς
πάντας ὑπ' ἀφροσύνης μέγα νήπιοι ἐξολέσωσιν
ὕβρεσι χαίροντες καὶ ἐφ' αἵμασι χεῖρας ἔχοντες·
καὶ τότε γινώσκειν θεὸν οὐκέτι πρηῢν ἐόντα,
ἀλλὰ χόλῳ βρύχοντα καὶ ἐξολέκοντα γενέθλην   160
ἀνθρώπων ἅμα πᾶσαν ὑπ' ἐμπρησμοῦ μεγάλοιο.

Wenn jener flieht noch über die Grenzen des Parthergebietes.
Aber nach Syrien kommt ein Fürst aus Rom, der verbrennen
Wird Jerusalems Tempel und viele Juden vernichten
Und verderben das große Land mit geräumigen Straßen.
	Alsdann vernichtet mit Paphos auch Salamis eine Erschütt'rung,
Wenn übers vielbespülte Cypern hin Schwarzwasser brauset.
Schießt im italischen Land aus einer Erdkluft ein Feuer-
Zeichen zum weiten Himmel und kehret wieder zurücke
und verbrennt gar viele Städte und tötet die Männer,
Und erfüllt den geräumigen Äther viel schwärzliche Asche,
Fallen ferner Tropfen, dem Mennig vergleichbar, vom Himmel,
Dann soll draus man erkennen des himmlischen Gottes Erzürnung,
Weil man der Guten und Frommen unschuldiges Volk will vernichten.
Westwärts zieht dann das neuentfachete Kriegesgetümmel,
Und Roms Flüchtling erhebt des Krieges gewaltige Lanze
Und überschreitet also mit vielen Tausend den Euphrat.
	Armes Antiochien, dich wird man nicht Stadt mehr benennen,
Wenn du durch eigene Torheit den Speeren des Feindes erliegest.
	Weh dir, unseliges Cypern, dich wird überwält'gen des Meeres
Breite Woge, von schrecklichen Winterstürmen zerzauset!
	Aber nach Asien kommt der gewaltige Reichtum, den Rom einst
Für sich geraubt und in reichen Häusern hat aufgespeichert.
Und hernach wird zweimal soviel und mehr noch an Asien
Wiedererstattet; das ist dann des Krieges Zins und Vergeltung.
	Aber der Karier Städte, gelegen am Strand des Mäander,
Alle herrlich getürmt, wird bitterer Hunger vernichten,
Wenn der Mäander dereinst verbirgt sein schwarzes Gewässer.
Geht aber einmal den Menschen die Frömmigkeit gänzlich verloren
Und verbirgt in der Welt die Gerechtigkeit sich und die Treue,
Leben dann unheilig hin die abgefallenen Männer
Und vollbringen im Hochmut Verbrechen und schreckliche Frevel,
Nimmt auf Fromme niemand mehr Rücksicht, sondern vernichten
In ihrem Unverstand diese großen Kinder all jene,
Sich der Freveltat freuend, bereit die Hand zu der Bluttat,
Dann sieht man ein, daß Gott nicht weiterhin gnädig mehr sein wird,
Daß er, knirschend vor Zorn, das ganze Menschengeschlecht will
Gänzlich auf Erden vernichten durch einen gewaltigen Weltbrand.

ἆ μέλεοι, μετάθεσθε, βροτοί, τάδε μηδὲ πρὸς ὀργήν
παντοίην ἀγάγητε θεὸν μέγαν, ἀλλὰ μεθέντες
φάσγανα καὶ στοναχὰς ἀνδροκτασίας τε καὶ ὕβρεις
ἐν ποταμοῖς λούσασθε ὅλον δέμας ἀενάοισιν,   165
χεῖράς τ' ἐκτανύσαντες ἐς αἰθέρα τῶν πάρος ἔργων
συγγνώμην αἰτεῖσθε καὶ εὐλογίαις ἀσέβειαν
πικρὰν ἰάσασθε· θεὸς δ' ἕξει μετάνοιαν
οὐδ' ὀλέσει· παύσει δὲ χόλον πάλιν, ἤνπερ ἅπαντες
εὐσεβίην περίτιμον ἐνὶ φρεσὶν ἀσκήσητε.   170
εἰ δ' οὔ μοι πείθοισθε κακόφρονες, ἀλλ' ἀσέβειαν
στέργοντες τάδε πάντα κακαῖς δέξαισθε ἀκουαῖς,
πῦρ ἔσται κατὰ κόσμον ὅλον καὶ σῆμα μέγιστον
ῥομφαίᾳ σάλπιγγι, ἅμ' ἡελίῳ ἀνιόντι·
κόσμος ἅπας μύκημα καὶ ὄμβριμον ἦχον ἀκούσει   175
φλέξει δὲ χθόνα πᾶσαν, ἅπαν δ' ὀλέσει γένος ἀνδρῶν
καὶ πάσας πόλιας ποταμοὺς θ' ἅμα ἠδὲ θάλασσαν·
ἐκκαύσει δέ τε πάντα, κόνις δ' ἔσετ' αἰθαλόεσσα.
ἀλλ' ὅταν ἤδη πάντα τέφρη σποδόεσσα γένηται
καὶ πῦρ κοιμήσῃ θεὸς ἄσπετον, ὥσπερ ἀνῆψεν,   180
ὀστέα καὶ σποδιὴν αὐτὸς θεὸς ἔμπαλιν ἀνδρῶν
μορφώσει, στήσει δὲ βροτοὺς πάλιν, ὡς πάρος ἦσαν.
καὶ τότε δὴ κρίσις ἔσσετ', ἐφ' ᾗ δικάσει θεὸς αὐτός
κρίνων ἔμπαλι κόσμον· ὅσσοι δ' ὑπὸ δυσσεβίῃσιν
ἥμαρτον, τοὺς δ' αὖτε χυτὴ κατὰ γαῖα καλύψει   185
Τάρταρά τ' εὐρώεντα μυχοὶ στυγιοί τε γεέννης.
ὅσσοι δ' εὐσεβέουσι, πάλιν ζήσοντ' ἐπὶ γαῖαν
ἀθανάτου δόντος ζωήν τε καὶ ἄφθιτον ὄλβον.   189
εὐσεβέες πάντες δὲ τότ' εἴσονται χάριν αὐτῷ   190
νηδύμου ἡελίοιο τερπνὸν φάος εἰσορόωντες.
ὦ μακάριστος ἐκεῖ ὃς ἐπὶ χθονὸς ἔσσεται ἀνήρ.

Λόγος πέμπτος

Ἀλλ' ἄγε μοι στονόεντα χρόνον κλύε Λατινιδάων.
ἤ τοι μὲν πρώτιστα μετ' ὀλλυμένους βασιλῆας
Αἰγύπτου, τοὺς πάντας ἴσῃ κατὰ γαῖα φέρεσκεν,
καὶ μετὰ τὸν Πέλλης πολιήτορα, ᾧ ὕπο πᾶσα
ἀντολίη βεβόλητο καὶ ἑσπερίη πολύολβος,   5

Ihr armseligen Menschen, bereut dies; reizt nicht den großen
Gott zu mancherlei Zorn; legt vielmehr ab eure Schwerter
Und laßt ab von dem Jammer, vom Männermord und von dem Hoch-
Reinigt den ganzen Leib in immerfließendem Wasser!   [mut!
Streckt eure Hände empor zum Himmel und fleht um Verzeihung
Für eure früheren Taten und sühnet mit Lobpreis den bittern
Frevelsinn! Dann wird es Gott reuen; er wird euch nicht schlagen.
Nochmal stillt er den Groll, wenn alle ihr übet im Herzen
Frommen und gottesfürchtigen Sinn, der bei allen geehrt ist.
Doch wenn ihr nicht wollt hören auf mich voll Verstocktheit und all
Böswill'gen Ohres vernehmt aus Freude am Frevelsinn, dann wird [dies
Überfallen das Weltall ein Feuer, ein Zeichen erscheinen:
Schwertergeklirr und Schall der Trompeten bei Aufgang der Sonne.
Alle Welt wird Brüllen und schauriges Tönen vernehmen.
Und er verbrennt die Erde und tilgt das ganze Geschlecht der
Menschen und alle Städte mitsamt den Flüssen, dem Meere.
Alles wird er entzünden; es wird zu schwärzlichem Staube.
  Aber wenn dann alles zu Staub und Asche geworden,
Gott das Riesenfeuer gestillt, wie er's auch hat entzündet,
Dann gestaltet Gott selber der Männer Staub und Gebeine
Um und macht die Sterblichen so, wie sie ehedem waren.
Und dann kommt das Gericht, das Er selbst abhält, zu richten
Wieder die Welt. Die alle im Frevelmut haben gesündigt,
Wird wiederum im Grabe die Mutter Erde verbergen
Und des Tartarus Moder, die Schlünde der gräßlichen Hölle.
Alle, die fromm gewesen, die leben wieder auf Erden,
Und Gott gibt ihnen Leben und unvergänglichen Reichtum.
Aber dann werden die Frommen alle ihm danken von Herzen,
Wenn sie das liebliche Licht der herrlichen Sonne erschauen.
O glückselig der Mann, der dann wird leben auf Erden!

V. Buch

Nun aber höre mir an die Schmerzenszeit der Lateiner:
Wahrlich zuallererst nach dem Tode der Herrscher Ägyptens,
Welche ja alle auf gleichem Boden dort liegen begraben,
Und nach dem Bürger von Pella, durch dessen Gewalt das gesamte
Morgenland war bezwungen sowie das gesegnete Westland,

ὃν Βαβυλὼν ἤλεγξε, νέκυν δ' ὤρεξε Φιλίππῳ,
οὐ Διός, οὐκ Ἄμμωνος ἀληθέα φημιχθέντα,
καὶ μετὰ τὸν γενεῆς τε καὶ αἵματος Ἀσσαράκοιο,
ὃς μόλεν ἐκ Τροίης, ὅστις πυρὸς ἔσχισεν ὁρμήν   9
καὶ μετὰ νηπιάχους, θηρὸς τέκνα μηλοφάγοιο,   10
πολλοὺς δ' αὖ μετ' ἄνακτας, ἀρηιφίλους μετὰ φῶτας   11
ἔσσετ' ἄναξ πρώτιστος, ὅ τις δέκα δὶς κορυφώσει   12
γράμματος ἀρχομένου· πολεμῶν δ' ἐπὶ πουλὺ κρατήσει·
ἕξει δ' ἐκ δεκάδος πρῶτον τύπον· ὥστε μετ' αὐτόν
ἄρχειν, στοιχείων ὅστις λάχε γράμματος ἀρχήν·   15
ὃν Θρήκη πτήξει καὶ Σικελίη, μετὰ Μέμφις,
Μέμφις πρηνιχθεῖσα δι' ἡγεμόνων κακότητα
ἠδὲ γυναικὸς ἀδουλώτου ἐπὶ κῦμα πεσούσης.
καὶ θεσμοὺς θήσει λαοῖς καὶ πάνθ' ὑποτάξει·
ἐν μακρῷ δὲ χρόνῳ ἑτέρῳ παραδώσεται ἀρχήν,   20
ὅς τε τριηκοσίων ἀριθμῶν κεραίην ἐπὶ πρώτην
ἕξει καὶ ποταμοῦ φίλον οὔνομα, ὅς τ' ἐπὶ Πέρσας
ἄρξει καὶ Βαβυλῶνα· βαλεῖ δορὶ δὴ τότε Μήδους.
εἶτα τριῶν ἀριθμῶν κεραίην ὅστις λάχεν, ἄρξει.
δὶς δέκα δ' ὅστις ἔπειτ' ἄρξει, κεραίην ἐπὶ πρώτην   25
ἕξει ἄναξ· κεῖνος δὲ καθ' ὕστατον Ὠκεάνοιο
ἵξεθ' ὕδωρ ἄμπωτιν ὑπ' Αὐσονίοισι δαΐξας.
πεντήκοντα ὅτις κεραίην λάχε, κοίρανος ἔσται,
δεινὸς ὄφις φυσῶν πόλεμον βαρύν, ὅς ποτε χεῖρας
ἧς γενεῆς τανύσας ὀλέσει καὶ πάντα ταράξει   30
ἀθλεύων ἐλάων κτείνων καὶ μυρία τολμῶν·
καὶ τμήξει τὸ δίκυμον ὄρος λύθρῳ τε παλάξει·
ἀλλ' ἔσται καὶ ἄιστος ὀλοίιος· εἶτ' ἀνακάμψει
ἰσάζων θεῷ αὐτόν· ἐλέγξει δ' οὔ μιν ἐόντα.
   τρεῖς δὲ μετ' αὐτὸν ἄνακτες ὑπ' ἀλλήλων ἀπολοῦνται.   35
εἶτά τις εὐσεβέων ὀλετὴρ ἥξει μέγας ἀνδρῶν,
ἑπτάκις ὃς δεκάτην κεραίην δείκνυσι πρόδηλον.
τοῦ δέ, τριηκοσίης κεραίης ὁ τὸ πρῶτον, ἐλέγχων
παῖς κράτος ἐξαφελεῖ, μετὰ δ' αὐτὸν κοίρανος ἔσται
τετράδος ἐκ κεραίης τεφρώκομος, αὐτὰρ ἔπειτα   40
πεντήκοντ' ἀριθμῶν γεραρὸς βροτός· αὐτὰρ ἐπ' αὐτῷ,
ὅστε τριηκοσίης κεραίης λάχεν ἔντυπον ἀρχήν,

Den Babylon überführte, die Leiche dem Philippos hingab,
Nicht als des Zeus, nicht als Ammons Sohn in Wahrheit verkündet,
Und nach dem Sproß vom Geschlecht und vom Blut des Assarakos,
Einstmals Troia verließ, der den Andrang des Feuers zerteilte; [welcher
Und nach den Zwillingssöhnen des Schafe verzehrenden Tieres,
Weiter nach zahlreichen Herrschern und vielen kriegsfrohen Männern,
Wird dann als erster ein Fürst sein, der zehn wird zweimal addieren
Mit seinem Anfangsbuchstab; mit Krieg wird weithin er herrschen.
Auch von der Zehnzahl hat er den ersten Buchstab, und so wird
Herrschen nach ihm, der den ersten der Buchstaben hatte bekommen.
Ihn wird Thrakien fürchten, Sizilien auch sowie Memphis:
Memphis, welches gestürzt durch die Bosheit seiner Regenten
Und der nicht unterworfenen Frau, die im Wasser versinket.
Er wird Satzungen geben den Völkern und alles bezwingen.
Aber nach langer Zeit übergibt er dem andern die Herrschaft,
Welcher die Zahl dreihundert als ersten Buchstab besitzet
Und eines Flusses lieblichen Namen, der über die Perser
Und über Babylon herrscht und die Meder trifft mit dem Speere.
Herrschen wird aber dann, der die Dreizahl erhalten als Zeichen.
Dann wird, der zweimal zehn als ersten Buchstab besitzet,
Herr sein; der aber wird zu des Ozeans äußersten Fluten
Kommen und auf ausonischen Schiffen die Ebbe durchqueren.
Drauf wird, welcher das Zeichen von fünfzig erhalten, der Herr sein,
Eine entsetzliche Schlange, die schnaubt nach gewaltigem Kriege,
Der zum Verderben der Seinen die Hand ausstrecket und alles
Bringt in Verwirrung, ein Kämpfer und Fahrer, der mordet und wütet;
Doppelumfluteten Berg durchsticht und färbt er mit Mordblut.
Doch er wird spurlos verschwinden, der Arge, und kehret dann wieder,
Gott sich vergleichend; der wird ihm beweisen jedoch, daß er's nicht
    Aber nach ihm ermorden gleich drei der Herrscher einander.   [ist.
Dann wird einer erstehn, ein gewalt'ger Verderber der Frommen,
Welcher siebenmal zehn als deutliches Zeichen zur Schau trägt.
Ihn wird der Sohn, der das Zeichen von dreimal hundert erweiset,
Stürzen vom Thron; doch nach diesem vom Schicksal bestimmt ist ein
                                                      [andrer,
Welchen die Vierzahl bezeichnet, ein Aschblonder. Aber nach diesem
Kommt ein ältlicher Mann mit dem Zahlwort fünfzig. Doch nach ihm
Einer, der wieder dreihundert erhielt als Anfang des Namens;

Κελτὸς ὀρειοβάτης, σπεύδων δ' ἐπὶ δῆριν ἐῴαν
μοῖραν ἀεικελίην οὐ φεύξεται, ἀλλὰ καμεῖται·
ὃν κόνις ἀλλοτρίη κρύψει νέκυν, ἀλλὰ Νεμείης   45
ἄνθεος οὔνομ' ἔχουσα· μετ' αὐτὸν δ' ἄλλος ἀνάξει,
ἀργυρόκρανος ἀνήρ· τῷ δ' ἔσσεται οὔνομα πόντου·
ἔσται καὶ πανάριστις ἀνὴρ καὶ πάντα νοήσει.
καὶ ἐπὶ σοί, πανάριστε, πανέξοχε, κυανοχαῖτα,
καὶ ἐπὶ σοῖσι κλάδοισι τάδ' ἔσσεται ἥματα πάντα.   50
τὸν μέτα τρεῖς ἄρξουσιν, ὁ δὲ τρίτος ὀψὲ κρατήσει.
  τείρομαι ἡ τριτάλαινα κακὴν φάτιν ἐν φρεσὶ θέσθαι,
Ἴσιδος ἡ γνωστή, καὶ χρησμῶν ἔνθεον ὕμνον.
πρῶτον μὲν περὶ σεῖο βάσιν ναοῦ πολυκλαύστου
μαινάδες ἀίξουσι, καὶ ἐν παλάμῃσι κακῆσιν   55
ἔσσεαι ἥματι τῷδε, ὅταν Νεῖλός ποτε δεύσῃ
γαῖαν ὅλην Αἴγυπτον ἕως πηχῶν δέκα καὶ ἕξ,
ὥστε κλύσαι γῆν πᾶσαν ἐπαρδεῦσαί τε ῥοοῖσιν·
σιγήσει δὲ χάρις γαίης καὶ δόξα προσώπου.
  Μέμφι, σὺ μὲν κλαύσῃ ὑπὲρ Αἰγύπτου τὰ μέγιστα·   60
πρόσθε γὰρ ἡ μεγάλως γαίης κρατέουσα γενήσῃ
λυπρή, ὥστε βοῆσαι καὶ αὐτὸν τερπικέραυνον
οὐρανόθεν φωνῇ μεγάλῃ· 'μεγαλόσθενε Μέμφι,   63
ποῦ σοι λῆμα κραταιὸν ἐν ἀνθρώποισι τέτυκται;   67
ἀνθ' ὧν ἐξεμάνης ἐς ἐμοὺς παῖδας θεοχρίστους
καὶ κακίην ὤτρυνας ἐπ' ἀνδράσι τοῖς ἀγαθοῖσιν,
ἕξεις ἀντὶ τόσων τοῖον τρόπον εἵνεκα ποινῆς.   70
οὐκέτι σοι φανερῶς θέμις ἔσται ἐν μακάρεσσιν·
ἐξ ἄστρων πέπτωκας, ἐς οὐρανὸν οὐκ ἀναβήσῃ.'
ταῦτα μὲν Αἰγύπτῳ θεὸς ἔννεπεν ἐξαυδῆσαι
ὑστατίῳ καιρῷ, ὅτε πάγκακοι ἄνδρες ἔσονται.
  ἀλλὰ ταλαιπωροῦσια κακοὶ κακότητα μένοντες   75
ὀργὴν ἀθανάτοιο βαρυκτύπου οὐρανίωνος,
ἀντὶ θεοῦ δὲ λίθους καὶ κνώδαλα θρησκεύοντες
πολλὰ μάλ' ἄλλυδις ἄλλα φοβούμενα, οἷς λόγος οὐδείς,
οὐ νοῦς, οὐκ ἀκοή, ἄτε μοι θέμις οὐδ' ἀγορεύειν,
εἰδώλων τὰ ἕκαστα, βροτῶν παλάμαις γεγαῶτα·   80
ἐξ ἰδίων δὲ κόπων καὶ ἀτασθαλιῶν ἐπινοιῶν
ἄνθρωποι τεύξαντο θεοὺς ξυλίνους λιθίνους τε
χαλκοῦς τε χρυσοῦς τε καὶ ἀργυρέους τε, ματαίους

Der das Gebirge durchzieht, ein Kelte, zum Kampfe im Osten
Eilend; doch schmählichem Tode entrinnt er nicht, sondern erliegt er;
Eine fremde Erde wird ihn als Leiche bedecken,
Welche den Namen bekam von der Blume Nemeas; und nach ihm
Herrschet ein anderer Mann mit silbernem Haupt; eines Meeres
Namen trägt er, ein trefflicher Mann, der alles erkennet.
Und unter dir, du Trefflicher, Herrlicher, Dunkelgelockter,
Und unter deinem Geschlecht wird dies alle Tage geschehen:
Drei werden herrschen, doch spät wird der dritte von ihnen regieren.
   Ach, mich dreimal Unsel'ge, Vertraute der Isis, mich quälet,
Schreckliche Kunde zu hegen und göttlichen Sang der Orakel.
Erstlich werden um deines so vielbeweineten Tempels
Grund Mänaden anstürmen; du wirst in gar grausigen Händen
Sein an dem Tag, wo der Nil die ganze ägyptische Landschaft
Wird überschwemmen dereinst, in der Höhe von sechzehn Ellen;
Er überspült das sämtliche Land und ersäuft's in den Fluten;
Und die Anmut des Landes, des Antlitzes Herrlichkeit schweigen.
   Memphis, du wirst zumeist für Ägypten Tränen vergießen.
Einstmals hast du mit Macht in dem Lande geherrscht, du wirst jetzo
Armselig werden, so daß von dem Himmel rufet der Donner-
Frohe mit mächtiger Stimme: „Du großes und mächtiges Memphis,
Wo ist dein mächtiger Mut jetzt unter den Menschen geblieben?
Weil du gewütet gen meine von Gott gesalbeten Knechte
Und viel Übel gebracht über fromme und wackere Männer,
Wird eine solche Veränd'rung mit dir vorgehen als Strafe:
Nicht mehr wirst offen ein Recht du unter den Glücklichen haben;
Fielst von den Sternen herab, wirst nicht zum Himmel mehr steigen."
Dieses hat Gott mir befohlen, zu reden gegen Ägypten
Jüngsten Tags, wo auf Erden die Menschheit gänzlich verdorben.
   Aber es plagen die Schlechten sich, Elend und Übel erwartend
Und des Unsterblichen Zorn, des mächtigen Donn'rers im Himmel,
Aber statt Gott nur Steine und wilde Tiere verehrend
Und durcheinander viel andres noch fürchtend, was gar keine Sprache
Hat, noch Verstand, noch Gehör, was mir nicht erlaubt ist zu nennen,
Jegliches Götzengebilde, von Menschenhänden geworden.
Eigener Arbeit und Müh' und eigener Torheit Gedanken
Haben die Menschen sich Götter aus Holz und Steinen geschaffen,
Oder von Erz und von Gold und von Silber; solch nichtige Wesen,

ἀψύχους κωφοὺς καὶ ἐν πυρὶ χωνευθέντας
ποιήσαντο μάτην τούτοις γε πεποιθότες ἄτῃ.   85
Θμοῦις καὶ Ξοῦις θλίβονται καὶ κόψεται αὐλὴ
Ἡρακλέους τε Διός τε καὶ Ἑρμείαο ἄνακτος.
καὶ σὲ δ᾽, Ἀλεξάνδρεια, κλυτὴ θρέπτειρα πολήων
οὐ λείψει πόλεμός τ᾽, οὐ λοιμός τ᾽, ἀλλὰ δίκην γε
τῆς ὑπερηφανίης δώσεις, ὅσα πρόσθεν ἔρεξας.   90
σιγήσεις αἰῶνα πολὺν καὶ νόστιμον ἦμαρ

. . . .
κοὐκέτι σοι ῥεύσει τρυφερὸν πόμα . . . . .

. . . .
ἥξει γὰρ Πέρσης ἐπὶ σὸν δάπος ὥστε χάλαζα
καὶ σὴν γαῖαν ὅλην ἀπολεῖ ἀνὴρ κακότεχνος   94
βαρβαρόφρων σθεναρὸς πολυαίματος ἄφρονα λυσσῶν   96
αἵματι καὶ νεκύεσσι ῥυφαίνων ἱερὰ πάντα   95
παμπληθεὶ ψαμαθηδὸν ἐπάξων αἰπὺν ὄλεθρον.   97
καὶ τότ᾽ ἔσῃ, πόλεων πολύολβος, πολλὰ καμοῦσα.
κλαύσεται Ἀσὶς ὅλη δώρων χάριν, ὧν ἀπὸ σεῖο
στεψαμένη κεφαλὴν ἐχάρη, πίπτουσ᾽ ἐπὶ γαίης.   100
αὐτὸς δ᾽ ὃς Περσῶν ἔλαχεν γαῖαν πτολεμίξει
κτείνας τ᾽ ἄνδρα ἕκαστον ὅλον βίον ἐξαλαπάξει,
ὥστε μένειν μοῖραν τριτάτην δειλοῖσι βροτοῖσιν.
αὖτις δ᾽ ἐκ δυσμῶν εἰσπτήσεται ἅλματι κούφῳ
σύμπασαν γαῖαν πολιορκῶν, πᾶσαν ἐρημῶν.   105
ἀλλ᾽ ὅταν ὕψος ἔχῃ κρατερὸν καὶ θάρσος ἄηθες,
ἥξει καὶ μακάρων ἐθέλων πόλιν ἐξαλαπάξαι.
καὶ κέν τις θεόθεν βασιλεὺς πεμφθεὶς ἐπὶ τοῦτον
πάντας ὀλεῖ βασιλεῖς μεγάλους καὶ φῶτας ἀρίστους.
εἶθ᾽ οὕτως κρίσις ἔσται ὑπ᾽ ἀφθίτου ἀνθρώποισιν.   110
αἰαῖ σοι, κραδίη   δειλή, τί με ταῦτ᾽ ἐρεθίζεις
δηλοῦν Αἰγύπτῳ πολυκοιρανίην ἀλεγεινήν;
βαῖνε πρὸς ἀντολίην, Περσῶν γενεὰς ἀνοήτους
καὶ δῆλου τοῖσιν τὸ παρὸν τό τε μέλλον ἔσεσθαι.
Εὐφρήτου ποταμοῦ ῥεῖθρον κατακλυσμὸν ἐποίσει   115
καὶ Πέρσας ὀλέσει καὶ Ἴβηρας καὶ Βαβυλῶνας
Μασσαγέτας τε φιλοπτολέμους τόξοισί τε πιστούς.
Ἀσὶς ὅλη πυρίφλεκτος ἕως νήσων σελαγήσει.
Πέργαμος ἡ τὸ πάλαι σεμνὴ βαθρηδὸν ὀλεῖται

Leblos und ohne Sprache und welche in Feuer geschmolzen,
Machten sie sich, vergebens auf sie in Verblendung vertrauend.
    Thmuis gerät samt Xuis in Not, und es stürzen die Tempel-
Sitze des Herakles und des Zeus und des Hermes, des Herrschers.
Alexandria, auch dich, die herrliche Mutter von Städten,
Wird nicht lassen der Krieg und die Seuche; denn Buße bezahlst du
Für deinen Hochmut und alles, was vordem du hast verbrochen.
Lange Zeit wirst stumm du sein und den Tag deiner Heimkehr ...
    .   .   .   .
Und es wird dir nimmer mehr fließen der üppige Trank ...

    .   .   .   .
Denn es wird kommen der Perser dann über dein Land, wie der Hagel,
Und dein ganzes Gebiet wird der boshafte Mensch dir verwüsten,
Gar barbarisch gesinnt, stark, schrecklich und rasend in Torheit,
All deine heiligen Stätten mit Blut und Leichen beflecken,
Um mit unendlichen Massen dir jähes Verderben zu bringen.
Und dann wirst du, gesegnete Stadt, sehr vieles erdulden,
Tränen ganz Asien weinen um dein willkommnes Geschmeide,
Welches ihm schmückte die Stirn; nun sinkt es nieder zur Erde.
    Doch der das persische Land empfängt, führt weitere Kriege,
Tötet jeglichen Mann und plündert sämtliche Habe,
So daß übrig nur bleibt ein Drittel den elenden Menschen.
Wieder mit hurtigem Sprung wird er vom Westen her fliegen,
Um zu belagern das Land und alles darin zu verwüsten.
Doch auf dem Gipfel der Macht, wann übergewaltig sein Mut ist,
Kommt er und will auch die Stadt der Seligen völlig zerstören.
Doch wird gesendet von Gott gegen ihn ein mächtiger König,
Der alle mächtigen Herrscher und trefflichen Männer vernichtet.
Dann wird der ewige Gott sein Gericht halten über die Menschen.
    Weh dir, du elendes Herz, weh dir, warum treibst du dazu mich,
Um zu verkünden Ägypten die schmerzliche Herrschaft von vielen?
Gehe zum Osten doch hin zu der Perser Torengeschlechtern:
Diesen verkünde, was jetzt ist, und das, was künftig geschehn wird.
    Überschwemmung wird bringen des Euphrats mächtige Strömung,
Die wird vernichten die Perser, Iberer sowie Babylonier,
Auch das kriegrische Volk der bogenfrohn Massageten.
Asien wird gänzlich verbrennen und bis zu den Inseln erglänzen.
Pergamos auch, das hehre vormals, wird gänzlich vernichtet,

καὶ Πιτάνη πανέρημος ἐν ἀνθρώποισι φανεῖται.   120
Λέσβος ὅλη δύσει βαθὺν εἰς βυθὸν ὥστ' ἀπολέσθαι.
Σμύρνα κατὰ κρημνῶν εἰλισσομένη κατακλύσσει,
Βιθυνοὶ κλαύσουσιν ἐὴν χθόνα τεφρωθεῖσαν.   124
    αἰαῖ σοι, Λυκίη, ὅσα σοι κακὰ μηχανάαται   126
πόντος ἀπ' αὐτομάτου ἐπιβὰς χώρης ἀλεγεινῆς,
ὥστε κλύσαι σεισμῷ τε κακῷ καὶ νάμασι πικροῖς
τὴν Λυκίης ἄμυρον καὶ τὴν μυρίπνουν ποτὲ χέρσον.
    ἔσται καὶ Φρυγίη δεινὸς χόλος εἵνεκα λώβης,   130
ἧς χάριν ἡ Διὸς ἦλθε Ῥέη κἀκεῖ προσέμεινεν.
    Ἑλλάδα τὴν τριτάλαιναν ἀναιάξουσι ποιηταί,   137
    ἡνίκ' ἀπ' Ἰταλίης ἰσθμοῦ πλέξειε τένοντα
τῆς μεγάλης Ῥώμης βασιλεὺς μέγας ἰσόθεος φώς,
ὅν, φάσ', αὐτὸς ὁ Ζεὺς ἔτεκεν καὶ πότνια Ἥρη·   140
ὅστις παμμούσῳ φθόγγῳ μελιηδέας ὕμνους
θεατροκοπῶν ἀπολεῖ πολλοὺς σὺν μητρὶ ταλαίνῃ.
φεύξεται ἐκ Βαβυλῶνος ἄναξ φοβερὸς καὶ ἀναιδής,
ὃν πάντες στυγέουσι βροτοὶ καὶ φῶτες ἄριστοι·
ὤλεσε γὰρ πολλοὺς καὶ γαστέρι χεῖρας ἔθηκεν,   145
εἰς ἀλόχους ἥμαρτε καὶ ἐκ μιαρῶν ἐτέτυκτο.
ἥξει δ' εἰς Μήδους καὶ Περσῶν πρὸς βασιλῆας,
πρῶτος οὓς ἐπόθησε καὶ οἷς κλέος ἐγκατέθηκεν
φωλεύων μετὰ τῶνδε κακῶν ἐς ἔθνος ἀληθές.
ὃς ναὸν θεότευκτον ἕλεν καὶ ἔφλεξε πολίτας   150
λαοὺς εἰσανίοντας, ὅσους ὕμνησα δικαίως·
τούτου γὰρ προφανέντος ὅλη κτίσις ἐξετινάχθη
καὶ βασιλεῖς ὤροντο, καὶ ἐν τοῖσιν μένεν ἀρχή,
ἐκ δ' ὄλεσαν μεγάλην τε πόλιν λαόν τε δίκαιον.
    ἀλλ' ὅταν ἐκ τετράτου ἔτεος λάμψῃ μέγας ἀστήρ,   155
ὃς πᾶσαν γαῖαν καθελεῖ μόνος εἵνεκα τιμῆς,
ἣν τὰ πρῶτ' ἐδάσαντο Ποσειδάωνι ἄνακτι.
ἥξει δ' οὐρανόθεν ἀστὴρ μέγας εἰς ἅλα δῖαν
καὶ φλέξει πόντον τε βαθὺν καὐτὴν Βαβυλῶνα
Ἰταλίης γαῖάν θ', ἧς εἵνεκα πολλοὶ ὄλοντο   160
Ἑβραίων ἅγιοι πιστοὶ καὶ λαὸς ἀληθής.
    ἔσσεαι ἐν θνητοῖσι κακοῖς κακὰ μοχθήσασα,
ἀλλὰ μενεῖς πανέρημος ὅλους αἰῶνας ἐσαῦτις   163
σὸν στυγέουσ' ἔδαφος, ὅτι φαρμακίην ἐπόθησας·   165

Und Pitane wird ganz unter Menschen verödet erscheinen.
Lesbos wird gänzlich versinken im Meergrund und nimmer sich zeigen.
Smyrna wird stürzen vom Abhang und ganz vom Meer überschwemmt
Über sein Land, mit Asche bedeckt, wird Bithynien weinen ... [sein;
   Wehe dir, Lykien, weh! was für Unheil wird dir bereitet,
Wenn von selber emportritt das Meer auf den schmerzlichen Boden,
Daß es mit böser Erschütterung und bitterer Flut überschwemmet
Lykiens salbenloses, von Salben einst duftendes Festland.
   Phrygien auch sucht schrecklicher Zorn heim wegen der Schande,
Derentwegen des Zeus Mutter Rhea kam und dort weilte ...
   Hellas, das dreimal unselige, werden bejammern die Dichter,
Wenn von Italien her den Rücken des Isthmus wird spalten
Großroms mächtiger König, der göttliche Mann, wie sie sagen,
Den Zeus selber erzeugt und die mächtige Hera geboren;
Der, mit dem musischen Klange gar liebliche Lieder zwar buhlend
Offen im Volk, doch viele erwürgt samt der elenden Mutter;
Fliehen aus Babylon wird der gefürchtete, schamlose Herrscher,
Den jeder Sterbliche haßt und alle die Guten verabscheun.
Viele ja hat er gemordet, selbst Mord an der Mutter verübt und
Ehbruch getrieben und Kinder auf schändlichem Lager gezeuget.
Der wird nach Medien kommen sowie zu den Fürsten der Perser,
Die er zuerst hat gesucht und denen er Ruhm hat bereitet,
Lauernd mit diesem Gelichter jetzt gegen wahrhaftiges Volkstum.
Er hat den göttlichen Tempel erobert, verbrannt alle Bürger,
Welche die Räume betraten, die ich, wie es Recht ist, gepriesen;
Denn als dieser erschien, war die ganze Schöpfung erschüttert;
Könige standen auf, und denen die Herrschaft verblieben,
Die zerstörten die mächtige Stadt und das Volk, das gerecht war.
   Doch wird ein großes Gestirn nach dem vierten der Jahre erglänzen,
Welches alleine den Erdball vernichten wird ob der Ehre,
Die sie am Anfang erwiesen dem Meeresbeherrscher Poseidon;
Kommen wird aber vom Himmel das große Gestirn zu der Salzflut
Und ausbrennen die Tiefe des Meeres und Babylon selber
Samt dem italischen Land; deswegen erlagen so viele
Gläubige, heil'ge Hebräer mitsamt dem wahrhaftigen Volke.
   Du wirst unter den Bösen auf Erden viel Böses erdulden;
Ja, ganz wirst du verlassen für ewige Zeiten nun bleiben,
Hassend dein eignes Gebiet, weil Giftmischerei du getrieben;

μοιχεῖαι παρὰ σοὶ καὶ παίδων μῖξις ἄθεσμος,
θηλυγενὴς ἄδικός τε, κακὴ πόλι, δύσμορε πασῶν.
αἰαῖ πάντ' ἀκάθαρτε πόλι Λατινίδος αἴης,
μαινὰς ἐχιδνοχαρής, χήρη καθεδοῖο παρ' ὄχθας,
καὶ ποταμὸς Τιβερίς σε κλαύσεται, ἢν παράκοιτιν,   170
ἥ τε μιαιφόνον ἦτορ ἔχεις, ἀσεβῆ δέ τε θυμόν.
οὐκ ἔγνως, τί θεὸς δύναται, τί δὲ μηχανάαται;
ἀλλ' ἔλεγες· 'μόνη εἰμὶ καὶ οὐδεὶς μ' ἐξαλαπάξει'.
νῦν δὲ σὲ καὶ σοὺς πάντας ὀλεῖ θεὸς αἰὲν ὑπάρχων,
κοὐκέτι σου σημεῖον ἔτ' ἔσσεται ἐν χθονὶ κείνῃ,   175
ὡς τὸ πάλαι, ὅτε σὰς ὁ μέγας θεὸς εὕρατο τιμάς.
μεῖνον, ἄθεσμε, μόνη, πυρὶ δὲ φλεγέθοντι μιγεῖσα
ταρτάρεον οἴκησον ἐς "Αιδου χῶρον ἄθεσμον.
    νῦν δὲ πάλιν, Αἴγυπτε, τεὴν ὀλοφύρομαι ἄτην.
Μέμφι, πόνων ἀρχηγέ, σὺ ἔσῃ πληχθεῖσα τένοντα·   180
ἐν σοὶ πυραμίδες φωνὴν φθέγξονται ἀναιδῆ.
Πειθώ, ἡ τὸ πάλαι διπλόη κληθεῖσα δικαίως,
αἰῶσιν σίγησον, ὅπως παύσῃ κακότητος.
ὕβρι, κακῶν θησαυρὲ πόνων, μαινὰς πολύθρηνε,
αἰνοπαθὴς πολύδακρυ, μενεῖς χήρη διὰ παντός,   185
πουλυετὴς ἐγένου σὺ μόνη κόσμοιο κρατοῦσα.
    ἀλλ' ὅταν ἡ Βάρκη τὸ κυπάσσιον ἀμφιβάληται
λευκὸν ἐπὶ ῥυπαρῷ, μήτ' εἴην μήτε γενοίμαν.
    ὦ Θῆβαι, ποῦ σοι τὸ μέγα σθένος; ἄγριος ἀνήρ
ἐξολέσει λαόν· σὺ δὲ εἵματα φαιὰ λαβοῦσα   190
θρηνήσεις, δύστηνε, μόνη, καὶ πάντ' ἀποτίσεις,
ὅσσα τὸ πρόσθεν ἔρεξας ἀναιδέα θυμὸν ἔχουσα.
καὶ Κόπτον κόψονται ἀθέσμων εἵνεκα ἔργων.
    Συήνην δ' ὀλέσειε μέγας φὼς Αἰθιοπήων·
Τεύχιραν οἰκήσουσι βίῃ μελανόχροες Ἰνδοί.   195
Πεντάπολι, κλαύσεις· σὲ δ' ὀλεῖ μεγαλόσθενος ἀνήρ.
σάς, Λιβύη πάγκλαυστε, τίς ἐξηγήσεται ἄτας;
τίς δέ σε, Κυρήνη, μερόπων ἐλεεινὰ δακρύσει;
οὐ παύσῃ θρήνου στυγεροῦ πρὸς καιρὸν ὀλέθρου.
    ἔσσεται ἐν Βρύγεσσι καὶ ἐν Γάλλοις πολυχρύσοις   200
ὠκεανὸς κελαδῶν πληρούμενος αἵματι πολλῷ·
καὐτοὶ γὰρ κακότητα θεοῦ τέκνοις ἐποίησαν,
ἡνίκα Σιδονίοις βασιλεὺς Φοῖνιξ Γαλικανόν

Ehebruch ist an der Ordnung und arger Verkehr mit den Knaben,
Weichliche Stadt, ganz schlecht und gemein, unselig vor allen.
Wehe dir, unreine Stadt vor allen lateinischen Städten!
Gift'ge Mänade, als Witwe nun mögest du sitzen am Ufer,
Und es wird dich der Tiber als seine Gemahlin beweinen,
Die ein blutgierig Herze du hast und gottlose Gesinnung.
Hast du niemals erkannt, was Gott kann und was er ersinnet?
Sondern du sprichst: „Allein bin Ich und niemand beraubt mich."
Jetzt aber wird dich Gott, der Ew'ge, vernichten und alle
Deine Bewohner; von dir bleibt nicht eine Spur mehr im Lande,
Wie vordem, da der mächtige Gott deiner Ehren gedachte.
Bleib, Ruchlose, allein und gesellt zu dem brennenden Feuer,
Nimm am tartarischen Ort, im ruchlosen Hades, nun Wohnung!
      Nun aber wieder, Ägypten, bejammre ich deine Verblendung.
Memphis, Ursprung der Leiden, du wirst im Nacken getroffen;
Die Pyramiden bei dir werden schamlos die Stimme erheben.
Peitho, die du vordem mit Recht zweizüngig genannt warst,
Schweig auf ewige Zeit, damit du des Unglücks entratest!
Frevlerin, leidengeschwängert, an Tränen reiche Mänade,
Schreckengequält und des Jammers voll, stets wirst du verwaist sein.
Lange genug hast allein du machtvoll beherrschet das Weltall.
      Aber wenn Barke ein weißes Gewand über schmutzigem anlegt,
Möchte ich selbst weder sein noch auf Erden geboren ich werden.
      Theben, wo ist deine große Gewalt? Ein grausamer Mann wird
Richten zugrunde das Volk; doch du nimmst dunkle Gewänder,
Unglückselige, weinest allein und büßest nun alles,
Was du nur früher verübt hast in deinem schamlosen Sinne.
Auch wird man Koptos vernichten ob all seiner gottlosen Werke.
      Aber Syene zerstört ein mächtiger Mann Äthiopiens;
Teuchira wird mit Gewalt bewohnt von den schwärzlichen Indern.
Pentapolis, du wirst weinen; zerstören wird dich ein Gewaltmensch.
Libyen, reich an Tränen, wer kann deine Leiden berichten?
Wer von den Sterblichen kann dich, Kyrene, jammernd beweinen?
Nicht hörst du auf mit schrecklichem Weinen zur Zeit der Verderbnis.
Und bei den Brygern sowie bei den goldreichen Galliern wird einst
Tosen erfüllen das Meer ob all der Menge des Blutes.
Denn auch sie haben Elend den Kindern Gottes geschaffen,
Als der phönikische König von Sidon aus Syrien führte

ἤγαγεν ἐκ Συρίης πλῆθος πολύ· καί σε φονεύσει,
αὐτήν, Ῥαβέννη, τε καὶ εἰς φόνον ἡγεμονεύσει.   205
Ἰνδοί, μὴ θαρσεῖτε, καὶ Αἰθίοπες μεγάθυμοι·
ἡνίκα γὰρ τούτους τροχὸς ἄξονος Αἰγοκερίτης
Ταῦρός τ' ἐν Διδύμοις μέσον οὐρανὸν ἀμφιελίξῃ,
Παρθένος ἐξαναβᾶσα καὶ Ἥλιος ἀμφὶ μετώπῳ
πηξάμενος ζώνην περίπαν πόλον ἡγεμονεύσῃ,   210
ἔσσεται ἐμπρησμὸς μέγας αἰθέριος κατὰ γαῖαν,
ἄστρων δ' ἐν μαχίμοις καινὴ φύσις, ὥστ' ἀπολέσθαι
ἐν πυρὶ καὶ στοναχαῖσιν ὅλην γῆν Αἰθιοπήων.
μύρεο καὶ σύ, Κόρινθε, τὸν ἐν σοὶ λυγρὸν ὄλεθρον·
ἡνίκα γὰρ στρεπτοῖσι μίτοις Μοῖραι τριάδελφοι   215
κλωσάμεναι φεύγοντα δόλῳ ἰσθμοῖο παρ' ὄχθην
ἄξουσιν μετέωρον, ἕως ἐσίδωσίν ἑ πάντες,
τὸν πάλαι ἐκκόψαντα πέτρην πολυήλατι χαλκῷ,
καὶ σὴν γαῖαν ὀλεῖ καὶ κόψει, ὡς προτέθειται.
τούτῳ γάρ τοι δῶκε θεὸς μένος ἐς τὸ ποιῆσαι   220
οἷά τις οὐ πρότερος τῶν συμπάντων βασιλήων·
πᾶσι γὰρ ἀνθρώποισι φόνος καὶ δείματα κεῖται   225
εἵνεκα τῆς μεγάλης πόλεως λαοῦ τε δικαίου
σῳζομένου διὰ παντός, ὃν ἔξοχον εἶχε Πρόνοια.
ἄστατε καὶ κακόβουλε, κακὰς περικείμενε κῆρας,
ἀρχὴ καὶ καμάτοιο καὶ ἀνθρώποις μέγα τέρμα
βλαπτομένης κτίσεως καὶ σῳζομένης πάλι Μοίραις,   230
ὕβρι, κακῶν ἀρχηγὲ καὶ ἀνθρώποις μέγα πῆμα,
τίς σε βροτῶν ἐπόθησε, τίς ἔνδοθεν οὐ χαλέπηνεν·
ἐν σοί τις βασιλεὺς σεμνὸν βίον ὤλεσε ῥιφθείς·
πάντα κακῶς διέθηκας ὅλον τε κακὸν κατέκλυσσας.
καὶ διὰ σοῦ κόσμοιο καλαὶ πτύχες ἠλλάχθησαν.   235
εἰς ἔριν ἡμετέρην τύχον, ἄστατε, ταῦτα προβάλλου·
πῶς τί λέγεις; πείσω σε καὶ εἴ τί σε μέμφομαι αὔδα·
ἦν ποτ' ἐν ἀνθρώποις λαμπρὸν σέλας ἠελίοιο
σπειρομένης ἀκτῖνος ὁμοσπόνδοιο προφητῶν·
γλῶσσα μελισταγέουσα καλὸν πόμα πᾶσι βροτοῖσι   240
φαινέ τε καὶ προὔβαλλε καὶ ἥμερα πᾶσιν ἔτελλεν,
τοῦδ' ἕνεκεν, στενόβουλε κακῶν ἀρχηγὲ μεγίστων,
καὶ ῥομφὴ καὶ πένθος ἐλεύσεται ἤματι κείνῳ.
ἀρχὴ καὶ καμάτοιο καὶ ἀνθρώποις μέγα τέρμα

Mächtige Galliermassen. Und dich wird er ebenfalls töten,
Dich, Ravenna, und wird Anführer sein zu dem Morde.
    Inder und ihr, Äthiopiens Stolz, o wähnt euch nicht sicher! [bocks
Denn wenn um diese sich dreht das Schwungrad der Achse des Stein-
und mit dem Zwillingsgestirn der Stier um die Mitte des Himmels,
Wenn die Jungfrau steigt und die Sonne, rings um die Stirne
Fest den Gürtel geheftet, das ganze Weltall beherrschet,
Dann wird ein großer, ein himmlischer Brand auf Erden entstehen,
Mit den Gestirnen im Kampf wird neu die Natur, daß zugrunde
Geht in Feuer und Stöhnen das ganze Gebiet Äthiopiens.
    Weine auch du, o Korinth, und beweine dein traurig Verderben!
Wenn die drei Schwestern, die Parzen, die spinnen gewundene Fäden,
Ihn, der durch Listen entrann dorthin, zum Gestade des Isthmus,
Führen herbei in der Luft, bis alle ihn werden erblicken,
Ihn, der den Felsen zerschlug vordem mit gehärtetem Eisen:
Wird er auch dein Land verderben und schlagen, so wie es bestimmt ist.
Ihm hat verliehen der Herr die Kraft, all das zu vollenden,
Was sonst keiner vermocht von den Herrschern allen zusammen . . .
Denn allen Menschen zumal ist Mord und Schrecken beschieden
Wegen der mächtigen Stadt und wegen des Volks der Gerechten,
Welches gerettet stets ward, das besonders die Vorsehung schützte.
    Unsteter, Übelgesinnter, von bösem Verhängnis umgeben,
Anfang der Not für die Menschen und auch ihr gewaltiges Ende,
Da die Schöpfung geschädigt und doch von den Parzen errettet,
Erzfrevler, Ursprung der Übel und großes Leid für die Menschen,
Wer hat nach dir sich gesehnt, wer nicht gezürnt dir von Herzen?
Dir hat gar mancher erhabene König den Sturz zu verdanken.
Alles hast du verwirrt, überflutet alles mit Unheil;
Und durch dich sind verwandelt die herrlichen Fluren der Erde.
Unheilbringer, zum Streit mit uns wirf hin deine Streitaxt. [dann
Wie, was sagst du? „Ich werde dich kriegen" und „Wenn du was hast,
Sprich!" Einst gab es auf Erden ein leuchtendes Glänzen der Sonne,
Als das gemeinsame Licht der Propheten einst wurde verbreitet.
Honigträufelnde Rede — sie brachte gar trefflichen Trank und
Zeigt' ihn den Menschen zumal, und allen sproßte der Tag auf!
Deshalb, Ratloser du und Ursprung entsetzlichen Unheils,
Kommt an jenem Tage das Schwert und große Betrübnis.
Anfang der Not für die Menschen und auch ihr gewaltiges Ende,

βλαπτομένης κτίσεως καὶ σῳζομένης πάλι Μοίραις,   245
κλῦθι πικρᾶς φήμης δυσηχέος, ἀνδράσι πῆμα.
ἀλλ᾽ ὁπόταν Περσὶς γαῖ᾽ ἀπόσχηται πτολέμοιο
λοιμοῦ τε στοναχῆς τε, τότ᾽ ἔσσεται ἤματι κείνῳ
᾽Ιουδαίων μακάρων θεῖον γένος οὐράνιόν τε,
οἳ περιναιετάουσι θεοῦ πόλιν ἐν μεσογαίοις·   250
ἄχρι δὲ καὶ ᾽Ιόπης τεῖχος μέγα κυκλώσαντες
ὑψόσ᾽ ἀείρονται ἄχρι καὶ νεφέων ἐρεβεννῶν.
οὐκέτι συρίξει σάλπιγξ πολεμόκλονον ἦχον,
οὐδ᾽ ἔτι μαινομέναις παλάμαις ἐχθραῖς διολοῦνται.
ἀλλά γ᾽ ἐφεστήξειε κακῶν αἰῶνι τρόπαια.   255
εἷς δέ τις ἔσσεται αὖτις ἀπ᾽ αἰθέρος ἔξοχος ἀνήρ,
ὃς παλάμας ἥπλωσεν ἐπὶ ξύλου πολυκάρπου,
῾Εβραίων ὁ ἄριστος, ὃς ἠέλιόν ποτε στῆσεν
φωνήσας ῥήσει τε καλῇ καὶ χείλεσιν ἀγνοῖς.
μηκέτι τείρεο θυμὸν ἐνὶ στήθεσσι, μάκαιρα,   260
θειογενές, πάμπλουτε, μόνῳ πεφιλημένον ἄνθος,
φῶς ἀγαθὸν σεμνόν τε τέλος πεποθημένον ἁγνοῖς
᾽Ιουδαίης, χαρίεσσα, καλὴ πόλις, ἔνθεος ὕμνων.
οὐκέτι βακχεύσει περὶ σὴν χθόνα ποὺς ἀκάθαρτος
῾Ελλήνων ὁμόθεσμον ἐνὶ στήθεσσιν ἔχων νοῦν·   265
ἀλλά σε κυδάλιμοι παῖδες περιτιμήσουσιν
καὶ μούσαις ἁγίαισι τράπεζαν ἐπιστήσονται
παντοίαις θυσίαισι καὶ εὐχαῖς ἐν θεοτίμοις,
ἐκ μικρᾶς στενότητος ὅσοι καμάτους ὑπέμειναν,
πλείονα καὶ χαρίεντα καταλλάξουσι δίκαιοι·   270
οἱ δὲ κακοὶ στείλαντες ἐπ᾽ αἰθέρα γλῶσσαν ἄθεσμον
παύσονται λαλέοντες ἐναντίον ἀλλήλοισιν,
αὐτοὺς δὲ κρύψουσιν, ἕως ἀλλαχθῇ ὁ κόσμος.
ἔσται δ᾽ ἐκ νεφέων ὄμβρος πυρὸς αἰθομένοιο·
κοὐκέτι καρπεύσουσι βροτοὶ στάχυν ἀγλαὸν ἐκ γῆς·   275
πάντ᾽ ἄσπαρτα μενεῖ καὶ ἀνήροτα, ἄχρι νοῆσαι
τὸν πρύτανιν πάντων θεὸν ἄμβροτον αἰὲν ἐόντα
ἀνθρώπους θνητοὺς καὶ μηκέτι θνητὰ γεραίρειν
μηδὲ κύνας καὶ γῦπας, ἅ τ᾽ Αἴγυπτος κατέδειξεν
σεμνύνειν στομάτεσσ᾽ ἀνοοῖς καὶ χείλεσι μωροῖς.   280
εὐσεβέων δὲ μόνων ἁγία χθὼν πάντα τάδ᾽ οἴσει,
νᾶμα μελισταγέος ἀπὸ πέτρης ἠδ᾽ ἀπὸ πηγῆς

Da die Schöpfung geschädigt und doch von den Parzen errettet,
Bittre, mißklingende Rede vernimm, du Unheil der Menschen!
Doch wenn das persische Land einst frei sein wird von dem Kriege,
Frei von der Pest und vom Leid, dann wird der glückseligen Juden
Göttlich Geschlecht jenes Tags sich erheben, der himmelgebornen,
Welche im Lande bewohnen ringsum die schöne Stadt Gottes.
Bis nach Joppe hinab sie mit stattlicher Mauer umschließend,
Werden sie hoch sie erheben selbst bis zu den finsteren Wolken.
Nicht wird schmettern die Tuba den Schall mehr zum Kriegesgetümmel,
Nicht mehr gehn sie zugrund durch die rasenden Hände des Feindes,
Sondern überall stehn Siegzeichen dann über die Bösen.
Aber ein trefflicher Mann wird wieder vom Himmel erscheinen,
Der seine Hände dereinst ausstreckte am fruchtbaren Holze,
Von dem Hebräergeschlecht der beste, der einstens die Sonne
Stehn ließ, redend mit trefflicher Rede und heiligen Lippen.
Laß dir nicht mehr quälen das Herz in der Brust, du Glücksel'ge,
Göttlich Geborene, Reiche, du einzig begehrliche Blume,
Edles Licht, du erhabenes Endziel, ersehnt von den Heil'gen
Judas, schöne und herrliche Stadt du, begeistert von Hymnen.
Nimmer wird bakchisch rasen mit unreinem Fuß der Hellene,
Da er zum selben Gesetz sich in seinem Herzen bekehrt hat,
Sondern es werden in Ehre dich halten die trefflichen Söhne,
Und sie werden hinsetzen den Tisch mit heiligen Liedern,
Opfernd auf jegliche Weise, mit gottgefäll'gen Gelübden.
Alle Gerechten, die Leid der kleinen Bedrängnis ertrugen,
Werden an Schönem noch mehr eintauschen für früheres Unheil.
Aber die Bösen, die frevelnde Rede zum Himmel gesendet,
Hören jetzt auf in Zwietracht zu hadern gegeneinander,
Werden sich selber verbergen, bis einstens die Welt sich gewandelt.
Aber es kommt aus den Wolken ein Regen brennenden Feuers;
Nicht mehr ernten die Menschen vom Felde die herrliche Ähre;
Nirgends wird mehr gesät noch gepflügt, bis die sterblichen Menschen
Schaun den unsterblichen Gott, den Herrn über sterblichen Wesen,
Ihn, der in Ewigkeit lebt, und nicht mehr Sterbliches ehren,
Nicht mehr Hunde und Geier, was uns Ägypten gelehrt hat,
Unverständigen Mundes, mit törichten Lippen zu preisen.
Doch nur der Frommen geheiligte Erde wird alles das bringen;
Naß wird vom Felsen, der triefet vom Honigseim, von der Quelle,

καὶ γλάγος ἀμβρόσιον ῥεύσει πάντεσσι δικαίοις·
εἰς ἕνα γὰρ γενετῆρα θεὸν μόνον ἔξοχον ὄντα
ἤλπισαν εὐσεβίην μεγάλην καὶ πίστιν ἔχοντες.   285
ἀλλὰ τί δή μοι ταῦτα νόος σοφὸς ἐγγυαλίζει;
ἄρτι δέ σε, τλήμων Ἀσίη, κατοδύρομαι οἰκτρῶς
καὶ γένος Ἰώνων Καρῶν Λυδῶν πολυχρύσων.
αἰαῖ σοί, Σάρδεις· αἰαῖ πολυήρατε Τράλλις·
αἰαῖ, Λαοδίκεια, καλὴ πόλι· ὡς ἀπολεῖσθε   290
σεισμοῖς ὀλλύμεναί τε καὶ εἰς κόνιν ἀλλαχθεῖσαι.
Ἀσίδι γῇ δνοφερῇ Λυδῶν τε γένει πολυχρύσων
Ἀρτέμιδος σηκὸς Ἐφέσου πηγνύμενος ἀγρῷ
χάσμασι καὶ σεισμοῖσί ποθ' ἵξεται εἰς ἅλα δῖαν
πρηνής, ἠύτε νῆες ἐπικλύζονται ἀέλλαις.   295
ὑπτίασμ' οἰμώξει δ' Ἔφεσος κλαίουσα παρ' ὄχθας
καὶ ναὸν ζητοῦσα τὸν οὐκέτι ναιετάοντα.   297
ἥξει γὰρ καὶ Σμύρνα ἑὸν κλαίουσα λυρουργόν   306
εἰς Ἐφέσοιο πύλας καὶ αὐτὴ μᾶλλον ὀλεῖται.
Κύμη δ' ἡ μωρὰ σὺν νάμασι τοῖς θεοπνεύστοις
ἐν παλάμαις ἀθέων ἀνδρῶν ἀδίκων καὶ ἀθέσμων
ῥιφθεῖσ' οὐκέτι τόσσον ἐς αἰθέρα ῥῆμα προήσει,   310
ἀλλὰ μενεῖ νεκρὰ ἐν νάμασι κυανέοισιν.
καὶ τότ' ἀναιάξουσιν ὁμοῦ κακότητα μένοντες·
εἰδήσει σημεῖον ἔχων, ἀνθ' ὧν ἐμόγησεν,
Κυμαίων δῆμος χαλεπὸς καὶ φῦλον ἀναιδές.
εἶθ' ὅτ' ἀναιάξουσι κακὴν χθόνα τεφρωθεῖσαν,   315
Λέσβος ὑπ' Ἠριδανοῦ αἰώνιον ἐξαπολεῖται.
αἰαῖ σοί, Κάρουρα, καλὴ πόλι, παύεο κώμου
. .ἱ Ἱεράπολι, γαῖα μόνη Πλούτωνι μιγεῖσα,
ἕξεις, ὃν πεπόθηκας ἔχειν, χῶρον πολύδακρυν
ἐς γῆν χωσαμένη παρὰ χεύμασι Θερμώδοντος.   320
πετροφυὴς Τρίπολίς τε παρ' ὕδασι Μαιάνδροιο,
κύμασι νυκτερινοῖσιν ὑπ' ἠόνα κληρωθεῖσα,
ἄρδην ἐξολάσει σε θεοῦ πόθος ἠδὲ πρόνοια.
Μίλητον τρυφερήν, Φοίβου τὴν γείτονα χώρης,   325
τήν τε σοφῶν ἀνδρῶν μελέτην καὶ σώφρονα βουλήν   327
μὴ ἐθέλουσαν ἑλεῖν ἀπολεῖ πρηστήρ ποτ' ἄνωθεν,   324
ἀνθ' ὧν εἵλετο τὴν Φοίβου δολόεσσαν ἀοιδήν.   326

Auch ambrosische Milch wird strömen für alle Gerechten:
Denn sie haben auf Gott, den einzigen großen Erzeuger,
All ihre Hoffnung gesetzt in Frömmigkeit und in der Treue.
   Aber warum gibt all dies mir eigentlich kluger Verstand ein?
Jetzt will ich dich, armseliges Asien, jammernd beklagen
Und der Ionier Geschlecht, der Karer, der goldreichen Lyder.
Weh dir, Sardes, o weh, und wehe, du liebliches Tralles,
Weh, weh, Laodikeia, du prächtige Stadt! Ach, wie werdet
Schnell zugrunde ihr gehn, durch Beben zu Staub einst verwandelt!
Ach, dem finsteren Asien, dem Land der goldreichen Lyder
Wird der Artemistempel, bei Ephesos prächtig errichtet,
Einst durch Schüttern und Beben hinab in die herrliche Meerflut
Stürzen kopfüber, wie Schiffe vom Sturmwind werden umspület,
Und seinen Sturz wird bejammern dann Ephesos an dem Gestade,
Suchend nach seinem Tempel, in dem man fürder nicht wohnet ...
Denn auch Smyrna wird kommen einmal zu Ephesos' Toren,
Seinen Sänger beweinend, und selbst um so eher zugrund gehn.
   Aber das törichte Kyme mit seinen begeisterten Quellen
Wird unter gottlosen Händen von recht- und gesetzlosen Männern
Sinken dahin und zum Himmel dann nimmer die Stimme erheben,
Sondern als Leiche verbleiben daselbst in den blauen Gewässern.
Und dann werden zugleich sie jammern, Böses erwartend.
An einem Zeichen nun wird es ersehen, weshalb es gelitten,
Kymes böses Geschlecht und der widerwärtige Volksstamm.
Wenn sie bejammern die böse, in Asche verwandelte Landschaft,
Dann wird Lesbos am Eridanos auf ewig zugrund gehn.
   Wehe dir, schönes Karura, laß ab von dem schwärmenden Jubel!
Und Hierapolis, Land, das allein mit Pluto vermählt ist,
Was du begehrst, das wirst du bekommen: das Land voller Tränen,
Hin zur Erde geschüttet am mächtigen Strome Thermodon.
Steiniges Tripolis auch, an Mäanders Wassern gelegen,
Welches mit nächtlichen Wogen erfüllt liegt dort am Gestade,
Wille und Vorsehung Gottes wird dich gänzlich vernichten.
   Einst wird das üpp'ge Milet, des Phoibos Nachbargebiet, das
Weiser Männer Fürsorg und besonnenen Rat nicht entgegen-
Nehmen wollte, ein Blitzstrahl vom Himmel droben vernichten,
Weil es den trugvollen Sang des Phoibos sich hatte erwählet.

ἵλαθι, παγγενέτωρ, τρυφερῇ χθονὶ τῇ πολυκάρπῳ   328
Ἰουδαίᾳ μεγάλῃ, ἵνα σὰς γνώμας ἐπίδωμεν.
ταύτην γὰρ πρώτην ἔγνως, θεός, ἐν χαρίτεσσιν   330
ἐς τὸ δοκεῖν προχάρισμα τεὸν πάντεσσι βροτοῖσιν
εἶναι καὶ προσέχειν, οἷον θεὸς ἐγγυάλιξεν,
ἱμείρω τριτάλαινα τὰ Θρῃκῶν ἔργα ἰδέσθαι
καὶ τεῖχος διθάλασσον ὑπ' Ἄρεος ἐν κονίῃσιν
συρόμενον ποταμηδὸν ἐπ' ἰχθυόωντι κολύμβῳ.   335
Ἑλλήσποντε τάλαν, ζεύξει ποτέ σ' Ἀσσυρίων παῖς,
καί σε μάχῃ Θρῃκῶν κρατερὸν σθένος ἐξαλαπάξει.
τήν τε Μακηδονίην βασιλεὺς Αἰγύπτιος αἱρεῖ,
καὶ κλίμα βαρβαρικὸν ῥίψει σθένος ἡγεμονήων.
Λυδοὶ καὶ Γαλάται Πάμφυλοι σὺν Πισίδαισι   340
πανδημεὶ κρατέουσι κακὴν ἔριν ὁπλισθέντες.
Ἰταλίη τριτάλαινα, μενεῖς πανέρημος ἄκλαυστος
ἐν γαίῃ θαλερῇ ὁλοὸν δάκος ἐξαπολέσθαι.
ἔσται δ' αἰθέριόν ποτ' ἂν' οὐρανὸν εὐρὺν ὕπερθεν
βροντηδὸν κελάδημα, θεοῦ φωνὴν ἐπακοῦσαι.   345
ἠελίου δ' αὐτοῦ φλόγες ἄφθιτοι οὐκέτ' ἔσονται
οὐδὲ σεληναίης λαμπρὸν φάος ἔσσεται αὖτις
ὑστατίῳ καιρῷ, ὁπόταν θεὸς ἡγεμονεύσῃ.
πάντα μελανθείη, σκοτίη δ' ἔσται κατὰ γαῖαν,
καὶ τυφλοὶ μέροπες θῆρές τε κακοὶ καὶ ὀϊζύς.   350
ἔσσεται ἦμαρ ἐκεῖνο χρόνον πολύν, ὥστε νοῆσαι
αὐτὸν ἄνακτα θεὸν πανεπίσκοπον οὐρανόθι πρό.
αὐτὸς δυσμενέας ἄνδρας τότε δ' οὐκ ἐλεήσει,
ἀρνῶν ἠδ' ὅλων ταύρων τ' ἀγέλας ἐριμύκων
ἐκθυσιάζοντας μόσχων μεγάλων κεροχρύσων   355
ἀψύχοις θ' Ἑρμαῖς καὶ τοῖς λιθίνοισι θεοῖσιν.
ἡγείσθω δὲ θέμις σοφίη καὶ δόξα δικαίων·
μή ποτε θυμωθεὶς θεὸς ἄφθιτος ἐξαπολέσσῃ
πᾶν γένος ἀνθρώπων βροτεὸν καὶ φῦλον ἀναιδές,
δεῖ στέργειν γενετῆρα θεὸν σοφὸν αἰὲν ἐόντα.   360
ἔσσεται ὑστατίῳ καιρῷ περὶ τέρμα σελήνης
κοσμομανὴς πόλεμος. καὶ ἐπίκλοπος ἐν δολότητι
ἥξει δ' ἐν περάτων γαίης μητροκτόνος ἀνήρ
φεύγων ἠδὲ νόῳ ὀξύστομα μερμηρίζων,
ὃς πᾶσαν γαῖαν καθελεῖ καὶ πάντα κρατήσει   365

Schone, o Vater des Alls, des großen und fruchtbaren Juda
Üppiges Land, auf daß wir erkennen deine Gedanken.
Dieses ja hast du als erstes erkannt, Gott, in deiner Gnade,
Daß es als Erstling erscheine der Gnade den Sterblichen allen,
Und daß stets sie beachten, was Gott ihnen angetan habe.
    Dreimal unglücklich will ich erschauen die Werke der Thraker,
Die zweimeerige Mauer geschleift vom Ares im Staube,
So wie ein Strom sich zieht mit dem fischetauchenden Vogel.
    Armer Hellespont, dich gürtet ein Sohn der Assyrer,
Und es zerstört ein Kampf mit der Thraker gewaltigen Macht dich,
Und Makedonien will ein ägyptischer König verwüsten,
Und ein barbarisches Land wird stürzen die Stärke der Herrscher,
Lyder und Galater, auch Pamphylier samt den Pisidern
Siegen im bösen Streite, gewappnet mit sämtlichem Kriegsvolk.
    Dreimal unsel'ges Italien, du bleibst unbeweinet und einsam,
In dem blühenden Lande, verendend als giftige Natter.
    Aber hoch in den Lüften, am weiten Himmel da droben,
Wird man ein Donnergetöse, die göttliche Stimme, vernehmen.
Dann werden nicht mehr sein die ewigen Flammen der Sonne,
Nicht mehr wird scheinen fortan die glänzende Leuchte des Mondes
An dem Ende der Zeiten, da Gott seine Herrschaft errichtet.
Alles wird in Dunkel gehüllt und Nacht sein auf der Erde,
Menschen geblendet und Tiere in Wut, ein Schmerzensgejammer.
Lang wird sein jener Tag, auf daß man deutlich erkenne
Ihn, den Herrn, Gott selber, der alles erschauet vom Himmel.
Kein Erbarmen wird er mit den feindlichen Menschen dann kennen,
Weil sie die Widder und Schafe und Scharen von brüllenden Kälbern
Und mit vergoldetem Horn große Färsen als Opfer geschlachtet
Für die leblosen Hermen und für die steinernen Götzen.
Herrschen soll nun der Weisheit Gesetz und der Ruhm der Gerechten;
Daß nicht der ewige Gott im Zorne Vernichtung bereite
Jeglichem Menschengeschlecht und seinem schamlosen Stamme,
Muß man Gott, den Erzeuger, den weisen und ewigen, lieben.
    An dem Ende der Zeit, gegen Ende des leuchtenden Mondes,
Wütet ein weltverwüstender Krieg. Der Betrüger voll Arglist
Kommt vom Ende der Erde, der Mann, der die Mutter gemordet,
Als ein Flüchtling erscheinend, ersinnet er Böses im Herzen;
Niederwirft er das Weltall, und alles bezwingt und beherrscht er;

πάντων τ' ἀνθρώπων φρονιμώτερα πάντα νοήσει·
ἧς χάριν ὤλετό τ' αὐτός, ἐλεῖ ταύτην παραχρῆμα   367
πάντως τ' ἐμπρήσει, ὡς οὐδέποτ' ἄλλος ἐποίει,   369
ἄνδρας τ' ἐξολέσει πολλοὺς μεγάλους τε τυράννους·   368
τοὺς δ' αὖ πεπτηῶτας ἀνορθώσει διὰ ζῆλον.   370
ἔσται δ' ἐκ δυσμῶν πόλεμος πολὺς ἀνθρώποισιν,
ῥεύσει δ' αἷμα' κατ' ὄχθου ἕως ποταμῶν βαθυδινῶν.
θεοῦ τε Μακηδονίης στάξει χόλος ἐν πεδίοισιν,
συμμαχίην δὲ διδῷ λαῷ, βασιλῆι δ' ὄλεθρον.
καὶ τότε χειμερίη πνοιὴ πνεύσει κατὰ γαῖαν,   375
καὶ πεδίον πολέμοιο κακοῦ πλησθήσεται αὖτις.
πῦρ γὰρ ἀπ' οὐρανίων δαπέδων βρέξει μερόπεσσιν,
πῦρ καὶ αἷμα ὕδωρ πρηστὴρ γνόφος οὐρανίη νύξ
καὶ φθίσις ἐν πολέμῳ καὶ ἐπὶ σφαγῇσιν ὀμίχλη
πάντας ὁμοῦ τ' ὀλέσει βασιλεῖς καὶ φῶτας ἀρίστους.   380
εἶθ' οὕτως πολέμοιο πεπαύσεται οἰκτρὸς ὄλεθρος,
κοὐκέτι τις ξίφεσιν πολεμίξεται οὐδὲ σιδήρῳ
οὐδ' αὖτις βελέεσσιν, ἃ μὴ θέμις ἔσσεται αὐτοῖς.
εἰρήνην δ' ἕξει λαὸς σοφός, ὅσπερ ἐλείφθη,
πειραθεὶς κακότητος, ἵν' ὕστερον εὐφρανθείη.   385
    μητρολέται, παύσασθε θράσους τόλμης τε κακούργου,
οἳ τὸ πάλαι παίδων κοίτην ἐπορίζετ' ἀνάγνως
καὶ τέγεσιν πόρνας ἐστήσατε τὰς πάλαι ἀγνάς
ὕβρεσι καὶ κολάσει κάσχημοσύνη πολυμόχθῳ....
ἐν σοὶ γὰρ μήτηρ τέκνῳ ἐμίγη ἀθεμίστως.   390
καὶ θυγάτηρ γενετῆρι ἑῷ συζεύξατο νύμφη·
ἐν σοὶ καὶ βασιλεῖς στόμα δύσμορον ἐξεμίηναν,
ἐν σοὶ καὶ κτηνῶν εὗρον κοίτην κακοὶ ἄνδρες.
σίγησον, πανόδυρτε κακὴ πόλι, κῶμον ἔχουσα·
οὐκέτι γὰρ παρὰ σοὶ σχίζης φιλοθρέμμονος ὕλης   395
παρθενικαὶ κοῦραι πῦρ ἔνθεον ὠρήσουσιν.
ἔσβεσται παρὰ σεῖο πάλαι πεποθημένος οἶκος,
ἡνίκα δεύτερον εἶδον ἐγὼ ῥιπτούμενον οἶκον
πρηνηδὸν πυρὶ τεγγόμενον διὰ χειρὸς ἀνάγνου,
οἶκον ἀεὶ θάλλοντα, θεοῦ τηρήμονα ναόν,   400
ἐξ ἁγίων γεγαῶτα καὶ ἄφθιτον αἰὲν ἐόντα.
    οὐ γὰρ ἀκηδέστως ἄνοον θεὸν ἐξ ἀφανοῦς γῆς   403
οὐδὲ πέτρης ποίησε σοφὸς τέκτων παρὰ τούτοις,

Alles erkennt er weit klüger als sämtliche Menschen auf Erden.
Derentwillen er selber verdarb, die nimmt er sofort ein
Und verbrennet sie gänzlich, wie niemals einer zuvor tat.
Viele Männer verdirbt er, darunter mächtige Herrscher;
Die aber waren gefallen, die richtet er auf mit Begierde.
Aber vom Westen wird kommen gewaltiger Krieg für die Menschen,
Blut wird fließen vom Hügel hinab zu den tiefen Gewässern.
Auf Makedoniens Fluren läßt Gott seinen Groll dann entträufeln,
Bringet Hilfe dem Volke, dem Könige aber Verderben.
Und ein winterlich Wehen wird dann die Erde durchströmen,
Nochmals wird erfüllet das Feld mit schrecklichem Kriege.
Dann wird Feuer regnen vom Himmelsgefilde den Menschen;
Feuer und Blut und Wasser und Blitz und finsterer Himmel
Und Verderben im Krieg und Gemetzel im nächtlichen Dunkel
Wird sie vernichten zumal, die Könige samt ihren Mannen.
So wird enden hernach des Krieges schrecklicher Jammer,
Nicht mehr führt man mit Schwertern Krieg, nicht mehr mit dem Eisen,
Auch mit Geschossen nicht mehr, was fürderhin nicht mehr erlaubt ist.
Friede wird haben das Volk, das weise, das übriggeblieben,
Welches im Unglück erprobt, um nachmals sich zu erfreuen.
    Muttermörder, hört auf mit dem Wagnis und böslicher Frechheit,
Die ihr schamlos euch längst Beilager mit Knaben verschafft habt
Und in Gemächern zu Huren gemacht die ehedem Reinen
Mit beschimpfender Wollust und Pein und mühvoller Schande.
Roma, in dir hat sich schändlich genaht die Mutter dem Sohne,
Und die Tochter hat sich als Braut mit dem Vater verbunden;
Könige haben befleckt sich in dir den unseligen Mund gar;
Wüstlinge haben in dir Beilager mit Tieren erfunden.
Schweig, du erbärmliche Stadt, du schlechte, die schwelgt in Gelagen:
Nicht mehr werden bei dir mit flammennährendem Holzscheit
Die jungfräulichen Mädchen das heilige Feuer behüten;
Ausgelöscht ist bei dir dein altehrwürdiges Bauwerk,
Seit ich zum zweitenmal schon sah hinstürzen unseren Tempel,
Überflutet mit Feuer, geschürt von unheiligen Händen,
Das stets blühende Haus und den Gott bewahrenden Tempel,
Welchen die Heiligen bauten und welcher nimmer vergänglich ...
    Denn nicht gedankenlos schuf ein verständiger Künstler bei diesen
Einen vernunftlosen Gott aus unscheinbarer Erde und Marmor;

οὐ χρυσόν, κόσμου ἀπάτην ψυχῶν τ᾽ ἐσεβάσθη.   405
ἀλλὰ μέγαν γενετῆρα θεὸν πάντων θεόπνευστοι
ἐν θυσίαις ἁγίαις ἐγέραιρον καὶ ἑκατόμβαις.
νῦν δέ τις ἐξαναβὰς ἀφανὴς βασιλεὺς καὶ ἄναγνος
ταύτην ἔρριψεν καὶ ἀνοικοδόμητον ἀφῆκεν
σὺν πλήθει μεγάλῳ καὶ ἐν ἀνδράσι κυδαλίμοισιν.   410
αὐτὸς δ᾽ ὤλετο χερσὶν ὑπ᾽ ἀθανάτοις ἀποβὰς γῆς,
κοὐκέτι σῆμα τοιοῦτον ἐπ᾽ ἀνθρώποισι τέτυκτο,
ὥστε δοκεῖν ἑτέροις μεγάλην πόλιν ἐξαλαπάξαι.
   ἦλθε γὰρ οὐρανίων νώτων ἀνὴρ μακαρίτης
σκῆπτρον ἔχων ἐν χερσίν, ὅ οἱ θεὸς ἐγγυάλιξεν,   415
καὶ πάντων ἐκράτησε καλῶς πᾶσίν τ᾽ ἀπέδωκεν
τοῖς ἀγαθοῖς τὸν πλοῦτον, ὃν οἱ πρότεροι λάβον ἄνδρες.
πᾶσαν δ᾽ ἐκ βάθρων εἷλεν πόλιν ἐν πυρὶ πολλῷ
καὶ δήμους ἔφλεξε βροτῶν τῶν πρόσθε κακούργων
καὶ πόλιν, ἣν ἐπόθησε θεός, ταύτην ἐποίησεν   420
φαιδροτέραν ἄστρων τε καὶ ἡλίου ἠδὲ σελήνης
καὶ κόσμον κατέθηχ᾽ ἅγιόν τ᾽ οἶκον ἐποίησεν
ἔνσαρκον καλὸν περικαλλέα ἠδὲ ἔπλασσεν
πολλοῖς ἐν σταδίοισι μέγαν καὶ ἀπείρονα πύργον
αὐτῶν ἁπτόμενον νεφέων καὶ πᾶσιν ὁρατόν,   425
ὥστε βλέπειν πάντας πιστοὺς πάντας τε δικαίους
ἀιδίοιο θεοῦ δόξαν, πεποθημένον εἶδος·
ἀντολίαι δύσιές τε θεοῦ κλέος ἐξύμνησαν.
οὐκέτι γὰρ πέλεται ὕβρις δειλοῖσι βροτοῖσιν
οὐδὲ γαμοκλοπίαι καὶ παίδων Κύπρις ἄθεσμος,   430
οὐ φόνος οὐδὲ κυδοιμός, ἔρις δ᾽ ἐν πᾶσι δικαίη.
ὕστατος ἔσθ᾽ ἁγίων καιρός, ὅτε ταῦτα περαίνει
θεὸς ὑψιβρεμέτης, κτίστης ναοῖο μεγίστου.
   αἰαῖ σοί, Βαβυλὼν, χρυσόθρονε, χρυσοπέδιλε,
πουλυετὴς βασίλεια μόνη κόσμοιο κρατοῦσα   435
ἡ τὸ πάλαι μεγάλη καὶ πάμπολις, οὐκέτι κείσῃ
οὔρεσιν ἐν χρυσέοις καὶ νάμασιν Εὐφρήταο·
στρωθήσῃ σεισμοῖο κλόνῳ· Πάρθοι δέ σε δεινοί
πάντ᾽ ἀκρατῆ ποίησαν. ἔχε στόμα φίμῳ, ἄναγνε
Χαλδαίων γενεή, μήτ᾽ εὕρεο μηδὲ μερίμνα,   440
πῶς Περσῶν ἄρξεις ἢ πῶς Μήδων δὲ κρατήσεις·
εἵνεκα γὰρ τῆς σῆς ἀρχῆς, ἧς ἔσχες, ὅμηρα

Sie verehrten nicht Gold als Trug der Welt und der Seelen,
Sondern sie ehrten den Herrn, den großen Erzeuger von allem,
Gottbegeistert, durch heilige Opfer und mit Hekatomben.
Jetzt aber trat hervor ein König unscheinbar und unrein,
Stürzte zu Boden die Stadt und ließ sie unaufgebaut liegen
Mit einer Menge vereint und mit ausgezeichneten Mannen.
Aber er selbst ging zugrunde von göttlichen Händen, verlassend
Endlich das Land, nicht war den Menschen ein ähnliches Zeichen,
Daß es noch anderen einfiel, die große Stadt zu zerstören.
   Denn von dem himmlischen Lande herab kam ein seliger Mann und
Hielt in den Händen ein Szepter, das ihm Gott selber verliehen,
Über alle gebot er mit Ruhm, gab allen den Guten
Ihren Reichtum zurück, den die früheren Männer genommen.
Sämtliche Städte nahm er von Grund aus ein mit viel Feuer
Und verbrannte die Sitze der Menschen, die Böses verübten;
Und die Stadt, welche Gott sich erwählte, die machte er glänzend,
Glänzender als die Gestirne, so glänzend wie Sonne und Mond sind,
Stattete aus sie mit Schmuck und schuf einen heiligen Tempel,
Körperlich sichtbar und schön und prächtig, und formte gar massig
Viele Stadien lang einen Turm von unendlichem Ausmaß,
Welcher die Wolken berührt und allen Sterblichen sichtbar,
So daß alle Geschlechter und Treuen nun konnten betrachten
Gottes ewigen Ruhm und seine ersehnte Gestaltung.
Aufgang und Niedergang haben die Herrlichkeit Gottes gepriesen.
Nicht mehr gibt's fortan bei den sterblichen Menschen Gewalttat,
Schändlichen Ehebruch nicht, noch ruchlose Liebe zu Knaben,
Nicht mehr Mord noch Tumult, nur gerechten Wettstreit bei allen.
Letzte Zeit ist gekommen der Heiligen, wann das vollendet
Der hochdonnernde Gott, der Begründer des mächtigen Tempels.
   Wehe dir, Babylon, weh, goldthronend, mit goldenen Sohlen,
Du langjährige Fürstin, alleinige Herrin der Welt einst,
Die du vor alters so groß und Weltstadt warst, du wirst nicht mehr
Liegen auf goldenen Bergen noch dort an den Wassern des Euphrat;
Unter entsetzlichen Beben versinkst du. Die schrecklichen Parther
Haben dich machtlos gemacht. Drum rat' ich: halt deinen Mund, du
Unreines Volk der Chaldäer; nicht sollst du mehr fragen noch forschen,
Wie du die Perser regierst, noch wie du die Meder beherrschest.
Ob deiner Herrschaft, die einst du bekommen, sandtest als Geiseln

εἰς Ῥώμην πέμψας πάλαι Ἀσίδι θητεύοντας.
τοιγάρτοι καὐτὴ βασιλὶς φρονέουσ᾿, ἐπὶ κρῖμα
ἀντιδίκων ἥξεις, ὧν εἵνεκα λύτρα πέπομφας·   445
δώσεις δ᾿ἀντὶ λόγων σκολιῶν πικρὸν λόγον ἐχθροῖς.
ἔσται δ᾿ ὑστατίῳ καιρῷ ξηρός ποτε πόντος
κοὐκέτι πλωτεύσουσιν ἐς Ἰταλίην ποτὲ νῆες,
Ἀσὶς δ᾿ ἡ μεγάλη τότε πάμμορος ἔσσεται ὕδωρ
καὶ Κρήτη πεδίον. Κύπρος δ᾿ ἕξει μέγα πῆμα   450
καὶ Πάφος αἰάξει δεινὸν μόρον, ὥστε νοῆσαι
καὶ Σαλαμῖνα πόλιν μεγάλην μέγα πῆμα παθοῦσαν·
νῦν μὲν χέρσος ἄκαρπος ἐπ᾿ ἠόνας ἔσσεται αὖθις.
ἀκρὶς δ᾿ οὐκ ὀλίγη χθόνα Κύπριον ἐξολεθρεύσει.
εἰς Τύρον, αἰνόμοροι μέροπες, κλαύσεσθε βλέποντες.   455
Φοινίκη, δεινός σε μένει χόλος, ἄχρι πεσεῖν σε
πτῶμα κακόν, Σειρῆνες ὅπως κλαύσωνται ἀηδεῖς.
ἔσται δ᾿ ἐν πέμπτῃ γενεῇ, ὅτε παύσετ᾿ ὄλεθρος
Αἰγύπτου, βασιλῆες ὅταν μιχθῶσιν ἀναιδεῖς·
Παμφύλων γενεαὶ δ᾿ εἰς Αἴγυπτον καθεδοῦνται,   460
ἔν τε Μακηδονίῃ καὶ ἐν Ἀσίδι καὶ Λιβύεσσιν
κοσμομανὴς πόλεμος πολυαίματος ἐν κονίῃσιν,
ὃν παύσει Ῥώμης βασιλεὺς δυσμῶν τε δυνάσται.
χειμερίη ὁπόταν ῥιπὴ στάξῃ χιονώδης
πηγνυμένου μεγάλου ποταμοῦ λιμνῶν τε μεγίστων,   465
εὐθὺς βάρβαρος ὄχλος ἐς Ἀσίδα γαῖαν ὁδεύσει,
καὶ Θρᾳκῶν ὄλεται δεινῶν γένος ὡς ἀλαπαδνόν.
καὶ τότε θυμοβόροι μέροπες κατέδουσι γονῆας
λιμῷ τειρόμενοι καὶ ἀθέσφατα λαιφάσσονται.
πάντων δ᾿ ἐκ μελάθρων θῆρες κατέδουσι τράπεζαν   470
ἄγριοι τ᾿ οἰωνοί τε βροτοὺς κατέδουσιν ἅπαντας
ὠκεανός τε κακοῦ πλησθήσεται ἐκ πολέμοιο
αἱματόεις σάρκας τε καὶ αἵματα τῶν ἀνοήτων.
εἶθ᾿ οὕτως ὀλιγηπελίη ἔσται κατὰ γαῖαν,
ὥστε νοεῖν ἀνδρῶν τ᾿ ἀριθμὸν μέτρον τε γυναικῶν.   475
   μυρία δ᾿ οἰμώξει δειλὴ γενεὴ κατὰ τέρμα
ἠελίου δύνοντος, ἵν᾿ ἔμπαλι μηκέτ᾿ ἀνέλθῃ,
ὠκεανοῦ μείνας ἵν᾿ ἐφ᾿ ὕδασι βαπτισθείη·
πολλῶν γὰρ μερόπων εἶδεν κακότητας ἀνάγνους.
ἔσται δὲ σκοτόμαινα περὶ μέγαν οὐρανὸν αὐτόν,   480

Willig nach Rom du alle, die vordem in Asien dienten.
Darum wirst du auch selbst, hochfahrende Herrin, erscheinen
Einst zum Gericht der Vergeltung, wofür du das Lösegeld schicktest,
Wirst für die krummen Reden dem Feind stehn bittere Rede.

Aber am Ende der Zeit wird einstens trocken das Meer sein,
Nicht mehr werden dann nach Italien fahren die Schiffe,
Asien aber, das große und fruchtbare, wird dann ein Meer sein,
Kreta ein ebenes Feld; aber Kypros erfährt große Leiden;
Paphos wird schreckliches Schicksal bejammern, bis es bemerket,
Wie auch das mächtige Salamis hat viel Leiden erduldet:
Jetzt wird es unfruchtbar, wüst fortan am Gestade dort liegen.
Aber das kyprische Land werden Heuschreckenschwärme verderben.
Wenn auf Tyros ihr schaut, unselige Menschen, so weint ihr.
Dein, Phönikien, harret entsetzlicher Zorn, bis du hinsinkst
Üblen Falles, auf daß die Sirenen, die unholden, weinen. [Ägypten
Aber im fünften Geschlecht wird's geschehn: wenn die Not in
Aufhören wird, da sich schändliche Herrscher werden verbinden,
Lagern sich die Pamphylierstämme im Lande Ägypten;
In Kleinasien und Makedonien, auch bei den Libyern
Haust wahnwitziger Krieg, gar blutig im Staube sich wälzend,
Den der König von Rom und die Herrscher des Westens beenden.
Wenn im Winter der Sturm mit Schnee vermenget daherfährt,
Wenn der gewaltige Strom und die größten Seen gefrieren,
Dann wird sofort ein barbarischer Troß in Asiens Land ziehn,
Und es verdirbt der Thraker gewaltig Geschlecht wie ein Schwächling.
Und dann werden die Menschen, die greulichen, essen die Eltern
Und vom Hunger gequält selbst Fleisch von den Menschen verzehren.
Wildes Getier äst dann sein Mahl in der Menschen Behausung,
Sie und die Vögel der Steppe verzehren die Sterblichen alle,
Und das Meer wird sich füllen dem bösen Kriege zufolge,
Blutig vom Fleisch und Blute der törichten Erdenbewohner.
Alsdann wird kommen auf Erden ein solcher Mangel an Menschen,
Daß man gar leicht kann ermessen die Zahl der Männer und Frauen.

Tausendfach wird am Ende der feige Menschenschlag jammern,
Wenn dann die Sonne sich neigt, auf daß sie nicht wieder erstehe,
Und, unter Wasser getaucht, im Ozean dauernd verbleibet;
Hat sie doch vieler Menschen unheilige Bosheit gesehen.
Mondlose Finsternis wird dann den mächtigen Himmel umfangen

ἀχλὺς δ' οὐκ ὀλίγη κόσμου πτύχας ἀμφικαλύψει
δεύτερον· αὐτὰρ ἔπειτα θεοῦ φάος ἡγεμονεύσει
ἀνδράσι τοῖς ἀγαθοῖσιν, ὅσοι θεὸν ἐξύμνησαν.
῏Ισι, θεὰ τριτάλαινα, μενεῖς ἐπὶ χεύμασι Νείλου
μούνη, μαινὰς ἄναυδος ἐπὶ ψαμάθοις Ἀχέροντος,   485
κοὐκέτι σου μνεία γε μενεῖ κατὰ γαῖαν ἅπασαν.
καὶ σύ, Σέραπι λίθους ἀργοὺς ἐπικείμενε πολλούς,
κείσῃ πτῶμα μέγιστον ἐν Αἰγύπτῳ τριταλαίνῃ.
ὅσσοι δ' Αἰγύπτου πόθον ἤνεγκόν σου, ἅπαντες
κλαύσονταί σε κακῶς θεὸν ἄφθιτον ἐν φρεσὶ θέντες·   490
γνώσονταί σε τὸ μηδέν, ὅσοι θεὸν ἐξύμνησαν.
καί ποτέ τις ἐρεῖ ἱερῶν λινόστολος ἀνήρ·
'δεῦτε θεοῦ τέμενος καλὸν στήσωμεν ἀληθοῦς,
δεῦτε, τὸν ἐκ προγόνων δεινὸν νόμον ἀλλάξωμεν,
τοῦ χάριν οἱ λιθίνοις καὶ ὀστρακίνοισι θεοῖσιν   495
πομπὰς καὶ τελετὰς ποιούμενοι οὐκ ἐνόησαν.
στρέψωμεν ψυχὰς θεὸν ἄφθιτον ἐξυμνοῦντες
αὐτὸν τὸν γενετῆρα, τὸν αἴδιον γεγαῶτα,
τὸν πρύτανιν πάντων, τὸν ἀληθέα, τὸν βασιλῆα,
ψυχοτρόφον στεροπῆα, θεὸν μέγαν αἰὲν ἐόντα.'   500
καὶ τότ' ἐν Αἰγύπτῳ ναὸς μέγας ἔσσεται ἁγνός,
κεῖσε δὲ τὰς οἴσει θυσίας λαὸς θεότευκτος.
εἰς ὁπόσην γενεὴν τεμένει <σέβεται θεὸς ἄγνῳ>   502a
τόσσας ἀνθρώποις δώσει γενεὰς <βιοτεύειν>.
ἀλλ' ὅταν ἐκπρολιπόντες ἀναιδέα φῦλα Τριβαλλῶν
Αἰθίοπες μείνωσιν ἐπ' Αἰγύπτῳ ἐν ἀρούραις,   505
ἄρξονται κακότητος, ἵν' ὕστερα πάντα γένηται.
νηὸν γὰρ καθελοῦσι μέγαν Αἰγυπτιάδος γῆς·
ἐν δὲ θεὸς βρέξει κατὰ γῆς δεινὸν χόλον αὐτοῖς,
ὥστ' ὀλέσαι πάντας τε κακοὺς πάντας τ' ἀθεμίστους.
κοὐκέτι δὴ φειδώ τις ἔτ' ἔσσεται ἐν χθονὶ κείνῃ,   510
ἀνθ' ὧν οὐκ ἐφύλαξαν ὅ σφιν θεὸς ἐγγυάλιξεν.
Ἡελίου φαέθοντος ἐν ἄστράσιν εἶδον ἀπειλήν
ἠδὲ Σεληναίης δεινὸν χόλον ἐν στεροπῇσιν·
ἄστρα μάχην ὤδινε· θεὸς ἐπέτρεψε μάχεσθαι.
ἀντὶ γὰρ Ἡελίου μακραὶ φλόγες ἐστασίαζον.   515
ἠδὲ Σεληναίης δίκερως ἠλλάξατο δίσκος·   516
Φωσφόρος ἔσχε μάχην, ἐπιβὰς ἐπὶ νῶτα Λέοντος·   517

Und die Falten der Welt nicht geringer Nebel verhüllen
Zu wiederholten Malen; doch dann wird ein göttliches Leuchten
Führen die trefflichen Menschen, die Gott Loblieder gesungen.

    Isis, du dreimal unsel'ge, allein an den Wassern des Nilstroms,
Du verbleibst an des Acheron Sand eine stumme Mänade,
Und das Gedenken an dich auf der ganzen Erde verschwindet.
Du, Serapis, belastet mit viel unbehauenen Steinen,
Liegst als gewaltige Leiche im dreimal unsel'gen Ägypten.
Wer in Ägypten nach dir Verlangen getragen, sie werden
Alle das Übel beweinen, indem sie den Ew'gen erkannten,
Und deine Nichtigkeit sehen, die Gott Loblieder gesungen.

    Und von den Priestern wird ein in Linnen Gekleideter sprechen:
„Auf, wir bauen dem Herrn, dem wahren, ein herrliches Haus und
Ändern das von den Ahnen bekommene schreckliche Brauchtum,
Da sie Götzen aus Stein oder Ton einst festliche Züge
Und Hekatomben feierlich brachten, nicht achtend des Irrtums.
Laßt uns im Herzen bekehren und preisen den ewigen Herrgott,
Ihn, den Erzeuger selbst, der von Ewigkeit immer gewesen,
Ihn, den Beherrscher des Alls, den wahren Herrscher und König,
Ihn, den Lebenerhalter, den mächtigen, ewigen Donn'rer!"
In Ägypten ersteht ein großer und herrlicher Tempel,
Opfern wird dort das Volk, das Gott sich selber erwählte.
Doch solange sie Gott in dem heiligen Haine verehren,
Wird er Geschlecht zu Geschlecht solange am Leben erhalten.

    Wenn Äthiopien einst der Triballer schamlose Stämme
Lassen und in Ägypten verbleiben, das Land zu bestellen,
Dann wird ihr Frevel beginnen, damit auch das Letzte geschehe;
Denn sie zerstören den Tempel, den großen, im Lande Ägypten.
Aber auf Erden wird Gott entsetzlichen Groll ihnen senden,
Daß er alle die Bösen und sämtliche Frevler vernichtet.
Keine Schonung wird mehr in jenem Lande sich finden,
Weil sie nicht haben bewahrt, was Gott ihnen ehedem auftrug.

    Unter den Sternen sah ich das Drohn einer leuchtenden Sonne,
Und erblickt' eines Mondes entsetzlichen Zorn in den Blitzen.
Kampfesschwanger waren die Sterne, und Gott ließ sie kämpfen.
Denn statt der Sonne befanden sich längliche Flammen in Aufruhr.
Aber des schwindenden Mondes gedoppeltes Horn ward verändert.
Luzifer lenkte die Schlacht und stieg auf den Rücken des Löwen.

Αἰγόκερως δ' ἔπληξε νέου Ταύροιο τένοντα·   518
Ταῦρος δ' Αἰγοκέρωτος ἀφείλατο νόστιμον ἦμαρ.
καὶ Ζυγὸν Ὠρίων ἀπενόσφισε μηκέτι μεῖναι·   520
Παρθένος ἐν Κριῷ Διδύμων ἠλλάξατο μοῖραν·
Πλειὰς δ' οὐκέτ' ἔφαινε· Δράκων δ' ἠρνήσατο ζώνην·
Ἰχθύες εἰσεδύοντο κατὰ ζωστῆρα Λέοντος·
Καρκίνος οὐκ ἐνέμεινεν, ἔδεισε γὰρ Ὠρίωνα·
Σκορπίος οὐρᾷ ἐπῆλθε διαγροτέροιο Λέοντος,   525
ἠδὲ Κύων ὤλισθεν ἀπὸ φλογὸς Ἡελίοιο·
Ὑδροχόον δ' ἐπύρωσε μένος κρατεροῖο Φαεινοῦ.
ὦρτο μὲν Οὐρανὸς αὐτός, ἕως ἐτίναξε μαχητάς·
θυμωθεὶς δ' ἔρριψε καταπρηνεῖς ἐπὶ γαῖαν.
ῥίμφα μὲν οὖν πληγέντες ἐπ' Ὠκεανοῖο λοετρά   530
ἦψαν γαῖαν ἅπασαν· ἔμεινε δ' ἀνάστερος αἰθήρ.

Λόγος ἕκτος

Ἀθανάτου μέγαν υἱὸν ἀοίδιμον ἐκ φρενὸς αὐδῶ,
ᾧ θρόνον ὕψιστος γενέτης παρέδωκε λαβέσθαι
οὔπω γεννηθέντι· ἐπεὶ κατὰ σάρκα τὸ δισσόν
ἠγέρθη, προχοαῖς ἀπολουσάμενος ποταμοῖο
Ἰορδάνου, ὃς φέρεται γλαυκῷ ποδί, κύματα σύρων.   5
ὃς πυρὸς ἐκφεύξας πρῶτος θεὸν ὄψεται ἡδύ
πνεῦμ' ἐπιγινόμενον, λευκαῖς πτερύγεσσι πελείης.
ἀνθήσει δ' ἄνθος καθαρόν, βρύσουσι δὲ πηγαί.
δείξει δ' ἀνθρώποισιν ὁδούς, δείξει δὲ κελεύθους
οὐρανίας· πάντας δὲ σοφοῖς μύθοισι διδάξει.   10
ἄξει δ' ἔς τε δίκην καὶ πείσει λαὸν ἀπειθῆ
αἰνετὸν αὐχήσας πατρὸς γένος οὐρανίδαο.
κύματα πεζεύσει, νόσον ἀνθρώπων ἀπολύσει,
στήσει τεθνηῶτας, ἀπώσεται ἀλγέα πολλά·
ἐκ δὲ μιῆς πήρης ἄρτου κόρος ἔσσεται ἀνδρῶν,   15
οἶκος ὅταν Δαυὶδ φύῃ φυτόν· ἐν χερὶ δ' αὐτοῦ
κόσμος ὅλος καὶ γαῖα καὶ οὐρανὸς ἠδὲ θάλασσα.
ἀστράψει δ' ἐπὶ γῆν, οἷόν ποτε πρῶτα φανέντα
εἶδον ἀπ' ἀλλήλων πλευρῶν δύο γεννηθέντες.
ἔσσεται, ἡνίκα γαῖα χαρήσεται ἐλπίδι παιδός.   20

Alsbald stieß ins Genick dem jungen Stiere der Steinbock,
Aber dem Steinbock raubte der Stier die Hoffnung auf Heimkehr.
Und die Waage verdrängte Orion, daß nicht mehr sie bliebe.
Jungfrau tauschte sich ein der Zwillinge Teil in dem Widder.
Nicht mehr schien die Plejade, der Drache verleugnet' den Gürtel.
Vor dem Gürtel des Löwen verkrochen sich ängstlich die Fische.
Nicht mehr harrte der Krebs, denn er fürchtete sich vor Orion.
Der Skorpion ging los auf den Schwanz des schrecklichen Löwen.
Und der Hund glitt ab infolge der Flamme der Sonne.
Wassermann aber entzündet' die Macht des starken Phaeinos.
Uranos selber erhob sich, bis er die Kämpfer erschüttert,
Und im Zorne sie jählings hinabgestürzet zur Erde.
Schnell dann hinab zu Okeanos' Bad geschleudert, versetzten
Sie Äthiopien ganz in Brand. Sternlos blieb der Äther.

VI. Buch

Singen will ich aus Herzensgrund von dem großen, berühmten
Sohn des Unsterblichen, dem seinen Thron gab der höchste Erzeuger
Vor der Geburt; denn zum zweitenmal trat er im Fleisch in die Welt und
Ließ sich taufen im strömenden Wasser des Jordanflusses,
Der mit bläulichem Fuß seine Wogen wälzend dahinrollt:
Er schaut Gottes lieblichen Geist, dem Feuer entsteigend,
Der von dem Himmel herkommt in der Taube weißem Gefieder.
Aufblühn wird er wie eine Blume, es strömen die Quellen.
Zeigen wird er den Menschen die Wege des Heils und die Pfade
Aufwärts zu Gott und mahnet sie alle mit weiser Belehrung,
Führt sie zum Recht und bekehrt die verstockten Herzen des Volkes,
Preisend laut die ruhmreiche Abkunft vom himmlischen Vater.
Auf dem Meer wird er wandeln und heilen der Menschen Gebreste;
Tote wecket er auf und mancherlei Leiden vertreibt er.
Er macht satt die Menschen aus einem einzigen Brotnetz,
Wenn das Davidische Haus einen Sproß treibt. In seiner Hand wird
Liegen das ganze Weltall: die Erde, das Meer und der Himmel.
Plötzlich wird er erscheinen auf Erden, wie einst ihn die Menschen
Sahen erscheinen, die zwei, die den Seiten einander entsproßten,
Dies wird geschehn, wenn die Erde sich freuet der Hoffnung des Knäb-
[leins.

σοὶ δὲ μόνη, Σοδομῖτι γαίη, κακὰ πήματα κεῖται·
αὐτὴ γὰρ δύσφρων τὸν σὸν θεὸν οὐκ ἐνόησας
ἐλθόντα θνητοῖσιν ἐν ὄμμασιν· ἀλλ' ἀπ' ἀκάνθης
ἔστεψας στεφάνῳ, φοβερὴν δὲ χολὴν ἐκέρασσας
εἰς βρῶσιν καὶ πῶμα· τό σοι κακὰ πήματα τεύξει.   25
ὦ ξύλον ὦ μακάριστον, ἐφ' οὗ θεὸς ἐξετανύσθη,
οὐχ ἕξει σε χθών, ἀλλ' οὐρανοῦ οἶκον ἐσόψει,
ἡνίκ' ἀπαστράψειε τὸ σόν, θεός, ἔμπυρον ὄμμα.

Ἐκ τοῦ ἑβδόμου λόγου

Ὦ Ῥόδε δειλαίη σύ· σὲ γὰρ πρώτην, σὲ δακρύσω·
ἔσσῃ δὲ πρώτη πολέων, πρώτη ἀπολέσσῃ,
ἀνδρῶν μὲν χήρη, βιότου δέ τε πάμπαν ἀδευής.
Δῆλε, σὺ μὲν πλεύσεις καὶ ἐφ' ὕδατος ἄστατος ἔσσῃ·
Κύπρε, σὲ δ' ἐξολέσει γλαυκῆς ποτε κῦμα θαλάσσης·   5
Σικελίη, φλέξει σε τὸ καιόμενον κατὰ σοῦ πῦρ.

τοῦτο, λέγω, τὸ θεοῦ φοβερὸν καὶ ἐπήλυτον ὕδωρ.
Νῶέ τις ἐκ πάντων μοῦνος φυγὰς ἤλυθεν ἀνδρῶν.
πλεύσει γῆ, πλεύσει δὲ ὄρη, πλεύσει δὲ καὶ αἰθήρ.
ὕδωρ ἔσται ἅπαντα καὶ ὕδασι πάντ' ἀπολεῖται.   10
στήσονται δ' ἄνεμοι καὶ δεύτερος ἔσσεται αἰών.
ὦ Φρυγίη, πρώτη δ' ἀναλάμψεις ὕδατος ἄκρου·
πρώτη δ' εἰς ἀσέβειαν ἀπαρνήσῃ θεὸν αὐτή
εἰδώλοις ἀλάλοις κεχαρισμένη, ὅσσα σέ, δειλή,
ἐξολέσει πολλῶν περιτελλομένων ἐνιαυτῶν.   15
Αἰθίοπες δύστηνοι, ἔτ' ἄλγεα οἰκτρὰ παθόντες
ῥομφαίαις πλήξονται ὑπὸ χρόα πεπτηῶτες.
τὴν λιπαρὴν Αἴγυπτον ἀεὶ σταχύεσσι μέλουσαν,
ἣν Νεῖλος νηκτοῖς ὑπὸ χεύμασιν ἑπτὰ μεθύσκει,
ἀλλήλων ἔμφυλος ὀλεῖ στάσις· ἔνθεν ἀέλπτως   20
ἄνερες ἐξελάσουσι τὸν οὔλιον ἀνδράσιν Ἄπιν.
αἰαῖ, Λαοδίκεια, σὺ δ' αὖ θεὸν οὔποτ' ἰδοῦσα
ψεύσῃ, τολμηρή· κλύσσει δέ σε κῦμα Λύκοιο.

αὐτὸς ὁ γεννητής, ὁ μέγας θεός, ἄσπετα πολλά
ποιήσει, κρεμάσει δὲ δι' αἰθέρος ἄξονα μέσσου,   25

Dir allein, sodomitisches Land, sind Leiden beschieden:
Hast du doch selbst böswillig verkannt deinen Gott in den Tagen,
Da er im Fleische erschien; aus Dornen hast du geflochten
Ihm einen Kranz und schreckliche Galle zu bitterem Tranke
Hast du gemischt. Das wird dir bittere Leiden bereiten.
Du glückseliges Holz, an dem Gott einstens gehangen,
Nicht wird die Erde dich bergen, am Himmel wirst du erscheinen,
Wenn einst plötzlich, o Gott, erscheinet dein flammendes Auge.

VII. Buch

Rhodos, unseliges du; denn dich will zuerst ich beweinen.
Unter den Städten die erste, wirst du auch als erste zugrund' gehn.
All deiner Männer beraubt, wirst des Reichtums du völlig entbehren.
Delos, du wirst dich bewegen und unstet sein auf den Wassern.
Cypern, einst wird dich vernichten die Woge des bläulichen Meeres.
Dich, Sizilien, verbrennt das Feuer, das gegen dich wütet.

Das, sag' ich, ist des Herrgotts entsetzliches Wasser, das anstürmt.
Noë konnte allein von allen als Flüchtling sich retten.
Erde schwimmt, es schwimmen die Berge, auch schwimmet der Äther.
Wasser wird überall sein und am Wasser geht alles zugrunde.
Losbrechen Winde, es wird eine andere Weltperiode.
Phrygien, du wirst zuerst aufschimmern über dem Wasser.
Du bist die erste doch, die sich versündigt und abfällt und leugnet
Gott, ergeben den Götzen, die stumm sind, und welche dich, Arme,
Werden vernichten im Kreislauf der vielen kommenden Jahre.
Elende Äthioper, ihr werdet noch schreckliche Leiden
Dulden, von Schwertern erschlagen, gar tief im Fleische getroffen.
Auch das fette Ägypten, in Sorge stets um seine Saaten,
Welches jährlich berauscht der Nil mit sieben Ergüssen,
Wird vernichten der Aufstand der Bürger; dann werden die Männer,
Bar aller Hoffnung, den heillosen Apisgötzen vertreiben.
Weh, weh, Laodicea, du hast Gott niemals geschaut, du
Freche, du lügst; doch die Woge des Lykos spült dich von dannen.

Selbst der mächtige Gott, der Erzeuger, wird wirken gar viele
Wunder, und mitten im Äther aufhängen wird er die Achse,

στήσει δ' ἀνθρώποισι μέγαν φόβον ὑψόσ' ἰδέσθαι
κίονα μετρήσας μεγάλῳ πυρί, οὗ ῥαθάμιγγες
ἀνθρώπων ὀλέσουσι γένη κακὰ δηλησάντων.
ἔσται γάρ ποτε κεῖνος ἅπαξ χρόνος, ἔνθα δὲ φῶτες
ἐξιλάσουσι θεόν, ἀλλ' οὐ παύσουσιν ἀνίας   30
ἀκράντους. Δαυὶδ δὲ δι' οἴκου πάντα τελεῖται.
τῷ γάρ τ' αὐτὸς ἔδωκε θεὸς θρόνον ἐγγυαλίξας·
οἱ δὲ διαγγελτῆρες ὑπαὶ ποσὶ κοιμήσονται,
οἵ τε πυρὰς φαίνουσι καὶ οἱ ποταμοὺς προχέουσιν,
οἵ τ' ἄστη σῴζουσι καὶ οἱ πέμπουσιν ἀήτας.   35
πολλοῖς δ' αὖ χαλεπὸς βίος ἀνθρώποισιν ἔπεισιν
ἐσδύνων ψυχαῖσι καὶ ἀλλάσσων φρένας ἀνδρῶν.

καὶ τὰ μὲν ἀμφὶ χρόνων ἔσται πλέον. ἀλλ' ὅταν ἄλλοι   40
ἄρξωνται, Περσῶν μαχίμων φῦλ', αὐτίκα δεινοί
ἔσσονται θάλαμοι νυμφῶν διὰ δύσνομα ἔργα.
ἔξει γὰρ μήτηρ ἐὸν υἱέα καὶ πόσιν· υἱός
μητέρ' ὁμιλήσει· θυγάτηρ δ' ἐπὶ πατρὶ κλιθεῖσα
βάρβαρον ὑπνώσει τοῦτον νόμον· ὕστερα δ' αὐτοῖς   45
ἐκλάμψει Ῥωμαῖος Ἄρης πολλῆς ἀπὸ λόγχης·
αἵματι δ' ἀνδρομέῳ πολλὴν χθόνα φυρήσουσιν.
Ἰταλίης δὲ πρόμος τότε φεύξεται ἐκ δορὸς ἀλκῆς.
λείψουσιν δ' ἐπὶ γῆς χρυσῷ κεχαραγμένον ἄνθος,
ἐκπρομολὸν τὸ φέρον γε αἰεὶ σημεῖον ἀνάγκης.   50
ἔσται μάν, ὅτε πᾶσα κακὴ καὶ δύσμορος οἰκτρῶς
Ἰλιὰς ἐκτελεεῖ τάφον, οὐ γάμον, ἔνθα βαθεῖα
κλαύσουσιν νύμφαι, ὅτι δὴ θεὸν οὐκ ἐνόησαν,
ἀλλ' αἰεὶ τυπάνοις καὶ κυμβάλῳ ἦχον ἔδωκαν.
μαντεύου, Κολοφῶν· μέγα σοι κρέμαται φοβερὸν πῦρ. 55
Θεσσαλίη δύσνυμφε, σὲ δ' ὄψεται οὐκέτι γαῖα
οὐδὲ τέφρην, πλεύσῃ δὲ μόνη φυγὰς ἠπείροιο.
οὕτως, ὦ τλῆμον, σκύβαλον πολέμου λυγρὸν ἔσσῃ
ὠκυρόοις ποταμοῖς καὶ ῥομφαίαισι πεσοῦσα.
ὦ τλῆμόν γε Κόρινθε, σὺ δ' ἀμφ' αὐτὴν βαρὺν Ἄρην   60
δέξῃ, δειλαίη, καὶ ἀλλήλοις ἀπολεῖσθε.
Τύρε, σὺ δ' ἡλίκα δὴ λήψῃ μόνη· εὐσεβέων γάρ
ἀνδρῶν χηρεύουσ' ὀλιγηφρενίῃσι διοίσει.

Dann wird, für Menschen entsetzlich zu schaun, eine Säule errichtet,
Riesig im Ausmaß inmitten gewaltigen Feuers; die Funken
Werden vernichten der Menschen Geschlechter für all ihre Bosheit.
Dann wird noch einmal Gelegenheit sein, wo die Menschen mit Gott
Werden versöhnen, doch nicht beenden die unnützen Qualen.   [sich
Erst durch Davids Geschlecht wird alles erfüllet, denn diesem
Hat Gott selber den Thron zum eignen Besitz ja gegeben.
Doch seine Sendboten werden zu seinen Füßen sich betten:
Sie, die zünden die Feuer, die spenden das Wasser der Flüsse,
Die auch beschirmen die Städte, und die entsenden die Winde.
Vielen Menschen jedoch steht ein schlimmes Leben bevor, das
Eindringt in ihre Seelen und ändert der Menschen Gesinnung.

Das wird geschehn in der Fülle der Zeiten. Allein, wenn dann andre
Herrschen, der streitbaren Perser Geschlechter, wird es gleich arge
Ehe- und Brautlager geben infolge der gottlosen Werke.
Haben wird ja die Mutter als Gatten den eigenen Sohn. Der
Sohn verkehrt mit der Mutter; die Tochter, zum Vater sich beugend,
Schläft nach der Art der Barbaren. Doch später wird, über sie kommend,
Romas Kriegsgott mit zahllosen Lanzenträgern sich zeigen,
Und mit Männerblut werden sie weithin färben das Erdreich.
Doch Italiens Fürst wird fliehn vor der Wehrkraft des Speeres.
Aber sie lassen am Boden die Blüte goldstrotzender Jugend,
Welche ja stets beim Sturme das Zeichen des Zwanges voranträgt.
    Wahrlich, es kommet die Zeit, wo die unglückselige, arge
Troerin nur das Begräbnis und nicht mehr rüstet die Hochzeit,
Wo tief seufzet die Braut, weil sie ihren Gott nicht erkannte,
Immer mit Pauken und Cymbel Getön hat verursacht, die Arme.
    Weissage nur, Kolophon; über dir hängt ein furchtbares Feuer.
    Unglücksel'ges Thessalien, dich wird nicht mehr schauen die Erde,
Auch nicht als Asche; gar einsam verläßt du fliehend das Festland;
So wirst du, Arme, ein kläglicher Auswurf des grausigen Krieges,
Opfer reißender Strömung, soweit nicht das Schwert dich vernichtet.
    Unglücksel'ges Korinth, einen schweren Krieg wirst du, Arme,
Haben im Land, und ihr richtet zugrunde selber einander.
    Tyros, wie bleibst du doch einsam; von frommen Männern verwaiset,
Wirst du doch völlig zugrunde gehen an eigener Ohnmacht.

ἂ Συρίη κοίλη, Φοινίκων ὕστατον ἀνδρῶν,
οἷς ἐπερευγομένη κεῖται Βηρυτιὰς ἄλμη,   65
τλήμων, οὐκ ἔγνως τὸν σὸν θεόν, ὅς ποτ' ἔλουσεν
Ἰορδάνου ἐν ποταμοῖσι καὶ ἔπτατο πνεῦμα πέλει' ὥς,
ὃς πρὶν καὶ γαίης τε καὶ οὐρανοῦ ἀστερόεντος
αὐθέντης γένετο λόγος πατρὶ πνεύματι θ' ἁγνῷ
σάρκα τε δυσάμενος ταχὺς ἵπτατο πατρὸς ἐς οἴκους.   70
τρεῖς δ' αὐτῷ πύργους μέγας Οὐρανὸς ἐστήριξεν,
ἐν τῷ δὴ ναίουσι θεοῦ νῦν μητέρες ἐσθλαί,
Ἐλπίς τ' Εὐσεβίη τε Σεβασμοσύνη τε ποθεινή,
οὐ χρυσῷ χαίρουσαι ἢ ἀργύρῳ, ἀλλὰ σεβασμοῖς
ἀνθρώπων θυσίαις τε δικαιοτάτοις τε λογισμοῖς.   75
θύσεις δ' ἀθανάτῳ θεῷ μεγάλῳ ἀγερώχῳ
οὐ χόνδρον τήξας λιβάνου πυρὶ οὐδὲ μαχαίρῃ
ἀρνειὸν κόψας λασιότριχα, ἀλλ' ἅμα πᾶσιν,
οἳ τεὸν αἷμα φέρουσι, λαβὼν ἀργῆτα πέλειαν
εὐξάμενος πέμψεις εἰς οὐρανὸν ὄμματα τείνας·   80
ὕδωρ δὲ σπείσεις καθαρῷ πυρὶ τοῖα βοήσας·
'ὥς σε λόγον γέννησε πατήρ, ἀτὰρ ὄρνιν ἀφῆκα
ὀξὺν ἀπαγγελτῆρα λόγων λόγον, ὕδασιν ἁγνοῖς
ῥαίνων σὸν βάπτισμα, δι' οὗ πυρὸς ἐξεφαάνθης.' —
οὐδὲ θύρην κλείσεις, ὅτε τίς σοι ἐπήλυτος ἄλλος   85
ἥξει δευόμενος πενίην λιμόν τ' ἀπερύκειν.
ἀλλὰ λαβὼν κεφαλὴν τοῦδ' ἀνέρος ὕδατι ῥάνας
εὖξαι τρίς· τῷ σῷ δὲ θεῷ μάλα τοῖα βόησον·
'οὐκ ἔραμαι πλούτου· λιτὸς δέ τε λιτὸν ἐδέγμην·'
ἀμφ' οὔδει δέ· 'πάτερ, σύ, χορηγητήρ, ἐπάκουσον,   90
εὐξαμένῳ δώσεις·' ὅτ' ἀπήγαγεν ἐκτόσε δ' ἀνήρ·
'μὴ θλίψῃς με, θεοῦ ἱερὸν σέβας ἠδὲ δίκαιον,
ἁγνὸν ἀδουλωτὸν <μέγεθος> περὶ γένναν ἐλεγχθέν·
τλήμονά μου κραδίην στῆσον, πάτερ· εἰς σὲ δεδόρκα,
εἰς σὲ ἄχραντον, τὸν μὴ χέρες εἰργάσσαντο.   95

Σαρδώ, νῦν σὺ βαρεῖα, μεταλλήξῃ ἐς τέφρην.
ἔσσῃ δ' οὐκέτι νῆσος, ὅταν δέκατος χρόνος ἔλθῃ.
ζητήσουσι πλέοντες ἐν ὕδασιν οὐκέτ' ἐοῦσαν,
ἀλκυόνες δ' ἐπὶ σοὶ οἰκτρὸν γόον αἱάξουσιν.

O Cölesyrien, letztes Land phönikischer Männer,
Wo das Quellgebiet liegt des Binnensees von Beirut,
Arme, nicht hast du erkannt deinen Gott, der einstmals gebadet
In der Strömung des Jordan – der Geist überflog ihn als Taube –,
Der einst wurde der Erde und auch des sternreichen Himmels
Schöpfer, der Logos, vereint mit dem Vater und Heiligen Geiste:
Fleisch nahm er an und entflog gar schnell zur Wohnung des Vaters.
Und drei Burgen hat ihm der mächtige Himmel errichtet,
Drinnen nun Wohnung genommen die adligen Mütter des Herrgotts:
Hoffnung und Ehrfurcht und Heiligkeit, die alle ersehnen;
Nicht an Gold sich freuend und Silber, nur an den Gebeten
Und an den Opfern der Menschen und ihrer echten Gesinnung.
    Opfern sollst du dem ewigen, großen, erhabenen Gotte,
Nicht ein Weihrauchkorn schmelzen im Feuer, noch mit dem Messer
Schlachtend den zottigen Widder, vielmehr sollst du nehmen mit allen
Deinen, die gleichen Geblütes, die weiße Taube, und sollst sie
Unter Gebeten entsenden, die Augen zum Himmel gerichtet;
Wasser sollst du dann gießen in reines Feuer und rufen:
„Wie dich als Logos der Vater erzeugte, entsandt' ich den Vogel,
Schnellen Verkünder der Worte, als Logos, mit heiligem Wasser
Deine Taufe besprengend, durch die du aus Feuer erschienest."
Sollst auch die Türe nicht schließen, wenn dir ein Fremder sich nahet,
Inständig bittend, du mögest ihm Armut und Hunger verwehren.
Sondern fasse das Haupt des Mannes, bespreng's ihm mit Wasser,
Bete dann dreimal und rufe zu deinem Gotte wohl also:
„Reichtum begehre ich nicht; bedürftig nahm auf ich den Dürft'gen."
Und an der Schwelle: „O Vater, du reicher Spender, erhör uns!
Wirst auch dem Bittenden geben." Doch wenn er hinaus ist gegangen:
„Gottes gerechte und heilige Majestät, nicht bedräng mich,
Hehre, unbeugsame Macht, erprobt selbst in der Gehenna!
Stärk mein geduldiges Herze, o Vater; auf dich schaute stets ich,
Nur auf dich Unbefleckten, den keine Hände geschaffen."

Bald wirst, gedrückt jetzt, Sardinien, du in Asche verwandelt;
Nicht mehr wirst Insel du sein, wenn der zehnte Zeitlauf gekommen.
Sie werden segelnd im Wasser dich suchen, wenn du bist verschwunden,
Über dir werden die Eisvögel anstimmen schreckliches Klagen.

Μυγδονίη τρηχεῖα, δυσέκβατε πυρσὶ θαλάσσης,   100
αὐχήσεις αἰῶνα, δι' αἰώνων ἀπολέσσῃ
θερμῷ πνεύματι πᾶσα, μανήσῃ δ' ἄλγεσι πολλοῖς.
Κέλτι γαίη, τόσσον παρ' ὄρος, παρὰ δύσβατον Ἄλπιν,
ψάμμος ὅλην χώσει σε βαθύς· φόρον οὐκέτι δώσεις,
οὐ στάχυν, οὐ βοτάνας· πανέρημος ἔσῃ δ' ἀπὸ λαῶν   105
αἰεί, κρυμαλέοις δὲ παχυνομένη κρυστάλλοις
λώβην ἐκτίσεις, ἣν οὐκ ἐνόησας, ἄναγνε.
Ῥώμη καρτερόθυμε, Μακεδονίην μετὰ λόγχην
ἀστράψεις ἐς Ὄλυμπον· θεὸς δέ σε πάμπαν ἄπυστον
ποιήσει, ὁπόταν δοκέῃς πολὺ κρεῖσσον ἐς οἷμα   110
ἑδραίη μίμνειν· τότε σοι τοιαῦτα βοήσω·
'ὀλλυμένη φθέγξεις λαμπρόν ποτε μαρμαίρουσα·
δεύτερά σοι, Ῥώμη, μέλλω πάλι δεύτερα φωνεῖν.'
ἄρτι δέ σε, Συρίη τλῆμον, κατοδύρομαι οἰκτρῶς.
Θῆβαι δύσβουλοι, ὑμῖν κακὸς ἦχος ἐπέσται   115
αὐλῶν φθεγγομένων, ὑμῖν σάλπιγξ κακὸν ἦχον
ἠχήσει, ὄψεσθε δ' ἀπολλυμένην χθόνα πᾶσαν.
αἰαῖ σοι τλῆμον, αἰαῖ κακόθυμε θάλασσα.
βρωθήσῃ πυρὶ πᾶσα καὶ ἅλμῃ λαὸν ὀλέσσεις.
ἔσται γάρ τε τοσοῦτον ἐπὶ χθονὶ μαινόμενον πῦρ,   120
ὅσσον ὕδωρ, ῥεύσει τε καὶ ἐξολέσει χθόνα πᾶσαν.
φλέξει ὄρη, καύσει ποταμούς, πηγὰς δὲ κενώσει.
ἔσται κόσμος ἄκοσμος ἀπολλυμένων ἀνθρώπων.
καιόμενοι δὲ κακῶς τότε τλήμονες ἐμβλέψουσιν
οὐρανόν, οὐκ ἄστροις, ἀλλ' ἐν πυρὶ κεκμηῶτα,   125
οὐδὲ θοῶς ὀλέσονται, ἀπολλύμενοι δ' ὑπὸ σαρκῶν,
πνεύματι καιόμενοι εἰς αἰώνων ἐνιαυτούς
οὐκ ἀπαφητὸν ἐόντα θεοῦ νόμον εἰδήσουσι,
ἄλλα τε δυσβάστακτα βιαζομένην τ' ἄρα γαῖαν,
οὕνεκα τολμήσασα θεῶν ἐπεδέξατο βωμοῖς,   130
ψευδομένη κάπνῳ δὲ δι' αἰθέρος ἀχλυνθέντι
<δόγμασιν οὐκ ἐπίθησ' ἐσθλοῖσι θεοῦ μεγάλοιο>.   131 b
κεῖνοι δὲ τλήσονται ἄγαν πόνον, οἳ διὰ κέρδος
αἰσχρὰ προφητεύσουσι κακὸν χρόνον ἀλδαίνοντες.
οἱ μὲν δυσάμενοι προβάτων λασιότριχα ῥινά
Ἑβραῖοι ψεύσονται, ὃ μὴ γένος ἔλλαβον αὐτοί,   135
ἀλλὰ λόγοις λαλέοντες ἐπ' ἄλγεσι κερδαντῆρες

Rauhland Mygdonien, schwer passierbare Fackel des Meeres,
Prahltest auf ewig, du wirst für ewige Zeiten ein Opfer
völlig des Gluthauchs, und rasen alsdann unter zahllosen Qualen.
    Keltenland am Gebirge der unübersteigbaren Alpen,
Gänzlich wird dich verschütten der Sand; keine Zölle mehr zahlst du,
Lieferst nicht Futter noch Halm; entvölkert wirst du für immer,
Und von Eiskristallen bedeckt wirst büßen du all die
Schande und Schmach, die du nicht erkanntest, du gottlose Gegend.
    Du starkmutiges Rom, nach makedonischem Kampfe   [machen,
Willst den Olymp du erstürmen; doch Gott wird den Garaus dir
Wenn du vermeinst, zu viel stärkerem Ansturm seßhaft zu bleiben.
Da will ich folgende Worte dir zurufen: „Wirst auch im Sterben
Deine Stimme erheben, erstrahlend im Glanze des Ruhmes!
Rom, noch ein zweites Mal will ich, ein zweites Mal wieder dich rufen."
    Kurz noch will ich auch dich, armes Syrien, kläglich beweinen.
    Übelberatenes Theben, ein schrilles Getöne von Flöten
Steht dir bevor, dir wird die Trompete ein schrecklich Geschmetter
Lassen erschallen; ihr werdet das ganze Land sehen verschwinden.
    Wehe dir, unglückselige, weh, böswillige Meerflut!
Ganz von Feuer verzehrt wirst ein Volk durch die Flut du vernichten,
Denn mit solcher Gewalt wird rasen das Feuer auf Erden,
Wie sich das Wasser ergießt, und die ganze Erde vernichten.
Berge verbrennt's, entzündet die Flüsse und leeret die Quellen.
Nicht mehr Welt ist die Welt, wenn die Menschen gehen zugrunde.
Übel brennend dann schauen die Unglücksel'gen zum Himmel,
Welcher nicht mehr von Sternen, vielmehr im Feuerschein leuchtet.
Aber sie gehn nicht plötzlich zugrunde, im Fleische vergehend
Und doch weiter brennend im Geiste für ewige Zeiten,
Werden sie sehn, daß Gottes Gesetz nicht trügerisch ist, und
Unter dem anderen Schweren, daß Not jetzt leidet die Erde,
Weil sie vermessen annahm die Opferstätten der Götter
Und durch den schwärzlichen Rauch in den Lüften verführt und be-
⟨Nimmer gehorchte den Worten des einen, mächtigen Gottes⟩. [trogen
Die aber werden gar sehr Leid tragen, die nur aus Gewinnsucht
Schmählich Orakel verkünden, die schlimmen Zeiten verlängernd,
Die zwar nach außen sich hüllen in wollige Felle der Schafe,
Fälschlich Hebräer sich nennen, obwohl sie von andrem Geschlecht
Treulose Zungenhelden, zum eignen Verderben profitlich,   [sind,

οὐ βίον ἀλλάξουσι καὶ οὐ πείσουσι δικαίους,
οἴτε θεὸν πάμπιστα διὰ φρενὸς ἱλάσκονται.
ἐν δὲ τρίτῳ κλήρῳ περιτελλομένων ἐνιαυτῶν
ὀγδοάδος πρώτης ἄλλος πάλι κόσμος ὁρᾶται.   140
νὺξ ἔσται πάντη <κατὰ γῆν> μακρὴ καὶ ἀπεχθής.
καὶ τότε μὲν θείου δεινὴ περιβήσεται ὀδμή
ἀγγέλλουσα φόνους, ὁπόταν κεῖνοι ἀπόλωνται
νυκτερινῷ δεινῷ· τότε γεννήσει καθαρὸν νοῦν
ἀνθρώπων, στήσει δὲ τεὸν γένος, ὡς πάρος ἦεν.   145
οὐκέτι τις κόψει βαθὺν αὔλακα γύρῳ ἀρότρῳ·
οὐ βόες ἰθυντῆρα κάτω βάψουσι σίδηρον·
κλήματα δ᾽ οὐκ ἔσται οὐδὲ στάχυς· ἀλλ᾽ ἅμα πάντες
μάννην τὴν δροσερὴν λευκοῖσιν ὀδοῦσι φάγονται.
σὺν δ᾽ αὐτοῖς ἔσται τότε καὶ θεός, ὅς σφε διδάξει,   150
ὡς ἐμὲ τὴν λυγρήν. ὅσα γὰρ κακὰ πρόσθεν ἔρεξα
εἰδυῖ᾽, ἄλλα τε πολλὰ κακῶς ἐποίησ᾽ ἀμελοῦσα.
μυρία μέν μοι λέκτρα, γάμος δ᾽ οὐδεὶς ἐμελήθη.
πᾶσι δ᾽ ἐγὼ πανάπιστος ἐπήγαγον ἅγιον ὅρκον·
δευομένους δ᾽ ἀπέκλεισα καὶ μελάθροισιν ἐμοῖσιν   155
ἤλιτον εἰς αὕθαιμα, θεοῦ φάτιν οὐκ ἀλέγουσα.
τοὔνεκα πῦρ με φάγῃ καὶ βρώσεται· οὐδὲ γὰρ αὐτή
ζήσομαι, ἀλλ᾽ ὀλέσει με κακὸς χρόνος. ἔνθα τάφον μοι
ἄνθρωποι τεύξουσι παρερχόμενοι τριταλαίνη.
ἤ με λίθοις ὀλέσουσ᾽· ἐπ᾽ ἐμῷ γὰρ πατρὶ λαχοῦσα
υἶα φίλον μεθέηκα. βάλοιτέ με, βάλλετε πάντες.
οὕτω γὰρ τείσω καὶ ἐς οὐρανὸν ὄμματα πήξω.

Λόγος ὄγδοος

Ἐρχομένης μεγάλης ὀργῆς ἐπὶ κόσμον ἀπειθῆ
ἔσχατον εἰς αἰῶνα θεοῦ μηνίματα φαίνω
πᾶσι προφητεύουσα κατὰ πτόλιν ἀνθρώποισιν.
ἐξότε δὴ πύργος τ᾽ ἔπεσεν γλῶσσαί τ᾽ ἀνθρώπων
ἐς πολλὰς θνητῶν ἐμερίσθησαν διαλέκτους,   5
πρῶτα μὲν Αἰγύπτου βασιλήιον, εἶτα τὸ Περσῶν
Μήδων Αἰθιόπων τε καὶ Ἀσσυρίης Βαβυλῶνος,
εἶτα Μακηδονίης τῦφον μέγαν αὐχησάσης,
πέμπτον δ᾽ εἶτ᾽ Ἰταλῶν κλεινὴ βασιλεία ἄθεσμος

Welche ihr Leben nicht ändern und nicht die Gerechten verführen,
Die ihren Herrn und Gott getreulich im Herzen versöhnen.
  Doch in der dritten „Ewe" des rollenden Kreises der Jahre
„Erster Oktav" wird wieder erschaut ein anderer Kosmos.
Nacht wird es überall sein unerbittlich und lange auf Erden.
Dann wird des Schwefels Dunst ringsum gar schrecklich sich breiten,
Tod auf Tod verkündend, wenn jene dann gehen zugrunde
Unter dem Schrecken der Nacht. Dann wird ER reine Gesinnung
Unter den Menschen erzeugen, das Menschengeschlecht zu erneuern.
Nicht mehr wird man die Scholl' in der Tiefe auflockern mit Krumm-
Nicht mehr pflügen die Stiere mit gradegerichtetem Eisen.   [pflug;
Dornen und Disteln gibt's nicht, sondern alle zumal werden jetzo
Tauiges Manna als Speise mit weißen Zähnen genießen.
Dann wird auch Gott selbst sein unter ihnen, er wird sie belehren,
Wie mich Unglücksel'ge. Was habe doch früher ich Böses
Wissend verübt! Und auch sonst hab' ich Übles getan unbedenklich.
Zahllose Beilager hatt' ich, und dachte doch nie an die Heirat.
Abverlangt habe ich Treulose allen den heiligen Eidschwur;
Darbenden wies ich die Tür, und im eigenen Hause verübt' ich
Blutschande, ohne den Spruch zu beachten des mächtigen Gottes.
Darum wird mich ergreifen das Feuer und gänzlich verzehren.
Ich lasse selber mein Leben, Vernichtung bringt mir die böse
Zeit. Dann kommen die Leute, mir Elenden schaufeln das Grab sie,
Oder sie werden mich stein'gen; ich hab' ja, vom eigenen Vater
Schwanger, das Kindlein beseitigt. Drum steiniget, steinigt mich alle!
So werd' ich büßen im Tode und himmelwärts heften die Augen.

VIII. Buch

  Von dem gewaltigen Zorn, der hereinbricht am Ende der Zeiten
Über die trotzige Welt als Gottes Strafgericht, künd' ich
Allen Menschen zumal, von Stadt zu Stadt prophezeiend.
Als einstürzte der Turm und die Zungen der sterblichen Menschen
In eine Vielheit von Sprachen sich teilten, da herrschte zuerst der
König Ägyptens, dann Perser und Meder, Äthioper, Assur,
Babylon, dann Makedonien, stolz mit gewaltigem Dünkel;
Fünftes Reich ist der Römer berühmte, willkürliche Herrschaft,
Welche zuletzt viel Unheil schafft allen sterblichen Menschen

ὑστάτιον πᾶσιν δείξει κακὰ πολλὰ βροτοῖσιν   10
καὶ πάσης γαίης ἀνδρῶν μόχθους δαπανήσει.
ἄξει δ' ἀκμῆτας βασιλεῖς ἐθνῶν ἐπὶ δυσμάς
καὶ θεσμοὺς θήσει λαοῖς καὶ πάνθ' ὑποτάξει.
ὀψὲ θεοῦ γ' ἀλέουσι μύλοι, τὸ δὲ λεπτὸν ἀλοῦσιν.
πῦρ τότε πάντ' ἀλέσει καὶ λεπτὸν χοῦν ἀποδώσει   15
ὑψικόμων ὀρέων κορυφὰς καὶ σαρκὸς ἁπάσης.
ἀρχὴ πᾶσι κακῶν φιλοχρημοσύνη καὶ ἄνοια.
χρυσοῦ γὰρ δολίοιο καὶ ἀργυρίου πόθος ἔσται·
οὐδὲν γὰρ τούτων θνητοὶ μεῖζον προέκριναν,
οὐ φάος ἠελίου, οὐκ οὐρανόν, οὐδὲ θάλασσαν,   20
οὐ γαῖαν πλατύνωτον, ὅθεν φύουσιν ἅπαντα,
οὐ τὸν πάντα διδόντα θεόν, γεννήτορα πάντων,
οὐ πίστιν τούτων καὶ εὐσεβίην προέκριναν.
πηγὴ δυσσεβίης καὶ ἀταξίης προοδηγός,
μηχανίη πολέμων, εἰρήνης ἐχθρὰ ἀνία   25
ἐχθραίνουσα τέκνοις γονέας καὶ τέκνα γονεῦσιν.
κοὐδὲ γάμος δίχα χρυσοῦ ὅλως ποτὲ τίμιος ἔσται.
γαῖά θ' ὅρους ἕξει καὶ φρουροὺς πᾶσα θάλασσα
πᾶσι μεριζομένη δολίως τοῖς χρυσὸν ἔχουσιν·
ὡς αἰῶσι θέλοντες ἔχειν πολυθρέμμονα γαῖαν   30
πορθήσουσι πένητας, ἵν' αὐτοὶ πλείονα χῶρον
προσπορίσαντες ἀλαζονίῃ καταδουλώσωσιν.
καὶ μὴ γαῖα πέλωρος ἀπ' οὐρανοῦ ἀστερόεντος
τὸν θρόνον εἶχε μακρήν, οὐκ ἦν ἴσον ἀνδράσι φέγγος,
ἀλλ' ἀγοραζόμενον χρυσῷ πλουτοῦσιν ὑπῆρχεν   35
καὶ πτωχοῖς αἰῶν' ἕτερον θεὸς ἡτοίμαζεν.
ἥξει σοί ποτ' ἄνωθεν ἴσα, ὑψαύχενε 'Ρώμη,
οὐράνιος πληγὴ καὶ κάμψεις αὐχένα πρώτη
κἀξεδαφισθήσῃ καὶ πῦρ σε ὅλην δαπανήσει
κεκλιμένην ἐδάφεσσιν ἑοῖς, καὶ πλοῦτος ὀλεῖται   40
καὶ τὰ θέμειλα λύκοι καὶ ἀλώπεκες οἰκήσουσιν.
καὶ τότ' ἔσῃ πανέρημος ὅλως, ὡς μὴ γεγονυῖα.
ποῦ τότε Παλλάδιον; ποῖός σε θεὸς διασώσει,
χρυσοῦς ἢ λίθινος ἢ χάλκεος; ἢ τότε ποῦ σοι
δόγματα συγκλήτου; ποῦ 'Ρείης ἠὲ Κρόνοιο   45
ἠὲ Διὸς γενεὴ καὶ πάντων, ὧν ἐσεβάσθης,
δαίμονας ἀψύχους, νεκύων εἴδωλα καμόντων,

Und alle Länder der Erde im Frondienst richtet zugrunde,
Führet der Völker noch nicht unterworfene Kön'ge zum Westen,
Gibt allen Völkern Gesetze und unterwirft sich den Erdkreis.
Spät erst mahlen des Hergotts Mühlen, doch fein ist ihr Mahlen.
Feuer wird alles zermalmen, als feinen Staub übergeben
Hochbelaubte Gipfel der Berge und sämtliche Menschen.
Anfang der Laster bei allen ist Unverstand und auch Habgier.
Denn es entsteht das Verlangen nach trügendem Gold oder Silber.
Denn nichts schätzten höher die sterblichen Menschen als diese.
Nicht den Sonnenschein noch den Himmel oder die Meerflut,
Nicht breitrückig die Erde, aus welcher doch alles entsprießet,
Nicht den alles gebenden Gott, den Erzeuger von allem,
Nicht die Treue und nicht die Frömmigkeit schätzten sie höher.
Quelle der Gottlosigkeit und der Unordnung Wegweiser ist sie,
Aller Kriege Urheber, des Friedens gräßliche Feindin,
Macht den Kindern die Eltern verhaßt und den Eltern die Kinder,
Nicht steht ohne das Gold eine Heirat jemals in Ehren.
Und das Land erhält Grenzen und jegliches Meer seine Wächter,
Schlau verteilt nur an solche, die Gold und Schätze besitzen.
Und als sollten sie ewig besitzen die nährende Erde,
Plündern aus sie die Armen, damit sie selber noch mehr Land
Zuerwerben und prahlend in Großsucht dienstbar sich machen.
Wenn nicht die riesige Erde vom sternreichen Himmel die Herrschaft
Dehnte so weit, dann hätten die Menschen das Licht nicht gemeinsam;
Wahrlich verkauft stünd' es nur den Goldreichen noch zur Verfügung,
Und für die Bettler müßt' eine andre Welt schaffen der Herrgott.

Kommen wird über dich, hochnackiges Rom, einst der gleiche
Blitzschlag von oben, und der wird zuerst den Nacken dir beugen;
Du wirst dem Erdboden gleich, und das Feuer wird ganz dich verzehren,
Hingekauert am eigenen Boden; dein Reichtum vergehet;
Auf deinen Grundmauern hausen von nun ab Wölfe und Füchse.
Und dann wirst ganz verlassen du sein, als wärest du gar nicht.
Wo ist dein Palladium dann? Welcher Gott wird dich retten?
Einer von Gold oder Erz oder Stein? Wo bleiben dir aber
Dann des Senates Beschlüsse? Wo Rheias und Kronos' Stammbaum
Oder die Abkunft von Zeus und allen, die du verehrtest?
Leblose Geister und Schattenbilder verstorbener Toten,

ὧν Κρήτη καύχημα τάφους ἡ δύσμορος ἕξει,
θρησκεύουσα θρόνωσιν ἀναισθήτοις νεκύεσσιν.

    ἀλλ' ὅτε σοι βασιλεῖς, χλιδανή, τρὶς πέντε γένωνται   50
κόσμον δουλώσαντες ἀπ' ἀντολίης μέχρι δυσμῶν,
ἔσσετ' ἄναξ πολιόκρανος ἔχων πέλας οὔνομα πόντου,
κόσμον ἐποπτεύων διερῷ πόδι, δῶρα πορίζων,
χρυσὸν μὲν πάμπλειστον ἔχων καὶ ἄργυρον ἐχθρῶν
πλείονα συλλέξας καὶ γυμνώσας ἀναλύσει.   55
καὶ μαγικῶν ἀδύτων μυστήρια πάντα μεθέξει,
παῖδα θεὸν δεικνύς, ἰδ' ἅπαντα σεβάσματα λύσει
κἀρχαίης γε πλάνης μυστήρια πᾶσιν ἀνοίξει,
αἴλινος ἔκτοτε καιρός, ὅτ' Αἴλινος αὐτὸς ὀλεῖται,
καί ποτε δῆμος ἐρεῖ· 'μέγα σὸν κράτος, ἄστυ, πεσεῖται·'   60
εἰδὼς εὐθὺ τὸ μέλλον ἐπερχόμενον κακὸν ἦμαρ.
καὶ τότε πενθήσουσιν ὁμοῦ τὴν σὴν προβλέποντες
οἰκτροτάτην μοῖραν πατέρες καὶ νήπια τέκνα·
αἴλινα θνηνήσουσι λυγροὶ παρὰ Θύμβριδος ὄχθαις.

    τὸν μέτα τρεῖς ἄρξουσι πανύστατον ἦμαρ ἔχοντες,   65
οὔνομα πληρώσαντες ἐπουρανίοιο θεοῖο,
οὗ τὸ κράτος καὶ νῦν καὶ εἰς αἰῶνας ἅπαντας.
εἷς μὲν πρέσβυς ἐὼν σκήπτρων ἐπὶ πουλὺ κρατήσει,
οἰκτρότατος βασιλεύς, ὃς χρήματα κόσμου ἅπαντα
δώμασιν ἐγκλείσει τηρῶν, ἵν', ὅταν γ' ἐπανέλθῃ   70
ἐκ περάτων γαίης ὁ φυγὰς μητροκτόνος αἴθων,
ταῦτα ἅπασι διδοὺς πλοῦτον μέγαν Ἀσίδι θήσει.
καὶ τότε πενθήσεις πλατυπόρφυρον ἡγεμονήων
φᾶρός τ' ἐκδύσασ' ἰδὲ πένθιμον εἷμα φοροῦσα,
ὦ βασιλὶς μεγάλαυχε, Λατινίδος ἔκγονε Ῥώμης·   75
οὐκέτι σοι τῆς σῆς μεγαλαυχενίης κλέος ἔσται.
οὐδ' ὀρθωθήσῃ ποτὲ δύσμορος, ἀλλὰ κλιθήσῃ·
καὶ γὰρ ἀητοφόρων λεγεώνων δόξα πεσεῖται.
ποῦ τότε σοι τὸ κράτος; ποία γῆ σύμμαχος ἔσται
δουλωθεῖσα τεαῖς ματαιοφροσύνησιν ἀθέσμως;   80
πάσης γὰρ γαίης θνητῶν τότε σύγχυσις ἔσται,
αὐτὸς ὁ παντοκράτωρ ὅταν ἐλθὼν βήματι κρίνῃ
ζώντων καὶ νεκύων ψυχὰς καὶ κόσμον ἅπαντα.
κοὔτε γονεῖς τέκνοισι φίλοι, οὐ τέκνα γονεῦσιν
ἔσσονται διὰ δυσσεβίην καὶ θλῖψιν ἄελπτον.   85

Mit deren Gräbern das unglückselige Kreta wird großtun,
Das für gefühllose Tote die Stuhlsetzung festlich begehet.
 Aber wenn dir, du Stolze, dann dreimal fünf Kön'ge geworden,
Welche den Erdkreis knechten vom Aufgang der Sonne bis Westen,
Wird ein Graukopf herrschen, benannt nach dem Meer in der Nähe,
Der den Erdkreis durchwandert im Eilschritt und vielerlei Gaben
Bringt und unendlich viel Silber und Gold hat, doch von den Feinden
Mehr noch sammelt, sie ganz ausplündert und dann zurückkommt.
Teil nimmt er an der magischen Heiligtümer Geheimnis,
Zeigt einen Knaben als Gott und löset, was sonst gilt als heilig,
Auch die Mysterien uralter Irrlehren öffnet er allen.
Dann wird ein Wehetag sein, wenn der Wehemann selber zugrund geht.
Und das Volk wird einst sagen: „Es stürzt, o Stadt, deine Großmacht",
Wissend sofort die Zukunft: ein böser Tag bricht herein jetzt.
Und dann werden sie trauern zusammen, vorahnend ihr Schicksal,
Ihr unseliges, Väter und ihre unmündigen Kinder.
Wehrufe lassen ertönen die Armen am Ufer des Tiber.
 Nach ihm herrschen dann drei, die den letzten Tag noch erleben –
Nach Erfüllung des Namens – des himmelbewohnenden Königs,
Dessen Gewalt noch jetzt und in alle Ewigkeit währet.
Einer, ein würdiger Mann, wird sein Szepter weithin erstrecken,
Und doch ein Jammerkönig, der alle Schätze der Erde
Einschließt in seinem Hause, um dann, wenn der Mörder der Mutter
Von den Grenzen der Erde als Flüchtling wieder zurückkommt,
Allen zu geben und großen Reichtum nach Assur zu bringen.
Du wirst trauern und ausziehn den Fürstenmantel, mit breiten
Purpurstreifen verbrämt, und anlegen Trauergewänder.
Du hoffärtige Herrin, du Sproß der latinischen Roma,
Nicht wird Ruhm dir mehr bringen dein hochfahrend Wesen noch
Je wieder aufgerichtet im Unglück, sondern gebeuget;   [wirst du
Hinsinkt der Ruhm der adlertragenden Legionen.
Wo ist dann deine Kraft? Welch Land ist dein Bundesgenosse,
Das du geknechtet mit Eitelkeiten gar recht- und gesetzlos?
Dann wird unter den Menschen der Erde Verwirrung entstehen,
Wenn er selbst auf dem Throne erscheint, der Allmächt'ge, zu richten,
Was auf der Welt, die Seelen der Lebenden und auch der Toten.
Lieb sind nicht die Eltern den Kindern, nicht Kinder den Eltern
Ob der Gottlosigkeit und der hoffnungslosen Bedrängnis.

ἔκτοτέ σοι βρυγμὸς καὶ σκορπισμὸς καὶ ἅλωσις,
πτῶσις ὅταν ἔλθῃ πόλεων καὶ χάσματα γαίης·
πορφύρεός τε δράκων ὁπόταν ἐπὶ κύμασιν ἔλθῃ
γαστέρι πλῆθος ἔχων καὶ θλίψει σεῖο τὰ τέκνα
ἐσσομένου λιμοῦ τε καὶ ἐμφυλίου πολέμοιο,   90
ἐγγὺς μὲν κόσμου τὸ τέλος καὶ ἔσχατον ἦμαρ
καὶ δοκίμοις κλητοῖς κρίσις ἀθανάτοιο θεοῖο.
πρῶτα δὲ ῾Ρωμαίων ἀπαραίτητος χόλος ἔσται,
αἱμοπότης καιρὸς καὶ δύστηνος βίος ἥξει.
αἰαῖ σοι, ᾿Ιταλὴ χώρη, μέγα βάρβαρον ἔθνος,   95
οὐκ ἐνόησας, ὅθεν γυμνὴ καὶ ἀνάξιος ἦλθες
πρὸς φάος ἠελίοιο, ἵν᾿ εἰς αὐτὸν πάλι χῶρον
γυμνὴ χωρήσῃς καὶ ὕστερον ἐς κρίσιν ἔλθῃς
ὡς ἀδίκως κρίνουσα. . . . .
χερσὶ γιγαντείῃσι μόνη κατὰ κόσμον ἅπαντα   100
ἐξ ὕψους ἐλθοῦσα κατοικήσεις ὑπὸ γαῖαν.
νάφθῃ κἀσφάλτῳ καὶ θείῳ καὶ πυρὶ πολλῷ
ἐξαφανισθήσῃ καὶ ἔσῃ κόνις αἰώνεσσιν
αἰθομένη· καὶ πᾶς ὁ βλέπων μυκηθμὸν ἀκούσει
πένθιμον ἐξ ᾿Αίδαο μέγαν καὶ βρυγμὸν ὀδόντων   105
καὶ ταῖς σαῖς παλάμαις ἄθεα στήθη παταγοῦσαν.
   πᾶσιν ὁμοῦ νύξ ἐστιν ἴση τοῖς πλοῦτον ἔχουσιν
καὶ πτωχοῖς· γυμνοὶ δ᾿ ἀπὸ γῆς, γυμνοὶ πάλιν ἐς γῆν
ἥξαντες λήγουσι βίου χρόνον ἐκτελέσαντες.
οὐδεὶς δοῦλος ἐκεῖ, οὐ κύριος, οὐδὲ τύραννος,   110
οὐ βασιλεῖς, οὐχ ἡγεμόνες μάλα τῦφον ἔχοντες,
οὐ νομικὸς ῥήτωρ, οὐκ ἄρχων χρήμασι κρίνων·
οὐ θυσιῶν σπονδαῖς ἐπὶ βωμοῖς αἷμα χέουσιν·
τύμπανον οὐκ ἠχεῖ, οὐ κύμβαλον αὖθι κροτεῖται,
οὐκ αὐλὸς πολύτρητος ἔχων τε φρενοβλάβον αὐδήν,   115
οὐ σκολιοῦ σύριγμα φέρον μίμημα δράκοντος,
οὐ σάλπιγξ πολέμων ἀγγέλτρια βαρβαρόφωνος·
οὐ κώμοις μεθύοντες ἀθέσμοις, οὐχὶ χορείαις·
οὐ φθόγγος κιθάρης, οὐ μηχανίη κακοεργός·
οὐκ ἔρις, οὐκ ὀργὴ πολυποίκιλος, οὐδὲ μάχαιρα   120
ἔστι παρὰ φθιμένοις, ἀλλ᾿ αἰὼν καινὸς ἅπασιν.

· · · · · · · · · · · · · · · · · · · ·

κλειδοφύλαξ εἱρκτῆς μεγάλης ἐπὶ βῆμα θεοῖο.

Dann gibt's Zähnegeklapper, Zerstreuung, Gefangenschaft, wenn das
Unglück nahet den Städten und klaffend die Erde sich auftut.
Und wenn der purpurne Drache daherfährt über die Woge
Mit einer Menge im Bauche und dann deine Kinder bedränget,
Da ja Hungersnot herrscht und schrecklicher Bürgerkrieg tobet,
Nahe ist dann das Ende der Welt und der letzte der Tage
Und den bewährten Beruf'nen Entscheidung des ewigen Gottes.
Erst wird gegen die Römer ein unerbittlicher Zorn sein,
Und blutrünstige Zeit, armseliges Leben wird kommen.
Weh dir, italisches Land, du großes, barbarisches Volk, du
Hast nicht erkannt, von wannen du bloß und entehret einst kamst zum
Licht der Sonne, um wieder zum gleichen Platze zu kommen,
Nackt und bloß, und dann vor Gottes Gericht zu erscheinen,
Da du ja ungerecht Urteil fälltest . . .
Du wirst von Riesenhänden allein auf dem ganzen Weltall
Aus deiner Höhe gestürzt und wirst in Erdhöhlen hausen.
Und ein riesiges Feuer von Naphtha, Asphalt und von Schwefel,
Wird dich gänzlich vernichten, und lodernder Staub wirst du sein für
Ewige Zeiten, und wer es auch sieht, wird vom Hades vernehmen
Lautes Trauergestöhn und schreckliches Zähnegeklapper,
Hören, daß du mit den eigenen Händen die gottlose Brust schlägst.
    Gleiche Nacht umhüllt zumal die Reichen und Armen;
Nackt von der Erde, nackt wieder zum Erdreich kommen sie alle,
Enden ihr Leben, da abgelaufen die Uhr ihres Lebens.
Keine Knechte gibt's dann, keine Herren und keine Tyrannen,
Könige nicht noch Fürsten, die ihres Dünkels sich rühmen;
Keinen rechtskund'gen Redner, noch einen bestochnen Archonten,
Der zu Gericht sitzt; und Opfernde gießen nicht Blut auf den Altar.
Keine Pauke ertönt, keine Cymbel macht noch Getöse,
Keine löch'rige Flöte mit sinneverwirrendem Klange.
Auch nicht Pfeifengequietsche, das klingt wie Schlangengezische,
Nicht die Trompete, die Botin des Krieges, barbarisch erdröhnend;
Keine Betrunknen bei Reigentänzen und schamlosem Festschmaus,
Auch kein Zithergeklimper. Es gibt keine boshafte Arglist,
Keinen Streit, keinen mannigfaltigen Zorn, und kein Messer
Kennen die Toten, vielmehr kommt ein neues Leben für alle.
. . . . ⟨Alle ohn' Ausnahme schleppt der⟩
Schließer aus dem gewalt'gen Verließ vor den Richterstuhl Gottes.

. . . .
χρυσοῖς τε ξοάνοισι καὶ ἀργυρέοις λιθίνοις τε
ὡραῖαι γίνεσθε, ἵν' ἔλθητ' εἰς πικρὸν ἦμαρ
σὴν πρώτην κόλασιν, Ῥώμη, καὶ βρυγμὸν ὁρῶσαι.   125
κοὐκέτι σοι δούλειον ὑπὸ ζυγὸν αὐχένα θήσει
οὐ Σύρος, οὐχ Ἕλλην, οὐ βάρβαρος, οὐκ ἔθνος ἄλλο.
ἐκπορθηθήσῃ κἀκπραχθήσῃ ὅσ' ἔπραξας,
δώσεις τ' οἰμώξασα φόβῳ, μέχρι πάντ' ἀποτίσεις·
καὶ σὺ θρίαμβος ἔσῃ κόσμῳ καὶ ὄνειδος ἁπάντων.   130

. . . .
ἔκτοτε Λατίνων ἕκτη γενεὴ βασιλήων
ὑστάτιον βίον ἐκτελέσαι καὶ σκῆπτρα προλείψει.
τῆς αὐτῆς γενεῆς ἕτερος βασιλεὺς βασιλεύσει,
ὃς πάσης γαίης ἄρξει καὶ σκῆπτρα κρατήσει,
ἄρξει δ' αὐτοκέραστα θεοῦ βουλαῖσι μεγίστου·   135
παῖδες καὶ παίδων ἔσται γενεὴ ἀσάλευτος·
ὡς γὰρ θέσφατόν ἐστι περιπλομένοιο χρόνοιο,
ὁππόταν Αἰγύπτου βασιλεῖς τρὶς πέντε γένωνται.

αὖθις ὅταν φοίνικος ἐπέλθῃ τέρμα χρόνοιο,
ἥξει ὁ πορθήσων λαῶν γένος, ἄκριτα φῦλα,   140
Ἑβραίων ἔθνος. τότ' Ἄρης Ἄρεα προνομεύσει,
Ῥωμαίων ὑπέροπλον ἀπειλὴν αὐτὸς ὀλέσσει.
ὤλετο γὰρ Ῥώμης ἀρχὴ τότε τηλεθόωσα,
ἀρχαίη πολέεσσι περικτιόνεσσιν ἄνασσα.
οὐκέτι νικήσειε πέδον Ῥώμης ἐριθήλου,   145
ὁππόταν ἐξ Ἀσίης κρατέων ἔλθῃ σὺν Ἄρηι.
ταῦτα δὲ πάντ' ἔρξας ἥξει κρηπισθὲν ἐς ἄστυ.
τρὶς δὲ τριηκοσίους καὶ τεσσαράκοντα καὶ ὀκτώ
πληρώσεις λυκάβαντας, ὅταν σοι δύσμορος ἥξῃ
μοῖρα βιαζομένη τεὸν οὔνομα πληρώσασα.   150

οἴμοι ἐγὼ τριτάλαινα, πότ' ὄψομαι ἦμαρ ἐκεῖνο
σεῖο; πότε, Ῥώμη; πικρὸν δὲ μάλιστα Λατίνοις;
κώμαζ', εἰ βούλει σύ, τὸν ἐν κρυφίαισι λοχείαις
Ἀσίδος ἐκ γαίης ἐπὶ Τρωικὸν ἅρμ' ἐπιβάντα,
θυμὸν ἔχοντ' αἴθωνος. ὅταν δ' ἰσθμὸν διακόψῃ   155
παπταίνων, ἐπὶ πάντας ἰών, πέλαγος διαμείψας,
καὶ τότε θῆρα μέγαν μετελεύσεται αἷμα κελαινόν.

⟨Immerzu bauet, ihr Städte, und schmückt euch und schaffet euch Bil-
Silbern und golden, und solche aus Stein und putzet euch stattlich, [der⟩
Um zu kommen zum bitteren Tag und zu schauen der Römer
Erste Bestrafung und zu vernehmen ihr Zähnegeklapper.
Nicht mehr wird seinen Nacken dann unter das Sklavenjoch beugen
Weder der Syrer noch Grieche noch auch ein Barbar und kein Volk
Rom, du wirst völlig zerstört und büßest für all deine Taten, [sonst.
Wirst voll Jammer der Furcht dich ergeben, bis alles gebüßt ist,
Wirst der Welt ein Triumph und Schandfleck werden für alle.

. . . .

Alsbald wird dann das sechste Geschlecht der latinischen Kön'ge
Letztes Leben beschließen und seine Herrschaft verlieren.
Und dasselbe Geschlecht wird ein anderer König regieren,
Der wird beherrschen das Land und führen ein kraftvolles Szepter.
Unumschränkt wird er herrschen nach Gottes mächtigem Ratschluß.
Seine Söhne und deren Geschlecht wird nimmer erschüttert.
So will's ein alter Spruch im Kreislauf kommender Jahre,
Wenn Ägyptens Kön'ge sind dreimal fünfe geworden.

Wenn dann wieder der Zeitpunkt naht, wo der Phoenix erscheinet,
Kommt, der vernichtet der Völker Geschlecht und zahllose Stämme,
Auch das Hebräervolk. Dann plündert Ares den Ares,
Und der Römer hochmütige Drohung vereitelt er selber.
Denn Roms Herrschaft, die einst so blühende, ist nun vernichtet,
Einst Beherrscherin ringsumliegender Nachbarstädte.
Nicht mehr wird siegen das Land der üppig blühenden Roma,
Wenn er von Asien her mit Ares siegreich heranrückt.
Wenn er das alles vollbracht, wird er plötzlich kommen zur Haupt-
Dreimal dreihundert und achtundvierzig Jahre erfüllst du, [stadt.
Wenn das aufgezwung'ne und unglücksel'ge Verhängnis
Über dich kommt, das deinen Namen wird endlich erfüllen.

Wehe mir dreimal Unsel'gen, wann werde ich schauen den Zorntag,
Bitter für dich, o Rom, doch am bittersten für die Latiner?
Feiere dann, wenn du willst, den, der gar heimlich mit Truppen
Vom asiatischen Land den troischen Wagen besteiget
Mit gar feurigem Mut. Wenn er dann den Isthmus durchschneidet,
Spähenden Blickes, gen alle gewandt, die Meere durchmessend,
Dann kommt über das riesige Tier ein dunkler Blutstrom,

τὸν δὲ λέοντ᾽ ἐδίωξε κύων ὀλέκοντα νομῆας.
σκῆπτρα δ᾽ ἀφαιρήσουσι καὶ εἰς ᾽Αίδαο περήσει.
ἥξει καὶ ῾Ροδίοις κακὸν ὕστατον, ἀλλὰ μέγιστον   160
καὶ Θήβησι κακή γε μένει μετόπισθεν ἅλωσις.
Αἴγυπτος δ᾽ ἀπολεῖται ὑφ᾽ ἡγεμόνων κακότητος.
ἔσται καὶ ῾Ρώμη ῥύμη καὶ Δῆλος ἄδηλος,   165
καὶ Σάμος ἄμμος . . . . [cf. IV 99].
ὕστερον αὖ μετέπειτά γε τοὺς Πέρσας κακὸν ἕξει
ἀνθ᾽ ὑπερηφανίης, ἀπολεῖται δ᾽ ὕβρις ἅπασα.
καὶ τότε δ᾽ ἁγνὸς ἄναξ πάσης γῆς σκῆπτρα κρατήσει
εἰς αἰῶνας ἅπαντας ὁ τοὺς φθιμένους ἀνεγείρας   170
τρεῖς ῾Ρώμη ῞Υψιστος ἄγοι οἰκτρῇ τότε μοίρῃ,
πάντες δ᾽ ἄνθρωποι μελάθροις ἰδίοισιν ὀλοῦνται·
ἀλλ᾽ οὐ μὴ πεισθῶσιν, ὅ κεν πολὺ λώιον εἴη.
ἀλλ᾽ ὁπόταν δὴ πᾶσιν ἐπαυξήσῃ κακὸν ἦμαρ
λιμοῦ καὶ λοιμοῦ δυσανασχέτου ἠδὲ κυδοιμοῦ,   175
καὶ τότ᾽ ἔπειτ᾽ αὖτις κρείων ἔμπροσθεν ὁ τλήμων
συγκαλέσας βουλὴν βουλεύσεται, ὡς ἀπολέσσει.

. . . .
ξηρὰ μὲν ἀνθήσουσιν ὁμοῦ φύλλοισι φανέντα·
οὐράνιον δ᾽ ἔδαφος τεύξει στερεᾷ ἐπὶ πέτρῃ
ὄμβρον τε φλογμόν τε πολύπνοιάν τ᾽ ἐπὶ γαῖαν   180
καὶ σπορίμων πληθὺν ἰῶν κατὰ γαῖαν ἅπασαν.
ἀλλὰ πάλιν πράξουσιν ἀναιδέα θυμὸν ἔχοντες,
οὐ μήνιμα θεοῦ δειδιότες οὐδ᾽ ἀνθρώπων,
αἰδοίην προλιπόντες, ἀναιδείην ποθέοντες,
ἁρπαλέοι τε τύραννοι ἁμαρτωλοί τε βίαιοι   185
ψεῦσται ἀπιστόφιλοι κακοπράγμονες οὐδὲν ἀληθεῖς
πιστολέται εὑρεσσίλογοι δύσφημα χέοντες·
οὐδέ σφιν πλούτου κόρος ἔσσεται· ἀλλά γ᾽ ἀναιδῶς
πλείονα συλλέξουσι· τυραννωθέντες ὀλοῦνται.
ἄστρα πεσεῖται ἅπαντα θαλάσσης ἀντίπρωρα,   190
πολλὰ νέ᾽ ἔξεισ᾽ ἄστρα, καὶ ἀκτινόεντα κομήτην
ἄνθρωποι καλέουσι τὸν ἀστέρα, σῆμα πόνοιο
πολλοῦ ἐπερχομένου, πολέμου καὶ δηιότητος.

μήποτ᾽ ἐγὼ ζώην, ὅτε ἡ μιαρὰ βασιλεύσει,
ἀλλὰ τότ᾽, οὐρανίη ὅταν ἡ χάρις ἐμβασιλεύσῃ.   195

Aber den Leun, der die Hirten zerfleischt, verfolget ein Hund nur.
Stürzen werden sie ihn von dem Throne; er steigt in den Hades.
Kommen wird auch über Rhodos das letzte Unheil, das schwerste,
Und auch Theben erwartet dann endlich schlimme Erob'rung.
Aber Äygpten geht zugrund an der Bosheit der Führer.
Rom wird sein eine Gasse und Delos für immer verschwinden,
Samos jedoch im Sand ⟨verschüttet unter dem Ufer⟩.
Später wird dann auch über die Perser kommen das Unheil
Für ihren Hochmut; verschwinden wird jegliche Art von Mißhandlung.
Dann wird der heilige Herrscher das Szepter über den Erdkreis
Führen für immer und ewig nach Auferweckung der Toten.
Drei wird der Höchste dann bringen für Rom zum schlimmen Ver-
Und alle Menschen gehen in ihren Häusern zugrunde.   [hängnis,
Doch sie gehorchen immer noch nicht, so gut es auch wäre.
Aber wenn er dann für alle verlängert den schrecklichen Wehtag
Mit unerträglichem Hunger und Seuchen und Kriegesgetümmel,
Dann wird wieder zuvor der unglückselige Herrscher
Einberufen den Rat, um seine Vernichtung zu planen.
. . . .
Dürres Gezweig wird zusammen mit neuen Sprößlingen blühen,
Aber die Himmelsfläche wird bringen auf steinigem Felsen
Regen und Brand und gewaltigen Sturmwind über die Erde
Und eine Menge von Rost verdorbener Saaten im Blachland.
Aber noch immer mit schamlosem Sinne werden sie handeln,
Ohne zu fürchten das Strafgericht Gottes, die Rache der Menschen,
Jeglichen Schamgefühls bar, Schamlosigkeit immer erstrebend,
Räuber, blut'ge Tyrannen, Gewalttat übende Frevler,
Lügner, treulose Freunde und Übeltäter voll Falschheit,
Treubrecher, nicht um Gründe verlegen, elende Verleumder.
Nicht wird ihnen am Reichtum Sättigung sein, sondern schamlos
Raffen sie immer noch mehr; ihre Herrschaft wird nun vernichtet.
Sämtliche Sterne stürzen ins Meer ganz augenscheinlich,
Neue Gestirne erscheinen, und einen Strahlenkometen
Nennen die Menschen den Stern, von Not ein schreckliches Zeichen,
Die hereinbrechen wird, von Krieg und Schlachtengetümmel.
Möcht' ich es nimmer erleben, wenn einst das Schandweib wird
[herrschen,
Sondern dann, wenn himmlische Anmut beginnet die Herrschaft,

καὶ ὁπόταν ἱερός ποτε παῖς δολοφωί' ἄπαντα
ἐξολέσῃ, θνητοῖς ὀλοόφροσι βυσσὸν ἀνοίγων,
αἰφνίδιος δ' ὁσίους ξύλινος δόμος ἀμφικαλύψει.
   ἀλλ' ὅταν ἡ δεκάτη γενεὴ δόμον Ἄιδος εἴσω
θηλυτέρης μετέπειτα μέγα κράτος· ἢ κακὰ πολλά   200
αὐξήσει θεὸς αὐτός, ὅταν βασιληίδα τιμὴν
στεψαμένη τετύχῃ· σύμπαν δ' ἔτος ἥμισυς αἰών.
ἠέλιος αὐχμηρὰ τρέχων καὶ νύκτα φανεῖται,
λείψει δ' ἄστρα πόλον· πολλῇ δέ τε λαίλαπι θύων
γαῖαν ἐρημώσει· νεκρῶν δ' ἀπανάστασις ἔσται·   205
καὶ χωλῶν δρόμος ὠκύτατος καὶ κωφὸς ἀκούσει
καὶ τυφλοὶ βλέψουσι, λαλήλουσ' οὐ λαλέοντες,
καὶ κοινὸς πάντεσσι βίος καὶ πλοῦτος ἐσεῖται.
γαῖα δ' ἴση πάντων, οὐ τείχεσιν, οὐ περιφραγμοῖς
διαμεριζομένη καρπούς ποτε πλείονας οἴσει.   210
πηγὰς δὲ γλυκεροῦ οἴνου λευκοῦ τε γάλακτος
καὶ μέλιτος δώσει . . . .
. . . .
καὶ κρίσις ἀθανάτοιο θεοῦ, <μεγάλου βασιλῆος>,
ἀλλ' ὅταν ἀλλάξῃ καιρούς θεὸς . . . . . .
χεῖμα θέρος ποιῶν, τότε θέσφατα <πάντα τελεῖται>.   215
ἀλλ' ὅτε κόσμος ὄλωλεν . . . . . .

            *
      *   *

217–250 ἀκροστιχίς·
ΙΗΣΟΥΣ ΧΡΕΙΣΤΟΣ ΘΕΟΥ ΥΙΟΣ ΣΩΤΗΡ ΣΤΑΥΡΟΣ

   Ἰδρώσει δὲ χθών, κρίσεως σημεῖον ὅτ' ἔσται
Ἥξει δ' οὐρανόθεν βασιλεὺς αἰῶσιν ὁ μέλλων,
   Σάρκα παρὼν πᾶσαν κρῖναι καὶ κόσμον ἄπαντα.
Ὄψονται δὲ θεὸν μέροπες πιστοὶ καὶ ἄπιστοι   220
Ὕψιστον μετὰ τῶν ἁγίων ἐπὶ τέρμα χρόνοιο.
   Σαρκοφόρων δ' ἀνδρῶν ψυχὰς ἐπὶ βήματι κρίνει,
Χέρσος ὅταν ποτὲ κόσμος ὅλος καὶ ἄκανθα γένηται.
Ῥίψουσιν δ' εἴδωλα βροτοὶ καὶ πλοῦτον ἄπαντα.
Ἐκκαύσει δὲ τὸ πῦρ γῆν οὐρανὸν ἠδὲ θάλασσαν   225

Wenn der heilige Knabe einst allen Frevel getilget
Und den Verderben sinnenden Menschen eröffnet den Abgrund;
Dann wird plötzlich die Frommen ein hölzernes Haus umschließen.
Wenn dann das zehnte Geschlecht in des Hades Behausung hinabfuhr,
Herrscht das Weib mit großer Gewalt, unter welcher gar viele
Leiden Gott selber vermehrt, wenn sie ihrer Königsherrschaft
Ehre gekrönt und vollendet; ein Volljahr hat nur noch Halbzeit.
Sonne geht finster die Bahn und zeigt sich im nächtlichen Dunkel;
Sterne verlassen den Himmel, und er wird die Erde veröden,
Brausend im schrecklichen Sturmwind. Dann folgt der Toten Erwek-
Und der Lauf der Lahmen wird flink, und der Taube wird hören, [kung
Sehen werden die Blinden, die Stummen beginnen zu reden.
Allen gemeinsam ist nun das Lebensgut und auch der Reichtum.
Gleich ist für alle die Erde; und nicht mehr durch Mauern getrennet
Oder durch Schranken, bringt sie noch viel mehr Früchte hervor dann.
Quellen voll süßen Weines und weißer Milch und von Honig
Wird sie hervorsprudeln lassen . . . .
. . . .
Dann das Gericht des ewigen Gottes, des mächtigen Königs.
Aber wenn Gott dann die Zeiten geändert . . . .
Winter zum Sommer gemacht, dann erfüllen sich all seine Worte.
Doch wenn vernichtet die Welt . . . .

*   *   *

Anfangsbuchstaben:

JESUS CHRISTUS GOTTES SOHN HEILAND KREUZ

Ist des Gerichtes Zeichen erschienen, dann schwitzet die Erde.
Ewigkeitsherrscher, der künftige König, wird kommen vom Himmel;
Sieh, er ist da, um zu richten das Fleisch und den sämtlichen Weltball.
Unmittelbar schaun Gott die Gläubigen und die Ungläub'gen,
Samt seinen Heiligen schaun sie den Höchsten am Ende der Zeiten.
Kein fleischtragender Mensch entgeht alsdann mehr dem Spruch des
Richters über die Welt, die zu Festland und Dornen geworden.
In die Gluten werfen sie Götzen und jeglichen Reichtum.
Spähendes Feuer verbrennt die Erde, das Meer und den Himmel;

Ἰχνεῦον, ῥέξει τε πύλας εἰρκτῆς Ἀίδαο.
Σὰρξ τότε πᾶσα νεκρῶν ἐς ἐλευθέριον φάος ἥξει
Τῶν ἁγίων· ἀνόμους δὲ τὸ πῦρ αἰῶσιν ἐλέγξει.
Ὁππόσα τις πράξας ἔλαθεν, τότε πάντα λαλήσει·
Στήθεα γὰρ ζοφόεντα θεὸς φωστῆρσιν ἀνοίξει.   230
Θρῆνος δ' ἐκ πάντων ἔσται καὶ βρυγμὸς ὀδόντων.
Ἐκλείψει σέλας ἠελίου ἄστρων τε χορεῖαι.
Οὐρανὸν εἰλίξει· μήνης δέ τε φέγγος ὀλεῖται.
Ὑψώσει δὲ φάραγγας, ὀλεῖ δ' ὑψώματα βουνῶν,
Ὕψος δ' οὐκέτι λυγρὸν ἐν ἀνθρώποισι φανεῖται.   235
Ἴσα δ' ὄρη πεδίοις ἔσται καὶ πᾶσα θάλασσα
Οὐκέτι πλοῦν ἕξει. γῆ γὰρ φρυχθεῖσα τότ' ἔσται
Σὺν πηγαῖς, ποταμοί τε καχλάζοντες λείψουσιν.
Σάλπιγξ δ' οὐρανόθεν φωνὴν πολύθρηνον ἀφήσει
Ὠρύουσα μύσος μελέων καὶ πήματα κόσμου.   240
Ταρτάρεον δὲ χάος δείξει τότε γαῖα χανοῦσα.
Ἥξουσιν δ' ἐπὶ βῆμα θεοῦ βασιλῆες ἅπαντες.
Ῥεύσει δ' οὐρανόθεν ποταμὸς πυρὸς ἠδὲ θεείου.
Σῆμα δέ τοι τότε πᾶσι βροτοῖς, σφρηγὶς ἐπίσημος
Τὸ ξύλον ἐν πιστοῖς, τὸ κέρας τὸ ποθούμενον ἔσται   245
Ἀνδρῶν εὐσεβέων ζωή, πρόσκομμα δὲ κόσμου,
Ὕδασι φωτίζον κλητοὺς ἐν δώδεκα πηγαῖς·
Ῥάβδος ποιμαίνουσα σιδηρείη γε κρατήσει.
Οὗτος ὁ νῦν προγραφεὶς ἐν ἀκροστιχίοις θεὸς ἡμῶν
Σωτὴρ ἀθάνατος βασιλεύς, ὁ παθὼν ἔνεχ' ἡμῶν.   250
Ὃν Μωσῆς ἐτύπωσε προτείνας ὠλένας ἁγνάς
νικῶν τὸν Ἀμαλὴκ πίστει, ἵνα λαὸς ἐπιγνῷ
ἐκλεκτὸν παρὰ πατρὶ θεῷ καὶ τίμιον εἶναι
τὴν ῥάβδον Δαυὶδ καὶ τὸν λίθον, ὅνπερ ὑπέστη,
εἰς ὃν ὁ πιστεύσας ζωὴν αἰώνιον ἕξει.   255
οὐδὲ γὰρ ἐν δόξῃ, ἀλλ' ὡς βροτὸς εἰς κτίσιν ἥξει
οἰκτρὸς ἄτιμος ἄμορφος, ἵν' οἰκτροῖς ἐλπίδα δώσει·
καὶ φθαρτῇ σαρκὶ μορφὴν καὶ πίστιν ἀπίστοις
οὐράνιον δώσει καὶ μορφώσει τὸν ἀπ' ἀρχῆς
ἄνθρωπον πλασθέντα θεοῦ παλάμαις ἁγίαισιν,   260
ὅν τ' ἐπλάνησεν ὄφις δολίως ἐπὶ μοῖραν ἀπελθεῖν
τοῦ θανάτου γνῶσίν τε λαβεῖν ἀγαθοῦ τε κακοῦ τε,
ὥστε θεὸν προλιπόντα λατρεύειν ἤθεσι θνητοῖς.

Tür und Tor am Gefängnis des Hades werden zerbrechen.
Und dann wird alles Fleisch der Toten kommen zum Freilicht
Seiner Heiligen; Gottlose foltert das Feuer für ewig.
Gerne wird jeder gestehen, was heimlich er einstens getan hat;
Offen macht Gott die dunklen Herzen der Menschen mit Strahlen.
Trauer und Jammer wird sein bei allen und Zähnegeklapper.
Tanzende Sterne und leuchtende Sonne werden erlöschen;
Er wälzt um den Himmel; des Mondes Glanz wird verschwinden.
Schluchten wird er erhöhen, die Höhen der Hügel verderben;
Schaurige Höhe wird keine mehr unter den Menschen erscheinen.
Oben und unten sind gleich, kein Meer wird fürder befahren.
Hüpfende Quellen der Erde werden dann alle vertrocknen,
Nun auch werden die Ströme und plätschernden Flüsse versiegen.
Himmelher tönt gar jammervoll kläglichen Lauts die Posaune
Erdwärts und wimmert über die Bosheit und Leiden der Menschen.
Innen birst die Erde und zeigt des Tartarus Abgrund,
Laufen werden die Könige alle zum Richterstuhl Gottes.
Ausströmt dann vom Himmel ein Fluß von Feuer und Schwefel.
Nunmehr erscheint ein Zeichen den Menschen und über den Gläub'gen
Deutliches Siegel das Kreuz, das ersehnte Horn, das den Frommen
Kündet das Leben, der Welt ein Ärgernis ist und ein Anstoß,
Reicht aus zwölffachem Quell mit Wasser die Tauf' den Beruf'nen.
Eiserner Stab des Hirten wird herrschen. Und der sich bekannt gab
Unter Akrostichis, ist unser Gott, unser Heiland, gelitten
Zur Errettung unserer Seelen, unsterblicher König.
    ER war bezeichnet, da Moses streckte die heiligen Arme,
Siegend ob Amalek im Glauben, dem Volke zur Kenntnis,
Daß erwählt bei Gott dem Vater und immer geehrt sei
Davids Rute, sowie auch der Stein, den er einstens versprochen,
Dem man soll gläubig vertrauen, um ewiges Leben zu haben.
Denn nicht in Herrlichkeit, sondern als Mensch wird er kommen auf
Elend, entehrt, unansehnlich, den Elenden Hoffnung zu geben. [Erden,
Er wird vergänglichem Fleische Gestalt und himmlischen Glauben
Den Ungläubigen geben und ausgestalten den Menschen,
Welchen im Anfang Gottes hochheilige Hände geschaffen,
Und den die Schlange betörte, daß nun er zum Schicksal des Todes
Kam und nach Wunsch die Erkenntnis gewann vom Guten und Bösen,
So daß Gott er verließ und huldigte sterblichem Wesen.

Αὐτὸν γὰρ πρώτιστα λαβὼν σύμβουλον ἀπ' ἀρχῆς
εἶπεν ὁ παντοκράτωρ· 'ποιήσωμεν, τέκνον, ἄμφω   265
εἰκόνος ἡμετέρης ἀπομαξάμενοι βροτὰ φῦλα·
νῦν μὲν ἐγὼ χερσίν, σὺ δ' ἔπειτα λόγῳ θεραπεύσεις
μορφὴν ἡμετέρην, ἵνα κοινὸν ἀνάστεμα δῶμεν.'
γνώμης οὖν ταύτης μεμνημένος ἐς κτίσιν ἥξει
ἀντίτυπον μίμημα φέρων εἰς παρθένον ἀγνήν,   270
ὕδατι φωτίζων διὰ πρεσβυτέρων ἅμα χειρῶν,
πάντα λόγῳ πράσσων, πᾶσαν δὲ νόσον θεραπεύσων.
τοὺς ἀνέμους παύσειε λόγῳ, στορέσει δὲ θάλασσαν
μαινομένην ποσὶν εἰρήνης πίστει τε πατήσας.
ἐκ δ' ἄρτων ἅμα πέντε καὶ ἰχθύος εἰναλίοιο   275
ἀνδρῶν χιλιάδας ἐν ἐρήμῳ πέντε κορέσσει,
καὶ τὰ περισσεύοντα λαβὼν τότε κλάσματα πάντα
δώδεκα πληρώσει κοφίνους εἰς ἐλπίδα λαῶν.
καὶ καλέσει ψυχὰς μακάρων, οἰκτροὺς δ' ἀγαπήσει,
οἳ καλὸν ἀντὶ κακοῦ χλευαζόμενοι πρήξουσιν   280
τυπτόμενοι μαστιζόμενοι πενίην ποθέοντες.
πάντα νοῶν καὶ πάντα βλέπων καὶ πάντ' ἐπακούων
σπλάγχνα κατοπτεύσει καὶ γυμνώσει πρὸς ἔλεγχον·
αὐτὸς γὰρ πάντων ἀκοὴ καὶ νοῦς καὶ ὅρασις.
καὶ λόγος ὁ κτίζων μορφάς, ᾧ πάνθ' ὑπακούει,   285
καὶ νέκυας σῴζων, πᾶσαν δὲ νόσον θεραπεύων,
εἰς ἀνόμων χείρας καὶ ἀπίστων ὕστατον ἥξει,
δώσουσιν δὲ θεῷ ῥαβδύσματα χερσὶν ἀνάγνοις
καὶ στόμασιν μιαροῖς ἐμπτύσματα φαρμακόεντα.
δώσει δ' εἰς μάστιγας ἀναπλώσας τότε νῶτον·   290
καὶ κολαφιζόμενος σιγήσει, μή τις ἐπιγνῷ,   292
τίς τίνος ὢν πόθεν ἦλθεν, ἵνα φθιμένοισι λαλήσει.
καὶ στέφανον φορέσει τὸν ἀκάνθινον· ἐκ γὰρ ἀκανθῶν
τὸ στέφος ἐκλεκτῶν αἰώνιόν ἐστιν ἄγαλμα.   295
πλευρὰς νύξουσιν καλάμῳ διὰ τὸν νόμον αὐτῶν...
ἀλλ' ὅτε ταῦτά γε πάντα τελειωθῇ ἅπερ εἶπον,   299
εἰς αὐτὸν τότε πᾶς λύεται νόμος, ὅστις ἀπ' ἀρχῆς   300
δόγμασιν ἀνθρώποις ἐδόθη διὰ λαὸν ἀπειθῆ.
ἐκπετάσει χεῖρας καὶ κόσμον ἅπαντα μετρήσει.
εἰς δὲ τὸ βρῶμα χολὴν καὶ πινέμεν ὄξος ἔδωκαν·
τῆς ἀφιλοξενίης ταύτην δείξουσι τράπεζαν.

IHN auch nahm als Berater im Anfang Gott der Allmächt'ge,
Sprechend die Worte: „So wollen wir beide zusammen, mein Kind, nun
Sterblicher Menschen Geschlecht abbilden nach unserem Gleichnis!
Jetzt will ich mit den Händen, doch du alsdann mit dem Logos
Sorgen für unsre Gestalt und gemeinsam schaffen Erstehung!"
Dieses Beschlusses gedenkend wird er jetzt kommen auf Erden,
Das nachahmende Ebenbild bringend der heiligen Jungfrau
Und mit Wasser taufend zugleich durch ältere Hände,
Alles bewirkend durchs Wort und heilend jegliche Krankheit.
Durch sein Wort wird er stillen die Winde und glätten die Meerflut,
Während sie tobt, sie mit Füßen des Friedens, im Glauben betretend.
Mit fünf Broten zumal und einem einzigen Seefisch
Wird in der Wüste er sätt'gen fünftausend hungrige Menschen.
Und mit den übriggebliebenen Brocken allein wird er füllen
Zwölf gewaltige Körbe zur Hoffnung der schmachtenden Völker.
Und er wird rufen der Seligen Seelen, die Elenden lieben,
Die zwar boshaft verspottet, doch Böses mit Gutem vergelten,
Und trotz Schlägen und Peitschenhieben nach Armut sich sehnen.
Alles merkend und alles erschauend und alles erhörend,
Wird er, ins Herz tief blickend, zur Prüfung enthüllen das Innre;
Denn er selber ist aller Gehör und Verstand und Gesichte.
Und das Wort, das die Welten erschuf und dem alles gehorsam,
Das sogar Tote erweckt und Heilung bringet den Siechen,
Kommt in der Bösen Gewalt, gottloser, ungläubiger Menschen.
Schläge versetzen dem Gott ruchlose, unheilige Hände,
Und aus ekelem Mund besudelt ihn giftiger Speichel.
Er aber bietet geduldig den blutigen Rücken der Geißel.
Trotz aller Schläge wird stille er schweigen, daß keiner erkenne,
Wer und wessen er sei und woher, um die Toten zu rufen.
Und von Dornen den Kranz wird er tragen; denn immer ein Zeichen
Wird aus den Dornen der Kranz der Heiligen, welche erwählt sind.
Auch schlägt man mit dem Rohr seine Seite nach ihrem Gesetze ...
Doch wenn all dies dann sich erfüllt hat, was ich geredet,
Dann wird jedes Gesetz sich lösen in ihm, das von Anfang
Wegen des trotzigen Volkes durch menschliche Satzungen aufkam.
Doch dann wird er ausbreiten die Hände und messen das Weltall.
„Und sie reichten ihm Galle zur Speise und Essig zum Trinken":
Solchen ungastlichen Tisch werden ihm Gottlose bereiten.

ναοῦ δὲ σχισθῇ τὸ πέτασμα καὶ ἥματι μέσσῳ   305
νὺξ ἔσται σκοτόεσσα πελώριος ἐν τρισὶν ὥραις.
οὐκέτι γὰρ κρυφίῳ τε νόμῳ ναῷ τε λατρεύειν
φαντασίαις κόσμου κεκαλυμμένον αὖτις ἐδείχθη
αὐθέντου καταβάντος ἐπὶ χθονὸς ἀενάοιο.
ἥξει δ' εἰς 'Αίδην ἀγγέλλων ἐλπίδα πᾶσιν   310
τοῖς ἁγίοις, τέλος αἰώνων καὶ ἔσχατον ἦμαρ,
καὶ θανάτου μοῖραν τελέσει τρίτον ἦμαρ ὑπνώσας·
καὶ τότ' ἀπὸ φθιμένων ἀναλύσας εἰς φάος ἥξει
πρῶτος ἀναστάσεως κλητοῖς ἀρχὴν ὑποδείξας,
ἀθανάτου πηγῆς ἀπολουσάμενος ὑδάτεσσιν   315
τὰς πρότερον κακίας, ἵνα γεννηθέντες ἄνωθεν
μηκέτι δουλεύσωσιν ἀθέσμοις ἤθεσι κόσμου.
πρῶτα δὲ τοῖς ἰδίοις φανερῶς τότε κύριος ὀφθῇ
σάρκινος, ὡς πάρος ἦν, χερσίν τε ποσίν τ' ἐπιδείξει
τέσσαρα τοῖς ἰδίοις ἴχνη πηχθέντα μέλεσσι,   320
ἀντολίην τε δύσιν τε μεσημβρίην τε καὶ ἄρκτον·
τόσσαι γὰρ κόσμου βασιληίδες ἐκτελέσουσιν
πρᾶξιν τῆς ἀθέμιστον ἐπίψογον εἰς τύπον ἡμῶν.
  χαῖρ', ἁγνὴ θύγατερ Σιών, μαλὰ πολλὰ παθοῦσα·
αὐτός σου βασιλεὺς ἐπιβὰς ἐπὶ πῶλον ἐσάξει   325
πραΰν, πρᾶος ἰδοὺ ἥξει, ἵνα τοι ζυγὸν ἡμῶν
δοῦλον δυσβάστακτον ἐπ' αὐχένι κείμενον ἄρῃ
καὶ θεσμοὺς ἀθέους λύσῃ δεσμούς τε βιαίους.
αὐτόν σου γίνωσκε θεὸν θεοῦ υἱὸν ἐόντα·
τοῦτον δοξάζουσα καὶ ἐν στέρνοισιν ἔχουσα   330
ἐκ ψυχῆς ἀγάπα καὶ τοὔνομα βάστασον αὐτοῦ.
τοὺς προτέρους δ' ἀπόθου καὶ λοῦσον ἀφ' αἵματος αὐτοῦ·
οὐ γὰρ σαῖς οἴμαις ἱλάσκεται οὐδὲ λιταῖσιν,
οὐ θυσίαις προσέχει φθαρτοῖς ἄφθαρτος ὑπάρχων·
ἀλλ' ὕμνον στομάτων συνετῶν ἅγιον προφέρουσα   335
γνῶθι, τίς ἔσθ' οὗτος, καὶ τὸν γενετῆρα τότ' ὄψει.
  χηρεῦσαι τότε πάντα χρόνῳ στοιχεῖα τὰ κόσμου,
ἀὴρ γαῖα θάλασσα φάος πυρὸς αἰθομένοιο·
καὶ πόλος οὐράνιος καὶ νὺξ καὶ ἥματα πάντα
εἰς ἓν συρρήξουσι καὶ εἰς μορφὴν πανέρεμον.   340
ἄστρα γὰρ οὐρανόθεν φωστήρων πάντα πεσεῖται.
κοὐκέτι δὴ πτήσονται ἐπ' ἀέρος εὔπτεροι ὄρνεις

Und der Vorhang zerreißt im Tempel, und mitten am Tage
Wird drei Stunden hindurch ganz dunkle gewaltige Nacht sein.
Denn nicht mehr nach geheimem Gesetz noch im Tempel verborgen
Vor den Erscheinungen in dieser Welt dem Gotte zu dienen
War angezeigt, als der ewige Herrscher auf Erden herabstieg.
Und dann steigt er zur Hölle hinab, den Seelen der Frommen
Hoffnung zu künden, das Ende der Zeit und den jüngsten der Tage.
Er wird des Todes Geschick vollenden im Schlaf von drei Tagen.
Denn dann kehrt er zurück ans Licht aus dem Hades als erster
Auferstehung und Leben den Auserwählten zu bringen,
Tilgend im Wasser unsterblichen Quells ihrer früheren Bosheit
Schlacken und häßlichen Schmutz, auf daß sie, aufs neue geboren,
Nicht mehr frönen hinfort der Welt abscheulichen Bräuchen.
Seinen Erwählten zuerst erscheint der Erstandene wieder
Menschlichen Leibs, wie er ehemals war; doch Hände und Füße
Zeigen vier Male, von Nägeln gebohrt in die göttlichen Glieder:
Osten verstehe und Westen, an Mitternacht denke und Mittag;
Das sind die Reiche der Erde, die Gottes erhabenen Sohn einst
Morden verblendeten Sinns, das Vorbild unseres Lebens.
    Freu dich, Tochter Sion, du heil'ge, nach vielerlei Leiden!
Selber kommt dein König auf zahmem Füllen geritten.
Siehe, gar sanftmütig kommt er, damit er das Sklavenjoch trage,
Das schwer tragbar nun liegt und lastet auf unserem Nacken,
Und uns löse die gottlose Satzung und drückende Fesseln.
Ihn erkenne als deinen Gott, der zugleich Gottes Sohn ist;
Diesen preise und trag ihn in deinem Herzen und lieb ihn
Aus deiner ganzen Seele und halt seinen Namen in Ehren.
Alte Gesetze lasse beiseite und wasch dich von Blutschuld!
Nicht durch deine Gesäng' und Gebete wird er versöhnt, nicht
Achtet vergänglicher Opfer der unvergängliche Herrscher;
Sondern stimm aus verständigem Munde ein heiliges Lied an
Und erkenne sein Wesen, so wirst du dann schaun den Erzeuger.
    Alle Urelemente des Weltalls werden verschwinden:
Luft und Erde und Meer und das Licht des strahlenden Feuers;
Und das Himmelsgewölbe und Nacht und sämtliche Tage
Stürzen in eins zusammen, sich hüllend in völliges Dunkel.
Sämtliche Lichter der Sterne verschwinden wieder vom Himmel.
Nicht mehr werden die Lüfte die schnellen Vögel durchfliegen;

οὐδὲ βάσις γαίης· θῆρες γὰρ ἅπαντες ὀλοῦνται.
κοὐκ ἀνδρῶν φωναί, οὐ θηρῶν, οὐ πετεηνῶν.
κόσμος ἄτακτος ἐὼν οὐ χρήσιμον ἦχον ἀκούσει·   345
ἠχήσει δὲ βαθὺς πόντος μέγαν ἦχον ἀπειλῆς
ζῷά τε νηκτὰ τρέμοντα θαλάσσης πάντα θανεῖται·
καὶ ναῦς φόρτον ἔχουσ' ἐπὶ κύμασιν οὐκέτι πλεύσει.
μυκήσει δὲ χθὼν αἱμασσομένη πολέμοισιν·
πᾶσαι δ' ἀνθρώπων ψυχαὶ βρύξουσιν ὀδοῦσιν.   350
τηκόμεναι δίψει λιμῷ λοιμῷ τε φόνοις τε   352
καὶ καλέσουσι καλὸν τὸ θανεῖν καὶ φεύξετ' ἀπ' αὐτῶν·
οὐκέτι γὰρ θάνατος κείνους, οὐ νὺξ ἀναπαύσει·
πολλὰ δ' ἐρωτήσουσι μάτην θεὸν ὑψιμέδοντα,   355
καὶ τότ' ἀποστρέψει φανερῶς τὸ πρόσωπον ἀπ' αὐτῶν.
ἑπτὰ γὰρ αἰώνων μετανοίας ἦματ' ἔδωκεν
ἀνδράσι πλαζομένοις διὰ χειρῶν παρθένου ἁγνῆς·
  αὐτός μοι τάδε πάντα θεὸς νόῳ ἐγκατέδειξεν
καὶ δι' ἐμοῦ στόματος τὰ λελεγμένα πάντα τελέσσει·   360
'Οἶδα δ' ἐγὼ ψάμμου τ' ἀριθμὸν καὶ μέτρα θαλάσσης,
οἶδα μυχοὺς γαίης καὶ Τάρταρον ἠερόεντα,
οἶδ' ἀριθμοὺς ἄστρων καὶ δένδρεα καὶ πόσα φῦλα
τετραπόδων νηκτῶν τε καὶ ὀρνίθων πετεηνῶν
καὶ μερόπων ὄντων τε καὶ ἐσσομένων νεκύων τε·   365
αὐτὸς γὰρ μορφὰς καὶ νοῦν ἀνδρῶν ἐτύπωσα,
καὶ λόγον ὀρθὸν ἔδωκα ἐπιστήμην τ' ἐδίδαξα,
ὀφθαλμοὺς ὁ πλάσας καὶ ὦτα, βλέπων καὶ ἀκούων
καὶ πᾶν ἐνθύμημα νοῶν καὶ πᾶσι συνίστωρ
ἐντὸς ἐὼν σιγῶ καὶ ὕστερον αὐτὸς ἐλέγξω·   370
καὶ κωφοῦ ξυνίημι καὶ οὐ λαλέοντος ἀκούω   373
καὶ πόσον ἐστὶ τὸ πᾶν ἀπὸ γῆς εἰς οὐρανὸν ὕψος,
ἀρχὴν καὶ τέλος οἶδα, ὃς οὐρανὸν ἔκτισα καὶ γῆν.   375
μοῦνος γὰρ θεός εἰμι καὶ οὐκ ἔστιν θεὸς ἄλλος.   377
εἰκόνα θεσπίζουσιν ἐμὴν πλασθεῖσαν ἀφ' ὕλης,
χερσί τε μορφώσαντες ἑαῖς εἴδωλον ἄναυδον
δοξάζουσι λιταῖς καὶ θρησκείησιν ἀνάγνοις.   380
τὸν κτίστην προλιπόντες ἀσελγείαις ἐλάτρευσαν
πάγκενα φῶτες ἔχοντες ἀχρήστοις δῶρα διδοῦσιν
χώς ἐς ἐμὰς τιμὰς τάδε χρήσιμα πάντα δοκοῦσιν
θοίνη κνισσοῦντες, ὡς τοῖς ἰδίοις νεκύεσσιν.

's gibt keine Stütze auf Erden. Denn sämtliche Tiere verenden.
Keine Stimme der Menschen, der Tiere, der Vögel vernimmt man.
Und der verworrene Kosmos hört nimmer das glückhafte Echo;
Dröhnt doch das tiefe Meer das gewaltige Echo der Drohung,
Sämtliche schwimmenden Tiere des Meeres zittern und sterben,
Und kein Schiff mit Fracht fährt noch auf den Wogen des Meeres.
Und dann kracht die Erde, befleckt vom Mordblut der Kriege,
Sämtliche Seelen der Menschen knirschen vor Angst mit den Zähnen,
Schwindend vor Durst und Hunger, vor Seuchen und zahllosen Mor-
Und sie rufen: „Wie schön wär' der Tod!", doch der meidet sie alle;[den,
Denn sie wird nicht mehr der Tod, die Nacht wird sie nicht mehr er-
Ach, sie flehen vergebens zu Gott, dem Herrscher der Höhe; [lösen.
Offenbar wendet er jetzt von ihnen sein gnädiges Antlitz.
Sieben Ewigkeitstage zur Reue und Umkehr gab er dem
Planlos irrenden Volk durch die Hände der heiligen Jungfrau.
    Gott hat mir selbst dies alles gelegt in den Sinn und wird alles,
Was er durch meinen Mund hat vormals verkündet, erfüllen!
„Ja, ich weiß der Sandkörner Zahl und die Maße des Meeres,
Weiß die Verstecke der Erde und kenne des Tartaros Dunkel,
Weiß die Zahlen der Sterne, die Bäume, und wieviel Geschlechter
Der Vierfüßler, der schwimmenden Tiere, der hurtigen Vögel,
Auch der Menschheit, die jetzt und in Zukunft lebt, und der Toten;
Denn selbst hab' ich Gestalten und Sinn der Menschen gebildet,
Gab ihnen rechten Verstand und vermittelte ihnen Erkenntnis.
Ich bin's, der Augen und Ohren gebildet, sehend und hörend,
Jeden Gedanken ersinnend und allen als Mitwisser drinnen
In ihren Herzen, ich schweige und werd' sie dann selbst überführen.
Auch den Tauben versteh' ich und höre auf den, der nicht spricht, und
Wie groß im ganzen die Höh' von der Erde zum Himmelsgewölbe,
Anfang und Ende weiß ich, der Himmel und Erde geschaffen.
Denn ich allein bin Gott, und es gibt keinen andern daneben,
Und sie zeigen mein Bild, das aus Holz sie frevelnd geschnitzet,
Und einen stummen Götzen, den sie mit den Händen gestaltet,
Ehren sie mit Gebeten und ruchlosen kultischen Bräuchen.
Mich, den Schöpfer, verlassend, dienten sie nur ihren Lüsten;
Wertlose Gaben verschenken die Menschen an unnütze Götzen,
Und das alles wähnen sie nützlich, als ob sie mich ehrten,
Fetten Opferschmaus haltend, wie ihren Toten zu Ehren.

σάρκας γὰρ καίουσι καὶ ὀστέα μυελόεντα   385
θύοντες βωμοῖς καὶ δαίμοσιν αἷμα χέουσιν
καὶ λύχνους ἅπτουσιν ἐμοὶ τῷ φῶτα διδόντι,
χὡς διψῶντι θεῷ θνητοὶ σπένδουσι τὸ οἶνον
εἰς οὐδὲν μεθύοντες ἐπ’ εἰδώλοισιν ἀχρήστοις.
οὐ χρῄζω θυσίης ἢ σπονδῆς ὑμετέρηφιν,   390
οὐ κνίσσης μιαρῆς, οὐχ αἵματος ἐχθιστοῖο.
ταῦτα γὰρ ἐς μνήμην βασιλήων ἠδὲ τυράννων
δαίμοσι ποιήσουσι νεκροῖς, ὡς οὐρανίοισιν,
θρησκείαν ἄθεον καὶ ὀλέθριον ἐκτελέοντες.
καὶ καλέουσι θεοὺς ἄθεοι τὰς εἰκόνας αὐτῶν   395
τὸν κτίστην προλιπόντες, ἀπ’ αὐτῶν ἐλπίδα πᾶσαν
καὶ ζωὴν νομίσαντες ἔχειν, κωφοῖς καὶ ἀναύδοις
ἐς τὸ κακὸν πιστοὶ ἀγαθὸν τέλος ἀγνοιοῦσιν.
αὐτὸς ὁδοὺς προέθηκε δύο, ζωῆς θανάτου τε,
καὶ γνώμη προέθηκ’ ἀγαθὴν ζωὴν προελέσθαι ·   400
αὐτοὶ δ’ ἐς θάνατον καὶ πῦρ αἰώνιον ᾖξαν.
εἰκών ἐστ’ ἄνθρωπος ἐμὴ λόγον ὀρθὸν ἔχουσα.
τούτῳ θὲς καθαρὰν καὶ ἀναίμακτον σὺ τράπεζαν
πληρώσας ἀγαθῶν καὶ δὸς πεινῶντι τὸν ἄρτον
καὶ διψῶντι ποτὸν καὶ εἵματα σώματι γυμνῷ   405
ἐκ μόχθων ἰδίων πορίσας ἀγναῖς παλάμῃσιν.
θλιβόμενον κτῆσαι καὶ τῷ κάμνοντι παράστα
καὶ ζῶσαν θυσίαν ταύτην τῷ ζῶντι πόριζε,
σπείρων νῦν ἐς ὕδωρ, ἵνα σοι κἀγώ ποτε δώσω
καρποὺς ἀθανάτους, καὶ φῶς αἰώνιον ἕξεις   410
καὶ ζωὴν ἀμάραντον, ὅταν πυρὶ πάντας ἐλέγξω.
χωνεύσω γὰρ ἅπαντα καὶ εἰς καθαρὸν διαλέξω.
οὐρανὸν εἰλίξω, γαίης κευθμῶνας ἀνοίξω,
καὶ τότ’ ἀναστήσω νεκροὺς μοῖραν ἀναλύσας
καὶ θανάτου κέντρον, καὶ ὕστερον εἰς κρίσιν ἥξω   415
κρίνων εὐσεβέων καὶ δυσσεβέων βίον ἀνδρῶν ·
καὶ κριὸν κριῷ καὶ ποιμένι ποιμένα θήσω
καὶ μόσχον μόσχῳ πέλας ἀλλήλων ἐς ἔλεγχον ·
οἵτινες ὑψώθησαν ἐλεγχόμενοι ὑπ’ ἐλέγχῳ
καὶ στόμα παντὸς ἔφραξαν, ἵν’ αὐτοὶ ζηλώσαντες   420
τοὺς ὁσίως πράσσοντας ἴσως καταδουλώσουσιν
σιγᾶν προστάσσοντες, ἐπειγόμενοι διὰ κέρδος,

Große Stücke von Fleisch verbrennen sie, markreiche Knochen,
Auf ihren Opferaltären und bringen Blutopfer den Göttern.
Ja, sie zünden gar Lichter mir an, der ihnen das Licht gab,
Und als dürstete Gott, so spenden die Menschen den Wein ihm,
Machen sich zwecklos trunken den unnützen Götzen zu Ehren.
Ich bedarf keiner Opfer von euch und keinerlei Spende,
Nicht des abscheulichen Fettdampfs und nicht des verhaßten Blutes.
Denn das werden sie tun zum Gedächtnis der Kön'ge und Herrscher,
Toten Dämonen zu Ehren, als wären sie Himmelsbewohner,
Kultdienst übend gar gottlos, der führt ins sich're Verderben.
Und die Gottlosen rufen die Bilder von ihnen als Götter,
Ihren Schöpfer verlassend, im Wahne, sie hätten von ihnen
Jegliche Hoffnung und Leben, nur Tauben und Stummen vertrauend
Zu ihrem Unheil, da jene ein glückliches Ende nicht kennen.
Hab' ich doch selbst zwei Wege gesetzt, den des Lebens und Todes,
Und ihrem Willen empfohlen, das gute Leben zu wählen;
Sie aber sind in den Tod gestürzt und das ewige Feuer.
Abbild von mir ist der Mensch, begabt mit vernünftigem Denken.
Diesem stell hin einen Tisch, der rein ist von jeglichem Makel,
Füll ihn mit Gütern voll und gib dem Hungernden Brot, und
Reiche dem Durst'gen den Trank und Kleider dem nackenden Leibe,
Aus dem eigenen Kummer gewährend mit heiligen Händen!
Des Bedrückten nimm stets dich an und hilf dem Erschöpften;
Bring dieses lebende Opfer doch mir, dem lebendigen Gotte,
Jetzt nur säend ins Wasser, damit auch ich dir einst gebe
Unvergängliche Früchte; das ewige Licht sollst zu haben,
Unverwesliches Leben, wenn alle ich prüfe im Feuer.
Alles werde ich schmelzen und wieder zur Läuterung scheiden,
Werde den Himmel erschüttern, die Schlünde der Erde eröffnen,
Und dann will ich die Toten erwecken, lösend das Schicksal
Und den Stachel des Todes, und alsbald komm' ich zum Gerichte,
Um zu richten das Leben der frommen und gottlosen Menschen;
Und da werd' ich dem Widder den Widder, dem Hirten den Hirten,
Und den Stier dem Stier gegenüberstellen zur Prüfung,
Alle, die waren erhöht, überführt bei dem großen Verhör, und
Jedem verstopften den Mund, um selber voll Neid und voll Mißgunst
Alle, die Gutes getan, gleichermaßen zu knechten und schinden,
Schweigen ihnen gebietend, doch nur dem Gewinne nachjagten,

οὐ δόκιμοι παρ' ἐμοὶ τότε χωρήσουσιν ἅπαντες.
κοὐκέτι λοιπὸν ἐρεῖς λυπούμενος, 'αὔριον ἔσται',
οὐκ 'ἐχθὲς γέγονεν'· οὐκ ἤματα πολλὰ μερυμνᾶς,   425
οὐκ ἔαρ, οὐ χειμῶν', οὔτ' ἄρ θέρος, οὐ μετόπωρον,
οὐ δύσιν, ἀντολίην· ποιήσω γὰρ μακρὸν ἦμαρ.
εἰς δ' αἰῶνα τὸ φῶς Μεγάλου πεποθημένον ἔσται.

— — — — — — — — — — —

πρὸ κτίσεως πάσης σοῖσι στέρνοισι πεφυκώς
σύμβουλος, πλάστης μερόπων κτίστης τε βίοιο.   440
ὃν πρώτη στόματος γλυκερῇ προσφθέγξαο φωνῇ·
'ποιήσωμεν ἰδοὺ πανομοίιον ἀνέρα μορφῇ
ἡμετέρῃ καὶ δῶμεν ἔχειν ζωαρκέα πνοιήν·
ᾧ θνητῷ περ ἐόντι τὰ κόσμικα πάντα λατρεύσει
καὶ χοικῷ πλασθέντι τὰ πάνθ' ὑποτάξομεν αὐτῷ'.   445
ταῦτα δ' ἔφησθα Λόγῳ, τῇ σῇ φρενὶ πάντα δ' ἐτύχθη·
πάντα δ' ὁμοῦ στοιχεῖα κελεύσματι πείθετο τῷ σῷ,
οὐρανὸς ἀὴρ πῦρ χθὼν γῆ καὶ χεῦμα θαλάσσης,
ἥλιος μήνη, χορὸς ἄστρων οὐρανοέντων,   450
εὐφρόνη ἡμέρη ὕπνος ἔγερσις πνεῦμα καὶ ὁρμή,
ψυχὴ καὶ σύνεσις, τέχνη φωνή τε καὶ ἀλκή
ζῴων τ' ἄγρια φῦλα τὰ νηκτῶν καὶ πετεηνῶν
πεζῶν τ' ἀμφιβίων τε καὶ ἑρπυστῶν διφυῶν τε·
πάντα γὰρ αὐτός σοι συνετάσσετο σῇ ὑπ' ἀγωγῇ.   455
  ὑστατίοις τε χρόνοις χθόν' ἀμείψατο καὶ βραχὺς
παρθένου ἐκ Μαρίας λαγόνων ἀνέτειλε νέον φῶς, ἐλθών
οὐρανόθεν δὲ μολὼν βροτέην ἐνεδύσατο μορφήν.
πρῶτα μὲν οὖν Γαβριὴλ σθεναρὸν δέμας ἁγνὸν ἐδείχθη.
δεύτερα καὶ κούρην ἀρχάγγελος ἔννεπε φωνῇ·   460
'δέξαι ἀχράντοισι θεὸν σοῖς, παρθένε, κόλποις'.
ὣς εἰπὼν ἔμπνευσε θεὸς χάριν ἡδέι κούρῃ.
τὴν δ' ἄρα τάρβος ὁμοῦ θάμβος θ' ἕλεν εἰσαΐουσαν,
στῆ δ' ἄρ' ὑποτρομέουσα· νόος δέ οἱ ἐπτοίητο
παλλομένης κραδίης ὑπ' ἀγνώστοισιν ἀκουαῖς.   465
αὖτις δ' εὐφράνθη καὶ ἰάνθη κέαρ αὐδῇ,
κουρίδιον δ' ἐγέλασσεν, ἑὴν δ' ἐρύθηνε παρειήν
χάρματι τερπομένη καὶ θελγομένη φρένας αἰδοῖ,
καὶ οἱ θάρσος ἐπῆλθεν. ἔπος δ' εἰσέπτατο νηδύν,

Die werden alle, bei mir nicht bewährt, jetzt abtreten müssen. [sein."
Nicht mehr sagst du in Zukunft voll Trauer: „Es wird morgen wohl
Oder: „'s ist gestern gewesen." Nicht sorgst du für mehrere Tage;
Frühling, Sommer und Winter und Herbsteszeit gibt es nicht mehr,
Auch keinen Abend und Morgen; verlängern werd' ich den Tag dann.
Aber auch ewig ersehnt wird das Licht des gewaltigen Gottes.
⟨Der schon, ehe die Erde entstand und die Sterne des Himmels⟩
Vor der Erschaffung der Welt bei dir war als Sohn und Berater,
Er ist der Schöpfer der Menschen und er der Spender des Lebens.
Damals sprachst du zuerst mit der lieblichen Stimme des Mundes:
„Lasset den Menschen uns machen, ganz ähnlich unserem Gleichnis,
Und wir wollen ihm geben den Leben erhaltenden Odem.
Ist er auch sterblich, so soll in der Welt doch alles ihm dienen;
Der aus Erde Geformte soll alles sich untertan machen."
Also sprachst du zum WORT und alles geschah, wie du wolltest.
Deinen Geboten gehorchten sofort die Weltelemente:
Himmel und Luft und Feuer, die Erde, die Fluten des Meeres,
Sonne und Mond und der leuchtende Kranz der Himmelsgestirne,
Tage und Nächte, Schlafen und Wachen, der Geist und der Wille,
Seele, Verstand und Kunst, die menschliche Stimme und Tatkraft;
Wesen von mancherlei Art, die Luft und Wasser bevölkern.
Landgetier, Amphibien, Schlangen und Zwittergestalten:
All das hat er zusammen mit dir sich beratend geschaffen.
   Aber zuletzt in der Zeit ward die Erde erneuert; ein Knäblein
Kam aus Maria der Jungfrau Schoß, die Welt zu erleuchten,
Stieg vom Himmel herab und nahm der Menschen Gestalt an;
Gabriels heilige Kraftgestalt zeigte zuerst sich auf Erden,
Und zu der Jungfrau sprach die Stimme des himmlischen Boten:
„Nimm, o Jungfrau, Gott in deinen jungfräulichen Schoß auf!"
Sprach's, und Gnade verlieh der Herr der lieblichen Jungfrau.
Schrecken befiel sie und Staunen, als solche Botschaft sie hörte;
Zitternd stand sie vor ihm, kaum war sie der Sinne noch mächtig,
Und ihr bebte das Herz vor der unerwarteten Nachricht.
Dann aber freute sie sich und ihr Herz wurde warm von der Rede.
Lieblich lachte das Mägdlein, von Rot übergossen die Wangen,
Hoch entzückt von der Freude, von Scham die Sinne befangen.
Also faßte sie Mut. Und das WORT ward im Schoße der Mutter,
Wurde zu Fleisch mit der Zeit und im Leibe zu Leben erwecket,

σαρκωθὲν δὲ χρόνῳ καὶ γαστέρι ζῳογονηθέν   470
ἐπλάσθη βροτέην ἰδέην καὶ κοῦρος ἐτύχθη
παρθενικοῖς τοκετοῖς· τόδε γὰρ μέγα θαῦμα βροτοῖσιν,
ἀλλ' οὐδὲν μέγα θαῦμα θεῷ πατρὶ καὶ θεῷ υἱῷ.
τικτόμενον δὲ βρέφος ποτὶ ἔπτατο γηθοσύνη χθών,
οὐράνιος δ' ἀγέλασσε θρόνος καὶ ἀγάλλετο κόσμος.   475
καινοφαὴς δὲ μάγοισι σεβάσθη θέσφατος ἀστήρ
σπειρωθὲν δὲ βρέφος δείχθη θεοπειθέσι φάτνη,
καὶ Λόγου ἡ Βηθλεὲμ πατρὶς θεόκλητος ἐλέχθη
βουπελάταις τε καὶ αἰγονόμοις καὶ ποιμέσιν ἀρνῶν.

*

ἐν κραδίῃ τε ταπεινοφρονεῖν πικρά τ' ἔργματα μισεῖν,   480
καὶ πάντως ἀγαπᾶν τὸν πλησίον, ὥσπερ ἑαυτόν·
καὶ θεὸν ἐκ ψυχῆς φιλέειν, αὐτῷ δὲ λατρεύειν.
τοὔνεκ' ἄρ' ἐξ ὁσίης ἡμεῖς Χριστοῖο γενέθλης
οὐρανίου πεφυῶτες ἐπικλεόμεσθα σύναιμοι
μνῆστιν εὐφροσύνης ἐπὶ θρησκείῃσιν ἔχοντες,   485
εὐσεβίης τε καὶ ἀτρεκίης βαίνοντες ἀταρπούς.
οὔποτε πρὸς νηῶν ἀδύτοις ἐώμεσθα πελάζειν,
οὐ ξοάνοις σπένδειν, οὐδ' εὐχωλῇσι γεραίρειν,
οὐδ' ὀδμαῖς ἀνθῶν πολυτερπέσιν οὐδὲ μὲν αὐγαῖς
λαμπτήρων, ἀτὰρ οὐδ' ἀρτοῖς ἀναθήμασι κοσμεῖν,   490
οὐδ' ἀπὸ σαρκοβόροιο πυρῆς κνισσώδεϊ καπνῷ   494
καὶ μιαραῖς πνοιῇσι μιαίνειν αἰθέρος αὐγήν·
ἀλλ' ἁγναῖς πραπίδεσσι γεγηθότες εὔφρονι θυμῷ
ἀφνειαῖς τ' ἀγάπῃσι καὶ εὐδώροις παλάμῃσιν
μειλιχίοις ψαλμοῖσι θεοπρεπέσί τε μολπαῖς
ἄφθιτον ἐξυμνεῖν σε καὶ ἄψευστον κελόμεσθα,
παγγενετῆρα θεόν, πινυτόφρονα......

Λόγος ἑνδέκατος.

Κόσμε πολυσπερέων ἀνδρῶν καὶ τείχεα μακρά
καὶ πόλιες ἄπληστοι ἰδ' ἔθνεα μυριόεντα
ἀντολίης δύσεώς τε μεσημβρίης τε καὶ ἄρκτου
παντοδαπαῖς φωναῖς μεμερισμένα καὶ βασιλείαις·
ἀλλ' ὑπὲρ ὑμῶν <νῦν> μέλλω τὰ κάκιστ' ἀγορεύειν.   5

Reifte heran zur Menschengestalt und wurde ein Knäblein
Durch einer Jungfrau Geburt: ein großes Wunder den Menschen,
Keines jedoch bei Gott dem Vater und Gott seinem Sohne.
Über des Kindes Geburt frohlockte jubelnd die Erde
Und es lachte der himmlische Thron und vor Wonne das Weltall.
Und den neuen prophetischen Stern bestaunten die Weisen.
Und in Windeln zeigt' sich das Kind in der Krippe den Frommen.
Bethlehem wurde als Heimat des WORTES nach göttlichem Ratschluß
Auch verkündet den Hirten der Rinder, Schafe und Ziegen. –

*

Darum gilt's, demütig zu meiden im Herzen den Hochmut,
Innig den Nächsten wie sich und Gott über alles zu lieben,
Willig und freudig zu dienen dem Herrn, unserm himmlischen Vater.
Darum sind wir aus Christi heiligem, himmlischem Stamme
Alle entsprossen, werden doch Brüder genannt, die des Wonne-
Mahles Gedächtnis treulich bewahren beim göttlichen Dienste
Und der Gerechtigkeit Pfad und der Frömmigkeit Wege nur wandeln.
Niemals dürfen wir nahen dem innersten Raume der Tempel,
Niemals spenden den Götzen und nie mit Gebeten sie ehren,
Nicht mit der Blumen erquickendem Duft noch der brennenden Lichter
Leuchtendem Glanz, auch nicht mit Weihegeschenken sie schmücken,
Noch mit dem fettigen Duft vom fleischverzehrenden Holzstoß
Oder mit häßlichem Rauch den Glanz des Äthers beflecken,
Sondern in reinen Gedanken mit immer frohem Gemüte
Reichlich gebender Hand und niemals kargender Liebe,
Lieblichem Psalmengesang und gotteswürdigen Liedern
Unablässig und treu zu verherrlichen sind wir berufen
Dich, Gott, Schöpfer des Alls, den allweisen . . . .

XI. (IX.) Buch

Weit verbreitete Menschen der Welt hinter mächtigen Mauern
Und ihr unermeßlichen Städte, ihr zahllosen Völker,
Die ihr wohnet im Osten, im Westen, gen Mittag, im Norden,
Vielfach in Sprachen geteilt und gesondert in Herrschaftsbereiche,
Über euch will ich das Schlimmste von allem jetzo verkünden.

ἐξ οὗ γὰρ κατακλυσμὸς ἐπὶ προτέρους γένετ' ἄνδρας
καὶ γενεὴν πέμπτην ἐξώλεσεν ὕδασι πολλοῖς
αὐτὸς ὁ παντοκράτωρ, ἕκτον δὲ γένος πόρεν ἄλλο
ἀκαμάτων ἀνδρῶν· οἳ οὐρανῷ ἀντιφέροντες
πύργον δωμήσαντ' ἐς ἀθέσφατον ὕψος· ἀπ' αὐτῶν   10
γλῶσσαι δ' αὖτ' ἐλύθησαν· ἐπ' αὐτοὺς δ' ἤλυθεν ὀργή
ὑψίστοιο θεοῦ βεβολημένη, ᾗ πέσε πύργος
ἄσπετος· οἱ δὲ κακὴν γ' ἄρ ἐπ' ἀλλήλους ἔριν ὧρσαν.
[δὴ τότε καὶ δεκάτη γενεὴ μερόπων ἀνθρώπων,]
ἐξ οὗ ταῦτ' ἐγένοντο· μερίζετο γαῖα δ' ἅπασα   15
ἀλλοδαπῶν ἀνδρῶν καὶ παντοδάπων διαλέκτων,
ὧν ἀριθμοὺς λέξω καὶ ἀκροστιχίοις ὀνομήνω
γράμματος ἀρχομένου καὶ τοὔνομα δηλώσαιμι.
    πρώτη δ' Αἴγυπτος βασιληΐδα δέξεται ἀρχήν
ἔξοχον ἠδὲ δίκαιον· ἔπειτα δὲ φῶτες ἐν αὐτῇ   20
πολλοὶ ἐπάρξουσιν βουληφόροι· αὐτὰρ ἔπειτα
ἄρξει δεινὸς ἀνὴρ κρατερώτερος ἀγχιμαχητής·
οὔνομα δὲ σχήσει τοῦ ἀκροστιχίου τὸ γράμμα,
φάσγανα δ' ἐκτανύσειε κατ' εὐσεβέων ἀνθρώπων.
σημεῖον δ' ἔσται δεινὸν τούτου κρατέοντος   25
γαίη ἐν Αἰγύπτῳ, ᾗ τις μέγα κυδαίνουσα
ὀλλυμένας ψυχὰς λιμῷ τότε σιτοδοτήσει·
ἀντολίην θρέψει ἠδ' Ἀσσυρίων γένος ἀνδρῶν
αὐτὸς δεσμώτης ὁ δικασπόλος· οὔνομα δ' αὐτοῦ
ἴσθι <πρόδηλον ἐὸν> μέτρῳ δεκάτου ἀριθμοῖο.   30
ἀλλ' ὁπόταν δεκάπληγος ἀπ' οὐρανοῦ αἰγλήεντος
ἥξει ἐπ' Αἴγυπτον, τότε σοι πάλι ταῦτα βοήσω.
    αἰαῖ σοι, Μέμφι, αἰαῖ μεγάλη βασιλείη·
λαόν σου πολὺν ἐξολέσειε θάλασσ' Ἐρυθραία.
ἔνθ' ὁπόταν λείψειε πέδον πολυπίκρου ὀλέθρου   35
λαὸς ὁ δωδεκάφυλος ἀπ' ἀθανάτοιο κελευσθείς,
καὶ νόμον αὐτὸς ἄναξ δώσει θεὸς ἀνθρώποισιν.
Ἑβραίοις δ' ἄρ' ἔπειτα μέγας βασιλεὺς μεγάθυμος
ἄρξει, ἀπ' Αἰγύπτου ψαμαθώδεος οὔνομ' ἔχων τις,
ψευδόπατρις Θηβαῖος ἀνήρ· Μέμφιν ἀπατήσει   40
δεινὸς ὄφις, καὶ πολλὰ λαφύξεται ἐν πολέμοισιν.
    δωδεκάτης δεκάδος περιτελλομένης βασιλείας
ἕπτ' ἐπὶ καὶ δεκάτης ἐτέων ἑκατοντάδος, ἄλλων

Seitdem nämlich die Flut auf die früheren Menschen hereinbrach
Und das fünfte Geschlecht mit gewaltigen Wassern vertilgte
Selbst der Allherrscher, da schuf er ein anderes sechstes Geschlecht mit
Rastlosen Menschen, die gegen den Himmel in Aufruhr gerieten,
Von unermeßlicher Höh' einen Turm aufbauten. Von dort aus
Ging die Verwirrung der Sprachen; doch über sie kam von dem höch-
Gotte herab der treffende Zorn, und der riesige Turm fiel.   [sten
Die entbrannten gegeneinander in heftigem Streite.
[Damals lebte das zehnte Geschlecht der sterblichen Menschen,]
Als dies alles geschah, ward geteilt die sämtliche Erde
Unter fremdartige Menschen in ganz verschiedener Sprache.
Sagen will ich die Zahl davon, sie in Akrostichen nennen,
So wie der Buchstab beginnt, und will offenbaren den Namen.
    Erstlich wird die Königsgewalt, die mächt'ge, gerechte,
An Ägypten verliehn. Aber dann werden sich in dem Lande
Viele ratkundige Männer erheben, und herrschen wird drauf ein
Allgewaltiger Mann, ein mächtiger Schwinger des Speeres.
Des Akrostichon Zeichen wird jener tragen im Namen;
Er wird zücken das Schwert den frommen Menschen entgegen.
Wenn dieser herrscht, wird ein Zeichen ihm werden, ein großes,
In der Ägyptier Land, das, großen Ruhmes sich freuend,
Seelen, vom Hunger verzehrt, hernach mit Getreide versehn wird;
Da wird den Osten und auch den Stamm der assyrischen Männer
Er, ein Gefang'ner, jetzt Richter im Lande, ernähren. Der Name
Dieses Mannes ist deutlich bezeichnet im Maße der Zehnzahl.
Aber wenn zehnfach dereinst die Plage vom strahlenden Himmel
Über Ägypten kommt, dann will ich zurufen dir wieder:
    Wehe dir, Memphis, weh dir, und weh, o gewaltiges Reich du!
Das Erythräische Meer wird ein zahlreiches Volk dir vernichten.
Wenn das zwölfstämmige Volk, vom unsterblichen Gotte befehligt,
Dann den Boden verläßt des bitt'ren Verderbens für immer,
Dann wird Gott der Herr selber Gesetz den Menschen verleihen.
Aber ein großer, hochherziger König wird dann die Hebräer
Machtvoll beherrschen, vom Sande Ägyptens den Namen herleitend,
Nicht mit Recht ein Thebaner genannt; der wird Memphis betrügen,
Eine erschreckliche Schlange, im Krieg viel Beute sich machen.
    Wenn die zwölfte Dekade der Herrschaft im Kreislauf herankommt,
Sieben dazu und das zehnte Hundert der Jahre, und weitre

πέντ' ἐπιλειπομένων, τότε δὴ Περσηίδος ἀρχή.
καὶ τότ' Ἰουδαίοις σκότος ἔσσεται οὐδὲ φύγονται   45
λιμὸν καὶ λοιμὸν δυσανάσχετιν ἤματι κείνῳ.
ἀλλ' ὁπόταν ἄρξῃ Πέρσης καὶ σκῆπτρα προλείψῃ
υἰωνοῦ υἱὸς περιτελλομένων ἐνιαυτῶν
ἐς μούνας πέντε τετράδας, ἑκατὸν δ' ἐπὶ ταύταις,
ἐννεάδας τελέσεις ἑκατὸν καὶ πάντ' ἀποτίσεις·   50
καὶ τότ' ἔσῃ, Περσηΐ, λάτρις Μήδοισι δοθεῖσα,
ὀλλυμένη πληγῇσι διὰ κρατερὰς ὑσμίνας.
αὐτίκα δὴ Πέρσαισι καὶ Ἀσσυρίοις κακὸν ἔσται
πάσῃ τ' Αἰγύπτῳ, Λιβύῃ τ' ἠδ' Αἰθιόπεσσιν
Καρσί τε Παμφύλοισιν ἰδ' ἄλλοις πᾶσι βροτοῖσιν.   55
καὶ τότε υἰωνοῖς δώσει βασιλήιον ἀρχήν,
οἳ πάλι πορθήσουσι γένη πολλοῖσι λαφύροις
γαῖαν ἀφαρπάζοντες ὅλην μὴ συμπαθέοντες.
αἴλινα θρηνήσουσι λυγροὶ παρὰ Τίγριδι Πέρσαι.
Αἴγυπτος δάκρυσιν πολλὴν χθόνα ἀρδεύσειεν.   60
καὶ τότε σοι, Μηδεία γαίη, κακὰ πολλὰ ποιήσει
Ἰνδογενὴς πολύολβος <ἄναξ>, ἄχρι πάντ' ἀποτίσεις,
ὅσσα πάρος πεποίηκας ἀναιδέα θυμὸν ἔχουσα.
αἰαῖ σοι, Μήδειον ἔθνος, μετέπειτα λατρεύσεις
ἀνδράσιν Αἰθιόπεσσιν ὑπὲρ Μερονίδα χώραν·   65
ἕπτ' ἐπὶ τοῖς προσθεῖσ' ἑκατὸν λυκάβαντας ἀπ' ἀρχῆς
πληρώσεις, δύστηνε, χ' ὑπὸ ζυγὸν αὐχένα θήσεις.
καὶ τότε κυανόχρως πολιοπλόκαμος μεγάθυμος
Ἰνδὸς ἄναξ μετέπειτα γενήσεται, ὃς κακὰ πολλὰ
θήσει ἐπ' ἀντολίης διὰ κρατερὰς ὑσμίνας·   70
καὶ σέ γε λωβήσει μᾶλλον παρὰ πάντας ὀλέσσει.
ἀλλ' ὅταν εἰκοστὸν δέκατόν τ' ἔτος ἐμβασιλεύσῃ
ἕπτ' ἐπὶ καὶ δέκατον, τότε δὴ βασιληίου ἀρχῆς
πᾶν ἔθνος οἰστρήσει καὶ ἐλευθερίην ἀναδείξει
λείψας δουλείαν ἐπὶ τρεῖς μονάδας ἐνιαυτῶν.   75
ἀλλὰ πάλιν ἥξει καὶ ὑπὸ ζυγὸν αὐχένα θήσει
πᾶν ἔθνος ἀνθρώπων κρατερῷ πάλιν, ᾗ πάρος ἦεν
δουλεῦον βασιλεῖ, καὶ ἑκούσιον αὖθ' ὑποτάξει.
ἔσσεται εἰρήνη μεγάλη κατὰ κόσμον ἅπαντα.
καὶ τότε δ' Ἀσσυρίοις βασιλεὺς μέγας, ἔξοχος ἀνήρ,   80
ἄρξει καὶ πάντας πείσει καταθύμια βάζειν,

Fünfe noch fehlen, alsdann wird Persiens Herrschaft beginnen.
Dann wird auch Finsternis sein bei den Juden; nicht werden entrinnen
Sie dem Hunger und schwer zu tragender Pest jenes Tages.
    Aber wenn dann ein Perser geherrscht und das Szepter gelassen
Seines Enkels Sohn, wenn die Jahre kreisen auf fünfmal
Vier der Jahre allein, zu diesen füge noch hundert,
Wirst du neunhundert Jahre erfüllen und büßen für alles.
Perserland, dann wirst du den Medern Magddienste leisten,
Gehst durch Schläge zugrunde im mächtigen Schlachtengetümmel.
    Alsbald wird heimsuchen auch die Perser und Assur das Unglück,
Ganz Ägypten dazu, und die Libyer und Äthioper,
Karer, Pamphylier auch, und alle die anderen Menschen.
Und dann wird er den Enkeln die Königsherrschaft verleihen,
Die werden wiederum dann die Stämme ausplündern, um viele
Beute beraubend die ganze Erde ohn' alles Erbarmen.
Kläglich werden voll Leids die Perser dann weinen am Tigris.
Auch Ägypten könnte viel Land mit Tränen bewässern.
    Dann wird, Medien, dir des Übels in Fülle bereiten
Ein sehr glücklicher indischer Sproß, bis du alles gebüßet
Hast, was du früher getan in unverschämtem Gemüte.
Weh dir, weh, o medisches Volk, wirst später ein Sklave
Der Äthiopier sein bis zur Gegend am Meroëdelta.
Sieben und weiter noch hundert Jahre wirst du erfüllen,
Unglückseliges Land, und beugen dem Joche den Nacken.
    Und dann wird ein dunkelgefärbter, graulockiger, edler
Indischer Herrscher erstehen nachher, und dieser wird viele
Übel dem Orient bringen in einer gewaltigen Feldschlacht.
Schädigen wird er dich sehr und wird mehr dich als alle vernichten.
Aber wenn er das zwanzigste Jahr und das zehnte geherrscht hat,
Ferner noch sieben und zehn, wird gegen die Herrschaft des Königs
Jegliches Volk sich empören und sich die Freiheit erwerben,
Lassend das Sklavenjoch auf drei vereinzelte Jahre.
Aber er kommt wiederum und legt dem Nacken das Joch auf,
Jegliches Menschengeschlecht bewältigend wieder; wie früher
Es seinem König gedient, so wird es ihm willig gehorchen.
Und weit herrscht der Friede alsdann überall auf dem Erdkreis.
    Über Assyrien wird ein mächtiger König, ein Recke
Herrschen hernach und alle bereden, gutwillig zu tragen,

ἄσσα θεὸς νομίμως διετάξατο· καὶ τότε τοῦτον
φρίξουσιν πάντες βασιλεῖς κομόωντες ἀκωκαῖς
δειμαλέοι καὶ ἄναυδοι ὑπερμενέες τ᾽ ἐρατωποί
τούτῳ δουλεύσουσι θεοῦ μεγάλου διὰ βουλάς.   85
πείσει γὰρ τὰ ἄπαντα λόγῳ καὶ πάνθ᾽ ὑποτάξει
καὶ ναὸν μεγάλοιο θεοῦ καὶ βωμὸν ἐραννόν
αὐτὸς δωμήσει κρατερῶς, εἴδωλα δὲ ῥίψει·
φῦλα δὲ καὶ γενεὴν πατέρων καὶ νήπια τέκνα
εἰς ἓν συγκομίσας οἰκήτορας ἀμφιβαλεῖται·   90
[οὔνομα δὲ σχήσειε διακοσίων ἀριθμοῖο
ὀκτωκαιδεκάτης γραμμῆς σημήια δείξει].
ἀλλ᾽ ὁπόταν δεκάσιν περιτελλομένῃσι κρατήσῃ
ταῖς δύο καὶ πρὸς πέντ᾽, ἐλθὼν ἐπὶ τέρμα χρόνοιο,
ἔσσονται δὲ τόσοι βασιλεῖς, ὅσα φῦλα τὰ θνητῶν,   95
ὅσσαι φρῆτραι, ὅσαι δὲ πόλεις, ὅσσαι δέ τε νῆσοι,
ἤπειροι μακάρων ἠδ᾽ ἀγλαόκαρποι ἄρουραι.
εἷς ἔσται δὲ μέγας τούτων βασιλεὺς ἀγὸς ἀνδρῶν.
εἴξουσιν δ᾽ αὐτῷ πολλοὶ βασιλεῖς μεγάθυμοι,
καὶ τούτῳ παισίν τε καὶ υἱωνοῖς πολυόλβοις   100
δώσουσιν μοίρας βασιληίδος εἵνεκεν ἀρχῆς.
ἐς δεκάδας δεκάδων, ὀκτὼ μονάδας τ᾽ ἐπὶ ταύταις
ἄρξουσιν ἐτέων· καὶ ἐς ὕστατον ἀντελέουσιν.
ἡνίκα θὴρ βριαρὸς δ᾽ ἥξει σὺν Ἄρηι κραταιῷ,
καὶ τότε σοι, βασίλισσα γαίη, χόλος ἐξαναφύσει.   105
αἰαῖ σοι, Περσὶς γαίη, πόσον ἔκχυμα δέξῃ
αἵματος ἀνδρομέου, ὁπόταν ἥξει σοι ἐκεῖνος
ὀμβριμόθυμος ἀνήρ· τότε τοι πάλι ταῦτα βοήσω.
ἀλλ᾽ ὅταν Ἰταλίη προφύῃ μέγα θαῦμα βροτοῖσιν,
νηπιάχων μινύρισμα ἀκηρασίῃ παρὰ πηγῇ,   110
ἄντρῳ ἐπὶ σκιερῷ θηρὸς τέκνα μηλοφάγοιο,
οἵτινες ἀνδρωθέντες ἐφ᾽ ἑπτὰ λόφοισι κραταιοῖς
πολλοὺς πρηνίξουσιν ἀναιδέα θυμὸν ἔχοντας,
ἀμφότεροι ἀριθμῶν ἑκατόν, οἷς οὔνομα δείξει
σῆμα μέγ᾽ ἐσσομένων· καὶ ἑπτὰ λόφοισι δὲ τείχη   115
καρτερὰ δωμήσουσι καὶ ἀμφ᾽ αὐτοῖς βαρὺν Ἄρη
στήσουσιν. τότε δ᾽ αὖτ᾽ ἔσται ἐπανάστασις ἀνδρῶν
φυομένη περὶ σέ, μεγάλη καλλίσταχυ γαῖα,
Αἴγυπτε μεγάθυμε· ἀτὰρ πάλι ταῦτα βοήσω.

Alles, was Gott im Gesetze gebot; und dann werden diesen
Fürchten die Könige all, langhaarig, mit Spitzen gezieret,
Schrecklich und fürchterlich auch und gewaltig, doch lieblichen Blik-
Diesem werden sie dienen nach Gottes, des mächtigen, Ratschluß. [kes;
Denn durch sein Wort wird er alles bewegen und alles bezwingen.
Und einen Tempel des mächtigen Gottes erbaut er gewaltig
Und einen schönen Altar, und stürzen wird er die Götzen.
Aber die Stämme, der Väter Geschlecht und unmündige Kinder
Bringt er zusammen und birgt die Bewohner in schützenden Mauern.
[Aber als Name wird er die Zahl von zwei Hunderten haben,
Aufweisen auch das Zeichen des achten und zehnten Striches.]
Doch wenn er zwei Jahrzehnte geherrscht und fünfe dazu noch
Einzelne Jahre und ist gekommen ans Ende des Lebens,
Dann werden so viele Könige sein wie der Menschen Geschlechter,
Soviel Stämme des Volkes und Städte und Inseln so viele,
Als die Gefilde der Seligen sind und die fruchtbaren Felder.
Einer von diesen jedoch ist ein Führer und mächtiger König;
Ihm aber werden gar viele der edlen Könige folgen;
Diesem und seinen Söhnen und seinen glückseligen Enkeln
Werden sie, was sich gebührt, ob der Herrschaft des Königs entrichten.
Zehn Dekaden hindurch und acht Monaden zu diesen
Werden an Jahren sie herrschen und bis zuletzt noch erblühen.
Kommt aber dann das mächtige Tier mit gewaltigem Kriege,
Dann wird überlaufen, du Königsland, dir auch die Galle.
  Weh dir, persisches Land, welche Ströme des Heldenblutes
Werden dir strömen dereinst, wenn zu dir kommen wird jener
Mutvolle Mann; dann will ich dir zurufen dieses noch einmal.
  Aber wenn einst Italien wächst, ein gewaltiges Wunder
Für die Menschen, und Kindergeschrei bei jungfräulicher Quelle,
Wann in der schattigen Kluft die Kinder des reißenden Tiers sind,
Welche zu Männern gereift auf sieben gewaltigen Hügeln
Richten einst viele zugrund, nur Gewalttat hegend im Herzen,
Beide einhundert an Zahl, denen auch ihr Name der Zukunft
Große Zeichen aufweist, und die werden mächtige Mauern
Aufbaun auf sieben Hügeln, und ringsum gewaltige Kriegsmacht
Aufstellen. Aber alsdann wird wieder von Männern ein Aufstand
Sich erheben um dich, du große und fruchtbare Erde,
Edles Ägypten. Dann aber will ich dir zurufen wieder.

[πρόσθεν ἐπὴν πληγὴν μεγάλην οἴκοις ὑποδέξῃ,   120
καὶ πάλι σοι ἰδίων ἔσται ἐπανάστασις ἀνδρῶν.]
   ἄρτι δέ σε, τλῆμον Φρυγίη, κατοδύρομαι οἰκτρῶς.
ἥξει γάρ σοι ἅλωσις ἀφ᾽ Ἑλλάδος ἱπποδάμοιο
[καὶ πόλεμος δεινός τε διὰ κρατερὰς ὑσμίνας.] —
Ἴλιον, οἰκτείρω σε· ἀπὸ Σπάρτης γὰρ Ἐρινvύς   125
ἥξει σοῖς μελάθροις ὀλοῷ κεκερασμένη οἴστρῳ·
σοὶ δὲ μάλιστα πόνους μόχθους στοναχάς τε γόους τε
θήσει, ἐπὰν ἄρξωσι μάχην εὖ εἰδότες ἄνδρες,
ἥρωες Ἑλλήνων ἀρηιφίλων ὄχ᾽ ἄριστοι.
τούτων δ᾽ εἷς ἔσται βασιλεύς, κρατερὸς αἰχμητής·   130
ἀμφὶ κασιγνήτῳ μετελεύσεται ἔργα κάκιστα.
αὐτοὶ δ᾽ αὖτ᾽ ὀλέσουσι Φρυγῶν κλυτὰ τείχεα Τροίης·
ἡνίκα δὶς πέντε περιτελλομένων ἐνιαυτῶν
πληρώσει πολέμοιο μιαίφονα ἔργα Κρονίων,
αἰφνίδιος δὲ βροτοὺς ξύλινος δόλος ἀμφικαλύψει,   135
καὶ τοῦτον δέξῃ ἐπὶ γούνασιν οὐχὶ νοοῦσα
ἔγκυον Ἑλλήνων λόχον ἔμμεναι, ἡ βαρυπενθής·
αἰαῖ ἴῃ ἐνὶ νυκτὶ πόσους ὑποδέξεται Ἅιδης
ἠδὲ λάφυρα πόσα πολυδακρύτοιο γέροντος
ἄξει· ἀγήρατον δ᾽ ἔσται κλέος ἐσσομένοισιν.   140
τοὔνομα δὲ σχήσει βασιλεὺς μέγας ἐκ Διὸς ἀνήρ
στοιχείου ἀρχομένου· ὃς ἐπεὶ νόστοιο τύχῃσι,
δὴ τότε καππέσεται δολίης ἐν χειρὶ γυναικός.
ἄρξει δ᾽ ἐκ γενεῆς τε καὶ αἵματος Ἀσσαράκοιο
παῖς κλυτὸς ἡρώων, κρατερὸς καὶ ἄλκιμος ἀνήρ.   145
ἥξει δ᾽ ἐκ Τροίης μεγάλῳ πυρὶ δῃωθείσης
φεύγων ἐκ πάτρης φοβερὸν διὰ μῶλον Ἄρηος·
βαστάζων ὤμοισιν ἑὸν πρέσβυν γενετῆρα,
υἱὸν δ᾽ ἐν παλάμῃ κατέχων νόμου εὐσεβὲς ἔργον
ῥέξει, παπταίνων, ὅστις πυρὸς ἔσχισεν ὁρμήν   150
αἰθομένης Τροίης, καὶ ἐπειγόμενος δι᾽ ὁμίλου
δειμαλέαν περάσει γαῖαν φοβερήν τε θάλασσαν.
οὔνομα δὲ σχήσει τὸ τρισύλλαβον, οὐ γὰρ ἄσημον
στοιχεῖον ἀρχόμενον δηλοῖ τὸν ὑπέρτατον ἄνδρα.
καὶ τότ᾽ ἀναστήσειε πόλιν κρατερήν τε Λατίνων.   155
πέντ᾽ ἐπὶ καὶ δεκάτῳ ἔτεϊ ἐνὶ βένθεσιν ἅλμης
ὕδασιν ὀλλύμενος σχήσει θανάτοιο τελευτήν.

[Vorher, wenn du gewaltigen Schlag aufnimmst in die Häuser,
kommt auch dir wiederum ein Aufstand der eigenen Männer].
 Jetzt aber will ich dich, armes Phrygien, bitter beweinen;
Denn die Gefangenschaft naht dir vom rossebezwingenden Hellas,
[Und gar schrecklicher Krieg mit mancher gewaltigen Feldschlacht].
Ilion, dich beklag' ich; denn kommen wird einstens von Sparta
Dir die Erinys ins Haus, mit verderblichem Stachel behaftet;
Dir wird sie Leiden zumal und Kummer und Stöhnen und Klagen
Bringen, wenn einst eine Schlacht die kundigen Männer beginnen,
Helden vom Griechengeschlecht, die besten, die lieben den Schlacht-
Und unter ihnen wird sein ein König, ein trefflicher Kriegsheld; [lärm.
Der um die Schwester ersinnen wird die schlechtesten Taten.
Sie aber richten zugrund die herrlichen Mauern von Troja
In der Phrygier Land, wenn in zehn umrollenden Jahren
Zeus, des Kronos Sohn, vollendet das blutige Kriegswerk
Und ein Trugwerk aus Holz unerwartet umhüllet die Männer;
Und auf den Knien wirst du es aufnehmen, ohne zu merken,
Daß von Hellenen voll das Versteck: ach, wie wirst du jammern!
Weh! Wie viel wird in einer Nacht aufnehmen der Hades!
Und an Beute wie viel vom tränenbelasteten Greise
Nimmt er hinweg! Aber nicht wird der Ruhm bei den Nachkommen
Aber vom ersten der Buchstaben führt den Namen der große   [altern.
König, ein Sproß des Zeus, der zwar die Heimkehr erlanget,
Dann aber sinket dahin durch die Hand eines listigen Weibes.
Herrschen wird aus dem Geschlecht und dem Blute der Assarakiden
Ruhmreich ein Heldensohn, ein starker und wehrhafter Recke.
Doch aus Troja, das durch ein gewaltiges Feuer zerstört ist,
Kommt er als Flüchtling, vaterlandlos durch den schrecklichen Ares;
Seine Schultern beschwert mit dem eigenen alten Erzeuger,
Haltend den Sohn an der Hand, vollbringt er, was heilige Sitte
Fromm ihm gebeut; und er siehet sich um, wer sonst noch des Feuers
Andrang vom brennenden Troja entkam; durch die Scharen in Eile
Angstvoll durchquert er das Land und gelangt zu dem schrecklichen
Er wird haben dreisilbig den Namen; denn nicht unberühmt ihn [Meere.
Macht auch kund, den gewaltigen Mann, der Buchstaben Anfang.
Und dann wird er erbaun die mächtige Stadt der Latiner.
Aber im fünfzehnten Jahre er wird in den Tiefen des Meeres
Durch die verderbliche Flut dem tödlichen Ende verfallen.

ἀλλά μιν οὐδὲ θανόντ' ἐπιλήσεται ἔθνεα φωτῶν.
ἄρξει γὰρ γενεὴ τούτου μετόπισθεν ἁπάντων
ἄχρις ἐπ' Εὐφράτου Τίγριος ποταμῶν ἀνὰ μέσσον   160
χωρὶς 'Ασσυρίων, ὅππη μηκύνεθ' ὁ Πάρθος.
ἔσσεται ἐσσομένοις, ὁπόταν τάδε πάντα γένηται.
  καί τις πρέσβυς ἀνὴρ σοφὸς ἔσσεται αὖτις ἀοιδός,
ὃν πάντες καλέουσι σοφώτατον ἐν μερόπεσσιν,
οὗ κόσμος πραπίδεσσιν ὅλος παιδεύσεται ἐσθλαῖς·   165
γράψει γὰρ κεφαλαιωδῶς δύναμιν διανοιῶν
καὶ δὲ σοφῶς γράψει μάλ' ἀθέσφατα ἄλλοτε ἄλλη
τοῖσιν ἐμοῖσι λόγοις μέτροις ἐπέεσσι κρατήσας·
αὐτὸς γὰρ πρώτιστος ἐμὰς βίβλους ἀναπλώσει
καὶ κρύψει μετὰ ταῦτα καὶ ἀνδράσιν οὐκέτι δείξει   170
ἐς τέλος οὐλομένου θανάτου, βιότοιο τελευτῆς.
  ἀλλ' ὁπόταν δὴ ταῦτα τελειωθῇ, ἅπερ εἶπον,
"Ελληνες πάλιν αὖτις ἐπ' ἀλλήλους μαχέονται·
'Ασσύριοι "Αραβές τε φαρετροφόροι τ' ἔτι Μῆδοι
Πέρσαι καὶ Σινδοὶ Λυδοί τ' ἐπαναστήσονται,   175
Θρῆκες Βιθυνοί τε καὶ οἳ παρὰ ρεύμασι Νείλου
ναίουσιν γαίην καλλίσταχυν· ἐν δὲ κυδοιμόν
πᾶσιν ὁμοῦ θήσει θεὸς ἄφθιτος. ἀλλὰ μάλ' αἰνῶς
ἀνὴρ 'Ασσύριος νόθος Αἰθίοψ ἵξεται ἄφνω
θυμὸν ἔχων θηρὸς καὶ πάντ' ἰσθμὸν διακόψει   180
παπταίνων, ἐπὶ πᾶσιν ἰὼν πέλαγος διαπλεύσει.
καὶ τότε σοι μάλα πολλὰ γενήσεται, 'Ελλὰς ἄπιστε.
  αἰαῖ σοι, τλήμων 'Ελλάς, ὅσα δεῖ σ' οἰμῶξαι.
ἑπτὰ καὶ ὀγδοήκοντ' ἐτέων περιτελλομενάων
παμφύλου φοβεροῦ πολέμου σκύβαλον λυγρὸν ἔσσῃ.   185
  ἔνθα Μακηδονίων τις τέξεται 'Ελλάδι πῆμα
καὶ Θρήκην ὀλέσει πᾶσαν καὶ μῶλον "Αρηος
νήσοις ἠπείροις τε φιλοπτολέμοις τε τοπάρχοις.

—— —— —— —— —— —— —— —— —— —— —— ——

ἔσσετ' ἐνὶ προμάχοισι, τὸ δ' οὔνομα τοῦτο μεθέξει,
πεντήκοντ' ἀριθμῶν δεκάκις στοιχεῖον ὁ δηλοῖ.   190
ἀρχὴν ὠκύμορος δὲ γενήσεται· ἀλλὰ μεγίστην
καλλείψει βασιλείαν ἀπειρεσίην κατὰ γαῖαν.
αὐτὸς δ' αὖ πέσεται ὑπὸ δουροφόρου κακοβούλου
ζῆσαι ἐν ἡσυχίᾳ ἡγούμενος οἷά περ οὐδείς.

Aber es werden ihn nicht, wenn er tot ist, die Völker vergessen;
Denn es wird sein Geschlecht in der Folgezeit alle beherrschen
Bis zum Euphrat und Tigris, zum Land in der Mitte der Ströme;
Nur die Assyrier nicht, wo weit der Parther sich ausdehnt.
Dies wird künftig geschehn, wenn dies sich alles erfüllet.
    Später wird sein ein ältlicher Mann, ein kundiger Sänger,
Welcher bei allen der weiseste heißt bei den lebenden Menschen,
Durch dessen trefflichen Geist sich die sämtliche Welt unterrichtet;
Denn er schreibt mit kräft'gen Gedanken die Heldengesänge,
Und es gelingt ihm zuweilen, auch einzelnes gut zu beschreiben,
Meine Gesänge und Maß der Verse und Worte gebrauchend.
Denn vor allen wird er aufrollen zuerst meine Bücher
Und sie verbergen nachher und nicht mehr sie zeigen den Menschen
Bis zum endenden Tod, dem Vernichter, zum Ende des Lebens.
    Aber wenn dann, was ich gesagt, in Erfüllung gegangen,
Dann werden auch wiederum die Hellenen einander bekämpfen,
Und die Assyrer, die Araber und köcherführenden Meder,
Auch die Perser, die Sinder und Lyder werden aufstehen,
Thrazier auch, die Bithyner und die am Strome des Niles
Wohnen im fruchtbaren Land, wohin ihnen allen den Schlachtlärm
Bringen er wird, der ewige Gott. Doch gewaltig und plötzlich
Kommt ein assyrischer Mann, unechter Geburt, Äthioper;
Mit dem Geist eines Tiers wird er alles Besteh'nde zerbrechen,
Spähend nach allen, wird er befahren die jonische Meerflut.
Und dann wird dir sehr viel, o treuloses Hellas, begegnen.
    Wehe dir, weh, o elendes Hellas, was mußt du beseufzen!
Achtzig Jahre und sieben dazu von umkreisenden Jahren
Wirst du des schrecklichen Kriegs aller Stämme ein trauriger Auswurf.
    Dann wird ein Makedone viel Leid über Hellas beschwören,
Thrakien wird er ganz richten zugrund und die Arbeit des Ares
Inseln und Festland und kriegslust'gen Verwaltern des Landes

— — — — — — — — — — — — — — — — — — — —

Wird bei den Ersten er sein im Kampf; sein Name wird haben
Zehnmal fünfziger Zahl Buchstaben, worin er sich kundtut.
Aber nur kurze Zeit wird er herrschen, doch wird er das größte
Königreich hinterlassen und ganz unermeßliche Länder.
Aber er sinkt dahin vom Schurkenstreich eines Trabanten,
Wo in Ruhe zu leben er hatte gedacht, wie kein andrer.

ἄρξει δ' αὖ μετέπειτα πάις τούτου μεγάθυμος   195
στοιχείου ἀρχομένου· γένους δὲ διέξοδος ἔσται.
οὐ Διός, οὐκ Ἄμμωνος ἀληθέα τοῦτον ἐροῦσιν
πάντες ὁμῶς, Κρονιδάο νόθον δ' ὡς ἀντιπλάσονται.
πολλῶν δ' αὖ μερόπων ἀνδρῶν πόλιας ἀλαπάξει·
Εὐρώπη δὲ μέγιστον ἀνασταχυώσεται ἕλκος.   200
οὗτος καὶ Βαβυλῶνα πόλιν λωβήσεται αἰνῶς
καὶ πᾶσαν ὁπόσην ἐπιδέρκεται ἠέλιος γῆν,
ἀντολίη κόσμου τε καταπλεύσει μόνος αὐτός.
αἰαῖ σοι, Βαβυλών, θριαμβείῃσι λατρεύσεις,
δεσπότις αὐδηθεῖσα· κατ' Ἀσίδος ἔρχεται Ἄρης,   205
ἔρχεται ἀτρεκέως καὶ σφάξει σου τέκνα πολλά.
καὶ τότε δ' ἐκπέμψεις τὸν σὸν βασιλήιον ἄνδρα
τετράδος ἐξ ἀριθμοῦ συνώνυμον, ἐγχεσίμωρον
δεινὸν τοξοβόλον τε μετὰ κρατερῶν πολεμιστῶν.
καὶ τότε δὴ Κιλίκων καὶ Ἀσσυρίων μέσον ἕξει   210
λιμὸς καὶ πόλεμος· αὐτὰρ βασιλεῖς μεγάθυμοι
θυμοβόρου ἔριδος δεινὴν στάσιν ἀμφιβαλοῦσιν.
ἀλλὰ σὺ μὲν φεύγων πρότερον βασιλῆα λίπ' αὐτός,
μηδὲ θέλῃς μενέειν μηδ' αἴδεο δειλὸς ὑπάρχειν·
δεινὸς γάρ σε λέων ἐπιίξεται, ὠμοβόρος θήρ,   215
ἄγριος ἀλλοδίκης λώπην ἀμφειμένος ὤμοις.
φεῦγε κεραύνιον ἄνδρα. κακὸν δ' Ἀσίη ζυγὸν ἕξει
πᾶσα, πολὺν δὲ χθὼν πίεται φόνον ὀμβρηθεῖσα.
ἀλλ' ὅταν Αἰγύπτου μεγάλην πόλιν ὀλβοδότειραν
στηρίξει Πελλαῖος Ἄρης, αὐτῷ δ' ὀνομήνῃ,   220
μοῖραν καὶ θάνατον προδοθεὶς δολίως ὑφ' ἑταίρων

Ἰνδοὺς γὰρ προλιπόντα καὶ ἐς Βαβυλῶνα μολόντα
βάρβαρος ἐξολέσει τοῦτον φόνος ἀμφὶ τραπέζαις.
ἄρξουσιν μετέπειτ' ἄλλοι κατὰ φῦλον ἕκαστον
δημοβόροι βασιλεῖς καὶ ὑπερφίαλοι καὶ ἄπιστοι   225
ἐν ὀλίγοις ἔτεσιν· αὐτὰρ μεγάθυμος ἀγήνωρ,
Εὐρώπην ὃς ἅπασαν ἐπικαλαμήσετ' ἐρυμνήν,
ἐξότε πᾶσα χθὼν πίεται παμφύλιον αἷμα,
λείψει ἄφαρ βίοτον μοίρῃ ἰδίῃ ἀναλύσας.
ἔσσονται δ' ἄλλοι βασιλεῖς δὶς τέσσαρες ἄνδρες
ἐκ γενεῆς τούτου, οἷς οὔνομα πᾶσι τὸ αὐτό.

Und es wird herrschen darauf der edle Sohn dieses Mannes,
Der mit der Buchstaben erstem beginnt, der letzte des Stammes.
Nicht einen Sohn des Zeus, nicht des Ammon werden in Wahrheit
Alle ihn nennen, vielmehr zum Bastard des Kroniden ihn machen.
Ausplündern wird der aber nachher viele Städte der Menschen.
Aber Europa wird sehr großes Unheil ersprießen.
Dieser wird Babylon auch, die Stadt, heimsuchen gar schrecklich,
Und ein jegliches Land, auf welches die Sonne herabschaut,
Und in des Orients Welt allein landet er seine Schiffe.
Wehe dir, Babylon, weh! Du wirst den Triumphwagen ziehen,
Du, einst Herrin genannt. Auch Asiens Ares wird kommen;
Sicherlich kommt er heran und wird viele Kinder dir morden.
Und einen Mann wirst du dann, deinen König wirst du entsenden;
Nach der Vierzahl wird er genannt, ein Kämpfer der Lanze,
Und ein furchtbarer Schütze, gefolgt von gewaltigen Kriegern.
Und es wird die Kilikier dann und Assyrer befallen
Hunger und Krieg. Indes werden heldenmütige Herrscher
Rüsten gewaltige Scharen zum herzzerstörenden Streite.
Du aber fliehe hinweg und verlasse ihn selber, den König,
Denke mit nichten zu bleiben, und nicht als Sklave zu dienen;
Denn dich packt der gewaltige Leu, das zermalmende, wilde
Ungetüm gegen das Recht und hüllet sich Schmach um die Schultern.
Fliehe den Mann des Donners! Auf Asien wird einst kommen
Böses Joch, und die Erd schlürft überall triefenden Mord ein.
Aber wenn dann in Ägypten die große und glückliche Hauptstadt
Baut der Ares von Pella, benannt nach ihrem Erbauer,
Trifft ihn das Los des Todes, von trügenden Freunden verraten.

— — — — — — — — — — — — — — — —

Denn wenn er Indien wieder verläßt und nach Babylon heimkehrt,
Wird ihn vernichten barbarischer Mordstahl unterm Gelage.
Andere werden danach die einzelnen Stämme beherrschen,
Prassende Könige, die voller Hochmut und auch sonder Treue,
Wenige Jahre hindurch. Doch ein Mann, der mutig und edel,
Der Nachlese abhalten noch wird im festen Europa,
Wann dann die ganze Erde einschlürfet das Blut aller Stämme,
Wird jäh lassen sein Leben, nachdem er den Lauf hat vollendet.
Und acht andere Männer werden als Könige kommen
Aus demselben Geschlecht, und alle von gleicher Benennung.

ἔσται δ᾽ Αἴγυπτος νύμφη τότε κοιρανέουσα
δῖα πόλις μεγάλη τε Μακηδονίοιο ἄνακτος,
πότνι᾽ Ἀλεξάνδρεια, κλυτὴ θρέπτειρα πολήων
κάλλει τε στίλβουσα, μόνη μητρόπολις ἔσται.   235
καὶ τότε μεμφέσθω Μέμφις τοῖς κοιρανέουσιν.
εἰρήνη δὲ βαθεῖ᾽ ἔσται κατὰ κόσμον ἅπαντα·
γῆ δὲ μελάμβωλος καρποὺς τότε πλείονας ἕξει.
καὶ τότ᾽ Ἰουδαίοις κακὸν ἔσσεται οὐδὲ φύγονται
λιμὸν καὶ λοιμὸν δυσανάσχετον ἤματι κείνῳ·   240
ἀλλὰ μελάμβωλος καλλίσταχυς ἡ νεόκοσμος
ὀλλυμένους πολλοὺς ὑποδέξεται ἀμβροσίη χθών.
ἀλλ᾽ ὀκτὼ βασιλῆες ἑλώδεος Αἰγύπτοιο
πληρώσουσιν ἐτῶν ἀριθμοὺς τρεῖς καὶ τριάκοντα
πρός τε διακοσίους. αὐτὰρ γένος ἐξαπολεῖται   245
αὐτῶν οὐ πάντων, ῥίζη δέ γε ἐξαναφύσει
θηλυτέρη βροτολοιγός, ἑῆς προδότις βασιλείης.
ἀλλ᾽ αὐτοὶ κακότητι κατ᾽ αὐτῶν ἔργα πονηρά
ῥέξουσιν μετέπειτα καὶ ἀλλήλους ἀπολοῦσιν·
κόψει πορφύρεος γενέτης γενετῆρα μαχητήν   250
καὐτὸς ἀφ᾽ υἱῆος, πρὶν δὴ φυτὸν ἄλλο φυτεύσει,
ἐκλείψει· ῥίζη δ᾽ ἀναθηλήσει μετέπειτα
αὐτοφυής· τοῦ δὴ παραφυόμενον γένος ἔσται.
ἔσται γὰρ χώρης βασιλὶς παρὰ χεύμασι Νείλου
ἑπταπόροις στομάτεσσιν ἐπερχομένοιο θαλάσσης,   255
εἰκοστοῦ ἀριθμοῦ πολυήρατον οὔνομα ταύτῃ·
μυρία αἰτήσει καὶ χρήματα πάντα συνάξει
χρυσοῦ τ᾽ ἀργυρίου τε· δόλος δὴ ἔσσεται αὐτῇ
ἐξ ἰδίων ἀνδρῶν. τότε σοι πάλι, γαῖα μάκαιρα,
ἔσσονται πόλεμοί τε μάχαι τ᾽ ἀνδροκτασίαι τε.   260
ἀλλ᾽ ὅταν ἄρξωνται πολλοὶ Ῥώμης ἐριθήλου
οὔτι γε μὴν μακάρων προλελεγμένοι, ἀλλὰ τύραννοι,
χιλιάδων δ᾽ ἀρχοὶ καὶ μυριάδων γεγαῶτες,
καὶ νομίμων ἀγορῶν οἱ ἐπίσκοποι ἠδὲ μέγιστοι
κώνσολες ἄρξουσιν ζηλήμονες ἤματα πάντα·   265
τούτων δ᾽ ὑστάτιος ἄρξει δεκάτου ἀριθμοῖο
οὔνομ᾽ ἔχων, πέσεται δὲ ἐπὶ χθόνι γυῖα τιταίνων,
[Ἄρῃ δεινῷ βεβλημένος ἀνδρὸς ὑπ᾽ ἐχθροῦ·]
ὃν παῖδες Ῥώμης ἰδίης παλάμῃσι φέροντες

Aber Ägypten wird dann eine viel gebietende Braut sein;
Und die mächtige Stadt des makedonischen Herrschers,
Alexandria, die hehre, die ruhmreiche Mutter der Städte,
Welche in Schönheit erglänzt, wird allein die Mutterstadt heißen.
Und dann mag dies Memphis den Herrschern machen zum Vorwurf.
Und in der sämtlichen Welt wird weithin herrschen der Friede;
Das schwarzschollige Land wird Früchte in Fülle dann haben.
  Und die Juden wird dann das Unglück verfolgen; nicht werden
Sie dem Hunger entgehn und der Pest in den Tagen des Unheils.
Doch der Sterbenden viel wird die Neugeschmückte empfangen,
Das schwarzschollige, fruchtbare Land, die ambrosische Erde.
  Aber der Könige acht des schlammigen Landes Ägypten
Werden ausfüllen die Zahl von dreiunddreißig und hundert,
Zweimal gezählt; jedoch wird zugrunde gehen nicht gänzlich
Ihrer aller Geschlecht: Eine Wurzel wird ausschlagen wieder,
Weiblicher Sproß, gar grausam, der eigenen Herrschaft Verräter.
Aber aus Schlechtigkeit werden sie selbst ihre boshaften Werke
Ausführen, und dann wird der eine den andern vernichten,
Und es erschlägt der farbige Sohn den streitbaren Vater,
Und vom eigenen Enkel fällt dieser; bevor einer pflanzet
Andere Pflanzung, verdorrt sie. Die Wurzel jedoch grünet wieder
Auf von selber nachher und wird dessen Nebengeschlecht sein.
Denn sie wird Königin sein im Land an den Strömen des Niles,
Der sich ergießt ins Meer mit sieben ausmündenden Armen.
Zur Zahl zwanzig gehört ihr Name, den zahlreiche lieben.
Und sie begehrt unzählige Summen und sammelt die Schätze
Alle an Gold und Silber. Doch von ihren eigenen Männern
kommt die Hinterlist. Auf dir wird dann wieder, o weite
Erde, entbrennen der Krieg und Schlachten und Morden der Männer.
  Aber wenn viele alsdann über Rom, das blühende, herrschen,
Keineswegs Verkünder des Glückes, sondern Tyrannen,
Die über Tausende und Myriaden die Herrschaft erlangten,
Dann werden sie der Versammlungen Herren, welche im Brauch sind,
Und als Konsuln, mit Macht versehn, alle Tage gebieten.
Und als letzter von ihnen wird herrschen, der von der Zehnzahl
Hat einen Namen, doch wird er zu Boden fallen, die Glieder
Streckend, [von feindlicher Hand getroffen im schrecklichen Kriege.]
Und Roms Söhne allein werden ihn mit Händen dann tragen

εὐσεβέως θάψουσ', ἐπὶ δ' αὐτῷ σῆμα χέουσιν   270
ἧς φιλίης ἕνεκεν μνήμη τε χάριν παρέχοντες.
ἀλλ' ὁπόταν λυκάβαντας ἐπέλθης τέρμα χρόνοιο
δίς τε τριηκοσίους καὶ δὶς δέκα πληρώσασα,
ἐξότε σου κτίστης, θηρὸς παῖς, ἡγεμόνευσεν,
οὐκέτι δικτάτωρ ἔσται μεμετρημένος ἄρχων·   275
ἀλλὰ ἄναξ βασιλεύς τε γενήσεται ἀντίθεος φώς.
ἴσθι τότ' Αἴγυπτέ, σοι ἐπερχόμενον βασιλῆα·
ἥξει ἀτρεκέως φοβερὸς κορυθαίολος Ἄρης.
καὶ τότε σοι, χήρη, ἔσται μετόπισθεν ἅλωσις·
δεινοὶ γὰρ μαλεροί τε βίῃ περὶ τείχεα γαίης   280
ἔσσονται πόλεμοι κακοεργέες. ἐν πολέμοις δέ
αὐτὴ λυγρὰ παθοῦσα νεοτρώτων καθύπερθεν
φεύξῃ δειλαίη· μετέπειτα δέ τ' ἐς λέχος ἥξεις
αὐτῷ τῷ φοβερῷ· ὁ γάμος τέλος ἐστὶ σύνευνος.
αἰαῖ σοι, δύσνυμφε κόρη, βασιλήιον ἀρχήν   285
δώσεις Ῥωμαίῳ βασιλεῖ καὶ πάντ' ἀποτίσεις,
ὅσσα πάρος παλάμῃσιν ἐν ἀνδρείῃσιν ἔπραξας·
δώσεις γαῖαν ὅλην ἐμπροίκιον ἀνδρὶ κραταιῷ
ἄχρις ἔσω Λιβύης καὶ ἀνδρῶν κυανοχρώτων.
ἔσῃ δ' οὐκέτι χήρα, συνοικήσεις δὲ λέοντι   290
ἀνδροβόρῳ φοβερῷ τε ἐνυαλίῳ πολεμιστῇ.
καὶ τότε δειλαία ἐν ἀνθρώποισιν ἄφαντος
πᾶσιν ἔσῃ, λείψεις γὰρ ἀναιδέα θυμὸν ἔχουσα·
καὶ λάβεταί σε μνῆμα, περίδρομος οἷά τε τύμβος
ζῶσαν ἔσω ὕσπληγξιν ἐφάρμοστος κορυφαῖσιν,   295
καλὸς δαιδάλεος, πουλὺς δέ σε κλαύσεται ὄχλος,
καὶ βασιλεὺς ἐπὶ σοὶ δεινὸν στοναχήσεται οἶκτον.
καὶ τότε δ' Αἴγυπτος λάτρις ἔσσεται ἡ πολύμοχθος,
ἢ πολλοῖς ἐτέεσσιν τροπαιοφοροῦσα κατ' Ἰνδῶν·
δουλεύσει δ' αἰσχρῶς, ποταμῷ δ' ἐπὶ δάκρυα μίξει   300
καρποφόρῳ Νείλῳ, ὅτι δὴ κεκτημένη ὄλβον
καὶ πάντων μέγεθος ἀγαθῶν, θρέπτειρα πολήων,
θρέψει μηλόφαγον γενεὴν φοβερῶν ἀνθρώπων.
αἴ, ὁπόσοις θήρεσσι λάτρις καὶ κύρμα γενήσῃ.
Αἴγυπτε πολύολβε, θεμιστεύουσα δὲ λαοῖς·   305
ἢ πρὶν καὶ βασιλεῦσιν ἀγαλλομένη μεγάλοισιν
λαοῖς δουλεύσεις τλήμων διὰ λαὸν ἐκεῖνον,

Ihn beerdigen fromm und ihm aufschütten ein Denkmal,
Um seiner Freundschaft willen, die Gunst im Gedächtnis bewahrend.
   Aber wenn dann endlich gekommen des Zeitalters Ende
Und du zweimal dreihundert und zweimal zehn Jahre erfüllt hast,
Seit die Herrschaft geführt dein Ahnherr, vom Tiere gesäuget,
Dann wird nicht Diktator mehr sein, dem die Herrschaft gekürzt ist,
Sondern der Herrscher wird dann ein König, ein gottgleicher Mann sein.
   Wisse, Ägypten, dann zieht ins Feld gegen dich dieser König;
Kommen wird sicher heran der schrecklich gerüstete Ares.
Und dann wird dir, Witwe, zuteil die Gefangenschaft werden.
Und es wüten alsdann gar schreckliche, furchtbare Kriege,
Voll von Gewalt und von übler Tat, um die Mauern des Landes.
Aber im Kriege erfährt sie Unglück, und über die Leichen
Wird die Unselige fliehn; doch nachher gelangt sie zum Beischlaf
Mit dem schrecklichen Mann: das Ende die gattende Ehe!
Wehe dir, weh, du unselige Braut! Die Herrschaft des Königs
Wirst du verleihn dem König von Rom und abbüßen alles,
Was du ehedem hattest verübt durch tapfere Taten;
Sämtliches Land ist dann dem gewaltigen Ehemann Mitgift
Bis hinein nach Libyen, bis zu den farbigen Männern.
Du wirst nicht mehr Witwe nun sein, du wirst teilen des Löwen
Lager, des furchtbaren Männerwürgers, des streitbaren Kriegers.
Und dann wirst, Unselige, du bei den Menschen verschwinden,
Allen zumal, und schamlosen Sinnes alles verlassen,
Aufnimmt dich lebend als bleibendes Denkmal ein kreisrunder Tempel,
Welchen du einst dir gebaut und gefügt dem hohen Palaste,
Schön und kunstvoll; doch wird um dich weinen die Masse des Volkes,
Und in schrecklichem Leid aufstöhnen um dich wird der König.
   Und dann wird das bedrängte Ägypten Magddienste leisten,
Das viel Jahre hindurch Sieg feierte über die Inder;
Es wird dienen mit Schmach und den Fluß mit Tränen vermischen,
Ihn, den fruchtbaren Nil, weil es doch Reichtum besessen
Und alle Güter zumal, die Ernährerin trefflicher Städte,
Und jetzt nährt fleischessendes Volk von schrecklichen Menschen.
Weh, wie vielem Getier wirst Magd und Beute du werden,
Vielbeglücktes Ägypten, das ehdem die Völker beherrschte,
Das Triumphe gefeiert dereinst über mächtige Herrscher,
Wirst jetzt Völkern zu Dienst, Unselige, sein wegen jenes

ὃν πάρος εὐσεβέοντα μετήγαγες ἐς πολὺ πῆμα
μόχθων καὶ κοπετῶν, ἐπὶ δ' αὐχένα θῆκας ἄροτρον
αὐτοῦ καὶ δάκρυσιν βροτέοις ἤρδευσας ἀρούρας.   310
τοὔνεκεν αὐτὸς ἄναξ θεὸς ἄφθιτος αἰθέρι ναίων
ἐξαλαπάξει ὅλην καὶ εἰς κοπετὸν προϊάψει·
καὶ τίσεις ἀνθ' ὧν σὺ πάρος ποίησας ἀθέσμως,
ὕστατα δὲ γνώσῃ, ὅτι σοὶ θεοῦ ἤλυθεν ὀργή.

    αὐτὰρ ἐγὼ Πυθῶνα καὶ εὔπυργον Πανοπῆα   315
βήσομαι· ἔνθα με πάντες ἀληθέα φημίξουσιν
μάντιν χρησμῳδόν, αὐτὰρ μεμανηότι θυμῷ
ἄγγελον <ἔστ' ἐρέων τις>· ἐπὴν βίβλοις δὲ προσέλθῃ,
μὴ τρέσσῃ, καὶ πάντα τά τ' ἐσσόμενα πρό τ' ἐόντα
γνώσετ' ἀφ' ἡμετέρων ἐπέων· τότε τὴν θεόληπτον   320
οὐκέτι τις μανικὴν καλέσει χρησμῳδὸν ἀνάγκης. —
ἀλλά, ἄναξ, νῦν παῦσον ἐμὴν πολυήρατον αὐδήν
οἶστρον ἀπωσάμενος καὶ ἐτήτυμον ἔνθεον ὀμφήν
καὶ μανίην φοβεράν, δὸς δ' ἱμερόεσσαν ἀοιδήν.

Frommen Volks, dem einst du gebracht hast so mancherlei Leiden,
Viel an Mühsal und Not, dem du den Pflug auf den Nacken
Legtest und feuchtetest an mit Tränen der Menschen das Saatland.
Deshalb wird dich der Herr, der unsterbliche Gott, der im Himmel
Wohnt, berauben durchaus und dich in Wehklagen stürzen,
Und du wirst büßen dafür, was du Unrechtes früher verübt hast,
Und wirst erkennen zuletzt, daß der göttliche Zorn dich erreicht hat.
Ich aber werde nach Python und nach Panopeus mich wenden
Mit seinen Türmen. Dort werden mich alle die wahre Prophetin
Heißen; doch mancher wird eine Gesandte wahnsinnigen Geistes
Jetzo mich nennen, jedoch wenn er stößt auf die Bücher, dann soll er
Nimmer verzagen, und alles, was sein wird und früher gewesen,
Wird er aus unseren Versen erfahren; dann wird man mich nicht mehr,
Die von Gott begeisterte Unglücksprophetin benennen.
Aber, o Herr, mach ein End' mit meinem begehrten Gesang und
Nimm den Stachel hinweg und die wahre begeisterte Rede
Und das erschreckliche Rasen; verleih liebreizenden Sang mir.

DAS FORTWIRKEN

VERGILI BUCOLICA IV

Sicelides Musae, paulo maiora canamus!
Non omnis arbusta iuvant humilesque myricae.
Si canimus silvas, silvae sint consule dignae.
    Ultima Cumaei venit iam carminis aetas;
Magnus ab integro saeclorum nascitur ordo.   5
Iam redit et virgo, redeunt Saturnia regna;
Iam nova progenies caelo demittitur alto.
Tu modo nascenti puero, quo ferrea primum
Desinet ac toto surget gens aurea mundo,
Casta fave Lucina, tuus iam regnat Apollo.   10
    Teque adeo decus hoc aevi, te consule inibit,
Pollio, et incipient magni procedere menses;
Te duce, si qua manent sceleris vestigia nostri,
Inrita perpetua solvent formidine terras.
Ille deum vitam accipiet divisque videbit   15
Permixtos heroas et ipse videbitur illis
Pacatumque reget patriis virtutibus orbem.
    At tibi prima, puer, nullo munuscula cultu
Errantis hederas passim cum baccare tellus
Mixtaque ridenti colocasia fundet acantho.   20
Ipsae lacte domum referent distenta capellae
Ubera, nec magnos metuent armenta leones.
Ipsa tibi blandos fundent cunabula flores.
Occidet et serpens, et fallax herba veneni
Occidet; Assyrium volgo nascetur amomum.   25
    At simul heroum laudes et facta parentis
Iam legere et quae sit poteris cognoscere virtus,
Molli paulatim flavescet campus arista,
Incultisque rubens pendebit sentibus uva,
Et durae quercus sudabunt roscida mella.   30
Pauca tamen suberunt priscae vestigia fraudis,

DAS FORTWIRKEN

DIE GEBURT DES HEILANDES

Höheres laßt, sizilische Musen, uns jetzo besingen!
Denn nicht alle erfreun sich an Strauchwerk und Tamarisken;
Wenn wir Wälder besingen, so seien sie würdig des Konsuls.
  Letztes Reich ist genaht nach dem Spruch der Sibylle von Cumae,
Und von neuem entrollt sich sofort der Jahrhunderte Kreislauf.
Schon kehrt Dike zurück, Saturnus' Herrschaft kommt wieder.
Schon entsteigt ein neues Geschlecht dem erhabenen Himmel.
Sei nur dem kommenden Knaben, vor dem einst das eiserne schwindet
Und ein goldnes Geschlecht sich erhebt den Bewohnern des Erdballs,
Sei doch, keusche Lucina, ihm hold: schon herrscht dein Apollo!
  Wahrlich, du wirst als Konsul noch schauen den Glanz dieser Zeiten,
Pollio, und den beginnenden Lauf der gewaltigen Monde.
Bleiben noch Spuren des Frevels zurück, unter deiner Regierung
Werden, getilgt, sie befrein vom ewigen Schrecken die Länder.
Jener wird göttliches Leben empfangen und schaun die Heroen,
Innig mit Göttern vereint, er selbst wird ein Heros erscheinen
Und mit der Tugend des Vaters beherrschen den friedlichen Erdkreis.
  Aber als Erstlingsgaben wird dir, o Knabe, das Erdreich
Spenden aus eigenem Trieb den rankenden Epheu mit Narde;
Liebliche Lilien wuchern, gemischt mit holdem Akanthus.
Ziegen tragen die Milch von selbst im strotzenden Euter
Heim, und nimmer erzittern die Herden vor mächtigen Löwen.
Selbst deiner Wiege entsproßt die Fülle der lachenden Blumen;
Schlangengezücht muß sterben, und sterben das täuschende Giftkraut;
Aller Orten wird keimen Assyriens edles Amomum.
  Aber sobald du der Helden Preis und die Taten des Vaters
Lesen kannst, und was Tugend sei, vermagst zu begreifen,
Dann wird die Flur allmählich mit zarter Ähre sich gilben,
Und an wildem Gestrüpp wird hängen die rötliche Traube,
Und hartstammigen Eichen entträufelt der tauige Honig.
Wenige Spuren jedoch verbleiben von alter Gewalttat,

Quae temptare Thetin ratibus, quae cingere muris
Oppida, quae iubeant telluri infindere sulcos.
Alter erit tum Tiphys et altera quae vehat Argo
Delectos heroas; erunt etiam altera bella,   35
Atque iterum ad Troiam magnus mittetur Achilles.
   Hinc ubi iam firmata virum te fecerit aetas,
Cedet et ipse mari vector, nec nautica pinus
Mutabit merces: omnis feret omnia tellus.
Non rastros patietur humus, non vinea falcem;   40
Robustus quoque iam tauris iuga solvet arator;
Nec varios discet mentiri lana colores,
Ipse sed in pratis aries iam suave rubenti
Murice, iam croceo mutabit vellera luto;
Sponte sua sandyx pascentis vestiet agnos. –   45
   ,,Talia saecla" suis dixerunt ,,currite" fusis
Concordes stabili fatorum numine Parcae.
,,Adgredere o magnos (aderit iam tempus) honores,
Cara deum suboles, magnum Jovis incrementum!
Aspice convexo nutantem pondere mundum   50
Terrasque tractusque maris caelumque profundum;
Aspice, venturo laetentur ut omnia saeclo."
   O mihi tum longae maneat pars ultima vitae
Spiritus et quantum sat erit tua dicere facta:
Non me carminibus vincat nec Thracius Orpheus   55
Nec Linus, huic mater quamvis atque huic pater adsit,
Orphei Calliopea, Lino formonsus Apollo.
Pan etiam Arcadia mecum si iudice certet,
Pan etiam Arcadia dicat se iudice victum.
   Incipe, parve puer, risu cognoscere matrem;   60
Matri longa decem tulerunt fastidia menses.
Incipe, parve puer: qui non risere parenti,
Nec deus hunc mensa dea nec dignata cubili est.

Welche das Meer zu versuchen mit Schiffen, die Städte mit Mauern
Schirmen, dem Schoße der Erde Furchen zu reißen gebieten.
Wieder ersteht dann ein Tiphys, und auf einer anderen Argo
Fahren erlesene Helden. Auch sind dann andere Kriege,
Und gen Troja wird wieder gesandt ein großer Achilleus.
    Drauf, wenn dich das gereiftere Alter zum Manne gemacht hat,
Räumt auch der Schiffer das Meer, und nimmer vertauschet ein Kiel noch
Waren hinfort, es erwächst der Erde alles für alle.
Nicht mehr duldet der Acker den Karst, noch die Hippe der Weinberg;
Auch die Stiere schon löst vom Joche der rüstige Pflüger.
Nicht mehr lernt vortäuschen die Wolle mancherlei Farbe;
Selbst wird der Widder sich bald mit dem lieblichen Rote des Purpur
Färben das Vlies, bald flammen in safranfarbiger Wolle,
Und von Natur wird Zinnober die weidenden Lämmer umhüllen.
    ,,Solche Jahrhunderte rollt!'' so redeten zu ihren Spindeln,
Einig das feste Gebot des Schicksals ordnend, die Parzen.
    ,,Nimm, o nimm – schon nahet der Tag – die erhabenen Ehren,
Teurer Sprößling der Götter und Jupiters mächtiger Zuwachs!
Hebe den Blick zur gewölbten Last des schauernden Weltalls,
Länder rings und die Räume des Meers und die Tiefen des Himmels,
Schau, wie alles sich freut des kommenden Wonnejahrhunderts!''
    Dauerte doch so lange der letzte Teil meines Lebens,
Und ein Geist, der genügte, von diesen Taten zu singen!
Nicht soll mich im Gesange besiegen der Thrakier Orpheus,
Linus nicht, stünd' Vater und Mutter ihnen zur Seite,
Kalliopêa dem Orpheus, dem Linus der schöne Apollo.
Pan selbst, stellt er sich nur vor Arkadiens Richtspruch zum Wettstreit,
Pan selbst soll sich besiegt nach Arkadiens Richtspruch erklären.
    Auf, du kleiner Knabe, erkenne mit Lächeln die Mutter,
Trug doch die Mutter schwer zehn Monde hindurch die Beschwerden.
Auf, du kleiner Knabe, wer nicht anlachte die Mutter,
Solchen erkor sich zum Tische kein Gott, keine Göttin zum Lager.

ΕΚ ΤΟΥ ΒΑΣΙΛΕΩΣ ΚΩΝΣΤΑΝΤΙΝΟΥ
ΛΟΓΟΥ ΟΝ ΕΓΡΑΨΕ ΤΩΝ ΑΓΙΩΝ ΣΥΛΛΟΓΩΙ

[Ed. I. A. Heikel: Eusebius' Werke I. Bd. Leipzig 1902. p. 179]

XVIII. Παρίσταται δέ μοι καὶ τῶν ἀλλοδαπῶν τι μαρτυριῶν
τῆς τοῦ Χριστοῦ θεότητος ἀπομνημονεῦσαι· ἐκ γάρτοι τούτων
δηλονότι καὶ ἡ τῶν βλασφημούντων αὐτὸν διάνοια οἶδεν αὐτὸν θεὸν
ὄντα καὶ θεοῦ παῖδα, εἴπερ γοῦν τοῖς ἑαυτῶν λόγοις πιστεύουσιν.
(2) ἡ τοίνυν Ἐρυθραία Σίβυλλα, φάσκουσα ἑαυτὴν ἕκτῃ γενεᾷ μετὰ
τὸν κατακλυσμὸν γενέσθαι, ἱέρεια ἦν τοῦ Ἀπόλλωνος, διάδημα ἐπ'
ἴσης τῷ θρησκευομένῳ ὑπ' αὐτῆς θεῷ φοροῦσα, καὶ τὸν τρίποδα
περὶ ὃν ὁ ὄφις εἱλεῖτο περιέπουσα, ἀποφοιβάζουσά τε τοῖς χρωμέ-
νοις αὐτῇ, ἠλιθιότητι τῶν γονέων ἐπιδεδωκότων αὐτὴν τοιαύτῃ
λατρείᾳ, δι' ἣν ἀσχήμονες θυμοὶ καὶ οὐδὲν σεμνὸν ἐπιγίνεται, κατὰ τὰ
αὐτὰ τοῖς ἱστορουμένοις περὶ τῆς Δάφνης. (3) αὕτη τοίνυν εἴσω
τῶν ἀδύτων ποτὲ τῆς ἀκαίρου δεισιδαιμονίας προαχθεῖσα καὶ θείας
ἐπιπνοίας ὄντως γενομένη μεστή, δι' ἐπῶν περὶ τοῦ θεοῦ τὰ μέλ-
λοντα προεθέσπισεν, σαφῶς ταῖς προτάξεσι τῶν πρώτων γραμμά-
των, ἥ τις ἀκροστιχὶς λέγεται, δηλοῦσα τὴν ἱστορίαν τῆς τοῦ Ἰησοῦ
κατελεύσεως.

Ἰδρώσει γὰρ χθών, κρίσεως σημεῖον ὅτ' ἔσται·
Ἥξει δ' οὐρανόθεν βασιλεὺς αἰῶσιν ὁ μέλλων
Σάρκα παρὼν πᾶσαν κρῖναι καὶ κόσμον ἅπαντα.
Ὄψονται δὲ θεὸν μέροπες πιστοὶ καὶ ἄπιστοι
Ὕψιστον μετὰ τῶν ἁγίων ἐπὶ τέρμα χρόνοιο,
Σαρκοφόρων ψυχὰς δ' ἀνδρῶν ἐπὶ βήματι κρίνει.

Χέρσος ὅταν ποτὲ κόσμος ὅλος καὶ ἄκανθα γένηται,
Ῥίψωσίν τ' εἴδωλα βροτοὶ καὶ πλοῦτον ἅπαντα,
Ἐκκαύσῃ δὲ τὸ πῦρ οὐρανὸν ἠδὲ θάλασσαν,
Ἰχνεῦον ῥήξητε πύλας εἱρκτῆς Ἀίδαο.
Σὰρξ τότε πᾶσα νεκρῶν ἐξ ἐλευθέρων φάος ἥξει,
Τοὺς ἁγίους ἀνόμους τε τὸ πῦρ αἰῶσιν ἐλέγξει,
Ὁππόσα τις πράξας ἔλαθεν, τὸν πάντα λαλήσει.
Στήθεα γὰρ ζοφόεντα θεὸς φωστῆρσιν ἀνοίξει.

AUS KAISER KONSTANTINS REDE AN DIE VER-
SAMMLUNG DER HEILIGEN

Pfättisch, Bibliothek der Kirchenväter Band 9: Eusebius I.

Es drängt mich aber auch, von den nichtchristlichen Zeugnissen über die Gottheit Christi etwas anzuführen; denn daraus erkennen doch offenbar auch die Lästerer in ihrem Herzen, daß er Gott und Gottes Sohn ist, wenn anders sie ihren eigenen Schriften Glauben beimessen. Die erythräische Sibylle also, die, wie sie selbst sagt, im sechsten Zeitalter nach der Sintflut gelebt hat, war eine Priesterin des Apollo und trug gerade so wie der von ihr verehrte Gott eine Binde; den Dreifuß hütend, um den sich die Schlange wand, wahrsagte sie denen, die sich an sie wandten; denn in ihrer Einfalt hatten ihre Eltern sie einem solchen Dienste geweiht, bei dem sich häßliche Erregung und nichts Heiliges findet, gerade so, wie es von Daphne erzählt wird. Als diese also einmal in das innerste Heiligtum der sinnlosen Götzenverehrung vordrang und wirklich von göttlicher Begeisterung erfüllt war, weissagte sie in Versen über Gott, was geschehen sollte, indem sie klar durch die Anfangsbuchstaben ihrer Verse, also durch ein Akrostichon, die Geschichte von der Herkunft Jesu offenbarte.

[men:
Ja, es wird Angstschweiß die Welt beim Dräun des Gerichts überkom-
Er wird von himmlischen Höh'n, der König der Zukunft, erscheinen,
Selbst in Person allem Fleisch, aller Welt das Urteil zu sprechen.
Ob sie geglaubt oder nicht, es werden die Menschen den Gott schaun,
Und auch die Heiligen ihn, den Höchsten, am Ende der Zeiten.
Seelen ruft er vors Gericht, die mit ihren Leibern erstanden.

Kahl dann und starrend von Disteln und Dornen wird alle Erde,
Rückwärts wird werfen der Mensch die Götzen und jeglichen Reichtum.
Erde und Himmel und Meer wird das Feuer völlig versengen.
In des Hades Verließ wird's finden und sprengen die Pforten.
So zum befreienden Licht wird jeder der Toten dann kommen,
Trennen, was gut und was bös, wird das Feuer durch Prüfung für
Ob auch geheim war die Tat, da wird man alles gestehen,   [immer.
So sich ein Herz auch verschließt, wird Gott es durchleuchtend eröffnen.

Θρῆνός τ' ἐκ πάντων ἔσται καὶ βρυγμὸς ὀδόντων.
Ἐκλείψει σέλας ἠελίου ἄστρων τε χορεῖαι,
Οὐρανὸν εἰλίξει, μήνης δέ τε φέγγος ὀλεῖται.
Ὑψώσει δὲ φάραγγος, ὀλεῖ δ' ὑψώματα βουνῶν.

Ὕψος δ' οὐκ ἔτι λυγρὸν ἐν ἀνθρώποισι φανεῖται,
Ἴσχ τ' ὄρη πεδίοις ἔσται, καὶ πᾶσα θάλασσα
Οὐκ εἰς πλοῦν εἴξει· γῆ γὰρ φρυχθεῖσα κεραυνῷ,
Σὺν πηγαῖς ποταμοί τε καχλάζοντες λείψουσιν.

Σάλπιγξ δ' οὐρανόθεν φωνὴν πολύθρηνον ἀφήσει,
Ὠρύουσα μύσος μέλεον καὶ πήματα κόσμου.
Ταρτάρεον δὲ χάος δείξει τότε γαῖα χανοῦσα,
Ἥξουσιν δ' ἐπὶ βῆμα θεοῦ βασιλῆες ἅπαντες.
Ῥεύσει δ' οὐρανόθεν ποταμὸς πυρὸς ἠδὲ θεείου.

Σῆμα δέ τοι τότε πᾶσι βροτοῖς ἀριδείκετον, οἷον
Τὸ ξύλον ἐν πιστοῖς, τὸ κέρας τὸ ποθούμενον ἔσται·
Ἀνδρῶν εὐσεβέων ζωή, πρόσκομμά τε κόσμου,
Ὕδασι φωτίζον κλητοὺς ἐν δώδεκα πηγαῖς·
Ῥάβδος ποιμαίνουσα σιδηρείη γε κρατήσει.
Οὗτος ὁ νῦν προγραφεὶς ἐν ἀκροστιχίοις θεὸς ἡμῶν
Σωτὴρ ἀθάνατος βασιλεὺς ὁ παθὼν ἕνεχ' ἡμῶν.

(5) Καὶ ταῦτα τῇ παρθένῳ δηλαδὴ θεόθεν ἐπέστη προκηρύξαι. μακαρίαν δ' αὐτὴν ἔγωγε κρίνω, ἣν ὁ σωτὴρ ἐξελέξατο προφῆτιν τῆς ἑαυτοῦ περὶ ἡμῶν προμηθείας.

XIX. 'Αλλ' οἱ πολλοὶ τῶν ἀνθρώπων ἀπιστοῦσιν, καὶ ταῦτα ὁμολογοῦντες Ἐρυθραίαν γεγενῆσθαι Σίβυλλαν μάντιν, ὑποπτεύουσι δέ τινα τῶν τῆς ἡμετέρας θρησκείας ποιητικῆς μούσης οὐκ ἄμοιρον τὰ ἔπη ταῦτα πεποιηκέναι, νοθεύεσθαί τε αὐτὰ καὶ Σιβύλλης θεσπίσματα εἶναι λέγεσθαι, ἔχοντα βιωφελεῖς γνώμας τὴν πολλὴν τῶν ἡδονῶν περικοπτούσας ἐξουσίαν καὶ ἐπὶ τὸν σώφρονά τε καὶ κόσμιον βίον ὁδηγούσας.

(2) ἐν προφανεῖ δ' ἀλήθεια, τῆς τῶν ἡμετέρων ἀνδρῶν ἐπιμελείας συλλεξάσης τοὺς χρόνους ἀκριβέστερον, ὡς πρὸς τὸ μηδένα τοπάζειν μετὰ τὴν τοῦ Χριστοῦ κάθοδον καὶ κρίσιν γεγενῆσθαι τὸ ποίημα

Trostloses Klagen wird sein und Knirschen der Zähne bei allen,
Es wird verlieren den Glanz die Sonne, der Reigen der Sterne.
Oben den Himmel durchbebt's, der Mond will den Schein nicht mehr
Unten türmt sich die Schlucht, es senkt sich die Höhe der Berge; [geben,

Und so wird's schaurige Höh'n auf Erden nicht weiterhin geben,
Ist ja gleich dem Tal jeder Berg, nicht wird noch ein Meer sein
Offen und frei zur Fahrt, denn verbrannt wird durch Blitzstrahl die
Samt dem springenden Quell versiegen die rauschenden Flüsse. [Erde.

Schallen vom Himmel wird jammerverkündender Klang der Posaune,
Offenbar machend das Los, das Leid und den Jammer des Weltalls.
Tartarustiefen legt bloß auseinanderklaffend die Erde.
Es werden treten zugleich all die Herrscher zum Richterstuhl Gottes.
Regnen vom Himmel wird's dann einen Strom von Feuer und Schwefel.

So wird ein Zeichen dann sein, den Sterblichen allen verständlich,
Trägt eines Kreuzes Gestalt, ersehntes Panier für die Treuen,
Anker des Lebens für sie, für die Frommen, ein Anstoß der Welt ist's,
Und einen Lichtstrom ergießt's aus zwölffachem Quell den Erwählten.
Reichlich gibt Weide der Hirt und herrscht mit eisernem Stabe.
O unser Gott, den wir jetzt akrostichisch soeben besungen,
Selber gestorben für uns, unser Heil und unsterblicher König!

Dieses zu verkünden wurde der Jungfrau offenbar von Gott auferlegt. Glücklich aber preise ich sie, weil der Heiland sie auserwählt
hat, als Prophetin seine liebende Vorsehung uns zu verkünden.
Doch die meisten der Menschen schenken dem keinen Glauben und,
obwohl sie zugeben müssen, daß es eine weissagende erythräische Sibylle gegeben hat, hegen sie doch den Argwohn, ein Anhänger unserer
Religion, der nicht ohne dichterische Begabung gewesen sei, habe
diese Verse verfaßt; dieselben seien also unecht und würden nur für
eine Weissagung der Sibylle ausgegeben, weil sie sehr nützliche Gedanken enthielten, die die übermäßige Zügellosigkeit der Lüste hemm-
ten und zu einem besonnenen und geordneten Leben anleiteten.
Es liegt aber die Wahrheit zutage, da die Sorgfalt unserer Gelehrten
die Zeiten so genau erforscht hat, daß niemand mehr vermuten kann,
es sei das Gedicht nach der Herabkunft und Verurteilung Christi ge-

212 Fortwirken

καὶ ὡς πάλαι προλεχθέντων ὑπὸ Σιβύλλης τῶν ἐπῶν ψεῦδος διαφημίζεσθαι. (3) ὡμολόγηται γὰρ Κικέρωνα ἐντετυχηκότα τῷ ποιήματι μετενεγκεῖν τε αὐτὸ εἰς τὴν Ῥωμαίων διάλεκτον καὶ ἐντάξαι αὐτὸ τοῖς ἑαυτοῦ συντάγμασιν, τοῦτον δ᾽ ἀνηρῆσθαι κρατήσαντος Ἀντωνίου· Ἀντωνίου δ᾽ αὖ πάλιν Αὔγουστον περιγεγενῆσθαι, ὃς ἓξ καὶ πεντήκοντα ἔτεσιν ἐβασίλευσε. (4) τοῦτον Τιβέριος διεδέξατο, καθ᾽ ὃν χρόνον ἡ τοῦ σωτῆρος ἐξέλαμψε παρουσία, καὶ τὸ τῆς ἁγιωτάτης θρησκείας ἐπεκράτησε μυστήριον ἥ τε νέα τοῦ δήμου διαδοχὴ συνέστη, περὶ ἧς οἶμαι λέγειν τὸν ἐξοχώτατον τῶν κατὰ Ἰταλίαν ποιητῶν·

Ἔνθεν ἔπειτα νέα πληθὺς ἀνδρῶν ἐφαάνθη.
καὶ πάλιν ἐν ἑτέρῳ τινὶ τῶν Βουκολικῶν τρόπῳ·
Σικελίδες Μοῦσαι, μεγάλην φάτιν ὑμνήσωμεν.
τί τούτου φανερώτερον; προστίθησι γάρ·
Ἤλυθε Κυμαίου μαντεύματος εἰς τέλος ὀμφή,

Κυμαίαν αἰνιττόμενος δηλαδὴ τὴν Σίβυλλαν. (5) καὶ οὐκ ἠρκέσθη τούτοις, ἀλλὰ περαιτέρω προεχώρησεν, ὡς τῆς χρείας τὴν αὐτοῦ μαρτυρίαν ἐπιποθούσης· τί λέγων;

Αὖθις ἄρ᾽ αἰώνων ἱερὸς στίχος ὄρνυται ἡμῖν.
Ἥκει παρθένος αὖθις ἄγουσ᾽ ἐρατὸν βασιλῆα.

(6) τίς οὖν ἂν εἴη παρθένος ἡ ἐπανήκουσα; ἆρ᾽ οὐχ ἡ πλήρης τε καὶ ἔγκυος γενομένη τοῦ θείου πνεύματος; καὶ τί τὸ κωλῦον τὴν ἔγκυον τοῦ θείου πνεύματος κόρην εἶναι ἀεὶ καὶ διαμένειν παρθένον; ἐπανήξει δὲ ἐκ δευτέρου, ὅταν καὶ ὁ θεὸς ἐκ δευτέρου τὴν οἰκουμένην παραγενόμενος ἐπικουφίσῃ. (7) καὶ προστίθησιν ὁ ποιητής·

Τὸν δὲ νεωστὶ πάϊν τεχθέντα, φαεσφόρε μήνη,
Ἀντὶ σιδηρείης χρυσῆν γενεὴν ὀπάσαντα,
Προσκύνει.
Τοῦδε γὰρ ἄρχοντος τὰ μὲν ἕλκεα πάντα βρότεια
<Ἰᾶται>, στοναχαὶ δὲ κατευνάζονται ἀλιτρῶν.

(8) συνίεμεν δὴ φανερῶς τε ἅμα καὶ ἀποκρύφως δι᾽ ἀλληγοριῶν ταῦτα λεχθέντα, τοῖς μὲν βαθύτερον ἐξετάζουσι τὴν τῶν ἐπῶν

macht worden und es werde nur die Lüge verbreitet, als ob die Verse
eine alte Prophezeiung der Sibylle seien. Es ist ja, wie allgemein bekannt, Cicero auf das Gedicht gestoßen und hat es in die lateinische
Sprache übersetzt und seinen Schriften einverleibt; dieser wurde aber
ermordet, als Antonius die Gewalt an sich gerissen hatte; den Antonius
überwältigte hinwiederum Augustus, der 56 Jahre regierte. Auf diesen folgte dann Tiberius, und zu dessen Zeit erst leuchtete die Ge-
genwart des Erlösers auf, verbreitete sich das Geheimnis seiner heiligen Religion und erstand das neue Geschlecht des Volkes, von dem,
wie ich glaube, der Fürst der römischen Dichter singt:

[sich zeigen;

    Drauf wird ein neues Geschlecht von Menschen dem Erdkreis
und wiederum in einer der bukolischen Dichtung ganz fremden Weise:
    Laßt von großer Kunde uns singen, sizilische Musen!
Was ist deutlicher als dies? Er setzt ja hinzu:
    Schon ist zum Ende gekommen der Spruch des Orakels von Kumä.

Und er meint mit der Kumäerin offenbar die Sibylle. Und nicht be-
gnügte er sich damit, sondern er ging noch weiter, wie wenn die Not
ein Zeugnis von ihm heischte. Wie sprach er also?

    Wieder erhebt sich für uns eine heilige Folge der Zeiten;
    Wieder auch kehrt die Jungfrau, die bringt den lieblichen König!

Wer ist nun wohl die Jungfrau, die wiederkehrt? Nicht etwa jene, die
voll und schwanger des göttlichen Geistes geworden ist? Und was
hindert daran, daß die Jungfrau, die mit dem göttlichen Geiste schwanger geht, immerdar Jungfrau ist und bleibt? Wiederkehren wird sie
aber zum zweiten Male, wenn auch der Gott zum zweiten Male kommt,
den ganzen Erdkreis zu erleichtern. Und es fügt der Dichter hinzu:

    Strahlender Mond, begrüße das neugeborene Knäblein,
    Das eine goldene Zeit an Stelle des eisernen Alters
    Spendet der Welt!
    Denn unter seiner Gewalt wird Heilung jeglicher Wunde,
    Linderung findet das Weh der armen sündigen Menschheit.

Wir erkennen da, daß dies deutlich und dunkel zugleich in allegorischer
Weise ausgesprochen ist; denn den einen, die tiefer die Bedeutung der

δύναμιν ὑπ' ὄψιν ἀγομένης τῆς τοῦ Χριστοῦ θεότητος, (4) ὅπως
δὲ μή τις τῶν δυναστευόντων ἐν τῇ βασιλευούσῃ πόλει ἐγκαλεῖν
ἔχῃ τῷ ποιητῇ, ὡς παρὰ τοὺς πατρῴους νόμους συγγράφοντι
ἐκβάλλοντί τε τὰ πάλαι ὑπὸ τῶν προγόνων περὶ τῶν θεῶν νομι-
ζόμενα, ἐπικαλύπτεται τὴν ἀλήθειαν. ἠπίστατο γὰρ οἶμαι τὴν
μακαρίαν καὶ ἐπώνυμον τοῦ σωτῆρος τελετήν, ἵνα δὲ τὸ ἄγριον
τῆς ὠμότητος ἐκκλίνοι, ἤγαγε τὰς διανοίας τῶν ἀκουόντων πρὸς
τὴν ἑαυτῶν συνήθειαν, καί φησι χρῆναι βωμοὺς ἱδρύεσθαι καὶ
νεὼς κατασκευάζειν θυσίας τ' ἐπιτελεῖσθαι τῷ νεωστὶ τεχθέντι.
ἀκολούθως δὲ καὶ τὰ λοιπὰ ἐπήγαγε τοῖς φρονοῦσι. φησὶ γάρ·

XX. Λήψεται ἀφθάρτοιο θεοῦ βίοτον καὶ ἀθρήσει
　　"Ηρωας σὺν ἐκείνῳ ἀολλέας·
(δηλαδὴ τοὺς δικαίους)　　　　　ἠδὲ καὶ αὐτὸς
　　Πατρίδι καὶ μακάρεσσιν ἐελδομένοισι φανεῖται,
　　Πατροδότοις ἀρετῇσι κυβερνῶν ἡνία κόσμου.
　　Σοὶ δ' ἄρα, παῖ, πρώτιστα φύει δωρήματα γαῖα
　　Κριθὴν ἠδὲ κύπειρον, ὁμοῦ κολοκάσσι' ἀκάνθῳ.

(2) θαυμαστὸς ἀνὴρ καὶ πάσῃ παιδείᾳ κεκοσμημένος, ὃς ἀκριβῶς
ἐπιστάμενος τὴν τῶν τότε παρόντων καιρῶν ὠμότητα·

　　Σοὶ δ' αἶγες θαλεραί, (φησίν), μαστοῖς καταβεβριθυῖαι,
　　Αὐτόματοι γλυκὺ νᾶμα συνεκτελέουσι γάλακτος,
　　Οὐδὲ θέμις ταρβεῖν βλοσυροὺς ἀγέλῃσι λέοντας.

ἀληθῆ λέγων· ἡ γὰρ πίστις τῆς βασιλικῆς αὐλῆς τοὺς δυνάστας
οὐ φοβηθήσεται.

　　Φύσει δ' εὐώδη τὰ σπάργανα σεῖό γε ποίην.
　　"Ολλυται ἰοβόλου φύσις ἑρπετοῦ, ὄλλυται ἰὸς
　　Λοίγιος, Ἀσσύριον θάλλει κατὰ τέμπε' ἄμωμον.

(3) τούτων οὐδὲν ἀληθέστερον οὐδὲ τῆς τοῦ σωτῆρος ἀρετῆς
οἰκειότερον εἴποι τις ἄν· αὐτὰ γὰρ τὰ τοῦ θεοῦ σπάργανα, πνεύματος ἁγίου δύναμις, εὐώδη τινὰ ἄνθη νεολαίᾳ ὤπασε γέννᾳ.
ὁ δὲ ὄφις ἀπόλλυται, καὶ ὁ ἰὸς τοῦ ὄφεως, ὃς τοὺς πρωτοπλάστους

Worte zu erforschen suchen, wird die Gottheit Christi vor Augen geführt, doch verhüllt der Dichter die Wahrheit, damit keiner von den
Machthabern in der Kaiserstadt ihn beschuldigen könne, als schreibe
er gegen die väterlichen Gesetze und als wolle er den uralten Götterglauben der Vorfahren ausrotten; denn er wußte, glaube ich, gar wohl
von der seligen und nach dem Erlöser benannten Lehre; um aber der
wilden Grausamkeit auszuweichen, lenkte er den Geist seiner Zuhörer
auf die ihnen vertrauten Vorstellungen hin und sagte, man müsse dem
neugeborenen Kinde Altäre errichten, Tempel bauen und Opfer dar-
bringen. Dementsprechend ist auch das folgende, das er für die verständigen Geister hinzufügt; er sagt nämlich:

> Ewiges Leben gleich Gott wird er haben, zu schauen bekommen
> All die Helden bei ihm, (nämlich die Gerechten)
>   und er wird selber erscheinen
> Sehnlichst erhofft und erwünscht seiner Heimat, den Seligen allen,
> Lenkend die Zügel der Welt mit der Kraft, die der Vater verliehen.
> Dir aber, Knabe, dir spendet die Erde die ersten der Gaben,
> Gerste und Zypergras, Kolokassen neben Akanthus.

Bewunderungswürdig und mit aller Weisheit geschmückt ist in der
Tat der Mann, der wohl die Grausamkeit der damaligen Zeiten kennt
und darum sagt:

> Ziegen werden dir jetzt, o Knabe, aus strotzendem Euter
> Spenden von selber das Naß des herzerfreuenden Milchtranks,
> Nimmer müssen die Herden vor reißenden Löwen sich fürchten.

Wahr spricht er; denn der Glaube wird sich vor den Machthabern des
kaiserlichen Hofes nicht mehr fürchten.

> Sprossen werden von selbst deine Windeln duftende Blumen,
> Giftige Schlangen verschwinden, es schwinden schädliche Gräser
> Und überall erblüht in den Tälern Assurs Amomum.

Nichts könnte man sagen, was wahrer wäre als dieses oder der Kraft
des Erlösers angemessener; denn schon die Windeln des Gottes, die
Kraft des Hl. Geistes, hat dem neuen Geschlecht gewissermaßen duf-
tende Blumen gespendet. Die Schlange aber geht zugrunde und das

πρῶτος ἐξηπάτα, παράγων τὰς διανοίας αὐτῶν ἀπὸ τῆς ἐμφύτου σωφροσύνης ἐπὶ τὴν τῶν ἡδονῶν ἀπόλαυσιν, ὅπως γνοῖεν τὸν ἐπηρτημένον αὐτοῖς ὄλεθρον. (4) πρὸ γάρ τοι τῆς κατελεύσεως τοῦ σωτῆρος τῆς ἀθανασίας τῶν δικαίων ἀγνοίᾳ τὰς ψυχὰς τῶν ἀνθρώπων ἐπὶ μηδεμιᾷ χρηστῇ ἐλπίδι ἐρειδομένας ἔθραυε, παθόντος δὲ αὐτοῦ καὶ πρὸς καιρὸν τοῦ περιτεθέντος σώματος χωρισθέντος ἐκ τῆς κοινωνίας τοῦ ἁγίου πνεύματος, ἀπεκαλύφθη τοῖς ἀνθρώποις τὸν δυνατὸν τῆς ἀναστάσεως, καὶ εἴ τις ἰλὺς ἀνθρωπίνων ἀδικημάτων κατελείπετο, αὕτη πᾶσα λουτροῖς ἁγίοις ἐσμήχετο. τότε δὴ παρακελεύεται τοῖς ὑπηκόοις θαρρεῖν καὶ ἐκ τῆς αὐτοῦ σεμνῆς διασήμου τε ἀναστάσεως τὰ ὅμοια ἐλπίζειν ἐκέλευσεν. (5) οὐκοῦν δικαίως ἐτελεύτα πᾶσα ἡ τῶν ἰοβόλων φύσις, ἐτελεύτα δὲ καὶ θάνατος, ἐπεσφραγίσθη δὲ ἡ ἀνάστασις, ἀπώλετο δὲ καὶ τὸ τῶν Ἀσσυρίων γένος, ὃ παραίτιον ἐγένετο τῆς πίστεως τοῦ θεοῦ, φύεσθαι δὲ ἀνέδην καὶ πανταχοῦ φάσκων τὸ ἄμωμον πλῆθος τῶν θρησκευόντων προσαγορεύει· οἷον γὰρ ἐκ μιᾶς ῥίζης πλῆθος κλάδων εὐώδεσι θάλλον ἄνθεσιν, ἀρδόμενον συμμετρίᾳ δρόσου, βλαστάνει. (6) πεπαιδευμένως δὲ, ὦ σοφώτατε ποιητὰ Μάρων, καὶ τὰ ἑξῆς ἅπαντα ἀκολούθως ἔχει·

Αὐτίκα δ᾽ ἡρώων ἀρετὰς πατρός τε μεγίστου
Ἔργ᾽ ὑπερηνορίης κεκασμένα πάντα μαθήσῃ.

τοὺς μὲν τῶν ἡρώων ἐπαίνους τὰ τῶν δικαίων ἀνδρῶν ἔργα σημαίνων, τὰς δὲ ἀρετὰς τοῦ πατρὸς τὴν τοῦ κόσμου σύνταξιν καὶ τὴν εἰς αἰώνιον διαμονὴν ἀπεργασίαν λέγων, ἴσως δὲ καὶ τοὺς νόμους, οἷς ἡ θεοφιλὴς ἐκκλησία χρῆται ἐπιτηδεύουσα τὸν μετὰ δικαιοσύνης τε καὶ σωφροσύνης βίον. (7) θαυμαστὴ δὲ καὶ ἡ τοῦ μεταξὺ τῶν τε ἀγαθῶν καὶ τῶν κακῶν βίου ἐπὶ τὸ ἀνηγμένον παραύξησις, τὸ ἀθρόον τῆς αἰφνιδίου μεταβολῆς παραιτουμένου·

Πρῶτα μὲν ἀνθερίκων ξανθῶν ἤγοντο ἀλωαί·
τουτέστιν, ὁ καρπὸς τοῦ θείου νόμου ἤγετο εἰς χρείαν.

Gift jener Schlange, die die ersten Menschen zuerst getäuscht hat, da
sie ihr Herz von der angeborenen Enthaltsamkeit zum Genuß sinn-
licher Lüste verführte, damit sie das ihnen drohende Verderben er-
kennten. Weil nämlich vor der Herabkunft des Erlösers unbekannt
war, daß es eine Unsterblichkeit der Gerechten gebe, waren die Seelen
der Menschen, die sich auf keine gute Hoffnung stützen konnten, nie-
dergeschmettert; als der Heiland aber gelitten hatte und der angenom-
mene Leib auf eine Zeit aus der Gemeinschaft des Hl. Geistes geschieden war, wurde den Menschen die Möglichkeit der Auferstehung enthüllt, und wenn noch ein Makel von menschlichen Ungerechtigkeiten
zurückgeblieben war, wurde er durch das hl. Bad ganz abgewaschen.
Damals nun forderte der Heiland seine Jünger auf, guten Mutes zu
sein, und hieß sie aus seiner eigenen hehren und leuchtenden Auferstehung die Hoffnung auf Gleiches schöpfen. Mit Recht endete also alles
giftige Gezücht; es endete aber auch der Tod und besiegelt ward die
Auferstehung. Zugrunde ging aber auch das Geschlecht der Assyrier,
was ein Grund zum Glauben an Gott wurde. Wenn aber der Dichter
sagt, daß reichlich und überall Amomum wächst, will er damit die
Menge der Gottesverehrer bezeichnen; denn diese sprießt empor wie
aus einer Wurzel eine Menge von Zweigen voll duftender Blumen,
reichlich vom Tau benetzt. Gar geistreich aber, o weiser Dichter
Maro, ist auch, damit übereinstimmend, das Folgende:

Alsbald wirst du erkennen, welch tapfere Taten die Helden
Und welch mächtige Werke der höchste Vater vollbracht hat.

Mit den lobenswürdigen Taten der Helden bezeichnest du nämlich die
Werke der gerechten Menschen und mit den mächtigen Taten des
Vaters meinst du den Bau der Welt und ihre Einrichtung, die den
ewigen Fortbestand verbürgt, vielleicht auch die Gesetze, die die gott-
geliebte Kirche gebraucht, um ein Leben der Gerechtigkeit und Be-
sonnenheit zu pflegen. Wunderbar ist aber auch, wie das Leben zwischen dem guten und dem schlechten Zustande zur vollen Weihe
an Gott emporgeführt wird, da es einen einmaligen plötzlichen
Umschlag nicht wohl vertragen kann.

Erst nun erfreuten sich der gelblichen Halme die Felder;
Das heißt, man begann die Frucht des göttlichen Gesetzes zu genießen;

Ἐν δ' ἐρυθροῖσι βάτοισι παρήορος ἤλδανε βότρυς,
ἅπερ οὐκ ἦν κατὰ τὸν ἄθεσμον βίον,
Σκληρῶν δ' ἐκ πεύκης λαγόνων μέλιτος ῥέε νᾶμα·

(8) τὴν ἠλιθιότητα τῶν τότε ἀνθρώπων καὶ τὸ κατεσκληκὸς ὑπογράφων ἦθος· ἴσως δὲ καὶ τοὺς τὸν τοῦ θεοῦ πόνον ἀσκοῦντας τὴν ἑαυτῶν καρτερίας γλυκύν τινα καρπὸν λήψεσθαι διδάσκων.

Παῦρα δ' ὅμως ἴχνη προτέρας περιλείπεται ἄτης·
Πόντον ἐπαῖξαι περί τ' ἄστεα τείχεσι κλεῖσαι,
ʿΡῆξαί τ' εἰλιπόδων ἑλκύσμασι τέλσον ἀρούρης·
Ἄλλος ἔπειτ' ἔσται Τῖφυς, καὶ Θεσσαλὶς Ἀργώ,
Ἀνδράσιν ἡρώεσσιν ἀγαλλομένη, πολέμους δέ
Τρώων καὶ Δαναῶν πειρήσεται αὖθις Ἀχιλλεύς.

εὖγ', ὦ σοφώτατε ποιητά· τὴν γὰρ ποιητικὴν ἐξουσίαν μέχρι τοῦ προσήκοντος ἐταμιεύσω. οὐ γὰρ ἦν σοι προκείμενον ἀποθεσπίσαι μὴ ὄντι γε προφήτῃ, ἐκώλυεν δέ τις οἶμαι καὶ κίνδυνος τοῖς ἐλέγχουσι τὰ ὑπὸ τῶν προγόνων νομισθέντα ἐπηρτημένος.
(9) πεφραγμένως δὴ καὶ ἀκινδύνως κατὰ τὸ δυνατὸν τοῖς συνιέναι δυναμένοις παραστήσας τὴν ἀλήθειαν, πύργους καὶ πόλεμον αἰτιασάμενος, ἅπερ ἀληθῶς ἔτι καὶ νῦν ἐξετάζεται κατὰ τὸν τῶν ἀνθρώπων βίον, τὸν μὲν Ἀχιλλέα χαρακτηρίζει τὸν σωτῆρα ὁρμῶντα ἐπὶ τὸν Τρωικὸν πόλεμον, τὴν δὲ Τροίαν τὴν οἰκουμένην πᾶσαν. ἐπολέμησε γοῦν ἄντικρυς τῆς ἀντικειμένης δυνάμεως πονηρᾶς πεμφθεὶς ἐξ οἰκείας τε προνοίας καὶ παραγγελίας μεγίστου πατρός. (10) τί δὴ μετὰ ταῦτα ὁ ποιητὴς λέγει;

Ἀλλ' ὅταν ἠνορέης ὥρη καὶ καρπὸς ἵκηται,

τουτέστιν, ἐπειδὰν ἀνδρωθεὶς τὰ περιέχοντα τὸν βίον τῶν ἀνθρώπων ῥιζόθεν ἐξέλῃ τήν τε ξύμπασαν γῆν εἰρήνῃ κατακοσμήσῃ,

Οὐχ ὅσιον ναύτῃσιν ἀλιτρύτοισιν ἀλᾶσθαι,
Φυομένων ἄμυδις γαίης ἄπο πίονι μέτρῳ,

An dem rötlichen Dorn gedieh die hängende Traube,
was sich in dem gesetzlosen Leben nicht fand;
  Lieblicher Honig entfloß dem harten Stamme der Fichte.

Damit bezeichnet der Dichter die Torheit und den harten Sinn der
damaligen Menschen, vielleicht aber lehrt er auch, daß die, welche um
Gottes willen im Leiden sich üben, süße Frucht ihrer Standhaftigkeit
ernten werden.

  Gleichwohl bleibt manche Spur des früheren Frevels noch übrig:
  Über das Meer wird man ziehn, die Städte mit Mauern umschlie-
  Und umgrenzte Felder mit pflügenden Rindern bebauen.   [ßen
  Dann wird wieder ein Tiphys erstehn, die thessalische Argo
  Wiederum sich erfreun voll Stolz ihrer Helden und ausziehn
  Nochmals zum harten Kampf der Troer und Griechen Achilleus.

Gut hast du das gesagt, o weisester Dichter; denn von der dichterischen Freiheit hast du Gebrauch gemacht, soweit es dir zustand; nicht
war es dir ja gesetzt zu weissagen, da du kein Prophet warst. Es hat
dich wohl aber auch die Gefahr abgehalten, die denen drohte, die den
Glauben der Vorfahren als falsch erwiesen.
  Indem er so, ohne seine Sicherheit außer acht zu lassen oder sich
Gefahren preiszugeben, nach Kräften die Wahrheit denen vorstellt,
die sie zu verstehen vermögen, und auf die Burgen, die Schiffahrt
und den Krieg die Schuld wälzt, was sich in der Tat auch jetzt noch
im menschlichen Leben findet, weist er in Achill, der zum Trojanischen
Krieg auszieht, auf den Erlöser, in Troja aber auf den ganzen Erdkreis
hin; denn er kämpfte ja gegen die feindliche Macht des Bösen, geschickt von seiner eigenen Vorsehung wie auch durch den Auftrag
seines großen Vaters. Was aber sagt darauf der Dichter?

  Freust du, zum Mann erst gereift, der Frucht dich des männlichen
                                                          [Alters,

d. h. wenn er, zum Manne herangewachsen, all die Leiden, die das
menschliche Leben umdrängen, mit der Wurzel ausgerottet und die
ganze Welt mit Frieden geziert hat.
                                                          [Schiffer,
  Dann braucht nicht mehr zur See sich herumzuschlagen der
  Dann wird mit reichlichem Maß alles spenden die fruchtbare Erde

Αὐτὴ δ' ἄσπαρτος καὶ ἀνήροτος· οὐδὲ μὲν ἀκμὴν
Ὀτραλέου δρεπάνοιο ποθησέμεν ἀμπέλον οἴμαι.
Οὐδ' ἐρίου δεύοιτο βροτὸς πόκον, αὐτόματος δὲ
Ἀρνειὸς Τυρίῃσι περιπρέψει λιβάδεσσι,
Σάνδυκι πορφυρέῳ λάχνην ῥυπόεσσαν ἀμείβων.
Ἀλλ' ἄγε τιμῆεν σκῆπτρον βασιλήϊδος ἀρχῆς
Δεξιτερῆς ἀπὸ πατρὸς ἐριβρεμέταο δέδεξο.
Κόσμου κητώεντος ὁρῶν εὔπηκτα θέμεθλα,
Χαρμοσύνην γαίης τε καὶ οὐρανοῦ ἠδὲ θαλάσσης,
Γηθόσυνόν τ' αἰῶνος ἀπειρεσίου λάσιον κῆρ.
Εἴθε με γηραλέον σῴζοι τότε νήδυμος ἰσχὺς
Σὴν ἀρετὴν κελαδεῖν ἐφ' ὅσον δύναμίς γε παρείη.
Οὐκ ἄν με πλήξειεν ὁ Θρακῶν δῖος ἀοιδός,
Οὐ Λίνος, οὐ Πὰν αὐτός, ὃν Ἀρκαδίη τέκετο χθών·
Ἀλλ' οὐδ' αὐτὸς ὁ Πὰν ἀνθέξεται εἵνεκα νίκης.
Κόσμου κητώεντος ὅρα, φησί, καὶ τῶν στοιχείων ἁπάντων χαράν.

XXI. Ταῦτα δόξειεν ἄν τις τῶν οὐκ εὖ φρονούντων περὶ γενεᾶς
ἀνθρώπου λέγεσθαι. παιδὸς δὲ τεχθέντος ἀνθρώπου, ποῖον δὴ
ἔχει λόγον γῆν ἄσπαρτον καὶ ἀνήροτον καὶ τήν γε ἄμπελον μὴ
ἐπιποθεῖν τὴν δρεπάνου ἀκμὴν μηδὲ τὴν ἄλλην ἐπιμέλειαν; πῶς
ἂν νοηθείη λεχθὲν ἐπὶ γενεᾶς ἀνθρωπίνης; ἡ γάρ τοι φύσις θείας
ἐστὶ προστάξεως διάκονος, οὐκ ἀνθρωπίνης κελεύσεως ἐργάτις.
ἀλλὰ καὶ στοιχείων χαρὰ θεοῦ κάθοδον, οὐκ ἀνθρώπου τινος
χαρακτηρίζει κύησιν, τό τε εὔχεσθαι τὸν ποιητὴν τοῦ βίου τέλος
αὐτῷ μηκύνεσθαι θείας ἐπικλήσεως σύμβουλον· παρὰ θεοῦ γὰρ
καὶ τὸ σῴζεσθαι ἀξιοῦν εἰθίσμεθα, οὐ πρὸς ἀνθρώπου. (2) ἡ γοῦν
Ἐρυθραία πρὸς τὸν θεόν· τί δή μοι, φησίν, ὦ δέσποτα, τὴν τῆς
μαντείας ἐπισκήπτεις ἀνάγκην, καὶ οὐχὶ μᾶλλον ἀπὸ τῆς γῆς
μετέωρον ἀρθεῖσαν διαφυλάττεις ἄχρι τῆς μακαριωτάτης σῆς
ἐλεύσεως ἡμέρας; ὁ δὲ Μάρων πρὸς τοῖς εἰρημένοις ἐπιφέρει
καὶ τάδε·

Ἄρχεο μειδιόωσαν ὁρῶν τὴν μητέρα κεδνὴν
Γνωρίζειν· ἡ γάρ σε φέρεν πολλοὺς λυκάβαντας.

Ganz von selbst, nicht besät, nicht gepflügt, und der Weinstock,
                                                    [er wird auch,
Denk' ich, die Schneide der hurtigen Hippe nicht fürder vermissen.
Sterbliche netzen nicht mehr die Wolle der Schafe; der Widder
Wird da erstrahlen von selbst wie gebadet in tyrischer Farbe,
Tauschend die schmutzige Woll' mit der leuchtenden Farbe des
                                                    [Mennigs.
Wohl denn, schicke dich an zu empfangen das Szepter der Herr-
                                                    [schaft
Aus des Allmächtigen Hand, deines donnergewaltigen Vaters!
Schaue, wie fest steht der Grund des unermeßlichen Weltalls
Und wie Erde und Meer und Himmel und alles sich freuet,
Und wie vor Wonne erbebt das Herz der ewigen Zeiten!
Möge mir Leben und Kraft bis zum spätesten Alter verbleiben,
Daß ich, soweit ich's vermag, deine herrlichen Taten besinge.
Dann besiegt im Lied mich nicht der thrakische Sänger,
Linus nicht, auch nicht Pan, Arkadiens Feldern entsprossen,
Pan selbst ränge dann nicht mit mir um die Palme des Sieges.

Schaue, sagt er, des unermeßlichen Weltalls und aller Elemente Freude!

Da könnte nun leicht ein Unverständiger wähnen, es sei dies von
der Geburt eines Menschen gesagt. Wie wäre es aber vernünftig, daß
bei der Geburt eines Menschenkindes die Erde nicht besät und nicht
gepflügt werde, daß der Weinstock weder die Schärfe der Hippe ver-
misse noch andere Pflege? Wie könnte man meinen, dies sei von der
Geburt eines Menschen gesprochen? Die Natur ist doch die Dienerin
des göttlichen Willens und nicht die Vollstreckerin menschlicher Befehle. Doch auch die Freude der Elemente bezeichnet die Herabkunft
Gottes, nicht die Geburt eines Menschen, und daß der Dichter fleht,
es möchte ihm das Ende des Lebens verlängert werden, ist ein Zeichen,
daß er Gott anruft; denn von Gott pflegen wir Leben und Rettung zu
erflehen, nicht von einem Menschen. So wendet sich die Erythräerin
an Gott: „Was legst du mir doch, o Herr, den Zwang zu weissagen
auf und entrückst mich nicht vielmehr der Erde, um mich zu bewahren bis zu dem Tag Deines seligen Kommens?" Maro fügt aber
dem Gesagten auch dieses hinzu:

Lerne, o Knabe, die liebende Mutter am gütigen Lächeln,
Lerne sie kennen; denn sie hat getragen dich viele der Monde.

222   Fortwirken

Σοὶ δὲ γονεῖς οὐ πάμπαν ἐφημερίῳ γ᾽ ἐγέλασσαν,
Οὐδ᾽ ἥψω λεχέων, οὐδ᾽ ἔγνως δαῖτα θάλειαν.

(3) πῶς γὰρ ἂν πρὸς τοῦτον οἱ γονεῖς ἐμειδίασαν; ὁ μὲν γὰρ
αὐτῶν θεός, ἄποιος δύναμις, καὶ ἀσχημάτιστος μέν, ἐν περιγραφῇ
δὲ ἄλλων, οὐκ ἀνθρωπίνου δὲ σώματος. λέκτρων δὲ ἄπειρον τίς
οὐκ οἶδεν ὂν τὸ ἅγιον πνεῦμα; ποία δὲ ἐπιθυμία ἔρασίς τε ἐν
τῇ τοῦ ἀγαθοῦ διαθέσει, οὗ πάντα ἐφίενται; τί δ᾽ ὅλως κοινὸν
σοφίᾳ τε καὶ ἡδονῇ; ἀλλὰ ταῦτα ἐφείσθω λέγειν τοῖς ἀνθρωπίνην
τινὰ καὶ ὀχλοχαρῆ παιδείαν μετερχομένοις, παιδείας δὲ θείας
ἀπείροις· οἱ μὲν γὰρ ἐπιδείξεως καὶ δόξης ἕνεκα ἀλαζονεύονται,
οἱ δὲ τὴν ψυχὴν αὐτῶν καθαρεύειν ἀπὸ παντὸς κακοῦ ἔργου τε
καὶ ῥήματος παρασκευάζουσιν. (4) ἐπικαλοῦμαι δὲ σὲ αὐτὴν
σύμμαχον τοῖς λεγομένοις, ὦ θεοσέβεια, ἁγνόν τινα νόμον ὑπάρ-
χουσαν, πάντων δὲ ἀγαθῶν εὐκταιοτάτην ἐλπίδα, ὁσιότητος
διδάσκαλον, ἀθανασίας ὑπόσχεσιν ἀκίβδηλον· σὲ μέν, εὐσέβεια
καὶ φιλανθρωπία, προσκυνῶ, σαῖς δὲ θεραπείαις χάριν ἀΐδιον
ὀφείλομεν οἱ ἰαθέντες. ὁ δὲ ἄπειρος ὄχλος τῆς σῆς ἐπικουρίας διὰ
τὴν ἔμφυτον πρὸς σὲ ἀπέχθειαν καὶ τὸν θεὸν ἀποστρέφεται, οὐδὲ
οἶδεν τὴν αἰτίαν ὅλως τοῦ ζῆν καὶ εἶναι, αὐτόν τε καὶ τοὺς λοιποὺς
δυσσεβεῖς ἐκ τοῦ πρὸς τὸ κρεῖσσον καθήκοντος ἠρτῆσθαι· πᾶς
γὰρ ὁ κόσμος ἐκείνου κτῆμα καὶ ὅσα ἐστὶν ἐν κόσμῳ.

FIRMIANI LACTANTII DE IRA LIB. (22 m. – 23)

(Ed. S. Brandt – G. Laubmann. II 1, 1893, p. 150.)

22. (5) Sibyllas fuisse multas plurimi et maximi auctores tradiderunt,
Graecorum Aristonicus et Apollodorus Erythraeus, nostrorum Varro
et Fenestella. hi omnes praecipuam et nobilem praeter ceteras Erythraeam fuisse commemorant. (6) Apollodorus quidem ut de civi ac
populari sua gloriatur, Fenestella vero etiam legatos Erythras a senatu
esse missos refert, ut huius Sibyllae carmina Romam deportarentur
et ea consulis Curio et Octavius in Capitolio, quod tunc erat curante
Quinto Catulo restitutum, ponenda curarent. (7) apud hanc de summo

Nicht haben dir die Eltern gelacht am Tag deiner Ankunft,
Nie hast ein Bett du berührt, nie dich erfreuet am Mahle.

Wie hätten denn diesem die Eltern lächeln können? Denn der Vater
war Gott, eine übersinnliche Kraft und ohne Gestalt, aber andere
durchdringend, ohne menschlichen Leib. Wer weiß aber nicht, daß
der Heilige Geist nie ein Ehebett berührt? Welche Begierde und welches Verlangen könnte denn in der Gesinnung des Guten sein, nach
dem alles strebt? Was haben Weisheit und Lust überhaupt gemein?
Doch solches zu sagen soll denen überlassen bleiben, die nach einer
menschlichen und dem großen Haufen gefälligen Einsicht streben, in
der göttlichen Einsicht aber unerfahren sind; denn diese brüsten sich,
um zu prunken und Ehre zu erlangen, die andern aber streben, ihre
Seele von jedem schlechten Werke und Worte rein zu halten.

Ich rufe aber dich selber an, meinen Worten beizusteuern, o Gottes-
verehrung, die du ein heiliges Gesetz bist, die wünschenswerteste Hoffnung auf alle Güter, die Lehrmeisterin der Heiligkeit, die untrügliche
Verheißung der Unsterblichkeit. Dich, o Gottesfurcht und Menschen-
liebe, verehre ich, dir schulden wir, die wir armselig waren, ewigen
Dank dafür, daß du uns geheilt hast. Das Volk aber, das deine Hilfe
nie erfahren, haßt dich aus dem Innersten des Herzens, und darum wendet es sich auch von Gott ab und es kennt nicht den Grund des Lebens
und Seins überhaupt und daß es selber und die übrigen Gottlosen von
der dem höchsten Wesen gebührenden Verehrung abhängt; denn die
Welt ist sein Besitz und alles was in der Welt ist.

AUS LAKTANZ' SCHRIFT VOM ZORNE GOTTES

(Nach der Übersetzung von A. Hertl. 1919. Bibl. d. Kirchenv. 36, 121.)

22. (5) Daß es eine Mehrzahl von Sibyllen gegeben hat, haben viele
der bedeutendsten Geschichtsschreiber überliefert, so von den Griechen Aristonikos und Apollodoros aus Erythrai, von den Unsrigen
Varro und Fenestella; diese alle führen als die vornehmste und berühmteste von allen die Sibylle von Erythrai an. (6) Apollodoros rühmt
sich ihrer als einer Mitbürgerin und Volksgenossin; Fenestella berichtet
sogar von einer Gesandtschaft, die der Senat nach Erythrai schickte, um
die Weissagungen dieser Sibylle nach Rom zu bringen. Dort sollen sie

deo et conditore rerum huiusmodi versus reperiuntur (Or. Sib. fr. 3, 17–19 Ge.):

> ἄφθαρτος κτίστης αἰώνιος αἰθέρα ναίων,
> τοῖς ἀγαθοῖς ἀγαθὸν προφέρων πολὺ μείζονα μισθόν
> τοῖς δὲ κακοῖς ἀδίκοις τε χόλον καὶ θυμὸν ἐγείρων.

(8) rursus alio loco enumerans, quibus maxime facinoribus incitetur deus, haec intulit (Or. Sib. III 763–766):

> φεῦγε δὲ λατρείας ἀνόμους, τῷ ζῶντι λάτρευε·
> μοιχείας τε φύλαξαι καὶ ἄρσενος ἄκριτον εὐνήν,
> τὴν δ’ ἰδίαν γένναν παίδων τρέφε μηδὲ φόνευε.
> ταῦτα γὰρ ἀθάνατος κεχολώσεται ὅς κεν ἁμάρτῃ.

indignatur ergo adversus peccatores.

23. (1) Verum quia plures, ut ostendi, Sibyllae a doctissimis auctoribus fuisse tradantur, unius testimonium satis non sit ad confirmandam sicut intendimus veritatem. (2) Cymaeae quidem volumina, quibus Romanorum fata conscripta sunt, in arcanis habentur; ceterarum tamen fere omnium libelli quominus in usui sint omnibus, non vetantur. (3) ex quibus alia denuntians universis gentibus iram dei ob impietatem hominum hoc modo exorsa est (Or. Sib. VIII 1–3):

> ἐρχομένης ὀργῆς μεγάλης ἐπὶ κόσμον ἀπειθῆ
> ἔσχατον εἰς αἰῶνα θεοῦ μηνίματα φαίνω,
> πᾶσι προφητεύσασα κατὰ πτόλιν ἀνθρώποισιν.

(4) alia quoque per indignationem dei adversus iniustos cataclysmum priore saeculo factum esse dixit, ut malitia generis humani extingueretur (Or. Sib. IV 51–53):

> ἐξ οὗ μηνίσαντος ἐπουρανίοιο θεοῖο
> αὐταῖσιν πολίεσσι καὶ ἀνθρώποισιν ἅπασιν
> γῆν ἐκάλυψε θάλασσα κατακλυσμοῖο ῥαγέντος.

durch die Konsuln Curio und Octavius auf dem Kapitol, das damals
von Quintus Catulus wiederhergestellt worden war, feierlich hinter-
legt worden sein. (7) Bei dieser Sibylle finden sich über den höchsten
Gott und Gründer des Weltalls folgende Verse:

> Unveränderlich thront der ewige Schöpfer im Äther;
> Guten erweist er Gutes und überreiche Belohnung;
> Gegen die Bösen und Schlechten erfaßt ihn Zorn und Entrüstung.

(8) Und wieder an anderer Stelle zählt sie die Untaten auf, die den Zorn
Gottes erregen, und führt folgende an:

> Fliehe der Götter ruchlosen Dienst; dem Lebendigen diene!
> Nimm dich vor Ehbruch in acht und scheue männliches Lager!
> Nähre und morde nicht die Kinder, den eigenen Nachwuchs!
> Wer sich in solchem vergeht, dem wird der Unsterbliche grollen!

Gott wird also unwillig über die Sünder.

23. (1) Weil indes die gelehrtesten Schriftsteller von mehreren
Sibyllen berichten, so dürfte das Zeugnis einer einzigen nicht genügen,
um unserer Ansicht gemäß den vollen Beweis der Wahrheit zu er-
bringen. (2) Die Bücher der Sibylle von Cumae, in denen die Schick-
sale der Römer verzeichnet sind, werden geheimgehalten; für die
Bücher fast aller übrigen gibt es kein Verbot, das den allgemeinen
Gebrauch untersagte. (3) Von diesen Sibyllen kündigt die eine allen
Völkern den Zorn Gottes an wegen der Ruchlosigkeit der Menschen
und beginnt in folgender Weise:

> Ehe der mächtige Zorn der letzten Tage hereinbricht
> Über die trotzige Welt, verkünd' ich die Drohungen Gottes,
> Künde der Zukunft Schrecken voraus den Bewohnern der Erde.

(4) Eine andere Sibylle erklärt, daß Gottes Unwille wider die Ungerechten in der früheren Weltzeit die Sintflut heraufgeführt hat, um
der Bosheit des Menschengeschlechtes ein Ende zu machen. Denn
sie sagt:

> Als der himmlische Gott vom heiligen Zorne entbrannt war
> Wider das ganze Geschlecht, die Städte mitsamt den Bewohnern,
> Brach die Sintflut herein, und Meer bedeckte die Länder.

(5) simili modo deflagrationem postea futuram vaticinata est, qua rursus impietas hominum deleatur (Or. Sib. IV 159–161):

> καὶ τότε γινώσκειν θεὸν οὐκέτι πραΰν ἐόντα,
> ἀλλὰ χόλῳ βρίθοντα καὶ ἐξολέκοντά τε γένναν
> ἀνθρώπων ἅμα πᾶσαν ὑπ' ἐμπρησμοῦ μεγάλοιο.

(6) unde apud Nasonem de Jove ita dicitur (Metam. I 256–258):

> esse quoque in fatis reminiscitur adfore tempus,
> quo mare, quo tellus correptaque regia caeli
> ardeat et mundi moles operosa laboret.

quod tum fiat necesse est, cum honor et cultus dei summi apud homines interierit. (7) eadem tamen placari eum paenitentia factorum et sui emendatione contestans haec addidit (Or. Sib. IV 162 sq.):

> ἆ μέλεοι, μετάθεσθε, βροτοί, τότε μηδὲ πρὸς ὀργὴν
> παντοίην ἀγάγητε θεὸν μέγαν.

item paulo post (IV 169 sq.):

> οὐδ' ὀλέσει, παύσει δὲ πάλιν χόλον, ἢν ἄρα πάντες
> εὐσεβίην περίτιμον ἐνὶ φρεσὶν ἀσκήσητε.

(8) deinde alia Sibylla caelestium terrenorumque genitorem diligi oportere denuntiat, ne ad perdendos homines indignatio eius insurgat (Or. Sib. V 358–360):

> μήποτε θυμωθεὶς θεὸς ἄφθιτος ἐξαπολέσσῃ
> πᾶν γένος ἀνθρώπων βιότου καὶ φῦλον ἀναιδές,
> δεῖ στέργειν γενετῆρα θεὸν σοφὸν ἀέναόν τε.

(9) ex his apparet vanas esse rationes philosophorum, quod deum putant ἀόργητον et inter ceteras laudes eius id ponunt, quod est inutilissimum, detrahentes ei, quod est rebus humanis maxime salutare, per quod constat ipsa maiestas. (10) regnum hoc imperiumque terrenum

(5) Auf ähnliche Weise hat sie den künftigen Weltbrand geweissagt, der wiederum der Gottlosigkeit der Menschen ein Ziel setzen sollte:

> Dann wird man nimmer an Gott die Güte und Milde erfahren,
> Sondern die Wucht des Zornes, mit dem er auf einmal der
> [Menschen
> Ganzes Geschlecht austilgt in der schrecklichen Lohe des Welt-
> [brands.

(6) Daher heißt es bei Ovid von Juppiter:

> [sals,
> Auch erinnert sich Zeus des Spruchs in den Büchern des Schick-
> Einst wird kommen die Zeit, wo die Erde, das Meer und des
> [Himmels
> Burg wird vom Brande erfaßt und des Weltalls Bau in Gefahr
> [kommt.

Dies muß dann eintreten, wenn die Verehrung und der Dienst des höchsten Gottes bei den Menschen verschwunden ist. (7) Doch beteuert die nämliche Sibylle, daß Gott durch Reue über das Vergangene und durch Besserung des Lebens sich besänftigen lasse, indem sie verfügt:

> Ach, ihr Armen, nun ändert den Sinn und erreget nicht fürder
> Gottes, des Mächtigen, Zorn.

Und gleich nachher:

> Nicht wird Gott euch verderben und wiederum lassen vom Zorne,
> Wenn ihr mit Herz und Sinn preiswürdige Frömmigkeit übet."

(8) Endlich verkündet eine dritte Sibylle, daß man Gott, den Schöpfer der himmlischen und irdischen Dinge, lieben müsse, damit nicht zum Verderben der Menschen sich sein Unmut erhebe; denn sie mahnt:

> Daß nicht, vom Grolle erfaßt, der Unsterbliche gänzlich verderbe
> Das gesamte Geschlecht, und die schamlose Gattung vertilge,
> Das muß die Liebe verhüten zum weisen und ewigen Schöpfer.

(9) Daraus ersieht man, wie nichtig die Beweisgründe der Philosophen sind, die Gott den Zorn absprechen und die unter den Vorzügen Gottes auch das anführen, was von allem das Unnützeste ist, dagegen Gott das entziehen, was für die menschlichen Dinge das Heilsamste

nisi metus custodiat, solvitur. aufert iram regi, non modo nemo parebit,
sed etiam de fastigio praecipitabitur. ... (14) ... ubi ergo ira non
fuerit, imperium quoque non erit. deus autem habet imperium, ergo et
iram, qua constat imperium, habeat necesse est.

FIRMIANI LACTANTII DIVIN. INST. LIB. IV 18 – 19.

(Ed. S. Brandt. Pars I [1890], p. 531.)

18. (13) Haec autem sic futura esse et prophetarum vocibus et
Sibyllinis carminibus denuntiatum est. apud Esaiam ita scriptum
invenitur: *non sum contumax neque contradico : dorsum meum posui ad
flagella et maxillas meas ad palmas, faciem autem meam non averti a foeditate
sputorum.* (14) similiter David in psalmo XXXIIII: *congregata sunt in
me flagella et ignoraverunt, dissoluti sunt nec compuncti sunt : temptaverunt
me et deriserunt derisum striderunt super me dentibus suis.* (15) Sibylla
quoque eadem futura monstravit (Or. Sib. VIII 287–290):

> εἰς ἀνόμους χεῖρας καὶ ἀπίστων ὕστερον ἥξει,
> δώσουσιν δὲ θεῷ ῥαπίσματα χερσὶν ἀνάγνοις
> καὶ στόμασιν μιχροῖς ἐμπτύσματα φαρμακόεντα,
> δώσει δ' εἰς μάστιγας ἁπλῶς ἁγνὸν τότε νῶτον.

(16) item de silentio eius, quod usque ad mortem pertinaciter tenuit,
Esaias iterum sic locutus est: *sicut ovis ad immolandum adductus est et
sicut agnus coram tondentibus sine voce, sic non aperuit os suum.* (17) et
Sibylla supra dicta (Or. Sib. VIII 292–294):

> καὶ κολαφιζόμενος σιγήσει, μή τις ἐπιγνῷ,
> τίς λόγος ἢ πόθεν ἦλθεν, ἵνα φθιμένοισι λαλήσει,
> καὶ στέφανον φορέσει τὸν ἀκάνθινον.

(18) de cibo vero et potu, quem antequam figerent ei obtulerunt,
David in psalmo LXVIII sic ait: *et dederunt in escam meam fel et in siti*

ist und worauf die Majestät selbst sich gründet. (10) Wenn Macht und Herrschaft auf Erden nicht von Furcht bewacht wird, so ist sie ohne Bestand. Nimm dem Könige den Zorn, und niemand wird ihm mehr gehorchen, ja er wird vom Throne herabgestürzt werden. ... (14) ... Wo kein Zorn ist, da ist auch keine Herrschaft. Gott aber hat eine Herrschaft; darum muß er auch Zorn haben, der die Grundlage der Herrschaft ist.

AUS LAKTANZ' GÖTTLICHEN UNTERWEISUNGEN

Weissagungen von Christi Leiden und Sterben

18. (13) All diese Ereignisse sind durch den Mund der Propheten und durch die Sprüche der Sibylle vorausgesagt. So steht bei Isaias (50, 5 f.) geschrieben: *„Ich bin nicht widerspenstig und widerspreche nicht; meinen Rücken bot ich den Geißelhieben und meine Wangen den Backenstreichen; mein Angesicht habe ich von der Schmach des Anspeiens nicht abgewandt.“* (14) Ähnlich David im Psalm 34 (15 f.): *„Sie häuften Geißelhiebe auf mich und kannten nicht ihre Zahl; es ermattete ihr Arm, aber es änderte sich nicht ihr Sinn; an mir versuchten sie ihre Kraft, trieben ihren Spott mit mir und knirschten mit den Zähnen wider mich.“* (15) Auch die Sibylle hat dasselbe prophezeit:

Kommen er wird in Gewalt gottloser, ungläubiger Menschen.
Schläge versetzen dem Gott ruchlose, unheilige Hände,
Und aus ekelem Mund besudelt ihn giftiger Speichel.
Er aber bietet geduldig den heiligen Rücken der Geißel.

(16) Ebenso über sein Schweigen, das er bis zum Tode hartnäckig durchgehalten hat, sprach wiederum Isaias folgendermaßen (53, 7): *„Wie ein Schaf zum Schlachten geführt wird und wie ein Lamm stumm bleibt vor denen, die es scheren, so hat er seinen Mund nicht aufgetan.“* (17) Und die obenerwähnte Sibylle:

Trotz aller Schläge wird stille er schweigen, daß keiner erkenne,
Wer der Logos, woher er gekommen, die Toten zu rufen,
Und er wird einen Dornenkranz tragen.

(18) Aber von der Speise und dem Trank, den sie ihm vor der Kreuzigung boten, spricht David im Psalm 68 (22) folgendermaßen: *„Sie*

mea potum mihi dederunt acetum. (19) idem hoc futurum etiam Sibylla contionata est (Or. Sib. VIII 303 sq.):

εἰς δὲ τὸ βρῶμα χολὴν κεὶς δίψαν ὄξος ἔδωκαν,
τῆς ἀφιλοξενίης ταύτην δείξουσι τράπεζαν.

(20) et alia Sibylla Judaeam terram his increpat versibus (Or. Sib. VI 22–24):

αὐτὴ γὰρ δύσφρων τὸν σὸν θεὸν οὐκ ἐνόησας
παίζοντα θνητοῖσι νοήμασιν, ἀλλ᾽ ἀπ᾽ ἀκάνθης
ἔστεψας στεφάνῳ φοβερήν τε χολὴν ἐκέρασσας.

(21) fore autem ut Judaei manus inferrent deo suo eumque interficerent, testimonia prophetarum haec antecesserunt. (*sequuntur testimonia:* Esdras, Isaias 53, 8. 9. 12; Ps. 93, 31 s.; Jerem. 11, 18 s.; Deuteron. 28, 66; Num. 23, 19; Zach. 12, 10; Ps. 21, 17–19; III [I] Reg. 9, 6–9).

19. . . . (2) Suspensus igitur et adfixus exclamavit ad deum voce magna et ultro spiritum posuit. et eadem hora terrae motus factus est et velum templi, quod separabat duo tabernacula, scissum est in duas partes et sol repente subductus est et ab hora sexta usque in nonam tenebrae fuerunt. (3) qua de re Amos propheta testatur: *et erit in illo die, dicit dominus, occidet sol meridie et obtenebrabitur dies lucis: et convertam dies festos vestros in luctum et cantica vestra in lamentationem.* item Hieremias: *exterrita est quae parit et taeduit anima, et subivit sol ei, cum adhuc medius dies esset, contusa est et maledicta: reliquos eorum in gladium dabo in conspectu inimicorum eorum.* (5) et Sibylla (Or. Sib. VIII 503 sq.):

ναοῦ δὲ σχισθῇ τὸ πέτασμα καὶ ἦμαι μέσσῳ
νὺξ ἔσται σκοτόεσσα πελώριος ἐν τρισὶν ὥραις.

(6) Cum haec facta essent, ne prodigiis quidem caelestibus facinus suum intellegere quiverunt, sed quoniam praedixerat se tertio die ab inferis ressurecturum, metuentes ne a discipulis subrepto et amoto corpore universi resurrexisse eum crederent et fieret multo maior in plebe confusio, detraxerunt eum cruce et conclusum in monumento firmiter militari custodia circumdederunt. (7) verum tertio die ante lucem terrae motu repente facto patefactum est sepulcrum et custodibus quos attonitos obstupefecerat pavor, nihil videntibus integer e sepulcro

gaben mir zur Speise Galle und in meinem Durste gaben sie mir Essig zum Trank." (19) Dasselbe prophezeite auch die Sibylle:

Und sie reichten ihm Galle zur Speis', für den Durst aber Essig.
Solchen ungastlichen Tisch werden ihm die Gottlosen weisen.
(20) Und eine andere Sibylle schilt auf das Judenland mit folgenden Versen:

Hast du doch selbst böswillig verkannt deinen Gott in den Tagen,
Da er im Fleische erschien; aus Dornen hast du geflochten
Ihm einen Kranz und schreckliche Galle gemischet zur Speise.

(21) Daß die Juden aber Hand an ihn legen und ihn kreuzigen würden, dafür haben wir viele Zeugnisse der Propheten. ⟨Diese folgen §§22–33⟩.

19. ... (2) Als er ans Kreuz geheftet dahing, rief er mit lauter Stimme zu Gott und gab den Geist auf. Und um dieselbe Stunde entstand ein Erdbeben, und der Vorhang des Tempels, der die beiden Haupträume trennte, zerriß in zwei Teile, und plötzlich verschwand die Sonne, und von der sechsten bis zur neunten Stunde herrschte Finsternis. (3) Das bezeugt der Prophet Amos (8, 9f.): *,,Und es wird geschehen an jenem Tage, spricht der Herr: die Sonne wird am Mittag untergehen und der Tag des Lichtes sich verfinstern; eure Feste werde ich in Trauer wandeln und eure Gesänge in Wehklagen.*" (4) Ebenso Jeremias (15, 9): *,,In Schrecken versetzt ist, die gebiert, und Ekel hat erfaßt ihre Seele, und die Sonne ging für sie unter, da es noch mitten am Tage war; Schimpf und Schande hat sie getroffen ⟨die Stadt Jerusalem⟩; die noch übrig sind von ihren Bewohnern, will ich dem Schwerte weihen im Angesichte ihrer Feinde.*" Und die Sibylle:

Und der Vorhang zerreißt am Tempel, und mitten am Tage
Wird drei Stunden hindurch ganz dunkle, gewaltige Nacht sein.

(6) Obwohl dies geschehen war, konnten sie trotz der himmlischen Wunderzeichen ihre Schandtat nicht einsehen, sondern weil er vorher gesagt hatte, er werde am dritten Tage von den Toten auferstehen, und weil sie fürchteten, die Jünger könnten den Leichnam heimlich wegnehmen und beiseite bringen und dann würden alle glauben, er sei auferstanden und die Verirrung im Volke wurde noch größer. nahmen sie ihn vom Kreuze herab, schlossen ihn in ein Grab ein und ließen ihn von Soldaten scharf bewachen. (7) Aber am

ac vivus egressus in Galilaeam profectus est, ut discipulos suos
quaereret, in sepulcro vero nihil repertum est nisi exuviae, quibus
convolutum corpus incluserant. (8) illum autem apud inferos non
remansurum, sed die tertio resurrecturum prophetae cecinerant. David
in psalmo XV: *non derelinques animam meam ad inferos neque dabis
sanctum tuum videre interitum*. item in tertio: *ego dormivi et somnum cepi,
et surrexi, quoniam dominus auxiliator est mihi*. (9) Osee quoque primus
duodecim prophetarum de resurrectione eius testificatus est: *hic filius
meus sapiens, propter quod nunc non resistet in contribulatione filiorum suorum :
et de manu inferorum eruam eum. ubi est indictum tuum, mors, aut ubi est aculeus
tuus?* item alio loco: *vivificabit nos post biduum die tertio*. (10) et ideo
Sibylla impositurum esse morti terminum dixit post tridui somnum
(Or. Sib. VIII, 312–314):

καὶ θανάτου μοῖραν τελέσει τρίτον ἦμαρ ὑπνώσας
καὶ τοτ' ἀπὸ φθιμένων ἀναλύσας εἰς φάος ἥξει
πρῶτος ἀναστάσεως κλητοῖς ἀρχὴν ὑποδείξας.

vitam enim nobis adquisivit morte superata. (11) nulla igitur spes alia
consequendae immortalitatis homini datur, nisi crediderit in eum et
illam crucem portandam patiendamque susceperit.

FIRMIANI LACTANTII DIVIN. INST. LIB. VII 18 – 20.

(Ed. S. Brandt. Pars I, 1890, p. 640.)

18. (1) Haec ita futura esse cum prophetae omnes ex dei spiritu tum
etiam vates ex instinctu daemonum cecinerunt. (2) Hystaspes enim,
quem superius [15, 19] nominavi, descripta iniquitate saeculi huius
extremi *pios ac fideles a nocentibus segregatos* ait *cum fletu et gemitu exten-
turos esse ad caelum manus et imploraturos fidem Jovis : Jovem respecturum
ad terram et auditurum voces hominum atque impios extincturum*. quae

dritten Tage entstand vor Tagesanbruch plötzlich ein Erdbeben, das
Grab öffnete sich, und ohne daß die Soldaten, die wie vom Donner
getroffen der Schrecken betäubt hatte, etwas sahen, trat er unversehrt
und lebend aus dem Grabe und begab sich nach Galiläa, um seine
Jünger zu suchen; im Grab aber fand man nur die Leinwand, in die
sie den Leichnam eingehüllt hatten. (8) Daß er aber nicht in der Unterwelt bleibe, sondern am dritten Tage auferstehen werde, hatten die
Propheten verkündet. David im Psalm 15 (10): „*Du wirst meine Seele
nicht im Totenreiche lassen und deinem Heiligen nicht zu sehen geben die
Verwesung.*" Ebenso im 3. Psalm (V. 6): „*Ich schlummerte ein und sank
in tiefen Schlaf, und ich stand auf, weil der Herr mir geholfen hat.*" (1) Auch
Oseas bezeugte als erster von den zwölf Propheten seine Auferstehung
(13, 13f.): *Dieser ist mein weiser Sohn, darum daß er jetzt nicht widerstehen wird bei der Drangsal seiner Kinder: aus der Gewalt der Hölle will ich
ihn entreißen. Wo ist dein Urteil, Tod, wo ist dein Stachel?*" Derselbe an
anderer Stelle (6, 7): „*Nach zwei Tagen wird er uns neu beleben, am dritten
Tage.*" (10) Und darum erklärte auch die Sibylle, er werde dem Tod
ein Ende setzen nach dreitägigem Schlafe:

Todeslos wird er beenden, nachdem er drei Tage entschlafen;
Denn dann kehrt er zurück ans Licht aus dem Reiche der Toten,
Zeigt den Erwählten als erster den Anfang der Auferstehung.

Durch die Überwindung des Todes hat er ja uns das Leben erworben.
(11) Es gibt also keine andere Hoffnung für den Menschen, die Unsterblichkeit zu erlangen, als daß er an ihn glaubt und jenes Kreuz zu
tragen und zu dulden auf sich nimmt.

AUS LAKTANZ' GÖTTLICHEN UNTERWEISUNGEN

Von den letzten Zeiten

(1) Folgendes sind die künftigen Ereignisse, die uns alle Propheten
nach Gottes Geist, aber auch die Seher auf Betreiben der Dämonen
vorhergesagt haben. (2) Hystaspes nämlich, den ich schon oben
[c. 15, 19] erwähnt habe, beschreibt die Ungerechtigkeit dieses letzten
Zeitalters, um fortzufahren, *die Frommen und Getreuen würden, getrennt
von den Bösen, unter Weinen und Seufzen die Hände zum Himmel erheben und*

omnia vera sunt praeter unum, quod Jovem dixit illa facturum quae deus faciet.............

(5) Sibyllae quoque non aliter fore ostendunt quam ut dei filius a summo patre mittatur, qui et iustos liberet de manibus impiorum et iniustos cum tyrannis saevientibus deleat. (6) e quibus una sic tradit (Or. Sib. V 107–110):

> ἥξει καὶ μακάρων ἐθέλων πόλιν ἐξαλαπάξαι.
> καὶ κέν τις θεόθεν βασιλεὺς πεμφθεὶς ἐπὶ τοῦτον
> πάντας ὀλεῖ βασιλεῖς μεγάλους καὶ φῶτας ἀρίστου
> εἶθ᾽ οὕτως κρίσις ἔσται ὑπ᾽ ἀφθίτου ἀνθρώποισιν.

(7) item alia (Or. Sib. III 652 sq.):

> καὶ τότ᾽ ἀπ᾽ ἠελίοιο θεὸς πέμψει βασιλῆα,
> ὃς πᾶσαν γαῖαν παύσει πολέμοιο κακοῖο.

(8) et rursus alia (Or. Sib. VIII 326–328):

> ὅς ῥά κε πραῢς ἰδοὺ ἥξει, ἵνα τὸ ζυγὸν ἡμῶν
> δοῦλον δυσβάστακτον ἐπ᾽ αὐχένι κείμενον ἄρῃ,
> καὶ θεσμοὺς ἀθέους λύσει καὶ δεσμούς τε βιαίους.

19. (1) Oppresso igitur orbe terrae cum ad destruendam immensarum virium tyrannidem humanae opes defecerint, siquidem capto mundo cum magnis latronum exercitibus incubabit, divino auxilio tanta illa calamitas indigebit. (2) commotus igitur deus et periculo ancipiti et miseranda comploratione iustorum mittet protinus liberatorem. tum aperietur caelum medium intempesta et tenebrosa nocte, ut in orbe toto lumen descendentis dei tamquam fulgur appareat: quod Sibylla his versibus elocuta est (Or. Sib. fr. 6 Ge.):

> ὁππόταν ἔλθῃ,
> πῦρ ἔσται σκοτόεντι μέσῃ <τ᾽> ἐνὶ νυκτὶ μελαίνῃ.

(3) haec est nox, quae a nobis propter adventum regis ac dei nostri pervigilio celebratur: cuius noctis duplex ratio est, quod in ea et vitam tum recepit, cum passus est, et postea regnum orbis terrae

*Juppiters Treue anflehen: Juppiter werde auf die Erde Rücksicht nehmen,
die Gebete der Menschen erhören und die Gottlosen vernichten.* Das alles ist
wahr außer dem einen, daß er gesagt hat, Juppiter werde das tun,
was Gott tun wird. . . . . . (5) Auch die Sibyllen zeigen, daß es so
kommen werde, daß Gottes Sohn vom höchsten Vater geschickt
werde, der die Gerechten aus den Händen der Gottlosen befreien und
die Ungerechten mit den wütenden Tyrannen vernichten soll. (6) Von
diesen überliefert uns eine folgendes:

> Kommen wird er, um auch der Seligen Stadt zu zerstören.
> Doch wird gesendet von Gott gegen diesen ein mächtiger König,
> Der alle mächtigen Herrscher und trefflichen Männer vernichtet,
> Dann wird der ewige Gott sein Gericht halten über die Menschen.

(7) Ebenso eine andere:

> Dann wird Gott vom Aufgang der Sonne entsenden den König,
> Welcher die ganze Erde befreit vom Übel des Krieges.

(8) Und wieder eine andere:

> Siehe, gar sanftmütig kommt er, damit er das Sklavenjoch trage,
> Das schwer tragbar auf unserem Nacken jetzt lieget und lastet,
> Und uns löse die gottlose Satzung und drückende Fesseln.

19. (1) Wenn nun nach Erschütterung des Erdkreises zum Abbau
der Tyrannis mit ihren gewaltigen Kräften menschliche Hilfsquellen
versagen, insofern sie nach Eroberung der Welt mit gewaltigen
Räuberhorden andringt, wird jene entsetzliche Lage der göttlichen
Hilfe bedürfen. (2) Gott also läßt sich durch die gefahrvolle Lage und
durch das erbarmungswürdige Flehen der Gerechten erweichen und
schickt uns sofort einen Befreier. Dann öffnet sich die Mitte des
Himmels im tiefen Schweigen der Nacht, so daß auf der ganzen Erde
ein Lichtstrahl von dem herabsteigenden Gott wie ein Blitz sich zeigt;
das hat die Sibylle in folgenden Versen ausgedrückt:

> Wenn er kommet,
> Dann wird im Dunkel der schwarzen Nacht ein Feuer sich zeigen.

(3) Das ist die Nacht, die von uns wegen der Ankunft unseres Königs
und Gottes durch Nachtwache gefeiert wird; diese Nacht hat einen
doppelten Grund: daß er in ihr das Leben empfing, als er litt, und

recepturus est. (4) hic est enim liberator et iudex et ultor et rex et deus, quem nos Christum vocamus, qui, priusquam descendat, hoc signum dabit. (5) cadet repente gladius e caelo, ut sciant iusti ducem sanctae militiae descensurum, et descendet comitantibus angelis in medium terrae et antecedet eum flamma inextinguibilis et virtus angelorum tradet in manus iustorum multitudinem illam quae montem circumsederit et concidetur ab hora tertia usque in vesperum et fluet sanguis more torrentis: deletisque omnibus copiis impius solus effugiet et peribit ab eo virtus sua. (6) hic est autem qui appellatur Antichristus, sed se ipse Christum mentietur et contra verum dimicabit et victus effugiet et bellum saepe renovabit et saepe vincetur, donec quarto proelio confectis omnibus impiis debellatus et captus tandem scelerum suorum luat poenas. (7) sed et ceteri principes ac tyranni, qui contriverunt orbem, simul cum eo vincti adducentur ad regem, et increpabit eos et coarguet et exprobrabit iis facinora ipsorum et damnabit eos ac meritis cruciatibus tradet. (8) sic extincta malitia et impietate compressa requiescet orbis, qui per tot saecula subiectus errori ac sceleri nefandam pertulit servitutem. (9) non colentur ulterius dii manu facti, sed a templis ac pulvinaribus suis deturbata simulacra igni dabuntur et cum donis suis mirabilibus ardebunt: quod etiam Sibylla cum prophetis congruens futurum esse praedixit (Or. Sib. VIII 224):

ῥίψωσιν δ᾽ εἴδωλα βροτοὶ καὶ πλοῦτον ἅπαντα.

Erythraea quoque idem spopondit (Or. Sib. III 618):

ἔργα δὲ χειροποίητα θεῶν κατακαυθήσονται.

20. (1) Post haec aperientur inferi et surgent mortui, de quibus iudicium magnum idem ipse rex ac deus faciet, cui summus pater et

daß er später die Herrschaft über den Erdkreis übernehmen wird.
(4) Das ist der Befreier, der Richter, der Rächer, der König und Gott,
den wir Christus nennen, der vor seiner Herabkunft folgendes Zeichen
geben wird. (5) Plötzlich wird ein Schwert vom Himmel fallen, damit die Gerechten wissen, jetzt wird der Führer der heiligen Miliz
herabsteigen, und er wird in Begleitung der Engel mitten auf die
Erde herabsteigen, und es wird ihm eine unlöschbare Flamme vorher-
gehen und die Kraft der Engel in die Hände der Gerechten die Menge
übergeben, die den Berg umlagert, und es wird von der dritten Stunde
bis zum Abend mörderisch gekämpft werden, und Blut wird fließen
wie ein Gießbach; und wenn alle Truppen vernichtet sind, wird der
Gottlose allein entrinnen, und von ihm wird seine eigene Kraft vernichtet werden. (6) Dies ist der sogenannte Antichrist, aber er wird
sich fälschlicherweise für Christus ausgeben und gegen die Wahrheit
kämpfen; er wird besiegt und entkommt und fängt immer wieder
Krieg an und wird immer wieder besiegt, bis in einer vierten Schlacht
nach Erledigung aller Gottlosen er völlig besiegt und gefangen endlich die Strafe für seine Verbrechen büßt. (7) Aber auch die übrigen
Fürsten und Tyrannen, die den Erdkreis heimgesucht haben, werden
zugleich mit ihm gefesselt und vor den König geführt werden; der
wird sie schelten und überführen und ihnen ihre Schandtaten vor-
halten; dann wird er sie verurteilen und den verdienten Qualen überantworten. (8) Wenn so die Bosheit getilgt und die Gottlosigkeit
unterdrückt ist, wird die Welt endlich zur Ruhe kommen, die so viele
Jahrhunderte lang dem Irrtum und dem Verbrechen unterworfen un-
sagbare Knechtschaft hat erdulden müssen. (9) Nun werden keine
handgefertigten Götter mehr verehrt, sondern aus den Tempeln und
von ihren Polstern werden die Bilder entfernt und dem Feuer übergeben und mit ihren seltsamen Gaben verbrannt; daß das eintreten
wird, hat auch die Sibylle in Übereinstimmung mit den Propheten
vorausgesagt:

In die Gluten sie werfen die Götzen und jeglichen Reichtum.

Auch die Erythräerin hat dasselbe versichert:

Doch die handgefertigten Götzen verschlinget das Feuer.

20. (1) Darauf wird sich die Unterwelt öffnen, und die Toten stehen
auf, über die eben der König und Gott selber Gericht halten wird,

iudicandi et regnandi dabit maximam potestatem. (2) de quo iudicio et regno apud Erythraeam Sibyllam sic invenitur (Or. Sib. III 741–743):

> ὁππότε δὴ καὶ τοῦτο λάβῃ τέλος αἴσιμον ἦμαρ,
> εἰς δὲ βροτοὺς ἥξει κρίσις ἀθανάτοιο θεοῖο,
> ἥξει ἐπ᾿ ἀνθρώπους μεγάλη κρίσις ἠδὲ καὶ ἀρχή.

(3) deinde apud aliam (Or. Sib. VIII 241 sq.):

> Ταρτάρεον δὲ χάος δείξει τότε γαῖα χανοῦσα,
> ἥξουσιν δ᾿ ἐπὶ βῆμα θεοῦ βασιλῆος ἅπαντες.

(4) et alio loco apud eandem (Or. Sib. VIII 413–416):

> οὐρανὸν εἱλίξω, γαίης κευθμῶνας ἀνοίξω,
> καὶ τότ᾿ ἀναστήσω νεκροὺς μοῖραν ἀναλύσας
> καὶ θανάτου κέντρον· καὶ ὕστερον εἰς κρίσιν ἄξω
> κρίνων εὐσεβέων καὶ δυσσεβέων βίον ἀνδρῶν.

(5) nectamen universi tunc a deo indicabuntur, sed ii tantum qui sunt in dei religione versati. nam qui deum non adgnoverunt, quoniam sententia de his in absolutionem ferri non potest, iam iudicati damnatique sunt, sanctis litteris contestantibus *non resurrecturos esse impios in iudicium*.

FIRMIANI LACTANTII DIVIN. INST. LIB. VII 24

(Ed. S. Brandt. Pars I, 1890, p. 658.)

24. (1) ... Veniet igitur summi et maximi dei filius, ut vivos ac mortuos iudicet, Sibylla testante atque dicente (Or. Sib .VIII 81–83):

> πάσης γὰρ γαίης τότε θνητῶν σύγχυσις ἔσται,
> αὐτὸς ὁ παντοκράτωρ ὅταν ἔλθῃ βήματι κρῖναι
> ζώντων καὶ νεκύων ψυχὰς καὶ κόσμον ἅπαντα.

(2) verum ille cum deleverit iniustitiam iudiciumque maximum fecerit ac iustos, qui a principio fuerunt, ad vitam instauraverit, mille annos inter homines versabitur eosque iustissimo imperio reget. quod alia Sibylla vaticinans furensque proclamat (Or. Sib. fr. 4 Ge.):

> κλῦτε δέ μου, μέροπες, βασιλεὺς αἰώνιος ἄρχει.

dem der höchste Vater die größte Gewalt zu richten und zu herrschen übergibt. (2) Über dieses Gericht und diese Herrschaft findet man bei der Erythräischen Sibylle folgendes:

Wenn aber auch dieser Tag des Schicksals sein Ende gefunden,
Wird zu den Sterblichen kommen Gericht des unsterblichen
[Gottes,
Kommet über die Menschen das große Gericht und die Herr-
[schaft.

(3) Sodann bei einer anderen Sibylle:

Ja, dann birst die Erde und zeigt des Tartarus Abgrund.
Kommen werden die Könige alle zum Richterstuhl Gottes.

(4) Und an einer anderen Stelle bei derselben Sibylle:

Ich will den Himmel erschüttern, die Schlünde der Erde eröffnen,
Und dann will ich die Toten erwecken, das Schicksal lösend
Und den Stachel des Todes, und alsbald komm' ich zum Gerichte,
Um zu richten das Leben der frommen und gottlosen Menschen.

(5) Aber nicht alle werden von Gott gerichtet, sondern nur die, die bei Gottes Religion verharrt sind. Denn da über die, die Gott nicht anerkannt haben, ein Freispruch untragbar ist, sind diese schon gerichtet und verdammt, wie die Heilige Schrift bezeugt (Ps. 1, 5): „*Nicht auferstehen werden die Gottlosen zum Gerichte.*"

AUS LAKTANZ' GÖTTLICHEN UNTERWEISUNGEN
Das tausendjährige Reich

(1) Es wird also des höchsten und größten Gottes Sohn erscheinen, um die Lebenden und Toten zu richten, wie die Sibylle bezeugt mit den Worten:

Dann wird unter den Menschen der Erde Verwirrung entstehen,
Wenn er selbst auf dem Throne erscheint, der Allmächt'ge,
[zu richten,
Was auf der Welt, die Seelen der Lebenden und der Toten.

(2) Aber wenn er die Ungerechtigkeit getilgt und das große Gericht abgehalten und die Gerechten, die von Anfang an gelebt haben, zum Leben erweckt hat, wird er tausend Jahre unter den Menschen weilen und über sie ein gerechtes Regiment führen. Das prophezeit eine andere rasende Sibylle mit den Worten:

Höret auf mich, ihr Menschen; es herrschet der ewige König.

(3) tum qui erunt in corporibus vivi, non morientur, sed per eosdem mille annos infinitam multitudinem generabunt et erit suboles eorum sancta et deo cara; qui autem ab inferis suscitabuntur, hi praeerunt viventibus velut iudices. (4) gentes vero non extinguentur omnino, sed quaedam relinquentur in victoriam dei, ut triumphentur a iustis ac subiugentur perpetuae servituti. (5) sub idem tempus etiam princeps daemonum, qui est machinator omnium malorum, Catenis vincietur et erit in custodia mille annis caelestis imperii, quo iustitia in orbe regnabit, ne quod malum adversus populum dei moliatur. (6) post cuius adventum congregabuntur iusti ex omni terra peractoque iudicio civitas sancta constituetur in medio terrae, in qua ipse conditor deus cum iustis dominantibus commoretur. quam civitatem Sibylla designat, cum dicit (Or. Sib. V 420 sq.):

καὶ πόλιν, ἣν ἐπόθησε θεός, ταύτην ἐποίησεν
λαμπροτέραν ἄστρων ἠδ' ἡλίου ἠδὲ σελήνης.

(7) tunc auferentur a mundo tenebrae illae, quibus obfundetur atque occaecabitur caelum, et luna claritudinem solis accipiet nec minuetur ulterius, sol autem septies tanto quam nunc est clarior fiet. terra vero aperiet fecunditatem suam et uberrimas fruges sua sponte generabit, rupes montium melle sudabunt, per rivos vina decurrent et flumina lacte inundabunt: mundus denique ipse gaudebit et omnis rerum natura laetabitur erepta et liberata dominio mali et impietatis et sceleris et erroris. (8) non bestiae per hoc tempus sanguine alentur, non aves praeda, sed quieta et placida erunt omnia. leones et vituli ad praesepe simul stabunt, lupus ovem non rapiet, canis non venabitur, accipitres et aquilae non nocebunt, infans cum serpentibus ludet. (9) denique tum fient illa, quae poetae aureis temporibus facta esse iam Saturno regnante dixerunt. quorum error hinc ortus est, quod prophetae futurorum pleraque sic proferunt et enuntiant quasi iam peracta. visiones enim divino spiritu offerebantur oculis eorum et videbant illa in conspectu suo quasi fieri et terminari. (10) quae vaticinia eorum cum paulatim fama vulgasset, quoniam profani sacramenta ignorabant quatenus dicerentur, completa esse iam veteribus

(3) Da werden die, die noch am Leben sind, nicht sterben, sondern eben diese tausend Jahre hindurch eine unbegrenzte Menge Menschen zeugen, und ihre Nachkommenschaft wird heilig und Gott teuer sein; die aber aus der Unterwelt auferweckt werden, die werden den Lebenden als Richter vorgesetzt werden. (4) Die Heidenvölker aber werden überhaupt nicht vertilgt werden, aber einige werden dem Siege Gottes überlassen werden, damit die Gerechten über sie triumphieren und sie dauernder Dienstbarkeit überantworten. (5) Zur selben Zeit wird auch der Fürst der Dämonen, der der Anstifter aller Übel ist, in Ketten gelegt und in Gewahrsam gebracht werden während der tausend Jahre des himmlischen Reiches, in denen die Gerechtigkeit auf der Welt herrschen wird, damit kein Unheil gegen das Volk Gottes angerichtet wird. (6) Nach seiner Ankunft werden die Gerechten auf der ganzen Erde sich versammeln, und nach Abschluß des Gerichtes wird die heilige Stadt mitten auf der Erde gegründet werden, in der der Gründer selbst, Gott, bei den Gerechten, die herrschen, weilt. Diese Stadt bezeichnet die Sibylle, wenn sie sagt:

Und die Stadt, welche Gott sich erwählte, die machte er glänzend, Glänzender, als die Gestirne es sind, als Sonne und Mond ist.

(7) Da wird von der Welt die Finsternis genommen werden, die den Himmel verfinstert und verblendet, und der Mond wird den Strahlenglanz der Sonne bekommen, und er wird nicht mehr abnehmen, die Sonne aber wird siebenmal heller werden, als sie jetzt ist [Jes. 30, 26]. Die Erde aber wird den Schoß ihrer Fruchtbarkeit öffnen und von selbst reichliche Früchte hervorbringen; die Felsen der Berge werden von Honig triefen, bachweise werden die Weine herabfließen und die Flüsse werden von Milch überlaufen: Kurz, die Welt wird sich freuen und die ganze Natur frohlocken, daß sie von der Herrschaft des Bösen, der Gottlosigkeit, des Verbrechens und des Irrtums endgültig befreit ist. (8) Auch die Tiere werden sich während dieser Zeit nicht vom Blute nähren, die Vögel nicht von Beute, sondern alles wird ruhig und friedlich sein. Löwen und junge Stiere stehen zusammen an der Krippe, der Wolf reißt kein Schaf, der Hund geht nicht auf Jagd, Habichte und Adler tun nichts zuleid, das Kind spielt mit den Schlangen [Is. 11, 6 ff.; 65, 25]. (9) Dann wird endlich all das eintreffen, wovon die Dichter gesagt haben, daß es im goldenen Zeitalter schon unter Saturnus' Herrschaft eingetroffen sei. Dieser Irrtum ist dadurch ent-

saeculis illa omnia putaverunt, quae utique fieri complerique non poterant homine regnante. (11) cum vero deletis religionibus impiis et scelere compresso subiecta erit deo terra,

> cedet et ipse mari vector nec nautica pinus
> mutabit merces, omnis feret omnia tellus.
> non rastros patietur humus, non vinea falcem;
> robustus quoque iam tauris iuga solvet arator.

tunc et:

> molli paulatim flavescet campus arista
> incultisque rubens pendebit sentibus uva
> et durae quercus sudabunt roscida mella.
> nec varios discet mentiri lana colores,
> ipse sed in pratis aries iam suave rubenti
> murice, iam croceo mutabit vellera luto,
> sponte sua sandyx pascentis vestiet agnos.
> ipsae lacte domum referent distenta capellae
> ubera nec magnos metuent armenta leones.

quae poeta secundum Cymacae Sibyllae carmina prolocutus est [Verg. ecl. IV 38–41. 28–30. 42–45. 21 sq.].

(12) Erythraea vero sic ait (Or. Sib. III 788–791, 794):

> ἠδὲ λύκοι τε καὶ ἄρνες ἐν οὔρεσιν ἄμμιγ' ἔδονται
> χόρτον παρδάλιές τ' ἐρίφοις ἅμα βοσκήσονται·
> ἄρκτοι σὺν μόσχοισιν ὁμοῦ καὶ πᾶσι βοτοῖσιν
> σαρκοβόρος τε λέων φάγεται ἄχυρον παρὰ φάτνῃ,
> σὺν βρέφεσίν τε δράκοντες ἄμ' ἀσπίσι κοιμήσονται.

(13) et alio loco de ubertate rerum (Or. Sib. III 619–622):

> καὶ τότε δὴ χάρμην μεγάλην θεὸς ἀνδράσι δώσει.
> καὶ γὰρ γῆ καὶ δένδρα καὶ ἄσπετα θρέμματα γαίης

standen, daß die Propheten die Zukunft meist so verkünden und ver-
melden, als wäre alles schon eingetroffen. Die Erscheinungen wurden
durch göttlichen Geist ihren Augen geboten, und sie sahen das wirklich mit ihren Augen, als ob es geschehe und so sich erfülle. (10) Da
nun die Sage diese ihre Prophezeiungen allmählich verbreitet hatte,
weil die Uneingeweihten von den heiligen Geheimnissen nichts ver-
standen, soweit sie ihnen mitgeteilt wurden, so glaubten sie, alles sei
in grauer Vorzeit schon erfüllt worden, was ja unter eines Menschen
Herrschaft unmöglich sich erfüllen konnte. (11) Wenn aber nach Vernichtung der gottlosen Religionen und nach Beseitigung des Frevels
die Erde Gott wird unterworfen sein,

> Räumt auch der Schiffer das Meer, und nimmer vertauschet ein
> Waren hinfort, es erwächst der Erde alles für alle.   [Kiel noch
> Nicht mehr duldet der Acker den Karst, noch die Hippe der Wein-
> Auch die Stiere schon löst vom Joche der rüstige Pflüger.   [berg,

Dann auch:

> Wird die Flur allmählich mit zarter Ähre sich gilben
> Und an dem wilden Gestrüpp wird hängen die rötliche Traube,
> Und hochstämmigen Eichen entträufelt der tauige Honig.
> Nicht mehr lernt vortäuschen die Wolle mancherlei Farbe;
> Selbst wird der Widder sich bald mit dem lieblichen Rote des Pur-
> Färben das Vlies, bald flammen in safranfarbiger Wolle,   [purs
> Und von Natur wird Zinnober die weidenden Lämmer umhüllen.
> Ziegen tragen die Milch von selbst im strotzenden Euter
> Heim, und nimmer erzittern die Herden vor mächtigen Löwen.

Das hat der Dichter nach den Sprüchen der Sibylle von Cumae vorhergesagt.

(12) Die Erythräerin aber sagt folgendes: [Bergen

> Wölfe und Lämmer, gar innig gesellt, schmausen jetzt in den
> Gräser, und Panther, mit Böcklein vereinigt, gehn auf die Weide.
> Bären lagern mit Kälbern zusammen und sonstigem Kleinvieh,
> Der fleischhungrige Leu frißt gleich einem Rind an der Krippe;
> Säuglinge schlafen mit Schlangen und Nattergezüchte zusammen.

(13) Und an einer anderen Stelle über den Überfluß an Dingen:

> Und dann wird er den Männern gewaltige Kampfeslust wecken;
> Denn das Land und die Bäume und zahlreiche Herden von
>   [Kleinvieh

244 Fortwirken

δώσουσιν καρπὸν τὸν ἀληθινὸν ἀνθρώποισιν
οἴνου καὶ μέλιτος γλυκεροῦ λευκοῦ τε γάλακτος
καὶ σίτου, ὅπερ ἐστὶ βροτοῖς κάλλιστον ἁπάντων.

(14) et alia eodem modo (Or. Sib. V 281–283):

εὐσεβέων δὲ μόνων ἁγία χθὼν πάντα τάδ᾽ οἴσει
νᾶμα μελισταγέης ἀπὸ πέτρης ἠδ᾽ ἀπὸ πηγῆς
καὶ γλάγος ἀμβροσίης ῥεύσει πάντεσσι δικαίοις.

(15) vivent itaque homines tranquillissimam et copiosissimam vitam
et regnabunt cum deo pariter; reges gentium venient a finibus terrae
cum donis ac muneribus, ut adorent et honorificent regem magnum,
cuius nomen erit praeclarum et venerabile universis nationibus quae
sub caelo erunt et regibus qui dominabuntur in terra.

FIRMIANI LACTANTI INSTITUTIONUM epitome 66 – 68.

Ed. S. Brandt (1890) = CSEL vol. IX, 756 ff.

66. (1) Haec autem a prophetis, sed et a vatibus futura dicuntur.
cum coeperit mundo finis ultimus propinquare, malitia invalescet,
omnia vitiorum et fraudum genera crebrescent, iustitia interibit, fides
pax misericordia pudor veritas non erit, vis et audacia praevalebit,
nemo quidquam habebit nisi manu partum manuque defensum. (2) si
qui erunt boni, praedae ac ludibrio habebuntur. nemo pietatem parenti-
bus exhibebit, nemo infantis aut senis miserebitur, avaritia et libido
universa corrumpet. erunt caedes et sanguinis effusiones, erunt bella
non modo externa et finitima, verum etiam intestina. civitates inter se
belligerabunt, omnis sexus et omnis aetas arma tractabit. (3) non
imperii dignitas conservabitur, non militiae disciplina, sed more
latrocinii depraedatio et vastitas fiet. regnum multiplicabitur et decem
viri occupabunt orbem et partientur et devorabunt et existet alius longe

Liefern den sterblichen Menschen in Zukunft den wahren Er-
[trag an
Wein und süßem Honig und schneeweißer Milch und Getreide,
Welches das Herrlichste ist von allem für Menschen auf Erden.
(14) Und eine andere Sibylle auf ähnliche Weise:
Doch nur der Frommen geheiligte Erde wird alles das bringen,
Naß vom honigtriefenden Felsen sowie von der Quelle,
Auch ambrosische Milch wird fließen für alle Gerechten.

(15) Darum werden die Menschen ein ganz ruhiges und üppiges Leben
führen und sie werden mit Gott zugleich herrschen; die Könige der
Heidenvölker werden von den Grenzen der Erde mit Gaben und Ge-
schenken kommen, um anzubeten und zu ehren den großen König,
dessen Name berühmt und verehrungswürdig sein wird bei allen
Völkern, die unter dem Himmel leben, und bei den Königen, die auf
Erden herrschen werden.

SCHLUSSKAPITEL DER EPITOME DES LAKTANZ

(Übers. v. A. Hartl, Bibl. d. Kirchenv. Bd. 36 [1919] S. 213 ff.)

66. (1) Folgendes sind die Ereignisse, die von den Propheten wie
von den Sehern [gemeint sind die Sibyllen und besonders Hystaspes:
vgl. H. Fuchs a. a. O. S. 31 ff.] vorausgesagt sind. Wenn der Welt
allmählich das letzte Ende naht, dann nimmt die Bosheit überhand und
alle Arten von Lastern und Freveln vervielfältigen sich; die Gerechtigkeit geht unter, Treue, Friede, Barmherzigkeit, Scham und Wahrheit
gibt es nicht mehr, Gewalt und Vermessenheit gewinnen die Oberhand; niemand besitzt mehr ein Eigentum, das er nicht mit der Faust
erworben und mit der Faust verteidigt hat. (2) Wenn es noch Gute
gibt, so sind sie Gegenstand der Plünderung und des Gespöttes.
Niemand erweist Liebe den Eltern, niemand erbarmt sich des Kindes
und des Greises; Habsucht und Lüsternheit verdirbt alles. Mord und
Blutvergießen ist allgemein; Kriege herrschen nicht bloß mit auswärtigen und angrenzenden Völkern, sondern auch unter den eigenen
Volksgenossen. Eine Stadt liegt mit der andern im Kampf, jedes Geschlecht und Alter handhabt die Waffen. (3) Den Befehlshabern bleibt
nicht die Würde und nicht dem Waffendienste die Zucht; wie bei
Raubzügen herrscht Plünderung und Verwüstung. Es bilden sich viele

potentior ac nequior, qui tribus deletis Asiam possidebit et ceteris in potestatem suam redactis et adscitis vexabit omnem terram, novas leges statuet, veteres abrogabit; rem publicam suam faciet, nomen imperii sedemque mutabit. tunc erit tempus infandum et execrabile, quo nemini libeat vivere. (4) denique in eum statum res cadet, ut vivos lamentatio, mortuos gratulatio sequatur. civitates et oppida interibunt modo ferro et igni, modo terrae motibus crebris, modo aquarum inundatione, modo pestilentia et fame. terra nihil feret aut frigoribus nimiis aut caloribus sterilis. aqua omnis partim mutabitur in cruorem, partim in amaritudinem vitiabitur, ut nihil sit nec ad cibos utile nec ad potum salubre. (5) his malis accedent etiam prodigia de caelo, ne quid desit hominibus ad timorem. cometae crebro apparebunt, sol perpetuo pallore fuscabitur, luna sanguine inficietur nec amissae lucis damna reparabit, stellae omnes decident nec temporibus sua ratio constabit, hieme atque aestate confusis; (6) tunc et annus et mensis et dies breviabitur: et hanc esse mundi senectutem ac defectionem Trismegistus elocutus est; quae cum evenerint, adesse tempus sciendum est, quo deus ad commutandum saeculum revertatur. (7) inter haec autem mala exurget rex impius non modo generi hominum, sed etiam deo inimicus. hic reliquias illius prioris tyranni conteret cruciabit vexabit interimet. tunc erunt lacrimae iuges et gemitus perpetes et ad deum cassae preces, nulla requies a formidine nec somnus ad quietem. dies cladem, nox metum semper augebit, sic orbis terrarum paene ad solitudinem, certe ad raritatem hominum redigetur. (8) tunc et impius iustos homines ac dicatos deo duobus et quadraginta mensibus persequetur et se coli iubebit ut deum: se enim dicet esse Christum, cuius erit adversarius. ut credi ei possit, accipiet potestatem mirabilia faciendi, ut ignis descendat a caelo, ut sol resistat a cursu suo, ut imago quam posuerit loquatur. (9) quibus prodigiis inliciet multos, ut adorent eum signumque eius in manu aut fronte suscipiant. et qui non adoraverit signumque susceperit, exquisitis cruciatibus morietur. ita fere duas partes exterminabit, tertia in desertas solitudines fugiet.

Königreiche; zehn Männer reißen den Erdkreis an sich, um ihn zu teilen und zu verschlingen; da tritt ein anderer auf, der weit mächtiger und nichtswürdiger ist; dieser vernichtet drei von den Königen, bringt die übrigen in seine Gewalt, verbündet sich mit ihnen und bedrückt die gesamte Erde. Neue Gesetze stellt er auf, alte schafft er ab; den Staat betrachtet er als sein Eigentum und ändert Name und Sitz des Reiches. Es wird dann eine fluchwürdige Zeit sein, in der niemand mehr Freude am Leben hat. (4) Schließlich geraten die Dinge in einen solchen Zustand, daß man die Lebenden beklagt und die Toten beglückwünscht. Städte und Flecken gehen zugrunde, bald durch Feuer und Schwert, bald durch häufige Erdbeben, bald durch Überschwemmungen, bald durch Seuchen und Hunger. Die Erde bringt keinen Ertrag mehr hervor; sie ist unfruchtbar durch das Übermaß von Kälte oder von Wärme. Alles Wasser verwandelt sich teils in Blut, teils schlägt es in Bitterkeit um, so daß nichts mehr für Speisen brauchbar oder zum Trinken heilsam ist. (5) Zu diesen Übeln gesellen sich noch Schreckzeichen vom Himmel, damit den Menschen nichts fehle, was Furcht erregt. Häufig ist das Erscheinen von Haarsternen; die Sonne umdüstert sich zu immerwährender Blässe, der Mond färbt sich in Blut und ergänzt nicht mehr die Einbuße des verlorenen Lichtes; die Sterne fallen sämtlich vom Himmel; den Zeiten bleibt nicht mehr ihre Gesetzmäßigkeit, Winter und Sommer sind vermengt. (6) Dann kürzt sich auch das Jahr und der Monat und der Tag; und dies ist 'das Alter und die Ermattung der Welt', von der Trismegistus geweissagt hat. Wenn diese Dinge eintreten, dann mag man wissen, daß die Zeit da ist, in der Gott zur Umwandlung der Welt wiedererscheinen wird. 7. Während des Andauerns dieser Übel erhebt sich ein gottloser König, der nicht bloß dem Menschengeschlechte, sondern auch Gott abhold ist. Was jener frühere Tyrann noch übriggelassen, das wird dieser zertreten, quälen, martern und töten. Nun gibt es kein Aufhören der Tränen mehr und keine Unterbrechung der Seufzer; vergeblich sind die Bitten zu Gott; da ist kein Ausruhen mehr von dem Grauen und kein Schlaf mehr zur Erquickung. Der Tag mehrt immer das Unheil, und die Nacht stets die Furcht. So sinkt der Erdkreis fort zur Verödung herab, wenigstens werden spärlich die Menschen. (8) Dann wird auch jener gottlose König die gerechten und gottgeweihten Menschen zweiundvierzig Monate lang verfolgen und sich selbst göttlich verehren lassen; denn er wird sich für Christus ausgeben, dessen

(10) sed ille vecors ira implacabili furens adducet exercitum et obsedebit montem, quo iusti confugerint. qui cum se viderint circumsessos, implorabunt auxilium dei voce magna et exaudiet eos et mittet illis liberatorem.

67. (1) Tunc caelum intempesta nocte patefiet et descendet Christus in virtute magna et anteibit eum claritas ignea et virtus inaestimabilis angelorum et extinguetur omnis illa multitudo impiorum et torrentes sanguinis current et ipse ductor effugiet atque exercitu saepe reparato quartum proelium faciet, quo captus cum ceteris omnibus tyrannis tradetur exustioni. (2) sed et ipse daemonum princeps auctor et machinato malorum catenis alligatus custodiae dabitur, ut pacem mundus accipiat et vexata tot saeculis terra requiescat. (3) pace igitur parata conpressoque omni malo rex ille iustus et victor iudicium magnum de vivis et mortuis faciet super terram et viventibus quidem iustis tradet in servitium gentes universas, mortuos autem ad aeternam vitam suscitabit et in terra cum iis ipse regnabit et condet sanctam civitatem et erit hoc regnum iustorum mille annis. (4) per idem tempus et stellae candidiores erunt et claritas solis augebitur et luna non patietur deminutionem. tunc descendet pluvia benedictionis matutina et vespertina et omnem frugem terra sine labore hominum procreabit. (5) stillabunt mella de rupibus, lactis et vini fontes exuberabunt. bestiae deposita feritate mansuescent, lupus inter pecudes errabit innoxius, vitulus cum leone pascetur, columba cum accipitre congregabitur, serpens virus non habebit, nullum animal vivet ex sanguine, omnibus enim deus copiosum atque innocentem victum ministrabit. (6) peractis vero mille annis ac resoluto daemonum principe rebellabunt

Widersacher er ist. Und um sich Glauben zu verschaffen, wird er die Macht empfangen, Wunder zu wirken, so daß Feuer vom Himmel fällt, die Sonne stillsteht in ihrem Laufe, ein Bild, das er aufgestellt hat, zu reden beginnt. (9) Durch diese Wunderzeichen wird er viele dazu verlocken, ihn anzubeten und sein Zeichen auf Hand oder Stirne zu empfangen. Und wer ihn nicht anbetet und das Zeichen nicht annimmt, der stirbt unter ausgesuchten Qualen. Auf diese Weise rottet er ungefähr zwei Drittel der Menschen aus; der übrige Teil flieht in verlassene Wüsteneien. (10) Aber jener Rasende, der in unversöhnlichem Zorne wütet, rückt mit dem Heere an und belagert den Berg, auf den sich die Gerechten geflüchtet haben. Nachdem diese sich umlagert sehen, rufen sie mit lauter Stimme zu Gott um Hilfe, und Gott erhört sie und schickt ihnen einen Retter.

67. (1) Jetzt öffnet sich der Himmel im tiefen Schweigen der Nacht, und Christus steigt mit großer Macht herab; feuriger Glanz geht vor ihm her und dann eine unzählbare Schar von Engeln; die ganze Menge der Gottlosen wird ausgetilgt, in Strömen fließt das Blut. Der Führer selbst entkommt, erneuert mehrmals das Heer und liefert eine vierte Schlacht. In dieser wird er gefangen und mit allen übrigen Tyrannen dem Feuer überantwortet. (2) Aber auch der Fürst der Dämonen selbst, der Urheber und Anstifter der Übel, wird in Ketten geschlagen und in Gewahrsam gebracht, auf daß die Welt Friede erhalte und die so viele Jahrhunderte lang mißhandelte Erde zur Ruhe komme. (3) Nachdem so der Friede hergestellt und alles Böse unterdrückt ist, wird jener gerechte und siegreiche König ein großes Gericht auf Erden über Lebende und Tote halten, und zwar wird er den Gerechten, die noch am Leben sind, die sämtlichen heidnischen Völker zur Dienstbarkeit überlassen, die Gerechten aber, die verstorben sind, wird er zum ewigen Leben auferwecken und selbst auf Erden mit ihnen herrschen und die heilige Stadt gründen; und dies ist das Reich der Gerechten, tausend Jahre lang. (4) Während dieser Zeit erstrahlen glänzender die Sterne, die Sonne nimmt an Helligkeit zu, der Mond wird keine Abnahme mehr erleiden. Da steigt von Gott 'Regen der Segnung' herab am Morgen und am Abend; alle Frucht erzeugt die Erde ohne Mühe der Menschen. (5) Honig in Fülle träufelt von den Felsen, Quellen von Milch und Wein brechen hervor. Die Tiere der Wälder legen ihre Wildheit ab und sänftigen sich; der Wolf schweift unschädlich zwischen den Schafen, das Kalb weidet mit dem Löwen, die Taube

gentes adversus iustos et veniet innumerabilis multitudo ad expugnan-
dam sanctorum civitatem. (7) tunc fiet ultimum iudicium dei adversus
gentes. concutiet enim a fundamentis suis terram et corruent civitates,
et pluet super impios ignem cum sulpure et grandine et ardebunt et se
invicem trucidabunt. iusti vero sub terra paulisper latebunt, donec
perditio gentium fiat, et exibunt post diem tertium et videbunt campos
cadaveribus opertos. tunc fiet terrae motus et scindentur montes et
subsident valles in altitudinem profundam et congerentur in eam cor-
pora mortuorum et vocabitur nomen eius Polyandrium. (8) post haec
renovabit deus mundum et transformabit iustos in figuras angelorum,
ut immortalitatis veste donati serviant deo in sempiternum. et hoc erit
regnum dei, quod finem non habebit. tunc etiam impii resurgent, non
ad vitam, sed ad poenam. eos quoque secunda resurrectione facta deus
excitabit, ut ad perpetua tormenta damnati et aeternis ignibus traditi
merita pro sceleribus suis supplicia persolvant.

68. (1) Quare cum haec omnia vera et certa sint prophetarum omnium consona adnuntiatione praedicta, cum eadem Trismegistus, eadem
Hystaspes, eadem Sibyllae cecinerint, dubitari non potest, quin spes
omnis vitae et salutis in sola dei religione sit posita. (2) itaque nisi
homo susceperit, quem deus ad liberationem misit atque missurus est,
nisi summum deum per eum cognoverit, nisi mandata eius legemque
servaverit, in eas incidet poenas, de quibus locuti sumus. (3) proinde
fragilia contemnenda sunt, ut solida consequamur, spernenda terrena,
ut caelestibus honoremur, temporalia fugienda, ut ad aeterna veniamus.
(4) erudiat se quisque ad iustitiam, reformet ad continentiam, praeparet

schart sich mit dem Habicht; die Schlange hat ihr Gift nicht mehr; kein Wesen lebt mehr von Blut; denn allen verschafft Gott reichliche und schuldlose Nahrung. (6) Nachdem aber die tausend Jahre verflossen sind, wird der Fürst der Dämonen wieder gelöst; die Völker erheben Aufruhr wider die Gerechten, und es erscheint eine unzählbare Menge, um die Stadt der Heiligen zu erstürmen. (7) Jetzt findet das letzte Gericht Gottes wider die Völker statt. Gott erschüttert die Erde in ihren Grundfesten; die Städte stürzen zusammen. Feuer mit Schwefel und Hagel regnet auf die Gottlosen herab; sie werden vom Brande ergriffen und machen sich wechselseitig nieder. Die Gerechten aber bergen sich eine Weile unter der Erde, bis die Vernichtung der Heiden erfolgt ist; und nach drei Tagen treten sie ans Licht hervor und sehen die Ebene mit Erschlagenen bedeckt. Dann tritt eine Erderschütterung ein; die Berge spalten sich, die Täler senken sich zu unermeßlicher Tiefe, und in diese werden die Leiber der Erschlagenen zusammengehäuft, und der Name der Tiefe ist 'Grab für viele'. (8) Hierauf erneuert Gott die Welt und wandelt die Gerechten in die Gestalt der Engel um, auf daß sie im Gewande der Unsterblichkeit für immer und ewig Gott dienen. Und das ist das Reich Gottes, das kein Ende haben wird. Dann werden auch die Gottlosen auferstehen, aber nicht zum Leben, sondern zur Pein. Auch sie wird Gott bei der zweiten Auferstehung erwecken; aber sie werden zu immerwährenden Qualen verurteilt und ewigen Feuergluten überantwortet, um die verdienten Strafen für ihre Verbrechen zu erleiden.

68. (1) All diese Dinge sind wahr und zuverlässig; denn sie sind durch die gleichlautenden Weissagungen aller Propheten verkündigt, und mit diesen Weissagungen stimmen auch die Aussprüche des Trismegistus, des Hystaspes und der Sibyllen überein; man darf also nicht mehr daran zweifeln, daß alle Hoffnung des Lebens und des Heiles auf der Religion Gottes allein beruht. Wenn also der Mensch den Sohn nicht aufnimmt, den Gott zur Erlösung gesandt hat und künftig senden wird, wenn er nicht durch ihn den höchsten Gott kennenlernt, wenn er nicht seine Gebote und sein Gesetz beobachtet, so wird er den Strafen anheimfallen, von denen wir gesprochen haben. (3) Demgemäß müssen wir das Vergängliche geringschätzen, um das Unvergängliche zu erlangen; wir müssen das Irdische verachten, um der Ehre des Himmlischen teilhaftig zu werden, das Zeitliche fliehen, um zum Ewigen zu gelangen. (4) Unterweisen wir uns

ad agonem, instruat ad virtutem, ut si forte adversarius indixerit bellum, nulla vi, nullo terrore, nullis cruciatibus a recto et bono depella-
tur. (5) non se substernat insensibilibus figmentis, sed verum et solum
deum rectus adgnoscat, abiciat voluptates, quarum inlecebris anima
sublimis deprimitur ad terram, teneat innocentiam, prosit quam pluri-
mis, incorruptibiles sibi thesauros bonis operibus adquirat, ut possit
deo iudice pro virtutis suae meritis vel coronam fidei vel praemium
immortalitatis adipisci.

᾿ΕΚ ΤΗΣ ΘΕΟΣΟΦΙΑΣ

(Fragm. griechischer Theosophen ed. H. Erbse p. 179)

᾿Εξηγεῖται δὲ <ἡ Σίβυλλα> καὶ τὴν γέννησιν τοῦ ἀνθρώπου καὶ
τὴν ἐκ τοῦ παραδείσου ἔξοδον, ἥ τις οὐ μόνον πρόσκαιρον, ἀλλὰ
καὶ μοχθηρὰν τὴν ζωὴν αὐτῶν πεποίηκε, λέγουσα οὕτως (Or. Sib.
VIII 260–262).

> ἄνθρωπον πλασθέντα θεοῦ παλάμαις ἁγίαισιν,
> ὅν τ᾿ ἐπλάνησεν ὄφις δολίως, ἐπὶ μοῖραν ἀνελθεῖν
> τοῦ θανάτου γνῶσίν τε λαβεῖν ἀγαθοῦ τε κακοῦ τε.

ἐπεὶ οὖν, φησί, μόνος ἐστὶ ποιητὴς καὶ προνοητὴς τῶν ἀπάντων
καὶ ἀρχιτέκτων τῶν πραγμάτων, μόνος σεπτὸς καὶ προσκυνητὸς
ἔστω, φησί (Or. Sib. fr. 1, 15–16 Ge.).

> αὐτὸν τὸν μόνον ὄντα σέβεσθ᾿, ἡγήτορα κόσμου,
> ὃς μόνος εἰς αἰῶνα καὶ ἐξ αἰῶνος ἐτύχθη.

Καὶ ἄλλη δὲ Σίβυλλα, ἥτις ποτέ ἐστιν, λόγους τοῦ ἀεὶ ὄντος
θεοῦ καὶ πατρὸς πρὸς ἀνθρώπους διεκόμισεν ὧδε (Or. Sib. VIII
377).

> μοῦνος γὰρ θεός εἰμι, καὶ οὐκ ἔστιν θεὸς ἄλλος.

ταῦτα μὲν περὶ τοῦ αὐτοπάτορος πατρός, τοῖς ὁμοίοις δὲ καὶ ἴσοις
καὶ περὶ τοῦ μονογενοῦς υἱοῦ αὐτοῦ· εὐθὺς γὰρ περὶ τῆς ἐπανθρω-
πήσεως αὐτοῦ ὅμοιόν τι λέγουσα τῷ προφήτῃ ᾿Ησαΐᾳ (ΧΙ 1)· ᾿ἐξ-

selbst in den Pflichten der Gerechtigkeit und erneuern wir in uns den
Geist der Enthaltsamkeit. Bereiten wir uns zum Wettkampf vor und
rüsten wir uns zur Tapferkeit, auf daß, wenn etwa der Widersacher
Krieg ankündigt, keine Gewalt, kein Schrecken und keine Qual uns
vom Rechten und Guten abbringen kann. (5) Werfen wir uns nicht
vor empfindungslosen Gebilden in den Staub, sondern stehen wir
aufrecht und erkennen wir den wahren und alleinigen Gott. Weisen
wir die Vergnügungen von uns; denn ihre Lockungen drücken die
erhabene Seele zur Erde herab. Halten wir fest an der Uneigennützig-
keit; suchen wir möglichst vielen zu nützen und uns unverwesliche
Schätze durch gute Werke zu erwerben. Dann werden wir beim Gerichte Gottes für die Verdienste unserer Tugend die Krone der Treue,
d. h. die Belohnung der Unsterblichkeit erlangen.

WEITERES AUS DER SIBYLLENTHEOSOPHIE

(Fortsetzung des Prologs)

Die Sibylle erzählt auch die Erschaffung des Menschen und den
Auszug aus dem Paradies, der ihr Leben nicht nur vergänglich, sondern
auch mühselig gemacht hat, indem sie also sagt:

> Den von Gottes geheiligten Händen geschaffenen Menschen,
> Welchen die Schlange betörte, daß er nun zum Schicksal des Todes
> Kam und nach Wunsch die Erkenntnis gewann vom Guten und
> [Bösen.

Da er nun also, sagt sie (weiter), allein der Verfertiger und Fürsorger
von allem und der Schöpfer der Dinge ist, so soll er allein verehrt und
angebetet sein; sagt sie doch:

> Ihn, der allein ist, verehrt, nur ihn, den Lenker des Weltalls,
> Welcher allein in Ewigkeit und von Ewigkeit währet.

Und irgendeine andere Sibylle hat Worte des ewigen Gottes und
Vaters den Menschen gebracht folgendermaßen:

> Denn ich allein bin Gott, und es gibt keinen andern daneben.

Dies gilt vom Vater, der sich selbst geschaffen, und in ähnlicher und
gleicher Weise auch von seinem eingeborenen Sohn; denn sofort
spricht sie über seine Menschwerdung etwas Ähnliches wie der

ελεύσεται ῥάβδος ἐκ τῆς ῥίζης Ἰεσσαὶ καὶ ἄνθος ἐξ αὐτῆς ἀνα-
βήσεται᾽ ἡ Ἐρυθραία ἐπιθειαζομένη Σίβυλλα προεῖπεν οὕτως (Or.
Sib. VI 8–11 + VIII 272–274).

> ἀνθήσει δ᾽ ἄνθος καθαρόν, βρίθουσι δὲ πάντα.
> δείξει ἀνθρώποισιν ὁδούς, δείξει δὲ κελεύθους
> οὐρανίας, πάντας δὲ σοφοῖς μύθοισι διδάξει,
> ἄξει δ᾽ εἴς τε δίκην καὶ δείξει πλοῦτον ἀπεχθῆ
> πάντα λόγῳ πράσσων πᾶσάν τε νόσον θεραπεύων·
> τοὺς ἀνέμους παύσειε λόγῳ, στρώσει δὲ θάλασσαν
> μαινομένην ποσὶν εἰρήνης πίστει τε πατήσας.

καὶ περὶ τοῦ πάθους τοῦ Χριστοῦ αὖθις (Or. Sib. VIII 256 sq.).

> οὐδὲ γὰρ ἐν δόξῃ, ἀλλ᾽ ὡς βροτὸς εἰς κτίσιν ἥξει
> οἰκτρὸς ἄμορφος ἄτιμος, ἵν᾽ οἰκτροῖς ἐλπίδα δώσει.

ὡς ἀφελκύσασα τὴν Ἡσαΐου προφητείαν οὕτως καὶ τούσδε προ-
απήγγειλε τοὺς στίχους (Or. Sib. VIII 287–290).

> εἰς ἀνόμους χεῖρας καὶ ἀπίστων ὕστερον ἥξει.
> δώσουσιν δὲ θεῷ ῥαπίσματα χερσὶν ἀνάγνοις
> καὶ στόμασιν μιαροῖς ἐμπτύσματα φαρμακόεντα.
> δώσει δ᾽εἰς μάστιγας ἁπλῶς ἁγνὸν τότε νῶτον.

εἶτα περὶ τοῦ ἐθελοντὴν ἅπαντα ὑπομένοντα τὸν Σωτῆρα σιγὴν
ἀσκεῖν ὡς πρόβατον ἐπὶ σφαγὴν ἑλκόμενον καὶ ὡς ἀμνὸν ἐναντίον
τοῦ κείροντος αὐτὸν ἄφωνος, λέγει, καὶ κολαφιζόμενος ἐσίγησεν,
ἵνα μήτις ἐπιγνῷ (Or. Sib. VIII 293–295):

> τίς λόγος, ὁππόθεν ἦλθεν, ἵνα φθιμένοισι λαλήσῃ·
> καὶ στέφανον φορέσει τὸν ἀκάνθινον, ἐκ γὰρ ἀκανθῶν
> τὸ στέφος ἐκλεκτῶν ἁγίων αἰώνιον ἕξει.᾽

πάλιν οὐκ ἀπαείδοντα τοῦ ξη̄ ψαλμοῦ χαριέντως διεξέρχεται (Or.
Sib. VIII 303–304).

> εἰς δὲ τὸ βρῶμα χολὴν κεὶς δίψαν ὄξος ἔδωκαν·
> τῆς ἀφιλοξενίης ταύτην δείξουσι τράπεζαν.

Prophet Isaias (c. 11, 1): „Hervorsprossen wird ein Schößling aus der Wurzel Jesse, und eine Blüte aus ihr hervorkommen"; die gottbegeisterte Erythräische Sibylle hat das so vorhergesagt:

Aufblühn wird eine reine Blume, und alles wird sprossen.
Zeigen wird er den Menschen die Wege des Heils und die Pfade
Aufwärts zu Gott und mahnet sie alle mit weiser Belehrung,
Führt sie zum Recht und macht ihnen klar, wie häßlich der
[Reichtum,
Alles bewirkend durchs Wort und heilend jegliche Krankheit;
Durch sein Wort wird er stillen die Winde und glätten die
[Meerflut,
Während sie tobt, sie mit Füßen des Friedens, im Glauben be-
[tretend.

Und über Christi Leiden wiederum:

Denn nicht in Herrlichkeit, sondern als Mensch wird er kommen
[auf Erden,
Elend, entehrt, unansehnlich, dem Elenden Hoffnung zu geben.

Als ob sie ihre Prophezeiung dem Isaias (c. 50, 6) entlehnt hätte, verkündigte sie folgende Verse vorweg (VIII 287–290):

Kommen wird er in Gewalt gottloser, ungläubiger Menschen.
Schläge versetzen dem Gott ruchlose, unheilige Hände,
Und aus ekelem Mund besudelt ihn giftiger Speichel.
Er aber bietet geduldig den heiligen Rücken der Geißel.

Sodann spricht sie darüber, daß der Heiland alles freiwillig auf sich nehme und stillschweige wie ein Schaf, das zur Schlachtbank geschleppt werde und stumm bleibe gegenüber seinem Scherer (Is. 53, 7). „Ohne einen Laut von sich zu geben", sagt sie, „obwohl er geschlagen wurde, schwieg er, damit keiner erkenne:

Wer der Logos, woher er gekommen, die Toten zu rufen,
Und von Dornen den Kranz wird er tragen: denn immerdar kom-
[men
Wird aus den Dornen der Kranz der Heiligen, welche erwählt
[sind."

Wiederum berichtet sie treffend, was nicht abweicht vom 68. Psalm:

Und sie reichten ihm Galle zur Speis', für den Durst aber Essig;
Solchen ungastlichen Tisch werden ihm die Gottlosen zeigen.

καὶ μετὰ βραχέα (Or. Sib. VI 26)·

ὦ ξύλον ὦ μακάριστον, ἐφ᾽ ᾧ θεὸς ἐξετανύσθη.

καὶ αὖθις (Or. Sib. VIII 312–314)·

καὶ θανάτου μοῖραν τελέσει τρίτον ἦμαρ ὑπνώσας·
<καὶ τότ᾽ ἀπὸ φθιμένων ἀναλύσας εἰς φάος ἥξει>
πρῶτος ἀναστάσεως κλητοῖς ἀρχὴν ὑποδείξας,

ἵνα ᾖ ἐν πᾶσι πρωτεύων, ὡς ὁ ἱερώτατος Παῦλος ἐπιστέλλει. ὡς δὲ σύμφωνός τις οὖσα ἡ πρόμαντις τῶν ὁσίων προφητῶν καὶ τὴν ἔντρομον ἀγανάκτησιν καὶ συμπάθειαν τῆς κτίσεως αὐτῆς τῆς τότε ἡμέρας, τὸ ἀκαλλές, ὁρατῶς οἷον καὶ ἀκουστῶς δηλοῖ (Or. Sib. VIII 305 sq. + 299 sq.).

ναοῦ δὲ σχισθῇ τὸ πέτασμα καὶ ἤματι μέσσῳ
νὺξ ἔσται σκοτόεσσα πελώριος ἐν τρίσιν ὥραις.
ἀλλ᾽ ὅτε δὴ τάδε πάντα τελειωθῇ, ἅπερ εἶπον,
εἰς αὐτὸν τότε πᾶς λύεται νόμος, ὅσπερ ἀπ᾽ ἀρχῆς
<δόγμασιν ἀνθρώποις ἐδόθη διὰ λαὸν ἀπειθῆ>.

Καὶ ἄλλη Σίβυλλα θεοφορουμένη προανεφώνησε περὶ τοῦ τὸν θεὸν πατέρα πέμπειν τὸν ἴδιον υἱόν, δι᾽ οὗ τὰ ἅπαντα καὶ ὑφίστησι καὶ κυβερνᾷ, ἐπὶ τὸ πᾶν ἀναπαῦσαι κακόν (Or. Sib. III 652 sq.)·

καὶ τότ᾽ ἀπ᾽ Οὐλύμποιο θεὸς πέμψει βασιλῆα,
ὃς πᾶσαν γαῖαν παύσει πολέμοιο κακοῖο.

Καὶ ἵνα μὴ τοῦ πέμψαντος κἂν πρὸς ὀλίγον ἐξαλλαγὴν ἔχων νομισθῇ ὁ τὰ σύμπαντα ποιήσας τε καὶ διεπῶν, ἀπήγγειλαν σαφῶς καὶ διαρρήδην αἱ Σίβυλλαι, τίς ἐστιν οὗτος ἐκεῖνος (Or. Sib. VIII 329).

αὐτόν σου γίγνωσκε θεὸν θεοῦ υἱὸν ἐόντα,

ὃς δι᾽ οἶκτον ἄνθρωπος γενόμενος καὶ ταπεινὸς φανεὶς (Or. Sib. VI 13–15)

κύματα πεζεύσει, νόσον ἀνθρώπων ἀπελάσσει,
στήσει τεθνηῶτας, ἀπώσεται ἄλγεα πολλά,
ἐκ δὲ μιῆς πήρης ἄρτου κόρος ἔσσεται ἀνδρῶν.

Ὅτι δ᾽ ἐν ἡμέρᾳ σκότος ἡλίου τε καὶ <ἔγερσις> ἀνθρωπείων ψυχῶν διὰ τὸ σωτήριον πάθος τὸ πάσης γέμον ἀθανασίας ἐγένετο,

Und gleich danach:

> Du glückseliges Holz, an welchem Gott einst gehangen!

Und wiederum:

> Todeslos wird er beenden, nachdem er drei Tage entschlafen;
> Denn dann kehrt er zurück ans Licht aus dem Reiche der Toten,
> Zeigt den Erwählten als erster den Anfang der Auferstehung,

damit er in allem den Vorrang habe, wie der heilige Paulus schreibt
(Kol. 1, 18). In Übereinstimmung mit den heiligen Propheten verkündet die Seherin die zitternde Erregung und das Mitgefühl der Schöpfung an eben jenem Tage, das Häßliche, wie es sichtbar und hörbar sich
zeigt:

> Und der Vorhang zerreißt im Tempel, und mitten am Tage
> Wird drei Stunden hindurch gar dunkle, gewaltige Nacht sein.
> Doch wenn all dies dann sich erfüllt hat, was ich geredet,
> Dann wird jedes Gesetz sich lösen in ihm, das vom Anfang
> ⟨Wegen des trotzigen Volkes durch menschliche Satzungen auf-
> [kam⟩.

Und eine andere Sibylle, von Gott begeistert, verkündete vorher, daß
Gott Vater den eigenen Sohn schicke, durch den er alles auf sich
nimmt und leitet, um allem Übel ein Ende zu machen:

> Und dann wird vom Olympus herab Gott senden den König,
> Welcher die ganze Erde befreit vom Übel des Krieges.

Und damit man nun nicht glaube, der das alles gemacht habe und
durchführe, habe, wenn auch nur für kurze Zeit, einen Tausch mit dem
Absender eintreten lassen, vermeldeten die Sibyllen klar und deutlich,
wer jener sei:

> Ihn erkenne als deinen Gott, der zugleich Gottes Sohn ist,

der aus Mitleid Mensch geworden und in Niedrigkeit erschienen:

> Auf dem Meere wird wandeln und teilen der Menschen Gebreste,
> Tote erwecken zum Leben und mancherlei Leiden vertreiben,
> Satt machen hungrige Menschen aus einem einzigen Brotnetz.

Daß am Tage eine Sonnenfinsternis stattfand und die Auferweckung
der menschlichen Seelen durch des Erlösers Leiden, das von jeglicher

258 Fortwirken

ἐν δὲ μεσονυκτίῳ φῶς ταῖς ψυχαῖς ἀνήφθη διὰ τὴν ἐκ νεκρῶν
ἀνάστασιν τοῦ Σωτῆρος τὴν ὑπόδειγμα καὶ αἰτίαν ἀναστάσεως
οὖσαν τῷ ἡμετέρῳ γένει, συντόμως καταλέγει ἐν τοῖσδε τοῖς ἔπεσι
(Or. Sib. fr. 6 Gr.)·

Πῦρ ἔσται σκοτόεντι μέσῃ <τ'> ἐνὶ νυκτὶ γαλήνη.
οὕτω γὰρ ηὐδόκησεν ἡ αἰώνιος ζωή, ἡ πηγὴ τῆς ἀθανασίας.
— — — — — (In textu corrupto de diabolo agi videtur) — —
— — — <ἄλλη> οὕτως ἔφη (Or. Sib. V 107–110)·

ἥξει καὶ μακάρων ἐθέλων πόλιν ἐξαλαπάξαι.
καὶ κέν τις θεόθεν βασιλεὺς πεμφθεὶς ἐπὶ τοῦτον
πάντας ὀλεῖ βασιλεῖς μεγάλους καὶ φῶτας ἀρίστους.
εἶθ' οὕτως κρίσις ἔσται ὑπ' ἀφθίτου ἀνθρώποισιν.

ἐν φόβῳ οὖν, φησί, τὸν τῆς παροικίας ἡμῶν χρόνον ἀναστραφῶμεν
πτερωθέντες τὴν αἴθησιν καὶ εὐμενιζόμενοι τὸν μόνον νομοθέτην
καὶ κριτὴν καὶ τῶν ἀνθρώπων κηδόμενον διὰ ἱεροπρεποῦς βίου.
Εἶτα καὶ ἄλλη Σίβυλλα τὴν ἔνδοξον καὶ φιλάνθρωπον δευτέραν
ἐπιδημίαν τοῦ πλησίον ἀεὶ πάντων παρόντος καὶ πάντα ἐφορῶντος
πολυσέπτου θεοῦ προαναφωνοῦσά φησιν (Or. Sib. VIII 326–328).

ἵνα τὸν ζυγὸν ἡμῶν
δοῦλον δυσβάστακτον ἐπ' αὐχένι κείμενον ἄρῃ
καὶ θεσμοὺς ἀθέους λύσῃ δεσμούς τε βιαίους.

καὶ μετὰ βραχέα πάλιν περὶ τῶν αὐτῶν (Or. Sib. VIII 241–243)·
Ταρτάρεον δὲ χάος δείξει τότε γαῖα χανοῦσα,
ἥξουσιν δ' ἐπὶ βῆμα θεοῦ βασιλῆες ἅπαντες.
ῥεύσει δ' οὐρανόθεν ποταμὸς πυρὸς ἠδὲ θεείου.

καὶ ἐν ἄλλῳ τόπῳ ἡ αὐτὴ οὐχ ἁμαρτάνουσα τοῦ σαφοῦς καὶ ἀληθοῦς τάσδε ἀφίησι φωνάς (Or. Sib. VIII 413–416)·

οὐρανὸν εἱλίξω, γαίης κευθμῶνας ἀνοίξω,
καὶ τότ' ἀναστήσω νεκροὺς μοῖραν ἀναλύσας
καὶ θανάτου κέντρον καὶ ὕστερον εἰς κρίσιν ἄξω
κρίνων εὐσεβέων καὶ δυσσεβέων βίον ἀνδρῶν.

ὀρθῶς οὖν ὁ Ἠσαΐας προεκήρυξεν (XXXIV 4)· 'ὁ οὐρανὸς ἑλιγήσεται ὡς βιβλίον', ὀρθῶς δὲ ὁ Δανιὴλ προεφήτευσε τὸ αὐτοφυὲς

Unsterblichkeit voll war, und mitten in der Nacht den Seelen ein Licht angezündet wurde durch die Auferstehung des Erlösers von den Toten, die Unterpfand und Ursache der Auferstehung für unser Geschlecht ist, das erklärt sie zusammenfassend in folgenden Worten:

Feuer wird in dem Dunkel und Ruhe inmitten der Nacht sein.

So nämlich macht sich geltend das ewige Leben, die Quelle der Unsterblichkeit.

— — (Der folgende Satz ist stark verderbt.) — —

⟨Eine andere Sibylle⟩ sprach:

Kommen wird er, um auch der Seligen Stadt zu zerstören.
Doch wird gesendet von Gott gegen diesen ein mächtiger König,
Der alle mächtigen Herrscher und trefflichen Männer vernichtet.
Dann wird der ewige Gott sein Gericht halten über die Menschen.

In Furcht nun, meint sie, sollen wir während der Zeit unseres Aufenthaltes in der Fremde umkehren, indem wir uns mit unseren Sinnen erheben und den einzigen Gesetzgeber und Richter, der sich auch um die Menschen kümmert, durch ein heiligmäßiges Leben gnädig stimmen.

Dann sagt auch eine andere Sibylle die berühmte und menschenfreundliche zweite Anwesenheit des immer in allernächster Nähe weilenden und alles schauenden hochverehrten Gottes voraus mit den Worten:

Damit er das Sklavenjoch trage,
Das schwer tragbar auf unserem Nacken jetzt lieget und lastet,
Und uns löse die gottlose Satzung und drückende Fesseln.

Und gleich darauf wieder über dasselbe Thema:

Innen birst die Erde und zeigt des Tartarus Abgrund.
Kommen werden die Könige alle zum Richterstuhl Gottes.
Ausströmt dann vom Himmel ein Fluß von Feuer und Schwefel.

Und an anderer Stelle läßt dieselbe Sibylle, ohne der Deutlichkeit und Wahrheit zu entraten, folgende Worte vernehmen:

Ich will den Himmel erschüttern, die Schlünde der Erde eröffnen,
Und dann will ich die Toten erwecken, lösend das Schicksal
Und den Stachel des Todes, alsbald komm' ich zum Gerichte,
Um zu richten das Leben der frommen und gottlosen Menschen.

Richtig hat also Isaias vorher verkündigt (c. 34, 4): „Der Himmel wird aufgerollt werden wie ein Buch;" richtig hat auch Daniel die nackte

τῆς ἀληθείας (VII 9 sq.)· 'ἐθεώρουν, φησίν, ἕως οὗ θρόνοι ἐτέθησαν καὶ βίβλοι ἀνεῴχθησαν καὶ παλαιὸς ἡμερῶν ἐκάθητο ἐν ἐκείνῳ τῷ μεγίστῳ φόβῳ, οὗ μείζων οὐκ ἔστιν αὐτοῖς.'

Ὡς πέφυκας, ἀναλλοίωτε δέσποτα, καθ' ὡς ἐποίησας ἡμῖν ἀεί, μνήσθητι τῆς σῆς ἀγαθότητος καὶ τῆς φωνῆς σου ἧς ἀφῆκας ἡμῖν, ὅτι τὰ παρὰ ἀνθρώποις ἀδύνατα δυνατά σοι τῷ θεῷ ἐστι, καὶ ἱλάσθητι ἕνεκεν τοῦ ὀνόματός σου ὁ μόνος ἀναμάρτητος καὶ μόνος πολυέλεος· καὶ σὺ δέ, ἁγία θεοτόκε Μαρία, ἧς ἐγγύτερον ἐν ἀγάπῃ μετὰ τὸν σύναρχον αὐτοῦ πατέρα καὶ τὸ ἅγιον πνεῦμα οὐκ ἔχει <ὁ υἱός>, μία ἐξ ἡμῶν κατὰ τὴν φύσιν, οὐ κατὰ τὰς ἁμαρτίας ἡμῶν ὑπάρχουσα, συμπάθησον καὶ τὸν πρὸ αἰώνων ἐκ τοῦ θεοῦ, ἐπ' ἐσχάτων δὲ ἐκ σοῦ γεννηθέντα ἱκέτευσον ὑπὲρ πάντων προβαλλομένη τὸν τόκον σου καὶ τὰς καθαρὰς καὶ παναγνους ἀγκάλας σου, αἳ αὐτὸν ἐβάστασαν, ὅπως τὰς ἡμετέρας πρόσχῃς δεήσεις, φθάσῃ δὲ πάντη καὶ πάντως ἐφ' ἡμᾶς τὸ ἄφατον αὐτοῦ ἔλεος καὶ ῥυσθῶμεν ἐκ τῆς ἐπερχομένης τοῖς ἁμαρτωλοῖς δικαίας ὀργῆς ἐν τῇ φρικτῇ καὶ φοβερᾷ ἐλεύσει αὐτοῦ.

Καὶ ἄλλη δὲ Σίβυλλα ὥσπερ μαινομένη ἐκβοᾷ (Or. Sib. fr. 4 Ge.). Κλῦτε δέ μου, μέροπες, βασιλεὺς αἰώνιος ἄρχει.

δεδιότες, φησί, τὸν κριτὴν πυκτεύσατε εὐσεβῶς, τῷ βίῳ πολλὰς ἔχοντας ἀφορμάς, ἵνα τὸν ἀκήρατον δέξησθε στέφανον, πρὶν <ἂν> ἢ ἀνυπέρβατος ἔλθῃ συντέλεια καὶ ἡ εὐκταία ἀνάστασις, καταδράξασθε τοῦ θεοῦ καὶ τοῖς δάκρυσι κατασβέσατε τὸ πῦρ τῆς γεέννης, δυσὶν ὀβολοῖς τὸν παμβασιλέα καὶ χορηγὸν τῆς ἀθανασίας ὀφειλέτην κτήσασθε καὶ ἀναδήσασθε τὴν ἐγκράτειαν, περιπτύξασθε τὴν πίστιν τοῦ θεοῦ λόγου, τὰς ἐντολὰς πληρώσατε, καὶ οὐ μὴ γεύσησθε θανάτου· δι' ἐγκράτειαν γὰρ Ἡλίας ἀνελήφθη καὶ διὰ πίστεως Ἐνὼχ μετετέθη εἰς τὸν ἀειθαλῆ παράδεισον καὶ διὰ τοῦ ἀγαπῆσαι τὸν λόγον τοῦ θεοῦ λόγου Ἰωάννης ὁ εὐαγγελιστὴς μένει ὡς οἱ προλεχθέντες ἕως τῆς δευτέρας τοῦ Κυρίου παρουσίας θανάτου ἄμοιρος.

Ἄλλη δὲ πάλιν προφῆτις καταλέγεσθαι τοὺς θεοφιλεῖς καὶ τῆς ἄκρας ἀπολαύειν ζωῆς τῇ ὑπερβολῇ τοῦ περὶ αὐτοὺς θείου φίλτρου τοῦτον προαγορεύει τὸν τρόπον (Or. Sib. V 281–283).

Wirklichkeit prophezeit, wenn er sagt (c. 7, 9 f.): „Ich schaute, bis die
Sessel aufgestellt und die Bücher aufgeschlagen wurden und ein uralter
Mann besänftigend dasaß in jener größten Furcht, wie es keine größere
für sie gibt."
  Wie du von Natur bist, unveränderlicher Herrscher, und wie du uns
immer getan hast, gedenke deiner Güte und deines Wortes, das du zu
uns gesprochen hast, weil das, was bei Menschen unmöglich ist, dir
als Gott möglich ist, und erbarme dich um deines Namens willen als
der einzige Unfehlbare und der einzige Erbarmungsreiche. Und auch
du, heilige Gottesgebärerin Maria, der an Liebe nach seinem mitherr-
schenden Vater und dem Heiligen Geiste der Sohn am nächsten steht,
eine von uns der Natur nach, ohne die Sündhaftigkeit mit uns zu teilen,
hab Mitleid mit uns und bitte den, der, vor Ewigkeiten aus Gott gezeugt, zuletzt von dir geboren wurde, und halte als Schild vor uns dein
Kind und die Gebete und deine hochheiligen Arme, die deinen Sohn
getragen haben, damit er vorher unsere Bitten entgegennehme, du
aber immer und überall mit seinem unsäglichen Mitleid gegen uns zu-
vorkommest und wir gerettet werden vor dem die Sünder treffenden gerechten Zorn am Tage seiner schrecklichen und furchtbaren Ankunft.
  Und eine andere Sibylle ruft aus wie rasend:
  Höret auf mich, ihr Menschen, es herrschet der ewige König.
Aus Furcht vor dem Richter, sagt sie, kämpfet gewissenhaft, wozu ihr
im Leben viele Gelegenheiten habt, damit ihr den unversehrten Kranz
empfanget, bevor die höchste Vollendung kommt und die ersehnte
Auferstehung, ergreifet Gott und löscht mit euren Tränen das Feuer
der Gehenna, mit zwei Obolen macht euch den Allherrscher und Führer zur Unsterblichkeit zum Helfer und ziehet an Enthaltsamkeit, um-
fasset den Glauben an Gottes Wort, erfüllt die Gebote, und ihr werdet
den Tod nicht kosten (vgl. Ephes. 6, 10 ff.). Wegen seiner Enthaltsamkeit wurde nämlich Elias in den Himmel aufgenommen und infolge
seines Glaubens wurde Henoch in das immer blühende Paradies ent-
rückt, und weil er den Logos des Wortes Gottes liebte, bleibt der
Evangelist Johannes wie die vorgenannten bis zur zweiten Ankunft
des Herrn des Todes unteilhaftig (Joh. 21, 23).
  Eine andere Prophetin hinwiederum sagt voraus, daß die Gottes-
freunde ausgewechselt werden und am Leben droben teilnehmen infolge des Übermaßes der göttlichen Liebe zu ihnen, und zwar auf folgende Weise:

εὐσεβέων δὲ μόνων ἁγία <χθὼν> πάντα τάδ' οἴσει,
νᾶμα μελισταγέης ἀπὸ πέτρης ἠδ' ἀπὸ πηγῆς
καὶ γλάγος ἀμβροσίης ῥεύσει πάντεσσι δικαίοις.
Ἡ δὲ Ἐρυθραία προορῶσα τῶν Ἑλληνικῶν ψυχῶν τὸ τυφλὸν
καὶ ἄλαλον καὶ πολλὴν καταγιγνώσκουσα μανίαν αὐτῶν οὕτως πρὸς
αὐτοὺς διαλέγεται (Or. Sib. fr. 3, 1–2 Ge.)·

εἰ δ' ἄρα γεννητὸν καὶ φθείρεται, οὐ δύνατ' ἀνδρὸς
ἐκ μηρῶν μήτρας τε θεὸς τετυπωμένος εἶναι.

ὡς ἀληθῶς γὰρ μόνος ὕψιστος ἀγέννητος, τἆλλα δὲ πάντα γεννητά·
ἀγεννήτῳ δὲ πρὸς γεννητὸν ποία μίξις; εἰ δὲ μίγνυται, οὐ θεὸς οὐδ'
ἀνώλεθρος φύσις· εἰ δὲ καὶ ἀθάνατος ὁ θεὸς καὶ ἄϋλος, οὐκ ἀναγκαία
ὑπεισέλευσις γονῆς θεοῦ εἰς ἀεὶ διαμένοντος καὶ ὡσαύτως ἔχον-
τος . . . .

—— —— —— —— —— —— —— —— —— —— —— ——

Αἰνιττομένη δὲ ἡ αὐτὴ τῶν δαιμόνων τὴν πρὸς τοὺς ἀνθρώπους
ἔχθραν καὶ ὡς ἀπ' αὐτῶν μαγείαις, ἀστρολογίαις, οἰωνοσκοπίαις,
μαντείαις τε καὶ νεκυομαντείαις καὶ εἴ τινα ἄλλα κακὰ ἐνεργεῖται,
διὰ συνόμων ἐδήλωσεν οὕτως (Or. Sib. III 228–229)·

ἐπεὶ πλάνα πάντα τάδ' ἐστιν,
ὅσσαπερ ἄφρονες ἄνδρες ἐρευνώωσι κατ' ἦμαρ.

Καὶ ἄλλη Σίβυλλα ἀπεχθανομένη τῷ Ἑλλήνων ἔθνει διὰ τὴν
καταφρόνησιν καὶ ἀμέλειαν τῆς ἀληθείας καὶ τὸν ἐντεῦθεν ὄλεθρον,
τὰ τασσόμενα σκώπτουσα, αὐτῷ βοᾷ (Or. Sib. III 545, 547–549
+ 549 a)·

Ἑλλὰς δή, τί πέποιθας ἐπ' ἀνδράσι ἡγεμόνεσσιν;
πρὸς τί δὲ δῶρα μάταια καταφθιμένοισι πορίζεις,
θύεις δ' εἰδώλοις; τίς σοι πλάνον ἐν φρεσὶ θῆκεν,
ταῦτα ποιεῖν προλιπόντα θεοῦ μεγάλοιο πρόσωπον;
ἀλλὰ τί δὴ θνητοῖσιν ἀνείδεα ταῦτ' ἐπιβάλλω;

SIBYLLA TIBURTINA

(Nach E r n s t S a c k u r, Sibyllinische Texte und Forschungen. Halle a.
d. S., Max Niemeyer, 1898, S. 177–187; antike Interpolationen und
Zusätze stehen in [], die mittelalterlichen Zusätze sind *kursiv* gedruckt)

Incipit prologus

Sibille generaliter omnes femine dicuntur prophetantes, que ob divinam
voluntatem hominibus interpretari et ventura pronuntiare solebant. Tradunt

Doch nur der Frommen geheiligte Erde wird alles das bringen,
Naß vom honigtriefenden Felsen und von der Quelle
Und ambrosische Milch wird fließen für alle Gerechten.
Die Erythräerin aber, welche die Blindheit und Sturheit der helleni-
schen (= heidnischen) Seelen voraussieht und ihren vielfachen Wahn-
sinn verurteilt, unterredet sich also mit ihnen: [Schoß der
Wenn das Gezeugte auch wieder vergeht, so kann nicht aus dem
Mutter und aus den Schenkeln des Mannes gebildet ein Gott sein.
Wie wahr! Der Höchste ist ja allein ungezeugt, während alles übrige
gezeugt ist. Wie sollte es aber für einen Ungezeugten eine Mischung
mit einem Gezeugten geben? Wenn Mischung stattfindet, ist es kein
Gott und keine unvergängliche Natur; wenn aber Gott unsterblich
und stofflos ist, dann ist auch keine Hervorbringung von Nachkommenschaft nötig, da Gott ja für ewig besteht und unverändert bleibt.

— — — — — — — — — — — — — — — —

Dieselbe Sibylle deutet auch die Feindseligkeit der Dämonen gegenüber den Menschen an, und daß von ihnen durch Zauberei, Astrologie,
Vogelschau, durch Orakel und Totenorakel und was sonst Übles aus-
geübt wird, und faßt das kurz in die Worte zusammen:
Denn alles ist Trug nur,
Was die Sterblichen stets im Unverstand täglich erforschen.
Und eine andere Sibylle, die auf das Volk der Hellenen schlecht zu
sprechen ist wegen der Verachtung und Vernachlässigung der Wahr-
heit, tut ihm laut den daraus entspringenden Untergang kund, der Auf-
träge spottend (zuletzt ein bisher unbekannter Vers):
Hellas, dich frag' ich, warum vertrautest du sterblichen Herrschern?
Wozu bringst du vergeblich Geschenke verstorbenen Menschen?
Opferst den Götzen? Wer hat dir den Irrtum gelegt in die Seele,
Solches zu tun und das Antlitz des großen Gottes zu lassen?
Aber was werf' ich den sterblichen Menschen vor diese Roheit?

DIE TIBURTINISCHE SIBYLLE

(Endfassung langobardischer Herkunft; älteste Hs. Cod. Escor. D I 3
v. J. 1047; mittelalterliche Zusätze *kursiv*; die alten Bestandteile gehen
nach Kampers zurück auf die sog. Konstantin-Sibylle)

Prolog

*Sibyllen heißen im allgemeinen alle prophezeienden Frauen, die den Men-
schen den göttlichen Willen zu deuten und die Zukunft vorher zu verkünden*

namque auctores doctissimi decem fuisse sibillas, quarum prima de Persis,
secunda Libica, tertia Delfica, que ante Troiana vaticinata est, quarta Cymera
in Italia, quinta Heritrea in Babilonia, dicta autem Heritrea ab insula, in qua
eius dicta sunt carmina, sexta Samia a Samo insula vocata, septima Amalteia
vel Cimera, octava Ellesponta, nona Frigia, decima Tyburtina grece, latine
Abulnea vocata, et cuius carminibus multa de Deo et Christo scripta con-
tinentur. [Ex Hrab. Mauri De Universo XV, c. 3].

Incipit explanatio somnii

Fuit igitur hec Sibilla Priamidis regis filia ex matre nomine Hecuba
procreata, vocata est autem in Greco Tiburtina, Latino vero nomine
Abulnea. Hec circumiens diversas partes orbis predicavit Asiam, Mace-
doniam, Erostochiam (!), Agaguldeam (!), Ciliciam, Pamphiliam, Ga-
laciam. Cumque hanc mundi partem vaticiniis replesset, inde venit
Egyptum, Ethiopiam, Bagadam et Babiloniam, Africam, Libiam, Pentapolim, Mauritaniam, Palarinum. Omnes has provincias predicavit et
spiritu prophetie repleta prophetavit bonis bona et malis mala. Scimus
namque, quia in preconiis suis vera annuntiavit et quo in novissimis
erant ventura predicta.

Audientes igitur famam principes Romani, statim nuntiaverunt in
conspectu Troiani imperatoris. Mittens ergo imperator legatos ad eam,
fecit cum magno honore deducere Romam.

Centum igitur viri ex senatu Romano somnium unum in una nocte
singuli viderunt. Videbant singuli in visu quasi novem esse soles in
celo, qui singillatim divisi diversas in se figuras habebant. Primus sol
erat splendidus et fulgens super omnem terram. Secundus sol splen-
didior et magnus etheream habens claritatem. Tertius sol sanguineo
colore flamigerans, igneus et terribilis ac demum splendidus satis.
Quartus sol sanguine rubicundus, quattuor ex eo iterum erant meridie
radiantes. Quintus sol erat tenebrosus, sanguineus et lampans sicut in
tonitruo tenebroso. Sextus sol tenebrosus nimis, habebat aculeum,

*pflegten. Nach Überlieferung der gelehrtesten Schriftsteller gab es nämlich zehn
Sibyllen, deren erste von den Persern abstammt, die zweite die libysche, die dritte
die delphische, die vor den Trojanischen Kriegen geweissagt hat, die vierte
Cymera in Italien, die fünfte die Erythräerin in Babylonien, Erythräerin aber
hieß sie nach der Insel, auf der ihre Sprüche gesungen wurden, die sechste die
samische, nach der Insel Samos benannt, die siebente Amaltea oder Cimera,
die achte Ellesponta [die hellespontische?], die neunte die phrygische, die
zehnte Tyburtina auf griechisch (!), auf lateinisch Abulnea [Albunea?]
genannt, in deren Sprüchen viel über Gott und Christus geschrieben steht.*

Die Deutung des Traumes

Diese Sibylle also war eine Tochter des Königs Priamides [= Pria-
mus], von einer Mutter namens Hecuba geboren; sie hieß aber auf
griechisch Tiburtina, mit lateinischem Namen aber Abulnea. Diese
besuchte verschiedene Teile der Erde und weissagte in Asien, Macedonien, Erostochia, Agaguldea, Cilicien, Pamphilien, Galacien. Und
als sie diesen Teil der Welt mit ihren Weissagungen erfüllt hatte, darauf
kam sie nach Ägypten, Äthiopien, Bagada (Bagdad?) und Babylonien,
Afrika, Libyen, Pentapolis, Mauretanien, Palarinum. Alle diese Pro-
vinzen besuchte sie und vom Geist der Prophetie erfüllt prophezeite
sie den Guten Gutes und den Bösen Böses. Denn wir wissen, daß sie
in ihren Weissagungen Wahres verkündet hat, was als in jüngster Zeit
eintreffend vorhergesagt war.

Als nun die römischen Fürsten von ihrem Ruf hörten, meldeten sie
das sofort persönlich dem trojanischen Kaiser. Der Kaiser also schickte
Gesandte zu ihr und ließ sie mit großer Ehre nach Rom bringen.

Hundert römische Senatoren hatten alle in einer Nacht jeder ein
und denselben Traum. Jeder sah im Traume neun Sonnen am Himmel
stehen, die einzeln geteilt verschiedene Figuren in sich hatten. Die erste
Sonne war glänzend und strahlte über die ganze Erde. Die zweite war
noch glänzender und groß und hatte eine himmlische Helle. Die dritte
Sonne flammte in blutroter Farbe, feurig, schaurig, aber noch ziemlich
glänzend. Die vierte Sonne war blutigrot, vier Strahlen gingen jeweils
von ihr mittags aus. Die fünfte Sonne war finster, blutig und schwelend
wie bei einem finsteren Wetter. Die sechste Sonne war ziemlich finster
und hatte einen Stachel, wie der Stachel eines Skorpions. Die siebente

sicut stimulum scorpionis. Septimus vero sol terribilis erat et sanguineus, tetrum habens in medio gladium. Octavus autem sol effusus et sanguineum colorem habens in medium. Nonus autem sol erat nimis tenebrosus, unum tantum habens radium fulgentem.

Cumque Romam ingressa esset Sibilla, videntes eam cives Romani, admirabantur nimiam pulcritudinem eius. Erat autem venusto vultu, aspectu decoro, eloquens in verbis atque omni pulcritudine satis composita, suis auditoribus dulcem prebebat alloquium. Venientes autem et viri, qui somnia viderant, dicunt ad eam: 'Magistra et domina, quoniam magnum et valde decorum est corpus tuum, quale umquam in feminis praeter te non vidimus, precamur, ut somnium, quod omnes nos in unam noctem vidimus, quid futurum premonstret aperias.' Respondens Sibilla dixit ad eos: 'Non est equum in loco stercoribus pleno et diversis contaminationibus polluto sacramentum huius visionis detegere; sed venite et ascendamus in Aventinum montem et ibi vobis pronuntiabo, que ventura sunt civibus Romanis'. Et fecerunt, ut dixit. Quos interrogans visionem quam viderant narraverunt ei. At illa dixit ad eos:

'Novem soles, quos vidistis, omnes futuras generationes presignant. Quod vero dissimiles eos in se vidistis, dissimilis et vita erit in filiis hominum. Primus autem sol prima generatio est. Erunt homines simplices et clari, amantes libertatem, veraces, mansueti, benigni, amantes consolationes pauperum et satis sapientes. Secundus sol secunda generatio est. Erunt homines splendide viventes et crescentes multum Deum colentes sine malicia conversantes in terra. Tertius sol tertia generatio est, exurget gens contra gentem et erunt pugne multe in Roma. Quartus autem sol quarta generatio est. Erunt homines quod verum est abnegantes et in diebus illis exurget mulier de stirpe Hebreorum, nomine Maria, habens sponsum nomine Ioseph et procreabitur ex ea sine commixtione viri de spiritu sancto filius Dei nomine Iesus et ipsa erit virgo ante partum et virgo post partum. Qui ergo ex

Sonne war schaurig und blutig und hatte ein gräßliches Schwert in der Mitte. Die achte Sonne aber war ganz zerflossen und zeigte blutigrote Farbe in der Mitte. Die neunte Sonne aber war ziemlich finster und hatte nur einen einzigen leuchtenden Strahl.

Als nun die Sibylle nach Rom gekommen war, bestaunten die römischen Bürger, die sie sahen, ihre außergewöhnliche Schönheit. Sie hatte eine hoheitsvolle Miene und ein schmuckes Aussehen; wortgewandt und mit jeglicher Schönheit hinlänglich ausgestattet, zeigte sie ihren Zuhörern gegenüber eine liebliche Sprechweise. Es kommen nun auch die Männer, die den Traum gehabt hatten, zu ihr und sprechen: „Herrin und Meisterin, da dein Körper stattlich und sehr schön ist, wie wir ihn außer bei dir noch nie an Frauen gesehen haben, so bitten wir dich, den Traum, den wir alle in einer Nacht hatten, zu deuten, was für eine Zukunft er vorherverkünde. Die Sibylle antwortete und sprach zu ihnen: „Es geht nicht an, an einem von Mist starrenden und von mannigfachen Befleckungen besudelten Orte das Geheimnis dieser Erscheinung zu enthüllen; aber kommt, wir gehen auf den Aventin; dort will ich euch verkünden, was den Bürgern von Rom bevorsteht!" Und sie taten, wie sie gesagt. Sie fragte sie nach der Erscheinung, die sie gehabt hatten, und sie erzählten es ihr. Aber jene sprach zu ihnen: „Die neun Sonnen, die ihr geschaut habt, bedeuten alle künftige Geschlechter. Wenn ihr sie aber unter sich verschieden gesehen habt, so wißt: auch das Leben wird bei den Menschensöhnen verschieden sein. Die erste Sonne ist das erste Geschlecht. Es werden einfache und berühmte, freiheitsliebende, wahrhaftige, milde, gütige, Tröstungen der Armen liebende und ziemlich weise Menschen sein. Die zweite Sonne bedeutet das zweite Geschlecht. Es werden glänzend lebende und hoch wachsende Menschen sein, die Gott verehren und ohne Bosheit miteinander auf Erden verkehren. Die dritte Sonne bedeutet das dritte Geschlecht; es wird sich Volk gegen Volk erheben, und viele Kämpfe werden in Rom sein. Die vierte Sonne aber bedeutet das vierte Geschlecht. Es werden Menschen sein, die die Wahrheit ableugnen, und in jenen Tagen wird sich aus dem Stamme der Hebräer eine Frau erheben mit Namen Maria, die einen Verlobten hat mit Namen Joseph, und es wird aus ihr ohne Vermischung mit dem Manne vom Heiligen Geist der Sohn Gottes, mit Namen Jesus, geboren werden, und sie selbst wird Jungfrau vor der Geburt und Jungfrau nach der Geburt sein. Der aber aus ihr geboren werden wird, wird wahrer Gott und

ea nascetur, erit verus Deus et verus homo, sicut omnes prophetae
prophetaverunt et adinplebit legem Ebreorum. Et adiungit sua pro-
pria in simul et permanebit regnum eius in secula seculorum. Nas-
cente autem eo exercitus angelorum a dextris et a sinistris erunt,
dicentes: 'Gloria in excelsis Deo et in terra pax hominibus bone volun-
tatis.' Veniet namque vox super eum dicens: 'Hic est filius meus
dilectus, ipsum audite.'

[Erant autem ibi ex sacerdotibus Ebreorum, qui audientes hec verba
indignati dixerunt ad eam: 'Ista verba terribilia sunt, sileat hec regina.'
Respondens Sibilla dixit eis: 'Iudei, necesse est ista fieri, sicut dictum
est, sed vos non credetis in eum.' At illi dixerunt: 'Nos non credemus,
quia verbum et testamentum dedit Deus patribus nostris, et auferet
manum suam a nobis?' Respondit eis iterum: 'Deus celi sibi geniturus
est filium, ut scriptum est, qui similis erit patri suo. Et postea, ut infans
per etates crescet, et insurgent reges in eum et principes terrae.] In diebus
illis erit Cesari Augusto celebre nomen et regnabit in Roma, et subiciet
omnem terram sibi. Posthec convenient sacerdotes Ebreorum contra
Iesum, propter quod multa signa faciet, et comprehendent eum. [Da-
bunt autem alapas Deo manibus incestis et in vultu sacro expuent
venenata sputa. Dabit vero ad verbera simpliciter dorsum sanctum et
colaphos accipiens tacebit. Ad cibum autem fel et ad sitim acetum
dabunt.] Et suspendent eum in ligno et occident et nihil valebit eis,
quia die tertia resurget et ostendet se discipulis suis et ipsis videntibus
ascendet in celum et regni eius non erit finis.'

[Dixitque principibus Romanorum]: 'Quintus sol quinta generatio
est, et eliget sibi Iesus duos piscatores de Galilea et legem propriam do-
cebit eos dicens: 'Ite et doctrinam, quam accepistis a me, docete omnes
gentes, et per septuaginta et duas lignas (linguas?) subicientes omnes
nationes. Sextus sol sexta generatio est, et expugnabuntur (?) in istam

wahrer Mensch sein, wie alle Propheten verkündet haben, und er wird
das Gesetz der Hebräer erfüllen. Und er fügt sein Eigentum zugleich
hinzu, und sein Reich wird in alle Jahrhunderte dauern. Und wenn er
geboren wird, werden die Heerscharen der Engel zur Rechten und zur
Linken stehen und singen: „Ehre sei Gott in der Höhe, und auf Erden
Friede den Menschen, die guten Willens sind." Es wird nämlich eine
Stimme über ihn kommen und sprechen: „Dieses ist mein geliebter
Sohn, auf ihn höret!"

[Es gab aber dort unter den Priestern der Hebräer welche, die, als sie
diese Worte vernahmen, voll Entrüstung ihr gegenüber erklärten:
„Diese Worte sind ja schrecklich; die Königin soll darüber schweigen."
Die Sibylle antwortete ihnen und sprach: „Juden, das muß so geschehen, wie gesagt ist, aber ihr werdet nicht an ihn glauben." Aber
jene sagten: „Wir werden nicht glauben, denn Gott hat unsern Vätern
sein Wort und den Bund gegeben; sollte er seine Hand zurückziehen
von uns?" Sie antwortete ihnen wiederum: „Der Gott des Himmels
wird sich einen Sohn zeugen, wie geschrieben steht, der seinem Vater
ähnlich sein wird. Und später, wie das Kind heranwachsen wird, werden sich auch gegen Ihn die Könige und Fürsten der Erde erheben.] In
jenen Tagen wird der Kaiser Augustus einen berühmten Namen haben
und in Rom herrschen und die ganze Erde sich unterwerfen. Hernach
werden die Priester der Hebräer gegen Jesus zusammentreten, weil er
viele Zeichen tun wird, und werden ihn ergreifen. [Sie werden Gott
mit unreinen Händen Backenstreiche geben und in sein heiliges Antlitz ihren giftigen Speichel spucken. Er aber wird den Schlägen einfach seinen heiligen Rücken darbieten und, wenn er Streiche empfängt,
schweigen. Zur Speise aber werden sie ihm Galle und für den Durst
Essig geben.] Und sie werden ihn am Kreuze aufhängen und töten,
aber es wird ihnen nichts fruchten, denn am dritten Tag wird er auferstehen und sich seinen Jüngern zeigen, und vor ihren Augen wird
er in den Himmel auffahren, und seines Reiches wird kein Ende sein."

[Und sie sagte weiter zu den Vornehmen von den Römern]: „Die
fünfte Sonne ist das fünfte Geschlecht, und Jesus wird sich zwei Fischer
auswählen von Galiläa und sie ein eigenes Gesetz lehren mit den Worten: „Gehet hin und lehret die Lehre, die ihr von mir empfangen habt,
alle Völker, und zwar durch zweiundsiebzig Zungen unterwerfend
alle Nationen. Die sechste Sonne ist das sechste Geschlecht, und man
wird gegen diese Stadt [= Rom] 3 ½ Jahre ankämpfen (?). Die

civitatem annos tres et menses sex. Septimus sol septima erit generatio, et exurgent duo reges et multas facient persecutiones in terram Hebreorum propter Deum. Octavus autem sol erit generatio octava, et Roma in desertatione (p. 156, 3 desertione) erit, et pregnantes ululabunt in tribulationibus et doloribus dicentes: 'Putasne, pariemus?' Nonus autem sol nona generatio est, et exurgent principes Romani in perditione multorum. Tunc exurgent duo reges de Siria et exercitus eorum innumerabilis sicut arena maris, et obtinebunt civitates et regiones Romanorum usque ad Calcedoniam, et tunc multa erit sanguinis effusio. Omnia hec, horum cum reminiscuntur, civitas et gens tremiscunt in eis et disperdent orientes (?). Et post hec surgent duo reges de Egypto et expugnabunt quattuor reges et occident eos et omnem exercitum eorum et regnabunt annos tres et menses sex. Et post eos consurget alius rex C. nomine, potens in prelio qui regnabit a. XXX et edificabit templum Deo et legem adimplebit et faciet iustitiam propter Deum in terram. *Et post hunc surget alius rex, qui regnabit paucis temporibus et expugnabunt et occident eum. Post hunc vero erit rex per B nomine et de B procedet rex Audon, et de Audon egredietur A et de A procedet A et de hoc A generabitur A, et ipse secundus A erit bellicosus nimis et preliator et de ipso A nascetur rex per R nomine et de R nasciturus est L et potestatem habebit super decem et novem reges. Et post hos surget rex Salicus de Francia de K nomine. Ipse erit magnus et piissimus et potens et misericors et faciet iustitiam pauperibus. Tante namque in eo erit virtutis gratia, ut per viam gradiens arborum contra eum inclinentur cacumina. Aqua namque in accursum eius minime tardabit. Similis autem ei in imperio Romano rex ante eum non fuit nec post eum futurus erit. Et veniet rex post eum per L et post hunc regnabit B ett pos B procedunt XXII B et de B egredietur A et ipse erit nimis bellicosus et fortis in prelio et multum erit persecuturus per aqua sive per terra. Et non dabitur in manus inimicorum et morietur exul extra regnum et anima eius in manu Dei.*

siebente Sonne wird das siebente Geschlecht bedeuten, und es werden zwei Könige sich erheben, und sie werden viele Verfolgungen verursachen gegen das Land der Hebräer wegen Gott. Die achte Sonne aber wird das achte Geschlecht sein, und Rom wird in der Verlassenheit sein, und die Schwangeren werden heulen in ihren Drangsalen und Schmerzen, indem sie sagen: „Glaubst du, wir werden noch gebären?" Die neunte Sonne aber wird das neunte Geschlecht bedeuten, und es werden sich die römischen Fürsten erheben zur Vernichtung vieler. Dann werden sich zwei Könige von Syrien erheben und ihr Heer, unzählbar wie der Sand am Meer, und sie werden die Städte und die Gebiete der Römer bis Chalcedon (?) erobern, und dann wird viel Blutvergießen sein. All das ⟨wird sich ereignen⟩; wenn sie sich dessen erinnern, erzittern Stadt und Volk bei ihnen, und sie vernichten die Orientalen (?). Und hernach werden zwei Könige von Ägypten sich erheben und vier Könige bekämpfen und sie töten und ihr ganzes Heer, und sie werden 3 ½ Jahre herrschen. Und nach ihnen wird sich ein anderer König, C. mit Namen, erheben, mächtig im Kampf, der 30 Jahre regieren und Gott einen Tempel erbauen und das Gesetz erfüllen und Gerechtigkeit Gottes wegen auf Erden üben wird. *Und nach diesem wird sich ein anderer König erheben, der nur kurze Zeit regieren wird; sie werden ihn niederringen und töten. Nach diesem aber wird ein König erscheinen mit Namen B, und von B wird hervorgehen König Audon, und von Audon wird ausgehen A, und von A wird hervorgehen A, und von diesem A wird abstammen ein A, und der zweite A selbst wird ein gar kriegerischer Kämpe sein, und von A selbst wird geboren werden ein König mit Namen R, und von R soll geboren werden L, und er wird Macht haben über 19 Könige. Und nach diesen wird aufstehen ein salischer König aus dem Frankenland mit Namen K. Er selbst wird groß, sehr fromm, mächtig und barmherzig sein und den Armen Gerechtigkeit widerfahren lassen. Denn in ihm wird so großer Tugend Anmut sein, daß, wenn er auf dem Wege schreitet, die Gipfel der Bäume sich gegen ihn neigen. Auch das Wasser wird seinen Gang niemals hemmen. Einen König seinesgleichen hat es im Römischen Reich niemals gegeben und wird es auch nicht geben. Und es wird nach ihm ein König mit dem Buchstaben L kommen, und nach ihm wird herrschen B, und nach B kommen 22 B, und aus B wird hervorgehen A, und er wird gar kriegerisch und tapfer im Kampfe sein, und weit wird er ⟨seine Feinde⟩ verfolgen über Land und Meer. Und nicht wird er gegeben werden in die Hände seiner Feinde, und er wird sterben als Verbannter außerhalb des Reiches, und seine Seele ruht in Gottes Hand.*

Tunc exurget alius rex per V (U) nomine ex una parte Salicus et ex alia Langobardus et ipse habebit in terra potestatem contra pugnantes et contra omnes inimicos. Et in diebus illis procedet rex per O nomine et erit potentissimus et fortis et bonus et faciet iusticiam pauperibus et recte iudicabit. Et de ipso O procedet alius O potentissimus et erunt sub eo pugne inter paganos et christianos *et sanguis Grecorum fundetur et cor eius in manu Dei et* regnabit annos VII *et ipsa muliere nascetur rex per O nomine. Hic erit sanguinarius et facinorosus et sine fide et veritate, et per ipsum multa erit malitia et multa sanguinis effusio* atque destructe erunt ecclesie in ipsius potestate. In aliis namque regionibus tribulationes erunt multe et prelia. Tunc surget gens adversus gentem in Cappadociam et Pamphiliam captivabunt in ipsius tempore, eo, quod non introierit per ostium in ovile. Hic namque rex regnabit annos IIIIor. *Et post eum surget rex A nomine, et in diebus eius erunt pugne multe.* Syriam expugnabunt et Pentapolim captivabunt. *Ipse rexerit ex genere Langobardorum. Tunc exsurget rex Salicus E nomine et expugnabit Langobardos et erunt prelia et pugne. Ipse autem rex Salicus erit fortis et potens et paucis temporibus erit regnum eius. Tunc exurgent Agareni et tyranni et captivabunt Tarentum et Barro (!) et multas civitates depredabunt* et volentes venire Romam non est qui resistat nisi Deus deorum et Dominus dominorum. Tunc venientes Armenii Persidem disperdent, ita ut non recuperentur civitates, quas depredabunt. Et accurrentes Persi ponent fossata iuxta orientem et expugnabunt Romanos et obtinebunt pacem aliquantisper. Et intrabit vir belligerator rex Grecorum in Iheropolim (!) et destruet templa ydolorum. Et venient locusta et brucus (?) et comedent omnes arbores et fructus Cappadocie et Cilicie ac fame cruciabuntur, et postea non erit amplius. Et consurget alius rex *Salicus* vir fortis et belligerator et indignabuntur contra eum multi vicini et parentes. Et in diebus illis tradet frater fratrem in mortem et pater filium et frater cum sorore commisce-

Dann wird sich erheben ein anderer König mit Namen V (U), teils Salier, teils Langobarde; er wird auf Erden Macht haben gegen die Kämpfenden und gegen alle Feinde. Und in jenen Tagen wird hervorgehen ein König mit Namen O und wird sehr mächtig und tapfer und gut sein; er wird Gerechtigkeit widerfahren lassen den Armen und ein gerechter Richter sein. Und von O selbst wird hervorgehen ein anderer sehr mächtiger O, und es werden unter ihm Kämpfe stattfinden zwischen Heiden und Christen, *und Griechenblut wird vergossen werden und sein Herz ⟨wird sein⟩ in Gottes Hand und* er wird herrschen 7 Jahre, *und vom Weibe selbst wird geboren werden ein König mit Namen O. Dieser wird sanguinisch und verbrecherisch sein und ohne Treue und Wahrhaftigkeit, und durch ihn wird viel Schlechtigkeit und viel Blutvergießen sein,* und zerstört sein werden die Kirchen unter seiner Macht. In anderen Gegenden werden nämlich viele Drangsale sein und Schlachten. Dann wird sich Volk gegen Volk erheben in Kappadocien, und Pamphylien werden sie erobern zu seiner Zeit, darum, weil er nicht durch die Öffnung eingedrungen ist in den Schafstall. Denn dieser König wird 4 Jahre regieren. *Und nach ihm wird sich erheben ein König mit Namen A, und in seinen Tagen werden viele Kämpfe sein.* Syrien werden sie erobern und Pentapolis einnehmen. *Der König selbst wird aus dem Geschlecht der Langobarden stammen. Dann wird sich erheben ein salischer König mit Namen E und wird das Gebiet der Langobarden erobern, und es wird Kämpfe und Schlachten geben. Der salische König selbst aber wird tapfer und mächtig sein, und nur kurze Zeit wird sein Reich dauern. Dann werden sich die Agarener und Tyrannen erheben und werden Tarent und Barro (!) einnehmen und viele Städte ausplündern,* und wenn sie nach Rom kommen wollen, wird niemand ihnen widerstehen außer dem Gott der Götter und dem Herrn der Herren. Dann werden die Armenier kommen und Persien vernichten, so daß nicht wieder erobert werden die Städte, die sie ausplündern werden. Und heraneilen werden die Perser und Gräben anlegen an der Ostgrenze und die Römer niederwerfen und Frieden halten eine ganze Zeitlang. Und es wird ein kriegstüchtiger Mann, der Griechenkönig, in Hierapolis eindringen und die Götzentempel vernichten. Und es werden kommen Heuschrecke und Nonne (?) und werden alle Bäume kahlfressen und die Früchte Kappadociens und Ciliciens verzehren, und ⟨die Einwohner⟩ werden vom Hunger gequält werden, und hernach er nicht mehr sein (?). Und es wird sich erheben ein anderer *salischer* König, ein gewaltiger Kriegsheld, und gegen ihn werden ihren Unwillen kundtun viele Nachbarn und

tur et multa nefanda hominum malicia erit in terra, senes cum virginibus cubabunt et sacerdotes mali cum deceptis puellis. Episcopi malefactorum sectatorum erunt et fiet effusio sanguinis in terra. Et templa
sanctores (? cf. p. 161, 6 v. u. sanctorum) polluent et erunt in populo
fornicationes inmunditie et sodomitium scelus ita, ut visio ipsorum in
contumeliam eis appareat. Et erunt homines raptores, contumeliosi,
odientes iustitiam et amantes falsitatem et iudices Romani inmutabuntur. Si hodie ad iudicandum admittuntur, alio die inmutabuntur propter
pecuniam accipiendam et non iudicabunt rectum, sed falsum. Et erunt
in diebus illis homines rapaces et cupidi et periuri et amantes munera
falsitatis et destruetur lex et veritas et fiet terre motus per loca diversa
et insularum civitates demersione dimergentur et erunt per loca pestilentie hominum et pecorum et mortalitas hominum, et terra ab inimicis
desolabitur et non prevalebit consolari eos vanitas deorum. *Post hec
surget rex per B nomine et erunt sub illo bella et duobus annis regnabit. Et
post hunc surget rex per A nomine et veniens obtinebit regnum aliquanto tempore et veniet Romam et captivabit eam et non mortificabitur anima eius in manu
inimicorum illius in diebus vite sue, et erit bonus et magnus et faciet iustitiam
pauperibus et ipse vivet longo tempore. Post hunc vero surget alius rex per B
nomine, et de ipso B procedunt XII B et erit genere Langobardus et regnabit
usque ad annos centum. Tunc post eum surget Salicus de Francia B nomine.*
Tunc erit inicium dolorum, qualis non fuit ab initio mundi. Et erunt
in diebus ipsius pugne multe et tribulationes multorum et sanguinis
effusio et terre motus per civitates et regiones et terre multe captivabuntur. Et non erit qui inimicis resistat, quia tunc Dominus erit iratus
in terra. Roma in persecutione et gladio expugnabitur et erit deprehensa

Verwandte. Und in jenen Tagen wird der Bruder seinen Bruder dem
Tode überliefern und der Vater seinen Sohn, und der Bruder wird mit
der Schwester sich paaren, und viel unsägliche Bosheit wird unter den
Menschen sein auf Erden, Greise werden mit Jungfrauen Beischlaf
halten und schlechte Priester mit betörten Mädchen. Die Bischöfe werden zu den Förderern dieser Übeltaten gehören (?), und Blutvergießen
wird erfolgen auf Erden. Und die Tempel der Heiligen (?) werden sie
beflecken, und im Volk wird Hurerei, Unkeuschheit und die sodomitische Sünde herrschen, so daß ihr Anblick ihnen selbst als Schimpf
und Schande erscheint. Und die Menschen werden rauben, einander
schmähen, Gerechtigkeit hassen und Falschheit lieben, und die römischen Richter werden sich wandeln. Wenn sie heute zum Richten zu-
gelassen werden, werden sie sich andern Tags schon wandeln infolge
ihrer Bestechlichkeit, und sie werden kein richtiges, sondern ein fal-
sches Urteil fällen. Und es werden in jenen Tagen die Menschen raff-
gierig und habsüchtig und meineidig sein und die Gaben der Falschheit lieben, und Gesetz und Wahrheit werden abgebaut werden, und
es werden an verschiedenen Stellen Erdbeben geschehen und die Insel-
städte durch Überschwemmung weggespült werden, und es werden
allenthalben Seuchen unter Menschen und Vieh ausbrechen und eine
große Sterblichkeit unter den Menschen, und die Erde wird von den
Feinden verlassen werden, und nicht wird sie ihr Götterwahn zu trö-
sten vermögen. *Danach erhebt sich ein König mit Namen B, und es wird
unter ihm Kriege geben, und er wird nur zwei Jahre regieren. Und nach diesem
erhebt sich ein König mit Namen A, und wenn er kommt, wird er beträchtliche
Zeit die Herrschaft innehaben; er wird auch nach Rom kommen und die Stadt
einnehmen; aber seine Seele wird nicht sterben in der Hand seiner Feinde in den
Tagen seines Lebens, und er wird gut und groß sein; den Armen wird er Gerechtigkeit widerfahren lassen, und er selbst leben lange Zeit. Nach diesem aber
erhebt sich ein anderer König mit Namen B, und von B werden wieder hervorgehen 12 P, und er wird von Geschlecht ein Langobarde sein und wird herrschen bis zu 100 Jahren. Dann erhebt sich nach ihm ein Salier aus dem Fran-
kenreich mit Namen B.* Dann wird der Anfang von Leiden sein, wie es
noch nicht gewesen ist seit Anbeginn der Welt. Und es wird in seinen
Tagen viele Kämpfe geben und Drangsale vieler und Blutvergießen
und Erdbeben in Stadt und Land, und viele Länder werden erobert
werden. Und niemand wird den Feinden widerstehen, weil dann der
Herr wird zornig sein auf Erden. Rom wird während der Verfolgung

in manu ipsius regis et erunt homines cupidi, tiranni, odientes pau-
peres, oprimentes insontes et salvantes noxios. Eruntque iniusti et
nequissimi et damnatores exterminii captivabuntur, et non est in terra
qui eis resistat aut eruat illos propter malitias eorum et cupiditates.
Et tunc surget rex Grecorum, cuius nomen Constans, et ipse erit
rex Romanorum et Grecorum. Hic erit statura grandis, aspectu decorus,
vultu splendidus atque per singula membrorum liniamenta decenter
conpositus. Et ipsius regnum C et XII annis terminabitur. In illis ergo
diebus erunt divitiae multe et terra abundanter dabit fructum, ita ut
tritici modium denario uno venundetur, modium vini denario uno,
modium olei denario uno. Et ipse rex scripturam habebit ante oculos
dicentem: 'Rex Romanorum omne sibi vindicet regnum christianorum.'
Omnes ergo insulas et civitates paganorum devastabit et universa ido-
lorum templa destruet et omnes paganos ad babtismum convocabit
et per omnia templa crux Iesu Christi erigetur. Tunc namque preveniet
Egiptus et Etiopia manus eius dare Deo. Qui vero cruce Iesu Christi
non adoraverit, gladio punietur, et cum completi fuerint centum et
viginti anni, Iudei convertentur ad Dominum, et erit ab omnibus sepulcrum eius gloriosum. In diebus illis salvabitur Iuda et Israhel habi-
tabit confidenter. In illo tempore surget princeps iniquitatis de tribu
Dan, qui vocabitur Antichristus. Hic erit filius perditionis et caput
superbie, et magister erroris, plenitudo malicie, qui subvertet orbem
es faciet prodigia et signa magna per falsas simulationes. Deludet autem
per artem magicum multos, ita ut ignem de celo descendere videatur.
Et minuentur anni sicut menses et menses sicut septimana et septimana sicut dies et dies sicut horae. Et exurgent ab aquilone spurcissime
gentes, quas Alexander inclusit, Gog videlicet et Magog. Hec sunt
XXII regna, quorum numerus sicut arena maris. Cum autem audierit
rex Romanorum, convocato exercitu debellabit eos atque prosternet
usque ad internicionem et postea veniet Ierusalem, et ibi deposito

auch mit dem Schwerte erobert werden und wird fallen in die Hand des Königs selbst, und es werden herrschsüchtige Menschen, Tyrannen auftreten, die die Armen hassen, die Unschuldigen unterdrücken und die Schuldigen retten. Und sie werden ungerecht und ganz nichtswürdig sein, und die auswärtigen Schädlinge werden gefangen gesetzt werden, und es wird niemand sein auf Erden, der ihnen widersteht und sie ausrottet wegen ihrer vielfachen Bosheit und Lust. Und dann erhebt sich ein Griechenkönig, der Constans heißt, und er wird König der Römer und Griechen sein. Dieser wird groß sein an Gestalt, herrlich anzuschauen, strahlenden Angesichts und in der Linienführung der einzelnen Gliedmaßen zierlich gebaut. Und seine Herrschaft wird erst in 112 Jahren beendet werden. In jenen Tagen nun wird viel Reichtum herrschen, und die Erde wird im Überfluß Frucht geben, so daß ein Scheffel Weizen um einen Denar verkauft wird, ebenso ein Maß Wein oder Öl um einen Denar. Und er selbst wird die Schrift vor Augen haben, die da sagt: „Der König der Römer soll für sich das ganze Reich der Christen beanspruchen." Er wird also alle Inseln und Städte der Heiden verwüsten und alle Götzentempel zerstören und alle Heiden zur Taufe zusammenrufen, und in allen Tempeln wird das Kreuz Jesu Christi errichtet werden. Denn dann wird zuvor Ägypten und Äthiopien Gott seine Hand reichen. Wer aber das Kreuz Jesu Christi nicht verehrt, wird mit dem Schwerte büßen, und wenn 120 Jahre sich erfüllt haben, werden sich die Juden zum Herrn bekehren, und sein Grab wird von allen verherrlicht werden. In jenen Tagen wird Juda gerettet werden, und Israel wird zuversichtlich wohnen. In jener Zeit erhebt sich der Fürst der Ungerechtigkeit aus dem Stamme Dan, welcher genannt wird der Antichrist. Dieser wird sein der Sohn der Verderbnis, das Haupt des Hochmutes, der Lehrer des Irrtums, die Fülle der Bosheit; er wird die Welt stürzen und große Zeichen und Wunder tun durch falschen Schein. Er wird aber durch seine magische Kunst viele zum besten haben, so daß es scheint, als ob Feuer vom Himmel herabkäme. Und die Jahre werden verkürzt werden wie Monate, und Monate wie Wochen, und Wochen wie Tage, und Tage wie Stunden. Und es werden sich erheben die gräßlichen Völker, die Alexander einst eingeschlossen hat, nämlich Gog und Magog. Dies sind 22 Königreiche, deren Einwohnerzahl ist wie der Sand am Meere. Wenn aber der Römerkönig dies hört, wird er sein Heer zusammenrufen und sie bekriegen und sie bis zur Vernichtung schlagen, dann

capitis diademate et omni habitu regali relinquet regnum christianorum
Deo patri et Iesu Christo filio eius. Et cum cessaverit imperium Romanum, tunc revelabitur manifeste Antichristus et sedebit in domo
Domini in Jerusalem. Regnante autem eo, egredientur duo clarissimi
viri Helias et Enoch ad annuntiandum Domini adventum et Antichristus occidet eos, et post dies tres a Domino resuscitabuntur. Tunc
erit persecutio magna, qualis non fuit antea nec postea subsequetur.
Adbreviabit autum Dominus dies illos propter electos et occidetur virtute Domini Antichristus a Mikaele arcangelo in monte Oliveti.'

[Cumque Sibilla hec et alia multa Romanis futura praediceret, quibus
etiam signis ad iudicandum Dominus venturus est, vaticinando in-
tonuit dicens:

> Iudicii signum tellus sudore madescet *etc.*
> − − − − (= *acrostichon in or. Sib.* VIII 217–243:
> − − *ex Augustino*, CD XVIII c. 23, cf. infra p. 341) − −
> Recidet e coelis ignisque et sulphuris amnis.

Tunc iudicabit Dominus secundum uniuscuiusque opus et ibunt
impii in gehennam ignis eterni, iusti autem premium eterne vita re-
cipient. Et erit celum novum et terra nova et utraque in perpetuitate
manebunt, et mare non erit. Et regnabit Dominus in sanctis et ipsi
regnabunt cum illo in secula seculorum. Amen.*]

---

* Cf. Hilarianus, De cursu temporum, ed. Frick, Chron. Min. I,
174: *Et erit coelum novum et terra nova et utraque in perpetuitate manebunt,
impii in ambustione eterna, iusti autem cum Deo in vitam eternam.*

wird er nach Jerusalem kommen und dort sein Diadem vom Haupte nehmen und die ganze königliche Gewandung ablegen und das Christenreich Gott Vater und seinem Sohn Jesus Christus überlassen. Und wenn das Römische Reich aufgehört hat, dann wird offensichtlich der Antichrist sich enthüllen und im Hause des Herrn in Jerusalem sich niederlassen. Aber während seiner Regierung werden zwei hochberühmte Männer, Elias und Henoch, auftreten, um des Herren Ankunft zu verkünden, und der Antichrist wird sie töten lassen, aber nach 3 Tagen werden sie vom Herrn wiederauferweckt werden. Dann wird große Verfolgung sein, wie sie vordem nicht gewesen ist und später nicht mehr folgen wird. Aber der Herr wird jene Tage abkürzen wegen der Auserwählten, und durch die Kraft des Herrn wird der Antichrist von Michael, dem Erzengel, auf dem Ölberg getötet werden".

[Als die Sibylle diese und viele andere Prophezeiungen den Römern verkündete, weissagte sie auch, unter welchen Anzeichen der Herr zum Gericht erscheinen wird, und erhob folgenden Sang:

Ja, es wird Angstschweiß die Welt beim Dräu'n des Gerichts über- — — — — ⟨vgl. S. 171 u. 209⟩ — — — — [kommen usw.
— — — — — — — — — — — — — — —
Regnen vom Himmel wird dann ein Strom von Feuer und Schwefel.

Dann wird der Herr richten nach eines jeden Werk, und es werden die Gottlosen eingehen in die Gehenna des ewigen Feuers, die Gerechten aber werden den Lohn ewigen Lebens erlangen. Und es wird ein neuer Himmel und eine neue Erde erstehen, und beide werden in Ewigkeit dauern, und das Meer wird nicht mehr sein. Und herrschen wird der Herr unter den Heiligen, und sie werden herrschen mit ihm in alle Ewigkeit. Amen.*]

---

* Der Schlußsatz zeigt die engste Verwandtschaft mit Hilarianus, De cursu temporum, ed. Frick, Chron. Min. I 174: „*Es wird ein neuer Himmel und eine neue Erde sein, und beide werden in Ewigkeit bestehen, die Gottlosen in ewiger Verbrennung, die Gerechten aber werden mit Gott eingehen zum ewigen Leben.*

ERLÄUTERUNGEN

I. Buch

Anfang: vgl. Gen. c. 1 – 3; zu I 65 – 124 vgl. Hesiod, Erga 109 ff. (A. Rzach, Sibyllinische Weltalter: WSt 34, 1912, 114 – 122); zu I, 91 – 103 (jüdisch-christlicher Mythus) vgl. den griechischen Henoch (Fleming und Radermacher) S. 24 ff. (Synkellos p. 20 – 23); über die Bestrafung der Gregoroi ebd. S. 32, 14 (vgl. auch Bonwetsch, Das slavische Henochbuch, [Abh. GGW 1896] XVIII S. 19. Testamentum XII patriarch. Rub. 5. Naphthal. 3 u. a. Häufig auch in christl. Lit., z. B. II Petr. 2, 4. Judas 6. Athenagoras, Legat. 24 u. a.)

137 ff.: vgl. Erbse, Fragmente griech. Theos. (Hamburg 1941) S. 190 f.; Mras, WSt. 38, 1906, 60: „Die Summe nach λ (= Ottob. gr. 378) ist: (2 × 200) + (3 × 13) + (3 × 7) = 1660. Das viersilbige Wort, dessen erste drei Silben je 2, die letzte die übrigen (3) Buchstaben hat, unter denen 5 Konsonanten sind, ist nach λ μονογενής (= eingeboren). Addiere ich die Buchstaben von μονογενής υἱὸς θεοῦ (= eingeborener Sohn Gottes), so ergibt sich 1660. Daß υἱὸς θεοῦ unter μονογενής mitverstanden und daher mitzuaddieren ist, dagegen ist nichts einzuwenden, da ja ein jeder, der in religiösem Sinn an μονογενής denkt, notwendigerweise υἱὸς θεοῦ sich dazudenkt."

Zur Sintflut vgl. Gen. c. 6–8. Doch 233–257 Nebentradition: vgl. die babylonische Flutsage (Izdubar-Epos XI. Tafel. Jeremias bei Roscher, Lex. d. gr. u. röm. Myth. II 798): „Ich öffnete die Luke – Licht fiel auf mein Antlitz, ich sank (geblendet) zurück, setzte mich und weinte, über mein Antlitz flossen mir Tränen. Ich schaute auf – die Welt ein weites Meer .... Als der 7. Tag herannahte, ließ ich eine Taube hinausfliegen. Die Taube flog hin und her; da kein Ruheplatz da war, kehrte sie zurück. Dann ließ ich eine Schwalbe hinausfliegen. Die Schwalbe flog hin und her, da kein Ruheplatz da war, kehrte sie zurück. Einen Raben ließ ich fliegen, der Rabe flog, sah das Abnehmen des Wassers, fraß, ließ sich nieder, krächzte (?), kam nicht zurück." Vgl. auch Bousset-Greßmann, Die Religion des Judentums im späthellenistischen Zeitalter[3], Tübingen 1926, 492: „Im I. Sibyl-

lenbuch (v. 154–156) schickt Noah nicht, wie im Genesisbericht, zuerst den Raben und dann dreimal die Taube aus, sondern nacheinan-
der zwei Tauben und dann den ‚schwarzgefiederten Vogel' (den Raben), der dadurch, daß er nicht wiederkehrt, anzeigt, daß die Flut
aufgehört hat. Dies ist nun genau die Reihenfolge des babylonischen
Flutberichts und ersichtlich das Ursprüngliche. Wenn im babylonischen Flutbericht erzählt wird, daß der zu zweit ausgesandte Vogel
mit von Lehm beschmutzten Füßen heimkehrt, so heißt es auch in der
Sibylle, daß die zweite Taube ein wenig auf feuchtem Gefilde aus-
ruht (I 249). Auch Jos. A. I 92 hat diesen Zug bewahrt, und zwar noch
deutlicher als die Sibylle. Die Schilderung, wie Noah Sib. I 230 ff.,
nachdem Gott der Flut Einhalt getan, den Deckel der Arche empor-
hebt und über die verwüstete Erde schaut, erinnert lebhaft an die ent-
sprechende des babylonischen Berichts." Weiteres s. zu III 97 ff. (Erzählung vom Turmbau nach der babylonischen Sibylle). Die babylonischen Züge im Flutbericht von Sib. I würden sich am besten erklären, wenn man annehmen dürfte, daß in Sib. I der Flutbericht, der
einmal in dem verlorengegangenen Anfang von Sib. III stand, ver-
arbeitet ist. (Direkte wörtliche Übernahme erscheint wegen des stili-
stischen Unterschieds der beiden Bücher ausgeschlossen.) Jedenfalls
sind nur vom III. Buch her (v. 110 ff. ist die euhemeristisch um-
gestaltete Erzählung der griechischen Sage von den Titanenkämpfen,
in der Kronos, Titan und Iapetos als menschliche Herrscher der ältesten Zeit auftreten, mit der Erzählung vom Turmbau verbunden: s.
z. St.) die Verse I 293 ff. zu verstehen.

Zu I *283–314*: vgl. Hesiod, Erga 90–92, 108–139.

287 ff.: vgl. III 823–827; ferner Kaiser Konstantins Rede an die
Heilige Versammlung c. 18, 2 (Eusebios I ed. Heikel p. 179): ἡ τοίνυν Ἐρυθραία Σίβυλλα, φάσκουσα ἑαυτὴν ἕκτῃ γενεᾷ μετὰ τὸν
κατακλυσμὸν γενέσθαι, ἱέρεια ἦν τοῦ Ἀπόλλωνος (Die erythräische
Sibylle also, die, wie sie selbst sagt, im 6. Zeitalter [natürlich seit
Adam!] nach der Sintflut gelebt hat, war eine Priesterin des Apollo).
Ihr wird das Akrostichon: or. Sib. VIII 217 ff. (s. S. 170f.; 208f.) zugeschrieben. – Vgl. ferner Scholion zu Platons Phaidros p. 244 B: Σίβυλλαι μὲν γεγόνασι δέκα, ὧν πρώτη ὄνομα Σαμβήθη. . . . καὶ δὴ
ἐνὶ τῶν παίδων τοῦ Νῶε εἰς γυναῖκα ἁρμοσθῆναι καὶ συνεισελθεῖν
αὐτῷ τε καὶ τοῖς ἄλλοις ἐν τῷ κιβωτῷ (Sibyllen hat es 10 gegeben,

von denen die erste Sambethe mit Namen ist . . .; auch soll sie sich
mit einem von den Söhnen Noahs verheiratet haben und mit ihm und
den anderen in der Arche mitgekommen sein); endlich Prolog oben
S. 26/27.

323: In der großen Lücke war offenbar neben dem Ende des Titanen-
geschlechts die Schilderung der 8. und 9. γενεά enthalten. Die er-
gänzten Verse stammen aus der sog. Sibyllentheosophie: vgl. Erbse,
Fragm. griech. Theosoph., Hamburg 1941, 191.

324 ff.: 'Ιησοῦς = Zahlenwert 888.

332: vgl. Matth. 5, 17.

334: vgl. Matth. 2, 11.

336: vgl. Matth. 3, 3; Mark. 1, 3; Luk. 3, 4; Joh. 1, 23.

340: vgl. Joh. 3, 3.

345: vgl. Matth. 2, 20 ff.; 1. Petr. 2, 4 ff. (Jes. 28, 16).

352: vgl. Matth. 11, 5.

357: vgl. Matth. 14, 17 ff.; Mark. 6, 38 ff.; Joh. 6, 7 ff.

369 ff.: vgl. Matth. 13, 14; Mark. 4, 12; Luk. 8, 10; Joh. 12, 40
(Jes. 6, 9 f.); Apg. 28, 27.

376: vgl. Matth. 27, 51; Mark. 15, 38; Luk. 23, 45.

389 ff.: vgl. Matth. 24, 6 ff.

[II.] Buch

4 ff.: vgl. Plat. Men. 99 d (zitiert oben im „Prolog" S. 28).

17 ff.: Vernichtung der Römerherrschaft: vgl. VIII 37 ff. Lactant.
div. inst. VII 15, 19: Hystaspes quoque, qui fuit Medorum rex anti-
quissimus . . . admirabile somnium sub interpretatione vaticinantis
pueri ad memoriam posteris tradidit: sublatuiri ex orbe imperium
nomenque Romanum. (Auch Hystaspes, ein uralter König der Meder . . . hat einen sonderbaren Traum unter der Deutung eines prophezeienden Knaben der Nachwelt überliefert: verschwinden werde
vom Erdkreis Römerherrschaft und -name.) Die Orakelsprüche des
Hystaspes folgten als 11. Buch der „Sibyllentheosophie" (= 10. Buch
des Gesamtwerkes Θεοσοφία); danach hatte Hystaspes die Offen-

barung des Göttlichen Geheimnisses von der Menschwerdung des Erlösers erhalten (θείων μυστηρίων ἀποκάλυψιν δεξαμένου περὶ τῆς τοῦ σωτῆρος ἐνανθρωπήσεως, vgl. Erbse p. 167, 12 ff.).

45–153 (Inhaltsangabe): Eingeschoben ist in der einen Handschriften, gruppe (Ψ) v. 56–148 ein Stück aus Pseudo-Phokylides, eine Art natürliche Sittenlehre, aber mit Anklängen an Vorschriften, wie sie in der Hl. Schrift enthalten sind. Gewarnt wird vor dem Götzendienst, vor Mißbrauch des Richteramtes, falschem Zeugnis und sonstigen Ungerechtigkeiten, vor Genuß von Götzenopferfleisch, ungerechtem Erwerb, Mißachtung des Gastrechtes, Habgier, Zweizüngigkeit usf.; andererseits wird zur Übung von Wohltätigkeit aufgefordert. Vgl. jetzt ZNW 38 (1939), 171–181 (darin eine Prosaübersetzung der Verse II 34–153).

154 ff.: folgt echter Sibyllenton: Dies irae, dies illa | solvet saeclum in favilla | teste David cum Sibylla ("Jener Tag, der Tag der Zähren, | Wird die Welt in Asche kehren, | Wie Sibyll und David lehren.").

155: vgl. Testamentum Domini nostri ed. Ephraem II Rahmani p. 9 VII: puellae recenter viris nubentes parient infantes loquentes verba perfecta ... Adspectus autem eorum erit uti adspectus iam provectorum in annis; cani enim erunt, qui nascentur. (Mädchen, die neuerdings heiraten, werden Kinder gebären, die vollkommene Worte sprechen ... Ihr Aussehen wird sein wie das von Erwachsenen; es werden nämlich grauhaarig sein, die geboren werden.) Vgl. oben S. 270 Z. 4.

165 f.: vgl. Matth. 24, 11.

167 f.: vgl. III 63 ff.; II. Kor. 6, 25. Ascensio Iesaiae IV 2 p. 17 Dillm.: et postquam consummatum est, descendet Berial angelus magnus rex huius mundi, cui dominatur, ex quo exstat, et descendet e firmamento suo in specie hominis, regis iniquitatis, matricidae ... et dicet: ego sum Deus O. M. et ante me non fuit quisquam. (Am Ende der Zeiten wird Berial, ein gewaltiger Engel, der König dieser Welt, über die er herrscht, seit sie besteht, von seiner Feste herabsteigen in Gestalt eines Menschen, des Königs der Ungerechtigkeit, des Muttermörders ... und er wird sprechen: "Ich bin der höchste und beste Gott, und vor mir war keiner.")

178: In der Apokal. des Elias (S. 95, 36, 12 Steind.) versenkt Gott diejenigen, die die Qualen des Antichrists nicht ertragen können, in Schlaf: „sie werden schlafen wie ein Schlummernder".

179: vgl. Matth. 24, 46; Luk. 12, 37.

182: vgl. Luk. 12, 46; Matth. 24, 42.

184 ff.: vgl. III 801 ff. VIII 203 ff. IV Esr. 5, 4 et elucescet subito sol noctu et luna interdiu. (Und es wird plötzlich die Sonne aufleuchten bei Nacht und der Mond bei Tag.)

187: vgl. Matth. 11, 14; 16, 14; 17, 10. Lactant, div. inst. VII 17, 1: imminente iam temporum conclusione propheta magnus mittetur a deo. (Wenn das Ende der Zeiten bevorsteht, wird von Gott ein großer Prophet geschickt werden.) Vgl. Bousset, Der Antichrist S. 135 f.

196 ff.: vgl. III 54. 80–90. VIII 243. 337–350 (IV 173 ff.). Iustin. Apol. I 20: καὶ Σίβυλλα δὲ καὶ Ὑστάσπης γενήσεσθαι τῶν φθαρτῶν ἀνάλωσιν διὰ πυρὸς ἔφασαν. (Sowohl die Sibylle als auch Hystaspes erklärten, es werde eine Vernichtung des Vergänglichen durch Feuer erfolgen.)

216: vgl. Henoch 108, 7: Denn es gibt darüber oben im Himmel Schriften und Aufzeichnungen, damit die Engel sie lesen und wissen, was den Sündern widerfahren wird, und den Geistern der Demütigen ... Apokal. des Elias S. 41, 4, 2 Steind.: Auch die Engel des Anklägers, der auf der Erde· ist, auch sie wiederum schreiben nach alle Sünden der Menschen auf ihre Schriftrolle. Apok. Joh. 20, 12: Ich sah sodann die Toten, groß und klein, wie sie vor dem Throne standen; es wurden Bücher aufgeschlagen. Und noch ein Buch ward aufgeschlagen; es ist das Buch des Lebens. Die Toten wurden so gerichtet, wie es in den Büchern aufgeschrieben ist, entsprechend ihren Werken. Darnach der Dichter des *Dies iræ* in der 5. Strophe: Liber scriptus proferetur | in quo totum continetur, | unde mundus iudicetur. (Und ein Buch wird aufgeschlagen, | Da ist alles eingetragen, | Um die Sünder anzuklagen.)

233 ff.: Vgl. Henoch 61, 5: Und diese Maße werden alle Geheimnisse der Tiefe der Erde enthüllen, und welche von der Wüste verschlungen und welche von den Fischen des Meeres und den wilden Tieren gefressen worden sind, daß sie zurückkehren und sich auf den Tag des Auserwählten stützen ...

248: vgl. Matth. 23, 34.

252 f.: Vgl. VIII 411. Lactant. div. inst. VII 21, 6: tum quorum peccata vel pondere vel numero praevaluerint, perstringentur igni atque amburentur, quos autem plena iustitia et maturitas virtutis incoxerit, ignem illum non sentient. (Dann werden die, deren Sünden entweder durch ihre Schwere oder ihre Zahl vorherrschen, vom Feuer ergriffen und verbrannt werden; die aber vollkommene Gerechtigkeit und die Reife der Tugend immun gemacht hat, werden jenes Feuer nicht spüren.)

255 ff.: Vgl. A. Vögtle, Die Tugend- und Lasterkataloge im NT. Münster i. W. 1936 (= Ntl. Abh. hg. von M. Meinertz, XVI. Bd. 4./5. H.), S. 96–102. Nach S. 98²⁴ spricht der Charakter des Kataloges und sein Verhältnis zu anderen sicher jüdischen Parallelen für jüdische Tradition.

288: Apokal. d. Elias S. 43, 5, 3 Steind.: ... in deren Händen flammende Geißeln sind. Vgl. Apoc. Esdr. p. 28 Ti.: καὶ οἱ ἄγγελοι ἐμάστιζον αὐτόν. (Und die Engel geißelten ihn.)

295: Acta Thomae 52: καὶ τροχοὶ πυρὸς ἐκεῖσε ἔτρεχον, ψυχαὶ δὲ ἐνεκρέμαντο ἐν τοῖς τροχοῖς ἐκείνοις. (Auch Feuerräder liefen dorthin, aber Seelen hingen in jenen Folterrädern.)

305 ff.: Vgl. VIII 350–358.

311 f.: Die Vorstellung von den ἑπτὰ αἰῶνες (sieben Zeiten) ist jüdisch; vgl. IV. Esra 5, 75 ff.: „Über die siebenfältige Pein und die siebenfältige Freude des Zwischenzustandes" (Kautzsch, Apokr. II 374 ff.); der Abschnitt schließt (100): „Ich antwortete und sprach: Es wird also den Seelen, nachdem sie sich von ihren Leibern getrennt haben, eine Frist verstattet, das zu schauen, was du mir geschildert hast. (101) Er (der Engel) sprach zu mir: Sieben Tage haben sie Freiheit, um sich in diesen sieben Tagen das, wovon ich gesprochen, zu betrachten; danach werden sie in ihre Kammern versammelt." Die Fürbitte der Gottesmutter – der Ausdruck διὰ χειρὸς παρθένου ἁγνῆς, vorbereitet durch I 359 εἰς παρθένον ἁγνήν, ist vom christlichen Bearbeiter eingeschoben (ursprünglich ἀγγέλου ἁγνοῦ statt παρθένου ἁγνῆς?) – war also schon in der Mitte des 2. Jahrhunderts, wie wir aus dieser Stelle schließen dürfen, im Volksbewußtsein lebendig. Die Stelle braucht nicht erst nach Irenäus, adv. haer. V 29

(p. 376 Harv.), geschrieben zu sein. Bevor dogmatische Auseinandersetzungen geschrieben werden, pflegt der Glaube im Volksbewußtsein längst vorhanden zu sein.

318 ff.: vgl. VIII 208–212.

322 ff.: vgl. VIII 110 f. 121.

325 ff.: vgl. VIII 424–427 (III 89 f.).

330: Dazu steht in der Handschriftengruppe Ψ eine Entgegnung (ἀντίρρησις), die in der Übersetzung lautet: „Offenkundig Lügen; denn niemals wird das Feuer aufhören die Verurteilten zu strafen. Auch ich würde ja wünschen, daß es sich so verhielte, wenn ich von den großen Narben der Fehltritte gezeichnet wäre, die noch größerer Menschenfreundlichkeit bedürfen. Aber schämen soll sich der dumme Schwätzer Origenes [vgl. de princ. II 10, 5. 6. c. Cels. V 15], zu behaupten, es gebe ein Ende der Höllenstrafen.“ – Übrigens scheint der Gedanke, daß die Frommen für die Verdammten bitten dürfen, gleichfalls jüdisch zu sein. Sonst könnte nicht im IV. Buch Esra cap. 7 ein ganzer Abschnitt eingelegt sein: „Gibt es Fürbitte beim Jüngsten Gericht?“ (Kautzsch, Apokr. II 376). Und in der syrischen Baruchapokalypse lesen wir 85, 12 (Kautzsch S. 445 f.): „Denn siehe, wenn der Höchste das alles herbeiführen wird, so ist dort nicht wieder eine Gelegenheit für die Buße . . ., und nicht eine Gelegenheit fürs Gebet, und nicht eine Entsendung von Bitten, . . . und nicht Fürbitte für Vergebungen, und nicht Gebet der Väter, und nicht Flehen der Propheten und nicht Hilfe der Gerechten.“ (Vgl. auch die griechische Baruchapokalypse cap. 16 (Kautzsch S. 457) mit der Ergänzung aus dem slawischen Text (ebd. Anm. a). Alle diese Ausführungen hätten doch keinen Sinn, wenn die Vorstellung, daß es auch am Jüngsten Tag noch eine Fürbitte für die Gottlosen gibt, nicht geherrscht hätte. – Daß der allmächtige, ewige Gott erst auf die Fürbitte der Frommen eingreift, lesen wir bei Lactant. div. inst. VII 18, 2 als Lehre des Hystaspes: s. S. 232. Vgl. H. Windisch, Die Orakel des Hystaspes (Amsterdam 1929 = Verh. Ak. Amst. N. R. 23, 3); F. Cumont, La fin du monde selon les mages occidentaux (Revue de l'hist. des religions 103, 1931, 29–96).

339 ff.: vgl. VII 151–155. Dazu meine Ausführungen in der Mnemosyne 1941, 195 ff.: „Die Sibylle über sich selbst.“

Zum „Proömium" (S. 66)

Dieses echt jüdischem Geist entsprungene Stück, das Blaß für den
Anfang des III. Buches hielt und in seiner Übersetzung als „Proömium" vor III 36 stellte, ist in Wirklichkeit der Anfang des verlorenen II. Buches (vgl. P. Lieger, Progr. Wien 1904), das ebenso wie die
Hauptteile von Buch III als Weissagung der *Erythraea* galt. Vgl.
Lactant. div. inst. IV 6, 5: Sibylla Erythraea in carminis sui principio ... praedicat (es folgen fr. 1,5 f.; s. S. 66). Gerade aus dem
„Proömium" werden Verse besonders häufig nicht bloß von Laktanz,
sondern auch von Ps.-Justin und Clemens Alex. angeführt (vgl. App.
von Geffcken). Wie konnte Geffcken die bei Theophilus erhaltenen
Stücke für eine christliche Fälschung halten? Gegen diese Annahme
wandte sich auch gleich A. Harnack, Gesch. d. altchristl. Lit. II 2, 1872.
Freilich kann frg. 1 nicht der Anfang des III. Buches, sondern nur der
des verlorenen II. Buches sein.

III. Buch

1–7: können unmöglich der Anfang eines sibyllinischen Buches sein,
gar noch der ältesten jüdischen Sibylle. Es müssen doch wohl einige
hundert Verse vorangegangen sein, wenn das Herz der Sibylle so
müde ist vom Prophezeien der schrecklichen Wahrheit und sie mit
Geißelhieben gezwungen werden muß, von neuem die innere
Stimme sprechen zu lassen. Der erste Teil des III. Buches (1–96) gehört eben nicht zu diesem Buche, sondern stammt aus dem Schluß-
abschnitt des verlorenen II. Buches, dessen Anfang, wie oben erwähnt, im 1. Theophilosfragment vorliegt. Nach III 92 wird in der
Überlieferung eine Lücke konstatiert, in der nach Angabe einiger
Handschriften der Schluß des II. und der Anfang des III. Buches
gestanden haben soll.

24 ff.: Die vier Buchstaben bedeuten die vier Himmelsrichtungen:
ἀνατολή, δύσις, ἄρκτος, μεσημβρία. Vgl. VIII 331. Slawisches Henochbuch XXX S. 29 Bonw.: Und ich setzte ihm einen Namen von
vier Bestandteilen, vom Osten, vom Westen, vom Süden, vom Norden (weiteres Material im App. von Geffcken).

35: Dieses Proömium (8–35), meint K. Stützle (Progr. 1909 S. 8),
ist charakteristisch in verschiedener Richtung: der tatsächliche Ver-

fasser bekennt sich gleich in den ersten Versen und weiterhin als
jüdischen Glaubens; er weiß von Adam und sieht in der Zusammen-
setzung seines Namens aus vier Buchstaben in eigentümlicher alexandrinischer Gelehrsamkeit einen Hinweis auf die vier Himmels-
gegenden; andererseits ist ihm Thetys, die Tochter des Meergottes
Nereus, eine Personifikation des Meeres; vor allem aber ist es ihm
darum zu tun, den rings um ihn wohnenden Polytheisten Ägyptens
(29 ff.) ihren törichten Götzendienst mit seinen schweren sittlichen
Verirrungen vorzuhalten und sie zum Monotheismus zu bekehren. –
Genau so wie in beiden Theophilosfragmenten. Daß sich in ein und
demselben Buch Gedankengänge wiederholen, wird sich im folgenden noch öfters zeigen.

51 f.: Anspielung auf das zweite Triumvirat; kurz davor (45 ff.) wird
ja von dem Zeitpunkt gesprochen, da Rom noch zögerte, über Ägypten zu herrschen. Also Abfassungszeit des II. Buches zwischen 40–30
v. Chr.

63: Die Sebastener sind die Einwohner des alten Samaria. Da aber
diese Stadt den Namen Σεβαστή (= Augusta) erst nach 25 v. Chr.
erhalten hat, so würde die Abfassungszeit noch weiter herabrücken.
Geffcken, Komp. S. 15: „Wenn Beliar aus Samaria kommt, so ist es
kaum ein anderer als Simon Magus. Wir wissen, in welchem Lichte
die christliche Legende Simon Magus sah, wie sie ihn mit den Far-
ben des Antichrists schilderte. Hier mag denn auch sein Bild dem
christlichen Apokalyptiker vorgeschwebt haben." Vgl. II 167 f. mit
Anm. Bousset, Der Antichrist 115–124.

77: Der Sibyllist sieht in der Regierung der Kleopatra in Ägypten
ein Vorzeichen des Endes der Welt.

93–96: sind schwer verdorben, darum habe ich die Verse fortgelassen.

97 ff. beginnt das eigentliche III. Buch, dessen Anfang in der Lücke,
wie oben erwähnt, verlorenging. Es zerfällt in 3 Abschnitte (97–294,
295–488, 489–808), die durch die Verse 295 ff. und 489 ff. deutlich
voneinander geschieden werden. Es handelt sich aber nicht um eine
einheitliche Dichtung, sondern um eine Zusammenstellung vieler
nur lose verbundenen Stücke, von denen die einen aus heidnischen
und älteren jüdischen Quellen (vor allem aus Berossos, vgl. Schnabel
a. a. O.) herübergenommen sind, die anderen von dem jüdischen
Kompilator selber herrühren (vgl. Geffcken, Komp. S. 1–17). 318

und 608 ff. ist von einem siebenten König Ägyptens aus hellenischem Geschlecht die Rede und für dessen Zeit der Untergang prophezeit; die Orakel stammen also aus der Zeit des Ptolemaios VII. Physkon (um 140 v. Chr.). Vgl. P. Lieger, Progr. 1906 und 1908. Danach gebe ich in besonderem Druck die Prophezeiungen der jüdischen „Ursibylle". Größere Teile des III. Buches sind erst im 1. Jahrhundert v. Chr. entstanden (vgl. 464–469 Anspielung auf den marsischen Bundesgenossenkönig).

97–154: Bearbeitung der älteren babylonischen Sibylle (vgl. III 809; Geffcken, Gött. gel. Nachr. 1900, 88 ff.; Bousset, ZNW 3, 1902, 23 ff.). Das, was über den babylonischen Turm, der auf Befehl Gottes von den Winden umgeblasen wurde, und über Kronos und Titan und ihren Krieg (108 ff.) gesagt ist, wird mit genauem Entsprechen von Alexandros Polyhistor (c. 80–40 v. Chr.) aus den Orakeln der Sibylle angeführt (von ihm ist Joseph. Ant. I 4, 3 § 118 abhängig), nur mit dem Unterschied, daß nicht Gott, sondern die Götter die Winde senden, und daß neben Titan nicht Kronos, sondern der in unsern Sibyllinen überhaupt fehlende Prometheus erscheint. Dasselbe, aber ohne Berufung auf die Sibylle, jedoch mit Kronos und Titan, findet sich in den Fragmenten des Abydenos (bei Euseb. Praep. evang. IX 14, 2), der in nachchristlicher Zeit eine Geschichte der Assyrier und Meder schrieb (vgl. den App. von Geffcken, wo die Stellen ausgeschrieben sind). Moses von Khoren I 6 (Vetter, Theol. QS 1892, 465 ff.): Aber ich will jetzt mich freuen, indem ich den Anfang meiner vorliegenden Erzählung mit meiner teuren und über viele hinaus wahrhaftig redenden berosischen Sibylle mache. Ehe der Turm war, sagt sie, und ehe die Rede des Menschengeschlechtes vielsprachig war, und nach der Fahrt des Xisusthros nach Armenien waren Zrwan und Titan und Japetosthe(!) die Fürsten der Erde. . . . Und da dieselben, sagt sie, die ganze Welt unter ihre Herrschaft verteilen, so gewinnt die Oberhand und Herrschaft sogar über beide Zrwan.

108 ff.: Tertullianus, Ad nat. II 12: ante enim Sibylla quam omnis litteratura extitit, illa scilicet Sibylla veri vera vates, de cuius vocabulo daemoniorum vatibus induistis. ea senario versu in hunc sensum de Saturni prosapia et rebus eius exponit: decima, inquit, genitura hominum, ex quo cataclysmus prioribus accidit, regnavit Saturnus et Titan et Japetus, Terrae et Caeli fortissimi filii. (Bevor es überhaupt

eine Literatur gab, war natürlich jene Sibylle die wahre Prophetin der
Wahrheit, deren Benennung ihr für die Prophetinnen der Dämonen
übernommen habt. Diese handelt im Hexameter in diesem Sinne von
dem Stammbaum des Saturnus und seiner Herrschaft: „Im 10. Men-
schenalter, seitdem die Sintflut über die Früheren hereinbrach, herrschten Saturnus, Titan und Japetus, die Heldensöhne der Erde und des
Himmels".)

110ff.: vgl. Lactant. div. inst. I, 13, 14–14, 8: (14) Ennius erklärt im
„Euhemerus", zuerst habe nicht Saturnus geherrscht, sondern sein
Vater Uranus. „Am Anfang", sagt er, „hatte zuerst auf Erden Caelus
die Oberherrschaft. Dieser richtete sich ein und bereitete sich diese
Königsherrschaft mit seinen Brüdern". (13) Es gab keine große
Meinungsverschiedenheit, wenn anders bei den bedeutendsten Schriftstellern über Sohn und Vater Zweifel besteht. Aber es kann doch
beides möglich sein, daß zunächst Uranus die übrigen an Macht zu
überragen begann und die Vorherrschaft hatte, nicht das Königtum,
später aber Saturnus sich größere Macht verschaffte und den Königs-
titel annahm. 14 (1) Nun wollen wir, da von meinem Bericht die
„heilige Geschichte" stark abweicht, das offenbaren, was in dem
wahren Schrifttum enthalten ist, damit es nicht den Anschein hat, als
ob wir bei unserem Angriff auf die religiösen Anschauungen den
Flunkereien der Dichter folgten und diese billigten. (2) Das sind des
Ennius Worte: „Hernach heiratete Saturnus die Ops (= griech.
Rheia). Titan, der ältere, fordert für sich die Königsherrschaft. Da
raten ihre Mutter Vesta und die Schwestern Ceres und Ops dem
Saturnus, betreffs der Königsherrschaft dem Bruder keine Zugeständ-
nisse zu machen. (3) Da trat Titan, der an Aussehen geringer war als
Saturnus, deshalb und weil er sah, daß seine Mutter und seine Schwestern sich für die Herrschaft des Saturnus einsetzten, an diesen die
Herrschaft ab. Darum vereinbarte er mit Saturnus, falls ihm ein
männlicher Sproß geboren werde, solle er diesen nicht aufziehen. Das
tat er deshalb, damit die Herrschaft auf seine Söhne übergehe. (4) Da
töteten sie den erstgeborenen Sohn des Saturnus. Dann wurden hernach Zwillinge geboren, Juppiter und Juno. Da gaben sie die Juno
dem Saturnus zu Gesicht und verbargen heimlich den Juppiter und
gaben ihn der Vesta zur Erziehung, was sie vor Saturnus verheim-
lichten. (5) Ebenso gebiert Ops heimlich dem Saturnus den Neptun
und verbirgt ihn im geheimen. Auf dieselbe Weise gebiert Ops bei

der dritten Niederkunft den Pluto und die Glauca. Pluto ist lateinisch
Vater Dis, andere nennen ihn Orcus. Da zeigen sie dem Saturnus die
Tochter Glauca, aber den Sohn Pluto verheimlichen und verbergen
sie. Dann stirbt die kleine Glauca. (6) Das ist, wie geschrieben steht,
des Juppiter und seiner Brüder Stammbaum: so ist es uns in der heiligen
Schrift überliefert." (7) Ebenso fügt er (Ennius) weiter unten hinzu:
„Als darauf Titan erfuhr, daß dem Saturnus heimlich vor ihm Söhne
geboren und erzogen seien, da nimmt er heimlich mit sich seine Söhne,
die sogenannten Titanen, läßt seinen Bruder Saturnus und Ops ergreifen, ließ sie mit einer Mauer umgeben und läßt sie bewachen."
(8) Die Wahrheit dieser Geschichte bestätigt die Erythräische Sibylle,
die ungefähr dasselbe sagt, nur daß sie in einigen unwesentlichen
Punkten abweicht [= or. Sib. III, 110-153].

122ff.: Moses von Khoren I 6 (s. o.): Nun tritt ihre Schwester Astlik
dazwischen und beredet sie, die Empörung aufzugeben, und sie
nehmen es an, daß Zrwan König bleibe, schließen aber einen Vertrag
mit Bündnis und Eid untereinander: jedes männliche Kind, das dem
Zrwan geboren würde, zu töten, damit er nicht durch sein Haus über
sie herrsche. Darum beorderten sie starke Männer aus den Titanen
über die Geburten seiner Frauen.

141: Δία wird von διαπέμπειν abgeleitet. Geffcken z. St.: Stoisch;
ähnlich Cornutus 2: Δία δὲ αὐτὸν καλοῦμεν, ὅτι δι' αὐτὸν γίνεται
καὶ σῴζεται πάντα (Zeus [= Δία] nennen sie ihn, weil durch [διὰ]
ihn alles entsteht und erhalten wird), dann von den Juden übernommen: Aristeasbrief 16.

147 ff.: Ennius bei Lactant. div. inst. I 14, 7: deinde Titan, postquam rescivit Saturno filios procreatos atque educatos esse clam se,
seducit secum filios suos qui Titani vocantur, fratremque suum Sa-
turnum atque Opem comprehendit eosque muro circumegit et custo-
diam iis apponit (s. o. zu 110 ff.)

159 ff.: vgl. VIII 6–9. IV 49 ff. Lactant. div. inst. VII 15, 13: sic et
alia prius regna cum diutius floruissent, nihilominus tamen occide-
runt. nam et Aegyptios et Persas et Graecos et Assyrios proditum est
regimen habuisse terrarum: quibus omnibus destructis ad Romanos
quoque rerum summa pervenit. (So sind auch früher schon Reiche,
obwohl sie längere Zeit geblüht hatten, untergegangen. Denn es wird

uns von der Weltherrschaft der Ägypter, der Perser, der Griechen und
der Assyrier überliefert: als alle diese erledigt waren, ging die höchste
Macht an die Römer über.)

162–164: vgl. 297–299; 490 f., 698 f.

166–195: Inhalt: Zuerst wird das salomonische Haus regieren, die
Bewohner Phönikiens und Asiens, alsdann aber die übermütigen und
unkeuschen Hellenen, darauf das große und listige Volk Makedoniens; aber dann wird der Anfang eines andern Königreichs kommen,
weiß und vielköpfig, vom westlichen Meere her, welches über viel
Land herrschen, viele erschüttern und bei allen Königen nachmals
Furcht erregen wird. Alsbald aber wird unter diesen [Römern] Zwang
der Gottlosigkeit sein – es ist von Päderastie und förmlichen Knaben-
bordellen die Rede –, und es wird in jenen Tagen große Bedrängnis
unter den Menschen sein. Und jegliche Arglist wird bei ihnen auftreten bis zum 7. Königreich, über welches ein König Ägyptens regieren wird. Und dann wird das Volk des großen Gottes wieder
stark sein, sie, die allen Sterblichen die Wegweiser des Lebens sein
werden.

196–215: Inhalt: „Aber was hat mir Gott in den Sinn gelegt, auch
dies zu sagen, was zuerst, was dann und was zuletzt für Unheil kommen wird über alle Menschen?" Nun kommen eine ganze Masse von
Unheil verkündenden Orakeln über die Strafe der Titanen, Tyrannen-
herrschaft bei den Griechen, ewige Kriege, Untergang der schrecklichen Phryger, Unheil über Troja, die Assyrier und Perser, ganz
Ägypten, die Libyer und Ähiopier, Karier, Pamphylier und die
Sterblichen alle, auch über die frommen Männer beim salomonischen
Tempel.

218–294: Vgl. L. Mariès, Strophes et poèmes dans les Sibyllins. Revue de philologie, de littérature et d'histoire ancienne 10, 1936, 5–19.

218: Alex. Polyhistor (bei Euseb. Praep. ev. IX 17, 3): δεκάτῃ δὲ
γενεᾷ, φησίν, ἐν πόλει τῆς Βαβυλωνίας Καμαρίνῃ, ἥν τινας λέγειν
πόλιν Οὐρίην (εἶναι δὲ μεθερμηνευομένην Χαλδαίων πόλιν), ἐν
τρισκαιδεκάτῃ γενέσθαι Ἀβραὰμ γενεᾷ, εὐγενείᾳ καὶ σοφίᾳ πάντας
ὑπερβεβηκότα, ὃν δὴ καὶ τὴν ἀστρολογίαν καὶ Χαλδαϊκὴν εὑρεῖν . . .
(Im 10. Geschlecht, sagt sie, in der Stadt Kamarina in Babylon, das
nach einigen die Stadt Ur (so heiße verdolmetscht die Stadt der Chal-

däer), im 13. Geschlecht habe Abraham gelebt, der sich durch Edel-
mut und Weisheit ausgezeichnet habe, der auch die chaldäische Kunst
der Astrologie erfunden habe.)

221 ff.: Deut. 18, 10. Lev. 19, 31. 20, 6. 27. Num. 23, 23. Slav.
Henochbuch X S. 13 Bonw.: Dieser Ort ist bereitet denen, welche
treiben ... Zaubereien, Beschwörungen, dämonische Wahrsagerei.
W. Kroll, De oraculis Chaldaicis p. 64 sq. (diese Verse, die Geffcken
im App. anführt, stimmen z. T. wörtlich überein mit der Sibylle).

228 f.: Lactant. div. inst. II 16, 1: Eorum (= der bösen Engel) in-
venta sunt astrologia et haruspicina et auguratio et ipsa quae dicuntur
oracula et necromantia et ars magica et quidquid praeterea malorum
exercent homines vel palam vel occulte; quae omnia per se falsa sunt,
ut Sibylla Erythraea testatur (es folgen v. 228 f.). (Die Dämonen
haben die Astrologie, die Eingeweideschau, die Zeichendeuterei und
selbst die sog. Orakel, die Nekromantie und die magische Kunst und
was sonst noch die Menschen Übles treiben öffentlich oder geheim,
erfunden; das alles ist an sich falsch, wie die erythräische Sibylle
bezeugt.)

276: vgl. Jerem. 5, 19.

280: vgl. Jerem. 25, 12.

283: Der Sterbliche (βροτός) ist nach Mariès Kyros, der Gründer des
Perserreiches.

287: vgl. Ezech. 38, 22. Jes. 66, 16.

288 ff.: Gen. 49, 8. Esr. I 5, 5 f.

291 f.: Esr. I 4, 47 ff. – *293*: Esr. I 3, 3 ff. – *295 ff.*: vgl. 1–7.

303 ff.: vgl. Jes. 13, 1. 47, 1 ff. Sib. V 434 ff.

310: vgl. Apok. Bar. 31, 5: et erit tamquam non fuerit. (Und es wird
sein, als ob es nicht gewesen wäre.) Sib. VIII 42.

312 f.: vgl. Apok. Joh. 16, 6. Gen. 4, 10. II Makk. 8, 3.

316 ff.: vgl. Ezech. 14, 17 ff. Lactant. div. inst. VII 13, 11 tum pera-
grabit gladius orbem metens omnia.... (Da wird ein Schwert den
Erdkreis durcheilen, alles niedermähend.) Das Schwertmotiv wird
672 ff. weiter ausgeführt und nochmals 795 ff. verwertet.

319–349: Nach weiteren Weherufen über die Länder Gog und Magog
sowie Libyen sieht die Sibylle im Westen einen Kometen erglänzen,
ein Zeichen des Schwertes, des Hungers und Todes und des Verlustes
von großen Männern und bedeutenden Herrschern. Weiter prophezeit
sie gähnende Abgründe und Klüfte, die sich öffnen, und das Versinken
von ganzen Städten in Asien und Europa – die Namen sind z. T.
verderbt überliefert –; und auch das böse Geschlecht der Ägypter
wird dem Untergang nahe sein.

350–355: (vgl. IV 145 ff. VIII 72) vielleicht im Anschluß an ein
heidnisches Orakel: Phlegon, Mirab. p. 69 Keller. – Lact. div. inst.
VII 13, 11: cuius vastitatis et confusionis haec erit causa, quod
Romanum nomen, quo nunc regitur orbis – horret animus dicere, sed
dicam, quia futurum est – tolletur e terra et imperium in Asiam
revertetur ac rursus oriens dominabitur atque occidens serviet (Das
wird der Grund dieser Verwüstung und Erschütterung sein, daß das
Römertum, das jetzt die Welt beherrscht – der Geist sträubt sich, es
auszusprechen, aber ich will es sagen, weil es eintreffen wird –, von
der Erde verschwinden und die Herrschaft nach Asien zurückkehren,
der Osten wieder herrschen und der Westen dienen wird; s. o. Anm.
zu II 17). – Sollten nicht auch Tacitus, Hist. V 13, und Sueton,
Vespas. 4. fore ut valesceret Oriens et profecti Judaea rerum potirentur
(Der Orient wird erstarken, und die von Judäa aufgebrochen sind,
werden sich der Herrschaft bemächtigen) bzw. deren gemeinsame
Quelle diese Sibylle im Sinne haben? Auch Josephos, Bell. Jud.
VI 5, 3, führt den fanatischen Widerstand der Juden auf den Glauben
an alte Prophezeiungen der zukünftigen Weltherrschaft des Juden-
tums zurück. – Vgl. H. Fuchs, Der geistige Widerstand gegen Rom
S. 35 ff., 63 ff.

356 ff.: vgl. V 162 ff. VIII 57–49. 73 ff. W. Weber a. a. O. S. 59: Ein
buntes Bild von Prophetien . . . mitten unter ihnen . . . die Drohungen
gegen Rom, das gegen den Orient vorzudringen sich erdreistet, das
letzte Weltreich, das an seiner eigenen Hybris zugrunde geht, die
Herrin, deren Söhne furchtbar heimzahlen müssen, Roma selbst
personifiziert, jedoch nun nicht mehr Herrin, sondern in den Staub
erniedrigte Magd geworden. – Vgl. Philologus 95, 1943, 316 f.

363 f.: vgl. VIII 165 f. IV 91. Zum Wortspiel vgl. Kallimachoshymn.
IV 53. Tertull. de pallio 2: mutat et nunc localiter habitus, cum situs

laeditur, cum inter insulas nulla iam Delos, harenae Samos, et Sibylla non mendax . . . (Es ändert sich jetzt auch örtlich das Aussehen, wenn die Lage verletzt wird, wenn es unter den Inseln kein Delos mehr gibt und Samos eine Sandwüste ist, und die Sibylle lügt nicht). Lactant. div. inst. VII 25, 7 at vero cum caput illud orbis occiderit et ῥύμη esse coeperit, quod Sibyllae fore aiunt, quis dubitet venisse iam finem rebus humanis orbique terrarum? (Aber vollends wenn die Hauptstadt der Welt untergeht und anfängt, eine Gasse zu sein, was nach Aussage der Sibyllen kommen wird, wer zweifelte dann noch daran, daß nun das Ende für die Menschheit und die ganze Welt gekommen sei?).

367–380: vgl. 619–623. 751–759. Horaz, Epod. 16, 53 ff.; Psal. Sal. 17, 30 ff. A. Vögtle a. a. O. (s. zu II 255 ff.) S. 102: Nach Apok. Bar. Syr. 73, 4 werden im Friedensreich der Endzeit „Prozesse, Klagen, Streitigkeiten und Rachetaten, Blutschuld, Begierden, Neid und Haß und alles Ähnliche" der Verdammung anheimfallen. Wohl derselben Tradition folgend, zählt die Sibylle als die Laster, die in der messianischen Endzeit von den Sterblichen weichen werden, auf: Gesetzlosigkeit, Mißgunst, Neid, Zorn und Torheit, Armut, Not, Mord, unselige Zwiste, unheilvolle Zänkereien und Ränkereien bei Nacht, jede Schlechtigkeit (vgl. auch Hermes 73, 1958, 358 f.).

371: vgl. IV 192. Verg. Ecl. 4, 53. Hesiod, Ἔργα 175. (Zum folgenden Hesiod 197–201.)

381 ff.: vgl. Einl. S. 8, Prolog o. S. 25 (dazu Erbse a. a. O. S. 40 f.). Varro bei Lactant. div. inst. I 6, 8: primam (Sibyllam) fuisse de Persis, cuius mentionem fecerit Nicanor, qui res gestas Alexandri Macedonis scripsit. (Dazu Schol. zu Plat. Phaedr. 244 b o. S. 15.) Die Verse zeigen eine merkwürdige Verwandtschaft mit einem Orakel, das nach Strabo (XVII 143, p. 814) die zu Alexanders des Gr. Zeit lebende Erythräerin Athenais über Alexanders göttliche Abkunft gegeben haben soll; natürlich wird hier diese Abkunft nur erwähnt, um geleugnet zu werden.

388–400: (eine Vermischung von Daniel 7, 7 ff. und griechischer Weissagung, vgl. Lykophron 1439 ff.), die textkritisch viel Schwierigkeiten machen, hatte Hilgenfeld auf Antiochos Epiphanes und seine Nachfolger bis Tryphon (146–139 v. Chr.) bezogen. Dagegen hat Geffcken, Komp. S. 9–11, schwere Bedenken geltend gemacht. Aber

auch seine Deutung auf die Zeit von Antiochos VIII. Grypos (111–96
v. Chr.) bis Antiochos X. (gest. nach 83 v. Chr.) und Philippos er-
fordert nicht nur Textänderungen, sondern enthält auch selbst wieder
Ungenauigkeiten, wie er selbst zugibt (Antiochos X. fiel gegen die
Parther!). Geffcken schließt seine Interpretation mit den Worten:
„Restlos ist m. W. noch nie eine Prophezeiung aufgegangen, sonst
würden sich nicht alle möglichen Deutungsversuche an diese Art von
Literatur anknüpfen." Vgl. auch Bousset, ZNW 3, 1902, 34 ff.

401 ff.: vgl. ZNW 40, 1941, 155 f.

414–430: Altes Orakel: Paus. X 12, 2 (aus Alex. Polyh.) s. o. Einl.
S. 9. Varro bei Lactant. div. inst. I 6, 9: quintam <Sibyllam>
Erythraeam, quam Apollodorus Erythraeus adfirmet suam fuisse civem
eamque Grais Ilium petentibus vaticinatam et perituram esse Troiam
et Homerum mendacia scripturum. Vgl. Einl. S. 9, Prolog o. S. 27.
Weitere Stellen im App. von Rzach und Geffcken.

489 ff.: vgl. 1–7.

492: vgl. V 456. VII 64.

495: τῆς ζωῆς ἀριθμός aus Sir. 37, 25. 41, 13. Pred. Sal. 2, 3. 5, 17
abgeleitet (Geffcken).

520 ff.: vgl. 638 f. 732 ff. (Deut. 28, 49).

527: Deut. 28, 56.

533: Jes. 30, 17. Deut. 32, 30.

538: Antike Orakelsprache: vgl. Thuk. II 54 (Sib. III 603. Fragm.
3, 20 s. o. S. 70).

539 f.: Deut. 28, 23 (Lev. 26, 19), vgl. Sib. V 276.

542: Ps. 104 (105), 32.

544: Sachar. 13, 8 (Apok. Joh. 9, 15. 18). Sib. V 103. Lactant. div.
inst. VII 16, 14: de cultoribus etiam dei duae partes interibunt et
tertia quae fuerit probata remanebit. (Auch von den Verehrern Gottes
werden zwei Drittel untergehen und nur ein Drittel die Prüfung
bestehen.)

545. 547–549: Lactant. div. inst. I 15, 15: ob hanc vanitatem Sibylla
sic eos increpat (Wegen dieser Eitelkeit schilt sie die Sibylle also):
dann werden die 4 Verse zitiert.

547 f. (554): vgl. 31. 588. 723. VIII 46. 393. Fragm. 1, 22 (o. S. 68/9).

573: εὐσεβέων vgl. IV 45. 136. V 36. 281.

582 f.: vgl. V 238 ff.

586 ff.: vgl. 13 ff. Clemens Alex. Protr. VI 70 (Platon ist angeredet): γεωμετρίαν παρ' Αἰγυπτίων μανθάνεις, ἀστρονομίαν παρὰ Βαβυλωνίων, ἐπῳδὰς τὰς ὑγιεῖς παρὰ Θρᾳκῶν λαμβάνεις, πολλὰ δὲ καὶ Ἀσσύριοι πεπαιδεύκασι, νόμους δὲ τοὺς ὅσοι ἀληθεῖς καὶ δόξαν τὴν θεοῦ παρ' αὐτῶν ὠφελῆσαι τῶν Ἑβραίων (Geometrie lernst du von den Ägyptern, Astronomie von den Babyloniern, die heilsamen Zaubersprüche übernimmst du von den Thrakern, vieles haben auch die Assyrier gelehrt, aber betreffs der Gesetze, soweit sie echt sind, und der Ehre Gottes ziehe den Nutzen von den Hebräern selbst): anschließend folgen die Verse 586–588, 590–594 ἀθάνατον.

596: vgl. V 166. 387. 430. IV 34. Zusammenfassend ZNW 38, 1939, 173 f.

603 = Fragm. 3, 20 (o. S. 70). Vgl. Hesiod, Theog. 227 Λήθην τε Λιμόν τε καὶ Ἄλγεα δακρυόεντα. Orphic. Fragm. 4, 12; 5, 13 (Abel): καὶ πόλεμον κρυόεντα καὶ ἄλγεα δακρυόεντα. 6, 15 καὶ πόλεμος καὶ λοιμὸς ἰδ' ἄλγεα δακρυόεντα (vgl. Aristobuls gefälschte Orphik bei Euseb. Praep. ev. XIII 12, 5 V. 15).

606 ff.: vgl. VIII 224. Jes. 2, 18 f.

611 ff.: vgl. 652 ff. V 108 ff. αἰετὸς αἴθων aus Homer O 690 und griechischer Orakelsprache, vgl. Lykophron 261. 551. 109. 246 u. ö. – Deut. 28, 49 ff. – Zu 612: vgl. Assumptio Moys. 3, 1: illis temporibus veniet illis ab oriente rex et teget equitatus terram corum. (In jenen Zeiten wird ihnen vom Aufgang der Sonne ein König erscheinen, und Reiterei wird ihr Land bedecken.)

619 ff.: vgl. II 29 ff. III 368 ff. 744 ff. Lactant. div. inst. VII 24, 13: s. S. 242. Henoch 10, 18 f.: Und in jenen Tagen wird die ganze Erde in Gerechtigkeit bebaut werden und wird ganz mit Bäumen bepflanzt werden und voll von Segen sein. Und alle Bäume der Lust wird man auf ihr pflanzen, und der Weinstock, der auf ihr gepflanzt werden wird, wird Wein in Fülle geben ... Apok. Bar. XXIX 5. Papias bei Iren. II 418 Harv.

629 = 760 (vgl. Deut. 4, 35).

652 ff.: Vgl. Daniel 7, 13 f. Lactant. div. inst. VII 18, 5: s. o. S. 234.
(Vgl. H. Fuchs, Der geistige Widerstand etc. S. 31 ff.) Damit erreicht die jüdische Ursibylle ihren Höhepunkt. G. Erdmann, Die
Vorgeschichte des Lukas- und Matthäusevangeliums und Vergils
vierte Ekloge (Göttingen 1932), hat (S. 82) zur Erklärung des Auf-
baues von Vergils Soter-Gedicht Or. Sib. III 652–731 herangezogen,
deren Eschatologie in folgenden drei Akten verläuft: 1. Erscheinen
des Messias (652 ff.), 2. der eschatologische Krieg gegen die heilige
Stadt (663 ff.), 3. das Friedensreich (702 ff.). – Weiteres zur Ab-
hängigkeit Vergils von unserer Sibylle s. u. zu 788 ff.

663 ff.: Jerem. 1, 15. IV Esr. 13, 13 ff. et erit, quando audierint
omnes gentes vocem eius, et derelinquet unusquisque regionem
suam et bellum quod habent in alterutro, et colligetur in unum
multitudo innumerabilis. . . . ipse autem stabit super cacumen montis
Sion . . . ipse autem filius meus arguet quae advenerunt gentes
impietates eorum. . . . (So wird es sein, wenn alle Völker seine
Stimme vernehmen, dann wird jeder seine Gegend verlassen und
den Krieg, den sie untereinander führen, und es wird eine unzählbare Menge an einem Punkt versammelt werden. . . . Er selbst wird
auf dem Gipfel des Berges Sion stehen. . . . Aber mein Sohn selbst
wird die Völker, welche gekommen sind, ihrer Ruchlosigkeiten
zeihen.) Apok. Joh. 17, 13 f.

672: vgl. Lactant. div. inst. VII 19, 5 cadet repente gladius e caelo
(Plötzlich wird ein Schwert vom Himmel fallen.)

675: Psalm 17, 8. Verg. ecl. 4, 50 f.

676 ff.: Ezech. 38, 20 ff.

693: Ezech. 38, 23.

698: vgl. 6 f. 162–164. VIII 359.

716 ff.: vgl. V 493 ff. (716 Psalm 94, 6).

721 ff.: zitiert von Ps.-Justin. Coh. ad Graec. 16. – Vgl. III 9.
Fragm. 1, 23 f. (o. S. 68).

732–740: Da in diesen Versen, die den Zusammenhang unter-
brechen, ein altes Sprichwort Verwendung findet (Verg. Aen.
III 700 f., dazu Schol. Veron. p. 92, 30 Keil. Sil. Italic. XIV 198.
Zenobios V 18: vgl. Paroemiographi Graeci ed. Schneidewin-

Leutsch I 123, Anthol. Pal. IX 685. Lukian: Pseudol. 32. Stephanus Byz. s. v. Καμάρινα. – Didymos, de trin. 236 zitiert den Vers 736), so seien die Verse hier nachgetragen (735 mit Gförer getilgt):

ἀλλά, τάλαιν' ‘Ελλάς, ὑπερήφανα παῦε φρονοῦσα.
λίσσεο δ' ἀθάνατον μεγαλήτορα καὶ προφύλαξαι.
στεῖλον μὴ ἐπὶ τήνδε πόλιν πάλι λαὸν ἄβουλον.
μὴ κίνει Καμάριναν – ἀκίνητος γὰρ ἀμείνων –
πάρδαλιν ἐκ κοίτης, μή τοι κακὸν ἀντιβολήσῃ.
ἀλλ' ἀπέχου, μηδ' ἴσχ' ὑπερήφανον ἐν στήθεσσιν
θυμὸν ὑπερφίαλον, στείλασ' ἐς ἀγῶνα κραταιόν.
καὶ δούλευε θεῷ μεγάλῳ, ἵνα τῶνδε μετάσχῃς·

Aber du, unglückseliges Hellas, höre auf, hoffärtig gesinnt zu sein, flehe an den großherzigen Unsterblichen und nimm dich in acht; schicke nicht wiederum gegen diese Stadt unbesonnenes Volk. Rühre nicht an Kamarina; es bleibt besser unangetastet. [Erwecke nicht] den Panther aus dem Lager, daß dir nicht Übles zustoße, sondern halte dich fern und hege nicht hoffärtigen, übermütigen Sinn im Herzen, dadurch daß du es sendest zu gewaltigem Kampfe. Und diene dem großen Gott, auf daß du hieran Anteil erhältst. (Der letzte Vers [740] ist verdächtig; er scheint eingeschoben zu sein, um den Zusammenhang mit dem folgenden herzustellen.)

741 ff.: Lactant. div. inst. VII 20, 1: s. S. 236.

744 ff.: vgl. 620–623. 328 ff. (749 vgl. Jes. 35, 6 f.).

751 ff.: vgl. 367–380. 780. Psal. Salom. 17, 36 ff.

761: vgl. Psalm 96 (97), 3. (In den ausgelassenen Versen aufs neue die Warnung vor Götzendienst, Ehebruch, unnatürlicher Unzucht und Kindsmord.) Vgl. Lactant. de ira Dei c. 22, 8: s. S. 224.

772 f.: Psalm 71, 10 f.

777 ff.: Jes. 40, 3 f.

785: Jes. 12, 6. Sachar. 2, 10 (Jes. 60, 1). Vgl. Sib. V 260 ff. VIII 324.

788–795: vgl. Jes. 11, 6 ff. Lactant. a. a. O. VII 24, 12: s. S. 242 R. C. Kukula, Römische Säkularpoesie (Leipzig 1911) weist (S. 62) darauf hin, daß Vergil den Löwen von der jüdisch-hellenistischen

Sibylle (III 791) übernommen habe, deren Heimat nicht Italien, sondern das löwenreiche Ägypten gewesen sei: „Ja, die Löwen waren geradezu notwendig für den Stil des Orakels und wurden mit Absicht beibehalten, um den Leser an die Quelle der Prophezeiung zu erinnern. An dieser Quelle hat dann Vergil allerdings die politisch-eudämonistischen Hoffnungen der Römer mit der morgenländischen Botschaft von einem kommenden Soter, die Idee des römischen Imperiums mit der jüdischen Messiasidee zusammenzugießen, kein Bedenken getragen. Insofern könnte man ... von gewaltsamer Kontamination reden und den Kirchenvätern recht geben, wenn sie das Gedicht als eine messianische Prophezeiung eines Heiden er-klärten. (Vgl. meinen Aufsatz „Vergil, der Prophet": Pastor bonus 1930, 262–271). Denn auch sonst weist noch mancherlei auf Vergils vertraute Bekanntschaft mit der jüdischen Sibylle hin: so ist z. B. mit omnis feret omnia tellus (Ecl. 4, 39 = Sib. III 271 πᾶσα δὲ γαῖα σέθεν πλήρης) die 'Allmutter Erde' der jüdischen Prophetin (Sib. III 675 γαῖα δὲ παγγενέτειρα) gemeint. Angelpunkt aber bleibt wohl jene Idee vom kommenden Heiland und Gottmenschen, die so spezifisch jüdisch und sibyllistisch ist, daß m. E. eine direkte Beziehung Vergils zu dem durch Jesaias beeinflußten III. Sibyllenbuche nicht geleugnet werden kann." – L. Dürr, Ursprung und Ausbau der israelitisch-jüdischen Heilserwartung (Berlin 1925), betont, daß der Ursprung der isr.-jüd. H. in Israel selbst zu suchen sei, daß aber der Ausbau unter orientalischem Einfluß erfolgte; ders. Verf. hat sich (Theol. u. Glaube 1926, 367 ff.) ausführlich zur 4. Ekloge geäußert, indem er sich vor allem gegen die Ableitung der eschatologischen Heilandsvorstellungen aus dem Orient wendet: „In Wirklichkeit haben wir keine einzige Weissagung auf irgendeinen Retterkönig der Zukunft in den angeführten ägyptischen und akkadischen Kulturkreisen. ... Die Rettererwartung ist nachweislich israelitisches Sondergut."

800: Deut. 28, 24.

801 ff.: vgl. II 184 f. mit Anm.; Joel 2, 10; 3, 15.

804: vgl. 683 f. – Zum Schreien der Steine: Esr. IV 5, 4; Habakuk 2, 11 (Luk. 19, 40).

805: II Makk. 5, 2 ff. Josephus, Bell. Jud. VI 288 (s. App. v. Geffcken). Tac. hist. V 13. (Verg. Georg. I 474; danach Tib.

II 5, 73). Weiterwirkung des Motivs im Panegyricus des Rhetors
Nazarius (321 n. Chr.): F. Kampers, Vom Werdegang der abendländischen Kaisermystik (Leipzig 1924) S. 146 (Theol. QS 1936, 365).
Leo Weber, Die Katalanische Geisterschlacht: ARW 33, 1936,
162 ff.; dazu O. Weinreich, ebd. 166 (mit weiterem Material). Hand-
wörterbuch des deutschen Aberglaubens III 546 ff. K. Meisen, Sagen
vom Wütenden Heer 19 ff.

809–814: (vgl. 97 ff. mit Anm.) Lactant. div. inst. I 6, 13 suntque
confusi <Sibyllarum libri> nec discerni ac suum cuique adsignari
potest nisi Erythraeae, quae et nomen suum verum carmini inseruit
et Erythraeam se nominatuiri praelocuta est, cum esset orta Babylone.
(Die Sibyllenbücher liegen hier durcheinander und können nicht
auseinandergehalten werden; nur bei der erythräischen Sibylle weiß
man, was ihr zugeschrieben werden darf, denn sie hat ihren wahren
Namen ihrem Gedichte einverleibt und vorausgesagt, man werde
sie Erythräerin nennen, während sie eigentlich aus Babylon stamme.)
Ps.-Justin., Cohort. ad Graec. 37 ταύτην δὲ <τὴν Σίβυλλαν> ἐκ μὲν
Βαβυλῶνος ὡρμῆσθαί φασι, Βηρωσσοῦ τοῦ τὴν Χαλδαϊκὴν ἱστορίαν
γράψαντος θυγατέρα οὖσαν. (Diese Sibylle soll aus Babylon gekommen sein, eine Tochter des Berossos, der die chaldäische Geschichte geschrieben hat.) Vgl. Paus. X 12, 9 Βηρωσσοῦ δὲ εἶναι
πατρὸς καὶ Ἐρυμάνθης μητρός φασι Σάββην. οἱ δὲ αὐτὴν Βαβυλω-
νίαν καλοῦσιν (s. Einl. S. 9). (Sabbe habe Berossos zum Vater
und Erymantha zur Mutter; andere nennen sie eine Babylonierin.)
Siehe auch Einl. S. 13 f. – Auch der armenische Geschichtsschreiber
Moses von Khoren (I 6) redet von einer berossischen Sibylle (vgl.
A. v. Gutschmid, Kl. Schr. III 297). Schol. Plat. Phaedr. p. 244 b:
Σίβυλλαι μὲν γεγόνασι δέκα, ὧν πρώτῃ ὄνομα Σαμβήθη. Χαλδαίαν
δέ φασιν αὐτὴν οἱ παλαιοὶ λόγοι, οἱ δὲ μᾶλλον Ἑβραίαν. (Es gibt
zehn Sibyllen, von denen die erste Sambethe heißt. Die alte Über-
lieferung nennt eine Chaldäerin, andere eher eine Hebräerin.) Der
Name Sabbe oder Sambethe scheint ursprünglich in der Lücke nach
811 gestanden zu haben. – Zu 813 f. merkt Geffcken, Komp. S. 4 an:
„Wozu dies hier angeführt wird, scheint mir klar. Hätte die alte
Babylonierin dies geschrieben, so müßte sie fortfahren: das ist alles
Lug und Trug, ich bin die älteste. Hier aber fährt die 3. Sibylle,
nachdem sie noch eine andere Genealogie (814 f.) angeführt, fort,
mit einer Selbstrechtfertigung, daß einst alles sich als wahr heraus-

stellen werde, wenn auch jetzt noch die Menschen sie eine Lügnerin
nennen (816 ff.). Das ist, wenn auch kein schroff direkter Wider-
spruch gegen den erhabenen Ton der Babylonierin, doch auch keine
eigentliche Fortsetzung. Es scheint mir demnach, daß nach 811 absichtlich der Name der babylonischen Sibylle, sehr wahrscheinlich
auch noch ihre Ableitung von Berossos ausgebrochen wurde, und
daß man dann die Verschmelzung erythräischer Sprüche mit denen
der Babyloniern in dieser Weise ungeschickt genug begründete:
andere nennen mich die Erythräerin. Auch Lactantius I 6, 13 (s. o.)
drückt sich sehr unklar über dies Verhältnis aus. Er hatte also unsern
verstümmelten Text." Der erythräischen Spruchsammlung schreibt
Geffcken zu (a. a. O. S. 13): 179–189 [?], 337–380, 388–488,
492–519, 573–607, 616–637, 643–724, 741–761, 767–795 (zeitlich
früher liegen die Sprüche der antiochenischen Periode: 162–178.
190. 194. 195. 211–336. 520–572. 608–615. 732–740. 762–766; das
älteste Stück gehört der Babylonierin an: 97–154 und vielleicht auch
der Perserin 381–387 um 200 v. Chr.). Erwähnt sei noch, daß
Laktanz das III. Buch unter dem Namen der Erythraea zitiert mit
2 Ausnahmen (545 ff. und 652 ff.). – Jedenfalls verdient die „Ursibylle" (nach P. Lieger), deren Verse als Ausdruck schwärmerischer
Liebe für das jüdische Volkstum, als Denkmal glühender religiöser
Begeisterung und unerschütterlicher Glaubenszuversicht bleibenden
Wert haben, auch heute gelesen zu werden.

816–819: Lactant. div. inst. IV 15, 29 denique Erythraea fore ait
ut diceretur insana et mendax. ait enim (Schließlich erklärt die
Erythräerin, man werde sie wahnsinnig und eine Lügnerin nennen.
Sie sagt nämlich): es folgen die Verse 816–819.

823–827: Vgl. Prolog o. S. 26.

IV. Buch

Vgl. Geffcken, Komp. 18 ff. Diese „jüdische Sibylle" hat es ver-
standen, die Geschichte Assurs mit der vorausgehenden paränetischen
und strafenden Herzensergießung (1–48) ganz geschickt durch den
Hinweis auf die Sintflut zu verbinden. Aber die danach folgende
Orakelreihe (54–114) macht sonst einen völlig hellenischen Eindruck. Das zeigt sich besonders in der Anschauung von den 10
γενεαί (vgl. 20. 48). Das 4. Buch ist geschrieben vor dem Jahre

80 n. Chr. (vgl. 128 f.). Rasch hat sich schon die Nerolegende
entwickelt (119–124. 138 f.). Besonders heftig ist der Zorn des
Israeliten über die Zerstörung Jerusalems, wenn die Sibylle (130–136)
den Vesuvausbruch die Strafe für die Untat der Römer sein läßt.
Aber der Verfasser ist kein Zelot, denn er beklagt die greuelvollen
Taten der Partei. Vernichtung der ganzen Erde durch Feuer wird
angedroht (171–178); dann kommt ein neues Geschlecht (181 f.).
Das ist die Lehre der Stoa. Der Weltbrand verzehrt alle Menschen,
Böse wie Gute (176 f.), dann aber werden sie wieder erweckt, und
nun naht das Gericht (zum zweiten Male: 184 κρίνων ἔμπαλι).
„Die 3. Sibylle hatte sich noch als Erythräerin gefühlt bzw. als
Babylonierin. Es ist seitdem einige Zeit verflossen: unsere 4. Sibylle
atmet anderen Geist. Mit ihren Anfangsworten setzt sie sich in
direkten Gegensatz zu der Griechin, die sie nicht ohne Absicht mit
ihrem offiziellen Namen (χρησμηγόρος) bezeichnet."

4–7: Clemens Alex. Protr. IV 50 Διδάσκαλον ‹für die Schädlich-
keit des Götterdienstes› δὲ ὑμῖν παραθήσομαι τὴν προφῆτιν
Σίβυλλαν (Als Lehrmeisterin will ich euch die Prophetin Sibylle
vor Augen stellen; dann werden die Verse 4–7 angeführt). Zu 4 f.
vgl. V 326. Polemik gegen die heidnische Sibylle, vgl. Paus. X 12, 6
ἄδ᾽ ἐγώ, ἁ Φοίβοιο σαφηγορὶς εἰμι Σίβυλλα (s. Einl. S. 11).

6–17: vgl. III 12 ff.

24 ff.: vgl. III 591 ff.

24–30: zitiert bei Ps.-Justin. Cohort. ad Graec. 16.

27–30: Clemens Alex. Protr. IV 62 ὄλβιοι μόνοι τοίνυν, ὡς ἔπος
εἰπεῖν, ὁμοθυμαδὸν ἐκεῖνοι πάντες κατὰ τὴν Σίβυλλαν (Glücklich
allein also sozusagen alle jene, die gemeinsam mit der Sibylle leben).
Vers 30 lautet: durch Töten von Vierfüßlern und Zweifüßlern, von
Vögeln und Tieren (τετραπόδων διπόδων πτηνῶν θηρῶν τε φό-
νοισιν).

33 f.: zitiert bei Clemens Alex. Paed. II 10, 99.

40–43: Lactant. div. inst. VII 23, 4 (danach folgen IV 187. 189).

43 ff.: vgl. 184 ff. – 49 ff. vgl. III 159 ff. (VIII 6–9).

51–53: Lactant. de ira dei 23, 4: s. S. 224.

72: Noch später vorkommendes Orakel: Kalemkiar, Die 7. Vision
Daniels (Wien. Z. f. K. d. Morgenl. VI 1892, 228, 30): Die Söhne

Ägyptens werden fliehen, von Hungersnot geschlagen. Deine Besitztümer werden vernichtet, und der Nil wird austrocknen.

76 ff.: Anspielung auf Xerxes' Heereszug (zu 77 f. vgl. Lykophron 1414 f.), 83 ff. auf den Peloponnesischen Krieg.

86 ff.: Anspielung auf Alexanders Taten. Zu 88 vgl. das Orakel bei Paus. VII 8, 9 Αὐχοῦντες βασιλεῦσι Μακηδόνες 'Αργεάδησιν ... (s. S. 17).

89 = VIII 161.

91 f.: vgl. III 363. Die Eroberung Babylons (93) ist trefflich charakterisiert, wie auch der Wechsel der Bevölkerung (Diod. XVIII 4).

97 f.: Älteres Orakel: Strabo I 3, 7 p. 53 C (p. 69, 2 Meincke) ὧν <χειμάρρων> ἐστι καὶ ὁ Πύραμος ὁ ἐν τῇ Κιλικίᾳ πολὺ μέρος προσθείς, ἐφ' οὗ καὶ λόγιον ἐκπέπτωκέ τι τοιοῦτον (Zu diesen Bächen gehört auch der Pyramos in Kilikien, der sein Bett weit vorschiebt, auf den auch folgendes Orakel zugetroffen ist): es folgen 97 und 98. Diese Verse werden nochmals zitiert XII 2, 4 p. 536 C (p. 753, 20–25 Meineke); daraus schöpfen Eusthatios zu Dionys. Perieg. 867 p. 259, 16–20 Bernhardy und Tzetzes, Chiliad. VII 572–575 (p. 261 Kießling).

99: Gemeint ist das kleinasiatische Baris in der Nähe von Kyzikos (vgl. III 442).

101: = VIII 160. Vgl. Paus. II 7, 1 ἐκάκωσε δὲ καὶ περὶ Καρίαν καὶ Λυκίαν τὰς πόλεις <das Erdbeben unter Demetrios i. J. 303>, καὶ 'Ροδίοις ἐσείσθη μάλιστα ἡ νῆσος, ὥστε καὶ τὸ λόγιον τετελέσθαι Σιβύλλῃ τὸ ἐς τὴν 'Ρόδον ἔδοξεν. (Das Erdbeben beschädigte auch die Städte in Karien und Lydien, und den Rhodiern wurde ihre Insel am meisten erschüttert, so daß auch das auf Rhodos bezügliche Orakel der Sibylle in Erfüllung gegangen zu sein schien.)

107 f.: Das Erdbeben von Laodikeia wird fast mit denselben Worten berichtet, wie es Tacitus (ann. XIV 27) erzählt: Eodem anno (= 60 n. Chr.) ex inlustribus Asiae urbibus Laodicea tremore terrae prolapsa, nullo a nobis remedio, propriis opibus revaluit. (In demselben Jahre fiel von den berühmten Städten Asiens Laodicea zum Opfer, erholte sich aber wieder, ohne daß wir Hilfe beisteuerten, aus eigenen Mitteln.)

115 ff. 125 ff. 136: vgl. V 153 f. (Zerstörung Jerusalems).

119 ff.: Flucht Neros über den Euphrat (137 f. seine Rückkehr): vgl. V 28 ff. 138–153. 216 ff. 363 ff. VIII 70 ff. 140 ff. (zu 121 vgl. den Sibyllenspruch bei Dio Cass. LXII 18, 4 ἔσχατος Αἰνεαδῶν μητροκτόνος ἡγεμονεύσει (Der letzte der Äneaden, der Muttermörder, wird Führer sein); ferner Sueton, Nero 39.

128 f.: vgl. 143. V 450 f. VII 5.

135 f.: Lactant. div. inst. VII 15, 5: necesse est universas nationes id est orbem totum caelestibus plagis verberari, ut iustus et cultor dei populus liberetur. (Es müssen alle Völker, d. h. die ganze Welt, von himmlischen Schlägen heimgesucht werden, damit das gerechte und gottesfürchtige Volk befreit werde.)

140–143: Tzetzes, Chiliad. VII 564–570 (p. 261 Kießling).

145 ff.: vgl. III 350 ff. VIII 72. H. Fuchs, Der geistige Widerstand gegen Rom S. 66 ff.

154: Clemens Alex. Paedag. III 3, 15 ἐπ' οὐχ ὁσίοις δὲ τόλμαις ζῶντες οἱ παλίμβολοι ῥέζουσιν ἀτάσθαλα καὶ κακὰ ἔργα, φησὶν ἡ Σίβυλλα. (In unheiligen Wagnissen lebend vollführen die Wankelmütigen übermütige und schlechte Taten, sagt die Sibylle).

156–158: Lactant. div. inst. VII 15, 8: ita enim iustitia rarescet, ita impietas et avaritia et cupiditas et libido crebrescet, ut si qui forte tum fuerint veri, praedae sint sceleratis ac divexentur undique ab iniustis. (So selten wird nämlich die Gerechtigkeit, so sehr wird Gottlosigkeit, Habsucht, Begehrlichkeit und Lüsternheit überhand nehmen, daß, wenn es noch zufällig Gute geben sollte, diese von den Übeltätern ausgeplündert und von den Ungerechten allenthalben gepeinigt werden.) Vgl. auch Epit. 66, 2 (a. a. O. S. 244). Ders., de ira dei 23, 5 und 7, zitiert 159–161 und 162 f.: s. S. 226.

165: Jes. 1, 16. – *171 ff.*: vgl. II 196 mit Anm. 305–312. III 80 ff. VII 120. VIII 337–350. Vgl. Ps.-Justin., Quaest. et resp. ad orthod. 74: εἰ τῆς παρούσης καταστάσεως τὸ τέλος ἐστὶν ἡ διὰ τοῦ πυρὸς κρίσις τῶν ἀσεβῶν, καθά φασιν αἱ γραφαὶ προφητῶν τε καὶ ἀποστόλων, ἔτι δὲ καὶ τῆς Σιβύλλης. (Wenn das Ende des gegenwärtigen Zustandes eintritt, die Bestrafung der Gottlosen durch das Feuer, wie die Schriften der Propheten und Apostel, und auch der Sibylle behaupten.)

179 ff.: Constitutiones Apostolorum V 7 (= Didasc. apost. Veron. frgm. ed. Hauler XXXIX 33): εἰ δὲ χλευάζουσιν Ἕλληνες ἀπιστοῦντες ταῖς ἡμετέραις γραφαῖς, πιστωσάτω αὐτοὺς κἂν ἡ αὐτῶν προφῆτις Σίβυλλα οὕτω πως αὐτοῖς λέγουσα κατὰ λέξιν. (zitiert werden die Verse 179–185. 187. 189. 190). εἰ τοίνυν καὶ αὕτη τὴν ἀνάστασιν ὁμολογεῖ καὶ τὴν παλιγγενεσίαν οὐκ ἀρνεῖται, διακρίνει δὲ τοὺς εὐσεβεῖς ἐκ τῶν ἀσεβῶν, μάτην ἄρα τοῖς ἡμετέροις ἀπιστοῦσι. (Wenn aber die Heiden spotten und unseren Schriften keinen Glauben schenken, dann soll sie ihre eigene Prophetin, die Sibylle, überzeugen, die ihnen folgendes wörtlich sagt. . . . Wenn also auch diese die Auferstehung zugibt und die Wiedergeburt nicht leugnet, vielmehr die Frommen von den Gottlosen scheidet, so mißtrauen sie also umsonst den Unsrigen).

182: vgl. VII 145. V 230. Apoc. Bar. I 2 restituens enim restituet terra tunc mortuos quos recipit nunc, ut custodiat eos nihil immutans in figura eorum, sed sicut recepit, ita restituet eos. (Bei der Wiederherstellung wird die Erde dann die Toten, die sie jetzt aufnimmt, wiederherstellen, so daß sie sie bewacht, ohne etwas an ihrer Gestalt zu ändern, sondern wie sie sie aufnimmt, so wird sie sie auch wiederherstellen.)

184 ff.: vgl. 43 mit Anm. – *189* = 46. – *192* = III 371 (vgl. VIII 104).

V. Buch

Der Schluß dieses Buches, von Blaß und Geffcken als „wahnsinniges Finale" bezeichnet, hat eine fachmännische Interpretation erfahren durch F. X. Kugler, Sibyllinischer Sternkampf und Phaëton (Münster i. W. 1927). Danach enthüllt sich dieses Finale als „eine hübsche Einkleidung wirklicher Naturereignisse nach einem vollkommen einheitlichen Plan, und so getreu gibt der Dichter die astronomischen Vorgänge wieder, daß die modernen Hilfsmittel der Berechnung nicht nur das Heimatland der Dichtung (Äthiopien), sondern sogar die Jahreszeit ihres Eintreffens gestatten (8. April jul. 100 v. Chr.)". Allerdings darf man die Sonne nicht als Tagesgestirn und den Mond nicht als Nachtgestirn fassen; vielmehr versetzen sonnen- und mondgroße Meteore die Sterne in Aufruhr. Wir haben also ziemlich alte „chaldäische" Sibyllenpoesie als Grundlage. Verfaßt ist das Buch im letzten Drittel des ersten Jahrhunderts

n. Chr., wie die Klagen über die Zerstörung Jerusalems und die heftigen Haßausbrüche gegen Rom beweisen. Die Wiederkehr Neros, den das Volk nicht tot glaubte, wird dreimal erwähnt. Der Verfasser ist ein alexandrinischer Jude, ebenso wie der Dichter von Buch III und IV. Der Anfang (1–51) mit seiner „gematrischen Rätseltechnik" (vgl. F. Dornseiff, Das Alphabet in Mystik und Magie, Leipzig 1922, 91 ff.) ist erst später in der Zeit der Antonine hinzugefügt. (Vgl. jetzt auch H. Fuchs, Der geistige Widerstand gegen Rom S. 67 f.)

6: Alexanders Tod in Babylon erwies, daß er der menschliche Sohn des Philippos war und nicht ein göttlicher Sproß des Zeus Ammon (vgl. Clem. Alex. Protr. X 96).

13: 2 × 10 = 20 = **K** = Καῖσαρ (*Caesar*). – Ich lese πολεμῶν (statt πολέμων).

14: *I* = 10 = *Iulius*.

15: *A* = *Augustus*.

18: Anspielung auf *Kleopatra* und ihre Niederlage zur See (Schlacht bei Actium).

22: *T* = *Tiberius* (Wortspiel mit dem Tiberfluß).

24: *Γ* = 3 = *Cajus*, den wir *Caligula* nennen.

25: *K* = 20 = Κλαύδιος (*Claudius*); im folgenden ist auf seine Expedition nach Britannien angespielt.

28: *N* = 50 = *Nero*; im folgenden ist auf die Durchstechung des Isthmus von Korinth Bezug genommen.

35: *Galba, Otho, Vitellius.*

37: *O* = 70 = Οὐεσπασιανός (*Vespasianus*).

38: *T* = 300 = *Titus*.

40: *Δ* = 4 = *Domitianus* (vgl. Sueton, Domit. c. 18).

41: *N* = 50 = *Nerva*.

42: *T* = 300 = *Traianus*.

46: Anspielung auf die Bekränzung bei den Nemeischen Spielen durch Eppich (σέλινον); Trajan starb in Selinus in Kilikien.

48: *Hadrianus* wird mit *Hadria* (= Adriatisches Meer) und νοῦς (νο-ήσει) in Verbindung gebracht.

49: Gemeint ist wohl Antoninus, im folgenden M. Aurelius und L. Verus. Also ist das Orakel unter den Antoninen niedergeschrieben.

54: Lactant. div. inst. VII 15, 10 et prima omnium Aegyptus stultarum superstitionum luet poenas. (Zuallererst wird Ägypten Strafe büßen für seinen törichten Aberglauben.)

93–110: Ältere jüdische Vorstellung vom Partherkrieg: Henoch 56, 5 Und in jenen Tagen werden die Engel sich wenden und sich gen Osten auf die Parther und Meder stürzen; die Könige werden sie erregen, so daß der Geist des Aufruhrs über sie kommt, und werden sie aufjagen von ihren Thronen, daß sie wie Löwen aus ihren Lagern hervorbrechen. ... 7 Aber die Stadt meiner Gerechten wird ein Hindernis für ihre Rosse sein. (Danach Apok. Joh. 9, 16 ff.)

107–110: Lactant. div. inst. VII 18, 5: s. S. 234.

125: V. 125 ist ganz sinnlos; ich kann nicht einsehen, wieso die Bithynier das große Syrien und das geschlechterreiche Phönikien beweinen sollen. Möglich wäre nur der Nominativ (statt des überlieferten Akk.); auch diese beiden Länder werden ihre in Asche verwandelte Landschaft bejammern.

129: Anspielung auf die Stadt Myra (Μύρα) in Lykien (ἄμυρος, μυρίπνους).

145: Als Muttermörder erscheint auch noch der Antichrist in der Ascensio Jesaiae IV 2 p. 17 Dillm.: descendet Berial ... in specie hominis, regis iniquitatis, matricidae. (Berial wird herabsteigen in der Gestalt eines Menschen, des Königs der Ungerechtigkeit, des Muttermörders.)

159–161: Lactant. div. inst. VII 15, 18: Sibyllae tamen aperte interituram esse Romam (= Βαβυλῶνα) locuntur et quidem iudicio dei, quod nomen eius habuerit invisum et inimica iustitiae alumnum veritatis populum trucidarit. (Die Sibyllen sprechen offen davon, daß Rom zugrunde gehen werde, und zwar beim Gerichte Gottes, weil es seinen Namen gehaßt und, der Gerechtigkeit feind, sein Volk, das zur Wahrheit erzogen wurde, vernichtet hat.)

166 f.: Clemens Alex. Paed. II 10, 99 ναὶ καὶ ἡ παρ' ἡμῖν ποιητικὴ ὀνειδίζουσά πως γράφει (Wahrlich auch unsere Dichterin schreibt voll Vorwurf): es werden 166 und 167 zitiert, und zwar πάντ᾽ ἀκάθαρτε statt δύσμορε πασῶν, wohl aus 168.

188: Zitat aus Homer, Odyssee 18, 79.

200: Die Bryger sind ein thrakischer oder illyrischer Volksstamm, im nördlichen Balkan seßhaft bis zur Donau.

206: Vgl. dazu F. X. Kugler, a. a. O. S. 30–35.

207: Zug aus der Sage von Simon Magus und auch vom Antichrist (Bousset, Der Antichrist 96).

210: = dunkler Horizontstreifen, der den aufgehenden Sonnenball umgibt (Kugler S. 34).

212: ἄστρων ἐν μαχίμοις erklärt Kugler „in Kraft der kämpfenden Gestirne".

213: = Inder, d. h. Äthiopier von Sonnenaufgang und die von Libyen = Äthiopier im engeren Sinne (vgl. Herodot 7, 70).

218: Neros Durchstechung des Isthmus von Korinth.

222: Dan. 8. Vgl. 'Hippolytus' de Christo et Antichristo 52 = p. 27, 7 Lagarde (ausgeschrieben im App. von Rzach).

224: Levit. 26, 23.

249: Lactant. div. inst. IV 20, 11: domum autem Juda et Israhel non utique Iudaeos significat, quos abdicavit, sed nos qui ab eo convocati ex gentibus in illorum locum adoptione successimus et appellamur filii Judaeorum: quod declarat Sibylla, cum dicit (Aber mit Haus Juda und Israel bezeichnet er keineswegs die Juden, die er enterbt hat, sondern uns, die wir, von ihm aus den Heidenvölkern zusammengerufen, an ihre Stelle durch Adoption getreten sind und Söhne der Juden genannt werden; das erklärt die Sibylle, wenn sie sagt): Ἰουδαίων … οὐρανιώνων. „Göttlich Geschlecht der glückseligen Juden, der himmelgeborenen". Darüber belehrt uns Isaias, fährt Laktanz (a.a. O § 12) fort, bei dem der höchste Vater zum Sohne spricht (42, 6 f.): „Ich, der Herr, dein Gott, habe dich berufen zur Gerechtigkeit; ich werde deine Hand halten und dich stärken. Gegeben habe ich dich zum Bunde für mein Volk, zum Lichte für die Heiden, auf daß du öffnest die Augen der Blinden, daß du aus den Banden ans Licht führest die Gebundenen, und aus dem Haus des Verließes die, so in der Finsternis sitzen."

259: Gemeint sind Moses und Josua (vgl. Exod. 17, 12; Jos. 10,12).

281–283: zitiert von Lactant. div. inst. VII 24, 14: s. S. 244.

293 ff.: Clemens Alex. Protr. IV 50 αὕτη <Σίβυλλα> μέντοι ἐρείπια τοὺς νεὼς προσαγορεύει, τὸν μὲν τῆς ᾿Εφεσίας ᾿Αρτέμιδος χάσμασι καὶ σεισμοῖς καταποντίσεσθαι προμηνύουσα οὕτως. (Die Sibylle aber redet die Tempel als Ruinen an, von dem der Artemis in Ephesos prophezeit sie, er werde durch Schlünde und Beben im Meere versinken): es folgen 296–297).

307: Gemeint ist Homer.

316: Alexandre versteht unter Eridanos das Meer.

324: vgl. Paus. X 12, 5 αὕτη ἡ Σίβυλλα <῾Ηροφίλη> ἀφίκετο … καὶ ἐς Κλάρον τὴν Κολοφωνίων…. (Diese Sibylle Herophile kam auch nach Klaros im Gebiet der Kolophonier.)

334: Gemeint ist die den thrakischen Chersones absperrende Mauer, die Miltiades errichtete.

336: Gemeint ist der Perserkönig Xerxes.

358–360: Lactant. de ira dei 23, 8: s. S. 226.

362: Gemeint ist Nero.

363 ff.: vgl. IV 137–139. Lactant. de mort. persec. 2, 8: unde illum quidam deliri credunt esse translatum ac vivum reservatum Sibylla dicente matricidam profugum a finibus terrae esse venturum, ut quia primus persecutus est, idem etiam novissimus persequatur et antichristi praecedat adventum, quod nefas est credere. (Daraus <nämlich daß Nero mit einem Male verschwunden war und man nicht einmal seine Begräbnisstätte finden konnte> entstand bei manchen der Aberglaube, daß er von der Erde hinweggenommen wurde und lebend aufbewahrt wurde, nach der Weissagung der Sibylle, daß der flüchtige Muttermörder von den Enden der Erde kommen werde, damit er, wie der erste so auch der letzte Christenverfolger sei und die Ankunft des Antichrist vorbereite, was zu glauben nicht statthaft ist). Vgl. H. Fuchs a. a. O. S. 35. – Lactant. div. inst. VII 16, 3: tum repente adversus eos hostis potentissimus ab extremis finibus plagae septentrionalis orietur, qui tribus ex eo numero deletis, qui tunc Asiam obtinebunt, adsumetur in societatem a ceteris ac princeps omnium constituetur. hic insustentabili dominatione vexabit orbem, divina et humana miscebit, infanda dictu et exsecrabilia molietur, nova consilia in pectore suo volutabit, ut proprium sibi constituat imperium, leges commutet et suas sanciat, contaminabit diripiet spoliabit occidet. (Dann wird plötzlich gegen diese sich ein übermächtiger Feind von den äußeren Grenzen der Nordzone erheben, der drei aus der Zahl derer, die dann über Asien herrschen werden, vernichtet, von den übrigen als Verbündeter angenommen und als Fürst über alle aufgestellt wird. 4. Dieser wird mit unerträglicher Herrschaft die gesamte Erde bedrücken, Göttliches und Menschliches durcheinanderbringen, Gräßliches und Abscheuliches im Schilde führen, neue Pläne überlegen, um für sich ein eigenes Reich aufzurichten, Gesetze zu ändern, eigene aufzustellen; er wird alles entweihen, plündern, rauben, morden). Vgl. auch Epit. 66, 7: s. S. 246.

396: Gemeint sind die vestalischen Jungfrauen.

420 f.: Lactant. div. inst. VII 24, 6: s. S. 240.

457: Die Sirenen sind die griechischen Klagegeister, die der jüdische Hellenismus übernommen hat.

484/85 und *487/88*: werden von Clemens Alex. Protr. IV 30 zitiert·

501: Jes. 19, 19 ff. (vgl. Joseph. A. J. XIII 64).

504: Thrakisches Volk an der Donau.

517: Kugler a.a.O. S. 16 glaubt die Lesart der Hss. ὀιζύς halten zu können: „Des (hinschwindenden) Mondes zweigehörnte Trauer-(Jammer-)gestalt änderte sich", und merkt dazu an: „Am Tage, wo die Sichel zum letztenmal sichtbar war, feierten die Babylonier ein Freudenfest für Nergal (den Totengott), am folgenden Tag veranstalteten sie eine Trauerfeierlichkeit für ihn. Etwa 3 Tage nach dem Verschwinden des Mondes im Osten erscheint die junge Sichel am westlichen Abendhimmel. Diesem Wechsel galt das frohe Neulichtfest des Mondgottes (Siu). Dieser Wechsel ist gemeint."

520: „Am letzten Kampftag war also Orion bei Einbruch der Nacht am westlichen Horizont nahezu in derselben Lage am Himmel wie die Waage beim Beginn des Kampfes" (Kugler S. 20).

521: D. h. „Die Rolle, die beim Anfang des Kampfes der Jungfrau zukam – in ihr stand die Sonne, und in der Morgenfrühe leuchtete über

ihr die Venus – fällt am Ende des Kampfes, d. h. nach Verlauf von
7 Monaten, dem Widder zu; Jungfrau und Widder haben Dioskuren-
charakter: Beim Aufgang des Widders verschwindet die Jungfrau"
(Kugler S. 21).

522: Die Plejaden waren heliakisch untergegangen (für Orte 30–33°
geographischer Breite: 100 v. Chr. am 8. April julian.). Kugler a.a.O. –
Zu 522 (2. Hälfte): d. h. der Draco stand am Ende des Kampfes – im
Gegensatz zu seiner anfänglichen Stellung – während der ganzen
Nacht über dem Horizont (Ort Unterägypten). Kugler S. 24.

523: = dem dem Löwen angehörenden Stück des Ekliptikgürtels.

525: „Der Aufgang des Skorpionskopfes ist die erste klare Sternen-
erscheinung am östlichen Horizont, während gerade in der Mitte des
Himmels der furchtbare Löwe auftaucht." „Der völlige Untergang
des Löwen ist der letzte auffallende Vorgang am westlichen Horizont.
Die ganze Nacht ist also Zeuge, wie der Skorpion dem Löwen, bzw.
dessen Schweif, nachstellt." (Kugler S. 26).

526: D. h. *Canis maior* mit dem Hauptstern *Sirius* „steht bei Anbruch
der Nacht nicht mehr hoch, sondern bereits in der Nähe des westlichen
Horizonts, um schließlich ganz zu verschwinden" (Kugler S. 27).

527: „Saturn ging im Wassermann heliakisch auf" (Kugler S. 28).

531: Vgl. V. 213 mit Anm. Zum Schluß: „Beim Beginn des Kampfes,
wo die Sonne mitten im Zeichen der Jungfrau stand, waren in der
Morgendämmerung die Sternbilder Widder, Stier, Zwillinge (mit
Orion), Krebs und Löwe über dem Horizont. Sieben Monate später
aber, als die Sonne mitten im Widder stand, waren alle diese Gestirne
gegen Morgen bereits hinabgesunken. Zugleich beginnt aber auch in
Äthiopien die heiße Jahreszeit, die tagsüber eine wahre Gluthitze mit
sich bringt. … Die genannten Gestirne bilden im Gegensatz zu den
anderen, welche die Winter- und Regenzeit repräsentieren (der Steinbock mit dem Fischschwanz, der Wassermann und die Fische sind der
Aufenthaltsort der Sonne während der Regenzeit), die heiße Region
der Ekliptik: ihr Hinabgehen zum Ozean, der die Erde umgibt, versetzt diese den Tag hindurch in Brand. Natürlich ist dann kein Stern
am Himmel sichtbar" (Kugler a.a.O. S. 29f.).

VI. Buch

Das erste Stück rein christlicher Poesie (aus der Mitte des 2. Jahrh.) ist dadurch bemerkenswert, daß der Dichter sich nicht als Sibylle ausgibt. Man hat den schönen Hymnus auf Christus für häretisch gehalten wegen der Feuererscheinung bei der Taufe am Jordan (v. 6). Doch ist die Feuererscheinung in der orientalischen Kirche heute noch lebendig und läßt sich im Ritus der Taufwasserweihe des Missale Romanum nicht verkennen (P. Lieger, Progr. 1911, S. 48). Laktanz zitiert im IV. B. der div. inst. viermal Verse aus diesem Buch: c. 15, 3 v. 7; c 13, 25 v. 8; c. 15, 25 v. 13–15; 18, 20 v. 22–24: s. S. 230 (vgl. auch Augustin. civ. Dei XVIII 23, dazu Tüb. Theol. QS 1956, 352ff.). Den herrlichen Schluß dieses Hymnus (v. 26) läßt sich Sozomenos, hist. eccles. II 1 (Schilderung der Kreuzauffindung!) nicht entgehen. Vgl. auch Petrus Diaconus: O tu beatum lignum, in quo deus extensus est! O du heiliges Kreuz, an welchem Gott gehangen hat! (C. Caspar, P. D., Berlin 1909, 213). Vgl. Erbse a.a.O. S. 196.

VII. Buch

Geffcken bei Hennecke, Handb. S. 340: „Das 7. Buch ist von allen Sibyllenbüchern durch sein oft mystisches Wesen verschieden. Bei den andern Sängen ruft der schlecht erhaltene Text die meisten Unverständlichkeiten hervor; hier ist es auch der absichtlich dunkle Inhalt." Alexandre hat mit Recht in dem Verfasser einen Judenchristen gesehen: die Frommen werden vor den falschen Propheten in Schafskleidern gewarnt, die sich für Hebräer ausgeben (135). Vgl. Geffcken, Komp. S. 33–37. Über die gnostischen Einflüsse siehe zu 71 ff. und 139 f. „Die Kulthandlung, die der Hausherr (76–84) vornehmen soll, um mit Wasser und Feuer und einer Taube die Jordantaufe symbolisch nachzubilden, bleibt ein merkwürdiges Mysterium (vgl. Usener, Rel.-gesch. Unters. I 64), und auch die Aufnahme des Armen (85–91), die Gewißheit augenblicklicher Gebetserhörung, wenn man nur den rechten Ritus mit Handauflegen, Wasserbesprengung, dreimaligem Gebet vollzieht, schmeckt nach der Gnosis und ihren Zaubersprüchen. (Vgl. C. Schmidt, Gnostische Schriften in koptischer Sprache. S. 199.) Wann 'sang' diese Sibylle? Geffcken S. 36: „Sie gönnt Kolophons Weissagungsstätte wenig Gutes (55);

noch im 2. Jahrhundert blühte Klaros. Auch das Judenchristentum war noch bis zur Mitte des 2. Jahrhunderts stark vertreten. Also werden wir gut tun, den sonderbaren und interessanten judenchristlich-gnostischen Sang etwa in die Mitte des 2. Jahrhunderts zu legen." (H. Fuchs a. a. O. S. 78).

7: I 183, 8 vgl. I 125, 9–11 = I 193–195. Diese Sibylle setzt also das I. Buch voraus und skizziert gewissermaßen mit einigen Schlagzeilen die Sintflut, die dort ausführlich geschildert ist; zugleich aber leiten die Verse über zum Phrygien-Orakel (12 ff. vgl. I 196). Als Gegenstück zur Sintflut folgt dann 120 ff. der Weltbrand und schließlich als τρίτος κλῆρος (139 ff.) wieder der paradiesische Zustand auf Erden.

33–35: vgl. Hermas: Vis. III 4, 1 οὗτοί εἰσιν οἱ ἄγγελοι τοῦ θεοῦ οἱ πρῶτοι κτισθέντες, οἷς παρέδωκεν ὁ κύριος πᾶσαν τὴν κτίσιν αὐτοῦ αὔξειν καὶ οἰκοδομεῖν καὶ δεσπόζειν τῆς κτίσεως πάσης. (Das sind die Engel Gottes, die als erste geschaffen wurden, denen der Herr seine ganze Schöpfung übergab, sie zu mehren und auszubauen und zu herrschen über die ganze Schöpfung.)

43 ff.: vgl. Minuc. Felix, Oct. 31, 3. Origenes, contra Cels. V 27. Clementina p. 185, 34 Lag. Kalemkiar, Die 7. Vision Daniels (Wien. Z. f. d. K. des Morgenl. VI 237, 31): In jener Zeit wird dich große Drangsal treffen; der Mann wird das Weib seines Bruders haben, und der Sohn seine Mutter, und die Tochter wird ins Bett ihres Vaters steigen, der Bruder wird seine Schwester haben. (Vgl. auch Sib. V 390 ff.)

71: Vgl. die gnostischen Acta Thomae 17–23; Hermas, Vis. III 4, 1. – Οὐρανός als mythologische Person auch gnostisch, vgl. z. B. Epiphan. Haer. XXXI 3 (166 B).

72: μήτηρ gnostischer Begriff, vgl. z. B. Iren. I p. 46 Harv.

73: Ähnliche Begriffsgestalten: Hermas, Vis. III 8. Epiphan. XXXI 5 (169 B).

88 ff.: Nach meinem verbesserten Text spielt sich der Segensspruch in 3 Phasen ab: 1. im Hause (89), 2. auf der Schwelle (90 f.), 3. draußen (91–95).

122: der Vers ist das Gegenstück zu 9 (= I 193).

123: wird von Lactant. div. inst. VII 16, 13 als Beweis für die Öde und Verlassenheit der Welt angeführt. – κόσμος ἄκοσμος vgl. Anthol. Pal. IX 323, 3; Nonnos, Dion. VI 371.

134: Matth. 7, 15 (Resch, Texte u. Unters. X, 2, 109 ff.).

139 f.: Gnostische Begriffe, vgl. Pistis Sophia 245: hi sunt tres κλῆροι regni luminis, μυστηρίων horum trium κλήρων luminis, sunt grandes quam maxime. Invenietis eos in magno secundo libro Jeû. . . . Vgl. C. Schmidt a. a. O. S. 477 f. Jos. Kroll, Die Lehren des Hermes Trismegistos (Münster i. W. 1914) S. 204 ff. R. Reitzenstein, Poimandres (Leipzig 1904) S. 53 ff. Geffcken, Komp. S. 35: „Wir können nicht leugnen, daß 139 f. die gnostische Vorstellung von der πρώτη und ἀρχέγονος ὀγδοάς [vgl. auch Epiphan. Haer. XXXI 4] sehr wenig nach ihrem eigentlichen Sinne gewürdigt, vielmehr ganz äußerlich, um das Erscheinen einer neuen Welt damit einzuführen, verwendet worden ist."

146 f.: vgl. Verg. Ecl. 4, 40 f. non rastros patietur humus, non vinea falcem; robustus quoque iam tauris iuga solvet arator (vgl. auch Lactant. div. inst. VII 24): s. S. 242. Vgl. auch die aus jüdischer Überlieferung (Henoch 10, 18 ff. Apoc. Bar. XXIX 5. LXXIV) stammende Weissagung bei Irenaeus II p. 417 Harv. quando et creatura renovata et liberata multitudinem fructificabit universae escae ex rore caeli et ex fertilitate terrae: quemadmodum Presbyteri meminerunt, qui Johannem discipulum Domini viderunt, audisse se ab eo, quemadmodum de temporibus illis docebat Dominus et dicebat: Venient dies, in quibus vineae nascentur, singulae decem milia palmitum habentes et in uno palmite dena milia bracchiorum. (Wenn die Schöpfung wieder erneuert und befreit ist, wird sie eine Fruchtfülle an der gesamten Nahrung hervorbringen aus dem Tau des Himmels und aus der Fruchtbarkeit der Erde: wie ja ältere Leute, die Johannes, den Jünger des Herrn, noch geschaut haben, sich erinnern, von ihm gehört zu haben, wie zu jenen Zeiten der Herr lehrte und sagte: „Es werden Tage kommen, an denen Reben wachsen werden, deren jede 10000 Schößlinge hat und an einem Schößling je 10000 Zweige.")

149: vgl. Apoc. Bar. XXIX 8 et erit illo tempore, descendet iterum desuper thesaurus manna ex eo et comedent ex eo istis annis. (Es wird geschehen in jener Zeit, da wird wiederum reichlich Manna vom Himmel kommen und sie werden in diesen Jahren davon essen.)

151 ff.: vgl. II 343 ff. (Dazu meine Ausführungen in der Mnemosyne 1941, 195 ff. „Die Sibylle über sich selbst".)

157 ff. Auch: die heidnische Sibylle sagt ihren Tod voraus: Phlegon, Macrob. p. 90, 17 f. (Keller), aber ihr Körper, setzt sie hinzu, soll unbestattet bleiben. (V. 22 σῶμα δ' ἀεικελίως ἄταφον πρὸς μητέρος αἴης (κείσεται).

VIII. Buch

Geffcken, Komp. S. 37: „Das 8. Buch macht dem Leser zuerst einen recht konfusen Eindruck, es erscheint ihm wie eine Musterkarte sibyllinischer Dichtung. Da finden sich historische Prophezeiungen, Nero-Sagen verschiedenster Herkunft, Haßausbrüche gegen Rom, gegen den Götzendienst, Paränesen, Apokalyptik, Hymnen, Christologie: wie soll man da Ordnung schaffen! Aber eingehendes Studium der wüsten Masse läßt doch Fugen und Risse erkennen, ermöglicht, Zusammengehöriges zu vereinigen. . . ." (S. 44):

I. Heidnische Dichtung: 131–138. 151–159. 160–168.

II. Christliche halbhistorische, eschatologische Poesie: 50–72. 139–150. 169–216. 337–358.

III. Christliche ultra-antirömische, teilweise eschatologische Dichtung: 1–49. 73–130.

IV. Akrostichis über die Eschatologie: 217–250.

V. Rest: Christologie, 251–323 (vgl. 456–479); Paränese, 324–336, 480–500; jüdisch-christliche, teilweise eschatologische Dichtung, (359 f.) 361–428; Doxologie, 429–438; Logos, 439–479.

(S. 45 f.) „Die Einheitlichkeit des Stils zeigt, daß der Redaktor, der diesen vielgestaltigen Stoff, den die immer wieder hervortretende Eschatologie bindet, zusammenfaßte, sein Material von allen Seiten her erhalten konnte. Wenn wir niedrig rechnen, haben wir mindestens drei Hände zu unterscheiden, die mehr oder weniger in gleichem Stile arbeiten. Es ist also eine starke Produktion sibyllinischen Stoffes im Gange. Heftige Leidenschaften brechen hervor, Kaiserhaß, Römerhaß, Glaubenstreue, Angst vor dem Gerichte Gottes und

doch Hoffnung auf die Belohnung der Guten. Das alles paßt in die
Zeit, in welche uns auch die chronologischen Daten wiesen, in die
Epoche M. Aurels und der Apologeten. Der Wert der Sibylle besteht für uns in der Erkenntnis der Volksstimmung. [Vgl. Geffcken,
Römische Kaiser im Volksmunde der Provinz. Nachr. GGW 1901,
1–13.] Wie das 3. Buch die lehrhafte Propaganda des 2. Jahrhunderts
v. Chr. widerspiegelt, das 5. den rasenden Haß des unseligen
Israeliten, der den Fall der heiligen Stadt selbst mit angesehen, das
6. und 7. Buch vielleicht judenchristlichen Kreisen entstammt, so
haben wir nun hier auf neuer Etappe die Kampfesleidenschaft des
Christentums in der Apologetenzeit, in der Epoche, da Lukian und
Celsus schrieben, da M. Aurel Notiz von den Christen nahm, da die
Sibyllensprüche unaufhörlich von Justin und Theophilus zitiert werden. Daher der wütende Römerhaß, daher das halb ängstliche, halb
siegessichere Harren auf das Nahen des Antichrists, der der bösen
Stadt ein Ende machen soll, das Harren auf das Gericht, daher aber
auch der Aufruf (480–500): Nehmt nicht teil an den Opfern der
Heiden, sondern preiset Gott, den weisen Allvater! – wahrhaftig
kein schwächliches Lebenszeichen aus des Christentums Sturm und
Drang!" (Laktanz hat das 8. Buch nicht weniger als 30mal zitiert.)

1 ff.: I Thess. 1, 10 (vgl. Matth. 3, 7; Luc. 3, 7). Lactant. de ira
dei 23: s. S. 244. – Theophilus ad Autol. II 31 zitiert (nach III 97–103)
VIII 5.

6–9: vgl. III 159 ff. mit Anmerkung.

14: Altes Sprichwort: vgl. Sextus Empir. adv. math. I 287 καὶ τὸ
οὕτω παρὰ τοῖς πολλοῖς λεγόμενον. ὀψὲ θεῶν ἀλέουσι μύλοι, ἀλέουσι
δὲ λεπτά (Paroemiogr. Gr. I 444, 6 f.; II 199, 8 Leutsch). – Der
Sibyllist will sagen, daß Roms böse Herrschaft auch einmal ein Ende
hat. Das drückt er unvermittelt mit dem Spruche von Gottes Mühlen
aus, der im folgenden zunächst weiterwirkt. Daher lese ich mit
Alexandre (15) ἀλέσει (statt ὀλέσει Hss.); es heißt ja auch weiter
λεπτὸν χοῦν ἀποδώσει. Dann fährt er, wahrscheinlich doch an
Roms Habsucht denkend, fort mit einer Invektive gegen die
Reichen.

34: Vgl. Plut., Tib. et C. Gracch. 9, 4: „Die wilden Tiere, die in
Italien hausen, haben sogar eine Höhle und jedes von ihnen ein
Lager und einen Unterschlupf; die aber für Italien kämpfen und ster-

ben, haben nicht teil an der Luft und am Licht, noch sonst an irgend
etwas." Seneca, nat. quaest. IV b, 13, 3 (der Philosoph schilt über
den Gebrauch des Schnees zur Kühlung des Weines in heißer Jahreszeit): quid hac diligentia consecuti sumus? nempe ut gratuitam merce-
mur aquam; nobis dolet, quod spiritum, quod solem emere non pos-
sumus, quod hic aer etiam delicatis divitibusque ex facili nec emptus
venit. (Was haben wir durch diese Sorgsamkeit erreicht? Natürlich,
daß wir das Wasser, das doch nichts kostet, kaufen; es tut uns leid,
daß wir den Lufthauch, daß wir die Sonne nicht kaufen können, daß
die Luft auch feinen und reichen Leuten leicht und, ohne gekauft zu
werden, zukommt.) Trotzdem ist das Gracchuswort, das das Be-
wußtsein sozialer Verelendung so kräftig zum Ausdruck bringt, wirklich historisch. Die „Sibylle" aber schöpft aus der Volksliteratur.
„Ihre letzte Quelle war eine Diatribe, die Gracchus' kraftvolles Wort
wirksam verwendete. Auf einem längeren Überlieferungswege verlor
dieses dann sein persönliches Wesen, sein aktuelles Gepräge wurde
zum bloßen 'Enthymem'." Geffcken, Klio 23, 1930, 453 ff. (Vgl.
auch Tüb. Theol. QS 1936, 351 ff.)

37–49: vgl. III 356 ff.

47 f.: Lactant. div. inst. I 11, 47: hoc (die Geschichte von Zeus'
Grab auf Kreta) certe non poetae tradunt, sed antiquarum rerum
scriptores. quae adeo vera sunt, ut ea Sibyllinis versibus confirmen-
tur, qui sunt tales (= v. 47. 48). (§ 46 E war nach Ennius' „heiliger
Geschichte" das Grabmal in Gnossos, das in altertümlichen griechischen Buchstaben die Inschrift trage: ZAN KPONOϒ, d. h. Juppiter, der Sohn des Saturn, erwähnt worden. § 47 Das überliefern
uns nicht etwa Dichter, sondern alte Geschichtsschreiber. Das ist
so wahr, daß es durch folgende Sibyllinenverse bestätigt wird.) Der
Spott über das Grab des Zeus auf Kreta begegnet uns bei den ver-
schiedensten christlichen Apologeten, z. B. Minuc. Fel., Oct. 21, 8;
Athenagoras, Leg. 20; Tatian, Or. ad Graec. 27 (Celsus bei Orig. III
43); Theophil. ad Autol. I 9.

52 ff. ist sehr deutlich auf Kaiser Hadrian angespielt, der der Sibylle
widerwärtig ist und darum in recht gehässiger Weise behandelt wird.
Antinoos' Apotheose (57) wird auch von den Apologeten öfter berührt: Justin. Apol. I 29; Athenag. Leg. 30; Theophil. ad Autol.
III 8; Tatian. or. ad Graec. 10; Tertullian. adv. Marc. I 18.

65 ff.: Die drei Nachfolger sind Antoninus Pius, Annius Verus und Marcus Antonius.

68 ff.: M. Aurel muß mit Rom vor dem kommenden Nero-Antichrist bangen. [Vgl. Geffcken, Studien zur älteren Nerosage. Nachr. GGW 1899, 445 ff.]. Während er in Wirklichkeit seine Mittel zusammenhalten mußte, um den Quaden und Markomannen gegenüber die Reichsgrenze an der Donau zu sichern (Mommsen, Röm. Gesch. V 211 f.), läßt die „Sibylle" ihn alles Geld der Welt in seinem Hause einschließen, um es dem nahenden Nero für Asien auszuliefern (Weiterentwicklung der alten Prophetie III 350–355).

73 ff.: vgl. III 356 ff.

81–83: Lactant. div. inst. VII 24, 1, s. S. 238.

86: vgl. 105. 125. Matth. 8, 12. Luk. 13, 24.

88: Apok. Joh. 12, 2 ff. (Bousset, Der Antichrist 93–98).

96: vgl. 108 f. Hiob 1, 21. Pred. Salom. 5, 14.

102: Apok. Joh. 18, 8. 19, 20. 20, 10. 21, 8.

110 ff.: vgl. II 322 ff. III 88 ff. Slav. Henochbuch LXV 32 Bonw. Und fortan wird unter ihnen weder Mühsal sein noch Krankheit noch Leid noch Harren noch Not noch Gewalttat, noch Nacht noch Finsternis, sondern ein großes Licht. (Vgl. auch VIII 424 ff.). Apok. Joh. 18, 22.

121: vgl. III 92. Nach 121 Lücke; Ergänzung nach Geffcken. Nach 122 gleichfalls Lücke, aus III 57 ergänzt von Alexandre.

131 ff.: Der Hymnus auf Hadrian läßt sich nicht mit 52 ff. vereinigen. Geffcken, Komp. S. 39 vermutet eine heidnische Weissagung einer ägyptischen Sibylle (vgl. 138).

139 ff.: gehört mit 65 ff. zusammen. Wie dieser Sibyllist unter Hadrians Nachfolgern das Verderben kommen sieht, so wird hier im gleichen, noch halb historischen Stil die Jahreszahl des erwarteten endlichen Unterganges durch den Antichrist bezeichnet: Wenn Rom 948 Jahre, gleich dem Zahlenwert seines Namens, existiert habe (148–150), soll es vom Geschicke ereilt werden (= Jahr 195!). Auch die weitere eschatologische Ausschmückung gehört demselben Verfasser (s. o. Einl.). Vgl. IV 119–124. Vgl. Würzb. Jbb. 3, 1948, 194f.

151–159 und *160–168*: alte heidnische Orakel: Zu 153 vgl. III 487, zu 155 f. V 137–139. 160 = IV 101, 161 = IV 89, 162 vgl. III 366,

165 f. = III 363 f. (s. z. St.).

169: Der ἀγνὸς ἄναξ ist Elias; vgl. Commodian. Carm. apol. 839. 850. 871 (wo gleichfalls von den 3 Herrschern zu Rom die Rede ist [Bousset, Der Antichrist 103]).

176 f.: Commodian a. a. O. 910 Turbaturque Nero et senatus proxime visum. In der Lücke nach 177 stand Elias' Ermordung durch Nero (Commodian 858).

178–181: vgl. Lactant. div. inst. VII 16, 6 aer enim vitiabitur et corruptus ac pestilens fiet modo importunis imbribus modo inutili siccitate, nunc frigoribus nunc aestibus nimiis, nec terra homini dabit fructum: non seges quicquam, non arbor, non vitis feret, sed cum in flore spem maximam dederint, in fruge decipient. (Die Luft nämlich wird verschlechtert, verdorben und verpestet werden bald durch unheilvolle Regengüsse, bald durch schädliche Trockenheit, bald durch Kälte, bald durch allzu große Hitze, und die Erde wird dem Menschen keine Frucht mehr geben; keine Saat, kein Baum, keine Rebe wird noch irgend etwas hervorbringen; während sie aber in der Blüte die schönsten Hoffnungen erweckt haben, werden sie in der Frucht enttäuschen.) Vgl. auch Epit. 66, 4: s. S. 246.

186 ff.: vgl. III 36 ff.

190: vgl. II 202. VIII 341. Jes. 34, 4. Mark. 15, 23. Matth. 24, 29. Apok. Joh. 6, 13. 8, 10. Lactant. div. inst. VII 16, 8: prodigia quoque in caelo mirabilia mentes hominum maximo terrore confundent, et crines cometarum et solis tenebrae et color lunae et cadentium siderum lapsus. nec tamen haec usitato modo fient, sed existent subito ignota et invisa oculis astra. (Auch wunderbare Zeichen am Himmel werden die Herrscher in Angst und Schrecken jagen und große Verwirrung hervorrufen: Haarsterne von Kometen, Sonnenfinsternis, Färbung des Mondes und das Herabgleiten der fallenden Sterne. Doch das wird nicht auf gewöhnliche Art eintreten, sondern plötzlich werden unbekannte Sternbilder, die noch kein Auge erblickt hat, auftauchen.) Vgl. auch Epit. 66, 5: s. S. 246.

194: vgl. III 75 ff. Apok. Joh. 17, 3 ff. 12, 5. 20, 2 f.

199: vgl. IV 20. II 15.

203 f.: vgl. II 184 ff. (III 801). IV Esra 5, 4 et elucescet subito sol noctu et luna interdiu. (Und aufleuchten wird plötzlich die Sonne bei

Nacht und der Mond bei Tage.) Lactant. div. inst. VII 16, 10: stellae
vero creberrimae cadent, ut caelum omne caecum sine ullis luminibus
appareat. (Die meisten Sterne werden vom Himmel fallen, so daß der
ganze Himmel abgeblendet ohne jedes Licht erscheint.)

205–207: werden von Lactant. IV 15, 15 zitiert. Vgl. I 553–355.
Matth. 11, 3 (Bousset a. a. O. 116).

208–212: vgl. II 318–321. V 283. III 622 f. Lactant. VII 24, 7: s. S. 246.

214: vgl. II 157. Lactant. VII 16, 9: ut non sit homini promptum aut
siderum cursus aut rationem temporum agnoscere: fiet enim vel aestas
in hieme vel hiemps in aestate. (Es wird dem Menschen nicht mehr
möglich sein, den Lauf der Sterne und die Berechnung der Zeiten zu
erkennen; denn es wird entweder Sommer im Winter oder Winter
im Sommer werden.) Vgl. auch Epit. 66,5: s. S. 246.
Zu der wirren Folge der „apokalyptischen Fragmente" vgl. Geffcken,
Komp. S. 40 f.: „Eine wirkliche Ordnung der einzelnen Motive kennt
die Eschatologie nicht. Fast jede Apokalypse zeigt nur einen Wirr-
warr von Schreckensbildern, die sich oft genug wenig verändert
wiederholen. Für den, der des edlen griechischen Stiles gewohnt ist,
bleibt die Lektüre von Apokalypsen eine Qual; bald dieses, bald jenes
Motiv huscht schattenhaft auf, um wieder zu verschwinden und vielleicht noch einmal wiederzukehren. Man weiß in dieser Vorstellungs-
welt eigentlich nie recht Bescheid, wo man sich befindet, ob noch auf
der Erde oder schon im Tartarus, ob die unheimlichen Gestalten nur
Vorboten oder schon Enderscheinungen sind, ob Gott nur straft oder
schon richtet, m. a. W., ob wir es mit den letzten oder allerletzten
Dingen zu tun haben. Und so vermag ich es auch nur vermutungs‹
weise auszusprechen, daß die Verse 190–216 dem Dichter der Nerosage
angehören." Vgl. auch K. Holzinger, Erklärungen zu einigen der um-
strittensten Stellen der Offenbarung Johannis und der sibyllinischen
Orakel..., Wien 1936 (= Sitz.-Ber. Wien 216, 3). H. Jeanmaire, Le
règne de la femme des derniers jours et le rejeunissement du monde.
Quelques remarques sur le texte des 'Oracula Sibyllina' VIII 190–212.
Mél. Cumont (Bruxelles 1936) 297–304. Gegenüber dieser verunglück-
ten Behandlung vgl. jetzt H. Fuchs, Der geistige Widerstand gegen
Rom etc. S. 79 ff. Danach haben die christlichen Erwartungen vom
Ende des Reiches und der Welt, die hier in den Sibyllinischen Orakeln
ungeordnet und grobschlächtig vorgetragen werden, ihre ausdrucks-

vollste Formung in dem 6. Esra-Buche empfangen (= 4. Esdr. c. 15
u. 16 der Vulgata: Ed. Bensly, Cambridge 1895, 72 ff. 87 ff.; Übers.
von Weinel bei Hennecke, Apokr. 294 ff., dazu Handbuch 336 ff.), das
manche Entsprechungen in den Or. Sib. hat; der Verfasser schildert
nach einer kurz zuvor erlebten Christenverfolgung das Strafgericht,
das über die Welt hereinbricht, also (Fuchs S. 82): „15, 5 'Siehe, ich
führe Unheil herauf (atl.) über den Erdkreis', spricht der Herr, 'Schwert
und Hunger und Tod und Vernichtung (vgl. Hesek. 14, 21. Sir. 40, 9.
Or. Sib. 3, 316 f.), 6 weil Ungerechtigkeit die ganze Erde bedeckt hat
und ihre verderblichen Werke voll sind.' 7 Darum spricht der Herr:
8 'Nicht mehr will ich zu ihren Schandtaten schweigen, die sie ohne
Scheu begehen, noch will ich still sein bei dem, was sie böse vollführen (vgl. Jes. 62, 1). Siehe, unschuldiges und gerechtes Blut schreit
zu mir (Gen. 4, 10; vgl. Or. Sib. 3, 313), und die Seelen der Gerechten
(Weish. Salom. 3, 1. Dan. 3, 86) schreien beständig. 9 Rächend will
ich ihnen Vergeltung schaffen (Sir. 5, 3; vgl. Deut. 32, 43. Apok. 6, 10;
19, 2)', spricht der Herr, 'und alles unschuldige Blut will ich von ihnen
nehmen' . . . 14 Wehe der Welt (Matth. 18, 7) und allen, die in ihr
wohnen (Apok. 8, 13). Denn nahe ist (ntl.) das Schwert und ihre Vernichtung. Und erheben wird sich ein Volk wider das andere (Marc.
13, 8) zur Schlacht, und das Schwert wird in ihren Händen sein (vgl.
Ps. 149, 6) . . . 20 'Siehe, ich rufe zusammen', spricht der Herr, 'alle
Könige der Erde, aufzustören die, welche von Norden und von Süden,
von Osten und von Westen kommen, daß sie sich gegeneinander
kehren und sich selbst zufügen (vgl. Apok. 18, 6), was sie jenen zu-
gefügt haben. 21 So wie sie bis heute tun meinen Auserwählten (bibl.;
Or. Sib. 2, 169), so werde ich tun und zurückgeben in ihren Schoß
(Jes. 65, 6 f.).' So spricht der Herr: 22 'Nicht wird meine Rechte
Schonung kennen über den Sündern, noch wird mein Schwert ablassen
über denen, die unschuldiges Blut auf Erden vergießen. . . . 34 Siehe,
Wolken von Osten und Norden bis hin nach dem Süden, und ihr Aussehen war sehr erschrecklich, voll Zorn und Sturm. 35 Und sie werden aneinanderstoßen und gewaltiges Unwetter über die Erde ausgießen. Und das Blut von dem Schwerte wird reichen bis an den Bauch
des Pferdes 36 und den Schenkel des Menschen und den Hinterbug
des Kameles. Und viel Furcht und Zittern wird auf der Erde sein . . .
40 Und aufsteigen werden große und starke Wolken voll Zorn und
Unwetter, um die ganze Erde und ihre Bewohner zu vertilgen, und

sie werden über alles Hohe und Erhabene schreckliches Unwetter aus-
schütten, 41 Feuer und Hagel und fliegende Schwerter (Or. Sib. 3, 673)
und viel Wasser, so daß alle Felder und alle Bachtäler von der Menge
dieses Wassers erfüllt werden, 42 und sie werden vernichten Städte
und Mauern und Berge und Hügel und die Bäume der Wälder (Ps.
95, 12; vgl. Jes. 7, 2) und das Heu der Wiesen und ihr Getreide.
43 Sie werden in e i n e m Laufe weiterströmen bis nach Babylon und es
vertilgen. 44 Zu ihm werden sie zusammenströmen, es umfließen und
all ihr Unwetter und ihren ganzen Zorn über ihm ausgießen, bis sie
es von Grund auf vernichten. Da wird der Staub und der Rauch bis
zum Himmel dringen (vgl. Apok. 18, 9; 19, 3; Or. Sib. 8, 103), und
alle ringsum werden es betrauern (Apok. 18, 9). 45 Und die, welche
dort verblieben sind, werden die Sklaven derer werden, die es zerstört
haben (vgl. Or. Sib. 3, 354 f.). 46 Und du, Asien, die du teil hattest an
der Pracht Babylons und der Ruhm warst seiner Macht, 47 wehe dir,
du Elende (vgl. Matth. 11, 21 = Luc. 10, 13. Or. Sib. 3, 303. 319.
504 u. ö., bes. auch 8, 95). Denn du bist ihm gleich geworden, hast
deine Töchter (= Städte) in Hurerei geschmückt (vgl. Or. Sib. 3, 324),
damit du gefielest und dich rühmtest unter den Liebhabern, die deiner
stets begehrten (Hesek. 16, 15 ff.; 23, 1 ff.; Or. Sib. 3, 356). 48 Die ver-
haßte Hure (Apok. 17, 5; 19, 2) hast du nachgeahmt in allen ihren Werken und Begehungen' (Ps. 76, 13). Darum spricht Gott: 49 'Ich werde
dir Unheil senden: Witwenschaft (Jes. 47, 9; vgl. Or. Sib. 5, 169), Armut und Hunger und Schwert und Pest (Jer. 24, 10) zur Verwüstung
deiner Häuser, zu Schändung und Tod. 50 Und die Herrlichkeit deiner
Macht wird verwelken wie eine Blume (vgl. Jes. 40, 6; I Petr. 1, 24),
wenn sich der Gluthauch erhebt, der wider dich entsandt ist. 51 Du
wirst schwach werden (bibl.) und elend von den Schlägen und zer-
schlagen von den Striemen, so daß du deine Mächtigen und Liebhaber
nicht aufnehmen kannst (vgl. Jer. 30, 14).' . . . 16, 1 'Wehe dir, Babylon und Asien, wehe dir, Ägypten und Syrien. 2 Umgürtet euch mit
Säcken und härenem Tuch, beklagt eure Söhne und beweint sie (vgl.
Jer. 4, 8), denn nahe ist eure Vertilgung. 3 Ausgeschickt ist gegen euch
das Schwert, und wer ist, der es abwende? 4 Ausgeschickt ist gegen
euch das Feuer, und wer ist, der es lösche? (vgl. Jer. 4, 4; 21, 12).
5 Ausgeschickt sind gegen euch Leiden, und wer ist, der sie vertreibe?
6 Kann einer den hungrigen Löwen im Walde vertreiben oder das
Feuer löschen im Stroh, wenn es begonnen hat zu brennen? 7 Kann

einer den Pfeil zurückschlagen, der von einem starken Schützen geschossen ist? 8 Gott der Herr schickt die Leiden, und wer möchte sie
vertreiben (vgl. Jes. 14, 27)?' ..."

217–250: Vgl. meinen Art. „Akrostichis" im Reallex. f. Ant. u. Chr.
s. v. Dionys., Arch. IV 62, 6 (aus Varro). Cic. de divin. II 54, 111 f.:
non esse autem illud carmen furentis cum ipsum poema declarat (est
enim magis artis et diligentiae quam incitationis et motus), tum vero ea
quae acrostichis dicitur, cum deinceps ex primis cuiusque versus litteris
aliquid conectitur, ut in quibusdam Ennianis Q. ENNIUS FECIT, id
certe magis est attenti animi quam furentis. Atque in Sibyllinis ex primo
versu cuiusque sententiae primis litteris illius sententiae carmen omne
praetexitur. Hoc scriptoris est, non furentis, adhibentis diligentiam,
non insani. Dazu Diels, Sib. Bl. 26: „Die Beschreibung der eigentüm-
lich verzwickten Akrostichenkunst in den Sibyllinen könnte deutlicher
sein. Aber man versteht doch, was gemeint ist. Während die Akrostichis des Ennianischen Gedichtes den Namen des Dichters durch
die Initialen einer Folge von Versen ausdrückte, bildet in den Sibyllinen der erste Vers jedes Orakelspruches (cuiusque sententiae) den
Saum, der vermittelst der Initialen den ganzen Spruch einfaßt." – Kurfess, Sokrates 1918, 99 ff.; Tüb. Theol. QS 1936, 11 ff.; 532 ff. – Kaiser
Konstantin hat in seiner „Rede an die Versammlung der Heiligen"
(bei Eusebius I p. 179 Heikel) c. 18 dieses Akrostichon als Weissagung
der „Erythräerin" benutzt: s. „Anhang" S. 208. (Dort ist auch die
Akrostichis des Originals beibehalten, während ich sie in deutscher
Übersetzung gebe, da die Zahl der Buchstaben im Griechischen und
Deutschen zufällig dieselbe ist. – Wenn übrigens in Kap. 19 zum Be-
weis der Echtheit angeführt wird, daß es allgemein bekannt sei, daß
Cicero auf das Gedicht gestoßen sei und es in die lateinische Sprache
übersetzt und seinen Schriften einverleibt habe, so kann sich dieses
Mißverständnis nur auf die oben zitierte Stelle Cic. div. II 54 beziehen).–
Eine alte lat. Übersetzung (ohne die Σταυρός-Strophe) mit möglichster
Beibehaltung der Akrostichis, die ja wieder das Akrostich IΧΘΥC
gibt, hat uns Augustinus, Civ. Dei XVIII c. 23 überliefert (s. u. S. 341).–
Geffcken, Komp. 42 f.: „Wir wissen, wie bitter Celsus (Origen. c. Cels.
VII 53, 203, 24 Kötschau) die Christen verhöhnte, daß sie Sibyllen-
sprüche interpolierten: ... νῦν δὲ παρεγγράφειν μὲν εἰς τὰ ἐκείνης
πολλὰ καὶ βλάσφημα εἰκῇ δύνασθε. Darauf mußte geantwortet werden.
Nun war die Akrostichis seit alter Zeit das Kennzeichen sibyllinischer

Echtheit (s. o.). Aus dem Bedürfnisse nun, dem heidnischen Vorwurfe zu begegnen, fabrizierte man die große Akrostichis (217–250): die erste absolut sichere, bewußte Fälschung, die auf Augustin und Euseb so tiefen Eindruck machte, die Euseb benutzte, um heidnische Zweifel an der Echtheit zu widerlegen, die endlich in Augustins Übersetzung das Mittelalter bewegt hat." An Bibelstellen sind zu vergleichen: 224 Jes. 2, 18.–231 (vgl. II 305. VIII 350); Matth. 8, 12. 13, 42; Luk. 13, 28. 232 f. (vgl. IV 37. VIII 190–194); Apok. Joh. 6, 12 ff. (vgl. Jes. 34, 4); Matth. 24, 29. – 234 Jes. 40, 3; Luk. 5, 5. – 237 f. (vgl. 348) Apok. Joh. 8, 7 f. – 239 vgl. Matth. 24, 31; I Kor. 15, 52; I Thess. 4, 16. – 241 vgl. Ps. 17, 16. – 244 Matth. 24, 30; Apok. Joh. 7, 2. – 245 Luk. 1, 69, vgl. Ps. 131, 17; I Kön. 2, 10. – 246 I Petr. 2, 7; Jes. 8, 14; Röm. 9, 33. – 248 Ps. 2, 9; Apok. Joh. 2, 27. 12, 5. 19, 15; Ps. 2, 9.

224 (vgl. III 606) Lactant. div. inst. VII 19, 9: s. S. 236.

225: Firmicus Maternus de error. prof. rel. 15, 4: ignis iste scrutatur abdita, quaerit absconsa. (Dieses Feuer durchwühlt Verborgenes, sucht Verstecktes.)

234 ff.: Assumptio Moys. 10, 4: et tremebit terra, usque ad fines suos concutietur, et alti montes humiliabuntur et concutientur, et convalles cadent: sol non dabit lumen et in tenebras convertet se, cornua lunae confringentur et tota convertet se in sanguinem et orbis stellarum conturbabitur: et mare usque ad abyssum decedet et fontes aquarum deficient, et flumina exarescent. (Und die Erde wird erzittern, bis zu ihren Grenzen wird sie erschüttert werden, und hohe Berge werden erniedrigt und erschüttert werden, und die Täler werden einfallen; die Sonne wird nicht mehr Licht geben und sich in Finsternis verwandeln; die Hörner des Mondes werden abgebrochen werden, und er selbst verwandelt sich ganz in Blut, und der Kreis der Sterne wird in Verwirrung geraten: und das Meer wird bis zum Abgrund zurückgehen, die Quellen der Gewässer werden aussetzen und die Flüsse werden austrocknen.) Vgl. auch Epit. 66, 4–6: s. S. 246. – Lactant. VII 16, 11: montes quoque altissimi decident et planis aequabuntur, mare innavigabile constituetur. (Auch die höchsten Berge werden einstürzen und der Ebene gleichgemacht, das Meer wird unschiffbar werden.)

239: Commodian. Carm. apol. 901. 1001 (vgl. Bousset, Der Antichrist 166). Lactant. VII 16, 11 (s. zu 234) und VII 20, 5 (s. S. 238).

251 f.: Vgl. Barnabasbrief 12, 2: „Er spricht aber auch zu Moses, als
die Israeliten von einem fremden Volk bekriegt wurden und eben
durch diesen Krieg daran erinnert werden sollten, daß sie um ihrer
Sünden willen dem Tode überlassen seien; da spricht der Geist zum
Herzen des Moses: er solle ein Kreuz darstellen und den, der künftig
daran leiden sollte; denn wenn sie – will er andeuten – nicht auf ihn
ihre Hoffnung setzen, so werden sie in Ewigkeit Krieg zu erfahren
haben. So legt denn Moses einen Schild auf den andern inmitten der
Schlacht, und nachdem er so einen alle überragenden Standpunkt ge-
wonnen, streckte er seine Arme aus, und da gewannen die Israeliten
wieder die Oberhand." (Vgl. Exod. 17, 11 ff.) – Firmicus Maternus
a. a. O. 21, 6: ut Amalech vinceretur, extensis manibus Moyses haec
(crucis) imitatus est cornua; ut facilius impetraret, quod magnopere
postulabat, crucem sibi fecit ex virga. (Um den Sieg über Amalech zu
erringen, hat Moses mit ausgestreckten Armen die Enden des Kreuzes
nachgeahmt; um leichter seine inständigen Bitten durchzusetzen, hat
er sich aus dem Stab ein Kreuz gemacht.)

254: I Petr. 2, 6 f.; vgl. Ps. 117 (LXX), 22. Matth. 21, 42; Apg. 4, 11.

255: Joh. 3, 36 (vgl. 3, 15 f.; 6, 47). – *256*: Joh. 9, 39. – *257*: vgl.
Jes. 35, 2 ff.

257: zitiert von Lactant. IV 16, 17; vgl. auch IV 26, 30: primum quod
is, qui humilis advenerat, ut humilibus et infirmis opem ferret et omnibus spem salutis ostenderet. (Zunächst, weil der niedrig angekom-
men war, um den Niedrigen und Schwachen Hilfe zu bringen und
allen die Hoffnung auf Rettung zu zeigen.)

259–263: Ps.-Justin. Coh. ad Graec. 38,1 ... τοῖς ὑπ' αὐτῆς <Σι-
βύλλης> εἰρημένοις ἀφιλονείκως προσέχοντες γνῶτε, πόσων ὑμῖν
ἀγαθῶν αἰτία ἔσται, τὴν τοῦ σωτῆρος ἡμῶν Ἰησοῦ Χριστοῦ ἄφιξιν
σαφῶς καὶ φανερῶς προαγορεύουσα. ὃς τοῦ θεοῦ ὑπάρχων λόγος
ἀχώρητος δυνάμει, τὸν κατ' εἰκόνα καὶ ὁμοίωσιν θεοῦ πλασθέντα
ἀναλαβὼν ἄνθρωπον, τῆς τῶν ἀρχαίων ἡμᾶς προγόνων ἀνέμνησε
θεοσεβείας, ἥν οἱ ἐξ αὐτῶν γενόμενοι ἄνθρωποι καταλιπόντες δι-
δασκαλίᾳ βασκάνου δαίμονος ἐπὶ τὴν τῶν μὴ θεῶν ἐτράπησαν
θρησκείαν. (Richtet unparteiisch euer Augenmerk auf das, was die
Sibylle gesagt hat, und erkennet, wieviel Gutes ihr dieser zu verdanken haben werdet, weil sie deutlich und offenkundig die Ankunft
unseres Heilandes Jesus Christus vorhersagt; dieser, beginnend als

Gottes Logos, unfaßbar an Kraft, nahm die Gestalt des nach Gottes Bild und Gleichnis gebildeten Menschen an und erinnerte wieder an die Gottesfurcht der alten Vorfahren, welche die aus ihnen entsprossenen Menschen verlassen haben, um sich auf Belehrung des Teufels dem Götzendienst zuzuwenden.) Lactant. II 12, 20 mors itaque secuta est hominem secundum dei sententiam, quod etiam Sibylla in carmine suo docet dicens (Daher folgte der Tod dem Menschen nach Gottes Ratschluß, was auch die Sibylle in ihrem Gedicht lehrt): es folgen die Verse 260–262. – *261 f.* vgl. I 39 ff.

264 ff.: vgl. 439 ff. (VI 3. VII 68 f.) Jes. 9, 6. Genes. 1, 26. Hermas: Sim. IX 12, 2 (V 2, 6) ὁ μὲν υἱὸς τοῦ θεοῦ πάσης τῆς κτίσεως αὐτοῦ προγενέστερός ἐστιν, ὥστε σύμβουλον αὐτῷ γενέσθαι τῷ πατρὶ τῆς κτίσεως αὐτοῦ. (Der Sohn Gottes ist vor seiner ganzen Schöpfung gezeugt, so daß er ihm, dem Vater seiner Schöpfung, Ratgeber geworden ist.) Vgl. Theophil. ad Autol. II 22, 9. Lactant. IV 6, 9 idcirco illum Trismegistus δημιουργὸν τοῦ θεοῦ et Sibylla σύμβουλον appellat, quod tanta sapientia et virtute sit instructus a deo patre, ut consilio eius et manibus uteretur in fabricatione mundi. (Darum nennt ihn Trismegistus den Werkmeister Gottes und die Sibylle seinen Ratgeber, weil Gott Vater ihn mit solcher Weisheit und Tugend ausgestattet hat, um sich seines Rates und seiner Hände zu bedienen bei der Erschaffung der Welt).

271: vgl. 247. Joh. 4, 2.

272: Matth. 15, 30. Lactant. IV 15, 9 et haec omnia non manibus aut aliqua medella, sed verbo ac iussione faciebat, sicut etiam Sibylla praedixerat (Und das alles vollbrachte er nicht mit seinen Händen oder mit irgendeinem Hilfsmittel, sondern durch sein Wort und seinen Befehl, wie auch die Sibylle vorhergesagt hatte): πάντα . . .

273 f.: zitiert von Lactant. IV 15, 24. Vgl. Matth. 14, 24 f. Mark. 6, 48. Joh. 6, 18 f. Jes. 52, 7.

275–278: (vgl. I 357–359. VI 15) zitiert von Lactant. IV 15, 18. Vgl. Matth. 14, 17 ff. Joh. 6, 7 ff. Mark. 6, 38 ff.

287–290: zitiert von Lactant. IV 18, 15. Daraus Augustin., Civ. Dei XVIII 23 (Dombart-Kalb II 287, 16): inserit etiam Lactantius operi suo quaedam de Christo vaticinia Sibyllae, quamvis non exprimat cuius. sed quae ipse singillatim posuit, ego arbitratus sum coniuncta

esse ponenda, tamquam unum sit prolixum, quae ille plura commemoravit et brevia (Auch Laktanz fügt seinem Werk manche Prophezeiungen der Sibylle über Christus ein, wenn er auch nicht sagt,
von welcher. Aber was er selbst einzeln niedergelegt hat, das glaubte
ich im Zusammenhang hersetzen zu sollen, als ob es ein Ganzes
wäre, was er in mehreren kurzen Stücken erwähnt hat): in manus
iniquas, inquit, infidelium postea veniet; | dabunt autem Deo alapas
manibus incestis | et inpurato ore exspuent venenatos sputus; | dabit
vero ad verbera simpliciter sanctum dorsum. (Vgl. Matth. 26, 67;
27, 30. Mark. 14, 65; 15, 19.)

287–320: vgl. I 360–380.

292–294: zitiert von Lactant. IV 18, 17: s. S. 228. Daraus Augustin
a. a. O. (287, 24): et colaphos accipiens tacebit, ne quis agnoscat, |
quod verbum vel unde venit, ut inferis loquatur | et corona spinea
coronetur. (Vgl. Jes. 53, 7. Mark. 16, 61. Matth. 27, 29.). Lactant.
IV 26, 21: nam corona spinea capiti eius imposita id declarabat, fore
ut divinam sibi plebem de nocentibus congregaret. corona enim dicitur circumstans in orbem populus. nos autem, qui ante cognitionem
dei fuimus iniusti, spinae id est mali ac nocentes eramus . . . electi
ergo ex dumis et sentibus sanctum dei caput cingimus . . . (Denn
die ihm aufs Haupt gesetzte Dornenkrone bedeutete, daß er sich
das göttliche Volk aus den Übeltätern zusammenscharte. Krone
wird nämlich das im Umkreis herumstehende Volk genannt. Wir
aber, die wir vor der Erkenntnis Gottes ungerecht waren, wir
waren die Dornen, d. h. schlecht und verbrecherisch. . . . Wir
Auserwählte also bekränzen das heilige Haupt Gottes mit Dornengestrüpp.)

299 f.: Lactant. IV 17, 4: illa enim prior lex quae per Moysen data
est, non in monte Sion, sed in monte Choreb data est; quam Sibylla
fore ut a filio dei solveretur ostendit (Jenes frühere Gesetz nämlich,
das durch Moses gegeben wurde, wurde nicht auf dem Berge Sion,
sondern auf dem Berge Choreb gegeben; dieses Gesetz, das zeigt die
Sibylle, wird vom Sohne Gottes aufgehoben werden): ἀλλ᾽ . . .
νόμος.

302: vgl. Irenaeus II p. 372 Harv. . . . ὡς ἔφη τις τῶν προβεβη
κότων, διὰ τῆς θείας ἐκτάσεως τῶν χειρῶν τοὺς δύο λαοὺς εἰς
ἕνα θεὸν συνάγων (wie einer von denen, die vorgeschritten waren,

sagte, indem er durch die göttliche Ausbreitung der Hände die beiden Völker zu dem einen Gott zusammenführte). Vgl. Hippolyt. de
antichr. 61. Lactant. IV 26, 36 extendit ergo in passione manus suas
orbemque dimensus est, ut iam tunc ostenderet ab ortu solis usque
ad occasum magnum populum ex omnibus linguis et tribubus con-
gregatum sub alas suas esse venturum . . . (Es spannte also in seinem
Leiden seine Hände aus und durchmaß den Erdkreis, um schon
damals zu zeigen, daß vom Aufgang der Sonne bis zum Untergang
ein großes Volk aus allen Sprachen und Stämmen zusammengeschart
unter seine Flügel kommen werde.)

303 (vgl. VI 24 f.) Ps. 68 (69), 22. Matth. 27, 34. 48. Joh. 19, 29. 37. –
303 und 304 werden von Lactant. IV 18, 19 zitiert (s. S. 230); daraus
Augustin a. a. O. (287, 26): ad cibum autem fel et ad sitim acetum
dederunt; | inhospitalitatis hanc monstrabant mensam.

305 ff.: vgl. I 376 ff. – 305 Matth. 27, 51. Mark. 15, 38. Luk. 23,
45. – 306 Matth. 27, 45. Mark. 15, 33. Luk. 23, 44. Die beiden Verse
werden von Lactant. IV 19, 5 zitiert; daraus Augustin a. a. O. (287,
30): templi vero velum scindetur; et medio die | nox erit tenebrosa
nimis in tribus horis.

312 f.: Ose. 6, 2. Lactant. IV 19, 10: s. S. 232. Daraus Augustin.
a. a. O. (287, 31): et morte morietur tribus diebus somno suscepto; |
et tunc ab inferis regressus ad lucem venit | primus resurrectionis prin-
cipio revocatis ostenso.

316: γεννηθέντες ἄνωθεν: Joh. 3, 3. 7 (und oft in der Gnosis).

319 ff.: Iren. II p. 47 Harv. ἐπειδὴ τέσσαρα κλίματα τοῦ κόσμου,
ἐ. ᾧ ἐσμεν, εἰσὶ καὶ τέσσαρα καθολικὰ πνεύματα, κατέσπαρται δὲ
ἡ ἐκκλησία ἐπὶ πάσης τῆς γῆς, στύλος δὲ καὶ στήριγμα ἐκκλησίας
τὸ εὐαγγέλιον . . . εἰκότως τέσσαρας ἔχειν αὐτὴν στύλους . . . (Da
die vier Himmelsrichtungen der Welt, in der wir leben, auch vier katholische Windrichtungen bedeuten, die Kirche aber über die ganze
Erde zerstreut ist, Stütze und Pfeiler der Kirche aber das Evange-
lium ist, . . . so ist es ganz natürlich, daß sie auch vier Pfeiler hat.)
Vgl. Firmic. Mat. a. a. O. 20, 5. Luk. 24, 37–39; Joh. 20, 19 (21, 14).
Christus ist der zweite Adam: vgl. Sib. III 24 ff. (mit Anm.).

324–326: Zachar. 9, 9 (Matth. 21, 5. Joh. 12, 15). 326–328 werden
von Lactant. VII 18, 8 zitiert (s. S. 234); ebenso 329 IV 6, 5. Daraus

Ps.-Augustin. c. quinque haeres. VIII app. p. 4 A (4 C) Maur. item
Sibylla dicit: ipsum tuum cognosce deum (vel dominum) dei filium
esse.

333 ff.: vgl. Ose. 6, 6. Matth. 9, 13; 12, 7. – *335* vgl. 498 ff. –
336: Joh. 14, 9.

337–358: vgl. II 200 ff. 305–312. III 80 ff.

341: vgl. 190. II 202. Lactant. VII 16, 10: stellae vero creberrimae
cadent (Die Sterne werden in sehr großer Zahl zur Erde fallen).

341: vgl. 190. II 202. Matth. 24, 30.

342–348: vgl. IV Esr. 5, 6 . . . et volatilia commigrationem facient.
et mare Sodomiticum pisces reiciet et dabit vocem noctu, quam non
noverunt multi, omnes autem audient vocem eius. (. . . und die
Vögel werden fortziehen. Und das Sodomitische Meer wird die
Fische aufs Land werfen und nachts seine Stimme vernehmen lassen,
die viele nicht kennen, alle aber werden seine Stimme hören.) Lactant. VII 16, 8: propter haec deficient et in terra quadrupedes et in
aëre volucres et in mari pisces. (Darum werden eingehen auf der Erde
die Vierfüßler, in der Luft die Vögel und im Meere die Fische.) Vgl.
Bousset, Der Antichrist 130.

348 (vgl. 336 f.) Commodian. Carm. Apol. 1014: Non navis accipiet hominem. (Kein Schiff wird mehr einen Menschen aufnehmen.)

350: (vgl. 231) Mark. 8, 12; 13, 42. Luk. 13, 28 (Matth. 24, 30.
Joh. Apok. 1, 7). Vgl. II 305 ff. Lactant. VII 16, 12: tum vero per
iram dei adversus homines, qui iustitiam non adgnoverint, saeviet
ferrum ignis fames morbus et super omnia metus semper inpendens.
tunc orabunt deum et non exaudiet, optabitur mors et non veniet, ne
nox quidem requiem timori dabit nec ad oculos somnus accedet, sed
animas hominum sollicitudo ac vigilia macerabit, plorabunt et ge-
ment et dentibus strident, gratulabuntur mortuis et vivos plangent.
(Dann aber wird infolge des Zornes Gottes über die Menschen, die
die Gerechtigkeit nicht anerkannt haben, Schwert, Feuer, Hunger
und Krankheit wüten und über allem die ewig drohende Angst.
Dann werden sie Gott bitten, und er wird sie nicht erhören; man
wird den Tod herbeiwünschen, aber er wird nicht kommen. Auch
die Nacht wird keine Ruhe gewähren der Angst, und kein Schlaf
wird die Augen befallen, sondern kummervolle Nachtwache wird

die Seelen der Menschen zermürben, sie werden jammern und seufzen und mit den Zähnen knirschen; sie werden die Toten beglückwünschen und die Lebenden betrauern.) Vgl. auch Epitome 66, 4: s. S. 246.

353: (vgl. II 307) Apok. Joh. 9, 6. Apok. d. Elias 77, 25, 9 (= 79, 27, 7 Steind.): Viele werden den Tod wünschen in jenen Tagen. Der Tod aber wird sie fliehen.

355 f.: vgl. Matth. 25, 41 ff.

357: vgl. IV Esr. 7, 101: septem diebus erit libertas earum. Vgl. II 311 f. mit Anm.

361: vgl. das Orakel der Pythia bei Herodot I 47: ἡ Πυθίη ἐν ἑξαμέτρῳ τόνῳ λέγει τάδε. οἶδα ... θαλάσσης. [Dann folgt 373 = Henders, Oracula 94, 1 und 2.]

368: vgl. Psalm 93 (94), 9.

377: zitiert von Lactant. div. inst. I 6, 16. Siehe auch Sibyllentheosophie S. 252.

378 ff.: vgl. Justin. Apol. I 9, 1 ἀλλ' οὐδὲ θυσίαις πολλαῖς καὶ πλοκαῖς ἀνθῶν τιμῶμεν οὓς ἄνθρωποι μορφώσαντες καὶ ἐν ναοῖς ἱδρύσαντες θεοὺς προσωνόμασαν, ἐπεὶ ἄψυχα καὶ νεκρὰ ταῦτα γινώσκομεν καὶ θεοῦ μορφὴν μὴ ἔχοντα (οὐ γὰρ τοιαύτην ἡγούμεθα τὸν θεὸν ἔχειν τὴν μορφήν, ἥν φασί τινες εἰς τιμὴν μεμιμῆσθαι). ἀλλ' ἐκείνων τῶν φανέντων κακῶν δαιμόνων καὶ ὀνόματα καὶ σχήματα ἔχειν. (Aber auch nicht durch zahlreiche Opfer und Blumenspenden ehren wir die, die Menschen gestaltet und in Tempeln aufgestellt und Götter genannt haben, wo sie doch leblose und tote Wesen sind, die nicht Gottes Gestalt besitzen – denn wir glauben nicht, daß Gott eine solche Gestalt habe, wie sie behaupten, daß sie zu seiner Ehre nachgeahmt sei –; vielmehr haben sie Namen und Gestalt derer, die als böse Dämonen erschienen sind.) Lactant. IV 1, 2: coeperunt enim relicto parente et constitutore omnium deo insensibilia digitorum suorum figmenta venerari. (Nachdem sie nämlich Gott, den Vater und Ordner aller Dinge, verlassen hatten, begannen sie, die gefühllosen Gebilde ihrer Finger zu verehren.)

387: Jes. 1, 11. Micha 6, 6–8. Slav. Henochbuch XLV 3, 40 Bonw.: Begehrt der Herr Brot oder L i c h t e r oder Schlachtopfer oder irgendwelche andere Opfer? Lactant. VI 2, 1: mactant igitur opimas ac pingues hostias deo quasi esurienti, profundunt vina tamquam sitienti, accendunt lumina velut in tenebris agenti . . . 3 vel si caeleste lumen quod dicimus solem contemplari velint, iam sentiant, quam non indigeat lucernis eorum deus qui ipse in usum hominis tam claram, tam candidam lucem dedit. (Sie schlachten also fette und feiste Opfertiere für Gott, als ob er Hunger hätte; sie spenden Weine, als ob er Durst hätte; sie zünden ihm Lichter an, als ob er im Finstern säße . . . Und wollten sie nur das himmlische Licht, das wir Sonne nennen, betrachten, so würden sie schon merken, wie wenig Gott ihrer Lichter bedarf, der selbst dem Menschen zum Nutzen ein so helles und strahlendes Licht gegeben hat.)

390: vgl. 333 f. II 82. – *392 f.* vgl. 46 ff. Fragm. 1, 22 (o. S. 68). Ps.-Melito, Apol. 4: Ego vero dico, quod etiam Sibylla de iis dixit, eos simulacra regum mortuorum adorare. (Ich aber behaupte, was auch die Sibylle von ihnen gesagt hat, sie beten die Bilder von toten Königen an.)

391: Athenag. supplic. pr. Christ. 13 (p. 59 Otto): ὁ τοῦδε τοῦ παντὸς δημιουργὸς καὶ πατὴρ οὐ δεῖται αἵματος οὐδὲ κνίσσης οὐδὲ τῆς ἀπὸ τῶν ἀνθῶν καὶ θυμιαμάτων εὐωδίας. (Der Schöpfer und Vater des Alls braucht nicht Blut noch Opferdampf noch den Wohlgeruch von Blumen und Räucherwerk.)

397: Lactant. V 13, 21: sed hi vanarum religionum cultores eadem stultitia id obiciant, qua verum deum non intellegunt: quos Sibylla Erythraea κωφοὺς et ἀνοήτους vocat, surdos scilicet et excordes, qui nec audiant divina nec sentiant, sed terram digitis suis imaginatam metuant et adorent. (Aber diese Anhänger eitler Religionen werfen das mit derselben Torheit vor, vermöge derer sie den wahren Gott nicht begreifen: diese nennt die erythräische Sibylle taub und dumm, weil sie das Göttliche nicht hören und fühlen, sondern nur die von ihren Fingern gebildete Tonmasse fürchten und anbeten.)

399: Die ursprünglichen jüdischen „zwei Wege", später christlich: vgl. Did. 1–6, Barn. 18–20. A. Harnack, Die Apostellehre und die jüdischen beiden Wege. Leipzig 1886. A. Seeberg, Der Catechismus der Urchristenheit. Leipzig 1903; Die beiden Wege und das Aposteldekret. Leipzig 1906; Die Didache des Judentums und der Urchristenheit. Leipzig 1908. A. Vögtle, Die Tugend- und Laster-

kataloge im NT (= Ntl. Abh. XVI. B. 4.|5. H.), Münster i. W. 1936,
S. 113–120. 191–198.

402: Lactant. II 10, 4: denique Plato humanam formam θεοειδῆ esse
ait, et Sibylla quae dicit: εἰκών . . .

403: Lev. 17, 10. Apg. 15, 20. 21, 25. Sib. II 96. – 403 ff. vgl. 480 ff.,
bes. II 83 f.

408: Röm. 12, 1. – 409 Ose. 10, 12. Joh. 4, 36. – 411 vgl. II 252 f.
412: vgl. (Mal. 3, 3) II 213. III 87 (s. z. St.). – 413–416 werden von
Lactant. VII 20, 4 zitiert (s. S. 238).

415: Ose. 13, 44. I Kor. 16, 55. – 416 f. Ezech. 34, 17. 20; 20, 37.
Matth. 25, 32 f.

419 ff.: vgl. auch II 255 ff. – 424–427 vgl. II 325–327. 329. III 89
(VIII 110 ff.).

440: Koloss. 1, 15. Vgl. Theophil. ad Antol. II 22: πρὸ γάρ τι
γίνεσθαι τοῦτον εἶχεν σύμβουλον, ἑαυτοῦ νοῦν καὶ φρόνησιν ὄντα.
ὁπότε δὲ ἠθέλησεν ὁ θεὸς ποιῆσαι ὅσα ἐβουλεύσατο, τοῦτον τὸν
λόγον ἐγέννησεν προφορικόν, πρωτότοκον πάσης κτίσεως. (Denn
bevor irgend etwa ward, hatte er diesen als Ratgeber, der sein Verstand und seine Einsicht war; aber als Gott ausführen wollte, was er
beschlossen hatte, erzeugte er diesen Logos als Vortragenden, als
Erstgeborenen der ganzen Schöpfung.)

443–446: Genes. 1, 26. I Kor. 15, 47. Theophil. ad Antol. II 19, 12.

460 ff.: Luk. 1, 26 ff. (2, 6; Matth. 2, 1–11. Joh. 1, 14).

474 ff.: vgl. Theognis 5–10. Verg. Ecl. IV 50 ff. (Sib. III 675 ff.).

477: Matth. 2, 2. – *478 f.*: Luk. 2, 7 ff. – *480 ff.*: vgl. 403 ff.

Buch XI (IX)

Vgl. H. Dechent, Jenaer Diss. Frankfurt a. M. 1875 S. 49 ff.

3: vgl. II 195. *–9 ff.*: vgl. III 98 ff. – *19–314* ist aufgebaut nach III
159–161.

24: Φάσγανα (*Phasgana* = Schwerter): mit dem ersten Buchstaben Φ
ist *Pharao* bezeichnet.

29 f.: Buchstabe I = Zahl 10: Anspielung auf den ägyptischen *Ioseph*.

31 ff.: Anspielung auf die 10 Plagen Ägyptens; Untergang der Ägypter im Roten Meer.

37 ff.: ist auf die Herrschaft Psammetichs angespielt (vgl. Αἰγύπτου ψαμαθώδεος), den unser Sibyllist für einen Hebräer zu halten scheint, der sich für einen Thebaner ausgab.

45 f.: Mit „Finsternis, Hunger und Pest unter den Juden" mag auf die assyrische und babylonische Gefangenschaft hingewiesen sein (Dechent).

47 f.: Anspielung auf Cyrus, 51/52 auf die Schandtaten des Kambyses; im folgenden ist (nach Dechent) der blutige Aufstand der Ioner gegen die Perser unter Darius gemeint, bei dem Sardes in Flammen aufging. Damit ist die ganze ägyptische Geschichte durchgeführt bis zur Zeit der völligen Unterwerfung durch die Perser.

61–79: ein schwer zu deutendes Orakel über die Äthiopier. Diese sind in B. XI identisch mit den Indern und kommen vom Norden (v. 66). Nach dem Buch Esther herrscht Ahasveros von Indien bis Kusch (= Äthiopien: vgl. Esther c. VIII, 9 LXX) und wird geradezu „König von Indien" genannt, „dem auch die Fürsten der Perser und Meder untertan sind". Daraus hat sich anscheinend die Sage von einer Herrschaft der Inder über die Meder gebildet, während in Wirklichkeit diese Inder des XI. Buches so gewiß die Perser sind, wie Ahasveros, der indische Fürst des Buches Esther = Xerxes, der König der Perser ist. XI, 178 wird Xerxes geradezu als Äthiopier bezeichnet. So erklären sich auch die v. 74 erwähnten Aufstände der Völker unter Xerxes.

80 ff.: Persiens Herrschaft. Mit dem judenfreundlichen Herrscher ist (nach Dechent, vgl. Esra VII, 11 f.) Artaxerxes gemeint, unter welchem Esra und Nehemia wirkten; dieser König tat viel für den Tempel der Juden (Esra VII, 20) und hielt nach dem dort überlieferten Briefe (c. VII, 11 ff.) selbst auf die Beobachtung der Gesetze (v. 25 ff.). Zu dieser Deutung würde auch die Zahlangabe von 108 Jahren stimmen, indem der Dichter von der Zeit des Esra bis auf Alexander etwa soviel Jahre zählen konnte [v. 91/92 sind nach XII 258 von einem Späteren interpoliert, der an Salomo oder Serubabel gedacht hat]. – So hat die Sibylle die Geschichte des Orients an dem geistigen Auge vorübergeführt bis zu der Zeit, da das griechische Weltreich Persiens Macht stürzen soll. Ehe sie nun aber die Berührung von Orient und Okzident schildert, beschreibt sie in kurzen Zügen die Entstehung der abendländischen Weltreiche.

109 ff.: Romulus und Remus, durch den griechischen Buchstaben P bezeichnet = Zahl 100. – Vgl. V 11. – Zu 115 f. vgl. Verg. Aen. VI 783 septemque una sibi numero circumdabit arces (interpoliert aus Georg II 535).

125 ff.: vgl. III 414–418. – Zu 135 ff. vgl. Verg. Aen. II 15 ff. – 141 f. Agamemnon, Buchstabe A = Zahl 1.

144 ff.: Aeneas, dreisilbig, Buchstabe A = Zahl 1. Vgl. Dechent a.a.O. S. 55: „Es war ein glücklicher poetischer Griff, daß der Dichter gerade die Gestalt des Aeneas in seinem historischen Gemälde hervortreten ließ; galt dieser Heros doch nicht allein als Stammvater der Gründer der siebenhügeligen Stadt des Romulus und Remus, sondern auch des nach der Sage [vgl. Vergils Aeneis, Livius I c. 3] von seinem Iulus stammenden Juliergeschlechtes, 'welches in Zukunft alle Geschlechter beherrschen sollte'" (v. 139, vgl. dazu Verg. Aen. III 97 f. Apollo-Orakel: hic domus Aeneae cunctis dominabitur oris | et nati natorum et qui nascentur ab illis). Seine Herrschaft soll 15 Jahre (v. 156) dauern (im Gegensatz zu Vergils tres dumtaxat annos). Zu 144 f. vgl. Verg. Aen. VI 778 Mavortius ... | Romulus, Assaraci quem sanguinis Ilia mater | educet. Zu 146 ff. vgl. Aen. VI 110 f. illum ego per flammas et mille sequentia tela | eripui his umeris medioque ex hoste recepi; zu 148 ff. vgl. Aen. II 423 f. succedoque oneri, dextrae se parvus Iulus | implicuit sequiturque patrem non passibus aequis; zu 150 ff. Aen. II 195 ff.

159–161: Aus dieser Stelle zieht Friedlieb (Ausg. S. LXIII) den Schluß, daß das XI. Buch zwischen 114–117 n. Chr. verfaßt sei, weil nur in dieser Zeit die Gegend zwischen Euphrat und Tigris von den Römern besetzt gewesen sei. Aber eher ließe sich das Gegenteil schließen, daß gerade in jenen Jahren das Buch nicht geschrieben sein könne. Denn um die Zeit Trajans hatten die Römer die Parther gedemütigt; also wäre die Wendung (v. 161), die Römer würden alles beherrschen außer (χωρίς ist überliefert!) den Assyrern, wo weit der Parther sich ausdehnt (μηκύναθ' ὁ Πάρθος), nicht am Platze. An dieser Stelle ergibt sich aber auch, daß B. XI nicht nach der Zerstörung der Partherherr-schaft durch die Sassaniden, also nicht nach 226 n. Chr. geschrieben ist, da ja die Parther noch als selbständige Nation erscheinen (Dechent a. a. O. S. 56 f.). Zu der günstigen außenpolitischen Lage der Römer im Osten zur Zeit des Augustus vgl. Mon. Ancyr. 27. 29–32. Übrigens wirkt neben der großen Prophezeiung Vergils (Aen. VI 794 ff.) unser Orakel recht bescheiden.

163–169: ist ohne Zweifel B. III 419–423 nachgebildet, aber mit einer charakteristischen Abweichung. Der weise ältliche Mann mit dunklen Augen, der Hektor und Achilleus besungen, ist in Buch III sicherlich Homer. Aber das Orakel in XI ist nicht eine bloße Kopie, sondern hat bei ähnlicher Form völlig verschiedene Bedeutung. Denn hier fehlen alle Merkmale, an denen man man dort sofort Homer erkennen kann. Weder heißt der Dichter ein Mann von erlogener Heimat noch erscheint er als blind; auch ist sein Name nicht aus zwei Worten. Ferner wird von ihm nicht gesagt, daß er Ilions Los besungen habe oder Hektor und Achilleus. Schon der Umstand, daß die Erscheinung des Sängers nach Schilderung der Irrfahrten des Aeneas (v. 144–162) erwähnt wird, legt die Vermutung nahe, daß der Sänger der Aeneis, Vergil, gemeint sei. Auf ihn paßt auch gut die Entrollung der sibyllinischen Schriften. Verspricht doch sogar Aeneas der Sibylle bei Vergil, ihre Orakel sammeln zu lassen (Aen. VI 72 ff.). Auf die Benutzung Vergils ist oben schon hingewiesen (vgl. noch zu XI 254 f. Aen. VI 800: et septemgemini turbant trepida ostia Nili).

169–171 (vgl. 318): Derselbe Dichter, der zuerst die Gesänge dieser Sibylle entrollt, wird sie verbergen bis zu seinem Tode [ähnlich bei IV Esra 12, 37; Assumptio Mos. 1, 17]. Das erinnert an die bekannte Erzählung in der Donat-Vita, daß Vergil die Aeneis bei Lebzeiten niemand gezeigt und erst in seinem Testament dem Varius und Tucca überlassen habe. – Die ganze Fiktion, daß Vergil diese Schrift verborgen habe, hat aber nur dann Sinn, wenn sie nicht lange nach des Dichters Tode abgefaßt ist (Dechent a. a. O. S. 57–60).

172 ff.: Die Sibylle zeigt noch einmal durch v. 172 an, daß sie einen Exkurs gemacht, der sie in eine andere Zeit geführt, und geht zur Schilderung der früheren Zeit zurück, ,,in der alles, was gesagt, sich erfüllen wird", womit die Periode der Perserherrschaft (99 ff.) gemeint ist. Jedenfalls wendet sich ihr Interesse nunmehr dem Volke zu, das einst die Perser stürzen sollte, den Griechen. Nach mancherlei Kriegen der Hellenen und anderer Völker kommt ein assyrischer Mann (d. h. ein Perser, vgl. 80. 161), ein Äthiopier (s. o.), in dem man sofort Xerxes erkennt, nach Griechenland. Kurz wird dann nach den Perserkriegen der Kampf der hellenischen Stämme erwähnt, der

87 Jahre dauern soll (431–354?, vgl. v. 184). Dann tritt Macedonien hervor.

186 ff.: wird Philipp übertrieben und unhistorisch, doch unverkennbar geschildert: 190 Buchstabe Φ = Zahlzeichen 500; darauf Alexander (196 Anfangsbuchstabe des Alphabets A, wobei [198 ff.] die Darstellung in B. III, 381–387 fast wörtlich wiederholt wird; auf 197 ff. nimmt V 6 f. Bezug).

224 ff.: ist kurz die Zeit der Diadochen geschildert. Der Mann, der in Europa Nachlese halten wird (227 f.), ist wohl Antiochus III., der Große, der nach des Dichters Meinung auch in seinem Vorbilde III 389 f. geschildert war. Die acht folgenden Männer desselben Geschlechtes und Namens sind die acht Könige namens Antiochus, die von Antiochus III. bis zur Unterwerfung Syriens durch die Römer herrschten.

232–238: wird die Blüte von Alexandrien erwähnt, welches als mächtige „Mutterstadt" geschildert wird; 239–242 die Wegführung der Juden nach Ägypten unter Ptolemaeus Lagi. Von 243–253 wird die Geschichte der Ptolemäer behandelt nach dem Vorbild III 396–400 (dessen Darstellung sich allerdings auf die Seleuciden bezieht!).

254 ff.: wird die Herrschaft der vielumworbenen Kleopatra geschildert und die Kriege, die um ihretwillen in Ägypten geführt wurden.

261 ff.: wird der traurige Zustand in Rom zur Zeit der Bürgerkriege und der Tod des letzten Konsuls mit dem Buchstaben I = Zahl 10, Iulius (Cäsar) erwähnt. Zu 269 ff. vgl. Sueton, Jul. Caes. 84; am Schluß lesen wir: „Während der großen öffentlichen Staatstrauer ließ auch die große Menge der Ausländer in besonderen Zusammenkünften ihre üblichen Klagegesänge erschallen, vor allem die Juden, die sogar viele Nächte hintereinander den niedergebrannten Scheiterhaufen besuchten."

272 ff.: Auffallend ist, daß die Zeit von Romulus bis Caesars Tod auf 620 [vgl. XII 12 f. καὶ μετὰ τὰς ἐτέων ἑκατοντάδας ἓξ διαβῆναι | καὶ δισσοὺς δεκάδας Ῥώμης δικτάτορος οὔσης: „Und wenn sechs Hekatontaden an Jahren vorübergezogen | Und wenn zwei Dekaden hindurch Rom Diktator gewesen, | Dann wird zuerst ein Herrscher erstehen vom Meer gegen Abend, | Welcher Rom wird beherrschen, ein starker und streitbarer Kämpe, | Welcher den ersten der Buchstaben führt (= Augustus)] statt 710 Jahre (Varro!) berechnet wird. Nach Niebuhr, Röm.

Gesch. I 271 (der übrigens diese Zeitrechnung der Sibylle nicht kennt,
vgl. Alexandre², p. 585 f.), war die Rechnung *ab urbe condita* schon
unter Augustus vielfach im Gebrauch; im Osten wohl später, aber
sicherlich wohl nach dem Bekanntwerden von Livius' Geschichtswerk.
Jedenfalls findet sich in B. VIII 148 und XIII 46 die gewöhnliche
Rechnung nach Jahren der Stadt Rom.

279 ff.: wird Ägyptens Schicksal v o r der Ankunft des Antonius kurz
dargestellt. Die Anrede richtet sich offenbar an Ägypten, nicht an
Kleopatra, von der in den Versen 216 ff. die Rede war. Das καὶ τότε
weist also nicht auf den v. 278 angedeuteten Feldzug des „Königs"
zurück, der erst v. 285 weiter beschrieben wird, sondern auf die ganze
Zeit, die von 261 ff. an geschildert war, die Zeit von Caesar bis zum
letzten Triumvirat. V. 281 b–283 b wird das wechselnde Schicksal der
Kleopatra während Cäsars Machtstellung geschildert; v. 283 b–284
ihre Vermählung mit dem „schrecklichen Manne" (Antonius!). Von
v. 286 an tritt der „König" von Rom wieder in den Vordergrund, der
zugleich als Herr von Ägypten erscheint (Antonius!). Die Braut aber
(v. 285), die Witwe gewesen ist (290), ist wohl kaum die Königin, wie
es scheinen könnte, sondern Ägypten, das noch v. 232 als Braut dargestellt war [XII 236 und 239 erscheint Rom in ähnlicher Weise als
Witwe!]. V. 292–297 folgt der letzte Akt der Tragödie: Tod der Kleopatra und Trauer eines Königs.

298 ff.: Von nun an wird Ägypten als Dienerin viel Leiden erdulden,
weil es das fromme Volk geknechtet hat, und erkennen, daß Gottes
Zorn es getroffen hat.

315 ff.: Zum Epilog vgl. II 340 ff.; III 808 ff.; VII 150 ff. Wenn der
Sibyllist die Sibylle nach Python (= Delphi) und Panopeus (in Phokis)
gehen läßt, so stellt er sein Buch als eine Schrift der delphischen
Sibylle hin (so wie die des III. Buches als die erythräische galt). Nach
Bocchus, einem Zeitgenossen Neros, ist (bei Solinus p. 38 Momms.)
die delphische S. die älteste, die vor dem Trojanischen Krieg geweis-
sagt hat. [Vgl. E. Maaß, De Sibyllarum indicibus. Berlin 1879, S. 2
Anm. 4.]

Für die Datierung des XI. (IX.) Buches ist (außer den bereits erwähnten Argumenten) die Tatsache wichtig, daß keines von den vielen
Völkern, die im 2. und 3. Jahrhundert mit den Römern Krieg führten,
erwähnt wird, nicht einmal die Germanen, geschweige denn die

Sarmaten, Pannonier, Kelten, Daker, Britannier, Neu-Perser und andere in B. XII und XIII erwähnte, später auftretende Völker. Ferner fehlt jede feindliche oder freundliche Beziehung zum Christentum. Auch die römische Weltherrschaft ist viel zu leidenschaftslos geschildert, als es nach der blutigen Katastrophe 70 n. Chr. zu denken wäre. Kein noch so vorsichtiger oder verweltlichter jüdischer Dichter hätte nach der Zerstörung Jerusalems so ruhig und objektiv die Macht des Staates schildern können, der die glühenden Hoffnungen des freiheitliebenden Judenvolkes zunichte gemacht hatte. – Neben manchen mehr objektiven und leidenschaftslosen Schilderungen (v. 60. 119 ff. 232 ff. 243 ff.) findet sich eine Stelle (298 ff.), die eine Straf- und Drohrede gegen Ägypten enthält. Die Unterwerfung durch die Römer wird hier als Strafe aufgeführt, die das Land getroffen habe, weil es das fromme Volk bedrückt hat. Wegen dieses Unrechts hat das früher mächtige Reich den göttlichen Zorn empfunden und muß den Fremden dienen. Warum ist der Dichter gerade gegen Ägypten so gereizt? Dies erklärt sich aus der großen Spannung, die unter dem julischen Kaiserhause zwischen den Einheimischen und den vielfach bevorzugten jüdischen Einwohnern herrschte. Bekannt sind die heftigen Verfolgungen der Juden in Alexandreia zwischen 38–40 n. Chr., die mit der Verhöhnung des Königs Agrippa I. begannen und mit Mord und Plünderung endeten. Bei all diesen Streitigkeiten zeigten sich Augustus und Tiberius günstig gegen die jüdische Partei; erst unter Caligula ließen die Römer der Wut des Pöbels ihren Lauf. (Vgl. H. J. Bell, Juden und Griechen im röm. Alexandreia: Beiheft zum Alten Orient 9 [1926]; H. Janne, La lettre de Claude aux Alexandrins et le christianisme: Mél. Cumont, Brüssel 1936, 273–295.) Wenn nun dieses Buch, wie sich aus vielen Kennzeichen schließen läßt, unter Augustus oder Tiberius geschrieben ist, so erklärt sich sowohl die Drohung gegen die Ägypter, die durch dieses Orakel vor weiteren Feindseligkeiten gewarnt werden sollen, als auch die Mäßigung gegenüber der römischen Weltherrschaft, die sich bisher sehr wohlwollend gegen die alexandrinischen Juden gezeigt hatte. So hat aber B. XI die gleiche Tendenz wie das III. Makk.-Buch, den Zustand der Juden in Ägypten erträglicher zu machen. Zu einer anderen Zeit ließe sich kein bestimmter praktischer Zweck des Buches nachweisen. Zeitlich wäre also Buch XI (IX) hinter Buch III anzusetzen; Buch IV Anfang scheint auch auf unsere Sibylle Bezug zu nehmen. Daß es an dieser Stelle steht, kommt daher, daß die

folgenden Bücher (XII–XIV) die unmittelbare Fortsetzung (natürlich
anderer Verfasser) dieser „politischen" Sibylle sind. (Vgl. Stählin,
Gesch. d. gr. Lit.[5] 1911, 469; Bousset, Prot. RE XVIII 278; Bousset-
Greßmann, Die Rel. des Judentums etc.[3], 1926, 24 Anm. 5.)

S. 204ff: Lit. zur 4. Ekloge Vergils bei Schanz-Hosius, Gesch. d.
röm. Lit. II[4] (1935) § 225 (S. 42 ff.). K. Prümm, Das Prophetenamt
der Sibyllen in kirchlicher Literatur mit besonderer Rücksicht auf die
Deutung der 4. Ekloge Vergils: Scholastik 1929, 54–77; 221–246;
498–533; 1931, 539–568; 1932, 239–257. A. Kurfess, Vergil der
Prophet: Pastor bonus 1930, 262–271; Horaz und Vergil und die
jüdische Sibylle: ebd. 1934, 414–425; Vergils Epiphaniegedicht: Theol.
u. Glaube 28 (1936), 454–464. Vgl. A. Kurfess, Kaiser Konstantin
und die Sibylle: Tüb. Theol. QS 1936, 11–26. H. Hommel, Vergils messianisches Gedicht, Theologia viatorum, Jhb. d. Kirchl.
Hochschule Berlin, 1590, 182 ff.

S. 212ff: Zur griech. Übers. der 4. Ekloge vgl. J. M. Pfättisch, Progr.
Ettal 1912/13; A. Kurfess, Sokrates 1920, Jahresb. 90–96; Mnemosyne
1912, 277–284; ebd. 1937, 238; PhW 1936, 364–67; 1938, 812–16. –
Auffallend ist, daß die Deutung gar nicht zur griech. Übersetzung
paßt, sondern zu den lateinischen Versen gemacht ist: vgl. die Deutung von v. 25: „Mit Recht also verendete jegliches Schlangengezücht,
es endete auch der Tod, verbrieft wurde uns die Auferstehung; zugrunde ging auch das Geschlecht der Assyrier; und wenn der Dichter
sagt, daß unaufhörlich und überall das Amomum sprosse, so meint er
damit die Menge der gläubigen Gottverehrer." Diese Interpretation
kann nur auf den falsch interpungierten, also mißverstandenen
lateinischen Vers gehen: Occidet Assyrium; vulgo nascetur amomum (statt fallax herba veneni occidet; Assyrium v. n. a. Der Über-
setzer der Ekloge hat den Vers richtig wiedergegeben). – Wenn zu
v. 36 gesagt wird: „Mit Troja bezeichnet er die ganze Oikumene",
so muß doch in dem betreffenden Vers Troja vorkommen. Wir lesen
aber im griechischen Vers: „Im Krieg zwischen Troern und Danaern
wird sich wieder versuchen Achilleus." Dagegen im lateinischen Vers
lesen wir: atque iterum ad Troiam magnus mittetur Achilles. – Diese
zwei Beispiele mögen hier genügen (weiteres s. bei Pfättisch und
Kurfess). Daraus ergibt sich weiter der Schluß, daß die Übersetzung
der Ekloge und die griechische Prosarede nicht von demselben Ver-

fasser herrühren können. Und es ist ja auch ganz natürlich, daß die Übersetzung der Verse von einem andern, der eine gewisse Fertigkeit im Versemachen besaß, geliefert wurde. Im übrigen zeigen sich in der Rede viele Latinismen. (Vgl. Ed. Schwartz, Pauly-Wissowa RE VI 1427; DLZ 1908, 3097; Pfättisch, Progr. 50; Kurfess, Sokr. 1920, Jahresb. 95; Glotta 25 (1936), 274 ff.; Tüb. Theol. QS 1936, 18 u. 20.) Das zwingt zu dem Schluß, daß die Rede ursprünglich lateinisch abgefaßt war. War sie aber ursprünglich lateinisch, dann ist sie echt konstantinisch. Vgl. Euseb., Vit. Constant. IV 32: „Der Kaiser verfaßte seine Reden in lateinischer Sprache; eigens dazu bestellte Männer übertrugen sie ins Griechische. Als Beispiel solcher übersetzten Reden will ich am Ende dieses Werkes die anfügen, die er selber als Rede ‚An die Versammlung der Heiligen‘ betitelt und der Kirche Gottes gewidmet hat." (Über die Abfassungszeit der Rede vgl. meine Ausführungen im Pastor bonus 1930, 113 ff.; über den Schluß der Ekloge ebd. 1920/21, 55 ff.) Vgl. Tüb. Th. QS. 1950, 145–165.

Augustin und die Sibylle

Eigenartig ist die Stellung Vergils in der Konstantin-Rede. Vergil ist zwar kein Prophet, aber der gotterleuchtete Dichter wußte ohne Zweifel von der seligen Ankunft des Erlösers, mußte sich aber aus begreiflichen Gründen innerhalb der Grenzen seiner dichterischen Machtsphäre halten und „die Wahrheit verhüllen, damit keiner von den Machthabern in der Kaiserstadt ihn beschuldigen könne, als schreibe er gegen die väterlichen Gesetze und als wolle er den uralten Götterglauben der Vorfahren ausrotten". Aber denen, die tiefer die Bedeutung seiner Worte zu erforschen in der Lage sind, ist die Ekloge eine deutliche Prophezeiung.

Ganz anders Augustinus. Nach ihm war sich Vergil der Tragweite seiner Gedanken nicht bewußt, sondern verfaßte die vierte Ekloge als eine Art poetischer Schmeichelei zur Verherrlichung eines Menschenkindes anläßlich der Geburt des Sohnes eines römischen Großen. Und doch steckt in dem Gedicht eine Weissagung, die Vergil der kumäischen Sibylle entlehnt hat. In seinem „Gottesstaat" (X c. 27) spricht er zu einem heidnischem Philosophen: „Christus haben, wie du selbst schreibst, eure eigenen Orakel als heilig und unsterblich bekannt; von ihm hat auch ein hervorragender Dichter, dichterisch zwar, indem er die Rolle vertauschte, jedoch der Wahrheit gemäß, wenn man es auf Christus bezieht, gesagt:

> Te duce, si qua manent sceleris vestigia nostri,
> inrita perpetua solvent formidine terras.

Er spricht hier nicht von den Sünden, sondern von den Spuren der Sündhaftigkeit, wie sie sich bei der irdischen Hinfälligkeit selbst an solchen noch finden können, die große Fortschritte in der Tugend der Gerechtigkeit machen, Spuren, die eben nur von dem Erlöser beseitigt werden, von dem jener Vers ausgesagt ist. Denn daß Vergil dies nicht aus sich selber schöpfte, deutet er in derselben Ekloge etwa im vierten Verse an mit den Worten: Ultima Cumaei venit iam carminis aetas.

Augustinus hält in der Tat die Gedichte der Sibylle für prophetisch; durch den Mund der Sibylle hat sich Gott auch den Heiden geoffenbart und ihnen seine Heilsabsichten kundgetan. Bei der Erklärung des Römerbriefes bemerkt er zum zweiten Vers des ersten Kapitels (Migne 35, 2089), es habe auch Propheten gegeben, die nicht Propheten Gottes waren, aber doch manches von Christus gehört und verkündigt haben; zu diesen gehöre auch die Sibylle; er würde das nicht so leicht glauben, wenn nicht Vergil, ehe er von der Erneuerung der Welt in einer Weise spreche, daß diese nur Christus bewirken könne, als seine Quelle die Sibylle von Cumae bezeichnete.

Welch gewaltigen Eindruck die „Erythräerin" auf Augustinus machte, zeigt CD XVIII c. 23, wo er uns das Akrostichon (or. Sib. VIII 217–243, also ohne die Stauros-Strophe) in älterer lateinischer Übersetzung unter möglichster Beibehaltung der Akrostichis mitteilt:

> Judicii signum tellus sudore madescet.
> E caelo rex adveniet per saecla futurus,
> Scilicet ut carnem praesens, ut iudicet orbem.
> Unde Deum cernent incredulus atque fidelis
> Celsum cum sanctis aevi iam termino in ipso.   5
> Sic animae cum carne aderunt, quas iudicat ipse,
> Cum iacet incultus densis in vepribus orbis
> Reicient simulacra viri, cunctam quoque gazam,
> Exuret terras ignis pontumque polumque
> Inquirens taetri portas effringet Averni.   10
> Sanctorum sed enim cunctae lux libera carni

Tradetur, sontes aeterna flamma cremabit.
Occultos actus retegens tunc quisque loquetur
Secreta, atque Deus reserabit pectora luci.
Tunc erit et luctus, stridebunt dentibus omnes.   15
Eripitur solis iubar et chorus interit astris.
Volvetur caelum, lunaris splendor obibit;
Deiciet colles, valles extollet ab imo.
Non erit in rebus hominum sublime vel altum.
Iam aequantur campis montes et caerula ponti,   20
Omnia cessabunt, tellus confracta peribit:
Sic pariter fontes torrentur fluminaque igni.
Sed tuba tum sonitum tristem demittet ab alto
Orbe, gemens facinus miserum variosque labores,
Tartareumque chaos monstrabit terra dehiscens.   25
Et coram hic Domino reges sistentur ad unum.
Reccidet e caelo ignisque et sulphuris amnis.

Damit, daß Augustinus das berühmte Akrostichon in seinen Gottesstaat aufnahm, wurde es noch im Mittelalter viel gelesen. (E. Sackur,
Sibyllinische Texte u. Unters., Halle 1898, 187; Schmeller, Carmina
Burana p. 81.) – Vgl. A. Kurfess, Die Sibylle in Augustins Gottesstaat: Tüb. Theol. QS 1936, 532 ff. B. Altaner, Anal. Bolland.
LXVII, 1949; Mélanges Peeters I, 244 ff. K. Prümm, Scholastik 4
(1929) S. 67–76 über Augustinus: „Die vielen aus Augustinus' letzter
Periode stammenden Hinweise auf die Sibyllen (vgl. Migne 42, 281. 290.
1102) zeigen, daß er für die Gnadenführung der einzelnen Menschen
innerhalb der Heidenwelt besondere Wege von Providenz annimmt,
die eine höhere Begnadigung in sich schließen, als sie den Heiden nach
dem Gesamtplan der allmählichen Durchführung des Erlösungswerkes
zustand." (Im Gegensatz dazu betont Thomas von Aquin die fides
implicita in divina providentia als den gewöhnlichen und ordentlichen
Heilsweg des Heiden: Summa Th. 2, 2 q. 172, a. 6. Vgl. Prümm a.a.O.
S. 225.) – K. Young, Ordo prophetarum (1922) macht (nach Prümm
S. 533 Anm. 1) darauf aufmerksam, daß Pseudo-Augustini sermo
contra Iudaeos, Paganos et Arianos die ganze Gattung der mittelalterlichen Mysterienspiele hervorgerufen hat, in denen das Auftreten
Vergils und der Sibyllen als Heilandspropheten stehend ist. Die Haupt-
stelle (c. 15 = Migne 42, 1126) lautet: Demonstremus etiam nos ex

gentibus testimonium Christo fuisse prolatum; quoniam veritas non
tacuit clamando etiam per linguas inimicorum suorum. Nonne quando
poeta ille facundissimus inter sua carmina 'Iam nova progenies caelo
demittitur alto' dicebat, Christo testimonium perhibebat. – In einem
Weihnachtsspiel des XIII. Jahrh. sprach Vergil selbst folgende Worte:
Diu lezte zît soll komen, / dâ von Sibillâ het gesaget, / Sâturnus rîche
komet wider, / ûz dem himel hô her nider / wirt ein nûwez Kind
gesant. (Piper, Vergil als Theolog und Prophet des Heidentums in
der Kirche: Evang. Kalender 1862, S. 57 ff.)

Die Sibylle im Mittelalter

Die sibyllinische Tradition ist auch im abendländischen Mittelalter
nie gänzlich abgerissen. Der Zugang zu den Texten selbst beschränkte
sich nicht auf das Akrostichon bei Augustinus und die griechischen
Auszüge bei Laktanz, die in alten Handschriften übersetzt und danach
zu Centonen zusammengefaßt waren. Dem Angelsachsen Aldhelm
(† 709) war eine zweite, noch erhaltene Übersetzung des Akrostichons
bekannt, und außerdem existierte eine Übertragung von Buch VIII,
V. 1–361, die ursprünglich vielleicht das vollständige Buch umfaßte.
Sie ist freilich mit so ungenügender Sprachbeherrschung gearbeitet,
daß sie für sich allein, ohne das Original daneben, großenteils unver-
ständlich ist. Allein schon die Tatsache, daß ein solches Werk am
Beginne des IX. Jahrhunderts mehrfach abgeschrieben worden ist,
zeugt für das ehrfürchtige Interesse, das dieser Literatur entgegen-
gebracht wurde.

Wertvoller ist ein unbekanntes lateinisches Sibyllenbuch von 136
Versen mit barbarischer Prosodie, das vollständig erhalten zu sein
scheint und wohl ebenfalls eine Übersetzung aus dem Griechischen
ist, vermutlich nach einem der verlorenen Bücher. In etwas formlosen
Bildern und Reden werden die Schöpfung, die Sintflut, die Erlösung,
das Jüngste Gericht, die Verklärung der Heiligen und Gottes Zorn
über die Gottlosen behandelt, ähnlich wie in den ersten drei Büchern
der griechischen Sibyllinen. Am Anfang und Schluß spricht die Sibylle
von sich selbst, von dem Zittern, das sie bei der Weissagung befällt,
und von ihrer Hoffnung auf das Jenseits; eine besonders merkwürdige
Stelle in der Mitte des Buches deutet anscheinend auf einen Flammen-

tod, der ihrer harrt. Es ist möglich, daß diese noch ungedruckten Übersetzungen aus der altchristlichen Zeit stammen. In der nach-karolingischen Zeit sind sie der Vergessenheit anheimgefallen.

Um so mehr fand das Akrostichen 'Iudicii signum' Beachtung; es ist selbst in mittelalterlichen Schulen erklärt worden.

Der ganze Chor der Sibyllen als Verkünderinnen messianischer Weissagungen ist erst am Ende des Mittelalters, als Laktanz wieder in den Gesichtskreis der Gebildeten trat, zu neuem Leben erweckt wor-den. Die zehn Sibyllen Varros oder, um eine Agrippa und Europa vermehrt, zwölf Sibyllen, meist mit Schriftbändern, auf denen die Prophetien stehen, werden zu einem häufig dargestellten zyklischen Motiv der Monumentalkunst wie der Buchmalerei. Noch Michel-angelo mit den fünf Sibyllen der sixtinischen Decke steht in dieser Tradition.

Während die Väter und die Kirche des Mittelalters die Erinnerung an die messianische Weissagung der Sibyllen lebendig erhielten, brachte auch die politische Prophetie, die so oft mit eschatologischen Er-wartungen Hand in Hand geht, in erregten Zeiten unter dem Deck-mantel sibyllinischer Namen neue Triebe hervor. Was uns davon er-halten ist, ist wahrscheinlich ein verschwindend kleiner Bruchteil des einstmals Vorhandenen; denn das meiste dürfte nur von Mund zu Mund gegangen sein und die schriftliche Fixierung gemieden haben. Immerhin wurde schon im VII. Jahrhundert ein Vaticinium auf die ruchlose Merovingerkönigin Brunhilde, eine westgotische Prin-zessin, aufgezeichnet: „damit die Prophezeiung der Sibylle erfüllt würde: 'Aus dem spanischen Lande wird Bruna (oder vielleicht: die Braune) kommen, und vor ihrem Angesicht werden viele Völ-ker vergehen'" (Fredegar, Chron. 5, 31; Mon. Germ., Script. rer. Merov. 2, 109)[1].

Im Mittelalter war besonders die Tiburtinische Sibylle ange-sehen. Von ihr war in Rom die Sage verbreitet, sie habe Octavian die Geburt Christi geweissagt. Diese Version, die sich bis auf den Chrono-graphen Timotheos „den Weisen", der vor Justinian I. lebte, zurück-verfolgen läßt (vgl. Malal. chron. X 231 f.), wurde später, besonders in der Legenda aurea des Jacobus de Voragine c. 6 (13. Jahrh.) aus-geschmückt: danach ist an der Stelle, wo heute die Marienkirche von

---

[1] Die vorstehenden Mitteilungen über die Sibylle im Mittelalter verdanke ich Dr. B. B i s c h o f f.

Ara caeli (Himmelsaltar) in Rom steht, dem Kaiser Augustus und der Tiburtinischen Sibylle in einem Ringe am Himmel die Mutter mit dem Kinde erschienen (vgl. den linken Flügel des Middelburger Altars des Peeter Bladelin von Roger v. n der Weyden, früher im Kaiser-Friedrich-Museum in Berlin).

Das Glanzstück ist oben abgedruckt (S. 264): „Die Auslegung des Traumes". Nach Aussonderung der langobardischen Könige und der deutschen Kaiser kommt Sackur a. a. O. S. 162 auf die Zeit des Kaisers Constantius II. (etwa. 360 n. Chr.). „Die Stelle Roma in persecutione et gladio expugnabitur et erit deprehensa in manu ipsius regis ist sehr bequem auf den blutigen Aufstand des Nepotianus in Rom 350 zu deuten, der durch die Partei des Magnentius unterdrückt wurde. Nach Niederwerfung seiner Gegner ist dann Constantius selbst in Rom erschienen und hat von der Stadt Besitz ergriffen. Zu den Klagen über Unzucht, Ungerechtigkeit, Unterdrückung der Unschuldigen, über die Sünden der letzten Zeiten gibt aber die Schilderung der römischen Verhältnisse unter dem Präfekten Maximinus, die wir Ammian verdanken (vgl. Amm. Marcell. XXVIII 1), krasse Beispiele. ... Was mich veranlaßt, in dieser Schilderung in erster Linie an Constantins II. oder die erste Zeit Julians zu denken, das ist der Umstand, daß Julians Abfall zum Heidentum nirgends mit einer Silbe berührt wird. Der eifrige christliche Sibyllist hätte sich das doch nicht entgehen lassen. Ich verlege deshalb die Abfassung unserer Sibylle unmittelbar in die Zeit nach dem Tode des Constantius und suche den Verfasser in den Kreisen der Katholiken, denen die Unterstützung der Arianer durch Constantius ein Greuel war und die dadurch um so mehr Veranlassung hatten, die unter ihm in Rom entwickelten Zustände sehr schwarz anzusehen. In dieser Annahme werde ich dadurch bestärkt, daß der letzte messianische König in unserer Sibylle C o n s t a n s genannt wird. Constans, der katholische Bruder des arianischen Constantius, war in den Pyrenäen auf der Flucht vor dem Usurpator Magnentius im Jahre 350 ermordet worden. Er war Kaiser des Westens gewesen und hatte also auch über Rom geherrscht, das mit dem ganzen Reiche schließlich Constantius zufiel. Ob nun in Rom die Sage umlief, daß Constans wiederkehren werde, oder nicht, jedenfalls ist begreiflich, daß seine Getreuen gegenüber dem Regiment des Constantius in Constans ihr Ideal sahen, den sie dann mit ihren messianischen Hoffnungen in Verbindung brachten."

Die Offenbarung der Geschichte der Menschheit bis zum Ende der Zeiten im Sinne der Sibyllen bildet auch in anderen ähnlichen Schriften des Mittelalters den Hauptinhalt. Als ein Trostbüchlein in schwerer Bedrängnis galt die einst vielgelesene Apokalypse des P s e u d o - M e t h o - d i u s : Sermo de regnum Cantium et in novissimis temporibus certa demonstratio, eine Schrift, die einen so universellen Einfluß gehabt hat wie kaum eine andere des Mittelalters, vom Kanon und den Kirchenvätern abgesehen. Von der griechisch abgefaßten Urschrift fehlt es bislang an einer kritischen Bearbeitung, denn nur unvollständig und mit Interpolationen untermischt ist der griechische Text in den Monumenta s. patrum orthodoxographa (Basel 1569, 93 ff.) veröffentlicht. Die Schrift des Ps.-Methodius, die mit Bischof Methodios von Olympos in Lykien, der 311 den Märtyrertod erlitt, nichts zu tun hat (vgl. Bonwetsch, Methodios von Olympos, Erlangen und Leipzig 1891, I S. XXXVIII), hat später ein griechischer oder syrischer Mönch Petrus in einem Kloster Frankreichs in mönchisches Latein übertragen. Von dieser Übersetzung lieferte Sackur a. a. O. S. 1 ff. eine neue Ausgabe mit trefflicher Einleitung (Text S. 39–96).

Die Gestalt des A n t i c h r i s t , der aus der Gestalt des Antiochos IV., des Beliar und später des Muttermörders Nero hervorgegangen ist, spielt im Mittelalter eine große Rolle. Hierher gehört das Werk des Adso, des späteren Abtes von Montier-en-Der, das er vor 934 für Gerberga, die Tochter des deutschen Königs Heinrich I. und Gattin ·Louis' IV. d' Outremer, Königs von Frankreich, geschaffen hat. Vgl. Sackur a. a. O. S. 97 ff. Epistola Adsonis ad Gerbergam Reginam de ortu et tempore Antichristi. – Dieser Traktat bildet wieder die Grundlage des Ludus de Antichristo, eines Werkes, das in seinem ersten Teil die Idee der christlichen Universalmonarchie auf das römisch-deutsche Reich überträgt und dessen Verherrlichung zur Zeit Friedrich Barbarossas darstellt, während der zweite Teil das Auftreten des Antichrists behandelt: Ausgabe von Zezschwitz, Leipzig 1878 (mit nhd. Übersetzung), und von W. Meyer, München 1882 (SB der Akad. S. 1 ff.).

Die Sagen vom letzten Weltenkaiser und vom Auftreten des Antichrists flossen schließlich zusammen in der markanten Persönlichkeit Friedrichs II. von Hohenstaufen. In ihm als dem großen Gegner des Papsttums sah man einen Vorläufer des Antichrists, ja diesen selbst. Dieser Gedanke gewann durch den Einfluß des Abtes Joachim von

Fiore (1145–1202) und seine Anhänger vor allem in Italien weite Verbreitung. Und wie Nero nach dem Mythos nicht gestorben ist, sondern als frevler Widerpart Gottes wiederkehren sollte, so galt Friedrich II., als er 1250 aus dem Leben schied, nicht als tot, sondern als verschollen. Diese Mär meldet wiederholt der Joachimit Frater Salimbene von Parma in seiner Cronica (ed. Holder-Egger, Hannover 1905–1913), und zwar mit Berufung auf das Vaticinium der Sibilla Erithrea (vgl. Holder-Egger, N. Arch. d. Ges. f. ält. deutsche Geschichtskunde XV, Hannover 1890, 168 ff.).

Die von den Sibyllisten übernommenen eschatologischen Ideen des Weltbrandes fanden auch im altdeutschen Schrifttum ihren Niederschlag: im Mûspilli (9. Jahrh.), vgl. Literatur bei Kögel und Brückner in Pauls Grundr. d. germ. Philol. II² 1, 109 – in der Völuspa (vgl. Saemundar Edda ed. Detter und Heinzel, Leipzig 1903, I 1 ff. und II 1 ff.; Sijmons, Die Lieder der Edda, Halle 1906, 1 ff.; Müllenhoff, Deutsche Altertumsk. V 1, 3 ff.; E. H. Meyer, Die eddische Kosmogonie, Freiburg i. Br. 1891).

Weitere Einzelheiten bei Rzach, RE II A, 2169–2181 ,,Sibyllinische Prophetie späterer Zeit''. An Literatur sei noch angeführt: Franz Kampers, Alexander d. Gr. und die Idee des Weltimperiums in Prophetie und Sage, Freiburg i. Br. 1901; ders., Vom Werdegang der abendländischen Kaisermystik, Leipzig 1924; Fr. Pfister, Die deutsche Kaisersage in ihren antiken Wurzeln, Würzburg 1928; Hertz, Das Rätsel der Königin von Saba, Z. f. deutsch. Altert. XXVII, 1883, 1 ff.

ZUR TEXTGESTALTUNG

Handschriften-Gruppen ΩΦΨ. Wichtigste Abkürzungen: Al(exandre), Cast(alio), Bu(resch), Ew(ald), Fr(iedlieb), Ge(ffcken), Gu(tschmid), Herw(erden), Kl(ouček), Ku(rfeß), Li(eger), Lud(wich), Mein(eke), Mend(elssohn), Ops(opoeus), Rz(ach), Vo(lkmann), Wil(amowitz). – Bisher veröffentlichte eigene textkrit. Bemerkungen: Philol. 1936, 247 f.; 1943, 313–319; Symb. Osl. 1938, 107 ff.; 1939, 99 ff.; Mnem. 1938, 48; 1939, 319 f.; 1941, 185 ff.; Herm. 1938, 357–360; 1939, 99–104. Ph. W. 1940, 287 ff.; 1941, 524 ff.; 1942, 132 ff.; 1943, 191 f., 205 f.; 1944, 143 f., 215 f.; ZNW 1939, 171–181; 1941, 151–165. Würzb. Jbb. 1947, 373 ff.; 1948, 194 f., 413 ff. * (hinter der Verszahl) bedeutet eigene Verbesserung.

I

6 πίφαυσκε Vo / πίφασκε Ge

9 γινέσθω Vo / γεινάσθω Ge – γίνετο Vo / γείνατο Ge

21 ὑπέρευ Hartel Rz / ὑπὸ ⟨τῷ⟩ Wil Ge

25 μεμήλοι Vo Rz / μεμήλη Ge

29* ἐποιήσατο Εὔαν ἀγητήν Ge

32 ἐξαπίνης Rz (vgl. 164), ἐξαίφνης Ge

38 καὶ μετέπειτα δὲ τοῖσι Cast Rz / τοῖσι δὲ καὶ μετέπειτα Ge

39 ἰοῦ Mend / τοῦ Ge (δεῖξέν τινος Rz)

42 προδοτείρη (Nauck) γίνετ' / προδότις ⌣⌣ γείνατ' Ge (προδότις τότε γίνετ' Rz)

44 ἐκλελάθεσκεν Rz Mend / ἐξελάθεσκεν Ge

58 ἐνδελεχῶς Al Rz / ἐντέχνως Ge

64 ἀνθρώπων τε Rz / ἀνθρώπων Ge

72 ὄλβιστοι Rz / ὄλβιοι οἱ Ge

86* ἔσχηκαν [καὶ] ἐπεὶ Ge (καὶ aus 85 eingedrungen)

88 getilgt von Rz

99 ὅττι μετὰ φρέσ' Rz / ὅττι φρεσίν Ge

100 ἄπλητον (ex Hesiod. Theog. 228) Rz / ἄπληστον Ge

108 ὀλέκεσκον (ex Hom. Il. Τ 135) Rz / ὤλεσκον Ge

116 ὑπερθύμους (vgl. Hesiod. Ἔργα 154 ἐκπάγλους), ὀϊζυρούς Ge

121 getilgt von Rz

122 mit Rz / ἀθάνατος θεὸς τεῦξεν, ἐπεὶ κ. π. ἐ. Ge

130 μευ Nauck Rz / γε Ge

135 μέτρον Ops Rz / μέτρα Ge

137–146 als Einschub eingeklammert von Ge

139 κέχυται περὶ σῶμα Vo Rz / περὶ σῶμα κέχυται Ge

145/146 nach der Sibyllentheosophie (Erbse p. 191) / καὶ τρεῖς, τρὶς δεκάδες σύν γ' ἑπτά ... οὐκ ἀμύητος ἔσῃ τῆς παρ' ἐμοὶ σοφίης Ge

163 ἀυτήν mit Anon. Lond. (Mein Mend Rz) / ἀοιδήν mit Hss Ge

166 nach 166 nimmt Ge wegen des fehlenden Objekts („die Flut und der Tod") eine Lücke an

167 ἱλάσκησθε Lud Rz / ἱλάξησθε Ge

170 πράξει(ε) Rz / πράττῃ mit Anon. Lond. Ge (πράττει Hss)

176* ἁρπακταί τε Ku (ἅρπαγες ἠδέ Al, ἁρπαλέοι τε Rz) / ἀστασίῃσι aus VIII 185 Ge (ἁρπασιαῖοι Hss)

178 εὑρησίλογοι Rz / εὑρεσσίλογοι Ge

184* (vgl. ZNW 40 [1941], 156) 184–188 getilgt von Ge / κεν 'Ρείης
    μιαρὸν γένος ἐν χθονὶ κῦμα Ge

185* ῥίζῃσιν] ῥίζης ἐν Ge

187* κὲν πόλεσ' αὐτάνδροις] καὶ πόλεις αὐτάνδρους Ge

189 κόσμος ὅλος περ Rz / κόσμος ἅπας Ge

198 ἀρχομένην πάλιν αὖτις· ἔσῃ Rz / ἀ. αὖθις· ἔσσῃ Ge

201 καιρὸς ἔπεστ' ἤδη Rz / ἤδη καιρὸς ἔπεστι Ge

213* ῥῦσθαι] φράξαι Rz / +ῥέξαι+ Ge

215 εἰς πλάγι' Turneb. Rz / εἰς πλάγιον Ge

225 πάντη Rz / πᾶσα Ge

229 στείρη Rz / στείρῃ Ge

234 ἁρμοσθέντος Ops Rz / ἁρμοσθέντα Ge

235 μὲν Ops Rz / ohne μὲν Ge

236* (Symb. Osl. XVIII, 1938, 107) παντόσε +Νῶε ἔμορ+ ἐν ὀφθ. Ge

241 κεκμηῶτα Cast Rz / κεκμηκότα Ge

243 κε γνοίη Rz / γνῷ Ge – εἴ ποθι Herw Ku / εἴ ποτε Ge

247 ὅ γ' Rz / ὃς Ge

248 γνοίη εἰ Rz / γνῷ εἴπερ Ge

251 ἐπανήλυθε Vo Mein (αὖτις ἀνήλυθε Rz) / δέ τε ἤλυθε Ge

252 μετ' Wil / μέγ' Hss Ge

255* (Symb. Osl. XVIII, 1938, 107) τάχος +ὑπεξέπεμπεν+ Ge

256 πωτᾶτο Lud Rz / πέτατο Ge

257 nach Rz / ὅτι γαῖα πέλει πέλας ἄ. ἐ. Ge

260 ὀλίγῃσιν ἐπ' ἠόσιν Rz / ὀλίγης ἐπ' ἠόνος Ge

261 ἔστι δ' ἐνὶ Φρυγίοισιν Rz / ἔστι δέ τι Φρυγίης Ge

265* Ku] μεγάλου +ποταμοῦ Μαρσύου+ πέφυκαν Ge

266 τῇδε Lud Rz / τῷδε Ge

270 υἱέσιν ἠδέ Turneb. Rz (vgl. I 205) / υἱέσι καί τε Ge

274 ἐπεὶ ἡ κρίσις Rz / ἐπεὶ κρίσις Hss Ge

292 μετόπισθε Κρόνος Rz / μεσάσει χρόνος Ge

293 θ' Rz / δ' Ge – +δ' ἄρ+ Ku / γὰρ Ge

294* διακληρώσονται Ku / +δέ τε δηλήσονται+ Ge

323a–e aus der sog. Sibyllentheosophie (Erbse p. 191)

323b φωτὸς Rzach, Wien. SB 1908, 5f. / φῶς <τῷ> Mras Erbse

342 μεμελημένος Lud Herw / πεπεδημένος Rz Ge

343 Herw / γνώσονται διὰ τοῦδε ἀτάρπιτον Ge

359 εἰς παρθένον ἁγνήν ΦΨ Li / εἰς ἐλπίδα λαῶν aus VIII 278 Rz Ge

374 Gu (auch VIII 296) / νύξωσιν καλάμοισιν, ὅτου χάριν ἐν τ. ὠ. Ge

II

7* <τ' ὄμβροι τ' ἰδὲ>, τ' ἄνεμοι δέ τε Ge
39* τὰ θεμιστά Ku / ⁺τόθμαι⁺ Ge
41* οὐρανίων Ku / οὐράνιον Ge
42 τότε δή Rz / τότε Ge
55* (ZNW 38, 1939, 178₁) ἄγεσίν μιν ἄπασι Ku / τὴν ἄλγεσι
    πᾶσι Ge
151 οὐράνιός γε Rz / οὐράνιος Ge
158 Rz / παῖδες ⁺χώραις ἐνὶ θοινήσονται⁺ Ge
159 Rz / γονέας, ⁺ἐν φάρεσι ⁺σ. Ge
171* δωδεκάφυλος (vgl. III 249) / δὴ δεκάφυλος Rz Bu Ge
182 ⁺ἥξει γάρ τ'⁺ἠοῦς ἢ δ. Ge
184 εὐδομένοις Φ Ψ' Rz / ἐσσομένοις Mend Ge
189 δείξειεν Al Rz / δείξει Ge
192 γλακτοστροφοῦσι Herw / γαλαδοτοῦσι Φ Ge
199 Herw / ποταμοὺς πηγὰς καὶ ἀ. 'Α. Ge (mit Φ)
201 πανέρεμνον Herw / πανέρημον Ge
204 Rz / ποταμῷ καὶ θείῳ Ge
206/7 aus VIII 337 interpoliert
216/217 ἔρεξεν | ἀνθρώπων· ψυχάς τε Li / ἔρεξεν, ἀ. ψ. [τε] Ge
223 νεῦρα <ἄπαντα> L
228 Rz / πυλῶν τε ἀχαλκεύτου Ge
237 Wil / στήσειεν ἀγείρας Ge
240 Rz / οὐράνιον [τε] μέγαν δέ τε Ge
248 Rz / 'Ιωνᾶς καὶ οὓς ἔκταν Ge
249 κατ' Badt („die Zeitgenossen des Jeremias") / μετ' Ge
250 Herw Rz / ἵνα ἄξια ἔργα λάβωσιν Ge
252 Rz / διὰ αἰθομένου π. Ge
265 Rz / ⁺κρίνουσ' ἀδίκως ἑτέροισι ποιοῦντες⁺
272 Herw / ὁπόσοι δ' ἰδίων Ge
277 Rz / πίστεις [τε] Wil Ge
287 Rz / θεοῖό τε αἰὲν ἐόντος Ge
315 Rz / δι' αἰθομένου π. Ge
318 Rz / μέλιτός τε γάλακτος Ge
326* μεριμνᾶν (erg. ἔστιν vgl. III 546), μεριμνᾷ Wil Ge

III

1* (Philol. 1936, 247) +'Ὑψιβρεμέτα, μάκαρ, οὐράνιε, ὃς ἐ.
  τὰ Χ.+ Ge
32 ξοανοῖς Rz / ναοῖς Ge
33* (Philol. 1943, 314) +τηρεῖτε +τὸν ἐόντα ϑ. Ge]
34 ἐκλελαϑόντες Mein Rz / ἐκλαϑέοντες Ge
47 τότ' ἄρ Rz / εἰσέτι δηϑύνουσα, +τότε δὴ +β. μ. Ge
64 σείσει Gu Ku / στήσει Ge
70* (Philol. 1943, 314). Der Vers ist intakt, nur ist ϑεοῦ (Synizese!)
  zu lesen
79 χαλκόν τ' ἠδὲ σ. Nauck Rz / +καὶ χαλκόν τε +σ. Ge
82 εἰλήσει Bu Ku / εἰλίξῃ Rz Ge
86 σήματα (= sidera) Hertel / ἤματα Ge
89 μερίμνης Rz / μεριμνᾷς Wil Ge
90 χειμών Rz / χειμῶν' Wil Ge
98* (Symb. Osl. 1939, 99) οἳ (Hss) / ὅτε (Theoph.) Rz Ge
120 τίς Mend Bu / ὃς Ge (mit Hss)
130* (Symb. Osl. 1939, 99), ἀρσενικῶν Ge
135* (ebd. 100) τὴν τριτάτην γενεὴν τ. Ge
141* (Mnem. 1938, 319) ἔτι οἱ δ., ὁτιὴ δ. Ge
151* (Philol. 1943, 315) ἐν ζώγροις, ἐν +ζωσμοῖς+ Ge
152 (ebd.) 'sie hörten von ihm, d. h. von seiner Gefangennahme'
200* (Mnem. 1938, 319) δίκας τίσουσι Κρόνοιο Ge
218* ἔστι πόλις <πρέσβειρα>, <Καμάρινα> Al (aus Eusebios)
224 παλμῶν (mit Ψ), πταρμῶν Rz Ge (mit Φ)
241 Mein. / +οὐδέ γε χήρας ϑλίβει μᾶλλον δ' αὖτε+ β. Ge

251* (Herm. 1938, 357) πάντη σῶς, *πᾶν ἠὼς ἦμαρ ὁδεύσει*, Ge;
  Punkt nach ὁδεύσει Ku (249 E Komma)
259 (Thiel, Philol. 1897, 182 ἐν χερσί), ἢ χερσὶ Ge
263* τοῖσι μόνοις καρπὸν τελέϑει ζ. α. Ge
264 τελέοντος μ. ϑ., τελέϑοντό τε μ. ϑ. Ge
283 καὶ βροτός (ΦΨ) = Kyros d. Ä., ἄμβροτος Al Ge
287 κρίνειν Nauck Rz / κρινεῖ δ' Ge
295 ἐνϑέου ὕμνου Rz / ἔνϑεον ὕμνον Ge
316 σεῖο διέρχηται (Conj. statt Fut.) διὰ μέσσον Ge (App.)
325 παγχαλέποιο Ku / καὶ χαλεποῖο Ge

326 ὁμοῦ Ku (vgl. Gelasius, Kirchengesch. ed. G. Loeschcke-
M. Heinemann p. 183 [Brief Kaiser Konstantins an Arius] c. 3,
19) – χαλεποῦ Ge

366 ἀνδρῶν τε μεγάλων φόνου ἡγεμόνων τ᾽ ἐπισήμων Ku / ἡγεμόνων
τε +φθορὰν+ ἀνδρῶν μεγάλων τ᾽ ἐπισήμων Ge

342 ff. (nach Ge)· ἐν ᾽Ασιάδι μὲν ᾽Ιασσός Κεβρὴν +Πανδονίη+ Κο-
λοφὼν ῞Εφεσος Νίκαια ᾽Αντιόχεια Τάναγρα Σινώπη Σμύρνη
+Μάρος+

345 Γάζα πανολβίστη ῾Ιεράπολις ᾽Αστυπάλαια, Εὐρώπης δὲ
+Κύαγρα κλύτος+ βασιλὶς Μερόπεια ᾽Αντιγόνη Μαγνησίη
+Μυκήνη πάνθεια+. [Rz (1891): Σύαγρα (344 statt Τάναγρα)
Μυρίνη (statt Μάρος) 346 Τάναγρα Κλίτωρ Βασιλίς, 347 Μαγνῆσ-
σα Μυκήνη Οἰάνθεια]. Friedlieb (1852): ... in Asien Jassos,
Kebra, Pandonia und Kolophon, Ephesus und Nicäa, Antio-
chien, Tanagra, Sinope, Smyrna, Marosyne, Gaza, vor allem be-
glückt, Hierapolis, Astypaläa. Und in Europa Kyagra, Klitos,
Basilis, Meropäa, Antigone, Magnesia, Mycene und Panthäa.

362 getilgt mit Wil. (Geffcken, Komp. S. 9 Anm. 1)

372 Li, +κενεήφατος ὅσσον ἄγραυλος+ Ge

376* (Herm. 1938, 358) ξείνων, ἀπὸ δ᾽ αὐτῶν (ξείνων ἀπὸ καὐτῶν Ge)

377/378 von mir umgestellt (378 φεύξετ᾽ ἀπ᾽ Ge)

388 ἄπυστος Rz / ἄπιστος Ge

390 (Symb. Osl. 1939, 108) αὐτόν ΦΨ᾽ / αὐτοῦ Ge

393 ὀλοθρεύσει Lud Rz / θεραπεύσει Ge

398 πορφύρεος γενέτης Rz / πορφυρέης γενεῆς Ge

399 Rz, +υἱῶν ὧν ἐς ὁμόφρονα αἴσιον ἄρρης+ ΦΨ᾽

402 ἐν χθόνι δίᾳ Al Rz / ἐν χθόνι κῦμα Wil Ge

408* (ZNW 1941, 155) ἔστ᾽ (= ἔσται, vorher Komma, Beginn des
Nachsatzes), ἔστ᾽ (vorher Punkt) = bis Wil Ge – ἐπώνυμος,
ἔνθ᾽ Ku / ἐπωνυμίην Ge (Wiederholung aus 406!)

411 ἕξετ᾽ ἀνάγκας Rz (mit Φ) / ἕξει (Al) ἄνακτας Wil Ge

412 Αἰνεάδαι (Rz) γενεῆς (Ku, vgl. Philol. 1943, 317) ἀ., εὐγενές
Ψ᾽ (Αἰνεάδας +διδούς+ ἀ., ἐγγενές Φ Ge)

422 μισγόμενος] μισγόμενον (Druckfehler?) Ge

437* καὶ σὺ τότ᾽ ῎Αρηα, Β., ᾽Ασίδος εἴρξῃ Ku / καὶ σύ ποτ᾽ +῎Αρη,
Β. ᾽Ασίδι στέρξῃ+ Ge (Text). Im Apparat: ῎Αρηα, Β., ᾽Ασίδι
ἔρξῃ? Ge

439 σοῦ Rz / καὶ Ge

451 f. κατὰ φύλοπιν αἰνήν | ποντοπόροις Σαμίοις οἰκτρὸν τεύξειεν
ὄλεθρον Rz / καὶ +φύλοπις ἄλλων | παντοπόρον σαμίοις ὀλοὸν
δ' ἵξουσιν ὄλεθρον+ Ge (Text) / καὶ φῦλά περ ἄλλων | ποντο-
πόρων ψάμμοις ὀλοὸν δ' ἥξουσιν ὄλ. Ge (App.)

453 αἷμα μέλαν δαπέδῳ Rz. / +αἵματι μὲν δάπεδον+ Ge (Text)/
αἵματα μὲν δαπέδου Ge (App.)

456 *τοκέων Ku / +νεκύων+ Ge

461 ἀμβρύσει Mein Rz / ὀμβρήσει Ge
φλογί (Li) αὐτούς Ops / ποτὶ δ' αὐτῆς Ge

462 βαρυνομένους Rz / βαρυνομένη Ge
ὀσμῇ Li (ὀδμῇ Rz) / ὀσμή Wil Ge

468 ἀποϊδεῖ . . . ἄτη Blaß / ἀπροϊδῆ . . . αὐτήν Ge

469 ἀνδρῶν Vo Mein Rz / ἀγαθῶν Ge

475 *πολύπικρον Ku / +πολύκαρπον+ Ge

476 *τε νῆσοι καὶ πολύκαρποι Ku / [ἀποιμώξασα τοκῆα] Ge

482 βαρὺς ὄλβος Rz / βαρὺν ὄλβον Ge

484 θνήξεται Herw / +τεύξεται+ Ge

485 Χαλκηδών Mein Rz Ku / +Καρχηδών+ Ge

487 f. nach Rz / χάλκειος ὑλάγμασι καὶ σέ, Κ. | αὐχήσει Ge

505 ἐξαλάπαξις Wil. / +ἐξαλαπάξει +Ge

510 Ἑ. ἐπεσσυμένως πορθέοντες, +τότε σοι κακὸν ἔσται +Ge

511 φόρον οὐκέτι λήψῃ/ ‿‿ οὐδέ τι λ. Ge

512 αἰαῖ +σοι Γὼγ καὶ πᾶσιν ἐφεξῆς ἅμα Μαγώγ

513 μαρσῶν ἠδ' ἀγγὼν ὅσα σοι κακὰ μοῖρα πελάζει+,

514 [πολλὰ δὲ] καὶ Λυκίων υἱοῖς Μυσῶν τε Φρυγῶν τε.

516 Μαύρων τ' Αἰθιόπων τε καὶ ἐθνῶν βαρβαροφώνων

517 Καππαδοκῶν τ' Ἀραβῶν τε Ge (*PhW 1942, 138 f.)

549a nach der Sibyllentheosophie: Erbse p. 200 (s. S. 262)

550 σέβασμ' ἔχε Bu / σέβας δ' ἔχε Ge

554 ἀναθέντες Al / +θανεόντων +Ge

564 ὅσσον θ' Ἑλλὰς ἔρεξε Rz / +καὶ τοὺς Ἑλλὰς ἔρεξε +Ge

571 βουλήσεται Herw (wegen des pass. Inf.) / βουλεύσεται Ge

582 αὐτοῖς Al Rz / αὐτοὶ Ge

583 ἔσσονται Al Rz / +καὶ +Ge

589 fehlt bei Clemens Alex., getilgt von Rz

597 οἷα Herw / ὅσσα Ge

600* ὅνπερ ἔθηκεν (Philol. 1943, 317) / +ὃν παρέβησαν +Ge

722 εἰμέν Rz mit Ps.-Justin / ἦμεν Ge

723 γεραίρομεν Rz mit Ps.-Justin / σεβάσμεθα Ge

743 ἀγαθοῦ μεγάλοιο καταρχή Vo Li / μεγάλη κρίσις ἠδὲ καὶ ἀρχή Ge

793 νομάδεσσ' Rz, νομάδες Ge (Hss)

801* πρὸς γαῖαν ⁺ἅπαν, καὶ οἱ ⁺σέλας ἠ. Ge

802 f. ἐκλείψει ... 803 προφανοῦσι καὶ ἂψ (αἶψ Li) ... ἵκονται· Ge

804* αἱματικαὶ σταγόνες, (Subj. zu ἵκωνται 803 E), αἵματι καὶ σταγόνεσσι Ge / πετρῶν δὲ βόημα γ. / πετρῶν δ' ἄπο σῆμα γ. Ge

808 getilgt von Ku

815* κἀγνώστοιο / καὶ Γνώστοιο Ge

819 καὶ γὰρ Li / οὐ γὰρ Ge

820 θεῖος (= Oheim) Li / ⁺θεός ⁺Ge

IV

1 κλῦθι Rz / κλῦτε Ge

2 πολυφθόγγοιο Φ / μελιφθέγκτοιο Ge
   Μεγάλοιο = Θεοῦ (μεγάλοιο ΩΦΨ') Bu / μεγάροιο Mend Ge

8 Bu / οὐδὲ γὰρ οἶκον ἔ. ν. λίθον ἑλκυσθέντα Ge

11 πλασθέντ' ἐν χερὶ Herw / πλασθέντα χερί Ge

15 καὶ γαίη Nauck Rz / καὶ γῆ καὶ Ge

22 ὑπάκουε Σιβύλλη ... 23 προχεούσῃ Rz / ἐπάκουε Σιβύλλης ... 23 προχέοντος Ge

39 ἐπίψογα Φ Rz / ἀτάσθαλα Φ Ψ' Bu Ge

42 ἔμπαλι Ω Φ Ψ' Rz / ἐν πυρί Lact. Ge

72 (PhW 1942, 139) φαῦλος ἐπέλθῃ Ω Rz / πυροφόρον τε Φ Ge

79 δεινή Ω Φ Ψ' Rz / δειλὴ Mend Kl Ge

82 χάσμα Mein Rz / χεῦμα (aus 81!) Ω Φ Ψ' Ge

106* (PhW 1940, 287) ἐρείψει / ἐρείσει Ge

112* f. (Herm. 1939, 222) δυσσεβεόντων / δυσσεβίησιν Ge

113 ἀποσκεδάσει Al / ἁλὸς πετάσει Ge

122 (PhW 1940, 287)

128* Πάφον θ' ἅμα / Πάφον δ' ἅμα Ge (aus 126?)

131 (PhW 1940, 287)

154 ‹οἱ δὲ› παλίμβολοι ‹ἄνδρες› ἐπ' οὐχ ὁσίαισι Li, ὁσίοισι Ge

168 (PhW 1940, 288) ἰάσασθε Φ Ψ' Wil Li Ku / ἱλάσκεσθε Rz Ge

171 (ebd.) ἀπόνοιαν Ω / ἀσέβειαν Ge

174 (ebd.) ῥομφαῖαι σάλπιγγές ‹θ'› Φ Ψ' Bu / ῥομφαίᾳ σάλπιγγι Ge

187* ff. (Herm. 1939, 222 f.); bei Ge lauten die Verse
  [ἀθανάτου μεγάλοιο θεοῦ καὶ ἄφθιτον ὄλβον]
  πνεῦμα θεοῦ δόντος ζωήν θ᾽ ἅμα καὶ χάριν αὐτοῖς
190 εὐσεβέσιν· πάντες δὲ τότ᾽ εἰσόψονται ἑαυτούς
  νήδυμον ἠελίου τερπνὸν φάος εἰσορόωντες.
  ὦ μακάριστος, ἐκεῖνον ὃς ἐς χρόνον ἔσσεται ἀνήρ.

                    V

  10/11 von mir umgestellt
  13* πολεμῶν / πολέμων Ge
  40* τεφρώκομος (vgl. Suet. Domit. 18) / ⁺τ᾽ ἔφθος μόρος⁺ Ge
  52 (PhW 1942, 140)
  56 Νεῖλός ποτε δεύσῃ Rz / ποτὲ Νεῖλος ὁδεύσῃ Ge
  70 τοῖον τρόπον Hartel / τοίαν τροφοί Ge
  71 ἔσσεται Al / ἔσται Ge
  82 τεύξαντο Mend / δέξαντο Ge
  85* μάτην γε πεποιθότες ἐν τοιούτοις Ge
  86 Rz (Philol. 1894, 323) / ⁺θλίβεται κόπτεται βουλῇ ⁺Ge
  87 Ἑρμείαο <ἄνακτος>, Ἑ. <πόληες> Ge (App.)
  89* οὐ <λοιμός τ᾽, ἀλλὰ δίκην γε> (Lücke bei Ge)
  94* καὶ σὴν γαῖαν ὀλεῖ καὶ ἀνθρώπους κακοτέχνους Ge
  95/96* von mir umgestellt
  95* ῥυμφαίνων ἱερὰ πάντα / ⁺παρ᾽ ἐκπάγλοισί τε βωμοῖς ⁺Ge
  97* ἐπάξων αἰπὺν ὀλ. / ⁺ἀπαίξων σὸν ὄλεθρον ⁺Ge
  104* αὖτις / αὐτὸς Ge
  106* (Sym. Osl. 1939, 102) ἀηθές] ⁺ἀηδές ⁺Ge
  119 βαθρηδόν Al Rz / βοτρυδὸν Ge
  122* κατακλύσσει / ποτὲ κλαύσει Wil Ge
  130 λώβης Bu (N. Jbb. 1892, 273) / λύπης Ge
  132–136 Die verderbten Verse, in die ich keinen Sinn bekomme,
    lauten bei Ge:
    ⁺καὶ Λαπίθας δάπεδον κατὰ γῆν ἐναρίξει.
    Θεσσαλίην χώρην ἀπολεῖ ποταμὸς βαθυδίνης
    Πηνειὸς βαθύρους μορφὰς θηρῶν ἀπὸ γαίης·
    Ἠπιδανὸς φάσκων θηρῶν μορφάς ποτε γεννᾶν.⁺
  152 (Symb. Osl. 1939, 102) <προ>φανέντος Al Vo / ⁺φανέντος⁺ Ge
  153 ὤροντο Bu / ὤλοντο Ge
  154 ἐκ δ᾽ ὄλεσαν Bu / ἐξόλεσαν Ge

155* ἀλλὰ τότ' ἐκ τ. ἐ. λάμψει] ἀλλ' ὅταν ἐκ. τ. ἐ. λάμψη Ge

157 ἤν τοι Ops Ku / ⁺αὐτοὶ πρῶτον ἔθηκάν τ' εἰναλίῳ Ποσειδῶνι⁺ Ge
(ἔθηκε Ποσειδάωνι ἄνακτι Rz)

163 ἐσαῦτις Gu Ge (ἐπ' αὐτῆς Hss. Rz)

180* ἀρχηγέ, σὺ ἔση (Synizese) π. τένοντα / ἀρχηγὸς ἔση ... τένοντας Ge

182 Πειθώ (nach Exod. 1, 11) Wil / ⁺Πυθών ⁺Ge
διπλόη (Wortspiel) Bu / δίπολις Ge

193 Rz (WienSB 1908 Nr. 156, 3 S. 22) / ⁺καὶ κόπετον ὄψονται⁺ Ge

207 Kugler a. a. O. 34 / ⁺τούτους⁺ τροχὸς "Αξονος, Αἰγοκεράστης Ge

236 τύχον (= Streitaxt) ἄστατε (Gu) / τυχὸν ὕστατα Ge

255* ἀλλὰ γ' ἐφεστήξεις] ⁺ἀλλ' ἐπιστήσει τε ⁺Ge

258 ὄχ' (Mein) ἄριστος ... στῆσεν / ὁ ἄ. ... στήσει Ge

261 Rz / μόνον πεποθημένον ἄνθος Ge

262 f. Rz / ⁺πεποθημένον ἄγνος⁺ / 'Ιουδαίη χαρίεσσα Ge

269 πικρῆς Herw / μικρᾶς Ge

270* (Sym. Osl. 1939, 102) καταλλάξουσι / ⁺καλὸν ἄρξουσι⁺ Ge

216 (Symb. Osl. 1939, 102) πάντα μὲν ἄσπαρτα/ πάντ' ἄ. μενεῖ Wil Ge

280* στομάτεσσ' ἀνοοῖς / στομάτεσσι κενοῖς Ge

292* 'Ασίδι (Al) γῆ Ku ... ‹γένει› Vo / 'Ασίδι τῇ δ. [Λυδῶν τε ‿–π.] Ge

296* ὑπτίασμ' οἰμ. δ' "Εφ. / ⁺ὕπτια δ' οἰμώξει⁺ "Εφ. Ge

306 λυρουργόν = Homer (Ge, App.) / ⁺λυκουργόν⁺ Ge (Text)

307 ⁺'Εφέσοιο⁺ Ge (nach Weglassung des störenden Einschubs 298–305 [Blaß] erhält 'Εφέσοιο wieder seinen Zusammenhang)

310 ῥῆμα προήσει Herw/ ⁺ἅρμα προδώσει⁺ Ge

311 κυανέοισιν Ge (App.) / ⁺κυμήοισιν⁺ Ge (Text)

317 Κάρουρα (bei Hierapolis) Rz / ⁺Κέρκυρα⁺ Ge

323* θεοῦ πόθος ἠδὲ πρόνοια] θεοῖο ποθ' ἤδε πρ. Ge

324–327 Rz (WienSB 1908, phil.-hist. Kl. 156, 3 S. 27); bei Ge lesen wir:

> μή μ' ἐθέλουσαν ἑλεῖν Φοίβου τὴν γείτονα χώραν·
> Μίλητον τρυφερὴν ἀπολεῖ πρηστήρ ποτ' ἄνωθεν,
> ἀνθ' ὧν εἵλετο τὴν Φοίβου δολόεσσαν ἀοιδήν
> ⁺τήν τε σοφὴν ἀνδρῶν μελέτην καὶ σώφρονα βουλήν.⁺

335 ἰχθυόωντι Ge (App.) / ἰχθυόεντι Ge (Text)

337* ⁺εἰς σὲ μάχη⁺ Θρ. κρατερὸν [καί σου Hss.] σϑ. Ge

340 Al / ἔσται δ' *αἰϑέρος* οὐρανὸς εὐρὺς ὑ. Ge

345 *ἐπακοῦσαι* Ge (zum Inf. erg. Bu τοὺς ἀνθρώπους = „man",
vgl. 351. 520)

359* (Mnem. 1938, 48) βροτεὸν / ⁺βίοτον⁺ Ge

362* Hinter πόλεμος. (Punkt). Die 2. Hälfte gehört zum folgenden

368/369 umgestellt von Gu; 369* πάντως / πάντας Ge

372 αἷμα κατ' ὄχθου ἕως Rz / αἷμαϑ' ἕως ὄχθου Ge

374 f. θεοῦ Ku, τῆς Ge (Hss.) – δὲ διδῷ (Konj. f. Fut.) λαῷ Ku,
⁺δῶ δ'⁺ ἐκ δυσμῶν Ge (Hss.) [ἐκ δυσμῶν aus 371]

404 ἄνοον Ge (App.) / ⁺αἰνεῖ⁺ Ge (Text)

405 Rz / οὐ χρυσοῦ κόσμον, ἀπάτην ψυχῶν ἐσ. Ge

406 θεόπνευστοι Rz / θεοπνεύστων Ge

411 Ge (App.) / ⁺χέρσον ἀπ' ἀθανάτην ἐπιβὰς γῆν⁺ Ge (Text)

413* ἑτέροις / ἑτέρους Ge

429* (Symb. Osl. 1938, 108) οὐ. γ. π. ⁺δειλοῖσι βροτοῖσιν δειτά⁺ Ge

439 πάντ' ἀκρατῇ Lud / πάντα κρατεῖν Ge

443* πέμψας (= ἔπεμψας) πάλαι / πέμψασα καὶ Ge

457 ἀηδεῖς (ἀηδῶς Gu) / ἀληθῶς Ge

461 Λιβύεσσιν Al / ⁺Λυκίοισιν⁺ Ge

467* ὄλεται / ὀλέσει Ge

469 ἀθέσφατα Kl / ἐδέσματα Ge

471 ἄγριοι Gu / αὐτοί τ' Ge

473 αἷματ' ἄγων Gu / αἵματα τῶν Ge

489* ἤνεγκόν σου / ἤγαγον εἰς Ge

500–505 (Herm. 1939, 221). Nach einem Papyrus aus dem 4. Jahrh.

500 στεροπῆα / γενετῆρα (Wiederholung aus 498) Ge

502 κεῖσε δὲ τὰς / κεῖς αὐτόν Ge

503 κείνοισιν δώσει θεὸς ἄφθιτος <ἐμ>βιοτεύειν Ge; dafür stehen
im Papyrus 2 Verse (von mir ergänzt)

504 Pap. erg. / μέλλωσ' ⁺Αἴγυπτον ἐήν τε⁺ ἀροῦσθαι Ge

509 ἀνοήτους Rz / ⁺ἀνόμους τε⁺ Ge (ἀνομοῦντας anon. Lond.)

511 φιν (Dat.) Rz / μιν Ge

516/517 Umstellung Ge, durch den Papyrus bestätigt

517* δίσκος / ῥοῖζος Ge (ὀϊζύς Hss. Kugler)

519 ἀφείλατο Pap. / ἀφήρπασε Ge

525* ⁺οὐρὰν ἐπῆλθε⁺ διὰ δεινοῖο Λέοντος Ge

VI

8 βρίθουσι δὲ πάντα Erbse 95, 7 / βρύσουσι δὲ πηγαί Ge

11 ἄξει ΦΨ' Li Ku / ἥξει Ω Ge

25* εἰς βρῶσιν καὶ πῶμα (Mnem. 1938, 48) / εἰς ὕβριν καὶ ⁺πνεῦμα⁺ Ge

27 οὐρανοῦ οἶκον Bu Rz / οὐρανὸν οἶκον Ge

28 ἡνίκ' ἀπαστράψειε Herw / ἡνίκα ἀστράψειε Ge

VII

3 ἀδευής Mein Rz / ⁺ἀδευκής⁺ Ge

16* ἔτ' ἄλγεα / ⁺ὑπ'⁺ (aus 17?) ἄ. Ge

22 σὺ δὴ θεόν Rz / σὺ δ' οὐ θεόν (aus 21) Ge

24 ὁ γεννητὴς Bleck Bu / ⁺ὁ γεννηθείς⁺ Ge

ἄσπετα (Sym. Osl. 1939, 103) / ⁺ἄστρ' ὃς⁺ Ge

25 μέσσου Bu / μέσσον Ge

28 τολμησάντων Kl / δηλησάντων Ge

34 προχέουσιν Bu / ⁺φαίνουσιν⁺

40* (Mnem. 1938, 320) ἀμφὶ χρόνων] ἀ. ⁺χρόνοις⁺ Ge

41 Rz / ⁺Πέρσαι μαχίμων φῦλον, αὐτίκα δεινοί ⁺Ge

42 ἔργα Rz / φῦλα Ge

44 μήτερ' ὁμιλήσει Herw / μητέρα δηλήσει Ge

50* ⁺ἐκπρομολόντα φέρον γε ἀεὶ σ. ἀ.⁺ Ge

52* ἐκτελέσει (Sym. Osl. 1939, 103) / ἐκπίεται Ge

54* τυπάνοις καὶ κυμβάλῳ / τ. ⁺καὶ κρότοις τ'⁺ Ge

58 οὕτως Al Rz / ⁺αὐτοῖς⁺ Ge

59 ὠκυροοῖς ποταμοῖς καὶ Rz / ⁺ὦ κυσὶ καὶ ποταμοῖς καὶ⁺ Ge

66*f. (Symb. Osl. 1938, 108f.) ... ὅν ποτ' ἔλουσεν Ge

67* 'Ιόρδανος ἐν ⁺τριτάτοισι⁺ καὶ ἔπτατο πνεῦμα πελείη Ge

79 ἀργῆτα πέλειαν Wil / ⁺ἀγρίηνα πετεινά⁺ Ge

82* πατήρ, ἀτὰρ (den Nachsatz einleitend) / πατήρ, ⁺πάτερ⁺ Ge

90 ἀμφ' οὔδει Bu / ἄμφω δὸς Ge

91* ὅτ' ἀπήγαγεν ἔκτοσε / σοι· ἀπήγαγεν ἔκτοτε Ge

93* ἀ. ἀ. ⟨μέγεθος⟩ π. γ. ἐ. / ⁺ἀγνὸν ἀδούλωτον περὶ γένναν ἐλεγχθὲν ...⁺ Ge

103 τόσσον παρ' Herw / τὸ δὲ σὸν κατ' Ge

110 οἶμα Herw / ὄμμα Ge

112 ὀλλυμένη φθέγξῃ λαμπρόν ποτε ¹καὶ μαρμάραν σε⁺ Ge

128*–131: die schwer verderbten Verse lauten bei Ge:

αἰεὶ δυσβασάνιστα θεοῦ νόμον εἰδήσουσιν
οὐκ ἀπαφητὸν ἐόντα, βιαζομένη δ' ἄρα γαῖα
130 ὅντινα τολμήσασα θεῶν ἐπεδέξατο βωμοῖς
ψευδομένη, καπνὸν εἶδε δι' αἰθέρος +ἀλγηθέντα+.
141* ‹κατὰ γῆν› von mir ergänzt (Mnem. 1941, 196 ff.)
ἀπεχθής] ἀπειθής Ge
144* νυκτερινῷ δεινῷ / νυκτί τε καὶ λιμῷ Ge
145* ἦεν / ἦν σοι Ge
150 σφε Kl / σε Ge
152* ἐποίησ' / ἐπόνησ' Ge
154* ἅγιον / ἄγριον Ge
155* μελάθροισιν ἐμοῖσιν / +προμολοῦσιν+ ἰοῦσα Ge
156* ἥλιτον εἰς αὔθαιμα / +ἴκελον+ εἰς αὐλῶνα Ge
157* με φάγῃ / μ' ἔφαγεν Ge
159 τριταλαίνη Rz / με θαλάσσῃ Ge
160* ἤ / καί Ge – λαχοῦσα Fr / λαλοῦσα Ge
161* μεθέηκα / μετέδωκα Ge
162* τείσω / ζήσω Ge

VIII

14* (Symb. Osl. 1938, 109) ὁ. θ. μύλοι +γ'+ ἀλέουσι τὸ λεπτὸν
ἄλευρον
15 ἀλέσει Al / ὀλέσει Ge
16 σάρκας ἀπάσας Herw / σαρκὸς ἀπάσης Ge
52+ ἔσσετ' ἄναξ πολιόκρανος ἔχων πέλας οὔνομα πόντου+ Ge
57 δεικνύς, ἰδ' Herw / δεικνύσει Ge
58* κάρχαίης γε πλ. / +κἀξ κάρχῆς+ τὰ πλ. Ge
74* φᾶρός τ' ἐκδύσασ' ἰδὲ / +φῶς+ ἐκδυσαμένη καὶ Ge
78 ἀητοφόρων Al / ἀετοφόρων Ge
92 (Philol. 1943, 318) / καὶ +δοκίμοις+ κλητοῖς Ge
121* καινός / κοινός Ge
122a ergänzt von Al (nach III 57)
123 verb. von Al / +ξοάνοισιν ἀργυρέοις λιθίνοισιν+ Ge
136 παῖδες καὶ παίδων τούτου γενεὴ +ἀσαλεύτων+ Ge
139 τέρμα χρόνοιο Mend / πεντα χρόνοιο (aus 138) Ge
140* ἥξει ‹ὁ› πορθήσων Ku (gemeint ist Nero)
152* (Symb. Osl. 1939, 103) / +σεῖό ποτε+, Ῥώμη, πᾶσιν δέ Ge
167* (Symb. Osl. 1939, 103) / +αὖ καὶ ἔπειτά γε τοὺς Π. κ. ἥξει +Ge

179* (Mnem. 1938, 320) τεύξει / δείξει Ge

191* (Philol. 1943, 318) πολλά νέ᾽ ἔξεισ᾽ ἄστρα / ⁺πολλά μὲν ἐξῆς
ἄ. ⁺Ge

196*–198 (Herm. 1938, 359). Die Verse lauten bei Ge:
καὶ ὁπόταν ἱερός ποτε παῖς ⁺δολοφῶν⁺ ἁπάντων
ἐξολέσῃ δεσμοῖς ὀλοόφρονα βυσσὸν ἀνοίγων,
αἰφνίδιος δὲ βροτοὺς ξύλινος δόμος ἀμφικαλύψῃ.

202* (Mnem. 1938, 320) ἥμισυς αἰών / ⁺ἥπιος⁺ αἰών Ge

203* νυκτερινὰ φαίνει Ge

242 βασιλῆες / βασιλῆος Ge

324* ⟨μάλα⟩ Rz Ku

325* ἐσάγει Ge

326* (Herm. 1938, 359) ⁺πρᾶος πᾶσι φανείς, ἵνα τὸ(ν) ζ. ἡ.⁺ Ge

335 ⁺ἀλλ᾽ ὕμνον στομάτων συνετῶν τότε ἐκφορέοντες⁺ Ge

382 ⁺πάντες δ᾽ αὐτοῦ⁺ ἔχοντες Ge

383 ⁺καὶ ὡς ἐμὰς⁺ τιμὰς Ge

408 καὶ ζῶσαν θυσίαν ἐμοὶ τῷ ζ. π. Ge

423⁺ καὶ δόκιμοι παρ᾽ ἐμοὶ τότε χ. ἀ.⁺ Ge

428 ⟨Μεγάλου⟩ ΦΨ᾽ Wil Ku

450* (Philol. 1943, 318) ἄστρων οὐρα⟨νοέντων⟩ / ἄστρα ⁺οὔρεα⁺ Ge

461 ἀχραάντοισι Mein Li / ἀχράντοισι Ge

462* ἠδέι (Philol. 1936, 88) Lud Rz Li / ⁺ἠδ᾽ αἰεὶ⁺ Ge

478/479 umgestellt bei Rz und Ge

480 ἐν κραδίῃσι ταπεινόφροσιν Li / ἐν κραδίῃ τε ταπεινοφρονεῖν Ge

484 ἐξ ὁσίης ἡμεῖς Rz / ἡμεῖς καὶ ὁσίης Ge

490* ἀρτοῖς (Mnem. 1939, 320) / ⁺ἄρα τοὺς⁺ Ge

XI (IX)

Zwischen Buch I–VIII (so Φ, in Ψ᾽ ist VIII vorangestellt) und
XI–XIV (Ω) ist kein Ausfall anzunehmen. In Ω wird nämlich
VI+VII,1+VIII 218 (217 fehlt in Ω) — 428 als IX. Buch, dann
IV (ΦΨ᾽) als X. Buch gezählt. Daran reihen sich (bloß in Ω über-
liefert) XI–XIV an, die ebensogut als IX–XII gezählt werden
könnten.

2 ἄπληστοι mit Ω, ἄπλητοι Ge (mit Mendelssohn) [ἄπλετοί τε
Rz mit Mein]

5 ἀλλ᾽ ὑπὲρ ὑμῶν ⟨νῦν⟩ Ku, ⁺ἀλλ᾽ ἅπερ ὑμῶν⁺ Ge [ἄλλα περ
εἰς ὑμᾶς Rz]

7 πέμπτην Ku (Hermes 1939, 223), ⁺πενίην⁺ Ge [κείνην Rz]

8 ἕκτον Ku (PhW 1943, 192), ἕτερον Ge Rz mit Ω

10 ἀπ' αὐτῶν Buresch, ἀπ' ἄλλων Ge mit Ω [ἁπάντων Rz]

12 ἢ πέσε Ludwich (Rz), κάπεσε Ge (mit Volkmann), κάππεσε Ω

13 κακήν γ' ἆρ Rz, γὰρ Ge mit Ω

14 von mir getilgt: Interpolation aus III 108

25 σημεῖον δ' ἔσται δεινόν Ku (Ph. W. 1943, 192), ⁺σῆμα δ' ἔσται ἐκείνῳ⁺ μέγα Ge

30 ἴσθι <πρόδηλον ἐὸν> μέτρῳ Ku (ebd.), ⁺ἴσθεν...⁺ μέτρου Ge(Ω)

34 Ku (ebd.), ⁺ἐξολέσειε λαόν σὸν πολὺν ⁺'Ερυθραία θάλασσα (Prosa!) Ge (Ω)

35 Ku (ebd.), λείψωσι ⁺πέδον πολύκαρπον⁺ ὄλεθρον Ge (Ω)

40 ἀπατήσει Ku (ebd., ebenso v. Gutschmid, RE II A, 2152, 42, wie ich nachträglich sehe), ἀγαπήσει (sinnlos) Ge (Ω)

41 λαφύξεται Buresch, ⁺φυλάξεται⁺ Ge (Ω)

45 φύγονται (mit Rz), φυγοῦνται Ge (Ω)

48 υἰωνοῦ υἰός (mit Rz), υἰὸς υἰωνοῖο Ge (Ω)

49 ἑκατὸν δ' ἐπὶ ταύταις mit Alexandre, Rz, ⁺δεκατεύσει δὲ ταύτας⁺ Ge (Ω)

50 τελέσεις mit Alexandre, Rz, ⁺τελεθείς⁺ Ge (Ω)

52 ὀλλυμένη πληγῆσι διὰ mit Rzach, πληγαῖς ὀλλυμένη διὰ[τε] Ge (Ω)

62 <ἄναξ> mit Volkmann vgl. (69), Lücke bei Ge (Ω), <ἀνήρ> Rz mit Alexandre

72 mit Rz (Volkmann), ⁺εἰκοστὸν ἔτος καὶ⁺ δέκατον βασιλεύσῃ Ge (Ω)

75 δουλείαν Ku (Ph. W. 1943, 192), δούλιον ⁺αἷμ'⁺ Ge

78 ἑκούσιον αὖθ' mit Rz, ἑκουσίως Ge (Ω)

80 ἔξοχος Rz (mit Mendelssohn), ἔσσεται Ge (Ω)

91 von mir getilgt, Interpolation aus XII 158 (fälschlich auf Salomo gedeutet)

92 getilgt von Herwerden

103 ἄρξουσιν ἐτέων mit Rzach, ἐξ ἐτέων· ἄρξει Ge

106 mit Rzach, γῆ, ὅσσ' ἐκχύματα Ge

120 πρόσθεν (Mendelssohn) ἐπὴν Ku (Ph. W. 1943, 215), ⁺πρὸς ἐπὶ⁺ Ge (Ω)

120/21 von mir als Interpolation getilgt (vgl. 117); 118 Abschluß-vers wie 108

124 von mir getilgt

126 οἴστρῳ mit Ludwich, Rz, ἄστρῳ Ge (Ω)

135 δόλος Ω Rz, δόμος Ge Al (nach VIII 198)

138 ἴη ἐνὶ νυκτί Rz mit Volkmann, ⁺ἐν νυκτὶ μιᾷ⁺ Ge (Ω)

140 ἄξει (Subj. "Αιδης 138), ⁺ἄξει⁺ Ge (ἄξετ' im App.)

142 νοστοῖο τύχῃσι mit Herwerden, νοστοῦ τετύχῃσι Wil Ge

143 καππέσεται mit Herwerden, καὶ πέσεται Ge (Ω)

149 νόμου mit Rzach, μόνον Ge mit Alexandre, νόμον bzw. νόμων Ω

150/51 [ὅστις – Τροίης] Ge (mit Buresch)

152 δειμαλέαν mit Herwerden, δειμαίνων Ge (Ω)

156 ἐνί mit Rzach, ἐπί Ge (Ω)

161 χωρὶς Ω (Dechent), χώρης Ge Rz (mit Klaus.) – ὅππη μηκύνεθ' ὁ Π. mit Dechent, μηκύνεται Π. Ge (Ω)

166 Ku (Ph. W.1943, 215), κεφάλαια⁺ ‿- δύναμίν τ' ἐπίνοιαν⁺ Ge (Ω)

167 καὶ δέ Ku (τε Ge Ω) σοφῶς mit Mend. Rz, σαφῶς Ge (Ω)

175 Σινδοί (Volksstamm am Pontos Euxinos) Ku, Σικελοί Ge (Ω)

183 τλήμων mit Rzach, τλῆμον Ge Ω

184 mit Rzach, ἑπτ' ἐπὶ ὀγδοήκοντα Ge (Ω)

186 <τις> Ku, τέξεται Rz (vgl. III 381), ⁺Μακηδονίων⁺ πάλιν ἔσσεται Ge (Ω)

188 τοπάρχοις Rz WSt. 33, 242f., ⁺τοράτροις⁺ Ge (Ω)

192 κατὰ γαῖαν Rz (vgl. I 224f.), τε κατ' αἶαν Ge (Ω)

194 ζῆσαι ἐν ἡσυχίᾳ mit Ludwich, Rz, ⁺ζήσας ἐν συρίᾳ⁺ Ge (Ω)

198 ἀντιπλάσονται Rz, ἀναπλάσονται Ge (Alexandre), ἀνταπλ. Ω

199 πόλιας ἀλαπάξει Rz, πόλεις ἐξαλαπάξει Ω Ge

201 αἰνῶς mit Ludwich, Rz, λοιμῷ Ge (Ω)

203 κόσμου Ku, κόσμον Ge (Ω)

204 θριαμβείῃσι Rz, θριαμβίαισι Ge (θριαμβίεσσι Ω)

213 nach Rzach, ⁺φύγε πέρον τὸν βασιλῆα λεῖπε δ'αὐτόν⁺ Ge (Ω)

217 'Ασίη . . . ἕξει (vgl. III 391) Rz, 'Ασίη . . . ἥξει Ge (Ω)

218 nach Rzach, καὶ πάλι πᾶσα χθὼν πίεται φόνον ὀμβρήεντα Ge

227 nach Rzach, ⁺ὃς πᾶσιν Εὐρώπην⁺ ἐπικαλαμήσεται γυμνήν Ge

229 z. T. nach Rzach (Ku, Ph. W. 1943, 216), ⁺ἀτὰρ βίοτον μορφὴν ἰδίαν ἀναλώσας⁺ Ge

233 δῖα πόλις μεγάλη τε Rz, καὶ πόλις ἡ μεγάλη [τε] Ge (Ω)

237 δὲ βαθεῖ' ἔσται Mend., δ' ἔσται βαθεῖα Ω Ge

239 φύγονται (vgl. III 265) Rz, φυγοῦνται Ge (Ω)

243 βασιλῆες Alexandre, Rz, βασιλεῖς Ge (Ω)

249 ἀλλήλους Rz, ἄλλος ἄλλον Ge (Ω)

265 κώνσολες v. Gutschmid (RE ΠΑ, 2154, Anm.), Καίσαρες Ge(Ω).
ζηλήμονες mit Herwerden, διαδέγμενοι Ge (Wilamowitz),
διζήμενοι Ω

267 οὔνομ' ἔχων, πέσεται δέ mit Herwerden, ⁺ὑστάτιος Καίσαρος⁺
Ge (Ω)
γυῖα τιταίνων mit Herwerden, Rz, γυῖ' ἐκτείνων Ge (Meineke)

268 von mir getilgt (als Glosse zu γυῖα τιταίνων)

271 nach Rzach (μνήμῃ τε Alexandre), ἕκατι χάριν μνήμῃ μετέχοντες Ge

272 nach Rzach, λυκάβαντος ἐπέλθῃ Ge (Ω)

273 τριηκοσίους (vgl. XII 12) Al, Rz, ⁺διηκοσίων⁺ Ge (Ω)

283 φεύξῃ Rz, φεύξει Ge (Ω) – δέ τ' ἐς Rz, δὲ εἰς Ge (Ω)

287 παλάμῃσιν ἐν ἀνδρείῃσιν Mend. Rz, ⁺πολεμοῖσιν ἀνδρείῃσιν⁺
Ge (Ω)

293 <ἔσῃ> Rz

294 σε μνῆμα περίδρομος οἷά τε τύμβος Rz, 'Επιτύμβιον Svoboda
1927, 251; ⁺σεμνὴν ὁπο περίδρομος⁺ ἠχέτα τύμβος Ge (Ω)

295 ὕσπληγξιν Mend. – κορυφαῖσιν Al, ⁺‿ σπλην ἐφάρμοστος
κορυφαῖος⁺ Ge (Ω)

296 nach Rzach, δαιδαλέος, πουλὺς δέ σε κλαύσεται –‿‿ λαός
Ge (Ω)

299 nach Rzach, ἔτεσιν τροπαιοφορέουσα Ge (Ω)

317 χρησμῳδόν (vgl. 321) Friedlieb, Rz, ⁺χρησμῶ⁺ Ge (Ω)

318 <ἔστ' ἐρέων τις> Ge (im Apparat)

SCHRIFTTUM

Ausgaben:

Editio princeps von Xystus Betuleius (Sixtus Birck), Basel 1545,
von Seb. Castalio (Châteillon), mit lat. Übersetzung (die schon
1546 separat erschienen war), Basel 1555;

von Joh. Opsopoeus (Koch), Paris 1599 (die geschätzteste unter
den älteren Ausgaben; wiederholt 1607);

von Servatius Gallaeus (Servais Galle), Amsterdam 1689 (ge-
ringwertig);

von Gallandi, Venedig 1765 (nochmal aufgelegt 1788) in der *Bibliotheca veterum patrum* Bd. I p. 333–410 (darin die Bemerkungen des Anonymus Londinensis).

Alle diese Ausgaben enthalten nur die ersten 8 Bücher. Das 14. Buch wurde zuerst nach einer Mailänder Handschrift herausgegeben von Angelo Mai, Mailand 1817; später Buch XI–XIV nach zwei vatikanischen Handschriften: *Scriptorum veterum nova collectio e Vaticanis codicibus*: vol. III pars III (1828). Alles bisher Bekannte ist zum erstenmal vereinigt in der Ausgabe

von Ch. Alexandre (mit lat. Übersetzung, Kommentar, Exkursen und Registern), 2. Bde. Paris 1841–1856; 2. Ausgabe (gekürzt), Paris 1869;

von J. H. Friedlieb (mit metr. deutscher Übers.). Leipzig 1852;

von A. Rzach (auf sicherer handschr. Grundlage), Wien 1891 (dazu Herwerden, Mnemosyne XIX, 1891, 346–372; ferner Rzach, Jahrbb. f. class. Philol. 145, 1892, 433–464; Philologus 53, 1894, 280–322);

von J. Geffcken in der Berliner Kirchenväterausgabe, Leipzig 1902 (mit ausführl. krit. und histor. Apparat, unter Benützung des von L. Mendelssohn gesammelten Materials; bespr. von Rzach, GGA 1904, 197–243).

P. Lieger, Die jüdische Sibylle (= Or. Sib. III). Griech. und deutsch mit erkl. Anm. Progr. Schottengymnasium Wien 1908.

H. Erbse, Fragmente griechischer Theosophien, Hamburg 1941.

Übersetzungen:

Zöckler, Die Sibyllen-Weissagungen (Die Apokryphen des A. T. 1891).

Blaß, Die Sibyllin. Orakel (=Kautzsch, Die Apokryphen des A. T. II (1900)), 177–217.

Geffcken in: E. Hennecke, Neutest. Apokryphen (1904), 321 ff. (dazu Handbuch 339 ff.), 2. Aufl. 1923, S. 399–426.

P. Lieger, Progr. Schottengymnasium, Wien 1911.

P. Rießler, Altjüdisches Schrifttum außerhalb der Bibel, Augsburg 1928, 1014 ff.

A. Kurfeß, Tübinger Theol. Q.-S. 1936, 351 ff., 537 ff.

Literatur:

E. Schürer, Gesch. des jüd. Volkes im Zeitalter Jesu Christi III⁴, 555–592.

A. Bardenhewer, AL II², 708 ff.

Christ-Schmid-Stählin, Gesch. d. griech. Lit. II §§ 646–649. 926.

A. Harnack, Gesch. d. altchr. Lit. II, 1, 581–589; II, 2, 184–189.

W. Bousset, Prot. R.-E.³ XVIII, 265–280.

Buchholz bei Roscher IV 794 ff. (dort 798 Münzbild mit der Aufschrift ΘΕΑ CIBYΛΛΑ).

A. Rzach, Pauly-Wissowa R.-E. II A, 2073–2183 (sämtliche Literatur bis 1924 berücksichtigt).

A. von Gutschmid, Kl. Schr. IV, 222–278 (dazu A. Rzach, Mélanges Nicole, Genf 1905, 489–501).

O. Gruppe, Die griech. Kulte u. Mythen I, Leipzig 1887, 675–701.

W. Bousset, Der Antichrist, Göttingen 1895.

K. Schulteß, Die Sibyllinischen Bücher in Rom, Hamburg 1895.

M. Friedländer, Gesch. d. jüd. Apolog., Zürich 1903, 31–54.

H. Diels, Sibyllinische Blätter, Berlin 1890.

J. Geffcken, Komposition und Entstehungszeit der Or. Sib. (Texte u. Unters. etc. XXIII 1), Leipzig 1902.

P. Lieger, Progr. Schottengymnasium Wien 1904. 1906. 1908.

K. Stützle, Progr. Ellwangen 1904. 1909.

G. Wissowa, Religion und Kultus der Römer², München 1912.

F. Pfister, Die Religion der Griechen und Römer. Burs. Jahrb. Suppl.-Bd. 229, Leipzig 1930, 287–292: Die antike Apokalyptik und Vergils IV. Ekloge (Lit. 1918–1930).

P. Schnabel, Berossos und die babyl.-hellenist. Lit., Leipzig 1923, S. 69–92 (dazu Lehmann-Haupt, Klio 23, 1929, 137 ff.).

E. Norden, Die Geburt des Kindes, Leipzig 1924.

W. Weber, Der Prophet und sein Gott, Leipzig 1925.

Bousset-Greßmann, Die Religion des Judentums im späthellenistischen Zeitalter³, Tübingen 1926 (= Hdb. d. N.T.: 21).

A. Frhr. von Gall, Βασιλεία τοῦ Θεοῦ, Heidelberg 1926.

G. Erdmann, Die Vorgeschichten des Lukas- und Matthäus-Evang. u. Vergils IV. Ekloge, Göttingen 1932.

W. Hoffmann, Wandel und Herkunft der Sibyllin. Bücher in Rom, Diss. Leipzig 1933 (bespr. von W. Kroll, Gnomon 10, 1934, 387f.).

K. Kerényi, Das persische Millennium im Mahabharata, bei der Sibylle und Vergil. Klio 29, 1936, 1–35.

K. Prümm, Seltsame Heilandpropheten. Linzer Theol.-prakt. Q.-S. 1937, 466–475. 618–633.

K. Holzinger, Wien SB 1937, Phil.-hist. Kl. 216, 35.

H. Fuchs, Der geistige Widerstand gegen Rom in der antiken Welt, Berlin 1938 (dazu PhW. 1941, 524 ff.).

K. Prümm und K. Hofmann, Lex. f. Theol. u. Kirche (Freiburg i. Br., Herder), IX 525–529 (dort weitere Literatur, auch eine Auswahl guter Abbildungen).

H. Jeanmaire, La Sib. et le retour de l'âge d'or, Paris 1939.

Bursians Jahresberichte, Bd. 272, 1941, 22–25 (R. Keydell über die Literatur 1930–38).

A. Peretti, La Sibilla Babilonese nella propaganda ellenistica, Firenze 1943.

A. Kurfess, Würzbg. Jhb. 2, 1947, 373; 3, 1948, 194 und 402.

R. Herbig, ΘΕΑ ΣΙΒΥΛΛΑ, Arch. Jbb. 59/60, 1944/45, 141 ff.

B. Altaner, Patrologie², Freiburg i. Br. 1950, 68; in der ital. Neubear. beitung, Torino 1944, 51 (dort ist die neueste Lit. lückenlos verzeichnet).

A. Kurfess, Symb. Osl. XXVIII, 1950, 95.

— —, Dies irae. Vigiliae Christianae 1951, H. 4.

— —, Christl. Sibyllinen, bei Hennecke³, 1952.

— —, Augustinus u. d. Tiburt. Sib.: Tüb. Th. QS 1952.

— —, Kaiser Konstantin u. d. Erythr. Sib. Z. f. Religions- und Geistesgesch. 3. Jg. 1951, H. 4.

— —, Vergil und die Sibyllinen, ebd. H. 3.

— —, Das I. Buch der Or. Sib. und Hesiod, Symb. Osl. XXIX, 1951.

— —, Zum V. Buch der Or. Sib., Rh. Mus. 1952.

F. Dornseiff, Verschmähtes zu Vergil, Horaz und Properz. SB d. Sächs. Ak. 92, H. 6, 1951 (S. 44–63: Priorität d. 4. Ekl. Vergils vor Hor. 16. Ep.; beide benützen die Sib.).

SACHREGISTER

(* Stern hinter der Verszahl verweist auf die Anmerkung)

Ägypten III 314–318. IV 72–75. V 54ff. (Memphis 60ff.). 179ff.
(Theben 189ff., Syene 194, Pentapolis 196). VII 18ff. VIII 162.
XI 19ff. 232ff. 277ff. Isis V 53. 484. Sarapis V 487. Kleopatra XI
281ff. Juden in Ägypten XI 307ff. – Ägyptischer Götzendienst
V 77ff. 279f. Fragm. 3, 22–28.

Akrostichis VIII 217–250*. S. 324.

Alexander der Große III 383*. IV 89–96. V 4–7. XI 195ff.

Aeneas XI 144ff.

Antichrist s. Beliar, Nero.

Apokalyptisches Weib III 75 f.* VIII 194. 200 ff.

Asien-Orakel (altheidnisch) III 350*–355, vgl. IV 145 ff. VIII 72.

Auferstehung der Toten II 221–235. IV 181 f. VIII 314. 414.

Augustinus und die Sibylle VIII 287–290*. 292–294*. 303–304*.
305–306*. 312–314*. S. 341 (Akrostichis). Aug. u. Vergils 4. Ekl.
S. 340.

Babel: Turmbau III 97–104. XI 9–13. Babels Bestrafung III 304–313.
V 434–446. Babel-Rom V 143. 159.

Babylonische Sibylle III 811 f.*

Barnabasbrief (um 130 verfaßt) VIII 251 f.* Siehe a. Zwei Wege

Beliar II 167*. III 63 ff.*

Berossos (um 300 v. Chr.), Verfasser einer babylonischen Geschichte;
die Babylonische Sibylle (s. d.) galt als Tochter des B., weil sie aus
seinem Werke schöpfte.

Christen: Kampf der Chr. II 34–55.

Christus: Präexistenz VIII 264–268. 439–446. Geburt VIII 456–479.
Jordantaufe VI 4–7. VII 67. VIII 271. Wesen, Werke (Wunder),
Leiden, Auferstehung I 324–382. VIII 247–260. 272–321. VI 9–16.
Leiden und Tod VI 23–26. Höllenfahrt VIII 310 ff. Wiederkunft III
93–96. W. zum Gericht II 241–244; s. a. Kreuz.

Chronologie: griech. III 551 ff., röm. VIII 148 ff. XI 232 ff.

Clemens Alexandrinus (um 200 n. Chr.) hat neben Laktanz die häufig-
sten Zitate aus der Or. Sib. Hauptwerke: Προτρεπτικὸς πρὸς Ἕλλη-

νας (Mahnrede an die Anhänger des heidnischen Glaubens), Παιδα-
γωγός (3 Bücher: eine praktische Unterweisung in christlicher Le-
bensführung), Στρωματεῖς (7 oder 8 Bücher: theoretische Darstel-
lung und Begründung der wahren Philosophie, d. h. des christlichen
Glaubens).
Cohortatio ad Graecos (λόγος παραινετικὸς πρὸς Ἕλληνας), diese
Mahnrede an die Heiden ist in den Justinus (s. d.)-Hss. erhalten. Über
Zeit und Verfasser sind sich die Gelehrten nicht einig. Vor der
Mitte des 3. Jahrh. kann sie nicht entstanden sein. „Die Spuren
wahrer Gotteserkenntnis, die sich bei griechischen Dichtern und
Philosophen finden, stammen von Moses und den Propheten und
der Sibylle." Vgl. z. B. III 721 ff.* VIII 58*. 259 ff.*
Commodian (5. Jahrh.) schildert in seinem Carmen apologeticum die
letzten Dinge, endend mit dem Jüngsten Gericht; Nero tritt als
Antichrist gegen das Heer des Herrn auf und wird mit der Engel
Hilfe besiegt und in die Hölle gesandt: vgl. VIII 171 f.* 176 f.*
348* u. ö.
Constitutiones apostolicae (etwa 380 verfaßt) IV 179 ff.*

Delphische Sibylle XI 315 ff.*

Elias II 187. 247. VIII 169–177.
Engel: Namen II 215. Tätigkeit VII 33–35. VIII 459 (Gabriel).
Erythräische Sibylle III 814*.
Eschatologie II 6–14. 154–378 (167 ff., vgl. III 63–92. VIII 202–243.
411–428. – II 305–312 = VIII 350–358). III 670–697. 743–761.
767–784. IV 41–46. 173–192. V 274–283. 344–350. VII 118–132.
142–150. VIII 15 f. 81–130. 169–250. 337–358. 411–428. Zustand
im Jenseits: III 88–92. VIII 110–121. 424–427. II 322–329; s. a.
Feuerstrom, Vorzeichen.
Esra (-Apokalypse) IV Vis. 5, 4: VIII 203*; Vis. 5, 6: VIII 342*; VI.
Esrabuch c. 15 u. 16: s. S. 322.
Eusebius von Caesarea (ca. 260–340) hat eine Konstantinrede uns überliefert (S. 212 u. 339); in der Εὐαγγελικὴ παρασκευή (Praeparatio
evangelica in 15 Büchern) wendet er sich gegen die von den Heiden
gegen die Christen erhobenen Vorwürfe: vgl. z. B. VIII 361 ff.*
Besonders wichtig für die Chronologie seine „Chronik" (II p. 82
Schöne, wird die erythräische Sibylle in die 9. Olympiade versetzt).
Vgl. bes. III 97 ff.* 218*.

falsae cognitionis), gewöhnlich Adversus haereses zitiert, in 15 Büchern. VIII 302*. 319 ff.*

Israel (Hebräer, Juden): Berufung V 330 ff. Gottes Volk III 194 f. (Volk der Seligen, wahres, gerechtes, weises, heiliges Volk V 107. 149. 154. 161. 226. 384 f.) = „Fromme" III 573. IV 45. 136. V 36. 281. Israels Glück V 248–255. 260–270. 281–285. 384 f. Rückkehr der zwölf Stämme II 171–176. Lob Israels und jüdischer Sitten III 573–600. 219–247. IV 24–34. V 403–407. Sünden der Hebräer I 364. II 248. Abfall II 168. Bestrafung der Hebräer I 362 f. 387. 395 ff. Auszug aus Ägypten III 248–260. XI 38 ff. Assyrische Gefangenschaft III 268–285. – Jerusalem: Glück III 785–795. Sieg VIII 324 bis 336. Fall IV 115–118. 125–127. V 154. 226. 413 (die „große Stadt"). Tempel zu J. III 657 ff. 665 (772 ff.). IV 116. 118. 125. V 150. 400–402. 423. 433; s. a. Messias.

Justinus Martyr (etwa 150), der philosophus Christianus, verteidigt die christliche Lehre gegen Heiden und Juden. Sein wichtigstes Werk ist die Apologie für die Christen: II 196*. IV 171 ff.* VIII 49*. 379*. Über Ps.-Justin s. Cohortatio ad Graecos.

Knabenliebe III 596*. 764; vgl. V 166. 430. IV 34.V 387 (S. 292).

Komet VIII 191–193.

Konstantin, Kaiser und die Sibylle S. 208 ff; christliche Deutung der IV. Ekloge Vergils S. 339.

Kreuz: Lob des Kreuzes VI 26*. Triumph des Kr. VIII 239–250 (Stauros-Strophe).

Kronos und die Titanen I 292 ff. III 110–154. Ihr Untergang III 156 f.

Laktanz: Caecilius Firmianus Lactantius (um 300) ist der wichtigste Zeuge für die indirekte Überlieferung der Or. Sib. In Betracht kommen Divinae institutiones (7 Bücher) und De ira dei. Nicht weniger als 23mal ist das III., 6mal das IV., 9mal das V., 4mal das VI. 1mal das VII., 30mal das VIII. Buch zitiert. Auch der „Prolog" schöpft hauptsächlich aus Lactant. div. inst. I 6 (S. 27); wie der Verfasser zu der Notiz kommt, Laktanz sei Priester auf dem Kapitol gewesen, bleibt unerklärt. Was er übrigens danach anführt, stammt aus Ps.-Justin Coh. ad. Gr. 37, 15; erst 10 Zeilen weiter unten schreibt er Laktanz aus.

Lasterkataloge II 254* 283. III 35 ff. 238 ff. 377 ff. VIII (183–187). 419–422.

372   Sachregister

Logos VII 69. 82. VIII 285. 446. 479.

Maria: Mariä Verkündigung VIII 456 ff. Fürbitte der hl. Jungfrau für
die Verdammten II 311 f.* (VIII 357 f.). Beim Wunder der Brot-
vermehrung bleiben noch 12 Körbe übrig für die hl. Jungfrau I 359
Messias III 49 f. (286–293). 652–656. V 414–427.

Nero VIII 151–159. IV 119–124. 138. V 137–152. 217–224. VIII 70 f.
88–90 = Antichrist V 303–374. VIII 140*–150. 176 f.
Noah I 125–282. III 820–828. VII 8.

Origenes (etwa 200–250) ist der bedeutendste christliche Schriftsteller
des Ostens, der Schöpfer der christlichen Theologie. Sein bedeutend-
stes apologetisches Werk sind die 8 Bücher Contra Celsum. Vgl.
S. 324. Scharfe Polemik gegen seine Lehre II 330*. (S. 286).

Päderastie s. Knabenliebe.
Paränese VIII 330–336. 403–411. 480–500. – III 8–10. Fragm. 1. 3,
21–49. IV 162–178. – V 184–186, vgl. 228–246. VIII 17–36*.
Paris und Helena III 414 f.* XI 125 ff.
Partherkrieg V 93*–110.
Pausanias (um 190 n. Chr.) schrieb eine für Archäologie, Geschichte,
besonders Religionsgeschichte, Paradoxographie und Mythologie
überaus wichtige Περιήγησις τῆς Ἑλλάδος in 10 Büchern. Über
die Sibyllen X 12 (nach Alexander Polyhistor, 1. Jahrh. v. Chr.):
III 218*. 414 f.* 809 ff.* IV 4*. 88*.
Phönix VIII 139.
Phrygien-Orakel III 401–409. VII 12–15 (V 130 ff.).
Propheten I 386. V 239. Falsche Pr. VII 135.
Ptolemäer: XI 226 ff. Pt. Keraunos V 338. Pt. Epiphanes V 459–463.
Pt. Physkon III 611 ff. Vgl. bes. III 388 ff.*

Rom: Herrschaft Roms III 46. 161. IV 104. V 441. 463. Haß gegen
Rom II 17 f. III 350–362 (464–469: Bürgerkrieg). V 143. 159. 162 bis
178. 386–397. VIII 37–47. 73–106. 125. 142–150. – Vestalinnen V 396.
Senat VIII 45 (177). Romulus und Remus V 11. XI, 109 ff. Bürger-
krieg III 465–469. Sulla III 470. Zweites Triumvirat III 52*. Röm.
Kaiser in einer Reihenfolge von Julius Cäsar bis Marc Aurel V
12–51*. s. a. Nero. – Hadrian VIII 52–64*. Die Antonine VIII 65*.
Marc Aurel VIII 68–72*. Julius Cäsar XI 266 ff*.

Schöpfung: s. Gott.

Sebastener III 62*.

Seleukiden (Antiochos III ff.) XI 227 ff.* Seleukos I. V 336 f.

Sibylle s. Einl. S. 5 ff., Prolog S. 27. Aufgabe (IV 2–6), Wesen, Herkunft I 288–290. III 809–829*. Göttliche Berufung II 1–5. III 1–7. 162–166. 295–300. 489–491. (162–164 = 297–299. 162 f.; vgl. 490 f. 297 ff. – 295 = 489). 698–700. IV 18–23. VIII 359 f. Bitte um Aufhören des Sanges III 1–3. XI 322 ff. Raserei der S. III 815–818. XI 316–321. Sünden der S. und ihre Bestrafung (Selbstbekenntnis) II 339–347, (erweitert) VII 151–162. Sonst Rede in der ersten Person III 215. V 286. 398. 512. VIII 194 f. (s. a. babylonische, delphische, erythräische und tiburtinische Sibylle).

Sieben Zeiten (ἑπτὰ αἰῶνες) als Gnadenfrist am Jüngsten Tag II 311*

Simon Magus als Beliar (= Antichrist) III 62*–74.

Sintflut I 217–282 (317 f.). III 109. 823–826. IV 53. VII 7–12.

Sodomie V 393.

Sternerscheinungen II 35–37. Fall der Sterne II 202, vgl. VIII 190 f. V 155–160 (V 529–531). VIII 204. 341. Kampf der Sterne V 207–213. 512–531.

Strabo (etwa 63 v. Chr. – 19 n. Chr.): ein in seinem geographischen Werk mitgeteiltes älteres Orakel über die Landaufschüttungen des kilikischen Flusses Pyramos ist IV 97 ff.* benutzt.

Strophenbau III 218*–294.

Symbolik VIII 278. 294. 302. 321–323.

Taube: Der Hl. Geist in Gestalt einer weißen Taube bei der Jordantaufe VI 7; weiße Taube als Symbol der Jordantaufe VII 79 ff.

Tempel von Jerusalem: s. Israel.

Theophilus von Antiochia (um 150 n. Lhr.): von seinen Werken sind nur 3 Bücher an Autolycus erhalten, in denen er das Christentum gegen die Einwände seines heidnischen Freundes verteidigt. Dabei macht er besonders ergiebigen Gebrauch von den Sibyllinen. Fragmente 1 und 3 verdanken wir ihm.

Tiburtinische Sibylle S. 264 ff., 344 f.

Titanen: s. Kronos.

Trojanischer Krieg III 415*. 427–432. IV 71. XI 130 ff.

Unheilsprophezeiungen s. Weherufe.

INHALT

Druck der C.H. Beck'schen Buchdruckerei in Nördlingen
Gedruckt auf Dünndruckpapier Persia-Qualität
der Papierfabrik Schoeller & Hoesch in Gernsbach/Baden